2024 中国汽车市场展望

国家信息中心　编

机 械 工 业 出 版 社

本书是研究中国汽车市场2023年状况与2024年发展趋势的权威性书籍，是汽车及相关行业众多专家、学者分析研究成果的集萃。全书分为宏观环境篇、市场预测篇、细分市场篇、市场调研篇、专题篇及附录（与汽车行业相关的统计数据等）六大部分。

本书全面系统地论述了2023—2024年中国汽车市场的整体态势和重、中、轻、微各型载货汽车，大、中、轻、微各型载客汽车，高级、中级、普通级、微型等各种档次轿车市场的发展态势，以及汽车市场的重点需求地区和主要需求区域的市场运行特征。

集研究性、实用性、资料性于一体的《2024中国汽车市场展望》，是政府部门、汽车整车制造商、零部件制造商、汽车研究部门、汽车相关行业、金融证券等领域研究了解中国汽车市场和汽车工业发展趋势的必备工具书。

图书在版编目（CIP）数据

2024中国汽车市场展望/国家信息中心编. —北京：机械工业出版社，2024.3

ISBN 978-7-111-75408-4

Ⅰ.①2… Ⅱ.①国… Ⅲ.①汽车－国内市场－市场预测－中国－2024 Ⅳ.①F724.76

中国国家版本馆CIP数据核字（2024）第058082号

机械工业出版社（北京市百万庄大街22号 邮政编码100037）
策划编辑：贺 怡 责任编辑：贺 怡
责任校对：韩佳欣 张 征 责任印制：常天培
固安县铭成印刷有限公司印刷
2024年4月第1版第1次印刷
184mm×260mm · 35.25印张 · 1插页 · 582千字
标准书号：ISBN 978-7-111-75408-4
定价：180.00元

电话服务 网络服务
客服电话：010-88361066 机 工 官 网：www.cmpbook.com
010-88379833 机 工 官 博：weibo.com/cmp1952
010-68326294 金 书 网：www.golden-book.com
封底无防伪标均为盗版 机工教育服务网：www.cmpedu.com

《2024 中国汽车市场展望》
主办单位

国家信息中心
东风汽车有限公司
神龙汽车有限公司
东风日产乘用车公司
一汽－大众销售有限责任公司
一汽解放汽车有限公司
上海汽车集团股份有限公司乘用车公司
上海大众汽车有限公司
上汽通用汽车有限公司
广汽传祺汽车销售有限公司
广汽本田汽车有限公司
重庆长安汽车股份有限公司
比亚迪汽车有限公司
奇瑞汽车销售有限公司
浙江吉利控股集团销售公司
江西五十铃汽车有限公司
北京北辰亚运村汽车交易市场有限公司
中国汽车流通协会
中国车辆进出口有限公司
中国公路车辆机械有限公司
中国汽车技术研究中心
机械工业农用运输车发展研究中心
江苏省汽车流通协会
河南新未来投资有限公司
安徽汽车商会
重庆市汽车商业协会
中国机电产品进出口商会
上海自贸区汽车进出口流通协会

《2024 中国汽车市场展望》
编委会成员

《2024 中国汽车市场展望》
编辑工作人员

主　　编　徐长明

副 主 编　刘　明　潘　竹

编辑人员　黄立栋　马　莹　赵君怡　丁　燕　谢国平　管晓静
黄玉梅　包嘉成　王光磊　李睿昕　殷　丹　张桐山
蔡毅坚　张文评　朱文秀　顾晓翠　李　敏　杨依菲
廖　琨　孙　田　苑伟超　李姝萍　刘天淼　李鋆丰
王泽伟　贾　炜　乔晟杰　程依涵　温志群　李　强
欧阳若男

前　言

2023 年我国汽车销量为 3009.4 万辆，同比增长 12.0%，2023 年汽车行业呈现“乘用车保持增长、商用车大幅反弹”的态势。2023 年乘用车销量为 2606.3 万辆，同比增长 10.6%，增速还要略高于 2022 年水平；商用车销量为 403.1 万辆，同比增长 22.1%，增速较 2022 年大幅反弹。

2023 年，国际局势复杂多变、地缘政治风险加剧、疫情对产供链的持久性负面冲击持续拖累经济复苏步伐，世界经济发展的不确定性因素依然存在。国内经济发展仍然面临需求收缩、供给冲击、预期转弱的三重压力，有效需求不足、部分行业产能过剩、社会预期偏弱等风险隐患仍然较多，推动经济高质量发展仍面临不少困难和挑战。但是，我国经济顶住了来自国外的风险挑战和国内多重因素交织叠加带来的下行压力，持续恢复向好。2024 年，外部环境的复杂性、严峻性、不确定性上升，国内大循环也仍存在堵点，我国将推出有利于经济稳定的政策，并争取政策发力适当靠前。在如此纷繁复杂的国内外形势下，汽车市场将如何发展，会出现哪些亮点，需要大家共同探讨。

近年，我国汽车及新能源汽车出口势头强劲，2023 年更是超越日本成为全球第一大汽车出口国，对汽车产业发展、企业布局的影响程度日益加深，企业也将加快国际化步伐、深化国际合作、提高国际营销服务能力。另外，在汽车电动化、智能化变革趋势下，汽车产业政策的核心也继续立足于巩固和扩大新能源智能网联汽车的发展优势。《国务院办公厅关于进一步构建高质量充电基础设施体系的指导意见》中提出，到 2030 年要基本建成覆盖广泛、规模适度、结构合理、功能完善的高质量充电基础设施体系，以解决当下充电基础设施布局不够完善、结构不够合理、服务不够均衡、运营不够规范等问题，更好满足人民群众购置和使用新能源汽车的需要。《四部委关于开展智能网联汽车准入和上路通行试点工作的通知》要求通过开展试点工作，引导智能网联汽车生产企业和使用主体加强能力建设，在保障安全的前提下，促进智能网联汽车产品的功能、性能提升和产业生态的迭代优化，推动智能网联汽车产业高质量发展。2024 年，汽车产业将发生什么变化，传统汽车将如何发展，新能源汽车和智能网联汽车将迎来哪些机遇，需要汽车产业和相关行业共同研讨。

为使社会各界对 2024 年我国汽车市场的发展趋势有一个深入的认识和了解，国家信息中心组织编写了本书，期望能为汽车行业主管部门和生产、经销企业提供有价值的决策参考依据。本书将汽车市场与宏观经济运行环境紧密地结合在一起，采用定量与定性相结合的研究方法，从不同角度对 2024 年的汽车市场进行了深入分析和研究。由于时间仓促，书中难免有疏漏之处，敬请读者批评指正。

2024 年 1 月 8 日

目　录

细分市场篇

市场调研篇

专 题 篇

附　录

宏观环境篇

2023年我国宏观经济形势分析及2024年展望

2023年以来，面对复杂严峻的国际环境和艰巨繁重的国内改革发展稳定任务，在以习近平同志为核心的党中央坚强领导下，各地区各部门坚决贯彻落实党中央、国务院决策部署，精准有力实施宏观政策调控，我国国民经济持续恢复向好，生产供给稳步增加，市场需求持续扩大，展现出强大的韧性和活力，能够完成全年经济社会发展预期目标任务。展望2024年，在宏观政策加力增效、新动能加速培育、改革开放红利加快释放等因素的推动下，宏观经济运行将呈现“前稳后高、平稳向好”走势，有效需求稳步扩大、生产供给更趋均衡、物价水平温和回升、经济增长质提量增，预计全年GDP（国内生产总值）将增长5%左右。

一、2023年我国宏观经济运行主要特征

在外部环境复杂严峻、国内多地遭受洪涝等自然灾害、重点领域风险防范化解向纵深推进等情况下，我国经济运行能够持续恢复向好实属不易。2023年前三季度，我国GDP同比增长5.2%，快于2022年3%的增速，快于疫情三年（2020—2022年）平均4.5%的增速，也快于美国、欧元区、日本、巴西、俄罗斯、南非等经济体，在世界主要经济体中保持领先地位。政策组合拳持续显效、低基数等因素推动四季度经济持续稳定回升。

1. 经济运行持续恢复向好

一是服务业恢复快于工业，成为经济恢复的“主引擎”。疫情平稳转段后，服务业快速恢复，2023年前三季度，服务业增加值同比增长6%，较疫情三年同期4.1%的平均增速加快了1.9个百分点。服务业对经济增长的支撑作用显著增强，服务业增加值对GDP增长的贡献率为63%，拉动GDP增长3.3个百分点。工业生产稳步恢复，2023年1—10月，规模以上工业增加值同比增长4.1%，较疫情三年同期5.5%的平均增速放缓1.4个百分点。其中，装备制造

业增加值同比增长6.0%，快于全部工业增速1.9个百分点；电气机械和器材制造业、汽车制造业增加值同比增长13.6%和11.3%。农业生产稳中趋缓，前三季度，第一产业增加值同比增长4.0%，较疫情三年同期4.7%的平均增速放缓0.7个百分点。

二是国内需求恢复好于国外需求，消费成为经济稳定增长的“压舱石”。线下消费场景有序恢复，扩内需促消费政策持续显效，消费特别是服务消费需求快速释放。2023年1—10月，社会消费品零售总额同比增长6.9%，服务零售额增长19.0%；金银珠宝、体育娱乐用品等升级类商品零售额分别增长12.0%和9.9%。2023年前三季度，居民人均消费支出同比增长9.2%，其中，服务性消费支出同比增长14.2%，占居民人均消费支出的比重为46.1%，同比上升2个百分点。消费对经济增长的拉动作用显著扩大，最终消费支出对经济增长的贡献率达到83.2%，拉动经济增长4.4个百分点。投资需求稳定增长，2023年1—10月，固定资产投资同比增长2.9%，基建和制造业投资支撑作用增强，房地产投资延续下滑态势。大项目投资带动作用增强，计划总投资亿元及以上项目投资同比增长9.9%。前三季度，资本形成总额对经济增长的贡献率为29.8%，拉动经济增长1.6个百分点。外部需求明显减弱，2023年1—10月，货物贸易出口同比增长0.4%，同比放缓11.6个百分点。共建“一带一路”拓展经贸合作空间，我国与共建“一带一路”国家进出口额同比增长3.2%，占进出口总额比重提升至46.5%。外贸结构逐步优化，产业链更长、附加值更高的一般贸易进出口额占进出口总额比重为64.9%，同比提高1.1个百分点；民营企业进出口额占比为53.1%，同比提高3.1个百分点。2023年前三季度，净出口对经济增长的贡献率为-13.0%，拉动经济下降0.7个百分点。

三是物价水平低位运行。居民消费价格温和上涨。受猪肉和鲜菜等食品价格回落较多、国际大宗商品价格下跌、供给情况有所改善、有效需求不足等因素影响，居民消费价格小幅上涨。2023年1—10月，CPI（消费价格指数）同比上涨0.4%，涨幅同比放缓1.6个百分点，扣除食品和能源的核心CPI同比上涨0.7%。工业生产者价格持续下跌。受国际大宗初级产品价格回落传导至国内、工业品市场供大于求等因素影响，工业品价格持续走低。PPI（生产价格指数）同比下降3.1%，由2023年1月的下降0.8%扩大至2023年6月的下降5.4%，此后降幅有所收窄。其中，生产资料PPI同比下跌4.0%，生活资料PPI同比上涨0.1%。

2. 创新动能不断成长壮大

一是新产业新产品快速成长。我国产业发展高端化、智能化、绿色化特征更加明显。高端装备制造、新一代信息技术等产业快速成长，2023 年前三季度，规模以上航空航天器及设备制造业、电子工业专用设备制造业、智能消费设备制造业增加值分别增长 18.9%、27.4%和 10.2%；现代服务业快速成长，信息传输、软件和信息技术服务业，租赁和商务服务业增加值分别增长 12.1%和 9.5%。绿色低碳转型步伐加快，2023 年 1—10 月，新能源汽车、太阳能电池等新能源产品分别同比增长 26.7%和 63.7%；风电、太阳能、核电等清洁电力占发电总量的 17%，同比提高 1.3 个百分点。

二是新业态新模式活力彰显。投资领域中，2023 年 1—10 月，高技术制造业投资增长 11.3%。其中，航空航天器及设备制造业、医疗仪器设备及仪器仪表制造业投资分别增长 19.0%和 16.7%；科技成果转化服务业、专业技术服务业投资分别增长 37.3%和 29.1%。2023 年 1—9 月，清洁电力投资同比增长 40.0%，占全部电力供应投资比重为 86.4%。消费领域中，直播电商、即时零售、“云”看展、VR（虚拟现实）试衣等新销售模式日趋活跃，智能消费产品需求不断增加。根据商务大数据监测，2023 年 1—10 月，我国直播销售额超 2.2 万亿元，同比增长 58.9%，占网络零售额 18.1%。外贸领域中，2023 年 1—10 月，以电动载人汽车、锂电池、太阳能电池为代表的“新三样”出口额增长 38.0%，成为新的亮点。2023 年前三季度，贸易新业态快速成长，跨境电商进出口额同比增长 14.4%。

3. 区域城乡发展更趋协调

一是区域发展差距缩小。我国区域协调发展战略、区域重大战略深入推进，区域发展的平衡性和协调性得到增强。2023 年前三季度，有 17 个省区市 GDP 增速快于全国，其中中西部、东北地区共占了 12 个，特别是增速最快的前 6 个省份中有 5 个是西部省份。考虑到 2022 年受疫情影响较大，从两年平均增速看，东、中、西及东北地区 2023 年前三季度 GDP 与过去两年平均相比分别增长 4.0%、4.5%、4.3%和 3.0%，区域发展差距在缩小。

二是城乡发展差距缩小。我国新型城镇化战略稳步推进，进一步释放新型城镇化过程中的内需潜力，把推进新型城镇化与推进新型工业化结合起来，加快补齐城市安全韧性短板，推进以县城为重要载体的新型城镇化建设。城市群建设成效显著，县城补短板强弱项扎实推进，城乡居民收入差距进一步缩小。2023 年前三季度，城乡居民人均可支配收入分别实际增长 4.7% 和 7.3%，城乡居民收入倍差由上年同期的 2.57 缩小至 2.51。

4. 基本民生保障得到改善

一是就业形势总体稳定。2023 年 7 月底，中共中央政治局会议提出，要把稳就业提高到战略高度通盘考虑，兜牢兜实基层“三保”底线，扩大中等收入群体。积极落实落细就业优先政策，支持企业减负稳岗，帮助重点群体就业创业。2023 年前三季度，全国城镇调查失业率为 5.3%，同比下降 0.3 个百分点；城镇新增就业 1022 万人，同比增加 21 万人，完成全年目标任务的 85%。三季度末，外出务工农村劳动力总量为 18774 万人，同比增长 2.8%。

二是居民收入增速有所加快。随着国民经济持续恢复向好，就业形势总体改善，居民收入保持较快增长。2023 年前三季度，全国居民人均可支配收入同比实际增长 5.9%，同比加快 2.7 个百分点，不仅快于经济增速 0.7 个百分点，也快于疫情三年同期 4.4% 的平均增速。

三是民生投入持续增加。完善义务教育经费保障机制，延续实施助学贷款免息及本金延期偿还政策。稳妥实施企业职工基本养老保险全国统筹，提高医疗卫生服务能力，支持做好困难群众救助工作。2023 年 1—10 月，全国一般公共预算支出同比增长 4.6%。其中社会保障和就业、教育支出分别增长 8.7%、5.0%，重点民生领域支出得到较好保障。

5. 重点领域安全有效保障

一是粮食安全基础稳固。2023 年以来，国家继续提高早籼稻和小麦最低收购价，增加产粮大县奖励资金，出台了支持大豆生产等政策组合拳，有效调动了农民种粮积极性。2023 年秋粮面积增加了 700 多万亩，大面积单产提升有效对冲了“烂场雨”、洪涝、干旱等灾害影响，全国面上增产弥补了河南、黑龙江、河北等局地点上损失，全年粮食产量将继续保持在 1.3 万亿斤以上。

二是能源保障有力有效。国内能源稳定生产奠定了能源安全基础，2023 年 1—10 月，原煤、原油、天然气产量分别同比增长 3.1%、1.7% 和 6.1%。圆满完成迎峰度夏电力保供，日发电量三创历史新高，全国统调电厂电煤库存持续保持近 2 亿 t 的历史高位水平；发电量同比增长 4.4%，其中火电、风电、太阳能、核电分别增长 5.7%、10.8%、12.5% 和 5.3%。能源进口有效保障能源安全，煤炭、原油和天然气等能源产品进口9.5亿t，同比增长30.2%。

二、经济运行中面临的主要矛盾问题

当前，我国经济回升向好的基础还有待夯实，内生动力还有待增强，社会预期还有待改善，一些企业经营困难，房地产、地方债、金融等重点领域风险隐患较多，结构性就业矛盾较为突出。

1. 房地产市场仍在调整

我国房地产市场经过20多年的长周期繁荣，正在进行重大转型调整，住房需求的中枢水平、住房市场交易结构及业务模式都正在进行深刻变化，部分房企经营困难，特别是一些龙头房企债务风险有所暴露。一是房地产企业经营风险显性化。在行业发展长周期繁荣的背景下，部分房地产企业长期“高杠杆、高负债、高周转”经营，资产负债快速扩张，叠加疫情冲击等，房地产企业风险显性化并向行业扩散，房地产金融风险不容忽视。2023年1—10月，商品房销售面积在上年同期大跌22.3%的基础上再降7.8%。Wind数据显示，2023年前三季度A股105家上市房企合计实现净利润同比下降14.1%，亏损房企数量和整体亏损规模双双增加。二是房地产市场预期发生变化。我国房地产市场供求关系的重大变化，以及受就业收入增长难度加大等因素影响，居民对未来预期转弱，对于增加中长期负债较为谨慎，购房处于观望阶段。同时，房企对市场的预期依然较弱，保持谨慎甚至收缩的策略导致投资意愿不足。2023年1—10月，房地产开发投资同比下降9.3%，房屋新开工面积同比下降23.2%。三是房企融资难问题依然突出。面对房地产市场低迷和债务暴雷等状况，银行等融资方已经从之前的被动控制涉房融资转向主动降低涉房融资，以规避市场风险从而降低呆坏账风险，房企融资难问题仍在持续。据克而瑞数据可知，2023年前三季度，80家典型房企的融资总量同比下降25%。

2. 地方债务压力仍然较高

在外部环境复杂严峻、国内经济波动恢复、房地产市场深度调整等国内外各种复杂因素的影响下，地方政府债务压力明显加大。一是偿债高峰抬升还本付息压力。Wind数据显示，2024年地方政府债券到期偿还额为2.96万亿元，为五年来第二偿债高峰，还本付息压力依然较大，特别是部分债务率较高的地区风险较为突出。二是地方隐性风险显著上升。受公司盈利能力弱、现金流差等因素影响，城投有息债务风险显著上升，地方广义债务风险进一步加大，有18个省份的广义债务率超过300%，有些地方甚至超过400%。三是地方专项债项目实际收益不及预期，加大了债务偿付压力。近期江苏省审计厅报告显示，被抽查的346个政府专项债券项目，有255个资金平衡方案收益没有达到预期的50%；广西审计报告显示，5个园区专项债券项目实际运营收益不足预期的30%。

3. 结构性就业压力仍然突出

就业总量压力有所缓解，但结构性就业压力依然较大。从群体来看，青年就业难问题突出。2023年高校毕业生数量再创历史新高，在第三季度大学毕业生集中进入劳动力市场，进一步加大青年群体就业压力。在企业招聘需求疲弱、灵活就业的“蓄水池”作用减弱、就业市场供需不匹配问题较大等因素影响下，青年就业压力仍处高位。智联招聘大数据显示，曾经为应届生提供56%就业机会的互联网、房地产和教育培训行业目前仅能提供约26%的岗位。从行业来看，工业领域就业压力较大。工业企业特别是制造业企业普遍面临销售不旺、资产负债表修复偏慢等问题，招聘需求明显放缓，用工需求规模缩减。2023年前三季度，工业企业平均用工人数累计同比下降3.4%，降幅分别大于2021年、2022年同期3.2和2.3个百分点。截至2023年10月，制造业PMI中的从业人员指数已连续8个月处于荣枯线以下。

4. 金融风险隐患仍然较多

在内外部复杂因素叠加交织的情况下，我国金融领域风险隐患依然较多。一是中小金融机构风险依然存在。在分散经营能力较弱、自身造血能力偏弱、风险管理能力脆弱、公司治理能力薄弱等因素的影响下，中小银行、保险、信托等机构的金融风险依然较大，特别是长期与地方融资平台高度绑定的中小银行承担了较多隐性债务。二是信用风险仍在显现。借款人因公司经营不善、失业等原因导致还款困难的情况集中出现，金融机构面临的信用风险显著上升。银行业信贷资产登记流转中心有限公司数据显示，2023年第三季度不良贷款转让成交额创下新高，成交金额约391亿元，其中信用卡不良资产批量转让业务的占比由2023年前两季度的不超过3%骤升至第三季度的24.7%，显示出银行资产质量在承压。三是汇率市场仍存超调风险。在国内经济修复出现波动、中美利差倒挂、资本外流压力等因素的影响下，人民币汇率贬值压力较大。离岸汇率受美国联邦储备系统（简称美联储）货币政策和金融市场波动的影响更为直接、没有波幅限制，其贬值幅度相对更大，在岸汇率通常会跟随离岸汇率波动，容易造成汇率超调风险。

三、2024年经济运行的内外部环境

展望2024年，外部环境依然复杂严峻，重点领域风险隐患依然较多，但内外部环境存在不少有力支撑条件，推动我国经济平稳运行的积极因素在增多。

1.2024年国际经济环境

从国际上看，世界进入新的动荡变革期，正在经历大调整、大分化、大重组，不确定、不稳定、难预料因素增多。一是全球经济延续“三高一低”态势。国际货币基金组织（IMF）秋季报告预计，2024年全球CPI将上涨5.8%，远高于疫情前20年（2000—2019年）3.9%的平均水平，美国和欧洲等地区大幅加息后处于高利率水平，大规模刺激政策使得全球债务居高不下，全球经济将增长2.9%，大幅低于疫情前20年3.8%的平均增速。二是大国博弈依然激烈。新兴市场和发展中国家快速崛起，国际力量对比向更加均衡的方向发展，而美国努力维持其霸权地位，奉行“美国优先”，引发了发达国家与新兴市场和发展中国家在全球治理组织架构、决策机制、权利分配等方面的深度博弈。三是地缘政治局势动荡不定。乌克兰危机胶着化、巴以冲突加剧等重大地缘局势动荡，不仅冲击初级产品的稳定供应，推高能源原材料价格，而且威胁全球产业链供应链稳定，干扰正常国际经贸合作。世界及主要经济体经济增长预测表见表1。

表1　世界及主要经济体经济增长预测表

国家或地区	实际年均（%）		预测（%）	
	2000—2019年	2020—2022年	2023年	2024年
世界经济	3.8	2.3	3.0	2.9
发达经济体	1.9	1.3	1.5	1.4
美国	2.1	1.8	2.1	1.5
欧元区	1.4	0.8	0.7	1.2
日本	0.8	-0.4	2.0	1.0

（续）

国家或地区	实际年均（%）		预测（%）	
	2000—2019 年	2020—2022 年	2023 年	2024 年
新兴经济体	5.5	3.0	4.0	4.0
中国	9.0	4.5	5.4	4.6
印度	6.9	3.3	6.3	6.3
俄罗斯	3.7	0.2	2.2	1.1
巴西	2.4	1.5	3.1	1.5
南非	2.7	0.1	0.9	1.8

注：数据来源于IMF《世界经济展望》秋季报告。

但是，外部环境也存在多方面有利于我国经济发展的因素。一是全球科技发展进入加速期。全球科技革命和产业变革处于加速突破期，大模型、人工智能、新能源车等新技术取得重大突破，新一代信息技术、量子计算、生物技术、智能制造等新产业新技术大量涌现，数字技术与实体经济深度融合，提升高端化、智能化、绿色化发展水平。二是货币政策紧缩进入见顶期。美欧等国通货膨胀（简称通胀）水平高位回落，货币政策紧缩具有叠加效应和滞后效应，美欧央行加息接近尾声，货币政策紧缩周期趋于结束，对经济增长的抑制作用逐步减弱。三是乌克兰危机影响进入弱化期。乌克兰危机处于胶着状态，国际社会对其关注度趋于减少，危机所引发的全球能源和粮食供应短缺状况逐步缓解，对产业链供应链稳定的影响在逐步消退，对全球经济的影响逐步减弱。四是中美经贸关系进入暂时缓和期。自2023年6月以来，美国国务卿布林肯、财政部长耶伦、总统气候问题特使克里、商务部长雷蒙多、参议院多数党领袖舒默、加州州长纽森等先后访华，令中美关系有所回暖。2023年11月，我国国家主席习近平赴美国举行中美元首会晤，同时出席亚太经合组织第三十次领导人非正式会议。中美加强高层交流互动，中美经贸关系短期内趋向缓和。但2024年是美国总统大选年，下半年随着选举临近，中国因素仍是选战的重要话题。

2. 2024年国内经济环境

从国内看，宏观经济运行的风险挑战仍然较多。房地产市场调整仍是影响经济增长、财政增收、金融稳定、企业经营的最重要挑战之一；地方政府债务压力较大，化解存量、遏制增量债务任务仍较重；经营主体元气恢复仍面临市场需求不足、经营成本上升、企业效益不佳等困难挑战。经济增长仍将呈现一定的曲折性、复杂性。

但也应看到，有多重积极因素支撑我国经济平稳向好。一是政策效应。2023 年扩大内需、房地产政策优化、一揽子化债方案、活跃资本市场、促进民营经济发展等政策组合拳的叠加效应将持续释放；2023 年第四季度增发的 1 万亿元国债中有 5000 亿元结转 2024 年使用，特别是增发国债使得财政赤字率达到 3.8%，突破了赤字率 3% 的“约束”，打开了政策空间，强化了政策更加积极的预期。2024 年财政货币政策将会进一步加力增效，保持必要的财政支出强度和合理的货币流动性。二是转型效应。当前，我国加快推动新旧动能转换，超前布局建设数字基础设施，促进数字技术和实体经济深度融合，协同推动技术创新和商业模式创新，加快高端芯片、关键基础软件、人工智能、大数据、云计算等重点领域研发突破和迭代应用，产业升级发展、数字技术应用拓展、绿色转型深化的效果持续显现，创新引领作用不断增强。三是改革效应。进一步深化科技体制、财税体制、全国统一大市场建设、国企体制、收入分配体制等改革。贯彻落实中央金融工作会议提出的“加快建设金融强国”目标，深化金融体制改革，着力打造现代金融机构和市场体系，改革完善金融监管体制，建立“化债”“管债”长效机制、金融与房地产良性循环机制等。新一轮经济体制改革的制度红利将逐步释放，进一步激发经济活力、创造发展机遇、增强增长动力，推动我国经济走向更高质量、更可持续的发展。四是开放效应。全面推进高水平对外开放，稳步扩大规则、规制、管理、标准等制度型开放，加快建设贸易强国，稳步扩大金融领域制度型开放。第三届“一带一路”国际合作高峰论坛成功举办，与“一带一路”沿线国家投资经贸合作将进一步加强。第六届中国国际进口博览会圆满收官，与相关国家和地区的经贸合作将不断深化。中国国际服务贸易交易会已连续举办九届，服务贸易创新发展迈出新步伐，将培育外贸出口新增长点。五是缺口效应。根据测算，“十四五”时期我国经济潜在增长率为 5.5% 左右。当前，我国实际经济增速与潜在经济增速存在一定产出缺口，随着新型冠状病毒疫情（简称新冠疫情）、地缘政治、极端天气等重要影响因素逐步消除，我国经济增速向潜在经济增长率逐步回归。

四、2024 年我国宏观经济保持平稳向好态势

展望 2024 年，我国宏观经济运行将呈现“前稳后高、平稳向好”走势，各

季度之间增速波动趋缓，经济增长率将向潜在增长水平回归，预计全年 GDP 增长 5.0% 左右。

1. 生产供给更趋均衡

工业生产稳步加快。新质生产力加快形成，制造业数字化转型持续推进，智能制造工程深入实施，传统产业改造提升蹄疾步稳。5G、智能网联汽车、新材料等新兴产业加快发展，人工智能、人形机器人等未来产业加快布局，50 个规模 300 亿元以上轻工特色产业集群加快培育。在国内需求逐步回暖、一系列稳增长政策效应加快释放的带动下，国内工业生产有望稳步加快。预计 2024 年规模以上工业增加值增长 4.8% 左右。

服务业生产较快增长。“云”看展、VR 试衣等消费新模式不断涌现，直播电商、即时零售等商业新业态蓬勃发展。“创意市集”“山野露营”等消费场景不断迭代升级，推动文化、旅游、体育、住宿、餐饮等生活性服务业快速增长。数字经济、商务租赁快速发展带动生产性服务业加快发展。服务业高水平开放持续深化，服务业开放领域进一步拓宽，外资准入负面清单合理缩减，服务贸易保持较快增势。但城乡居民收入和消费能力的恢复需要一个过程，服务业增长潜能释放也受到一定制约。预计 2024 年服务业增加值增长 5.4% 左右。

2. 有效需求稳步扩大

投资增速有所回升。各地出台政策打造先进制造业集群，通过开展新一轮大规模技术改造赋能传统产业焕发新生机，强化要素保障支撑等将有力推动制造业投资企稳回升。同时，各地积极谋划储备和实施一批重大项目、专项债发行保持较大规模、国有土地出让收入有望改善等对基本建设投资产生提振作用。此外，首付比例降低、存量房贷款利率下降、实施“认房不认贷”、换购住房退还个人所得税延续实施等系列调整优化政策将有利于释放购房需求，同时国家加快保障性住房、城中村改造和“平急两用”公共基础设施等“三大工程”建设，房地产投资降幅有望逐步收窄。但也应看到，利润下降、预期偏弱、政策感受“温差”等仍对制造业投资构成下行压力；部分地区财政增收困难、重大项目储备不足、地方债务风险高企将制约基本建设投资增长后劲；就业收入预期短期内难以明显改善、部分房地产开发企业仍面临债务压力与流动性风险等将抑制房地产投资改善幅度。预计 2024 年固定资产投资增长 4.8% 左右。

消费需求回归常态化增长。各地区各部门围绕稳定大宗消费、扩大服务消费、促进农村消费、拓展新型消费、完善消费设施、优化消费环境等，出台了一系列恢复和扩大消费的政策举措；2023年城乡居民可支配收入的较快恢复，为消费需求释放打下较好的基础；新兴消费、服务消费和升级类消费将保持快速增长势头。但也应看到，疫情三年导致中低收入群体的收入普遍受损，其风险偏好的修复需要较长时间。同时，在收入预期不稳的情况下，居民仍然具有较强的预防性储蓄动机，叠加居民部门杠杆率上升的影响，消费潜力的释放将受到一定制约。预计2024年社会消费品零售总额增长5.2%左右。

外贸出口仍然承压。全球经济复苏仍面临持续挑战，外部需求仍显疲弱，美国联合盟友对华围堵打压、推动产业链供应链加速重构，存在订单转移和产能转移的双重挑战，欧盟“碳关税”生效、启动对华新能源汽车反补贴调查等使得外贸出口增长压力依旧不减。但我国加快对外贸易创新发展，积极推进国际经贸合作，大力开拓“一带一路”沿线及中东、中亚、拉美和非洲等新兴市场，我国对相关国家出口也有望加快增长。预计2024年货物出口下降2.0%左右，降幅较上年有所收窄。

3. 物价水平稳步回升

居民消费价格温和上涨。从食品价格看，猪粮比价持续偏低，生猪养殖亏损导致不少养殖户减少生猪存栏，生猪出栏量将下降，市场供过于求局面将逐步扭转，带动猪肉价格上行；粮食生产保持稳定，粮价平稳运行；厄尔尼诺现象持续，极端天气频发或将导致鲜菜价格出现阶段性上涨。从非食品价格看，“欧佩克+”考虑将减产措施延续到2024年年底，将对油价产生较强支撑，国内居民出行、旅游、餐饮活跃度进一步提升，带动相关服务价格走高。预计2024年CPI上涨1.5%左右。

工业生产者出厂价格逐渐回升。鼓励民营经济、促消费、稳地产政策密集出台，有望提振内需，促进房地产投资企稳，带动钢铁、水泥、玻璃等工业品价格上升；海外进入加息尾声，叠加供应维持相对偏紧状态，将支撑原油、有色金属等大宗商品价格保持坚挺，工业品价格整体呈现逐渐回升走势。预计2024年PPI上涨0.5%左右。2023—2024年中国主要宏观经济指标预测表见表2。

表 2　2023—2024 年中国主要宏观经济指标预测表

时间	2023 年前三季度	2023 年	2024 年
	实际（%）	预测（%）	预测（%）
GDP	5.2	5.3	5.0
第一产业	4.0	4.0	3.8
第二产业	4.4	4.6	4.7
第三产业	6.0	6.0	5.4
规模以上工业增加值	4.0	4.3	4.8
固定资产投资	3.1	3.0	4.8
房地产开发投资	-9.1	-9.3	-3.5
社会消费品零售总额	6.8	7.5	5.2
出口（以美元计）	-5.7	-4.0	-2.0
进口（以美元计）	-7.5	-4.5	-2.5
居民消费者价格	0.4	0.4	1.5
工业生产者出厂价格	-3.1	-3.0	0.5

（作者：张宇贤　王远鸿　牛犁　闫敏　陈彬　邹蕴涵）

2023 年世界经济形势分析及 2024 年展望

2023 年世界经济呈现五大特征，一是服务业成为全球经济复苏的重要力量；二是发达国家通货膨胀高位回落；三是就业市场繁荣与经济低迷并存；四是商品贸易增速远逊经济；五是金融市场表现出较强的韧性。2024 年世界经济仍处于周期调整之中，预计增长 2.9%，与 2023 年的 3% 基本持平。建议我国积极促进服务业发展，探索中低速经济增长下的就业模式，积极“拉近缩短”各经济区域的地理空间距离。

一、2023 年世界经济主要特征分析

1. 服务业成为全球经济复苏的重要动力，工业生产停滞不前

IMF 总裁格奥尔基耶娃在 IMF 和世界银行 2023 年年会开幕式上指出，2023 年上半年，得益于服务业的高需求，全球经济复苏呈现出一定的韧性，且抗通胀也取得了切实进展，增加了全球经济“软着陆”的可能性。从区域和国别数据来看，服务业的发展也是大多数国家经济稳定与复苏的重要动力。

从美国的情况来看，2023 年前三季度服务消费分别拉动 GDP 增长 1.40、0.44 和 1.62 个百分点，商品消费的贡献依次为 1.14、0.11 和 1.08（见表 1），由此可见服务消费对经济增长的贡献显著高于商品消费。从三季度的情况来看，更是远高于私人固定资产投资。

表 1　美国服务、商品及私人固定资产投资对 GDP 的贡献　　（%）

季度	服务消费	商品消费	私人固定资产投资
第一季度	1.40	1.14	0.53
第二季度	0.44	0.11	0.90
第三季度	1.62	1.08	0.15

注：数据来源于美国经济分析局。

欧盟27国前两个季度GDP同比增长1.1%和0.4%，其中第三产业增加值分别贡献了1.32个和0.6个百分点，与此形成鲜明对比的是，工业增加值分别贡献了0个和-0.15个百分点。换言之，经济增量全部来源于服务业，工业则拖累了经济增长。

日本前两个季度GDP同比增速分别为2%和1.6%，家庭消费同比分别增长2.8%和0%，其中国内服务消费支出同比分别增长4.4%和2.1%。由此可见，日本服务业对经济复苏同样产生了至关重要的作用，尤其是在第二季度，商品消费出现负增长，服务消费成了消费增长的稳定器。

从我国的情况来看，前三季度服务业增加值同比增长6.0%，拉动GDP增长3.2个百分点，对经济增长贡献度达到61.5%，远超之前几年40%左右的水平。

商品消费的相对甚至绝对下降会导致工业生产的低迷。2023年第一季度美国工业生产总值同比增长0.21%，但第二、三季度分别下降0.34%和0.24%。与美国同步，欧盟27国工业生产指数在2023年3—8月持续六个月同比下降。日本工业生产指数在2023年第一季度同比下降1.3%，第二季度虽然上升了1.1%，但从环比数据看，前两季度分别下降了3.1%和1.3%。由此可见，服务业与工业的分化成了2023年全球经济的一大特征。

从过去十年的情况看，2013—2021年美国个人商品消费支出增速远高于服务消费支出，2022年发生逆转，服务消费支出增速明显高于商品消费支出，2023年延续了这一趋势。其他发达国家也呈现类似特征。美国个人商品与服务消费支出增速见表2。

表2 美国个人商品与服务消费支出增速 (%)

年份	2013年	2014年	2015年	2016年	2017年	2018年	2019年	2020年	2021年	2022年
商品	3.4	4.4	5.0	3.6	4.1	4.0	3.0	4.9	11.3	0.3
服务	0.9	2.1	2.6	1.9	1.9	2.2	1.5	-5.9	6.9	3.7

数据来源：美国经济分析局。

2. 发达国家通货膨胀高位回落，新兴和发展中经济体仍然存在较大压力

2023年，发达国家的通货膨胀开始高位回落，9月份日本的消费者价格指数回落到3%，10月份美国和欧元区分别回落到3.2%和2.9%，而2022年这三大经济体峰值分别达到4.3%、9.1%和10.6%。需要指出的是，尽管发达经济体通货膨胀已经显著放缓，但仍高于央行调控目标。

其他经济体通胀表现各异。9月份，澳大利亚通货膨胀水平为5.2%，环比上涨1.2%，且自2020年9月份以来持续环比上涨。澳大利亚经济学者认为由于住房、电力、食品等国内成本上升，通胀问题正变得越来越本土化。新兴和发展中经济体通货膨胀在2022年低于发达国家，但在2023年则高于发达国家。2023年9月份印度、巴西、南非和俄罗斯通货膨胀率依次为5%、5.2%、5.5%和6%。另外，土耳其和阿根廷两国仍然处于恶性通货膨胀状态，2023年9月份通货膨胀率分别达到61.5%和138.3%。

除紧缩性货币政策对遏制通货膨胀有着积极作用外，其他结构性因素的消失或弱化同样产生了积极作用。一是全球供应链的修复。全球供应链断裂始于芯片的供不应求，但2022年下半年开始，全球芯片出现供给过剩现象，由此导致物价回落。同时，疫情后海运成本急剧下降也有效遏制了物价上涨。二是能源及粮食价格的回落及稳定。本轮通货膨胀发源于能源价格的上涨，随着能源价格的回落及相对稳定，基数效应减弱，能源与粮食对物价上涨的影响逐步弱化。三是刺激性财政政策的退出。欧美等发达国家为应对疫情出台了一系列财政刺激政策，大量资金以补贴、减税和失业救济等形式直接进入家庭和个人账户，导致个人消费需求激增。疫情后刺激政策逐步退出，自然弱化了总需求。

3. 就业市场持续繁荣，高就业率与经济低增长并存

2023年全球经济的另一个显著特征是就业市场的持续繁荣。8月份，欧盟27国的失业率为5.9%，为自2000年有该项统计指标以来的最低水平；9月份，日本失业率仅为2.6%；10月份，美国失业率虽然有所上升但也仅为3.9%。新兴和发展中经济体就业压力高于发达国家，但也有明显改善的现象，例如9月份巴西失业率为7.7%，创2015年3月份以来的最好水平。

不过，在就业市场持续繁荣的同时经济增速却相对较低，出现这种背离现象的原因是多方面的。究其原因，以美国为例，一是劳动密集型的服务业尤其是生活性服务业的快速发展促进了就业增长。但由于劳动生产率较低导致行业增加值增长速度有限。二是疫情期间流失的工作岗位回归正常，也导致就业激增。三是劳动参与率下降。2023年10月，美国劳动参与率为62.7%，而2019年同期为63.2%，下降了0.5个百分点，其中55岁以上的劳动参与率为38.6%，比2019年同期下降了1.7个百分点，这说明越来越多的人退出劳动力市场。

4. 全球商品贸易增速远逊经济增速，贸易区域化趋势进一步强化

2023 年 9 月份世界贸易组织（WTO）发布的《2023 年世界贸易报告》预计全球商品贸易量将增长 0.8%，不及 4 月份预测值（增长 1.7%）的一半，远低于 3% 的全球经济增速。同时，WTO 报告指出，各区域之间的内部贸易增长比区域外的贸易增长要快 4 ~ 6 个百分点，显示供应链缩短，贸易区域化、碎片化的趋势进一步增强。

全球商品贸易增速长期以来都比 GDP 增速快一倍，但目前出现背离，WTO 表示，全球商品放缓的确切原因尚不清楚，但通胀、高利率、美元升值和地缘政治紧张局势都是导致增长放缓的因素。除上述因素外，还有如下原因。

一是全球需求结构可能在发生重大变化。消费者对商品需求的增速明显慢于服务需要，直接影响了制造业发展，进而影响全球商品贸易。WTO 的报告也指出，全球服务贸易不在该报告的分析范围之内，同时指出 2023 年第一季度全球商业服务贸易同比增长 9%，未来服务需求可能继续强于商品需求。

二是去全球化及贸易制裁的累积效应导致贸易增速下降。2018 年 3 月份美国主动挑起贸易战；新一届美国政府要求限制中国获得半导体和其他领域的先进技术，并争取包括日本和一些欧洲国家在内的合作伙伴参与其所谓的“去风险”战略。这直接导致了中国对全球芯片、光刻机等高技术产品进口的急剧下降。同时，美国的贸易制裁加快了我国芯片产业的自给能力，进一步导致了我国进口需求的下降。

三是疫情和地缘政治促进了生产的本地化。疫情期间防疫抗疫产品供不应求，工业基础较强的发达国家加快了本地化生产步伐，疫情后自然降低了对相关产品的进口需求。俄乌冲突让欧洲国家意识到能源独立的重要性，也在加快非化石能源的生产，从而减少能源进口。

四是再工业化及产业回流减少了商品贸易。美国前总统奥巴马曾提出再工业化的口号，虽然并无实质进展但也起到了一定作用。与此同时，日本等国也出现了产业回流现象，规模虽然不大，但减少了中间及最终产品的进出口，边际效应相对较大。

5. 金融市场表现出较强的韧性，高科技发展对经济复苏形成较强支撑作用

2023 年伊始，美国和欧洲银行业均出现严重动荡，但很快缓和，对全球经济的发展并没有形成较大冲击。一方面，金融是现代经济的血液，金融和资本市场的繁荣扩大了财富效应，从而推动了消费的增长；另一方面，稳定的融资市场促进了经济尤其是高科技企业的发展。这在美国表现得尤为突出，更多的风险资本以及更发达的债务和股票市场，使得美国高科技公司较其欧洲同行更容易获得扩张资金，而欧洲企业则更加依赖银行。因此，美国拥有更多蓬勃发展的科技行业和大量成功的创新公司。反过来，美国高科技企业的发展不仅推动了经济的复苏，也促进了金融和资本市场的繁荣，形成了良性循环，这也使得2023年美国经济表现迥异于其他发达国家。

二、2024年世界经济发展影响因素分析及展望

1. 2024年全球经济发展的主要影响因素分析

（1）货币政策具有滞后效应，将在2024年陆续显现　经济理论表明，货币政策具有滞后效应，著名经济学家弗里德曼研究认为，货币政策实施后，市场经济活动需要长达24个月才能做出反应。2022年3月16日，美联储将基准联邦基金利率提升0.25个百分点，此后17个月内连续加息11次，将基准联邦基金利率区间上调至5.25%～5.5%。如果按照24个月的滞后期的话，2024年3月份之后历次加息的累计滞后效应将陆续显现。24个月的滞后期只不过是历史统计规律，实际上在2023年下半年已经初见端倪。例如，2023年德国三季度GDP同比和环比均出现下降；9月份和10月份美国失业率连续两个月上升，房地产投资早已明显下滑。

（2）发达经济体政府债务压力加大，未来财政支出空间受限　政府借贷成本飙升使得高额债务成为2023年经济关注焦点。国际金融协会（IIF）的数据显示，上半年全球债务增加了10万亿美元，达到创纪录的307万亿美元，其中逾80%来自发达经济体。预算争论损害了美国的信誉，使其失去AAA评级。意大利2.4万亿欧元的债务是欧洲焦点，穆迪将其评级为比垃圾级高一级，前景为负面。英国、美国和意大利的债务接近或高于产出的100%。人口老龄化、气候变化、乌克兰和中东战争等地缘政治风险意味着未来巨大的支出压力，2024年发达国家用于支持实体经济发展的财政空间非常有限。

（3）货币政策有望从紧缩逐步转向宽松　由于欧美等发达经济体通货膨胀率接近央行调控目标，紧缩性货币政策趋向结束。展望2024年，一旦通货膨胀率低于调控目标，货币政策将转向宽松。一方面，发达经济体将从加息周期转向降息周期；另一方面，央行可能会停止缩减资产负债表，如果经济出现明显

下滑，也不排除重启量化宽松政策的可能。

（4）全球贸易有望触底反弹 《2023世界贸易报告》的数据显示，尽管有一些碎片化特征，但2022年国际贸易仍在蓬勃发展，这意味着去全球化总体上没有得到数据支持。WTO总干事恩戈齐·奥孔乔-伊维拉指出，2023年全球货物和服务贸易量“仍然相当可观”，约为31万亿美元，“就连中国与美国、中国与欧盟之间的贸易也相对强劲”。WTO认为，随着通胀放缓和利率开始下调，对商业周期较为敏感的行业应该会趋于稳定和反弹，预计2024年全球贸易增长将恢复到3.3%。

（5）全球经济仍然具有较大投资与政策空间 尽管面临着诸多困难，2024年全球经济仍然具有较大的投资与政策空间。一是前沿性高新技术投资。近年来国际竞争不断加剧，不论是国家还是企业均意识到掌握前沿高新技术的重要性，相关投资也会得到国际国内资本的支持。二是高新技术应用投资。随着前沿性技术不断取得突破，应用市场快速扩大，必然带动相关投资快速上升。三是各国经济发展均存在不同的短板，为了解决这些结构性问题，必然加大相关投资力度。以经济发达的德国为例，20年来德国在数字基础设施、教育系统、高速公路和公共住房等几乎所有领域的投资都严重不足，邻国奥地利数字化程度也远高于德国。四是货币政策的转向必然拉动投资，尤其是房地产业。五是各国均存在不同程度的制度性障碍，如监管模式、用工问题等，消除这些障碍能够促进经济发展。另外，全球经贸关系紧张局面虽然难以扭转，但有望出现缓和。

2. 2024年世界经济增长趋势判断

从以上分析可以看出，2024年全球经济发展有利因素明显增多，通货膨胀压力下降排除了滞胀的风险，贸易复苏有望引领经济增长，大多数国家尚具有较大投资与政策空间，金融与科技仍有望支持经济复苏。不过，全球经济增长仍将远低于新冠疫情之前20年3.8%的平均水平，中期增长前景进一步减弱，长期累积的财政货币问题仍将制约经济发展，由此导致2024年世界经济仍将处于周期调整之中。

2023年10月国际货币基金组织发布的《世界经济展望报告》预计，2024全球经济增长2.9%，与2023年的3%基本持平；2024年发达经济体增速下滑到1.4%，比2023年下降0.1个百分点；2024年新兴与发展中经济体经济增长4%，与2023年持平。全球货物与服务贸易增速将出现明显回升，预计2024年增长 3.5%，比 2023 年提高 2.6 个百分点。全球通货膨胀压力继续下降，预计 2024 年全球消费者价格指数将上涨 5.8%，比 2023 年回落 2.3 个百分点，其中发达国家将由 2023 年的 4.6% 回落到 3%，处于温和可控水平。

三、政策建议

2023 年是全球经济发展比较困难的一年，但仍不乏亮点，我国应借鉴各国成功经验，促进经济平稳健康发展。

1. 顺应时代变化，积极促进服务业发展

在全球经济下行的背景下，服务业已成为大多数国家经济稳定的重要力量。改革开放以来，我国始终高度重视制造业的发展，服务业发展则相对滞后。由于服务业大多是富民工程，对地方税收的贡献相对较弱，重视力度相对不够。在当前世界经济发展模式下，我国需要更新观念，在保持制造业国际竞争力的同时大力发展服务业。一是充分发挥地方积极性，因地制宜发展各具特色的服务产业，同时要做好规划，避免服务业的重复建设。例如，2023 年 10 月，东盟与日本一致同意加强合作来创造出可持续旅游景点，其中强调了防止“过度旅游”措施的重要性，这对我国也具有借鉴意义。二是着力解决制约服务业发展的诸多因素。三是加快服务业对外开放。近年来，我国服务业部分领域开放度有所提高，但整体开放发展水平仍有待提升。

2. 探索中低速经济增长下的就业模式

从 2023 年全球中低速经济增长与低失业率并存的现象来看，扩大就业不一定依赖于经济高速增长。世界经济将在较长时间内处于低速增长状态，我国可在此背景下借鉴国际经验，探索经济增速放缓情景下的就业模式。服务业是劳动密集型产业，大力发展服务业自然有助于扩大就业。除此之外，建议如下：一是采取灵活的就业政策，国际经验表明，僵化的用工制度短期内可以保护劳工利益，但长期看则有严重的副作用；二是取消制约就业的各种歧视性条件，如年龄、性别等；三是限制过度加班，过度加班减少了工作岗位，也影响了职工身心健康，与经济发展的目的相悖。

3. 积极融入全球三大制造业中心，“拉近缩短”地理空间距离

在《2020 年世界经济形势分析与 2021 年展望》中，笔者的政策建议之一是

“经济区域化趋势初见端倪，我国应警惕经济全球化向区域化转变的趋势，做好应对工作”。2023 年 WTO 的报告指出经济区域化趋势进一步强化，由此可见这一趋势是难以逆转的。鉴于此，建议如下：一是应积极融入全球三大制造业中心，继续积极加强与欧洲制造业中心的合作；以开放的心态看待产业向东南亚国家的转移，深化与东亚制造业的合作；加快对墨西哥的经济合作，争取深度融入北美制造业中心。二是进一步加强“一带一路”国际合作，“缩短”地理距离，推动经济全球化发展。三是广泛采取数字技术，“拉近”空间距离。

4. 借鉴国际经验，充分发挥金融与资本市场的重要作用

一是借鉴稳定金融市场的国际经验。近年来，国际金融市场虽然出现动荡，但都能迅速稳定、化险为夷，在稳定金融市场方面国际社会积累了丰富的经验，我们需要系统梳理研究，做好政策储备，积极防范与化解金融风险。二是借鉴资本促进技术创新的经验。2023 年人工智能、大模型等新技术风靡全球，但仍处于初创阶段，没有资本的支持难以快速发展。我国应借鉴其经验，进一步加强资本对创新驱动和对实体经济的支持。三是借鉴资本管理模式。以美国为例，两三家大型资本管理公司通过复杂的网络影响金融与资本市场，这样便于高效调动市场的力量支持技术创新。目前，我国资本市场相对分散，需要借鉴国际经验，探索适合我国的资本管理模式。

（作者：程伟力）

2023 年金融运行分析及 2024 年展望

2023 年，金融运行平稳，社会流动性增速稳中略有回落，信贷增长“企业多”且中长期化，贷款与政府债券净融资支撑社会融资规模扩张，市场利率有所上升，贷款利率下行，人民币对美元汇率小幅贬值。2024 年，美联储将开启降息周期，国际金融环境总体稳定趋好。国内经济仍面临下行压力，居民和企业资产负债表受损，银行业面临净息差收窄压力，资本市场与投资者信心不足。稳健的货币政策需继续加强逆周期调节，鼓励和引导银行加大对实体经济的信贷支持，综合施策推动实体经济融资成本稳中有降。坚决防范汇率超调风险，积极推动我国 A 股市场健康发展。

一、2023 年金融运行情况及特点

1. 社会流动性增速稳中略有回落

银行信贷保持平稳较快增长，2023 年 11 月末，人民币贷款余额同比增长 10.8%，增速比上年同期低 0.2 个百分点。前 11 个月，人民币贷款增加 21.58 万亿元，同比多增 1.55 万亿元。货币供应量和社会融资规模存量增速稳中有降。11 月末，广义货币（M2）余额同比增长 10.0%，增速比上年同期低 1.8 个百分点；狭义货币（M1）余额同比增长 1.3%，增速比上年同期低 2.4 个百分点；社会融资规模余额同比增长 9.4%，增速比上年同期低 0.6 个百分点。前 11 个月，社会融资规模增量累计为 33.65 万亿元，比上年同期多 2.79 万亿元。

2. 信贷增长“企业多”且中长期化

2023 年前 11 个月，人民币贷款增加 21.58 万亿元，同比多增 1.55 万亿元。新增贷款仍向企业集中，中长期倾向明显。分部门看，居民户人民币贷款增加 4.11 万亿元，同比多增 4532 亿元；企事业单位人民币贷款增加 17.02 万亿元，同比多增 1.19 万亿元。分期限看，人民币短期贷款及票据融资增加 5.88 万亿元，同比少增 1.13 万亿元；中长期贷款增加 15.11 万亿元，同比多增 2.70 万亿

元。制造业、普惠、绿色和科创等重点领域贷款保持高增长。2023 年 9 月末，制造业中长期贷款余额同比增长 38.2%，普惠小微贷款余额同比增长 24.1%，绿色贷款余额同比增长 36.8%，科技型中小企业贷款余额增长 22.6%，均大幅高于同期整体贷款增速。受房地产市场低迷影响，前三季度房地产贷款减少 333 亿元，同比少增 8821 亿元。

3. 贷款与政府债券净融资支撑社会融资规模扩张

受积极的财政政策加力和稳健、宽松的货币政策影响，社会融资规模中的表内贷款和政府债券净融资同比多增较多。前 11 个月，对实体经济发放的人民币贷款增加 21.1 万亿元，同比多增 1.64 万亿元；表外融资（包括委托贷款、信托贷款和未贴现的银行承兑汇票）累计增加 1555 亿元，同比多增 5971 亿元。地方专项债发行力度加大，推动政府债券融资放量，前 11 个月累计融资 8.67 万亿元，同比增加 1.83 万亿元。直接融资表现低迷，前 11 个月，非金融企业境内股票融资 7423 亿元，同比减少 2892 亿元；企业债券净融资 1.89 万亿元，同比减少 6471 亿元。

4. 市场利率有所上升，贷款利率下行

货币市场利率前 7 个月走势平稳，受经济增长边际向好和政府债券集中发行的影响，8 月以后有所上行。11 月银行间同业拆借加权平均利率为 1.89%，质押式回购加权平均利率为 1.98%，比上年同期分别高 0.34 个和 0.37 个百分点。作为代表性利率，12 月 18 日，隔夜上海银行间同业拆放利率（SHIBOR）和银行间 7 天质押式回购加权平均利率分别为 1.59% 和 2.15%，比上年同期分别高 0.37 个和 0.11 个百分点。债券市场利率与货币市场利率走势总体类似，前 8 个月总体走低，9 月份以后出现回升，但 12 月再次回落。12 月 15 日，1 年期国债到期收益率为 2.30%，与上年同期基本持平，10 年期国债到期收益率为 2.62%，比上年同期低 0.26 个百分点。Wind 数据显示，11 月公司债发行利率为 3.26%，比上年同期低 0.08 个百分点，中期票据和短期融资券发行利率分别为 3.53% 和 2.68%，比上年同期分别高 0.20 个和 0.14 个百分点。第四季度，随着特殊再融资债大规模发行，金融支持化债工作启动，地方债务化解“一揽子化债方案”迅速落地，投资者对城投债的乐观情绪受到提振，企业债发行利率走低，11 月为 4.23%，比上年同期低 0.39 个百分点。

市场化降息政策推动贷款资金成本下降。前 11 个月，1 年期和 5 年期贷款市场报价利率（LPR）分别下降0.2个和0.1个百分点，推动企业贷款利率进一步下行。9月企业新发放贷款加权平均利率为3.85%，比上年同期低0.14个百分点。随着降低存量首套房贷利率政策落地，9月末，存量住房贷款加权平均利率为4.29%，比上月末低0.42个百分点。2022年4月，中国人民银行（简称央行）指导利率自律机制建立了存款利率市场化调整机制，引导各银行参考市场利率变化情况，合理调整存款利率水平。2023年6月以来，央行引导各类银行下调一年期及以上存款利率0.1～0.25个百分点。

5. 人民币对美元汇率小幅贬值

人民币汇率波动增强，对美元总体小幅贬值。人民币对美元汇率在2月、5—6月和8月上旬先后出现三轮贬值，11月中旬以后有所反弹。人民币对美元即期汇率（CNY）年内最高点为1月13日的6.7099，最低点为9月7日的7.3279。截至12月15日，人民币对美元即期汇率收于7.0987，年内累计贬值幅度达2.08%。人民币对美元汇率走势主要受美元指数波动和中美利差变化、国内经济走势和央行外汇调控等因素影响。2023年，美元指数在100～108震荡。美联储加息与我国央行市场化降息的反向操作推动中美利差倒挂走阔。例如，美国10年期国债收益率持续高于中国10年期国债收益率，截至12月15日，10年期中美利差已扩大至-1.29个百分点，比上年末走阔0.24个百分点。为调节外汇市场、引导市场预期，7月20日，企业和金融机构的跨境融资宏观审慎调节参数从1.25上调至1.5；9月15日起，下调金融机构外汇存款准备金率2个百分点。此外，人民币对一篮子货币保持基本稳定。截至12月15日，中国外汇交易中心人民币汇率指数较上年末下降0.66%。

二、2024年金融运行面临的环境和问题

1. 美联储将结束加息并开启降息周期

自2022年3月以来，美联储为遏制高通胀，已连续11次密集加息，将联邦基金利率上调至5.25%～5.5%，为22年以来的最高水平。在美联储激进加息的影响下，美国高通胀出现见顶迹象。2023年11月美国CPI同比上涨3.1%，比1月的年内高点（6.4%）回落3.3个百分点；剔除食品和能源成本的核心CPI同比上涨4%，比3月的年内高点（5.6%）回落1.6个百分点。美联储更为关注的通胀率指标——个人消费支出物价指数（PCE）同比涨幅由1月的

5.5%降至10月的3.0%。因通胀压力有所缓解，在9月、11月和12月召开的美联储议息会议上均维持利率不变、暂停加息。在12月的议息会议上，美国联邦公开市场委员会19名成员中，有16人预计2024年利率会降至5.0%以下。美联储主席鲍威尔在会后举行的新闻发布会上表示，目前联邦基金利率或已接近本轮紧缩周期的峰值。美联储加息周期结束几成定局，市场普遍预期2024年将开启降息周期，首次降息时点可能在2024年3月或6月。虽然美联储政策利率有望见顶回落，但美国通胀水平偏高且具有较强黏性，会对美联储降息形成约束。目前，美国通胀率仍远远高于2%的目标水平。美国工资增长和消费者通胀预期较高导致通胀具有一定黏性。美国劳工部数据显示，2023年7—9月，劳工成本指数（ECI）同比上涨4.3%，远高于疫情前的水平，这意味着工资增速过快引发工资—物价螺旋式上升的压力仍然较大。美国消费者通胀预期维持高位。美国密歇根大学数据显示，2023年11月美国消费者一年期的预期通胀率为4.5%，为7个月以来的最高水平。

美联储停止加息乃至转为降息有利于降低全球流动性紧缩压力，有利于降低美债美股大幅下跌、新兴市场主权债务危机等国际金融风险事件发生的可能性，也有利于缓解中美利差倒挂走阔带来的人民币贬值压力和我国跨境资金流出压力。总体来看，2024年的国际金融环境较上年稳定趋好。但也要看到，通胀黏性使美国通胀降温面临困难，美联储对通胀风险始终保持高度警惕，会因此推迟转向降息的时间点，晚于市场目前的预期。实际情况变化与市场预期的差距可能会对美元、美股和美债走势形成扰动，并冲击短期国际金融市场稳定。

2. 国内经济持续面临下行压力

疫情防控措施平稳转段后，我国经济恢复是一个波浪式发展、曲折式前进的过程。2023年一季度经济增长好于预期，二季度和7月份经济恢复势头有所放缓。7月24日中共中央政治局会议对下半年经济工作定调，各有关方面随后推出一套稳增长政策。在政策推动下，8月份以后，大部分经济指标边际好转。但经济运行面临的国内需求不振问题仍较为突出。前11个月，社会消费品零售总额同比增长7.2%，两年平均增长3.5%，两年平均增速远低于2019年全年增速（8%）；城镇固定资产投资同比增长2.9%，比上年同期低2.4个百分点。

2024年是我国疫情结束后的第二个年头。外部环境总体不利于海外需求复苏，房地产市场仍未走出困境，三年疫情对经济、社会、民生和民众预期造成的“疤痕效应”短期内无法彻底消除，我国经济仍面临一定下行压力。一是逆全球化、人口老龄化、高债务和高利率等多重因素使世界经济增速放缓。IMF最新预测，全球经济增速将从2022年的3.5%降至2023年的3%，2024年将降至2.9%，远低于2000—2019年3.8%的历史平均水平。海外需求减弱，加之美国联合盟友持续谋求对华经贸“脱钩”，我国产能转移、订单转移的压力短期难以消除，外贸出口下行压力持续存在。二是我国房地产市场调整仍未结束。在首付比例降低、存量房贷利率下降、多个城市取消限购等政策刺激下，2023年9月份以来部分地区商品房销售出现回暖。但房地产市场复苏行情是脉冲式的、局部的。而且房地产开发投资主要相关指标仍未好转，部分房地产开发企业仍面临债务压力和流动性风险。2023年1—11月，房屋新开工面积同比下降21.2%，商品房销售面积和商品房销售额分别同比下降8.0%和5.2%，房地产到位资金同比下降13.4%。三是基建投资受地方财政收支压力和PPP（政府和社会资本合作）新政制约。2023年，基建投资累计同比增速逐月小幅下滑，由2月的9%，降至11月的5.8%。受经济增长放缓、房地产市场调整施压土地财政等影响，地方本级财政收入（一般公共预算收入和政府性基金收入）增长疲弱，前11个月仅同比增长0.35%。地方财政收入承压影响地方基建投资能力。另外，2023年2月份以来，全国PPP项目因开展清理核查而暂停。11月8日，国务院办公厅转发国家发改委、财政部《关于规范实施政府和社会资本合作新机制的指导意见》。新机制聚焦使用者付费项目，全部采取特许经营模式，将导致适用项目大幅减少。

3. 居民和企业资产负债表受损

三年疫情导致居民和企业部门的资产负债表受到一定损害。资产负债表受损是指经济主体资产方增长减速或出现下滑，资产增长速度赶不上负债增长速度，甚至已经出现资不抵债的情况。资产负债表受损的直接结果是居民和企业预期转弱、消费和投资意愿降低。从现象上看，企业资产负债表受损表现为企业资产负债率攀升，信心不振，投资意愿不足。2023年前三季度，规模以上工业企业资产负债率为57.6%，比上年同期高0.8个百分点，其中制造业企业资产负债率为56.9%，比上年同期高1个百分点，两者均为2015年以来的最高水平。11月份，制造业采购经理指数（PMI）为49.4%，降至收缩区间。尽管9月末，制造业中长期贷款余额同比增速高达38.2%，但宽松的资金环境并未有效传导至企业投资端，前三季度制造业投资同比仅增长6.2%。

居民资产负债表受损表现为居民资产缩水以及消费信心和意愿不足，“存多贷少”。央行调查数据显示，居民住房资产占家庭总资产的比重为 59.1%，股票、基金、银行理财等除现金、银行存款、保险产品以外的金融资产占比 9.3%。2023 年以来，二手房价格出现下跌。中指研究院数据显示，10 月一线城市二手住宅价格同比下跌 0.51%，二线城市同比下跌 3.25%，三四线城市同比下跌 3.39%。10 月国家统计局公布的消费者信心指数和预期指数分别为 87.9%和 88.0%，比上年 12 月分别低 0.4 个和 2.1 个百分点。住房贷款是居民贷款的主要构成。2022 年以来，部分房贷业主开始提前偿还房贷。国家资产负债表研究中心数据显示，2023 年前两个季度居民住房贷款同比增速分别为 0.3%和 -0.8%，三季度增速大约在 -0.3%，居民住房贷款已经连续两个季度出现负增长。与此同时，居民存款仍在较快增加。2022 年全年新增住户部门人民币存款 17.84 万亿元，比上年多增 7.93 万亿元；2023 年前 11 个月累计增加 14.68 万亿元，同比少增 2780 亿元。

4. 银行业持续面临净息差收窄压力

2022 年以来银行净息差呈现逐季下降趋势。2023 年三季度，商业银行净息差为 1.73%，比上年同期低 0.21 个百分点，为 2010 年最低水平。银行净息差持续承压的主要原因有：一是受 LPR 下调后贷款重新定价、存量按揭贷款利率下调、收益率相对较高的信用卡贷款和个人住房贷款面临一定增长压力等因素影响，贷款收益率下降较多。二是境外加息导致外币存款成本上行，人民币存款利率虽有下调，但在银行吸储压力下，整体下调幅度小于贷款，存款定期化也制约了存款成本下降。2023 年 9 月末，居民和企业的定期存款占比达到 71%，较上年末上升 3 个百分点。据测算，在定期存款利率和活期存款利率均保持不变的情况下，定期存款的占比每上升 1 个百分点，平均存款成本大约上升 0.02 个百分点。

LPR 的下调对银行贷款定价的影响立竿见影，而存款利率下调却通常需要经过从国有大行向中小银行的传导。在经济下行、房地产市场调整和地方政府隐性债务风险上升的背景下，银行普遍面临“资产荒”困境。银行对优质贷款对象的贷款利率往往易降难升。长期以来，我国存款市场竞争较为激烈，特别是中小银行吸收存款压力较大，普遍需要高息揽存。2024 年，导致银行净息差承压的因素将持续存在，从而影响到银行的盈利能力。需要看到，我国银行资本补充渠道少、难点多、进展慢，存在较大资本缺口。净利润是银行补充核心一级资本的一项主要来源。为应对未来不良贷款风险的暴露，银行也需要一定的财力准备和风险缓冲。银行净息差的持续下行不利于银行业的稳健经营。此外，净息差承压也会使报价行下调 LPR 报价的动力不足，LPR 下调空间相对收窄。

5. 资本市场亟待提振投资者信心

2023 年，海外股市普遍上涨，但我国 A 股市场表现不佳，两者对比鲜明。例如，截至 12 月 15 日，美国标普 500 上涨 22.9%，法国 CAC40 上涨 17.3%，德国 DAX 上涨 20.3%，日经 225 上涨 26.4%，韩国综合指数上涨 14.6%，而我国上证指数下跌 4.7%、深证成指下跌 14.8%。7 月 24 日中共中央政治局会议提出“要活跃资本市场，提振投资者信心”。随后，中国证券监督委员会（简称中国证监会）、财政部等部门相继出台了一系列提振股市的政策措施，但 A 股市场表现依然不振。12 月 5 日，上证指数跌破 3000 点，在 2900 ~ 3000 点低位盘整。制度性缺陷造成上市公司“圈钱”和暴雷乱象丛生，严重打击投资者信心，是 A 股市场表现不佳的重要原因。A 股市场不仅无法体现“财富效应”，导致居民财产性收入下降，还使得资本市场的基本功能难以有效发挥。股市融资功能出现萎缩，前 11 个月，非金融企业境内股票融资比上年同期少 2892 亿元。居民财产性收入增长明显放缓，前三季度，全国居民人均财产净收入同比增长 3.7%，增幅比上年同期下降 2.1 个百分点。

三、2024 年金融调控政策建议

1. 稳健的货币政策持续加强逆周期调节

稳健的货币政策要注重跨周期和逆周期调节，强化总量和结构双重功能，运用多种政策工具，保持流动性合理充裕，引导金融机构增强信贷增长的稳定性和可持续性。通过适当下调人民币法定存款准备金率、加大 MLF（中期借贷便利）操作力度、运用好结构性货币政策工具等措施，推动 2024 年 M2 余额和社会融资规模存量增长 9% ~ 10%。

2. 鼓励和引导银行加大对实体经济的信贷支持

按照中央金融工作会议要求，积极盘活存量贷款、提升存量贷款使用效率、优化新增贷款投向。通过信贷政策等结构性工具，鼓励和引导银行持续加大对重大战略、重点领域和薄弱环节的支持力度。用好支农支小再贷款、再贴现和普惠小微贷款支持工具，延续实施碳减排支持工具、支持企业技术进步专项再贷款、普惠养老专项再贷款等，支持科技创新、民营小微、先进制造、绿色发展、普惠养老等领域健康发展。

3. 综合施策推动实体经济融资成本稳中有降

美联储利率见顶回落有利于拓展我国利率政策空间。要继续以我为主实施好利率调控，从对冲经济下行风险、缓解企业经营困难出发，按照逆周期调控的需要，适当下调公开市场操作和MLF利率等央行政策利率进而引导LPR适度走低，推动降低企业综合融资成本和个人消费信贷成本。发挥存款利率市场化调整机制重要作用，提升对于银行存款定价调整的及时性要求，加强自律和规范，引导银行负债成本适度下行。

4. 维护人民币汇率在合理均衡水平上的基本稳定

2024年，美元走强动能减弱，中美利差倒挂有望缓解，人民币汇率走稳的外部条件向好。要持续深化汇率市场化改革，增强人民币汇率弹性，发挥汇率调节宏观经济和国际收支的自动稳定器功能。同时，及时对市场顺周期行为进行引导和纠偏，坚决防范汇率超调风险，防止形成单边一致性预期并自我强化。加强对国际金融市场、跨境资金流动的高频监测，加强外汇形势监测评估，完善跨境资本流动监测、预警和响应机制。

5. 积极推动我国A股市场健康发展

落实中央金融工作会议提出的“更好发挥资本市场枢纽功能”要求，加快落实监管体制和上市公司治理体制等方面的全方位改革。推动股票发行注册制走深走实，大力加强对IPO、减持、再融资及交易过程的严格监管，大力加强对上市公司等的外部治理。严惩上市公司财务造假、从严管制减持，对中介机构违规行为从严追责。大力推动提高上市公司质量，优化再融资和并购重组机制，巩固深化常态化退市机制。

（作者：李若愚）

2023年工业形势分析及2024年展望

2023年，随着经济社会全面常态化运行，工业稳增长效果持续显现，多项指标增速回升，总体延续恢复向好态势，对稳定经济大盘发挥重要作用。尽管面临着市场需求不足、企业生产经营困难、高技术制造业减速降档等问题，但随着相关政策组合效应的逐步释放，以及我国完备的产业体系、完善的基础设施和超大规模市场优势的相互叠加，2024年我国工业经济有望持续恢复，工业增加值预计增长4.8%左右。建议多措并举稳定消费势头，精准施策助企纾困，加快推动新动能转换，巩固高技术制造业投资，不断提升工业经济发展质量和效率。

一、2023年工业经济恢复向好

2023年，各地区各部门深入贯彻落实党中央、国务院决策部署，加快建设以实体经济为支撑的现代化产业体系，持续推进新型工业化建设，我国工业经济呈现恢复向好态势。

工业生产恢复向好。2023年1—11月，全国规模以上工业增加值同比增长4.3%，增速较一季度、上半年和三季度分别加快1.3个、0.5个和0.3个百分点，呈逐季回升态势。新质生产力加快形成，装备制造业支撑作用明显。11月份，装备制造业增加值同比增长9.8%，较上月加快3.6个百分点，连续4个月回升，增速高于全部规模以上工业平均水平3.2个百分点；高技术制造业增加值同比增长6.2%，加快了4.4个百分点，太阳能电池、服务机器人、集成电路产品产量同比分别增长44.5%、33.3%、27.9%。

企业利润降幅收窄。2023年年初以来，工业企业利润降幅持续收窄，2023年1—10月同比下降7.8%，降幅比1—9月收窄1.2个百分点，其中10月份增长2.7%，连续3个月实现正增长。分行业看，中游制造业利润恢复较快，有色金属冶炼、电力热力供应利润同比仍在高位，10月分别增长125.7%和48.9%，对10月利润增速的贡献度分别为2.9个和2.2个百分点；电气机械同比降幅从

9 月的 19.1% 收窄至 4.7%，2 年复合增速亦从 9 月的 12.4% 上行至 22.7%。

工业品价格结构性回落特征明显。受国际大宗初级产品价格回落传导至国内、工业品市场供大于求等因素影响，工业品价格持续走低。2023 年 1—11 月 PPI 同比下降 3.1%，由 1 月的下降 0.8% 扩大至 6 月的下降 5.4%，此后降幅有所收窄。其中，生产资料价格同比下降 3.9%，比上年同期回落 10.5 个百分点；生活资料价格同比上涨 0%，比上年同期回落 1.2 个百分点。石油和天然气开采业、煤炭开采和洗选业、黑色金属冶炼和压延加工业价格同比分别下降 10.9%、11.5% 和 10.2%。

工业经济景气水平稳中有缓。11 月制造业 PMI 为 49.4%，较 10 月回落 0.1 个百分点，低于市场预期，连续两个月收缩。从需求端看，11 月新订单指数为 49.4%，较 10 月下降 0.1 个百分点，内外需都有所放缓，外需走弱更明显；从生产端看，部分制造业行业进入淡季，11 月生产指数回落 0.2 个百分点至 50.7%，但仍保持了 6 个月的扩张态势；从企业预期看，11 月政策力度不减，企业对于后市的预期较为稳定，11 月生产经营活动预期指数为 55.8%，较 10 月升高 0.2 个百分点，连续 2 个月上升；新动能市场需求较快释放，11 月装备制造业新订单指数为 53.3%，较 10 月上升 1.1 个百分点，11 月高技术制造业新订单指数为 51.8%，较 10 月上升 2.1 个百分点。

二、当前工业经济运行面临的主要问题

当前，我国工业经济回升向好态势日趋明显，但国内外需求不足制约着工业经济持续复苏，工业企业生产经营仍然较为困难，高技术制造业增长出现减速降档苗头，工业经济内生动力还有待加强。

1. 国内需求不足叠加外需走弱制约工业经济发展

一方面，外需收缩造成我国工业经济“外循环”拉力不足。受全球经济增长乏力、中美经贸摩擦持续等因素综合影响，我国企业出口面临较大阻力，海外订单量明显下降，外需不足成为影响当前我国工业稳增长的主要制约因素。制造业采购经理指数显示，自 2023 年 4 月以来，PMI 新出口订单指数持续处于荣枯线以下，11 月份新出口订单指数为 46.3，较 2 月份下降 5.9 个百分点。2023 年 1—11 月我国工业企业出口交货值累计同比下降 4.1%，仍处于负增长区间，工业企业产销率也累计同比下降 0.2%。另一方面，内需不振阻滞我国工业经济“内循环”顺畅流转。目前，我国经济仍处在恢复阶段，结构性、周期性

问题相互交织带来的内需不足压力仍然很大，特别是作为我国经济重要支柱的房地产行业持续低迷，对上下游产业链扩需求造成很大掣肘。2023 年 1—11 月商品房销售面积和销售额分别为 100509 万平方米、105318 亿元，分别同比下降 8.0%、5.2%，仅为 2019 年同期的 67.5% 和 75.8%，仍呈低位下探趋势，导致钢铁、建材、水泥、家电家具等上下游行业需求明显走弱。

2. 企业生产经营仍较困难

一是经营成本持续走高。尽管主要大宗商品价格在 2022 年创阶段性新高后逐步回落，但价格水平仍显著高于 2019 年，给企业带来较大成本负担。2023 年 1—10 月，布伦特原油期货、东北亚液化天然气现货、澳大利亚动力煤现货的均价分别较 2019 年同期上涨 28.7%、148%、124%。截至 10 月底，工业企业每百元营业收入中成本为 85.02 元，较 2019 年同期提高 0.74 元。特别是中小微企业处于产业链末端，叠加国内劳动力成本刚性上升，成本压力更为严峻。二是工业生产进入“去产能、去库存”双组合阶段。2023 年 1 月以来，全国工业产能利用率持续走低，一季度仅为 74.3%，为疫情以来的次低点；前三季度为 74.8%，比去年同期低 0.7 个百分点。工业产成品存货增速也持续下降，2023 年 1—10 月同比增长 2.0%，比 2023 年 1—9 月回落 1.1 个百分点，比 2022 年年底回落 15.1 个百分点。三是流动性面临风险。企业应收账款拖欠问题较为严重，甚至有大量应收账款来自于各级政府部门和国有企业，导致部分企业资产负债表健康但流动性不足、难以正常运营。2023 年 1—10 月，工业企业应收账款平均回收期为 63.2 天，分别高于 2019—2022 年各年同期 7.8 天、8.5 天、11.6 天和 8.6 天。

3. 高技术制造业发展出现减速降档苗头

一是高技术制造业增加值减速降档。今年以来，我国高技术制造业增速出现明显下滑，创近二十年来新低。2023 年 1—11 月高技术产业增加值同比仅增长 2.3%，低于工业增加值增速 2.0 个百分点，较 2022 年全年增速下降 5.1 个百分点，更是较 2003—2022 年年均增速低 11.6 个百分点。二是高技术制造业投资增速逐步下滑。2023 年 1—11 月高技术制造业投资累计同比增速降至 10.5%，较 2022 年全年增速低 11.7 个百分点，较 2018—2022 年年均增速下降 7.4 个百分点。从横向比较看，高技术制造业投资增速的下滑幅度还远大于全部制造业投资下滑幅度（2023 年 1—11 月制造业投资增速较 2022 年全年投资增速下降

2.8个百分点)。三是重点省份高技术制造业减速趋势凸显。浙江省高技术制造业增加值同比增速由2018年的13.7%降至2022年的11.5%，2023年上半年同比增速更是快速降至-0.6%；广东省由2018年的9.5%降至2022年的3.2%，2023年前三季度进一步降至1.3%；江苏省由2018年的11.1%降至2022年的10.8%，2023年上半年降至8.6%；北京市由2018年的13.9%陡降至2022年的-38%，2023年1—10月仍下降8.2%。

三、2024年工业经济发展形势展望

总体来看，当前工业经济虽面临需求不足等困难，但我国工业经济长期向好的基本面依然稳固，各类有利因素也在不断积累，2024年工业经济将延续稳定恢复态势。一是2024年稳增长扩需求加力增效，中央财政在2023年四季度增发1万亿特别国债，通过基建投资提前布局，拉动就业、刺激经济增长，其效能主要将在2024年显现。从供给与需求的角度看，国债资金投入使用后，将有效补足需求缺口，也将进一步提振市场对于2024年经济增长目标的预期。二是新基建将成为基建投资的重要支撑点，包括5G网络建设、人工智能、绿色能源和数字化基础设施等，新技术、新能源以及高端装备等高技术产业将继续发挥扩大有效投资的作用，技术创新、商业模式创新等将促进制造业转型升级，提高生产率和创新能力，为工业经济增长奠定坚实基础。三是2024年中国外贸韧性有望进一步凸显，根据IMF预测，2024年全球商品和服务贸易同比增速约为3.5%，高于2023年2.6个百分点。受益于全球贸易的逐渐稳定，叠加中国制造业和高科技领域的竞争力提升，有利于我国企业扩大出口以及高科技、新兴产业进一步迈向中高端价值链。结合上述分析，预计2024年我国工业增加值增长4.8%，略高于2023年的4.6%。

四、推动工业经济持续好转的相关建议

1. 稳预期促消费，进一步激发国内市场需求

一是要持续推进稳增长系列政策来稳定市场主体投资预期和发展信心，千方百计促消费扩需求以带动居民就业增收。继续推进国际消费中心城市创建和各类消费节活动，继续扩大汽车、绿色智能家电等消费。鼓励企业“走出去”，为开拓新的发展空间培育新机遇。二是支持高技术出口企业完善境外销售网络和维修服务体系，积极拓展新兴市场，推进与“一带一路”沿线国家建立长效

合作机制。加大出口信用保险支持，做好对跨境电商等新业态的出口信用保险服务，拓展产业链承保，扩大对中小高技术出口企业的承保范围，优化承保和理赔条件。

2. 精准施策助企纾困，持续加大企业支持力度

一是真正落实好前期出台的各项助企纾困政策，加快推动惠企政策“免申即享”、奖补资金“一键直达”，充分释放政策效用。二是切实降低企业能源成本，支持工业企业参与电力市场调节，减少不同电力用户之间的交叉补贴；进一步完善分时电价，引导企业错峰生产，降低用电成本。三是切实解决拖欠企业账款问题，明确拖欠企业账款的主体以及还款规模、方式、节奏，并约定时间节点；优先解决专精特新中小企业和整体欠款过高行业的拖欠账款问题。四是优化各类再贷款的白名单制度，加强商业银行间的信贷信息共享；支持金融机构开展知识产权、商标权、订单、科技成果等无形资产质押融资服务；加大制造业中长期贷款、贴息贷款等支持力度。五是鼓励地方政府在科学研判的前提下，通过加大金融支持、税费减免、政府优先采购等方式对受西方国家恶意打压制裁而产生困难的企业进行产业救济，帮助企业渡过难关。

3. 坚持传统新兴双轮驱动，推动工业增长动能转换

一是支持各地顺应技术趋势和产业规律，积极布局新能源、生物医药、新一代信息技术等新兴产业，但同时要引导各地因地制宜，坚持差异化发展，培育特色优势产业。二是继续提高研发费用税前加计扣除比例，特别是针对精细化工、高端纺织面料、新能源汽车等行业领域，可阶段性大幅提高研发费用税前加计扣除比例，加大力度推进企业转型升级。三是鼓励地方政府设立技改专项资金，加大对企业智能化、绿色化技改投资的财政补贴和贷款贴息力度。四是研究扩大企业所得税专用设备抵扣范围，建议由环境保护、节能节水、安全生产专用设备扩展到智能专用设备，并适当上调抵扣比例。

4. 加强制造业投资力度，巩固高技术产业发展后劲

一是聚焦新兴领域加快投资建设力度。加大高技术领域投资，重点聚焦半导体、先进计算、航空航天、先进材料、人工智能、生物技术等领域，用足用好投资组合政策，坚持“要素跟着项目走”的原则，完善扩大有效投资长效机制，健全重点投资项目协调机制。二是加大制造业薄弱环节投资。加快产业链补短板，对通信技术、半导体、人工智能、先进材料等领域被纳入美国“实体清单”的企业给予一定资金支持，最大程度降低对我国产业链安全的负面冲击，加快形成自主可控的供应链网络。三是激发民间高技术制造业投资活力。支持民营高技术企业立足产业规模优势和产业体系优势，持续提升企业核心竞争力，加快设备技术更新升级，提升智能化、绿色化、融合化水平，巩固产业领先地位。健全社会资本投融资合作对接机制，完善民间投资参与重大项目建设机制，加大对民营企业的支持力度，引导更多民营企业参与重大补短板项目建设。

（作者：冯利华）

2023 年对外贸易形势分析及 2024 年展望

2023 年以来，外部环境严峻复杂，在需求效应、基数效应、价格效应、订单效应的影响下，我国对外贸易增速较上年有所下滑，但总体延续恢复走势，对外贸易展现韧性。2024 年，世界经济复苏步伐缓慢，地区分化不断加剧，政策空间明显缩小，我国对外贸易发展面临的国际环境仍不容乐观。建议加大对外开放力度，推动外贸模式创新，进一步减轻企业负担。

一、当前外贸运行基本情况

1. 货物贸易进出口增长承压

2023 年以来，我国对外贸易呈现波动企稳走势。2023 年 1—11 月，我国进出口总值为 37.96 万亿元人民币，与上年同期（下同）持平，其中出口增长 0.3%，进口下降 0.5%，贸易顺差扩大 2.8%。按美元计价，我国进出口总值下降 5.6%，其中出口下降 5.2%，进口下降 6%，贸易顺差收窄 2.7%。在前期订单支撑的情况下，2023 年 2—3 月，进出口以美元计价的增速由负转正，但是进入 5 月以来，出口增速连续 6 个月负增长，进口增速自 3 月以来连续 7 个月负增长。11 月份，在世界经济逐步恢复，国内市场需求改善的背景下，我国进出口由负增长转为持平，当月出口增速实现由负转正。在世界经济复苏势头不稳的大环境、大背景下，我国出口月度增速实现由负转正，外贸领域积极因素不断积蓄，外贸发展韧性不断显现。

2. 货物贸易进出口结构优化

国内产业结构优化升级、企业创新能力持续提升，外贸扶持政策效果显现，我国贸易结构持续优化。一是从贸易方式看，一般贸易比重提升。2023 年 1—11 月，一般贸易占我国外贸总值比重达 64.8%，比上年同期提升 1 个百分点，国内产业环节对国际相关生产线产品的替代作用增强。二是从企业性质看，民营企业进出口较快增长。民营企业保持贸易主力军地位，占外贸总值的 53.3%，比 2022 年同期提升 3.1 个百分点。民营企业自主品牌产品出口比重大幅提高，汽车、工程机械、电子消费品等领域品牌知名度提升。三是从重点领域看，新产品出口成为亮点。2023 年 1—11 月，电动载人汽车出口增长 92%，“新三样”成为拉动外贸出口的新增长点，2023 年前三季度，新能源汽车、锂电池、光伏产品“新三样”产品合计出口占出口总额的 4.7%。但是由于美西方国家对我国高技术领域实施诸多贸易限制措施，高新技术产品出口同比下降 11.7%。进口方面，铁矿砂、原油、煤、天然气和大豆等主要大宗商品进口量增加。四是从贸易伙伴看，多元化格局更趋深化。东盟为我国第一大贸易伙伴，占我国外贸总值的 15.3%；欧盟为我国第二大贸易伙伴、占我国外贸总值的 13.2%；美国为我国第三大贸易伙伴，占我国外贸总值的 11.2%；日本为我国第四大贸易伙伴，占我国外贸总值的 5.4%。

3. 服务贸易进出口稳步提高

2023 年 1—10 月，我国服务贸易继续保持增长态势，进出口总额同比增长 8.7%（人民币计价，本小节同），其中出口下降 7.4%，进口增长 23.5%。伴随我国创新发展战略落实，科技实力日新月异，知识密集型服务贸易增势较好，进出口同比增长 8.9%，其中出口增长 10.4%，进口增长 7.1%。传统服务贸易领域中，旅行服务快速恢复，进出口同比增长 71.7%。当前，我国服务贸易增长结构持续优化，增长质量不断改善，服务进出口大国地位巩固。

4. 贸易交流合作更趋紧密

2023 年以来，我国发挥主场外交优势，成功举办“一带一路”国际合作高峰论坛，各方达成 201 项务实成果，包括签署贸易、投资、海关、检验检疫、金融等领域合作谅解备忘录、议定书、协定等文件 106 项，我国与“一带一路”合作伙伴经贸关系日益密切，贸易往来持续活跃。我国举办第 20 届中国—东盟博览会、中国—东盟商务与投资峰会，推进中国—东盟自由贸易区（简称自贸区）3.0 版谈判，中国—柬埔寨自贸协定稳定实施，中国—新加坡自贸协定升级后续谈判实质性完成。我国举办第六届进口博览会，参展企业数量超过 1000 家，其中包括众多国内外知名互联网企业、电商平台、金融机构等，签署了超过 1000 项合作协议，涉及金额超过 1000 亿元人民币。此外，我国还成功举办广交会、全球数字贸易博览会，参与世界贸易组织改革并提出世贸组织改革的立场文件和建议文件等。我国积极进行国际贸易交流与往来，在稳固国际市场份额、加强与贸易伙伴联系、实现国家间优势互补等方面起到了重要作用。

二、外贸企业经营过程中存在的实际问题

外贸企业作为对外贸易的基本载体，可以敏锐地感知市场冷暖。企业在实际生产经营过程中反映的问题以及积累的经验，对于洞悉国际市场走势、把握外贸发展形势具有重要参考意义。

1. 国际贸易政策不确定性增加

部分外贸企业反映合作伙伴因为不确定的国际、国别贸易政策变化而犹豫投资，谨慎与企业建立长期合作关系。外贸企业在不确定的贸易政策下难以进行长期规划和预测，包括预算制定、融资计划和人力资源管理等。企业为适应政策变化需要一定时间调整，因而存在错失订单的情况。

2. 疫情滞后影响仍然存在

一是订单下降。受疫情冲击影响，全球经济增长受阻，各个国家居民的购买力受到制约，部分外贸企业反映订单减少，原有客户流失，开发新客户的难度加大。二是收款困难。疫情导致海外客户经营困难，我国部分外贸企业无法收回欠款的风险增大。部分受疫情影响较大的海外客户无法继续经营，甚至宣布破产或倒闭，导致我国部分外贸企业面临无法收回欠款的风险。企业采取法律手段追讨债务在一定程度上增加了企业额外的经营成本。

3. 生产成本持续提高

俄乌冲突导致大宗商品价格攀升，致使外贸企业原材料成本增加。金属、石油、能源等大宗商品价格的上涨直接影响钢铁、塑料、燃料等原材料的采购成本，增加了外贸企业生产的成本负担。

4. 行业竞争加剧导致利润降低

外贸领域同行竞争情况激烈。为了维持企业正常运转、巩固并提升在市场中的已有地位，部分外贸厂家通过降低价格来争取订单。价格竞争导致大部分处于产业链中下游的外贸企业毛利率下滑，加大了企业的经营难度。

三、2024 年对外贸易形势判断

2024 年世界经济恢复缓慢，国际贸易环境不确定性增强，我国外贸仍将呈

现低位运行走势。

1. 2024年外贸发展面临的国内外形势

（1）国际形势复杂多变 2024年疫情对全球经济的影响将减小，然而世界经济依然面临复苏缓慢的挑战，国际环境、国际关系不确定性进一步加深，导致全球贸易投资增长仍承受压力。

一是全球经济受新冠疫情的影响将进一步减弱。世界卫生组织（WHO）于2023年5月宣布，不再将新冠疫情视作“全球卫生突发事件”。全球供应链基本恢复，根据美联储数据，全球供应链压力指数（GSCPI）已从2021年12月4.34的高峰下降至0附近的均衡状态。2024年，疫情期间的人员流动限制对服务需求的抑制作用逐步减小，各国之间的跨境合作得到加强。

二是全球经济复苏步伐或将放缓。多个国际经济组织预测2024年全球经济增长疲软。根据国际货币基金组织（IMF）10月的《世界经济展望》预测，全球经济增速将从2022年的3.5%放缓至2023年的3%和2024年的2.9%，2024年预测值相比2023年7月下调了0.1个百分点，远低于3.8%的历史（2000—2019年）平均水平。世贸组织（WTO）10月份的《全球贸易统计与展望》预测今年全球GDP增速为2.6%，2024年全球GDP增速为2.5%。IMF认为发达经济体增长明显放缓，其中美国2023年经济增速预期为2.1%，2024年经济增速将放缓至1.5%；欧元区2023年和2024年两年经济增速预期分别为0.7%和1.2%。

三是全球通胀压力依然存在。乌克兰危机导致大宗商品供应短缺、价格飙升，推高世界通胀水平。为抑制通胀，多国央行采取紧缩的货币政策，致使全球流动性减少，跨国企业开展投资活动受到影响。IMF预计全球通胀率将从2022年的8.7%稳步降至2023年的6.9%和2024年的5.8%，预计大部分国家通胀将于2025年回到目标水平。虽然全球通胀有所下降，但仍然处于高位。

四是全球贸易增长前景不明。2023年10月，WTO预计2024年全球贸易增长将反弹至3.3%，但是受到地缘政治紧张局势、保护主义抬头导致的全球贸易碎片化的不利影响，反弹高度和力度并不确定。IMF表示，地缘政治紧张引发的全球经济碎片化正在加剧，不仅给全球贸易带来了更多限制，阻碍跨境资本和技术流动，还将给世界经济带来损失。

（2）国内环境整体有利 2024年，人民币汇率保持稳定、宏观经济环境平稳、“一带一路”倡议红利持续释放将对外贸产生支撑作用，然而美国等国家对我国的围堵打压或将对我国外贸造成负面影响。

一是人民币对美元汇率保持稳定。我国央行进行降息操作而美联储持续加息，人民币对美元汇率呈波动走贬，导致贸易增速以美元和以人民币计价的差异拉大。2024 年，美联储可能转入降息周期的概率加大，人民币汇率中长期有望保持稳定。汇率变动直接影响进出口商品的成本与收益，是对外贸易增长的重要影响因素，人民币汇率稳定有利于我国进出口增长。

二是宏观经济环境平稳有利。随着一揽子稳增长政策效能的逐步释放，2024 年我国市场内生动力将逐步恢复，产业升级发展步伐进一步加快，绿色智能转型带动效用持续增强，国内消费投资需求稳步提高，企业信心修复，国内进口需求有望增加。

三是“一带一路”沿线国家合作共赢促进我国对外贸易多元化发展。“一带一路”倡议提出的十年来成果丰硕，贸易投资自由化便利化水平不断提升。《区域全面经济伙伴关系协定》（RCEP）与共建“一带一路”覆盖国家和地区、涵盖领域和内容等方面相互重叠、相互补充，在亚洲地区形成双轮驱动的经贸合作发展新格局。“一带一路”倡议和 RCEP 的红利将持续释放，预计将为我国 2024 年对外贸易发展提供有力支撑。

四是美国等国家对我国围堵力度增大。中美贸易关系尚不明朗，美国进口多元化战略进一步深化，美主导的“印太经济框架”、美加墨协定等计划对我国经济发展持续进行围堵打压。同时，美国再次发起新一轮限制高技术企业对华投资的措施，美国总统签署行政令设立对外投资审查机制，限制美国主体投资中国半导体、微电子、量子信息技术和人工智能领域。美国等国家对我国围堵力度增大将影响我国外贸出口。

2. 2024 年外贸形势研判

伴随我国经济由高速增长阶段转向高质量发展阶段，货物进出口进入中低速增长阶段。2024 年，高基数影响减弱，贸易运行恢复正常增长区间，外贸降幅有望收窄。由于世界经济复苏仍然面临较大压力，全球贸易增长态势依然较弱，全球经济呈现弱修复态势，地缘政治局势紧张和贸易摩擦频现，总体趋紧的大环境没有改变，需求收缩压力仍然存在，2024 年我国对外贸易发展的外部环境不容乐观。初步预测，2024 年我国出口下降 2% 左右，进口下降 2.5% 左右，降幅有所收窄。

结构方面，我国贸易结构将进一步优化。在劳动力成本、土地成本、环境成本升高的背景下，劳动密集型产业链部分环节持续向其他发展中国家转移，加工贸易占比进一步减小。在国内科技创新和产业升级步伐加快的背景下，装备制造、集成电路、新能源汽车等附加值较高的产品出口将进一步提速，“新三样”产品出口仍将保持较快增长。

四、政策建议

1. 培育外贸高质量发展新动能

一是鼓励创新。加快自主研发创新，鼓励企业增加科研经费，并采取税收优惠、奖励和补贴措施，加强知识产权保护和法律制度建设，确保企业自主研发成果的合法权益，激励企业从事创新活动。同时，积极扩大引进先进技术设备，鼓励外资企业在我国设立研发中心，发挥外资企业的技术溢出效应，填补我国在某些领域的技术空白，并加快技术升级步伐。鼓励国内外企业开展合作与交流，共同解决技术难题，打破来自美西方国家的技术封锁。二是加强重点领域的扶持。应巩固我国汽车行业重点产品、重点领域在全球贸易中的已有地位，加强整体谋划和系统集成，推动全产业链创新发展。建立和完善国际营销服务体系，加强与航运企业、国内外金融机构合作巩固扩大重点国家和地区市场汽车出口。推动燃油汽车向新能源转型，通过财政支持、研发资金等方式降低新能源汽车的制造成本，促进技术创新和产业发展，以实现规模化生产。防范欧盟对我国新能源汽车反补贴调查可能带来的负面影响。

2. 建设更高水平自由贸易区

总结自贸区十年发展的经验，探索可以推广的模式，在更广领域、更深层次开展探索，建设更高水平自贸区，深入实施自贸试验区提升战略。高标准对接国际经贸规则，减少行政壁垒、简化跨境贸易文件和手续、优化海关流程，帮助企业更方便地开展国际贸易活动。深入推进制度型开放，在市场准入、竞争政策、知识产权保护、法律法规等方面创造公平竞争的环境，为各类市场主体包括外资企业提供均等的机会，促进国内外企业和投资者的合作与交流，增强贸易投资自由化、便利化。

3. 积极推进高质量对外合作

积极推动高质量共建“一带一路”，与更多有意愿的共建国家商签更多的贸易投资协定，加快建设覆盖“一带一路”的自贸区网络。依托中美经济金融工作组，通过高级别会谈和磋商机制进行有效沟通，及时解决分歧和争议，寻求双方经济利益的平衡点，推动贸易和投资的互惠互利发展，避免“脱钩断链”。在中美经贸摩擦中，东盟等中间国家成为中美经贸关系的缓冲地带，应深化与东南亚国家的合作，提升 RCEP 贸易投资自由化便利化，深化中国—东盟自贸区贸易和投资便利化层级，加深在新能源汽车、数字经济、清洁能源和绿色农业等新兴产业领域的经贸合作，使我国与东南亚国家形成错位竞争、良性竞争的互利共赢关系。

4. 加快发展外贸新业态新模式

一是借助数字化发展浪潮赋能对外贸易。运用数字技术和数字工具，推动外贸全流程各环节优化提升。积极发展跨境电子商务，在财政、税收、信贷等方面加大优惠力度，支持跨境电商重点业务与重大项目建设。借助云计算、人工智能等数字化手段助力传统贸易行业转型升级。二是抓住服务贸易发展新趋势。建设国内现代化的服务业体系，加强服务业基础设施建设，并提高服务质量和水平。培育具有国际竞争力的服务企业和品牌，推动服务业向高端、专业化和智能化方向发展。三是挖掘低碳环保高科技产业出口潜力，加大对低碳环保高科技产业的研发投入，提升技术水平和创新能力。推动绿色技术、清洁能源、可再生能源等领域的创新，开发具有竞争力的高新技术产品。细分海外市场，深入了解国际市场需求和趋势，针对目标市场的特点和需求进行市场调研，精准把握出口机会。

（作者：闫敏　李佳）

2023 年固定资产投资分析及 2024 年展望

2023 年 1—10 月，固定资产投资同比增长 2.9%，较上年同期回落 2.9 个百分点。制造业、基础设施投资增长较快，房地产开发投资大幅下滑。国有控股和民间投资、项目投资和房地产开发投资增速均是“一正一负”。预计 2023 年投资增长 3.0% 左右。当前要坚持系统观念，“跳出投资看投资”，统筹考虑投资问题短期应对和中长期发展。展望 2024 年，固定资产投资增速有望稳步回升，全年增长 4.8% 左右。建议把握好投资的时度效，注重提高投资有效性，积极创造条件推动投资消费比例关系再平衡。

一、固定资产投资增速稳中趋缓

在 2023 年年初公布的 2023 年国民经济和社会发展计划草案中，投资的主基调定位为“积极扩大有效投资”，并部署了有力有序推进“十四五”规划 102 项重大工程建设、用好推进有效投资重要项目协调机制经验、扩大工业和技术改造投资、实施城市更新行动、支持民间投资、推进基础设施领域不动产投资信托基金（REITs）常态化发行、加强投资服务管理等重点工作。我国投资政策的相关表述见表 1。

表 1　我国投资政策的相关表述

年份	政府工作报告	国民经济和社会发展计划草案	固定资产投资（不含农户）增长速度（%）
2009	保持投资较快增长和优化投资结构	保持固定资产投资较快增长	26.1
2010	着力优化投资结构	保持合理的投资规模，优化投资结构	21.0
2011	大力优化投资结构	在优化结构的前提下保持合理的投资规模	20.3
2012	不断优化投资结构	进一步优化投资结构	18.4

（续）

年份	政府工作报告	国民经济和社会发展计划草案	固定资产投资（不含农户）增长速度（%）
2013	充分发挥投资的关键作用	发挥好投资对经济增长的关键作用，优化投资结构	17.3
2014	把投资作为稳定经济增长的关键	促进投资稳定增长和结构优化	13.8
2015	增加公共产品有效投资	着力保持投资平稳增长	9.0
2016	发挥有效投资对稳增长调结构的关键作用	着力补短板调结构，提高投资有效性	7.3
2017	积极扩大有效投资	精准扩大有效投资	6.4
2018	促进有效投资，发挥投资对优化供给结构的关键性作用	聚焦重点领域优化投资结构	5.9
2019	合理扩大有效投资	聚焦关键领域促进有效投资	5.4
2020	扩大有效投资	积极扩大有效投资	2.9
2021	扩大有效投资	增强投资增长后劲	4.9
2022	积极扩大有效投资	积极扩大有效投资	5.1
2023	政府投资和政策激励要有效带动全社会投资	积极扩大有效投资	2.9（1—10月）

2023年1—10月，全国固定资产投资额为41.9万亿元，按可比口径计算同比增长2.9%（见图1），较上年同期回落2.9个百分点，较上年全年回落2.2个百分点。投资价格是影响投资名义增速的重要因素，剔除价格因素后，前三季度固定资产投资实际增长6.0%，较上年同期提升2.5个百分点。面对近年来的经济下行压力，投资的“稳增长”效能持续释放，对经济增长的拉动作用始终保持基本平稳。2019—2022年资本形成总额对经济增长的拉动分别为1.7个、1.8个、1.5个、1.5个百分点，2023年前三季度为1.6个百分点。同时，投资“调结构”效能明显发力，制造业、基础设施、科技创新、绿色发展等国民经济重点领域和薄弱环节的投资实现更快增长。

从季度走势看，2023年一季度投资同比增长5.1%，二季度投资同比增长2.8%，三季度投资同比增长1.8%，呈现逐季回落态势。从主要领域看，制造业、基础设施投资增长较快，房地产开发投资降幅扩大。从投资构成看，国有控股和民间投资、项目投资和房地产开发投资增速均是“一正一负”。从资金支持看，中央预算内投资、地方政府专项债券、政策性开发性金融工具、结构性货币政策工具、制造业中长期贷款等财政金融资源聚焦重点发力，2023 年全年中央预算内投资 6800 亿元，较 2022 年的 6400 亿元增加 400 亿元。2023 年前三季度新增地方政府专项债券 3.46 万亿元；三季度末制造业、基础设施业中长期贷款余额同比增长 38.2% 和 15.1%，绿色贷款余额同比增长 36.8%。从区域省份看，东部地区引领投资增长，中部、西部、东北部地区投资均同比下降。浙江、江苏、山东等经济大省投资增长较快。

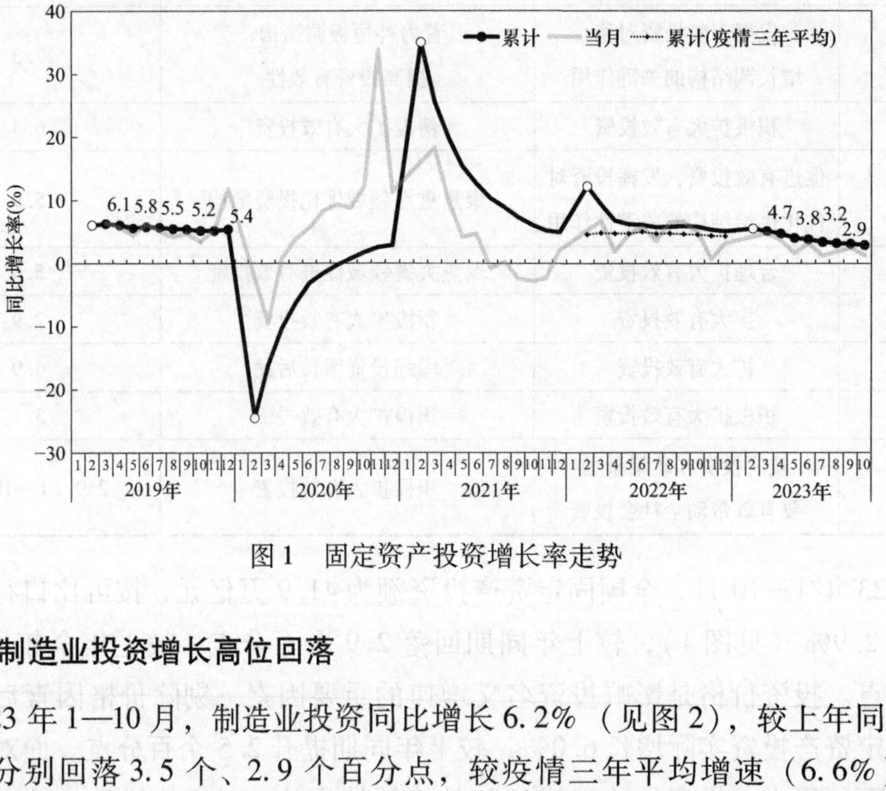

图 1　固定资产投资增长率走势

1. 制造业投资增长高位回落

2023 年 1—10 月，制造业投资同比增长 6.2%（见图 2），较上年同期、上年全年分别回落 3.5 个、2.9 个百分点，较疫情三年平均增速（6.6%）也低 0.4 个百分点。我国坚持实体经济为本、制造业当家，制造业投资增速连续三年快于总体投资，2023 年 1—10 月制造业投资对总体投资增长的贡献率为 53.3%，拉动投资增长 1.5 个百分点。当前制造业投资增速有所回落，主要是受国际市场需求低迷、产业链供应链恢复后存货冗余需求下降及工业企业利润下降等综合影响，是企业适应经济形势变化的主动选择。2023 年 1—10 月，外贸出口额同比增长 0.4%，规模以上工业企业出口交货值下降 4.2%，存货增长 0.9%，利润下降 7.8%，分别较上年同期放缓 11.3 个、12.9 个、8 个和 4.8 个百分点。从行业类别看，高耗能制造业投资同比增长 4.0%，装备制造业投资同比增长

14.6%，消费品制造业投资同比增长2.5%。

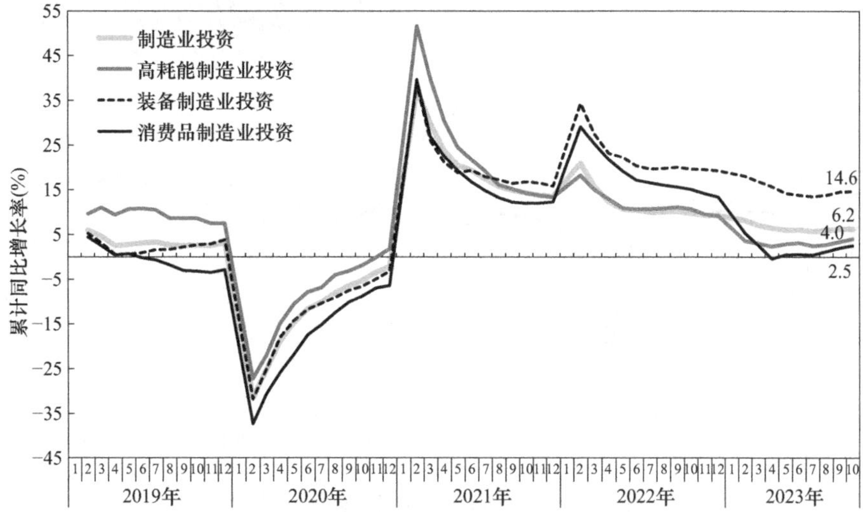

图2　制造业投资累计同比增长率走势

2. 基础设施投资保持较快增势

2023年1—10月，基础设施投资（大口径）同比增长7.7%（见图3），较上年同期、上年全年均回落3.5个百分点，但仍高于疫情三年平均增速（4.7%）。基建投资对全部投资增长的贡献率达到62.5%，拉动投资增长1.8个百分点。从具体行业看，交通运输、电力热力行业投资增长同比加快，部分对冲了公共设施管理业投资大幅放缓的负面影响。能源绿色转型投资热情持续高涨，电力热力的生产和供应业投资同比增长29.4%，其中清洁电力投资增速超过40%。铁路运输业投资一改2016年以来的低迷态势，同比增长24.8%。港口建设发力带动水上运输业投资同比增长21.3%。但受地方政府债务负担高企的影响，公共设施管理业投资增速由上年同期的12.7%快速下滑至-2.2%。

3. 房地产开发投资降幅扩大

2023年1—10月，房地产开发投资额为9.6万亿元，同比下降9.3%，较上年同期降幅扩大0.5个百分点，较上年全年降幅收窄0.7个百分点。房地产开发投资是拖累投资增长的主要因素，下拉总体投资增速多达2.4个百分点。剔除房地产开发投资后的项目投资同比增长7.2%。2021年下半年以来，房地产行业长期积累的矛盾集中爆发，目前市场仍处在深度调整中，销售、库存指标大多回调至2015—2016年水平。1—10月，商品房销售面积9.3亿m^2，商品房待

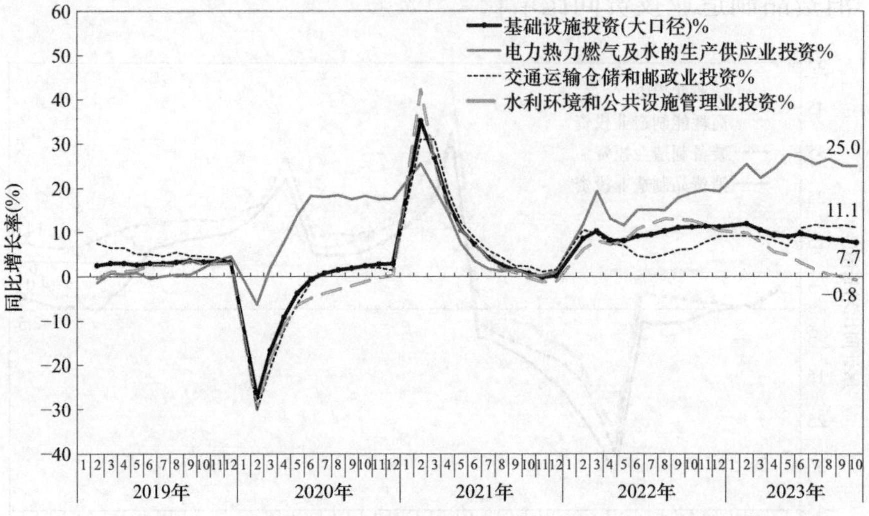

图3 基础设施投资同比增长率走势

售面积 6.5 亿 m^2，现房去库周期 32.5 个月，均与 2015 年同期水平大体接近。从价格指标看，2023 年 10 月份 70 个大中城市新建商品住宅价格环比下降 0.4%，仅 11 个城市房价环比上涨，而一季度、二季度、三季度房价环比上涨的城市个数平均分别为 52 个、46 个、17 个。

4. 民间投资持续下滑

2023 年 1—10 月，民间投资额为 21.6 万亿元，同比下降 0.5%（见图 4），较上年同期、上年全年分别回落 2.1 个、1.4 个百分点。民间投资增速已经连续两年低于国有控股投资、总体投资，导致民间投资占总体投资比重持续下降，2023 年 1—10 月民间投资比重为 51.5%，较上年同期回落 3.3 个百分点。民间投资中房地产投资占比超过 1/3，受房地产开发投资降幅扩大的直接影响，民间投资增长较为疲弱。但也要看到，在促进民营经济发展的系列政策支持下，民间项目投资（扣除房地产开发投资）同比增长 9.1%，高于整体项目投资（7.2%）。从具体行业看，制造业，电力、热力、燃气及水的生产和供应业，建筑业，交通运输、仓储和邮政业的民间投资增速相对较高。

5. 东部地区引领投资增长

2023 年 1—10 月，东部地区投资同比增长 4.9%，较上年同期提升 0.7 个百分点，也高于总体投资增速。在区域经济增长较快、财政债务负担较轻以及房地产开发投资拖累相对较小等因素的支撑下，东部地区投资增长领跑其他地区。

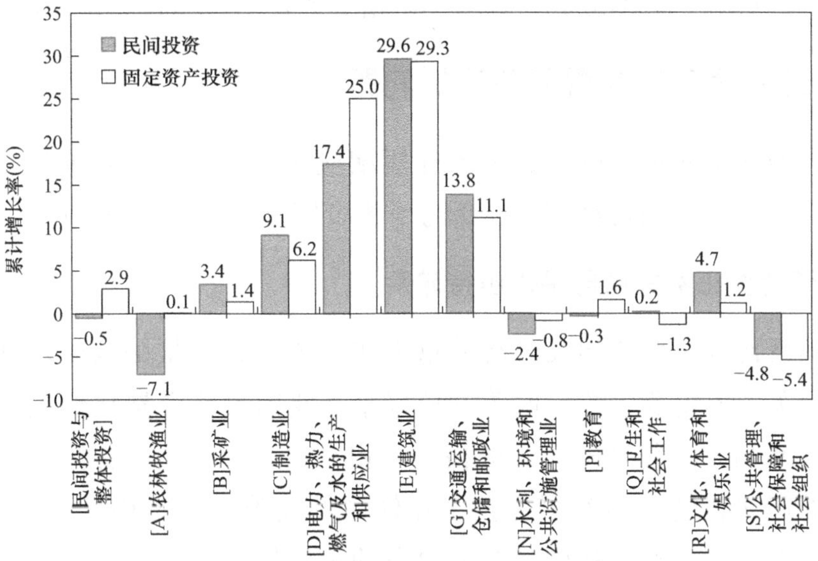

图 4　门类行业民间投资和固定资产投资增长率差异

中部地区投资下降 0.1%，西部地区投资下降 0.5%，东北部地区投资下降 3.5%。六个经济大省中，浙江、江苏、山东投资增速较高，分别为 7.6%、5.6%、5.3%；四川投资增速与全国增速持平，为 2.9%；广东、河南投资增速低于全国，分别为 2.7% 和 2.0%。31 个省市固定资产投资同比增长率见图 5。

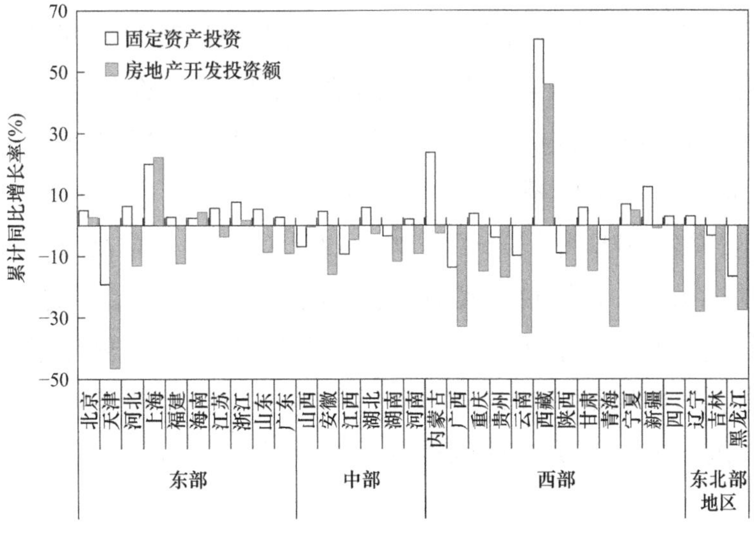

图 5　31 个省市固定资产的投资同比增长率

综合判断，2023 年固定资产投资将增长 3.0% 左右，分别较疫情三年平均增速（4.3%）、2022 年全年增速（5.1%）低 1.3 个、2.1 个百分点。考虑到投资价格下降的影响，资本形成总额对经济增长的拉动作用将保持平稳。

二、当前投资领域需要关注的问题

投资领域面临的主要问题，表象在短期应对、本质在中长期发展。要坚持系统观念，“跳出投资看投资”，统筹考虑投资问题的短期应对和中长期发展。

1. 投资消费比例关系再平衡亟待破解

投资消费比例关系是国民经济的重大比例关系，也是平衡处理好当前发展和长远发展关系的重要手段。改革开放以来，我国投资消费比例关系总体呈现出“投资率较高、消费率较低”的格局，相对偏高的投资率保障了我国抓住经济全球化的历史机遇，加速了完整工业体系的建设，有力推动了工业化进程。党的十八大以来，我国积极构建扩大内需的长效机制，着力发挥消费的基础性作用和投资的关键性作用，投资消费比例关系再平衡取得一定进展，消费率从2012年的51.1%提升至2022年的53.2%，投资率从2012年的46.2%回落至2022年的43.5%。但从高质量发展的要求出发，我国投资消费比例关系仍存在以下问题，一是投资率偏高、消费率偏低。研究发现，现代化经济体在人均GDP1万美元、2万美元、4万美元（2020年不变价）发展阶段的消费率总体稳定，基本都大于60%，均值为70%左右；投资率均值总体回落，从30%左右降低至25%以下。二是投资率偏高、消费率偏低的格局持续时间过长。日本、韩国也属于投资率偏高的经济体，在经济高速发展时期投资率长期低于40%，只是在极个别年份投资率超过40%，如日本在1970年、1973—1974年，韩国在1991年。然而，我国投资率自2004年以来有18年高于40%（2006年为39.9%），消费率自2003年以来连续20年低于60%。长期高投资低消费的消极后果必须予以正视。一是导致居民消费总量的增长和消费结构的变化相对缓慢，削弱了需求对供给的牵引能力；二是导致项目建设的摊子越铺越大，低效无效投资项目增多，建设周期拉长，经济效益明显下降；三是导致居民消费增长慢于国民经济发展，不利于更大程度提升居民福祉，影响了物质再生产和人口再生产的平衡。

2. 终端需求牵引不够引发投资内循环倾向

近年来，行业间投资增长的分化态势日益扩大，投资增长较快的行业关联性强且多集中在上中游行业，下游行业投资增长乏力，反映出终端需求对投资的牵引不够，投资呈现自我内循环的倾向。一方面，2020—2022 年，六大高载能行业投资年均增长 9.8%，装备制造业投资年均增长 10.2%，均高于总体投资年均增速（4.3%）。以光伏产业链的内部小循环为例，光伏发电投资项目产生光伏装机需求，进而带动行业内厂商对相关加工制造设备需求的增长，进一步拉动电气机械制造业投资增长。电力热力的生产和供应业投资年均增长 14.5%，电气机械及器材制造业投资年均增长 17.6%。投资偏重于上中游行业，也导致了经济发展的能耗目标完成难度增大。“十四五”规划提出我国单位 GDP 能耗累计下降 13.5% 的目标，但 2021 年、2022 年、2023 年前三季度我国单位 GDP 能耗分别为下降 2.7%、0.1% 以及上升 0.2%，完成进度明显偏慢。另一方面，与之形成对比的是，消费品制造业投资年均增长 6.0%，低于制造业投资年均增速（6.6%）；生活性服务业方面，批发零售业投资年均下降 8.0%，住宿和餐饮业投资年均增长 2.7%，居民服务修理业投资年均增长 2.0%，均明显低于同期总体投资。投资偏离终端需求，脱离消费品工业、生活性服务业，容易形成自我服务、自我发展、自我循环强化，不利于形成需求牵引供给、供给创造需求的高水平动态平衡。

3. 民间投资意愿和能力持续较弱

民间投资与国有控股投资的增速剪刀差已经连续 22 个月为负，并且差值超过 7 个百分点。2023 年 1—10 月，民间投资同比下降 0.5%，已经连续 6 个月累计增速为负，反映出民间资本投资信心明显不足，观望情绪浓厚。分析其原因，一是国内外市场需求不足导致“不敢投”。世界经济复苏总体乏力，外部需求有所减弱，对我国出口导向型企业（民营企业货物出口额占出口总额的 60% 以上）的投资意愿带来不利影响。IMF 预计 2023 年、2024 年世界经济增速分别为 3.0%、2.9%，明显低于疫情前 20 年均值（3.8%）。国内需求恢复不及预期，叠加能源原材料价格仍在高位，导致民营企业倾向于选择“收缩式”“应对型”经营策略，对扩大再生产、新增投资较为谨慎。二是社会整体风险偏好有所收缩导致“不好投”。经济下行压力叠加地方政府债务风险、房地产行业风险释放，全社会整体风险偏好仍在收缩。而金融、用地、用能等关键生产要素更青睐信用资质较好的经营主体，这导致民营企业对要素获取的“痛感”更加明显，融资难、用地用能难等问题仍然存在。三是投资决策的难度提升导致“不会投”。传统行业的增长空间受限，而对新兴行业，有的民营企业看不清、把不准发展趋势，投资方向不明。人口发展进入新常态、城镇化进入新阶段，决定了发展的增量空间在边际收窄，投资决策的科学精准性要求大幅提高。四是市场壁垒依然存在导致“不能投”。受基础设施、市政设施、公共服务等领域进入壁垒等因素制约，促投资系列政策在客观上不可避免地对国有控股投资、民间投资产生非对称性影响，民间投资受益程度较弱、增速明显偏低。上述领域民间投资长期进入不足，导致即使市场壁垒平等放开，民营企业也在市场占有、技术储备、人力资源、管理能力等方面存在后发劣势。

4. 房地产市场后期走势仍存不确定性

近年来，我国房地产市场供求关系发生重大变化，以高杠杆、高负债、高周转为特征的发展模式难以为继，行业长期积累的矛盾正在集中爆发。房地产市场销售增长乏力，开发投资大幅下滑，房企资金紧张、运营困难，对宏观经济运行、投资平稳增长带来较大的负面冲击。2023 年 1—10 月商品房销售面积为 9.26 亿 m^2，照此推算，2023 年商品房销售面积在 11.2 亿 m^2 左右，按可比口径较上年回落约 8.2%。与稳态水平进行比较，当前的房地产市场销售状况大概率已经处在超跌状态，是对前期透支住房需求的自然回调过程。2022 年我国城镇人口约 9.2 亿人，城镇人均住房面积为 41m^2 左右，假定住房折旧年限为 50 年，意味着每年存量住房更新面积为 7.5 亿 m^2（$9.2\times41\div50$）。另假定城镇化率年均提升 0.6～0.8 个百分点，即每年城镇新增人口 850 万～1100 万人，按照人均住房面积 41m^2 配平补齐，意味着每年增量住房供应面积为 3.5 亿～4.5 亿 m^2（0.085×41，0.11×41）。综合住房存量更新和增量供应，稳态水平下城镇住房销售面积为 11 亿～12 亿 m^2。考虑住房销售面积占商品房销售面积的 87% 左右，可以匡算出稳态水平下商品房销售面积为 12.6 亿～13.8 亿 m^2。7 月底以来，首套住房首付比例和贷款利率下调、改善性住房换购税费减免、个人住房贷款“认房不用认贷”等政策措施相继落实，但房地产市场仍然交易冷淡，10 月份全国房地产开发景气指数（简称国房景气指数）滑落至 93.4，连续 14 个月处于较低景气水平。房地产市场后期走势取决于经济增长前景、居民收入预期、市场超跌程度以及向发展新模式转型时间等，仍然存在着较大不确定性。

三、2024 年固定资产投资增速有望稳步回升

展望 2024 年，固定资产投资将实现平稳增长。一是稳投资政策空间已经打开。2023 年四季度增发 1 万亿元国债，使得财政赤字率达到 3.8%，突破了赤字率 3% 的“约束”，进一步强化了宏观调控更加积极的预期。2024 年财政货币政

策有望进一步聚力增效，保持必要的财政支出强度和合理充裕的货币流动性。二是投资薄弱环节有望改善。促进民营经济发展、稳定房地产市场、一揽子化债方案等政策落地生效，民间投资、房地产开发投资增速预计有所提高，地方政府投资能力将得到增强。三是投资先行指标边际向好。施工项目投资保持增长，大项目带动效果明显。2023 年 1—10 月施工项目计划总投资同比增长 6.0%，计划总投资亿元及以上项目投资同比增长 9.9%，拉动总体投资增长达到 5 个百分点。项目结转下年建设，将对投资增长形成支撑。四是投资新空间不断涌现。传统产业改造提升、新兴产业发展培育、未来产业前瞻布局，产业体系高端化、智能化、绿色化不断深入。能源绿色低碳投资快速增长，水利工程建设全面提速，保障性住房等三大工程、公共服务设施以及社区嵌入式服务设施建设加快推进。五是投资价格有望回升。随着 2024 年宏观经济有望平稳运行以及价格翘尾因素提高，包括投资价格在内的综合物价水平有望回升，进而拉升固定资产投资名义增速。

综合判断，2024 年固定资产投资增速有望稳步回升，全年增长 4.8% 左右，基础设施投资、制造业投资引领投资增长，房地产开发投资降幅明显收窄。

四、政策建议

建议 2024 年固定资产投资工作围绕“提高投资有效性”的思路展开，重点支持制造业、基础设施、科技创新、绿色发展等国民经济重点领域和薄弱环节的投资，聚力破解民间投资、房地产开发投资短板，充分发挥投资补短板、调结构、带消费、稳就业的积极效应。一方面，把握好投资的时度效，重点要放在守住经济增长下限，防止经济运行滑出合理区间上；放在积极配合消费恢复上，为实现消费增长赢得时间和空间；放在项目质量管控、债务风险防范、融资和要素保障上，有力有序有效推进重大项目建设。另一方面，积极创造条件推动投资消费比例关系再平衡，减轻过高投资率对经济循环畅通和高质量发展的不利影响。

1. 调整优化国民经济重大比例关系

一是推动国民经济分配格局优化调整。实施就业优先政策，稳定劳动参与率水平，支持重点群体就业创业，着力提高劳动报酬份额。继续推动金融部门和非金融企业部门中垄断行业合理让利，加强垄断环节的价格监管和竞争性环节的市场化改革，进一步放宽行业准入，推动企业部门收入份额稳中略降。强化公共财政再分配功能，夯实基本公共服务网底，提高公共服务领域财政投入“补人头”比重，推动适当降低政府部门收入份额。

二是推动国民经济支出格局再平衡。通过稳定就业、增加收入、减轻税费以及加强社会保障等措施，提高居民可支配收入和消费倾向。顺应居民消费升级趋势，扩大高质量消费品和服务消费有效供给。适当增加合理的政府消费支出。加快推动地方融资平台公司市场化转型，强化债务约束机制遏制政府无效低效投资冲动。落实国有企业投资自主权，压实主责主业，约束国有企业投资无序扩张。深化国有企业改革，健全完善市场化经营机制，提高经营效率。

三是在调结构政策措施上，可以考虑由政府部门率先垂范，调整其支出结构，进而引导全社会优化支出结构。以 2020 年资金流量表为例，政府部门资本形成总额为 5. 60 万亿元，最终消费支出 17. 36 万亿元（向住户部门的实物社会转移 6. 80 万亿元，实际最终消费 10. 56 万亿元），政府部门投资—消费比例为 24. 4:75. 6。可以考虑政府部门将其支出结构调整为 20:80，即将原用于形成投资的 1 万亿元用于向住户部门的实物社会转移或者用于政府实际最终消费。具体调整方案可以进一步研究论证。

2. 提高投资政策与其他政策的协同效应

优化投资政策内容，促进投资政策与消费、就业等政策形成系统集成效应，更大程度发挥出投资带消费、扩就业的积极作用。将“投资于物”与“投资于人”紧密结合起来，加大对消费品制造业、生活性服务业、社会领域投资的专项支持力度，重点支持消费基础设施建设、社区嵌入式服务设施、数字化改造、搭载信息化管理系统、推广使用智能化设备等内容。大力实施以工代赈，通过采取扩大以工代赈范围、扩充以工代赈就业岗位、提高劳务报酬占比等措施，帮助农村群众就近务工、就业增收。

3. 加大倾斜支持力度激活民间投资

贯彻落实促进民营经济发展的系列政策措施，激发民营经济发展活力，提振民营经济发展信心。积极向民间资本推介重大项目、产业项目和特许经营项目等三张项目清单，各级政府预算内投资、地方政府专项债券在支持上述项目时，明确不低于一定比例用于支持民营资本控股的项目。鼓励金融机构加大对民营企业的金融支持力度，逐步提升民营企业贷款占比，提高服务民营企业相关业务在绩效考核中的权重。加大民间投资项目发行基础设施领域不动产投资信托基金规模，降低企业资产负债率，提升再投资能力。加强对民间投资项目的服务管理工作，加强用地、用能、环境影响评估等要素保障。督促地方压实本地区民间投资占比、民间投资中基础设施投资增速的工作责任。

4. 促进房地产市场平稳健康发展

始终坚持“房住不炒”定位，大力支持刚性和改善性住房需求，锚定降低居民购房成本，进一步落实好首付比例下行、贷款利率下调、税费减免等政策措施。扎实推进保交楼工作，加快推进已售逾期难交付住宅项目的建设交付。保持房地产融资平稳有序，落实好“金融十六条”，一视同仁满足不同所有制房地产企业合理融资需求，促进金融与房地产良性循环。加快保障性住房、城中村改造和“平急两用”公共基础设施等“三大工程”建设。健全完善“人房地钱”要素联动机制，从要素资源科学配置入手，以人定房，以房定地、以房定钱，防止市场大起大落。建立房屋从开发建设到维护使用的全生命周期管理机制，引导房地产业平稳有序向新发展模式过渡。

五、固定资产投资上年基数逐月核减情况

2023 年 3 月份以来，在开展清理不合规项目、加强统计执法、剔除重复统计等工作的基础上，国家统计局对 2022 年同期固定资产投资数据进行了修订，增速按可比口径计算。2023 年 1—10 月，固定资产投资额为 419409 亿元，同比增长 2.9%。据此测算的 2022 年 1—10 月可比口径的投资额为 407589 亿元，较原公布值（471459 亿元）核减了 63870 亿元，相当于原公布值的 13.5%。

分行业投资额的核减情况如下：一是整体核减了 2022 年 1—10 月固定资产投资额的 13.5%、民间投资额的 16.0%、房地产开发投资的 7.2%，且核减比例呈现扩大趋势。二是与上一轮核减周期（2018 年 12 月—2021 年 11 月）的核减操作仅发生在项目统计不同，此次核减操作对房地产开发投资统计也进行了核减，核减比例为 7.2%。三是核减幅度在三次产业间依次减少。第一产业、第二产业、第三产业投资核减比例分别为 23.8%、18.6% 和 10.7%（见表 2）。

表2 投资额核减2022年同期基数的情况

（%）

核减比例	固定资产投资	民间投资	第一产业投资	第二产业投资	第三产业投资	房地产开发投资
1—2月	无核减	无核减	无核减	无核减	无核减	无核减
1—3月	−2.7	−2.4	−4.3	−3.6	−2.2	−0.7
1—4月	−8.3	−8.8	−16.7	−11.4	−6.5	−3.3
1—5月	−11.9	−12.9	−21.8	−16.1	−9.5	−5.5
1—6月	−13.7	−15.8	−24.6	−18.9	−10.9	−6.9
1—7月	−13.5	−15.7	−24.2	−18.5	−10.8	−6.9
1—8月	−13.7	−16.0	−24.1	−18.7	−10.9	−7.1
1—9月	−13.7	−16.2	−23.9	−18.9	−10.8	−7.3
1—10月	−13.5	−16.0	−23.8	−18.6	−10.7	−7.2

（作者：胡祖铨）

2023 年消费形势回顾及 2024 年展望

2023 年以来，居民消费筑底向好态势日渐显现，总体保持恢复性增长，支出强度修复仍在爬坡，服务消费强劲反弹，结构性复苏特征较为突出。展望 2024 年，随着企业、居民资产负债表不断修复，消费意愿和消费能力有望进一步恢复，推动消费动能进一步增强，但距离完全复苏仍需时日。预计 2024 年社会消费品零售总额增长 5% 左右。

一、消费保持恢复性增长，结构特征较为突出

2023 年以来，消费市场保持复苏态势，消费活跃度不断增强，消费支出强度仍在爬坡。从类别看，服务消费反弹最为强劲，商品消费温和增长，结构性非均衡修复特征较为突出。

1. 总消费恢复性增长，支出强度修复仍在爬坡

总消费恢复性增长。前三季度，全国居民人均消费支出同比实际增长 8.8%、两年平均增长 5.1%，两年平均增速高于 2021 年同期两年平均增速水平 1.4 个百分点；从季度走势看，三个季度全国居民人均消费支出当季增速分别为 4.1%、11.8%、11%，两年平均增长 4.9%、3.3% 和 6.8%（2021 年三个季度两年平均增速分别为 1.4%、5.0% 和 4.7%），显示出消费增长正逐步向潜在增长中枢回归。从消费倾向看，前三季度全国居民平均消费倾向为 0.6643，已经高于 2021 年同期 0.6577 的水平，略低于 2019 年同期 0.6758 的水平；其中，第三季度全国居民消费倾向恢复至 0.6982，高于 2019 年同期 0.6766 的水平，显示出暑期消费带来的强劲增长能量。2023 年全年预计社会消费品零售总额增长 7.6%。

支出强度修复仍在爬坡。在消费总量逐步恢复的同时，以人均消费、客均消费为代表的消费支出强度的恢复速度相对于消费热度、消费流量的恢复速度略偏慢，表明居民仍面临疫情疤痕效应影响，消费能力与意愿仍待修补。按中华人民共和国文化和旅游部数据测算，在旅游人次数量已经超过 2019 年同期水

平的情况下，2023 年五一假期、端午假期和中秋国庆假期的每人次旅游支出金额分别恢复至 2019 年同期水平的 71.6%、84.1% 和 97.5%，已经实现明显增长，但尚未回归至疫情前的增长水平。离岛免税消费数据也从一个侧面反映出居民消费力恢复仍在爬坡，中秋国庆假期前七天，免税购物客单价约为 7763 元，较 2021 年国庆假期下滑 4.9%。

2. 服务消费强劲反弹，升级类新消费蓬勃发展

服务消费强劲反弹。2023 年以来，服务消费的强劲反弹成为拉动消费恢复的主要动力。前三季度，服务零售额同比增长 18.9%，增速比商品零售额高 13.4 个百分点；居民人均服务性消费支出同比增长 14.2%，占人均消费支出比重达 46.1%。从餐饮消费看，2023 年前两个月全国餐饮收入已经超过 2019 年同期规模，增速也在加速回归疫情前水平，餐饮消费受疫情冲击影响产生的损失已显著回补。2023 年前三季度，全国餐饮收入同比增长 18.7%、两年平均增长 6.4%，其中限额以上单位餐饮收入两年平均增速达到 6.9%，低于 2019 年同期 0.5 个百分点。从旅游消费看，在出行更加自由、前期积累的出行意愿较为强烈等因素的带动下，国内旅游市场出现强劲反弹，不仅旅游出行人次屡创新高，而且出行范围持续扩大。中国旅游研究院预计 2023 年全年国内旅游人数达 55 亿人次、国内旅游收入超过 5 万亿元。特别是这个暑期是过去五年来旅游市场最火热的暑期，6、7、8 三个月国内旅游人数达 18.5 亿人次，占全年国内旅游出游人数的 28.1%；实现国内旅游收入 1.2 万亿元，约占全年国内旅游收入的 27.5%，航班量、铁路旅客运输量、酒店预订量、核心景点预约量等指标均保持了快速增长，甚至创下历史新高。从文化消费看，中国演出行业协会数据监测显示，中秋国庆假期期间全国营业性演出较 2019 年同比增长 48.95%，期间票房收入较 2019 年同比增长 82.6%。

升级类新消费蓬勃发展。一方面，能满足大众娱乐健康等需求的升级类商品销售保持较好增势，2023 年前三季度，全国限额以上体育娱乐用品类商品零售额同比增长 8.3%，高于社会消费品零售总额增速 1.5 个百分点。据美团及大众点评数据，中秋国庆假期网球、壁球订单同比增长超 10 倍。2023 年前三季度，全国限额以上通信器材类零售额同比增长 3.9%，扭转了之前增长为负的低迷态势。另一方面，在业态模式、品种品类等方面持续创新的新消费保持了良好增长态势。玩酷、游戏、美妆等休闲娱乐类消费正加速成长，呈现出消费热点个性化、消费受众社群化等新特点，正在成为青年消费的新热点。

3. 商品消费温和增长，耐用品温和改善

与服务消费快速反弹的特征相比，商品消费保持了温和增长。前三季度，全国商品零售同比增长5.5%，两年平均增速为3.4%、两年平均增速呈回落态势。

吃穿用必需品消费增势稳定。前三季度，限额以上粮油食品类零售额同比增长5.3%，较上年同期回落3.8个百分点，表明粮油食品等必需品消费频率和方式受“囤货”等因素影响明显减弱，增速逐步回归正常增长水平。与此同时，服装消费出现明显好转，前三季度限额以上服装鞋帽类零售额同比增长10.6%，两年平均增长3%、仅低于2019年同期0.3个百分点。限额以上日用品类零售额同比增长3.5%，保持了稳定增势。

汽车消费触底改善。受2022年高基数等因素影响，汽车消费自2023年开年以来总体偏弱。随着一系列促消费措施落地见效，汽车消费出现触底改善。据国家统计局数据，2023年前三季度限额以上汽车零售额同比增长4.6%，高于2022年同期4.2个百分点。据乘用车市场信息联席会（简称乘联会）数据，2023年前三季度国内乘用车市场零售额同比增长2.4%。新能源车市场较为活跃，据中华人民共和国工业和信息化部（简称工信部）统计，2023年前三季度新能源车销售同比增长37.5%。据乘联会统计，2023年9月新能源车国内零售渗透率已经达到36.9%，同比提升5.1个百分点。

住房相关消费略有改善。尽管认房不认贷新政公布后，一线城市成交出现环比明显改善，但销售向好的可持续性不足，据中指研究院数据，2023年9月29日—10月6日，35个代表城市的日均成交面积较2022年国庆假期下降两成左右。10月1日—19日，全国30个大中城市商品房成交面积为516.64万m^2，低于9月同期523.79万m^2的水平。其中，一线城市成交面积环比下跌1.4%，二线城市成交面积环比下跌5.2%。在住房消费脉冲式恢复过程中，建筑装潢、家居等相关消费出现边际改善。据中国建筑材料流通协会数据，全国规模以上建材家居卖场9月销售额环比上涨15.5%、同比上涨46.6%；2023年1—9月全国规模以上建材家居卖场销售额同比上涨34.8%。据统计局数据计算，2023年9月，全国限额以上建筑及装潢材料零售额较8月环比增长11.7%。

二、三大问题影响恢复力度

在消费复苏过程中，消费能力“亏损”仍待进一步回补，充电桩、农村电

网等消费基础设施短板制约潜力释放，消费环境问题增多影响意愿释放，都将成为影响后续消费恢复力度的影响因素，需引起高度重视。

1. 消费能力回补仍需时日

尽管居民就业收入压力都将持续缓解，但想要补齐过去三年导致的消费能力损失非朝夕完成，需要更可持续、更大力度的收入增量巩固消费增长动能。一是消费能力损失有待进一步修补。就业压力依然存在，2023 年前三季度私营工业企业平均用工人数累计下跌 3.6%，降幅较上年同期扩大 2.2 个百分点；PMI 中型企业和小型企业从业人员指数在略有改善后再次下降，已经超过 20 个月处于荣枯线下。与此同时，2023 年前三季度，尽管全国居民可支配收入增速已经超过 GDP 增速，但两年平均增速为 4.5%，仍低于 2019 年同期 1.6 个百分点。二是谨慎情绪依然较多。在我国居民家庭资产主要由房产（占比 60% 左右）和金融资产（占比 20% 左右）构成的情况下，房地产市场仍然低迷、金融市场较为疲软导致财产性收入增长乏力，也导致财富效应减弱，加重消费谨慎情绪。2023 年前三季度新增居民存款较上年同期多增 4200 亿元，占新增人民币存款的比重达到 52.7%。2023 年 9 月，消费者信心指数回升至 87.2，但显著低于 2021 年同期 34 个百分点，低于 2019 年同期 36.9 个百分点。

2. 基础设施短板制约潜力释放

当前，充电基础设施建设不足是制约农村地区新能源汽车推广使用的重要因素。据中国充电联盟发布的数据，2023 年 1—9 月，全国桩车增量比为 1:2.6，距国家设定的桩车增量比 1:1 的目标仍有差距。特别是大量区、县、乡、镇充电桩的普及更是远远不足，集体用地性质尚不支持充电桩建设、乡镇公共变压器无法满足大功率快充桩的电力容量需求等问题较为突出。与此同时，自 2016—2019 年 8300 亿的改造工程后，我国农村电网已基本实现了安全稳定用电目标，但农村户均配变容量相对偏低，局部区域电力设备季节性重过载、频繁跳闸、电压低等问题依然存在；农村地区大量 10kV 电网网架结构薄弱，单链线路过长，供电半径过长，配电变压器布点少；农村电网自动化水平低，电网故障诊断和恢复时间较长。电网载力不足直接制约了农村地区空调等家电升级换代，影响了农村居民消费结构升级。

3. 消费环境有待优化提升

政策环境有待更新优化。在部分消费领域，一些法律法规、政策条例等已经施行多年，部分具体规定已经难以适应当前消费发展的新趋势新特点，亟须修订优化。以《商业特许经营管理条例》为例，自2007年起施行至今未有调整，“特许人从事特许经营活动应当拥有至少两个直营店且经营时间超过一年”限制了当前网上相关业态创新。中华人民共和国商务部（简称商务部）发布的《二手车交易规范》从法律层面明确了二手车经销企业需向消费者提供质量保证，但是其质量保证对象仅为“使用年限在3年以内（或行驶里程在6万km以内）的车辆”，且要求车辆为二手车经销企业的经销车辆。实际中，符合此规定的二手车数量有限，法规实操性有待加强，安全环境水平有待提升。由于过去三年旅游等线下接触型服务行业经营困难，对设备设施缺乏维护保养，相关人员流失严重、部分工作人员未经培训就上岗，在2023年服务消费显著回暖的情况下，游乐场等消费场所的设备设施超负荷运转，安全事故显著增多，消费的安全环境转差进一步影响了消费信心。

三、2024年消费恢复动能进一步增强

尽管消费后续恢复面临多重问题制约，但也存在一定有利因素支撑。综合研判，随着企业、居民资产负债表不断修复，消费意愿和消费能力有望进一步恢复，推动消费动能进一步增强，但距离消费完全修复仍有距离。

1. 消费恢复存在有利因素

综合各方面因素，2024年消费增长具有以下有利条件。一是收入效应。随着国民经济恢复回升势头进一步巩固、经营主体面临的困难进一步减少，占居民可支配收入七成的工资性收入和经营性收入增长态势将持续好转，居民可支配收入有望与GDP增速保持同步甚至略高于GDP增速，有助于有效增强消费能力。二是政策效应。从中央到地方出台了一系列促进消费的政策举措，促消费政策“组合拳”内容丰富，内容涵盖汽车、家居等多领域，政策效果仍将持续释放，为减轻消费负担、激发消费意愿继续发挥更大作用。三是创新效应。消费市场以更创新的业态模式和更丰富的消费品类来更好地迎合满足消费需求，进一步激发消费新增量。特别是餐饮、旅游、文化等主要服务消费增长点在多元复合场景带动下，消费业态不断提质升级，能更好满足居民需求的升级。

2. 消费将进一步向趋势中枢回归

虽然当前经济处于波浪式恢复、曲折式前进的过程中，但随着企业、居民

资产负债表不断修复，消费意愿和消费能力有望进一步恢复，推动消费动能进一步增强。但在消费增长速度向趋势中枢靠近的过程中，消费增长的脆弱性、波动性依然较大，距离消费完全修复仍有距离。预计 2024 年社会消费品零售总额增长 5% 左右。

从重点品类看，服务消费补缺口效应结束，整体将逐步回归正常增长趋势，但由于 2023 年的高基数影响，2024 年服务消费增速可能呈现一定下滑，但其总体发展态势仍较好，其中休闲娱乐消费将保持较高热度。商品消费将保持温和增长，其中汽车消费在多项政策的鼓励推动下增长基础依然较好，特别是新能源车消费将保持高速增长；信息产品消费在少数主力热门机型的带动下将出现个别月份的销售改善，但整体增长尚未进入行业周期性上升阶段；住房需求将在政策优化调整后进入脉冲式恢复阶段，改善程度有限，尚不具备出现可持续的、较强改善的基础，建筑装潢等住房相关消费难有较强增长基础。

四、多措并举降低消费释放潜力障碍

建议多措并举，以降低居民负担、减少后顾之忧为主，加快补齐基础设施短板，持续推动场景创新，加快改善消费环境，助力消费可持续恢复。

1. 稳就业促增收加强社会保障

一是有效减轻居民负担。采取更大力度降低居民税收负担，考虑阶段性降低个人所得税税率，进一步加大个税抵扣额度。针对低收入等重点群体，加大转移支付力度，进一步增强其生活保障力度。

二是下大力气促进青年就业。落实落细就业优先政策，积极应对就业总量压力和结构性矛盾，千方百计稳存量、扩增量、提质量、兜底线。加强企业层面激励，对吸纳应届高校毕业生就业的用人单位，提供相应补贴；对吸纳高校毕业生就业达到一定数量的劳动密集型小企业，可提供一定金额的小额担保贷款以及部分财政贴息。注重能力提升帮扶，为高校毕业生提供就业培训，并给予每人每月一定金额的培训补贴。实施乡村振兴志愿者计划，通过一定生活补贴吸引青年在乡村寻找新机遇。

三是大力促进农民增收。持续深化农业供给侧结构性改革，促进农业高质高效，稳住家庭经营收入这个农民收入基本盘；大力发展富民乡村产业，促进农民就业创业，着力增加农民工资性收入；进一步深化农村改革，赋予农民更多财产权利；完善农业支持保护制度供给，加强民生保障力度，着力增加转移收入。

四是增强社会保障实效。健全灵活就业人员社保制度，扩大失业、工伤、生育保险的覆盖面，把更多人纳入社会保障体系。积极推进基层快递网点优先参加工伤保险，加快职业人群工伤保险制度全覆盖。加快落实取消灵活就业人员在就业地参加企业职工基本养老保险的户籍限制。

2. 加快补齐消费基础设施短板

一是大力实施农村电网巩固提升工程，瞄准农村电网配变容量、电网网架结构等领域进行适度超前的改造升级，持续改善农村配电网供电能力和供电质量，着力提升农村电网的自动化、智能化水平。

二是加快落实《关于加快推进充电基础设施建设 更好支持新能源汽车下乡和乡村振兴的实施意见》，选择若干地区进行试点建设，推广“光伏 + 充电站”方式，在农民家中安装光伏、形成可靠的电力来源，有效降低农村电网对加装充电桩的限制，推动农村充电设施普及。

3. 持续推动场景创新

一是依托国际消费中心建设，加速推动消费新场景应用升级，着重在教育、医疗、影视、体育等应用领域持续丰富内容供给，加快“云逛街”“云购物”等消费新场景的普及与应用，建设一批线上线下融合的新型消费体验中心，有效推动虚拟现实与文教娱乐等消费行业跨界融合。

二是加强传统商圈数字赋能。总结推广浙江等地智慧商圈建设经验，形成一批典型案例，在重点支持数字商业街区建设的过程中，加强消费场景智能化运用。

三是瞄准消费新场景升级创新中的难点和痛点，积极推动各项政策措施的落地，破除政策障碍，营造良好的营商环境。结合线上线下融合、多领域跨界融合以及平台化发展的新趋势和新特点，加强政策的综合性、协调性和柔性。

4. 加快改善消费环境

一是对国内主要旅游目的地进行旅游企业资质专项检查行动，对未取得旅游相关资质的企业进行严厉打击，扫清监管盲区，及时发布指导案例，震慑违法违规经营行为，进一步规范旅游市场秩序。

二是在全国范围内开展服务领域设备安全大检查。以游乐场、旅游景区为重点，以游乐设施等特种设备使用为切入点，以特种设备管理机构、注册登记、安全管理人员配备、作业人员持证为抓手，全方位开展隐患排查整治。

三是加大消费者投诉反馈力度。进一步畅通 12315 投诉举报渠道，提高对相关投诉问题的回应力度和速度，全心全意做好游客投诉、建议的反馈工作，推进消费纠纷有效化解，营造健康有序的消费环境。

（作者：邹蕴涵）

2023—2024 年区域经济发展分析

2023 年，面对复杂严峻的国际环境和艰巨繁重的国内改革发展稳定任务，在以习近平同志为核心的党中央坚强领导下，各地区坚决贯彻落实党中央、国务院决策部署，坚持稳中求进工作总基调，完整、准确、全面贯彻新发展理念，加快构建新发展格局，扎实推动高质量发展，精准有力实施宏观政策调控，着力扩大内需、提振信心、防范风险，各地区经济运行整体恢复向好，生产供给稳步增加，市场需求持续扩大，就业物价总体改善，发展质量稳步提升，积极因素累积增多，区域协调性增强。2024 年，在一系列宏观调控政策引导下，我国经济有望保持平稳增长，区域间经济增幅将逐步收敛，东部发达地区对经济增长的基石作用将进一步凸显。

一、2023 年区域经济发展分析

1. 区域经济增长趋于均衡

从近几年的区域经济运行来看，中西部地区主要经济指标增长情况总体好于东部地区，东北部地区也呈现好转复苏迹象。2022 年，中部和西部地区生产总值分别达到 26.7 万亿元、25.7 万亿元，占全国的比重由 2012 年的 21.3%、19.6% 提高到 2022 年的 22.1%、21.4%。特别是人均地区生产总值，东部与中部、西部地区之比分别从 2012 年的 1.69、1.87 缩小至 2022 年的 1.50、1.64。2023 年第三季度，从地区来看，东部地区的生产总量达到了 469817 亿元，增长了 5.41%；中部地区的经济总量为 202331 亿元，增长了 4.68%；西部地区的经济总量为 193204 亿元，增长了 5.29%；东北部地区的经济总量为 42224 亿元，增长了 4.72%（见表 1）。数据显示，四大地区的经济增长保持了一定的平衡，为我国经济整体的稳定发展提供了良好的基础。

从经济总量看，2023 年前三季度广东和江苏的地区生产总值都突破了 9 万亿元，位列前二；山东继续位居第三，位于 6 万亿梯队，达到 68125 亿元；浙江位居第四，达到 59182 亿元，距离破 6 万亿元仅一步之遥；河南、四川、湖北位于4万亿元梯队；福建、湖南、安徽、上海、河北、北京位于3万亿元梯队；处在2万亿元梯队的省份有5个，分别是陕西、江西、重庆、云南、辽宁。2023年前三季度，已有13个省份突破3万亿元，18个省份突破2万亿元。

表1 各地区生产总值分季度累计增长率 （%）

地区	2022年				2023年		
	第一季度	第二季度	第三季度	第四季度	第一季度	第二季度	第三季度
东部	4.49	1.82	2.54	2.59	4.17	6.07	5.41
中部	5.82	3.96	4.32	3.98	4.35	4.43	4.68
西部	5.49	3.70	3.26	3.26	4.70	5.00	5.29
东北部	0.75	-0.03	1.40	1.31	5.56	5.84	4.72

从经济增量来看，沿海经济大省江苏经济增量超过了2022年同期增量第一名的山东，以4527.3亿元位居第一。增量前十的其他省份分别为广东、山东、浙江、四川、湖北、上海、安徽、湖南、北京，这十个省市的经济总量均超过3万亿元。

从经济增长率看，西藏、海南领跑，有17个省市增长率超过5.2%，12个省市增长率超过6%，分别是西藏（9.8%）、海南（9.5%）、内蒙古（7.2%）、甘肃（6.6%）、四川（6.5%）、宁夏（6.4%）、浙江（6.3%）、安徽（6.1%）、新疆（6.1%）、湖北（6%）、上海（6%）、山东（6%）。经济总量前十的省份里，江苏、山东、浙江、四川、湖北、安徽6个省份的增长率都超过了全国经济增速。黑龙江和陕西增长率列最后两位，不足3%（见图1）。

2023年前三季度各地区经济增速与上半年相比，有11个省份呈现出加速态势，河南和安徽持平，其他省份三季度经济增速均出现下滑。上海、黑龙江、吉林、陕西、青海均出现1个百分点以上的下滑；西藏、广西、新疆、四川、重庆、江西则出现1个百分点的提升。

分析2023年各地区经济增速差异原因，一是基数效应。受疫情影响，2022年一些地区经济增速偏低，因此2023年出现不同程度的反弹。比较明显的是上海，2022年上半年疫情严重而使经济折损明显，因此2023年上半年上海经济增长率达到9.7%，不仅远快于全国的5.5%，而且还是各省市的领跑。二是工业增长差异。2023年前三季度，上海、江苏、浙江、安徽的第二产业增加值总量为88399.47亿元，占全国第二产业增加值的24.99%，第二产业分别增长4.2%、6.6%、5.1%、6.6%，规模以上工业增加值增长3%、7.2%、5.5%、

7.3%，带动其同比增量和增速排名均位于全国前十。同样，内蒙古的高增速，也与工业有关。2023 年前三季度，内蒙古全省规模以上工业增加值同比增长 7.6%，工业占全省生产总值的 41.7%，对经济增长的贡献率为 36.1%，特别是能源工业对规模以上工业增长的贡献率近四成。三是旅游市场恢复。比如海南，旅游行业对其 GDP 的贡献“功不可没”，有力推动了海南经济的发展。2023 年前三季度数据显示，海南接待过夜游客增长 44.9%，旅游总收入增长 59%。

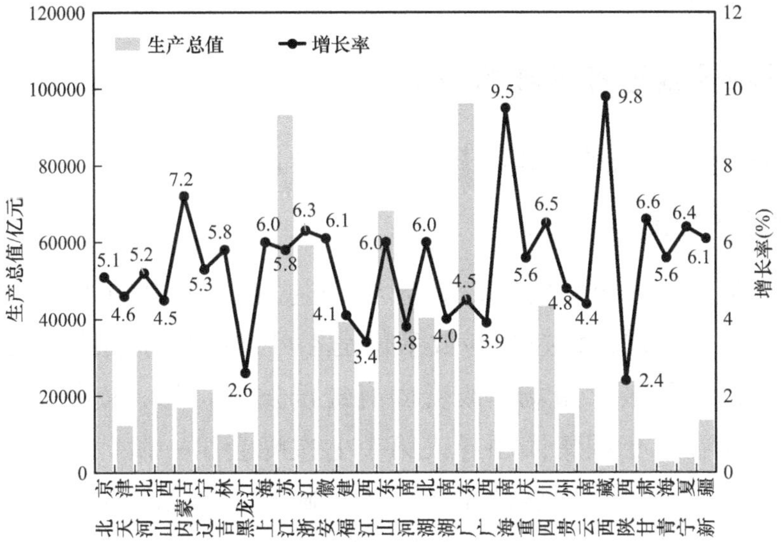

图 1　2023 年前三季度各省市生产总值及增长率

总的来看，2023 年上半年，全国经济逐步恢复常态化运行，国民经济回升总体向好。但实际上全国与部分地区经济增长不及预期。与 2022 年同期相比，部分地区经济增长依旧缓慢，尤其是工业经济发展受阻，国内经济持续恢复发展的基础仍不稳固。

2. 区域协同发展逐步成为共识

2023 年 9 月 5 日，在商务部指导下，上海、江苏、浙江、安徽商务主管部门在北京签署《深化长三角区域市场一体化商务发展合作协议》。根据合作协议，上海、江苏、浙江、安徽商务主管部门将重点在推进市场规则制度共通、商业基础设施共联、商贸流通体系共享、农产品产销协作共赢、供应链区域合作共促、市场消费环境共建六个方面深化务实合作，推进高水平开放，促进大流通，构建大市场，持续推动长三角区域市场高效畅通和规模拓展，加快营造更加稳定、公平、透明、可预期的营商环境，助力全国统一大市场建设。三省一市将建立商务联动合作机制，加强信息交流，建立数据共享机制，统筹推进区域市场一体化工作。在2023年11月7日举行的京津冀中医药协同发展“三环五融通十百千万”京廊起点工程启动大会上，北京市中医管理局、天津市卫生健康委员会、河北省中医药管理局共同签署了《关于深入推进京津冀协同发展中医药合作协议》。未来三年，三地将围绕中医药发展的人才环、服务环、产业环加强协同，进一步整合资源、突破壁垒、凝聚合力，携手打造全国中医药传承创新发展典范。

二、影响区域经济发展的因素

展望2024年区域经济发展，主要要考虑如下因素：

1. 数字经济发展

新征程上创新是区域发展的直接动力，科技创新及其衍生出的数字经济正悄然改变区域经济格局，科技化与数字化是不可逆的全球潮流。数据这一新要素的加入将革新传统要素市场、改变固有经济发展格局、创新区域发展范式。正如习近平主席在二十国集团领导人第十七次峰会第一阶段会议上所指出的，数字经济是促进当今世界发展的重要因素。随着大数据、物联网、人工智能、区块链等数字技术迅猛发展，数字经济已成为国家经济增长的“新引擎”。数字经济以数据为核心生产要素，其资源配置所涵盖的空间既包含了现实世界，也囊括了以互联网为代表的虚拟平台。区域经济发展如何，很大程度上将取决于数字经济的发展状况。

各地数字经济发展基础、产业结构有所差异，导致区域间数字经济发展质量和水平各不相同。在某种程度上，区域间数字经济发展不平衡可以理解为数字经济发展所处的阶段不同。《中国区域创新能力评价报告2023》显示，2023年广东省区域创新能力综合排名依然保持第一位，连续七年居全国首位；北京、江苏分别排名第二位和第三位，浙江和上海分别排名第四位和第五位，前五位排名与去年保持一致。总体来看，东部地区凭借较强的数字技术应用水平和创新水平、较大规模的市场、较发达的数字产业等优势大力集聚资源，数字经济基础设施较为完善，数字经济发展具备良好基础，在地区经济发展中具有比较明显的优势。截至2022年年底，长三角、粤港澳大湾区和京津冀地区数字经济核心产业发明专利有效量占国内数字经济核心产业发明专利有效量的71.3%，呈现“三强鼎立”的态势。东部地区加速培育数字经济产业集群，构筑数字经济发展区域新优势；中部地区土地要素和用能资源较为充裕，但数字基础设施尚不完善，数字技术应用和创新水平在不断发展；西部地区产业基础相对薄弱，数字技术应用和创新水平相对滞后，在数字基础设施建设方面仍有较大发展空间。

2. 城市群影响

在中国960万平方公里的广阔版图上，以19个城市群串起的网络几乎覆盖了所有未来发展的关键节点，当之无愧地构建起中国在新的历史阶段的空间格局，承载着新的发展逻辑与战略。城市群在全国生产力布局中逐渐发挥战略支撑和增长极点的重要作用，承担全国和地区各生产要素的汇聚与扩散职能，是中国未来城市和城镇化发展的重要方向。不过，我国东、中、西部地区经济发展不平衡的局面长期存在，分布于全国不同地区的19大城市群也处于不同的发展阶段。在发展相对成熟的五大城市群中，城市之间的联系更为密切，产业分工和功能结构更加完善；在山东半岛、粤闽浙沿海、中原、关中平原、北部湾五个处于发展壮大过程中的城市群，内部加强中心城市与周边城市的互动强度，外部承接东部地区产业转移，通过便捷的交通设施加强对西部地区的辐射带动成为发展重点；而哈长、辽中南、天山北坡等九个城市群尚处于发展初期，优化不同层级城市规模与结构、培育优势产业、提升经济实力是当务之急。

目前，我国发育较为成熟的城市群主要有京津冀、长三角、珠三角及山东半岛城市群等，总体来看，四大城市群城市层级和分工体系相对较为合理，城市群的水平处于持续提升过程中，对经济的拉动作用较强。中部地区在基础设施日益完善及产业转移的带动下经济总量不断提升，长江中游城市群、中原城市群的加速发展将在未来进一步推动中部地区的崛起。但其人才和人力资源本身已经不足，而随着长江经济带的贯通和一体化，有可能流向下游的长三角和上游的成渝，因此其带动力可能会弱于东部地区。西部的城市群由于地理位置不占优势，在人力、资源的抢夺中往往处于劣势地位，因此尽管和中部城市群已有一拼之力，但与东部还有较大距离。东北部地区受制于产业结构等因素整体相对疲弱，而通过哈长、辽中南等城市群的协作发展，加强城市间相互带动作用、发挥规模效应将促进区域整体实力的提升。

3. 民营经济发展

近年来，在我国所有经济类型企业新注册量中，民营企业长期占据98%以上的比重。2018—2023年上半年，我国累计新注册4560.7万家民营企业。其中2018—2021年，我国民营企业新注册量逐年增加，2021年全年，我国新注册918.3万家民营企业，同比增加11.5%，达近五年增量、增速双高峰；受三年疫情影响，2022年，我国新注册862.4万家民营企业，同比减少6.1%。2023年上半年，我国新注册507.8万家民营企业，同比增加18.8%。企查查大数据研究院发布的《2023年中国民营经济百强城市活力榜》显示，民营企业存量与区域经济发展水平具有强相关性，经济发达地区民营企业存量更多。同时，近年来新注册量头部城市集中程度进一步被其他城市分散，整体呈现一线城市带头、全国各地欣欣向荣的强劲势头。分区域看，东部地区民营经济发达程度明显领先。2023年9月，中央机构编制委员会办公室正式批复在国家发改委内部设立民营经济发展局，作为促进民营经济发展壮大的专门工作机构。新设立的民营经济发展局将作为国家发改委的内设机构，为促进民营经济发展提供有力的组织保障。随着各项政策的落实、专职机构的设立，或将进一步激发民营经济发展活力和内生动力，也将成为影响区域经济增长格局的重要因素。

4. 网民社会影响

截至2022年12月，我国网民规模为10.67亿，同比增加3.4%，互联网普及率达75.6%。其中，城镇网民规模为7.59亿，农村网民规模为3.08亿，50岁及以上网民群体占比提升至30.8%；全年移动互联网接入流量达2618亿GB。网民规模超10亿人，标志着我国已进入网民社会时代。进入新时代，我国建立起全球最大的信息通信网络，形成了泛在性、普惠性的互联网，出现了网民社会，又在地理空间上形成网络空间，出现了地理空间与网络空间并存又优势互补的“双重空间”新现象。在这种格局下，在网络空间中，人不迁徙或流动也有机会参与不同区域经济的高质量发展。这是新时代与过去所不同的革命性变化，会重塑区域经济发展格局。随着人工智能的应用和管理水平的提升，在线办公、在线视频、电话会议、短视频、在线文档协作编辑等在线工作发展很快，服务能力也不断提升。在线工作和服务能力的不断提升，使更多的人使用互联网而便捷高效地投入高质量发展，有利于缩小地理空间距离，促进区域间均衡发展。

5. 产业转移

过去几十年，我国经济的高速发展得益于全球化，但由美国主导的去全球化以及中美脱钩，加上新冠疫情，加速了发达国家逆全球化的步伐。尽管我国适时推出了“一带一路”的新型全球化战略，但逆全球化也迫使我国加快构建产业转移的“内循环体系”，即东部沿海地区可以专注高端制造，而中西部地区从事中低端制造。这不仅是疫情后加速扩大内需的重要手段，同时也是新时代区域协调发展中的产业分工需要。

按照产业经济的雁阵模式和世界制造业转移的路径，我国的东部地区成就了中国制造业大国的梦想。但随着我国经济水平的提高，制造业开始了新的转移，原本寄希望于在国内消化，产业由东部向中西部地区转移，但囿于各种因素，前些年却转向了东南亚等国。为此，2023 年以来，我国举办了多场产业转移发展系列对接活动。中西部地区将以活动为契机，进一步深化省部合作、政企合作，优化营商环境、主动做好服务，促进有效市场和有为政府更好结合，推动形成合理的区域产业分工和产业转移梯度，把潜在优势加快转化为综合优势，为提升我国产业链供应链韧性、促进区域协调发展做出贡献。预计 2024 年国内产业转移将呈现向好态势，从而促进中西部地区经济发展。

三、2024 年区域经济发展判断

1. 区域政策取向基本判断

未来一段时期，我国区域协调发展的总目标是实现区域经济规模协调、区域发展水平趋近、区域发展差距持续缩小、基本公共服务适度均衡、人民群众福祉趋于均等化，与我国到 2035 年基本实现社会主义现代化、21 世纪中叶建成社会主义现代化强国的中长期目标高度一致和有效衔接。区域协调发展政策取向：一是从补要素短板为取向的倾斜性扶助战略，转向实施综合提升发展能力的全面战略；二是从旨在填平要素禀赋缺口的政府主导性支持政策，转向政府着眼于营造良好的营商环境，构建要素充分流动和有效配置的体制机制，促进全国统一市场的形成；三是从实施基于宏观层面大板块划分的区域均衡发展战略，转向进行更加精细的区位界定，更加面向地方特殊难点和比较优势，部署更具体有效的政策举措。

2. 外贸格局会出现一定变化

海关总署发布的外贸进出口统计数据显示，2023 年前三季度 31 个省份中有 9 个省份出口增幅超过 10%，在高增长地区中，西藏、黑龙江和新疆分别增长了

125.2%、49.1%和488%，增速位居全国前三位，内蒙古增速也超过20%。这些地区出口高增长，一是中国与中亚、俄罗斯的贸易大幅增长，二是边境贸易增长迅速。这反映了中国出口增长的主要方向：东盟、中亚及俄罗斯。2024年，中西部地区得益于我国与“一带一路”沿线国家联系的加强，通道优势逐步显现，外贸潜力得以释放。东北地区在目前中西方博弈加剧、西方奉行“去风险”的大背景下，中俄贸易可能会继续走高，带动东北地区外贸持续增长。特别是海关总署出台的《海关总署关于推动加工贸易持续高质量发展改革实施方案》，围绕提升便利化水平、促进区域协同发展、筑牢安全发展防线三个方面提出16条改革措施，其中为了支持中西部和东北部地区承接加工贸易梯度转移，提出了简化国内采购设备出区手续、支持加工贸易新兴业态发展等三项举措，有利于中西部地区提高加工贸易发展水平。由此，我国地区外贸格局会逐步出现变化。

3. 消费需求增幅差异不大

2023年前三季度，随着一系列促消费政策持续发力显效，市场活力不断增强，消费新业态新热点持续涌现，消费市场保持稳定恢复态势。市场销售恢复向好，基本生活类和升级类商品销售良好，线上消费较快增长，服务消费需求持续释放。分地区看，受上年基数（疫情因素）影响，各地区社会消费品零售总额增幅参差不齐（见图2）。展望2024年，各地区消费需求增幅差异预计将明显缩小，原因在于2023年以来，各地区居民人均可支配收入增长相差无几。

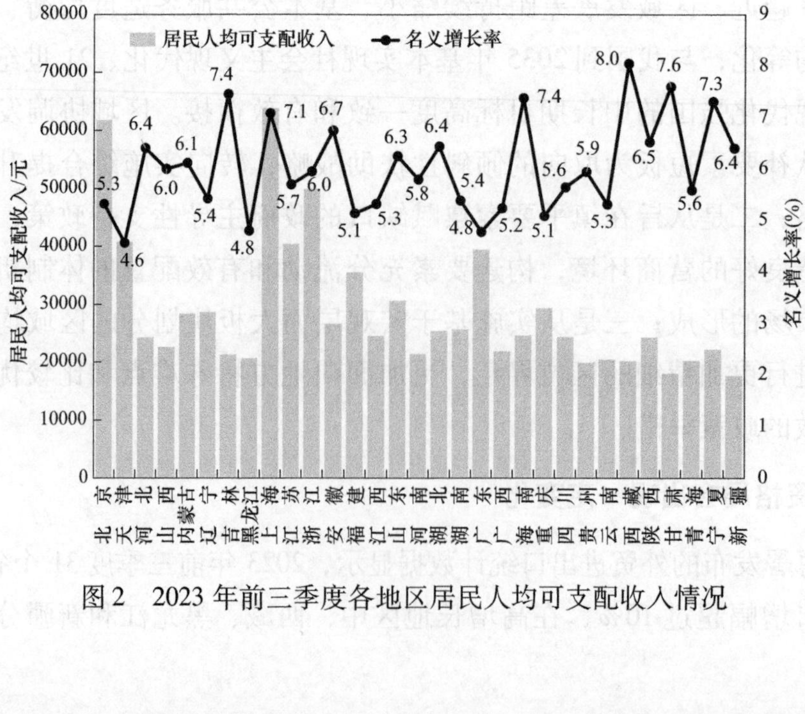

图2 2023年前三季度各地区居民人均可支配收入情况

4. 固定资产投资增幅差异较大

与地区生产总值增长相对均衡比较而言，各区域2023年前三季度固定资产投资增幅差异很大。分区域看，东部地区一枝独秀，1—9月增长5.4%，且各月间增幅相对平稳；中部、西部和东北部地区1—9月均是负增长，且各月之间差异较大（见表2）。

表2 2023年各区域固定资产投资累计增速 (%)

地区	1—2月	1—3月	1—4月	1—5月	1—6月	1—7月	1—8月	1—9月
东部	5.8	6.5	6.2	6.6	6.4	5.9	5.6	5.4
中部	4.1	1.5	-1.3	-2.5	-1.7	-1.9	-1.6	-0.9
西部	6.3	4.9	3.2	2.2	0.8	-0.3	-0.6	-0.4
东北部	4.9	13.7	9.8	1.7	2.2	-1.9	-3.1	-2.7

分地区看，各省份固定资产投资增速差异更大，西藏、内蒙古和上海固定资产投资增幅超过20%，分别达到57.5%、26.2%和25%。有17个省市维持正增长，有11个省市投资增幅为负，降幅最大的天津为-20.8%。

各地区投资增幅出现如此大差距的原因如下：一是基数效应。比如上海、西藏之所以出现这么高的增幅，与其上年两位数的负增长密切相关。二是民营经济发展程度不同。2023年以来，东部发达地区投资增幅相对稳定，部分原因就在于其市场经济相对活跃，民营经济逐步走出低迷，信心恢复好于内陆地区。三是房地产投资走势差异比较大。受房地产市场供求关系变化、部分房地产企业暴雷影响，全国房地产投资呈现下降趋势，各地区人口、市场环境不同导致房地产投资差异很大，由此也对固定资产投资带来极大影响。2024年，基数效应基本消失，但后两项因素仍将存在，特别是相关部门在解决制约民营经济发展的难点、堵点、痛点问题上持续发力，推动公平竞争等政策落实，将激发民间投资活力，对不同区域产生的效应也有所不同，房地产投资增幅差异也将持续存在。因此，各地区间投资增幅仍将出现比较大的差异。

5. 总体判断

改革开放四十多年，我国三次产业结构由“二一三”向“二三一”，再向“三二一”演变，服务业逐渐成为经济发展的主导产业。从三次产业结构来看，1978年三次产业结构比例为27.7:47.7:24.6，2022年三次产业结构比例优化为

7.3:39.9:52.8，四大区域板块产业结构也体现出“由重到轻”的变化趋势，区域经济增长的主动力逐渐由第二产业转向第三产业。2023 年前三季度，随着经济稳步恢复，服务需求加快释放，宏观政策持续显效发力，积极因素不断积累，服务业经济实现较快增长，结构优化升级稳步推进，市场预期总体向好。2023 年 9 月份，服务业商务活动指数为 50.9%，比 8 月份上升 0.4 个百分点，服务业扩张有所加快。从市场预期看，2023 年 9 月份业务活动预期指数为 58.1%，比 8 月份上升 0.3 个百分点，表明服务业企业对市场恢复发展预期向好。服务业经济持续恢复向好，将进一步增强经济内生动力，为经济平稳发展奠定基础。东部发达地区第三产业占比高，服务业持续向好，加上民间经济活跃度上升，将带动东部地区经济增幅维持在略高于平均水平之上。

“无工不强”，2023 年中部地区前三季度经济增幅垫底，很大原因在于第二产业中工业及其制造业增长放缓。2024 年，在国内产业转移加快、城镇化继续稳步推进的情况下，加上 2023 年相对的低基数，中西部工业增幅有望回升，叠加西部对外贸易的活跃，预计西部地区经济增幅基本与平均水平相当，中部地区可能略低于平均水平。

2023 年以来，东北部地区 GDP 增速一改往年的颓势，上半年经济增速高于全国平均水平，第一季度甚至领跑全国，前三季度略低于全国平均水平。主要原因在于中俄双边合作不断加强，为东北经济复苏回暖提供了重要推力；加上国家政策支持，产业结构有了变化。2024 年，东北地区经济有望继续回稳，与全国水平差距缩小。

四、促进区域协调发展的建议

当前，我国发展不平衡不充分的问题仍然突出，区域经济发展分化态势明显，发展动力极化现象日益突出，部分区域发展面临较大困难。经济和人口向大城市及城市群集聚的趋势比较明显，“大城市病”问题仍待进一步破解。欠发达地区、革命老区、生态退化地区、资源型城市和老工业基地在发展中仍面临诸多困难和制约，发展的平衡性协调性仍需进一步提升。

1. 建设各具特色的创新平台

从创新产业发展规律来看，创新产业发展主要取决于创新知识的积累而非成本最小化，更加趋向于在创新资源丰富的中心城市聚集，而非区域化分散，如北京、上海、广东三地研发投入占全国比重在 30% 以上，中科院院士占比更是高达60%以上。应依托国际科技创新中心、综合性国家科学中心、区域科技创新中心等创新资源密集区，集聚人才、知识和信息，形成国内外高等院校、科研机构和相关科技企业交流与合作平台、国际和区际交流合作平台、产学研沟通平台等，共建共享实验室设施、大数据信息平台、成果展示平台、学术交流平台、科教实习基地、科技服务平台等，健全相关体制机制和科技管理服务保障。除国家和地区级的地域创新综合体外，其他地区也应结合本地特色和优势，通过地区创新实现内生发展。相比创新资源高度集聚的创新中心而言，地方往往在某一细分领域的生产制造环节具有极强的专业性，并聚集了一批专业化生产的中心企业。地方应充分利用本地资源，围绕优势专业技术领域的关键环节，有针对性地吸纳和整合科技资源，营造专业创新综合体，支撑特色鲜明的产业集群，形成一批专精特新“单打冠军”。同时，应推动经济区与行政区适度分离，加强地方跨行政区域的创新资源获取能力，秉持“不求所有、但求所用”的原则，柔性引进科技人才和风险资金，推广“科技飞地”模式，激励地方将企业、园区的研发中心、孵化器布局在北京、上海、粤港澳大湾区等创新资源密集地区。

2. 在推进中国式现代化中把握区域协调发展

推进中国式现代化，需要在高质量发展中解决区域发展不平衡、不充分的问题。我国幅员辽阔、人口众多，各地区自然资源禀赋差别很大，区域经济发展不平衡、不充分是客观现实。着眼于推进中国式现代化的要求，必须在加快区域发展的同时紧抓“协调”二字，在发展中促进相对平衡，在推动经济发展的同时注重生态环境保护，统筹推进西部大开发、东北全面振兴、中部地区崛起、东部率先发展，统筹京津冀协同发展、长江经济带发展、粤港澳大湾区建设、长三角一体化发展、黄河流域生态保护和高质量发展等区域重大战略实施，统筹重点开发地区、生态脆弱地区、能源资源地区等地区的发展。

3. 形成彰显优势、合理分工的区域经济布局

推动区域协调发展，需依托重大战略打造新增长极。各地区要在全国统一大市场中充分发挥各自比较优势，不搞自我小循环，在整体发展和相互协作中努力实现差异竞争、错位发展，走合理分工、优化发展的路子。西部地区要把握向西开放的战略机遇，大力发展特色优势产业，抓重点、补短板、强弱项；东北部地区是我国重要的工业和农业基地，需从维护国家国防安全、粮食安全、生态安全、能源安全、产业安全的高度，全力破除体制机制障碍，推动全面振兴、全方位振兴；中部地区要积极融入国家战略，强化“一中心、四区”战略定位；东部地区要加快培育世界级先进制造业集群，不断提高创新能力和经济增长能级。同时，强化区域协调联动，持续缩小区域发展差距，努力实现基本公共服务均等化、基础设施通达程度比较均衡、人民基本生活保障水平大体相当。

4. 推动产业梯度有序转移

推动产业梯度有序转移，是党中央、国务院的重大决策部署，是有效应对外部风险挑战、推动区域协调发展、构建新发展格局的一项战略任务，是中西部地区构建现代化产业体系、推动高质量跨越式发展的重大机遇。作为承接产业转移的主体省份，应聚力推进园区建设，突出规划引领、优化空间布局，集中资源要素、创新共建模式，打造承接产业转移的主阵地；聚力推动政策协同，推进高质量发展，精准对接企业需求，谋划出台针对性强的政策举措；聚力打造综合优势，打造一流营商环境；聚力引育经营主体，推动重点企业及重点项目链式引进、集群承接、做大做强。

5. 促进民营企业发展

民营企业产生于市场经济环境，对市场供求关系最为敏感，其经济行为受供求关系支配，是资源配置最活跃最具效率的经济细胞。区域经济一体化的核心动力是要素自由流动，而民营企业是要素自由流动的重要载体，民营企业的发展壮大自然带动区域经济一体化发展。但是当前民营企业个体规模大多偏小，在发展过程中面临着诸多困境，推动区域经济一体化发展，既需要企业的主动作为、自我突破，也需要政府为民营企业提供优良的制度政策环境，构建民营企业与政府间的双向联动机制。

（作者：胡少维）

市场预测篇

2023 年汽车市场分析与 2024 年展望

2023 年，我国国产汽车销售量、汽车出口量以及国内汽车需求量都迎来增长，内需销量更是经历 5 年的连续下降后，首次实现正增长。2023 年，汽车内需销量为 2599 万辆，较 2022 年增长 5.9%。其中，乘用车和商用车双双实现正增长，乘用车内需量延续上两年的增长态势，实现 2241 万辆的销售，比 2022 年增长 4.6%，商用车内需量结束了连续 2 年的大幅下滑，迎来了较为显著的恢复性增长，实现了 328 万辆的销售，比 2022 年增长 20.3%。2024 年，我国汽车市场在长期趋势、宏观经济、产业政策、市场促销的综合作用下，销量还将继续稳步上升，预计全年汽车内需销量将增长 3% 左右。

一、2023 年我国汽车市场评价

2023 年，我国汽车市场走势呈现三大亮点：一是国产汽车销量快速增长，再创历史新高；二是我国汽车出口量跃居全球第一，且趋势不可逆；三是我国汽车内需量连续 5 年下降后，首次迎来正增长。

1. 国产汽车销量快速增长，再创历史新高

2023 年，国产汽车总销量创下历史新高，从 2022 年的 2686 万辆增长到 3009 万辆，增量达 323 万辆，增速为 12.0%，销量超过 2017 年创下的 2888 万辆的历史高位，较 2017 年增加 121 万辆。2017 年，我国国产汽车销量达到历史峰值点后，汽车市场就开始进入需求平台期，汽车销量连续 3 年萎缩，后逐步恢复。

2023 年，国产汽车总销量创下历史新高主要得益于出口拉动，内销与历史最高水平尚有较大差距。从国产汽车海外出口看，2023 年我国国产汽车出口量为 491 万辆，创历史新高，较 2017 年 89 万辆和 2022 年 311 万辆的出口规模分别多增 402 万辆和 180 万辆。从国产汽车国内销售看，2023 年国产汽车国内销售量为 2518 万辆，虽较 2022 年的 2375 万辆增加 143 万辆，但仍与 2017 年的历史高位有差距，相较 2017 年 2799 万辆的国内销售量少销售 281 万辆。

2023 年，国产汽车总销量创下历史新高更多来自国产乘用车的贡献。从商用车表现看，2023 年国产商用车总销量为 403 万辆，销量较 2022 年提升 73 万辆，增长 22.1%，对国产汽车总销量的提升起到正向拉动作用，增量的贡献度为 23%，表现良好。但是，国产商用车销量较 2020 年创下的 513 万辆的历史高位仍有 110 万辆的差距，形成销量差距的主要原因是国产商用车国内销售还处于阶段性低位，出口虽有增长且达到历史峰值，但不足以弥补内销带来的需求缺口。从乘用车表现来看，2023 年，国产乘用车总销量为 2606 万辆，比 2022 年增长 10.6%，增加 250 万辆，销量创历史新高。但国产乘用车销量能够创下历史新高完全是由出口拉动，而非内销带动。2023 年国产乘用车出口 414 万辆，达历史峰值，但国内销售仅为 2192 万辆，较 2017 年的历史高位少销售 217 万辆。

2023 年，国产汽车总销量创下历史新高，标志着我国汽车产业在国内、国际两个市场双双获得竞争力的实质性提升。在国际市场，中国生产的汽车（含国际品牌）在海外市场占比连年攀升，到 2023 年达到 7.7%，较 2022 年的 5.4% 进一步提升 2.3 个百分点。在主要大市场的欧洲联盟（简称欧盟）和东南亚国家联盟（以下简称东盟），中国生产的汽车（含国际品牌）市场占有率也都呈现稳步上升的态势，2023 年市场占有率分别达到 5.9% 和 11.4%，较 2022 年分别提升了 1.1 个百分点和 2.1 个百分点。在国内市场，自主品牌乘用车市场占有率经过连续三年的攀升也创下历史新高，从 2020 年的 33.3% 提升到 2023 年的 49.8%。自主品牌与合资品牌的车价之比也稳步提升到 61.4% 的水平，量价齐升是竞争力提升的最好印证。对标先导国家历史发展经验，人均 GDP 达到 1 万美元就是一国自主品牌崛起的转折点，我国已经达到了这样的阶段，未来自主品牌销量和份额还将跟随经济发展而稳步增长。

2. 我国汽车出口量跃居全球第一，且趋势不可逆

2023 年，我国汽车出口经过连续三年的高速增长，达到 491 万辆，成为全球出口规模最大的国家，且趋势不可逆。回顾历史，2021 年，我国汽车出口摆脱了多年来在百万量级的徘徊，呈现出爆发式增长态势，出口量翻番，实现了 202 万辆的汽车出口规模。2022 年，我国汽车出口继续高位攀升，以 54% 的增速实现了超过 300 万辆的出口规模。2023 年，我国汽车出口继续保持了 58% 的增速，并实现了 491 万辆的出口规模，至此，我国汽车出口量也跃居全球第一，且趋势不可逆。从燃料类型看，燃油车和新能源车近几年均实现出口规模的快速跃升。2023 年，燃油车出口 370 万辆，较 2022 年提升 127 万辆，增长 52%。新能源车出口 121 万辆，较 2022 年提升 53 万辆，增长 77%。从车型来看，乘用车和商用车也实现了出口规模的同步增长。2023 年，乘用车出口 414 万辆，较 2022 年提升 161 万辆，增长 64%，商用车出口 77 万辆，较 2022 年提升 19 万辆，增长 32%。

2021 年以来，我国汽车出口实现连续多年的超高速增长主要有三方面原因。第一，我国汽车产品填补了国际市场的供给空白。在新型冠状病毒疫情（以下简称疫情）、原材料涨价、芯片短缺等因素影响下，欧洲、美国、日本汽车产业链受到较大冲击，成本也急剧上涨。但是，我国汽车产业链仍呈现出全面、稳定、可靠的特质，对国际品牌的供给空缺形成产能替代。第二，我国汽车产品力提升，尤其是新能源汽车产品力提升明显。近年来，我国自主品牌在国内市场获得市场份额和均价的稳步提升，印证产品力确实过硬。而且，我国汽车出口目的国受到疫情反复、经济低迷等因素的影响，消费者购买力受到抑制，中国汽车产品的高性价比优势得以发挥，正好迎合了当下的国际市场需求。第三，国内市场内卷加剧，主机厂加大主动出口力度。2018 年以来，国内市场进入需求平台期，各大汽车企业便加大海外市场运营力度，从产品、营销、服务、物流等角度全方位提升海外运营能力，将出口作为对冲国内市场低迷的重要举措。

未来，我国出口量将继续保持大规模发展，有三方面原因。一是出口企业多元化。我国已经形成以上汽、奇瑞为龙头，以吉利、特斯拉、长安、长城、比亚迪等企业为骨干的“双强、多骨干”出口态势。二是出口市场多元化。我国汽车出口目的国分布在全球各个大区和主要国家，近些年，我国对欧洲、亚洲、南美、北美的汽车出口量都实现了大幅跃升。三是国际市场需求前景仍广阔。从国际规律来看，人均 GDP 达到 1000 美元是一国汽车大规模进入家庭的始点，个别国家晚一些，在 2000 美元，自此，一国汽车需求量会随着经济增长而快速增长。当前，全球还有大量人均 GDP 刚进入 1000 美元、2000 美元的国家，这些都是适宜中国品牌开拓的海外潜力市场。一方面，其中大部分国家和我国长期保持良好的政治、经贸关系，对中国品牌好感度高。另一方面，这些人均 GDP 刚进入 1000 美元、2000 美元国家的消费者在购车时更看重性价比，中国品牌更具优势。未来，中国品牌海外销量还将随着这些潜力市场购车需求的扩张而上涨，其中，非洲、南亚、东盟、中东、中亚、拉美都聚集了大量潜力市场。

非洲：非洲 54 个国家人口合计 14.2 亿，2022 年人均 GDP 为 2072 美元，正好处于汽车大规模进入家庭、汽车需求快速增长的阶段。从历史趋势看，非洲人口近几十年一直稳步提升，人均GDP虽有波动，但整体保持向上态势，庞大的人口基盘配合向上的经济发展前景，非洲汽车市场还有巨大的发展空间。埃及、尼日利亚、埃塞俄比亚等非洲主要国家人口众多，都有1亿以上规模人口，汽车市场都处于快速发展的阶段，与我国也都有良好的经贸关系，利于中国品牌开拓市场。

南亚：与非洲类似，南亚8个国家人口合计19.2亿，2022年人均GDP为2272美元，也处于汽车大规模进入家庭、汽车需求快速增长的阶段。从历史趋势看，近几十年，南亚人口规模亦稳步提升，人均GDP也在近二十年快速攀升，人口基盘庞大、经济前景良好，汽车市场需求空间巨大。其中巴基斯坦、孟加拉国应该是中国品牌未来主力开拓的市场。不同于印度关税壁垒高、产业政策投资政策严苛，巴基斯坦和孟加拉国市场进入条件相对宽松，对中国及中国品牌的好感度也较高。

东盟：剔除新加坡和文莱两个高收入国家，东盟其他8个国家人口合计6.7亿，2022年人均GDP为4662美元，也处于汽车市场快速扩张的阶段。过去几十年，东盟人口稳步提升的同时，人均GDP也实现波动上行，近二十年间，东盟人均GDP上升尤其迅速，也预示了未来良好的增长潜力。印度尼西亚、泰国、菲律宾、越南等东盟主要发展中国家人口基盘庞大、经济发展潜力较大，也都处于汽车快速普及的阶段，是中国品牌的主力发展市场。

中东：中东也是人口众多的地区，2022年人均GDP为1.2万美元。中东内部，各国经济发展分化明显，沙特阿拉伯、以色列、阿联酋、巴林、卡塔尔、阿曼等国石油资源丰富，早已进入高收入国家的行列，但因外籍劳动力的不断涌入，各国汽车消费需求仍在增长，中国品牌汽车的机会广泛。伊朗、伊拉克、约旦、黎巴嫩等发展中国家人均GDP均处于4000~5000美元的区间，处于汽车快速普及的阶段，未来也是中国汽车品牌市场开拓的主力区域。

中亚：中亚5个国家人口合计0.8亿，2022年人均GDP为4708美元，正处于汽车持续进入家庭、汽车市场规模稳步扩张的阶段。中亚国家与我国领土接壤，与我国有着深厚的友谊与合作关系，是“一带一路”倡议的重要沿线国家，也是我国汽车“走出去”的重要市场。

拉美：拉美33个国家人口合计6.6亿，2022年人均GDP为9506美元，拉美国家人均GDP虽较其他潜力地区高，但中国品牌进入拉美地区较早，深耕多年，市场基础良好，品牌影响力较大，未来仍有较大增长潜力，尤其在巴西、阿根廷、墨西哥等国。

3. 内需量经历5年的连续下降后，首次实现正增长

2023年我国汽车内需量为2599万辆，较2022年提升145万辆，增长5.9%，是继2018年以来首次实现正增长，但是，距离2017年2926万辆的峰值水平仍有327万辆的提升空间。2017年，我国汽车内需量达到历史峰值后，市场销售就进入需求平台期，2018—2022年连年小幅下滑，2023年是近5年首次由负转正，这是乘用车和商用车双双实现正增长所带动的。

从乘用车市场看，2023年已是乘用车内需量连续第三年的正增长。2023年，我国乘用车内需销量为2241万辆，销量较2022年提升99万辆，增长4.6%，但尚未恢复到2017年2379辆的历史高位。

从商用车市场看，2023年，商用车内需量结束了连续2年的大幅下滑，迎来了较为显著的恢复性增长。2023年，我国商用车内需销量为328万辆，销量较2022年提升55万辆，同比增速为20.3%，但距离2020年492万辆的历史高点仍有较大差距。

乘用车、商用车双双实现正增长，但主要是由供给端的降价和促销带来的，需求侧拉动力量不足，大多数品牌在销量增长的情况下仍面临经营困境。2023年，我国经历了复杂严峻的国际环境和艰巨繁重的国内改革发展稳定任务，经济在2022年低基数下实现5.2%的GDP增长。出口、投资表现乏力，房地产市场深度调整，需求侧力量对汽车消费增长的支撑作用不足，汽车消费的收入效应也在一定程度上被抑制，2023年乘用车、商用车能够双双实现正增长主要得益于终端市场的大力降价促销。

二、2024年汽车市场预测

2024年，我国汽车市场需求主要受三方面因素的影响：一是长期趋势；二是宏观经济形势；三是政策环境。长期趋势决定了汽车市场的潜在增长水平，宏观经济形势会导致汽车市场需求增速在潜在增长水平的基础上上下波动，政策环境更多影响短期汽车市场，在一定时间内刺激或者抑制汽车消费需求。

1. 2024年乘用车市场预测

（1）长期趋势　从国际规律来看，一国汽车千人保有量在150辆/千人之前，汽车市场都呈现出单边上涨的态势，美国、德国、日本、韩国无不如此。一国汽车千人保有量达到150辆/千人左右，汽车市场就开始进入需求平台期，且呈现出“下降快则回升快，下降慢则恢复慢”的特征。汽车普及最早的美国在1929年进入需求平台期，汽车千人保有量为190辆/千人，同年，美国陷入经济大萧条，汽车销量逐年下滑并在1932年达到谷底，1933年，美国汽车销量才逐步企稳回升。汽车普及次早的德国于1965年进入需求平台期，当年汽车千人保有量为131辆/千人，接近150辆/千人，经过2年下滑后开始回升，回升第二年即超过1965年的销量水平。日本汽车普及时间晚于美国和德国，但同样在1973年汽车千人保有量133辆/千人时进入需求平台期，波动下滑2~3年后，又花费3年时间超过1973年的水平。汽车普及较晚的韩国也在1997年亚洲金融危机、汽车千人保有量166辆/千人时进入第一个需求平台期，经过两年需求下滑后，又历经4年恢复到接近1997年的水平。我国汽车市场运行情况也符合国际规律，汽车千人保有量在150辆/千人之前，汽车市场呈现单边上涨态势。2000—2010年，我国汽车市场年均增速超过30%，个别年份甚至达到50%~60%的销量增速。2011—2017年，我国汽车市场年均增速在10%左右，其中销量增速较高的年份可以达到15%~18%。2018年，我国汽车千人保量达到135辆/千人，接近150辆/千人，汽车市场开始进入需求平台期，市场需求出现波动，历经3年销量下滑并在2020年达到谷底，后面虽然逐步恢复但目前仍处恢复期，这一时期，市场潜在增速下降到2%~3%的水平，整体呈现出“缓慢下滑再缓步恢复”的态势。

（2）宏观经济形势　2024年的宏观经济形势基本可以支撑乘用车市场常态化平稳运行。当前，我国在促消费、扩投资、托地产、振民营等领域正大力度采取逆周期调节政策。2023年10月24日，第十四届全国人民代表大会常务委员第六次会议表决通过关于批准国务院增发国债和2023年中央预算调整方案的决议，增发国债总额为1万亿元，安排在2023年四季度及2024年使用，全部通过转移支付的方式由中央转给地方使用，精准聚焦于灾后恢复重建和提升防灾、减灾、救灾能力。政策逐步起效下，将对实体经济形成有力支撑。2023年12月份举行的中央经济工作会议明确了2024年“稳中求进、以进促稳、先立后破”的总体基调，并提出“要激发有潜能的消费，扩大有效益的投资，形成消费和投资相互促进的良性循环”。同时，中央还要求加大政策力度的同时也需提升政策协同效果，巩固经济稳中向好的基础。在政策加码下，市场对我国经济增长前景较有信心，OECD、汇丰、IMF、高盛、德意志银行等主流国际机构对我国2024年经济增长预期普遍乐观，GDP预期增速平均值为4.8%，这一经济增长水平，可以支撑2024年乘用车增长速度保持在长期趋势线附近波动。

（3）政策环境 畅通二手车流通、促进二手车出口、鼓励环保升级、鼓励电动车置换等汽车促消费政策也有望进一步促进汽车消费需求的增长。

2024年，在宏观经济和产业政策的共同作用下，汽车消费的收入效应将得以发挥，潜在需求将得到扩充，再配合降价促销，市场需求还能再度扩充。

综合来看，2024年，我国乘用车内需销量仍将小幅增长，较2023年增长3%左右。

2. 2024年商用车市场预测

（1）从长期趋势线看，未来商用车市场常态化平稳运行是主线 从乘用车内需量与商用车内需量发展变化来看（见图1），2010年之前二者保持同步快速增长。2010年之后，乘用车需求依然维持增长的总体趋势，虽然2017年到达阶段性高点之后有所回落，进入第一个平台期，但是自2021年之后又恢复增长，当前乘用车发展阶段决定了未来较长时间内依然有增长空间。然而，2010年之后商用车需求内生增长动力明显减弱，需求发展一波三折，2011—2016年明显回调，2017—2021年重回增长并处于高位，2022年大幅回调，2023年低位恢复。2011—2016年商用车需求回调主要受到前期刺激政策（4万亿元投资、汽车下乡和以旧换新补贴等）的透支影响和经济转型减速的影响。2017—2021年商用车需求重回高位主要是政策因素起作用，包括2016版《汽车、挂车及汽车列车外廓尺寸、轴荷及质量限值》（GB 1589—2016）国家标准实施，以及随之而来的超载治理，席卷全国大部分区域的国Ⅲ排放汽车提前淘汰，高速公路由计重收费向按轴收费改革，疫情期间高速公路阶段性免费通行，柴油国Ⅵ排放升级等，密集的政策实施激发了大量新车购买需求，使得商用车内需量超过经济水平增长，同时也透支了后续几年的购车需求，成为2022—2023年需求低位的主要原因，2024年仍将处在前期政策消化期。

从长期趋势线看，商用车内需量高增长的时期已经成为历史，未来常态发展是主线，其背后的主要原因是经济发展阶段的变化。党的二十大报告提出到2035年“建成现代化经济体系，形成新发展格局，基本实现新型工业化、信息化、城镇化、农业现代化”的重要目标，并且“推进新型工业化，加快建设制造强国、质量强国、航天强国、交通强国、网络强国、数字中国”作为建设现

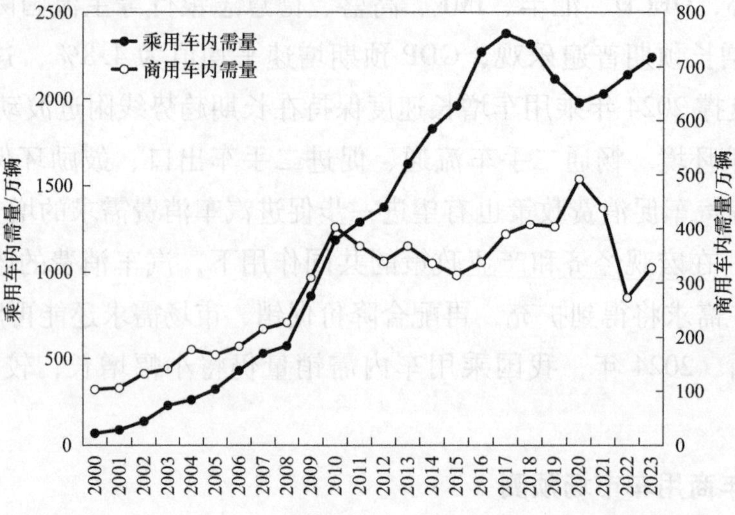

图1 2000—2023年我国乘用车内需量与商用车内需量走势

代化产业体系的首要任务。相较于传统工业化而言，新型工业化强调生产智能化、分工网格化、产品定制化、过程绿色化，在保证分工效率、提升劳动生产率和资源利用率的同时，通过应用大数据和互联网等新技术，推动制造业从数量扩张向质量提高的战略性转变。在推进新型工业化的同时，我国产业结构也将实现转型升级，全社会需求由以物质型为主转向服务型为主的特点将更加突出。此外，伴随着铁路、公路、机场等传统基础设施的日趋完善，我国基建投资也逐渐从传统基建向新基建转变。由于上述经济发展阶段的转变，从长期趋势线来看，全社会货运强度（单位GDP所产生的货运需求）将较前一时期有所下降，未来5%左右的经济增长能支撑商用车内需实现常态化平稳运行，但不能支持其实现高速增长。

（2）从2024年经济发展看，基本可以支撑商用车市场常态化平稳运行

2024年，积极的财政政策将“适度加力、提质增效”，稳健的货币政策将“灵活适度、精准有效”，带动全社会货运需求平稳增长，支撑商用车市场常态化平稳运行。固定资产投资预计增长4.5%左右，2023年新发的1万亿元国债将在2024年起效，基建投资将继续发挥较强的托底作用；技改投资需求持续释放，高科技制造业维持强势，民间投资逐步回暖，金融保持较强支持力度叠加外需有所回暖，制造业投资将保持平稳较快增长；房地产政策将继续保持支持态度，促进居民购房需求逐步释放，满足包括民营房地产企业在内的合理融资需求，加快推进保障性住房建设、“平急两用”公共基础设施建设、城中村改造等“三

大工程”建设，房地产投资跌幅将较2023年收窄。在消费方面，就业形势改善、居民收入上升、房地产企稳、服务消费较快增长、CPI和PPI回暖带动消费品价格提升、促消费政策进一步加力等积极因素推动下，预计2024年社会消费品零售总额增长5.0%左右。2024年出口增速预计由降转升，净出口对经济增长的贡献率由负转正，尽管外需回暖有限，但全产业链优势、商品结构升级和贸易伙伴多元化战略等使得中国出口具备较强韧性。

（3）从政策和环境因素看，2024年商用车市场具有结构性增量机会　对于商用车市场而言，2024年不是一个“政策大年”，暂未看到类似于GB1589—2016修订、国Ⅵ排放标准升级这类对市场需求总量带来巨幅波动的政策。综合评估政策和环境因素来看，2024年商用车市场具有较多结构性增量机会，主要体现在三个方面：一是新能源商用车增长机会。在“双碳”和“环保”的双重目标下，多个国家部委从多个领域发布了有助于商用车电动化的政策，例如生态环境部主导的“工业环保分级管理体系”，工业和信息化部主导的“公共领域车辆全面电动化”，交通运输部主导的“城市绿色货运配送示范工程”，国家发展和改革委员会主导的“国家碳达峰试点建设方案”等。二是国Ⅲ、国Ⅳ柴油车淘汰更新机会。《“十四五”节能减排综合工作方案》《中共中央、国务院关于深入打好污染防治攻坚战的意见》等文件中提到，要在2025年全国基本淘汰国Ⅲ及以下排放标准汽车。2022年以来，北京、陕西、上海、浙江、河南等省市率先发布政策，积极鼓励国Ⅳ排放标准柴油货车的淘汰更新，但受制于整体经济效益欠佳和货运行业车多货少局面，国Ⅲ、国Ⅳ排放标准柴油货车的淘汰政策对于新车销售的促进作用尚未体现，预计2024年随着政策力度加大和货运行业效益边际改善，对新车的促进效果将逐渐显现。三是天然气商用车增长机会。2023年天然气重卡在柴油－天然气价格差拉大的情况下实现307%的超高速增长，达到15.2万辆，对柴油重卡形成替代。预计2024年我国天然气供给环境仍相对宽松，天然气价格预计仍然具有竞争力，天然气商用车依然面临良好的发展环境，主要有以下原因：我国液化天然气产业发展迅速，产量将保持增长；近年来我国逐渐放宽了天然气进口主体的政策制约，社会资本大量参与到天然气进口和天然气接收站建设中，天然气进口和储备能力提升。从近期发展趋势来看，天然气商用车正在从传统的华北和西北区域向更广大的区域扩散，天然气车型正在从牵引车向载货车扩散，产品力向大马力、长续航方向提升，适应场景正在从资源品运输向快递快运等多场景渗透，这一系列的结构性优化，使得天然气商用车的发展基础更加扎实。预计 2024 年天然气车对柴油车的替代将继续发生，促进一定程度的提前换车和部分新购，有利于商用车总需求增长。

综合以上三方面分析，2024 年商用车内需预计将达到 343 万辆，比 2023 年增长 5% 左右。

综合上述分析，在各项积极因素的作用下，2024 年我国汽车内需销量有望达到 2670 万辆，比 2023 年增长 3% 左右。汽车出口量继续保持在高水平，我国汽车国际化进程进一步加快。

（作者：徐长明）

2023 年客车市场现状及 2024 年基本判断

一、2023 年客车市场现状

1. 市场总量恢复增长

2023 年，中国客车统计信息网重点关注的 33 家企业累计销售 5m 以上客车 136161 辆，同比增长 6.26%。其中，座位客车增长 51.42%，校车下降 24.34%，公交客车下降 27.16%，其他客车增长 0.1%（见表 1）。25 家企业有新能源客车销量，5m 以上新能源客车销量为 46076 辆，同比下降 30.77%。传统客车销量为 90085 辆，同比增长 46.28%，其中座位客车增长 59.61%、公交客车增长 56.13%。总销量中，大型客车销量为 53292 辆，同比增长 5.9%，中型客车销量为 34634 辆，同比增长 2.23%，轻型客车销量为 48235 辆，同比增长 9.78%。

表 1　2023 年客车销量同比情况

比较项目	车型	总计	$L>12m$	$11m<L\leq12m$	$10m<L\leq11m$	$9m<L\leq10m$	$8m<L\leq9m$	$7m<L\leq8m$	$6m<L\leq7m$	$5m<L\leq6m$
2022 年销量/辆	合计	128138	3501	21244	25579	3267	23766	6845	8054	35882
	座位客车	50319	1665	8650	4849	845	3324	3893	2203	24890
	校车	5061	—	135	845	1176	246	1146	416	1097
	公交客车	61237	1662	12138	19694	950	19778	709	5175	1131
	其他	11521	174	321	191	296	418	1097	260	8764
2023 年销量/辆	合计	136161	10050	22538	20704	3730	22953	7951	6585	41650
	座位客车	76191	5186	15008	7879	1472	8630	5638	2476	29902
	校车	3829	—	97	949	793	184	864	247	695
	公交客车	44608	4823	7244	11695	1300	13822	670	3533	1521
	其他	11533	41	189	181	165	317	779	329	9532
差额/辆	合计	8023	6549	1294	-4875	463	-813	1106	-1469	5768
	座位客车	25872	3521	6358	3030	627	5306	1745	273	5012
	校车	-1232	—	-38	104	-383	-62	-282	-169	-402
	公交客车	-16629	3161	-4894	-7999	350	-5956	-39	-1642	390
	其他	12	-133	-132	-10	-131	-101	-318	69	768

（续）

比较项目	车型	总计	$L>12m$	$11m<L\leqslant12m$	$10m<L\leqslant11m$	$9m<L\leqslant10m$	$8m<L\leqslant9m$	$7m<L\leqslant8m$	$6m<L\leqslant7m$	$5m<L\leqslant6m$
同比增速（%）	合计	6.26	187.06	6.09	-19.06	14.17	-3.42	16.16	-18.24	16.07
	座位客车	51.42	211.47	73.5	62.49	74.2	159.63	44.82	12.39	20.14
	校车	-24.34	—	-28.15	12.31	-32.57	-25.2	-24.61	-40.63	-36.65
	公交客车	-27.16	190.19	-40.32	-40.62	36.84	-30.11	-5.5	-31.73	34.48
	其他	0.1	-76.44	-41.12	-5.24	-44.26	-24.16	-28.99	26.54	8.76

2023 年客车行业回暖是主旋律，但整体形势仍不及预期，并且呈现出以下几个特点：

一是受新能源汽车购置补贴政策退出等因素影响，市场提前透支，2023 年新能源客车市场出现较大幅度下滑。虽然 2023 年国家发布的一系列激励市场的政策几乎都跟新能源汽车有关，例如公共领域全面电动化、新能源汽车减免车辆购置税等，但 2023 年的新能源客车销量仍严重下滑，主要原因是地方财政吃紧。

二是疫情过后，报复性旅游大大刺激了消费市场，旅游客运市场迎来大爆发，国内旅游持续升温并将保持强劲的增长势头，旅游客车需求高端化成为趋势，这也导致了 2023 年“新能源”与“传统动力”两个细分领域呈现“冰火两重天”的景象。

三是出口市场势头强劲。国内市场内卷严重，企业都把重心放在利润更大的海外市场，这也使得我国客车更多地“走出去”，在国际上抢占有利地位，促进出口市场健康发展。

四是从长期来看，我国城市公共出行总量会持续增长，特别是为应对网约车等行业外的竞争，公交企业更有动力开展定制化服务创新，而个性化、定制化的公共交通也给客车市场带来新鲜血液。随着接驳客运、定制出行和社区巴士等应用场景兴起，具备“服务最后 1km”优势的客车市场或将迎来新活力。

客车市场是汽车领域的小众市场，属于弱周期行业，其发展不但与国家经济大环境有关，而且与国家及各地出台的各项政策密不可分。2023 年国家发布的相关支持政策包括：

2023 年 1 月份，国家能源局发布了《新型电力系统发展蓝皮书（征求意见稿）》，提出要推动多领域清洁能源电能替代，充分挖掘用户侧消纳新能源潜力。推动各领域先进电气化技术及装备发展进步并向各行业高比例渗透，交通领域大力推动新能源、氢燃料电池汽车全面替代传统能源汽车；打造新型数字基础设施；提升分布式能源、电动汽车和微电网接入互动能力。

2023 年 1 月份，全国工业和信息化工作会议提出，2023 年要稳住汽车等大宗消费，实施消费品“三品”行动；用市场化办法促进优势新能源汽车整车企业做强做大和配套产业发展；加快推动人工智能、物联网、车联网、绿色低碳等产业创新发展。

2023 年 2 月份，工业和信息化部等八部门联合发布了《关于组织开展公共领域车辆全面电动化先行区试点工作的通知》，其中提出，到 2025 年实现三大目标：一是车辆电动化水平大幅提高。试点领域新增及更新车辆中新能源汽车比例显著提高，其中城市公交、出租、环卫、邮政快递、城市物流配送领域力争达到 80%。二是充换电服务体系保障有力。建成适度超前、布局均衡、智能高效的充换电基础设施体系，服务保障能力显著提升，新增公共充电桩（标准桩）与公共领域新能源汽车推广数量（标准车）比例力争达到 1:1，高速公路服务区充电设施车位占比预期不低于小型停车位的 10%，形成一批典型的综合能源服务示范站。三是新技术新模式创新应用。建立健全适应新能源汽车创新发展的智能交通系统、绿色能源供给系统、新型信息通信网络体系，实现新能源汽车与电网高效互动，与交通、通信等领域融合发展。智能有序充电、大功率充电、快速换电等新技术应用有效扩大，车网融合等新技术得到充分验证。

2023 年 3 月份，交通运输部、文化和旅游部联合发布了《关于加快推进城乡道路客运与旅游融合发展有关工作的通知》，政策提出，要加快推进运游融合发展，着力构建便捷高效、服务优质、安全有序的旅游客运服务体系，是推进交通运输与旅游服务供给侧结构性改革的重要手段。政策从提升“快进”交通网络衔接效能、提高“慢游”交通网络通达深度、完善节点设施服务功能、丰富旅游出行服务供给、推动旅游客运智慧发展、优化旅游客运市场环境、加强旅游与客运联合推介、切实强化政策保障等方面做出要求。

2023 年 4 月份，财政部发布了《关于修改〈节能减排补助资金管理暂行办法〉的通知》，政策将“实施期限至 2022 年”修改为“实施期限至 2025 年”。重点修改的内容包括新能源汽车推广应用补助资金清算、充电基础设施奖补清算、燃料电池汽车示范应用、循环经济试点示范项目清算、节能降碳省级试点、报经国务院批准的相关支出六部分内容。

2023 年 5 月份，国务院常务会议部署加快建设充电基础设施，更好支持新能源汽车下乡和乡村振兴。会议指出，农村新能源汽车市场空间广阔，加快推进充电基础设施建设，不仅有利于促进新能源汽车购买使用、释放农村消费潜力，而且有利于发展乡村旅游等新业态，为乡村振兴增添新动力。

2023年6月份，商务部发布《关于组织开展汽车促消费活动的通知》，政策提出，结合“2023消费提振年”工作安排，统筹开展“百城联动”汽车节和“千县万镇”新能源汽车消费季活动。这一政策利好新能源客车特别是新能源轻客在农村的推广。

2023年6月份，科学技术部发布了《国家重点研发计划“氢能技术”等7个重点专项2023年度项目申报指南》，该政策规范了此后我国燃料电池客车技术、智能网联客车技术的发展，有利于进一步推动我国燃料电池客车和智能网联客车的发展。

2023年6月份，国务院办公厅印发了《关于进一步构建高质量充电基础设施体系的指导意见》，政策提出优化完善网络布局、加快重点区域建设、提升运营服务水平、加强科技创新引领、加大支持保障力度五大任务，政策有利于进一步提高我国各地区特别是农村地区的充电基础设施覆盖率，补齐农村新能源客车应用短板，进而促进我国农村新能源客车的发展。

2023年6月份，财政部、国家税务总局、工业和信息化部联合发布了《关于延续和优化新能源汽车车辆购置税减免政策的公告》。在此后四年的新能源汽车购置税减免政策中，对包括新能源客车在内的新能源商用车不设限额，有利于此后新能源客车发展。

2023年7月份，国家发展和改革委员会联合工业和信息化部、公安部、财政部、交通运输部等十三部门联合发布了《关于促进汽车消费的若干措施》，其中指出了十项要点，分别为优化汽车限购管理政策、支持老旧汽车更新消费、加快培育二手车市场、加强新能源汽车配套设施建设、着力提升农村电网承载能力、降低新能源汽车购置使用成本、推动公共领域增加新能源汽车采购数量、加强汽车消费金融服务、鼓励汽车企业开发经济实用车型、持续缓解停车难停车乱问题。

2023年8月份，国家标准化管理委员会与国家发展和改革委员会、工业和信息化部、国家能源局等部门联合印发了《氢能产业标准体系建设指南（2023版）》，明确了未来我国氢能标准制定的主要目标为重点加快制修订氢品质检测、氢安全、可再生能源水电解制氢、高压储氢容器、车载储氢气瓶、氢液化装备、液氢容器、氢能管道，加氢站、加注协议、燃料电池、燃料电池汽车等方面的标准，打通氢能产业链上下游关键环节。

2023 年 8 月份，交通运输部等十一部门联合发布了《关于加快推进汽车客运站转型发展的通知》，政策以加快推动汽车客运站转型发展、保障道路客运行业健康有序发展、服务旅客安全便捷出行为主题，提出了充分认识新形势下客运站转型发展的重要意义、科学优化布局结构、合理调整存量规模、拓展站场服务功能、扩展旅游商贸服务、加强用地综合开发、营造良好发展环境七方面内容。

2023 年 9 月份，工业和信息化部等七部门联合印发了《汽车行业稳增长工作方案（2023—2024 年)》，政策目标是，2023 年汽车行业运行保持稳中向好发展态势，力争实现全年汽车销量为 2700 万辆左右，同比增长约 3%，其中新能源汽车销量为 900 万辆左右，同比增长约 30%；汽车制造业增加值同比增长 5% 左右。2024 年，汽车行业运行保持在合理区间，产业发展质量效益进一步提升。方案的具体举措包含支持扩大新能源汽车消费、稳定燃油汽车消费、推动汽车出口提质增效、促进老旧汽车报废、更新和二手车消费等内容。

2023 年 10 月份，交通运输部、国家发展和改革委员会、公安部等九部门联合发布了《关于推进城市公共交通健康可持续发展的若干意见》，政策从完善城市公共交通支持政策、夯实城市公共交通发展基础、加快落实城市公共交通用地综合开发政策、加强从业人员权益保障、加强组织实施保障五大方面提出意见。

2023 年 11 月份，工业和信息化部、交通运输部等八部门正式印发了《关于启动第一批公共领域车辆全面电动化先行区试点的通知》，政策确定北京、深圳等 15 个城市为此次试点城市，鼓励试点城市探索形成一批可复制、可推广的经验和模式，为新能源汽车全面市场化拓展和绿色低碳交通运输体系建设发挥示范带动作用。在预期目标方面，将围绕公务用车、城市公交车、环卫车、出租车、邮政快递车、城市物流配送车、机场用车、特定场景重型货车等领域推广新能源汽车，推广数量为 60 多万辆；将建设 70 多万台充电桩，0.78 万座换电站。

2023 年 11 月份，工业和信息化部、公安部、住房和城乡建设部、交通运输部联合发布了《关于开展智能网联汽车准入和上路通行试点工作的通知》，目标是通过开展试点工作，引导智能网联汽车生产企业和使用主体加强能力建设，在保障安全的前提下，促进智能网联汽车产品的功能、性能提升和产业生态的迭代优化，推动智能网联汽车产业高质量发展。

2023年12月份，国务院印发了《空气质量持续改善行动计划》，政策提出，鼓励各地对新能源城市公共汽电车充电给予积极支持。特别值得一提的是，政策要求，京津冀及周边地区、长三角地区、汾渭平原地区的90多个重点城市在更新或者新增公交客车时，80%的车辆必须为新能源车辆，这对2024年我国新能源客车市场实现恢复性增长无疑起到了巨大的支持作用。

2023年12月份，交通运输部、工业和信息化部、财政部等九部门出台了《关于加快推进农村客货邮融合发展的指导意见》，政策目标为，力争到2027年，具备条件的县级行政区实现农村客货邮融合发展全覆盖。在具体举措方面，政策鼓励推广农村客运车辆代运邮件快件和发展货运班车模式，并推广农村客货邮融合发展适配车型和应用标准化、智能化、绿色化装备设备。

在15家主流客车企业中，9家销量同比增长，6家销量同比下降，基本代表了客车行业的整体状态（见表2）。15家主流企业销量同比增长10.46%，好于行业整体水平。从销量数据来看，江铃晶马增幅最大，南京金龙降幅最大，宇通客车稳居第一名，销量超过第二、三名总和，充分显示了行业龙头企业的韧性。企业销量排名情况越来越稳定，这也表明由“政策驱动”转向“市场驱动”后，虽然市场一直在不断洗牌，竞争持续加剧，但是新的市场格局正在逐步形成。随着疫情影响的消退和经济的复苏，2023年的旅游客车市场相对乐观。2015年高峰期各地采购的新能源公交车，2023年有望批量更新，公交市场应该比现在的表现强势，但受经济下行的影响，财政吃紧，各地公交停运的新闻频频发生，更何谈购置新车。

表2 2023年累计销量前15位的企业情况

序号	企业名称	2023年销量/辆	2022年销量/辆	同比增量/辆	同比增速（%）
1	宇通客车股份有限公司	36426	30045	6381	21.24
2	北汽福田汽车股份有限公司北京欧辉客车分公司	23488	22496	992	4.41
3	金龙联合汽车工业（苏州）有限公司	10793	8606	2187	25.41
4	厦门金龙旅行车有限公司	9078	7950	1128	14.19
5	厦门金龙联合汽车工业有限公司	7888	7897	-9	-0.11
6	中通客车股份有限公司	7531	8957	-1426	-15.92

（续）

序号	企业名称	2023 年销量/辆	2022 年销量/辆	同比增量/辆	同比增速（%）
7	东风汽车股份有限公司	7294	5511	1783	32.35
8	比亚迪汽车工业有限公司	4705	4870	-165	-3.39
9	江西江铃集团晶马汽车有限公司	4333	2009	2324	115.68
10	安徽安凯汽车股份有限公司	4295	3071	1224	39.86
11	中车时代电动汽车股份有限公司	3575	4556	-981	-21.53
12	南京金龙客车制造有限公司	2915	4780	-1865	-39.02
13	浙江吉利商用车集团客车事业部	2420	1922	498	25.91
14	扬州亚星客车股份有限公司	2096	2306	-210	-9.11
15	东风特种汽车有限公司	2011	1669	342	20.49
合计		128848	116645	12203	10.46

2. 新能源客车市场格局重塑

2023 年，5m 以上新能源客车销量为 46076 辆（其中新能源公交 34803 辆，占 75.53%），同比下降 30.77%（见表 3），其中新能源座位客车增长 1.25%，公交客车下降 36.67%。

表 3　2023 年我国新能源客车销量与 2022 年同比情况

比较项目	车型	总计	$L>12$m	11m $<L\le$ 12m	10m $<L\le$ 11m	9m $<L\le$ 10m	8m $<L\le$ 9m	7m $<L\le$ 8m	6m $<L\le$ 7m	5m $<L\le$ 6m
2022 年销量/辆	合计	66553	1590	10759	21108	418	20273	1881	5510	5014
	座位客车	7066	319	1449	2622	34	1152	422	463	605
	校车	—	—	—	—	—	—	—	—	—
	公交客车	54957	1188	9306	18426	376	19062	680	4949	970
	其他	4530	83	4	60	8	59	779	98	3439
2023 年销量/辆	合计	46076	3161	6086	10507	451	14099	1506	4159	6107
	座位客车	7154	227	1384	2089	33	1088	400	640	1293
	校车	—	—	—	—	—	—	—	—	—
	公交客车	34803	2910	4701	8384	408	13008	605	3315	1472
	其他	4119	24	1	34	10	3	501	204	3342

（续）

比较项目	车型	总计	$L>12m$	$11m<L\leqslant12m$	$10m<L\leqslant11m$	$9m<L\leqslant10m$	$8m<L\leqslant9m$	$7m<L\leqslant8m$	$6m<L\leqslant7m$	$5m<L\leqslant6m$
差额/辆	合计	-20477	1571	-4673	-10601	33	-6174	-375	-1351	1093
	座位客车	88	-92	-65	-533	-1	-64	-22	177	688
	校车	—	—	—	—	—	—	—	—	—
	公交客车	-20154	1722	-4605	-10042	32	-6054	-75	-1634	502
	其他	-411	-59	-3	-26	2	-56	-278	106	-97
增长率（%）	合计	-30.77	98.81	-43.43	-50.22	7.89	-30.45	-19.94	-24.52	21.8
	座位客车	1.25	-28.84	-4.49	-20.33	-2.94	-5.56	-5.21	38.23	113.72
	校车	—	—	—	—	—	—	—	—	—
	公交客车	-36.67	144.95	-49.48	-54.5	8.51	-31.76	-11.03	-33.02	51.75
	其他	-9.07	-71.08	-75	-43.33	25	-94.92	-35.69	108.16	-2.82

新能源客车市场经过连续7年高速增长之后，从2017年开始进入调整周期，到2021年，销量已经从2016年的11.79万辆下降到5.73万辆，降幅达51.40%，是自2015年以来的销量低点，2023年再度突破这一低线（见图1）。但在新能源汽车购置补贴退出的背景下，2023年销量情况属于市场正常的反应，此后在国家“双碳”战略的驱动影响下，新能源客车市场回升是必然的。

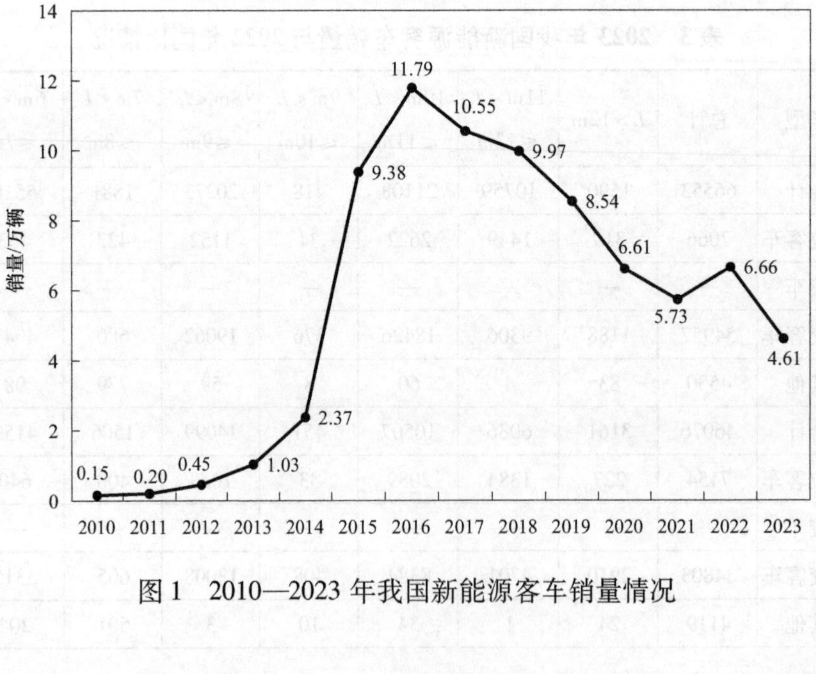

图1 2010—2023年我国新能源客车销量情况

在新能源客车市场中，各企业的市场表现差异较大。销量前15名的企业中，只有一汽客车和吉利商用车两家增长，其他13家均下降（见表4）。前15名总销量同比下降26.64%，略好于行业整体水平，说明前15名企业相对来说发展更加稳定。从各企业销量数据来看，中通降幅最大，超过50%，增幅最大的是一汽客车，2022年基数小是主要原因。

表4 2023年新能源客车销量前15名企业情况

序号	企业名称	2023年销量/辆	2022年销量/辆	同比增量/辆	同比增速（%）
1	宇通客车股份有限公司	7802	12382	-4580	-36.99
2	比亚迪汽车工业有限公司	4705	4870	-165	-3.39
3	厦门金龙旅行车有限公司	3713	4346	-633	-14.57
4	中车时代电动汽车股份有限公司	3564	4546	-982	-21.60
5	北汽福田汽车股份有限公司北京欧辉客车分公司	3202	4286	-1084	-25.29
6	金龙联合汽车工业（苏州）有限公司	3175	5496	-2321	-42.23
7	厦门金龙联合汽车工业有限公司	3034	3818	-784	-20.53
8	南京金龙客车制造有限公司	2915	4780	-1865	-39.02
9	浙江吉利商用车集团客车事业部	2420	1922	498	25.91
10	中通客车股份有限公司	2208	5032	-2824	-56.12
11	上海申沃客车有限公司	1545	2009	-464	-23.10
12	安徽安凯汽车股份有限公司	1488	1872	-384	-20.51
13	一汽解放汽车有限公司长春智慧客车分公司	1163	115	1048	911.30
14	格力钛新能源股份有限公司	1090	1739	-649	-37.32
15	成都客车股份有限公司	724	1061	-337	-31.76
合计		42748	58274	-15526	-26.64

受国补退出影响，新能源客车市场有所下滑，但也不必悲观。现在正处于市场适应的调整期，随着后续地方政策的陆续出台，新能源客车有望迎来一个全面市场化的拓展期。在“后补贴时代”，产品性价比高、供应链完善、成本控制及创新能力强的车企更容易脱颖而出，新能源客车发展前景将会越发明朗。

3. 传统客车市场稳中有升

2023年，传统客车累计销量为90085辆，同比增长46.28%，其中，座位客车增长59.61%，校车下降24.34%，公交客车增长56.13%，其他客车增长

6.05%（见表5）。

表5　2023 年传统客车销量及同比情况

比较项目	车型	总计	$L>12\text{m}$	$11\text{m}<L\leqslant12\text{m}$	$10\text{m}<L\leqslant11\text{m}$	$9\text{m}<L\leqslant10\text{m}$	$8\text{m}<L\leqslant9\text{m}$	$7\text{m}<L\leqslant8\text{m}$	$6\text{m}<L\leqslant7\text{m}$	$5\text{m}<L\leqslant6\text{m}$
2022 年销量/辆	合计	61585	1911	10485	4471	2849	3493	4964	2544	30868
	座位客车	43253	1346	7201	2227	811	2172	3471	1740	24285
	校车	5061	—	135	845	1176	246	1146	416	1097
	公交客车	6280	474	2832	1268	574	716	29	226	161
	其他	6991	91	317	131	288	359	318	162	5325
2023 年销量/辆	合计	90085	6889	16452	10197	3279	8854	6445	2426	35543
	座位客车	69037	4959	13624	5790	1439	7542	5238	1836	28609
	校车	3829	—	97	949	793	184	864	247	695
	公交客车	9805	1913	2543	3311	892	814	65	218	49
	其他	7414	17	188	147	155	314	278	125	6190
差额/辆	合计	28500	4978	5967	5726	430	5361	1481	-118	4675
	座位客车	25784	3613	6423	3563	628	5370	1767	96	4324
	校车	-1232	—	-38	104	-383	-62	-282	-169	-402
	公交客车	3525	1439	-289	2043	318	98	36	-8	-112
	其他	423	-74	-129	16	-133	-45	-40	-37	865
增长率（%）	合计	46.28	260.49	56.91	128.07	15.09	153.48	29.83	-4.64	15.15
	座位客车	59.61	268.42	89.2	159.99	77.44	247.24	50.91	5.52	17.81
	校车	-24.34	—	-28.15	12.31	-32.57	-25.2	-24.61	-40.63	-36.65
	公交客车	56.13	303.59	-10.2	161.12	55.4	13.69	124.14	-3.54	-69.57
	其他	6.05	-81.32	-40.69	12.21	-46.18	-12.53	-12.58	-22.84	16.24

2023 年疫情结束，旅游需求最终迎来大爆发。旅游客车订单和出口的大幅增长是传统客车市场增长的主要原因。但校车是传统客车的重灾区，是 2023 年传统客车唯一下降的细分市场。未打通新能源壁垒的校车行业前景堪忧，尤其在出现“通学公交车”这一替代品的当下，校车行业更显艰难。

传统客车是客车行业的基本盘，中、大型座位客车更是根基所在。2023 年是传统客车的翻身年，在新能源补贴政策退出之后，传统客车竞争力提升，实现快速增长。总的来看，2023 年传统客车市场呈现出四个特点：

一是市场销量前 15 家企业与新能源客车市场状态刚好相反，有 13 家企业同比增长，2 家企业同比下降，前 15 名企业合计销量同比增长 32.06%，同比增长超过 100% 的企业有 4 家（见表 6），由此可见，2023 年客车市场的增量以传统客车为主。二是 2023 年上半年市场份额几乎全部集中在这前 15 家企业。相比于 2022 年同期仍然有 22 家企业涉及该领域，2023 年的市场集中度更高。三是宇通依旧掌握校车“半壁江山”，2023 年销量为 2336 辆，占校车总销量的 61%。我国校车行业发展尚不成熟，在没有突破新能源壁垒之前市场难有好转。2023 年出现的“通学公交车”覆盖部分校车功能，或将抑制校车市场的增长。四是城乡交通处于发展上升期，目前交通运输管理部门正在组织城乡交通运输一体化示范创建工作，持续推进城乡交通运输基础设施、客运服务、货运与物流服务一体化建设。对于适合城乡客运发展的车型，可能成为下一个增长点。

表 6　2023 年传统客车销量前 15 名企业情况

序号	企业名称	2023 年销量/辆	2022 年销量/辆	增量/辆	增长率(%)
1	宇通客车股份有限公司	28624	17663	10961	62.06
2	北汽福田汽车股份有限公司北京欧辉客车分公司	20286	18210	2076	11.4
3	金龙联合汽车工业（苏州）有限公司	7618	3110	4508	144.95
4	东风汽车股份有限公司	7088	4393	2695	61.35
5	厦门金龙旅行车有限公司	5365	3604	1761	48.86
6	中通客车股份有限公司	5323	3925	1398	35.62
7	厦门金龙联合汽车工业有限公司	4854	4079	775	19
8	江西江铃集团晶马汽车有限公司	3751	1594	2157	135.32
9	安徽安凯汽车股份有限公司	2807	1199	1608	134.11
10	扬州亚星客车股份有限公司	1546	771	775	100.52
11	东风特种汽车有限公司	1376	1333	43	3.23
12	南京依维柯汽车有限公司	602	308	294	95.45
13	潍柴（扬州）亚星新能源商用车有限公司	352	225	127	56.44
14	桂林客车工业集团有限公司	159	505	-346	-68.51
15	一汽解放汽车有限公司长春智慧客车分公司	111	137	-26	-18.98
合计		89862	61056	28806	32.06

4. 客车出口势头强劲

作为 2023 年度我国客车市场最振奋人心的细分市场，出口市场在 2019 年后再次突破 4 万辆关卡，达到 43515 辆，同比增长 41.25%（见图 2）。其中，中型客车、大型客车出口更是喜人，达到创纪录的 32185 辆，同比增长 48.12%，总体占比 36.60%，这意味着每生产 3 辆中型客车、大型客车，就至少有 1 辆出口海外。2023 年我国客车分车型出口情况见表 7。

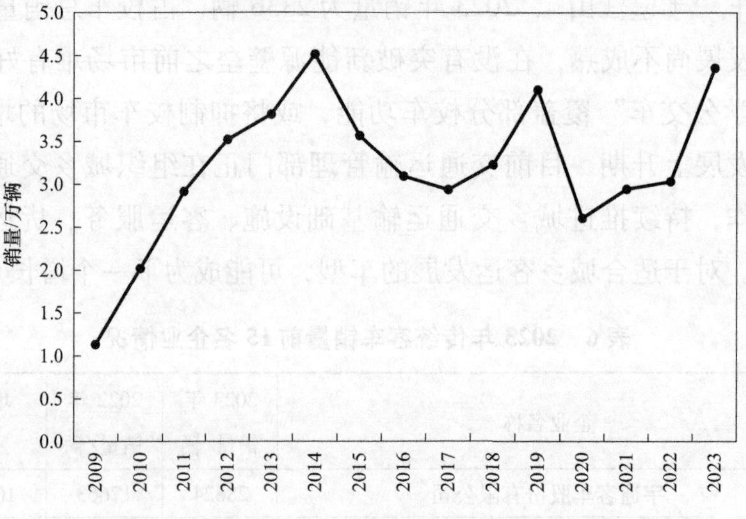

图 2 2009—2023 年我国客车出口销量情况

表 7 2023 年我国客车分车型出口情况

车型分类	2022 年销量/辆	2023 年销量/辆	同比增量/辆	同比增速（%）
大型客车	16456	24874	8418	51.15
其中：公交客车	10430	13548	3118	29.89
中型客车	5273	7311	2038	38.65
其中：公交客车	2791	3679	888	31.82
轻型客车	9078	11330	2252	24.81
其中：公交客车	220	299	79	35.91
合计	30807	43515	12708	41.25
其中：座位客车	16717	24296	7579	45.34
公交客车	13441	17526	4085	30.39
校车	135	272	137	101.48
其他	514	1421	907	176.46

在出口前十强企业中，有8家企业同比增长，增幅超过100%的有3家，分别是江铃晶马、安凯客车和苏州金龙。宇通客车以10165辆稳居行业第一，也是唯一出口销量超过1万辆的客车企业（见表8）。

表8 2023年我国客车出口销量前10名企业情况

序号	企业名称	2022年销量/辆	2023年销量/辆	同比增量/辆	同比增速（%）
1	宇通客车	5683	10165	4482	78.87
2	厦门金旅	5305	6946	1641	30.93
3	厦门金龙	6919	6629	-290	-4.19
4	苏州金龙	2589	5247	2658	102.67
5	中通客车	3001	3804	803	26.76
6	比亚迪	2060	3148	1088	52.82
7	江铃晶马	514	2076	1562	303.89
8	福田客车	2329	1365	-964	-41.39
9	扬州亚星	777	1323	546	70.27
10	安凯客车	450	1212	762	—
合计		29627	41915	12288	41.48

大型客车和中型客车出口量大幅增长，说明出口市场已经回暖。2023年出口量前十名的出口企业合计销量同比增长41.48%，接近总体市场增长幅度，说明前十名企业基本可以代表行业整体水平。

疫情前，我国主要客车企业的出口量在总销量中的占比就在逐年提高，说明国际客车市场在我国客车制造业中占有重要地位，尤其是具备性价比领先优势的新能源客车，近几年新能源客车的出口呈稳步增长，越来越多的国家选择“中国制造”。未来，新能源客车出口仍然大有空间，除了比亚迪出口车型100%是新能源客车外，宇通新能源客车出口占比仅为14.39%，金龙系新能源客车出口占比也才20.98%，都没有达到行业平均值27.15%，这也意味着新能源客车出口的增长空间很大，一旦这些主流强势企业加大了新能源客车出口，那么新能源客车出口的总量将会明显提升。2023年我国新能源客车出口企业情况见表9。

表9 2023年我国新能源客车出口企业情况

序号	企业名称	2022年出口量/辆	2023年出口量/辆	同比增量/辆	同比增速（%）
1	比亚迪	2060	3148	1088	52.82
2	厦门金旅	2138	2120	-18	-0.84
3	宇通客车	1159	1463	304	26.23
4	苏州金龙	928	1272	344	37.07
5	福田客车	1787	716	-1071	-59.93
6	亚星商用车	590	589	-1	-0.17
7	厦门金龙	202	556	354	175.25
8	一汽客车	—	484	484	—
9	中通客车	486	481	-5	-1.03
10	扬州亚星	427	472	45	10.54
11	江铃晶马	—	217	217	—
12	安凯汽车	6	159	153	2550
13	东风特汽	50	76	26	52
14	丹东黄海	18	36	18	100
15	奇瑞万达	3	9	6	200
16	吉利商用车	17	8	-9	-52.94
17	广西申龙	2	8	6	300.1
	合计	9873	11814	1941	19.66

随着“一带一路”倡议的持续推进，我国客车出口市场潜能将被进一步释放。同时，近几年我国大力发展新能源客车，使得我国客车出口实现弯道超车，特别是随着欧洲、拉丁美洲、“一带一路”倡议沿线国家和地区的新能源化进程的提速，以及巴黎奥运会等国际赛事的需求拉动，海外新能源客车市场将持续发力，继续红火。

二、对2024年客车市场的基本判断

对2024年客车市场基本判断如下：全年5m以上客车销量为15.5万辆，同比增长10%。其中座位客车总销量为8万辆，同比增长10%；公交客车总销量为6万辆，同比增长20%；校车销量为0.4万辆左右，保持稳定。其中，新能源客车同比增长20%，总销量为5.5万辆左右。客车出口同比增长15%，出口量为5万辆左右。

主要判断依据有以下几点：

一是新能源汽车购置补贴政策退出的影响在经过2023年一整年的“消化吸收”后慢慢褪去，这势必利好2024年新能源客车市场实现恢复性增长。

二是旅游市场持续增长。随着各地文化和旅游部门的强势发力，“交旅融合”将呈现跨越式发展。人民群众收入的增长和出行方式的多元化，让国内旅游客运市场尤其是传统客车和各类个性化、定制化、智能化客车产品需求有所增加。

三是海外出口市场仍将保持增长态势。传统客车出口稳中有升，新能源客车出口积极抢占海外市场。我国客车在技术、成本及供应链上具有国际竞争优势，尤其在全球追求“减碳”的大背景下，我国新能源客车更具性价比优势。

四是随着我国经济的修复，2024年各地财政增加收入有基础，相比2023年的财政困难情况有所缓解，各地对新能源公交客车的采购能力或增强。

五是政策驱动加强。2023年国家出台了一系列利好政策，对促进此后的新能源客车市场有重要推进作用。比如交通运输部等八部门印发的《关于启动第一批公共领域车辆全面电动化先行区试点的通知》、国务院印发的《空气质量持续改善行动计划》以及交通运输部等九部门印发的《关于加快推进农村客货邮融合发展的指导意见》等，都将全方位刺激客车市场向好发展。

不过，2024年客车市场也存在需求动力不足的风险，比如校车、长途客车及部分城市公交面临客源不足或财政支持力度不够等问题。虽然如此，2024年客车市场整体保持增长是大概率事件，市场的回升代表着这一轮的市场洗牌基本结束。

（作者：马琦媛）

2023 年微型车市场分析与 2024 年展望

一、2023 年微型车市场总体表现

1. 微型车市场整体回升明显，但内部呈现两极分化

（1）微型车市场总体销量反弹，符合 2022 年预判　微型车市场在连续两年下滑后迎来反弹，2023 年 1—10 月份，微型车市场累计销售 64 万辆，同比增长 7.7%，预计全年累计销售 80 万辆左右，同比增长 10.4% 左右（见图 1）。

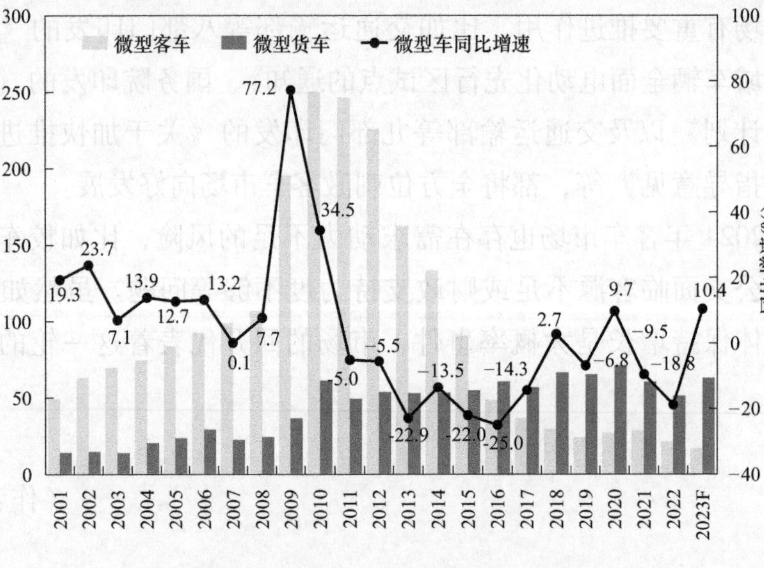

图 1　2001—2023 年微型车市场销量走势

（注：数据来源于中国汽车工业协会，下同）

其中，微型客车（交叉型乘用车）市场销量大幅下滑，2023 年 1—10 月份微型客车市场累计销售 13.4 万辆，同比下滑 22.5%，预计全年累计销售 16.5 万辆，同比下滑 21.4%。

微型货车市场需求快速回升，2023 年 1—10 月份微型货车累计销售 50.6 万辆，同比增长 20.1%，已经接近 2022 年全年销量水平，预计全年累计销售 63

万辆，同比增长24%。

（2）从月度趋势来看，除2023年一季度受疫情和春节影响延续弱势外，整体走势好于2022年同期 2023年1—3月份微型车市场延续疫情影响，同比下滑超过30%，4月份开始持续好于2022年同期水平，市场整体趋势开始向好（见图2）。

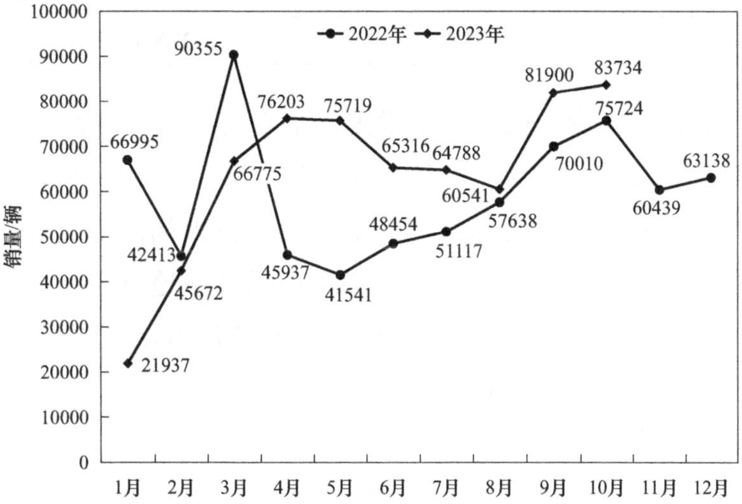

图2 2022—2023年微型车市场月度销量走势图

（3）对比其他商用车细分市场来看，微型车市场内部表现分化，整体表现弱于大部分细分市场 具体来看，微型客车是商用车市场中唯一同比下滑的细分市场，与此同时，微型货车同比表现又相对较好，仅差于轻型客车市场和半挂牵引车市场（见表1）。

表1 2023年商用车各细分市场销量及同比增速

商用车细分市场	2022年1—10月份销量/辆	2023年1—10月份销量/辆	同比增速（%）
客车	318121	388846	22.2
其中：轻型客车	256826	318485	24.0
中型客车	25567	28971	13.3
大型客车	35728	41390	15.8
货车	2438871	2914443	19.5
其中：轻型货车	1363026	1529157	12.2
中型货车	83857	91869	9.6
重型货车	312922	349888	11.8

（续）

商用车细分市场	2022 年 1—10 月份销量/辆	2023 年 1—10 月份销量/辆	同比增速（%）
半挂牵引车	258255	437984	69.6
微型货车	420811	505545	20.1
微型客车（交叉型乘用车）	172560	133777	-22.5
微型车	593371	639322	7.7
商用车+微型客车合计	2929552	3437066	17.3

（4）从行业地位来看，微型车销量占比基本与2022 年持平　2023 年 1—10 月份，微型车市场销量在整体汽车市场的占比为 2.67%，与 2022 年持平。

（5）从参与者来看，微型车市场仍是寡头独占市场的态势，上汽通用五菱延续下滑趋势　2023 年 1—10 月份，微型车市场销量超过 100 辆的企业共有 12 家，与 2022 年持平，预计 2023 年微型车年销量过万辆的企业将有 8 家，较 2022 年增加 1 家，其余企业均有淘汰风险。

上汽通用五菱在微型车市场的占比延续下滑趋势，但仍处寡头独占地位。2023 年 1—10 月份累计销量为 35.6 万辆，占据微型车市场为 55.7% 的份额，较 2022 年销量占比上升 3.2 个百分点；销量排名前五位的企业合计销量占比达到微型车市场总销量的 88.8%，较 2022 年下滑 3 个百分点，但市场集中度仍然非常高。

2. 微型客车加速下滑

（1）微型客车市场总体呈现前强后弱走势　从细分市场销量来看，2023 年 1—10 月份微型客车累计销售 13.4 万辆，同比下滑 22.5%，连续两年同比下滑超过 20%。市场有加速萎缩趋势。

从月度趋势来看，2023 年微型客车市场趋势与 2022 年基本一致，仅 2 月、4 月、5 月三个月份销量略好于 2022 年同期，整体销售走势较弱（见图 3）。

（2）微型客车市场竞争格局未变，但内部表现分化　2023 年微型客车市场销量前四名企业（上汽通用五菱、华晨汽车、东风小康、长安）合计占据 99% 的市场份额，较 2022 年再提升 1.5 个百分点，市场集中度非常高，市场内其余企业基本淘汰。

其中，2023 年 1—10 月份，上汽通用五菱累计销量为 5.3 万辆，同比下滑 28.4%，主要受五菱荣光下滑影响；华晨汽车累计销量为 5.7 万辆，同比上升

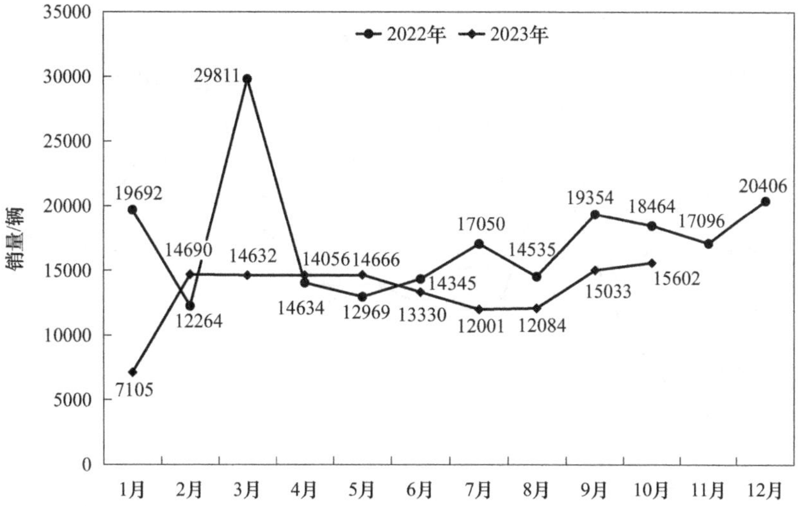

图3　2022—2023 年微型客车市场月度销量走势图

1.3%，是唯一实现正增长的微型客车企业；长安累计销量为 1.3 万辆，同比下滑 40.1%；东风小康累计销量为 0.9 万辆，同比下滑 40.9%。

（3）新能源车型是市场下滑主要原因　2023 年 1—10 月份，微型客车市场中新能源车型批发量仅为 2849 辆（部分企业未单独拆分新能源汽车销量），从零售数据来看，年累计销量为 41260 辆，同期为 75953 辆，同比下滑 34693 辆（微型客车市场整体同比下滑 45846 辆）。

（4）“工具车”属性依然较强　2023 年 1—10 月份，微型客车市场中物流车、作业车等专用车的销售占比为 47.8%，仍占到近一半的的销售比例。

（5）一线城市份额大幅下滑　2023 年 1—10 月份，微型客车市场中一线城市份额为 21.49%，同比 2022 年下滑 6.71 个百分点，其余级别城市占比均有不同程度上升。

3. 微型货车在商用车市场中表现相对较好

（1）市场总体趋势和 2022 年基本一致　从细分市场销量来看，2023 年 1—10 月份微型货车累计销售 50.5 万辆，同比上升 20.1%，市场整体销量相对稳定，处在近几年的正常波动区间（50 万~70 万辆）。

从月度趋势来看，2023 年一季度受疫情影响，市场走势弱于 2022 年同期，二季度开始持续好于 2022 年（见图 4）。

（2）市场竞争格局稳定，上汽通用五菱市场份额接近 60%　2023 年微型货

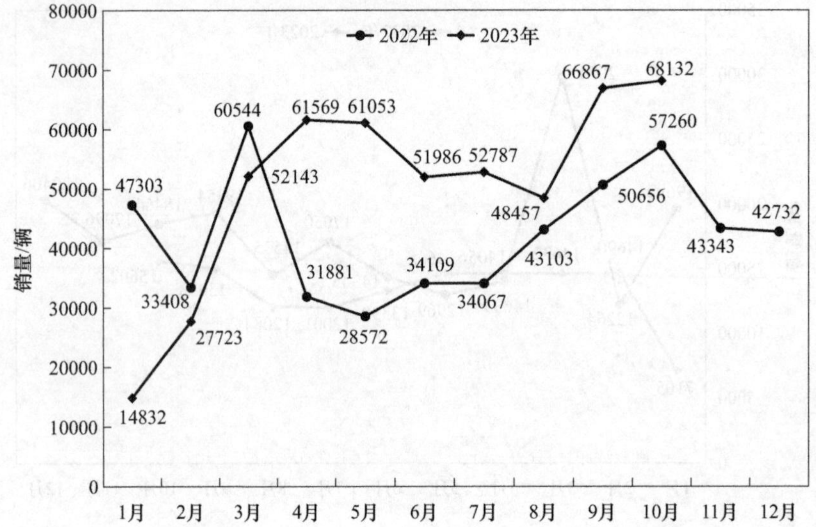

图4 2022—2023 年微型货车市场月度销量走势图

车市场中销量过万辆的企业有 6 家，数量较 2022 年持平，销量前四名的企业（上汽通用五菱、山东凯马、东风汽车、长安汽车）合计占据 90.7% 的市场份额，较 2022 年下降 2.5 个百分点，市场集中度仍然较高。

其中，2023 年 1—10 月份，上汽通用五菱累计销量为 30.2 万辆，同比上升 27.8%；山东凯马累计销量为 5.4 万辆，同比上升 62.3%；东风汽车累计销量为 5.3 万辆，同比下滑 14.9%；长安汽车累计销量为 4.9 万辆，同比下滑 17.5%。

二、2024 年微型车市场展望

一是市场延续两极分化。微型客车市场主要受需求萎缩和部分乘用车市场（主要为小型 MPV 和小型 SUV）的功能性替代影响，市场将延续萎缩趋势。微型货车市场作为典型的“工具车”市场，从 2010 年开始年销量维持在 50 万～70 万辆区间稳定波动，虽然 2021—2022 年受疫情影响市场出现两年下跌，但在 2023 年市场需求逐步恢复，开始进入回升期，预计 2024 年仍将延续小幅回升趋势。

二是市场竞争格局持续稳定，落后企业逐步淘汰。2023 年销量排名前五位的企业合计销量占比达到微型车市场总销量的 88.8%，市场集中度非常高，其余企业均有被淘汰的风险。

三是产品供给少，更新迭代慢。微型车市场近年来基本没有新产品供给，传统产品改款焕新也比较慢，整体产品力在持续减弱，所以主要面向的客户群体为“刚需”人群，同时这也是微型客车市场持续萎缩的原因，而微型货车市场的生产工具属性较强，需求相对比较稳定。

总体来看，虽然微型车市场内部表现分化，但整体仍将延续平稳态势，预计 2024 年微型车市场销量小幅上升，总体增幅预计不会超过 5%。

（作者：冉碧林）

2023 年中重型货车市场分析及 2024 年展望

2023 年，随着新型冠状病毒疫情结束，我国宏观经济呈现恢复性增长，物流环境明显改善，带动公路货运份额回升，同时叠加车辆更新需求拉动，2023 年中重型货车市场迎来小幅回暖，1—11 月份实现销量 96 万辆，较 2022 年同期增长 35. 6%（见图 1）。

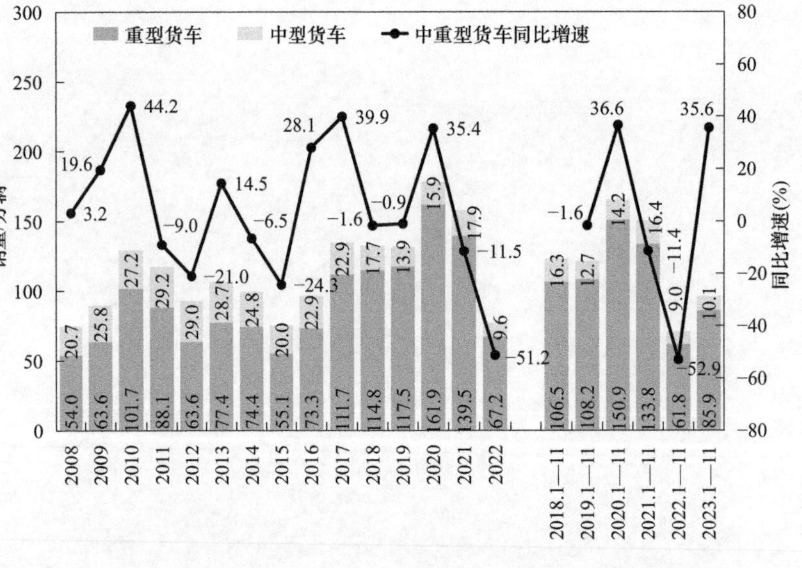

图 1　2008—2023 年中重型货车市场销量及同比增速情况

（注：数据来源于中国汽车工业协会）

一、2023 年中重型货车市场回顾

1. 市场概况

2023 年 1—11 月份中重型货车市场逐渐走出行业低谷。其中，重型货车市场销量为 85. 9 万辆，同比增长 39. 0%；中型货车市场销量为 10. 1 万辆，同比增长 12. 2%。从整体趋势看，除 1 月份受春节影响外，自 2 月份起市场销量均保持较高增速（见图 2）。高增速主要受 2022 年同期低基数的影响，与行业峰值

相比，市场销量仍有较大差距。影响市场发展的因素主要有两方面，即宏观经济和政府政策导向。

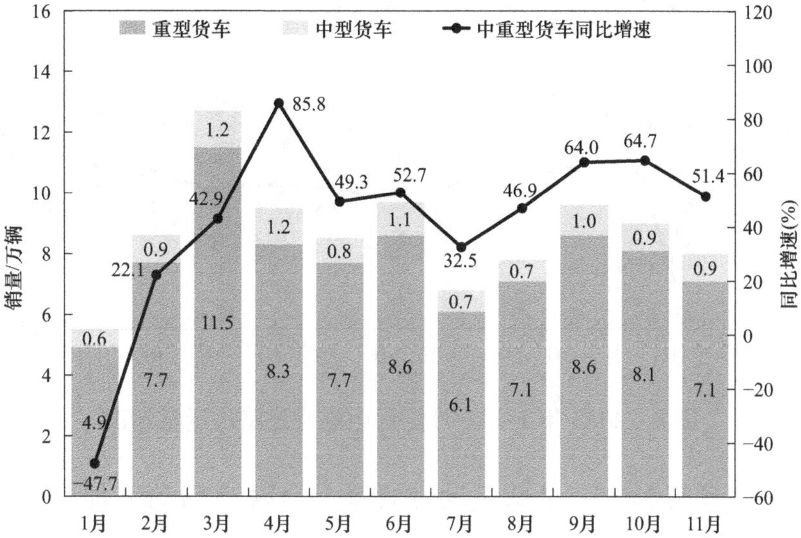

图2　2023年1—11月份中重型货车月度销量及同比增速

（1）宏观经济　2023年前三季度，我国GDP同比增长5.2%，较2022年同期回升2.2个百分点。分季度看，2023年一季度、二季度、三季度同比分别增长4.5%、6.3%和4.9%。剔除基数因素看，2022—2023年前三季度GDP两年平均增速为4.1%，较疫情前水平仍有一定差距。

在国内方面，消费成为拉动经济增长的主要动力。2023年前三季度，消费对经济增长贡献率达83.2%，拉动GDP增长4.4个百分点。消费的复苏带动了社会物流的流动，从2023年1—11月份货运量及公路货运量情况可以看到（见图3），除1月份外，公路货运量同比均呈增长态势，带动了整体货运量增长，并拉动了中重型货车销量。房地产市场调整不断深入，房地产销售总体疲软，新开工和投资暂无回暖迹象，房地产企业资金压力仍较大，房地产市场的低迷也影响了中重型车销量。2023年三季度以来，宏观经济政策做出重大调整，逆周期调节力度显著加大，中央财政在2023年四季度增发了1万亿元国债，这些政策拉动了三季度经济上涨，同时预计2023年第四季度经济将延续恢复增长态势。

在外部环境方面，全球地缘政治格局依然复杂多变。受通货膨胀水平高位

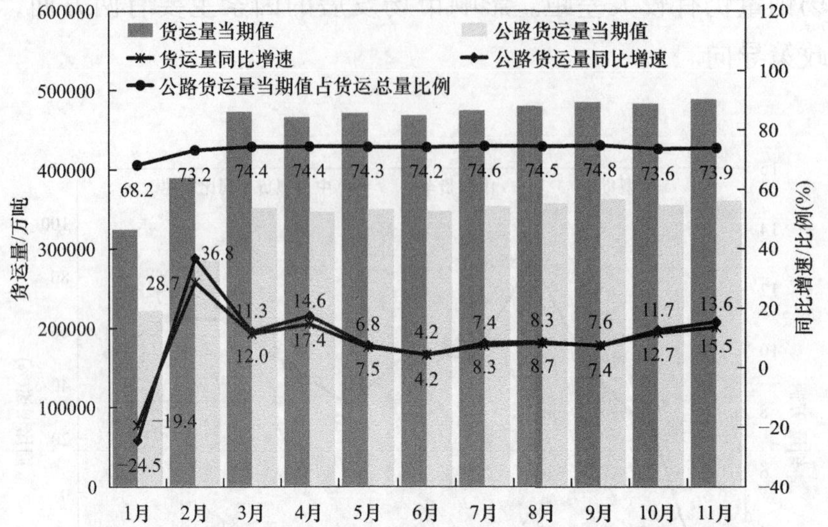

图3　2023年1—11月份货运量及公路货运量情况

回落及货币紧缩政策影响，全球流动性收紧，金融市场动荡加剧，全球经济增长总体放缓，贸易增速有所回落。

（2）政府政策导向　2023年政府出台了多个鼓励和推动商用车行业发展的政策，涉及物流领域发展、新能源转型、排放标准升级等。

在促进物流领域发展方面，2023年2月份，中国人民银行、交通运输部、中国银行保险监督管理委员会联合印发了《关于进一步做好交通物流领域金融支持与服务的通知》，强调要加大对交通物流领域的金融支持力度，政策举措包括合理确定物流运输货车的首付比例和贷款利率、将交通物流专项再贷款延续至2023年6月底等，该政策对恢复和促进2023年上半年的货车市场产生了积极影响。

在促进新能源转型方面，工业和信息化部等八部门于2023年2月份下发了《关于组织开展公共领域车辆全面电动化先行区试点工作的通知》，明确在2023—2025年内要推广各类新能源汽车204万辆，该政策利好2023年环卫、邮政快递、城市物流配送领域的新能源货车市场发展。2023年6月份，生态环境部公开征求《关于推进实施水泥行业超低排放的意见（征求意见稿）》和《关于推进实施焦化行业超低排放的意见（征求意见稿）》，明确提出水泥和焦化行业今后汽车运输应采用新能源或国Ⅵ排放标准车辆。此外，2023年6月出台的《关于延续和优化新能源汽车车辆购置税减免政策的公告》也对商用车不设定减免税限额，对新能源中重型货车发展十分有利。

在排放标准升级方面，生态环境部、工业和信息化部等五部门于2023年5月份联合发布了《关于实施汽车国Ⅵ排放标准有关事宜的公告》（以下简称《公告》）。《公告》要求自2023年7月1日起，全国范围全面实施国Ⅵ排放标准6b阶段，从长远看对货车行业技术升级和新能源货车市场利好。

2. 细分市场表现

2023年1—11月份，中重型货车市场规模为96万辆，与2022年相比，拉动主力主要体现在牵引车板块。从终端零售数据看，牵引车涨幅最高，载货车略有上涨，而专用车和自卸车均出现小幅下滑（见图4）。

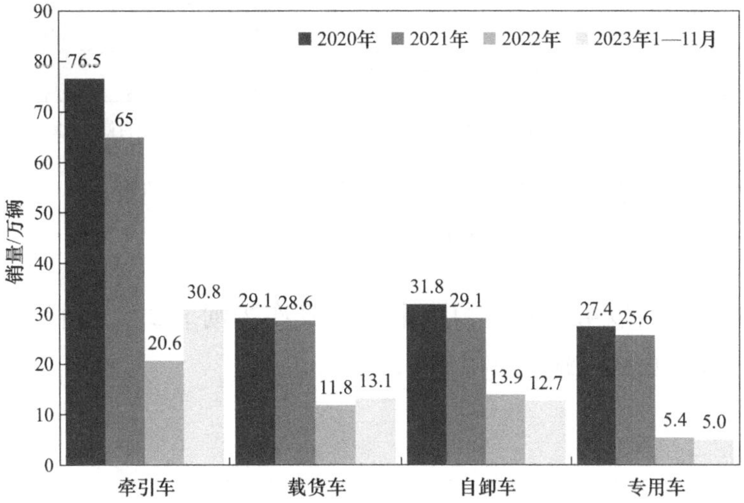

图4 2020—2023年中重型货车分品系销量

（注：数据来源于终端零售数据）

2023年1—11月份，中重型货车分车种看（见图5），牵引车增长幅度较大，重型载货车有小幅上涨，反映出物流市场的积极变化。自卸车和专用车表现一般，甚至较2022年有小幅下降，体现了房地产等工程建筑领域的惨淡情况。从终端零售数据看，2023年1—11月份，31个省、自治区、直辖市中牵引车销量同比增速达到两位数以上的有22个，其中，宁夏上涨264%，江西、山西、辽宁、河南、陕西等上涨均超100%。在重型自卸车方面，销量最高的上海、江苏、山西、河北等四个地区降幅均在32%以上。

2023年，牵引车板块绕不开的亮点是天然气车型。2023年1—11月份，天然气车型总体销量为14.6万辆，同比大幅增长（见图6），其中4—8月份，天然气车型终端零售销量始终保持在1万辆以上，9—10月份，月均销量为2.4万

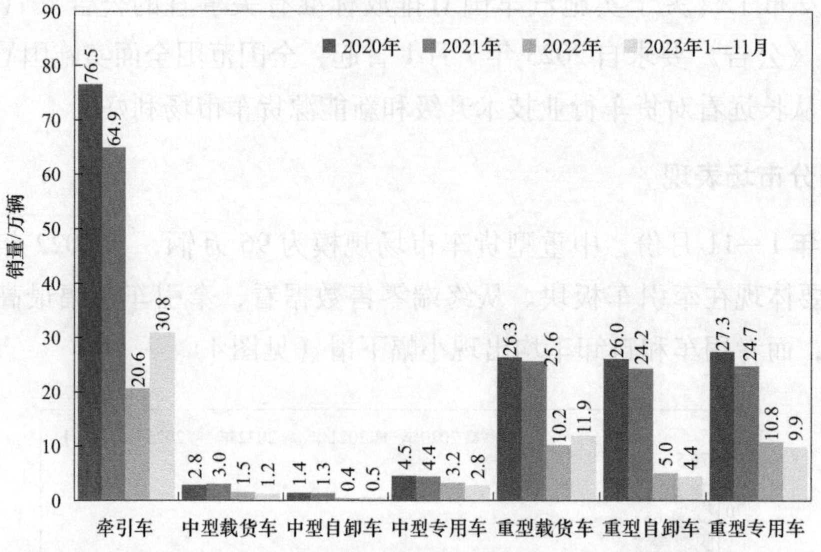

图5　2020—2023 年中重型货车分车种销量

（注：数据来源于终端零售数据）

辆。分地区看，山西以 4.3 万辆领跑全国，其次为河北 2.0 万辆，新疆和宁夏均为 1.1 万辆，河南 0.9 万辆（见表 1）。

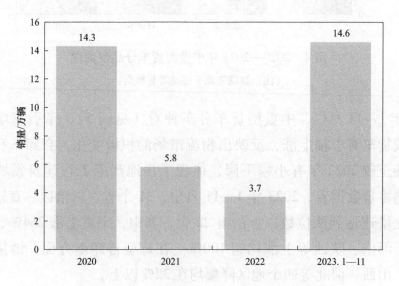

图6　2020—2023 年天然气车型销量走势

表 1 2023 年 1—11 月份天然气车型销量 TOP5 省份

（单位：万辆）

省份	山西	河北	新疆	宁夏	河南
销量	4.3	2.0	1.1	1.1	0.9

二、2024 年中重型货车市场需求判断

从中长期看，经济增长、政策影响、出口市场、技术进步等多种因素将决定中重型货车的需求。预计 2024 年中重型货车销量将继续温和回暖，销量预计达到 110 万辆左右，同比增长 8% 左右。

一是经济因素，2024 年是疫情结束的第二年，经济将持续恢复，预计 2024 年全年 GDP 增长约 5%，略低于 2023 年 5.3% 的预估增速，但较 2022—2023 年两年平均增速高 0.9 个百分点。消费的持续复苏以及制造业投资的温和回升将是经济增长的主要推动力。同时，房地产行业的疲弱态势及地方政府债务水平问题将是 2024 年经济恢复面临的主要挑战。在消费方面，随着居民消费信心的增加和收入增长，整体社会流动性将加强，利好物流行业，并将直接带动中重型货车销量。在基建方面，2023 年年底，中央财政增发的 1 万亿元国债中的大部分将在 2024 年形成实物工作量，有望带动中重型自卸车和专用车板块增长。此外，房地产市场经过 3 年的市场调整以及稳地产政策的持续发力，预计房地产销售和投资降幅将会小幅收窄，一定程度利好中重型货车市场。此外，中重型货车需求与宏观经济有着强相关性，呈现明显的周期性波动态势，从历史经济发展及报废周期特点看，波动周期基本在 7 ~ 8 年，自 2008 年“四万亿”投资形成第一个增长周期，2016 年由房地产行业拉动形成第二个增长周期，预计 2024 年起将形成第三个增长周期，行业需求将逐渐回升。

二是政策因素，国Ⅳ排放标准车辆提前淘汰持续推进。2023 年 12 月 7 日，国务院印发了《空气质量持续改善行动计划》，这是国务院继 2013 年印发《大气污染防治行动计划》、2018 年印发《蓝天保卫战三年行动计划》两个国家级大气污染治理行动计划后出台的第三个重大治理行动计划。在此政策推动下，中重型货车将形成提前更新高峰，同时也将利好新能源中重货车上量。在货运政策方面，2023 年 7 月份，交通运输部发布了《2023 年国家综合货运枢纽补链强链支持城市公示》，这将促使综合货运枢纽在运能利用效率、运输服务质量和

运营机制三方面提升，将支撑货运市场回暖。此外，2023年9月份，工业和信息化部、财政部等七部门联合印发了《汽车行业稳增长工作方案（2023—2024年)》，明确提出了支持扩大新能源汽车消费、稳定燃油汽车消费、推动汽车出口提质增效、促进老旧汽车报废、更新和二手车消费等诸多举措，对汽车行业整体增长有利，也有利于中重型货车领域实现高质量发展。

三是出口因素。一方面，国际环境不确定性仍然存在，贸易保护主义和地缘政治风险因素增多，国际局势仍处较强动荡期，不利于全球经贸稳定与发展。另一方面，随着供应链和工业生产逐步恢复正常，全球供求形势将持续改善，通货膨胀将保持整体回落趋势，主要经济体加息周期亦将逐步停止。此外，我国出口结构性调整有望持续。在全球碳中和背景下，我国新能源产业相关产品具备全球领先优势，新能源汽车出口有望保持较高增长。在出口地区方面，随着亚太等出口型经济体增长逐步企稳，预计我国对新兴经济体，如东南亚、中东、拉美等出口将持续增长，这些国家和地区也是我国中重型货车传统出口目的国。同时我国对欧洲出口也将保持稳定，欧洲虽有碳边境调节机制及《电池法》等法规出台，但主要影响新能源乘用车，预计对中重型货车影响有限。

四是技术因素，新能源与智能网联技术仍将是汽车产业发展的主流趋势。随着新能源商用车的持续渗透，新能源技术也不断取得较大发展，电池容量不断突破，续航里程持续增长。加之换电领域商业模式的逐步成熟，新能源中重货车销量不断提升。2023年1—11月份，新能源中重型货车销量同比增长44.9%，高于中重货车总体增长率。新能源技术的不断提升正在给中重型货车市场带来结构性变化。此外，智能网联技术也不断推进，商用车智能驾驶测试已在国内开展，未来随着5G、物联网等技术的应用，物流行业智能化、信息化的程度将不断加深，有效推动运输效率的提升。

综合来看，2024年中重型货车需求较2023年将有小幅提升，预计全年实现销量110万辆左右，同比增长8%左右。

（作者：丰永刚　姜智勇）

2023 年轻型载货车市场分析与 2024 年展望

根据我国汽车分类国家标准，轻型载货车是指公路运行时厂定最大总质量在 1.8 ~6t 之间的载货汽车，主要用于半径 400km 以内的短距离运输，是城市运输的主力车型。从用途上看，轻型载货车可作为城市、乡镇、农村物流运输或乡镇农村的交通工具，还可用于小型工程作业等。在行业统计口径上，皮卡也被归类为轻型载货车，但皮卡乘用化趋势更强，与商用货运车辆的相关性较低，故本文重点分析商用货运类的轻型载货车市场。

一、2023 年轻型载货车市场回顾

1. 市场发展情况

2023 年我国轻型载货车累计销量预计为 187 万辆，与 2022 年相比增长约 16.1%（见图 1）。受消费市场不断复苏、相关产业复工复产加快推进以及蓝牌新规定正式落地执行和新能源汽车政策影响，叠加前期基数较低，2023 年轻型载货车销量出现恢复性增长。

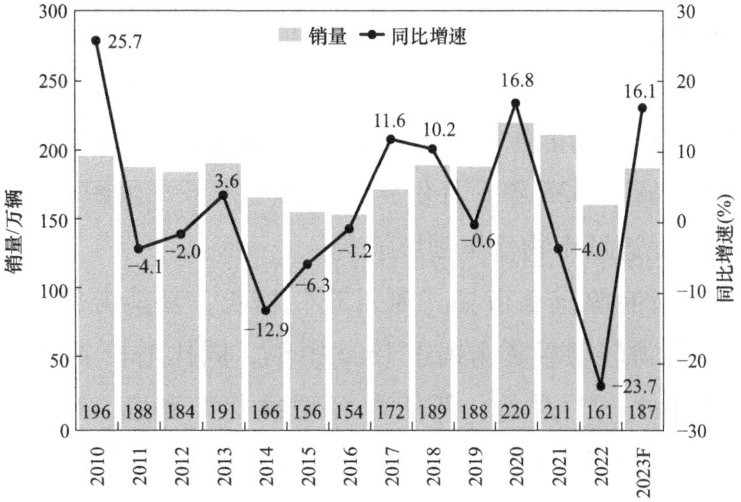

图 1　2010—2023 年我国轻型载货车销量及同比增速走势

从分月度走势看，2023 年轻型载货车市场整体呈现 V 形上扬走势（见图 2），积极因素主要来自三方面。

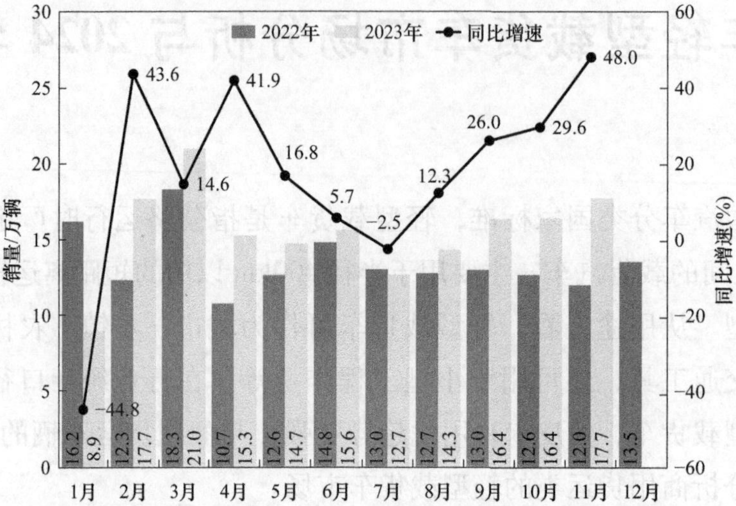

图 2　2022—2023 年轻型载货年月度销量及同比增速

一是政府一系列的政策措施对轻型载货车市场起到了积极的促进作用。2023 年 2 月份，工业和信息化部等八部门下发了《关于组织开展公共领域车辆全面电动化先行区试点工作的通知》，在全国范围内启动公共领域车辆全面电动化先行区试点工作。2023 年 2 月份，中国人民银行等三部门联合印发了《关于进一步做好交通物流领域金融支持与服务的通知》，鼓励银行适当降低货车贷款利率和首付比例。2023 年 5 月份，国家发展和改革委员会、国家能源局制定了《关于加快推进充电基础设施建设更好支持新能源汽车下乡和乡村振兴的实施意见》，支持新能源汽车下乡和乡村振兴。2023 年 6 月份，财政部等三部门联合发布了《关于延续和优化新能源汽车车辆购置税减免政策的公告》，对新能源商用车不设定减免税限额。2023 年 6 月份，商务部发布了《组织开展汽车促消费活动的通知》，涉及促进城市物流车领域消费。

二是 2023 年新能源汽车市场“爆发式”增长，新能源汽车渗透率快速提升。2022 年，新能源轻型载货车销售 13.5 万辆，同比增长 146%，渗透率提升至 8.3%，2023 年 1—11 月份，新能源轻型载货车销售 19 万辆，同比增长 67.4%，渗透率提升至 11.1%，预计 2023 年全年轻型载货车市场新能源汽车渗透率将达到 11.5%。

三是轻型载货车出口维持高景气度。2023 年，受“一带一路”倡议合作层次不断深化，加之我国商用车企业竞争力提升，车辆的经济性、舒适性、动力性具有显著优势，轻型载货车出口市场迎来发展窗口期。2023 年 1—11 月份，轻型载货车累计出口 29. 5 万辆，同比增长 9. 2%，轻型载货车出口占整体轻型载货车销量的 17. 3%。

2. 主要企业销售情况及市场份额

2023 年，轻型载货车市场行业集中度进一步提升。行业 TOP5 企业的市场份额由 2022 年的 61. 6%，提升至 2023 年 1—11 月份的 63. 2%，提升了 1. 6 个百分点，TOP10 企业的份额由 2022 年的 84. 5%，提升至 2023 年 1—11 月份的 84. 8%，提升了 0. 3 个百分点（见表 1）。

表 1　2023 年 1—11 月份我国轻型载货车市场份额 TOP10 企业情况　（%）

序号	企业	2022 年市场份额	2023 年 1—11 月份市场份额	同比增速
1	北汽福田	19. 2	23. 4	4. 2
2	长城汽车	11. 5	10. 9	-0. 6
3	东风公司	10. 8	10. 6	-0. 2
4	安徽江淮	9. 4	9. 3	-0. 1
5	重庆长安	10. 6	9. 0	-1. 6
6	江铃汽车	7. 9	6. 2	-1. 7
7	上汽大通	6. 5	4. 6	-1. 8
8	中国重汽	4. 4	4. 5	0. 1
9	鑫源汽车	2. 3	3. 4	1. 1
10	吉利四川商用车	1. 8	2. 8	1. 0
合计		84. 5	84. 8	0. 3

从各企业的市场份额来看，北汽福田、鑫源汽车、吉利四川商用车增长较大，分别提高了 4. 2 个百分点、1. 1 个百分点和 1. 0 个百分点，上汽大通、江铃汽车、重庆长安份额同比下降了 1. 8 个百分点、1. 7 个百分点和 1. 6 个百分点，其他企业变化不大。北汽福田在轻型载货车市场处于相对领先位势，2023 年 1—11 月份销售 39. 9 万辆，同比增长 39. 7%，市场份额升至 23. 4%，长城汽车、东风公司、江铃汽车、重庆长安处于第二梯队，销量均保持在 15 万辆以上水平。

3. 影响市场发展的因素

一是宏观经济方面，在外部环境复杂严峻、国内多地遭受洪涝等自然灾害、防范化解重点领域风险向纵深推进等情况下，我国经济运行持续恢复向好。2023 年前三季度，我国 GDP 同比增长 5.2%，快于 2022 年 3%的增速，也高于疫情三年平均 4.5%的增速。从整体看，随着宏观经济总量稳中有升，商流和物流需求增多，较强地支撑了轻型载货车用车需求。

其中，消费成为经济稳定增长的“压舱石”。2023 年前三季度，社会消费品零售总额同比增长 6.8%，全国网上零售额同比增长 11.6%，居民人均消费支出同比增长 9.2%，消费对经济增长的拉动作用显著扩大。在投资方面，固定资产投资同比增长 3.1%，基础设施建设、制造业投资、大项目投资带动作用增强。

二是政策方面，在蓝牌新规定、“客货混装”治理等政策的推动下，轻型载货车市场进一步向规范化、标准化发展。就企业而言，对于各个细分市场，场景的研究显得更为重要。南方市场呈现新能源化趋势，北方市场呈现天然气化趋势。

二、2024 年市场展望

1. 影响 2024 年轻型载货车市场主要因素分析

一是经济环境因素。2024 年我国 GDP 预计将实现 5% 左右的增长，结构上将呈现出“旧动能求稳、新动能求进”的特征。固定资产及生产资料的投资增速将显著提升，成为增长的重要支柱，结构上呈现基础设施建设走强、制造业提升的特点，国内消费修复的趋势将持续。

二是政策导向因素。2023 年国家密集出台各类政策，鼓励城市配送领域更多推广应用新能源物流车，同时近期各地也在积极开展新能源汽车下乡活动，特别是鼓励新能源轻型载货车在农村物流行业的推广应用。而新能源轻型载货车作为新能源物流货车中应用最多的细分车型，预计将保持高速增长态势，支撑 2024 年整体轻型载货车市场增长。

三是物流行业因素。电商、物流以及货运平台的快速崛起，推动轻型载货车市场发展。电商零售业高速发展并增加直面消费者的配送物流，而轴辐式物流格局和仓储配送一体化趋势，将会促进短途配送物流增长。

四是汽车出口因素。在“一带一路”倡议从“大写意”进入“工笔画”阶段的背景下，全球产业链、供应链调整将成为我国企业出海的重要机遇，有利于2024年我国轻型载货车出口海外市场。

2. 2024年轻型载货车市场预测

从总体来看，随着经济的进一步复苏以及物流行业的稳步发展，加之电商购物需求体量的不断提升，以及出口机遇的显现，轻型载货车行业稳步向好的基本盘可以确定，2024年我国轻型载货车市场预计将保持5%～12%的同比增速，全年销量为200万～210万辆。值得关注的是，轻型载货车行业多技术路线（电动化、天然气化、汽油化）和高端化、智能化等将同步带来结构性机会。

（作者：王帆）

2023年皮卡市场分析及2024年展望

一、2023年皮卡市场分析

1. 我国宏观经济运行状况

2023年，在新型冠状病毒疫情影响尚存、地缘政治冲突加剧、国际局势复杂变化、多国面临通货膨胀的大环境下，全球经济整体呈现弱复苏态势。在发达经济体中，美国经济增长较为显著，美国联邦储备委员会自2022年3月开始进入加息周期，已连续11次加息，仍保持较强经济增长势头。相较发达经济体，新兴市场经济体维持较快经济增长水平。据国际货币基金组织（IMF）最新发布的《亚太地区经济展望报告》，2023年亚太地区有望对世界经济增长做出2/3的贡献。

2023年前三季度，我国国民经济坚持稳中求进工作总基调，着力扩大内需、优化结构、提振信心，宏观调控政策持续发力显效，市场需求持续改善，经济回升向好态势持续巩固。2023年前三季度，我国GDP同比增长5.2%，增速在全球主要经济体中保持领先。分季度看，2023年一季度增长4.5%，二季度增长6.3%，三季度增长4.9%，呈现波动态势。2023年1—11月份，全国固定资产投资（不含农户）46.08万亿元，同比增长2.9%。分产业看，第一产业投资下降0.2%，第二产业投资增长9.0%，第三产业投资增长0.3%。分地区看，东部地区投资同比增长4.5%，中部地区投资与2022年同期持平，西部地区投资下降0.2%，东北地区投资下降2.4%。2023年1—11月份，我国货物贸易进出口总值为37.96万亿元，推动全球进出口贸易复苏，新能源汽车、锂电池、光伏产品在全球市场的领先地位得到进一步巩固。

从短期增长态势来看，我国经济增长正在触底反弹。2024年，我国经济将坚持稳中求进、以进促稳、先立后破，预计出口、房地产等拖累有望缓解，服务业消费与投资接棒成为新的增长引擎。预计2024年我国实际GDP增速为4.8%，其中消费增速5%以上，投资增速4.5%~5%，出口增速为4%以上。

2. 我国皮卡市场整体运行状况

2023 年 1—11 月份，我国汽车累计销量为 2693. 82 万辆，同比增长 10. 8%，其中，国内市场销量为 2252. 6 万辆，同比增长 4. 7%，出口销量为 441. 2 万辆，同比增长 58. 4%；新能源汽车销售 830. 4 万辆，同比增长 36. 7%，市场占有率达到 30. 8%；商用车销售 366. 6 万辆，同比增长 21. 8%。国产皮卡在 2023 年 1—11 月份终端零售量为 46. 7 万辆，同比下滑 1. 5%。其中国内终端零售 30. 7 万辆，与 2022 年同期基本持平（同比增速为 0. 1%）；出口 16. 0 万辆，达到皮卡市场总量的 1/3，但同比下降 10. 4%（见图 1）。出口表现对公司运营效益和行业排位产生重大影响，江淮、上汽大通凭借强劲的出口表现，赶超江铃和郑州日产，销量分别攀升至行业第二和第四。相比商用车总体出口情况，皮卡主流企业的出口同比出现下滑，如何针对不同海外市场推出满足客户需求的产品，完善出口渠道布局，将是皮卡出口的重要课题。

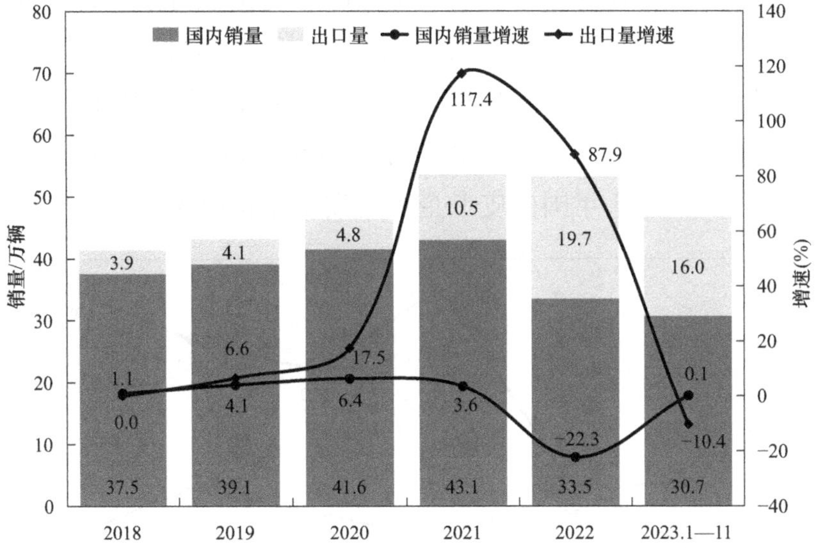

图 1　2018—2023 年我国皮卡销量情况

从 2023 年国内皮卡市场分析，全国前四家皮卡生产厂家终端销售 24. 9 万辆，市场集中度为 81. 3%，相比 2022 年同期市场份额（81. 1%）增长 0. 2 个百分点（见图 2），市场集中度略有提升。

从国内皮卡销量 TOP4 企业内部竞争态势看，长城呈现强者愈强态势，市场份额从 45. 1% 增长到 48. 2%（见图 3），主要是长城金刚炮精准定位，对长城阵营的商用炮、风骏替代有限，但挤占并分流了原来购买江铃汽车、郑州日产、

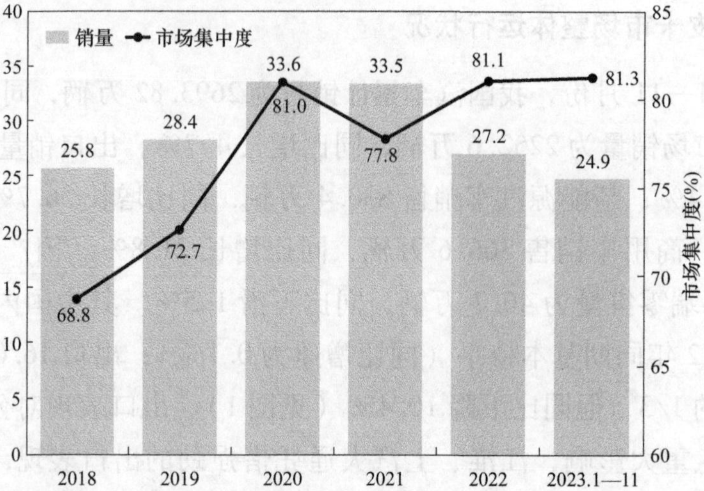

图2 2018—2023年皮卡销量TOP4企业销量及市场集中度情况

（注：数据来源于终端零售数据）

江西五十铃的客户群；郑州日产、江西五十铃市场份额分别下滑0.9个百分点，江铃汽车的新车型江铃大道在2023年6月份上市后，对长城皮卡发起冲击，推动江铃汽车市场份额止跌回升。长城、江淮汽车的市场表现好于行业平均，郑州日产、江西五十铃产品更新慢，市场份额出现下滑，一超多强的市场格局面临重新洗牌。2020—2023年国内皮卡企业终端销量情况见表1。

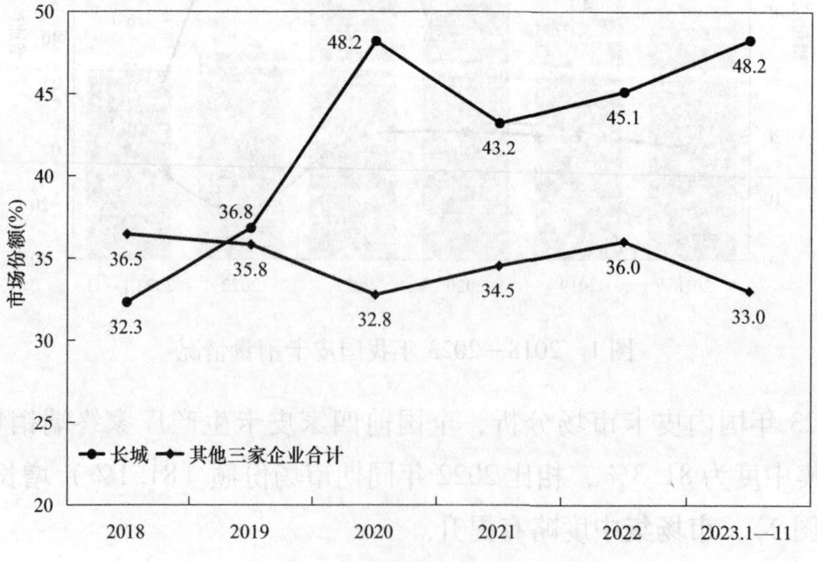

图3 2018—2023年皮卡销量TOP4企业竞争态势

（注：数据来源于终端零售数据）

表 1　2020—2023 年国内皮卡企业终端销量情况

皮卡企业	2020 年销量/辆	2021 年销量/辆	2022 年销量/辆	2023 年 1—11 月份销量/辆	同比增速（%）
长城	200282	186084	151046	148035	6.7
江铃汽车	59771	62378	51557	45610	-3.7
郑州日产	38881	44572	35636	27890	-12.8
江西五十铃	37529	41787	33390	27790	-9.4
江淮汽车	14038	13447	10901	11353	16.7
北汽福田	13360	16817	11894	10756	-2.6
上汽大通	11478	14510	12188	9914	-9.7
长安凯程	10601	7992	5761	3421	-9.5
河北中兴	10239	7167	4635	3329	-6.0
庆铃皮卡	8990	7360	6109	4990	-10.8
黄海皮卡	5860	4665	1828	942	-44.4
上汽五菱	0	21600	7876	4801	-35.8
吉利雷达	0	0	523	4458	752.4
其他	4524	2137	1366	3545	—
合计	415553	430516	334710	306834	0.1

注：数据来源于终端零售数据。

在国际市场，皮卡市场容量为 520 万～560 万辆，远高于国内皮卡市场容量。随着“一带一路”倡议持续推进，我国皮卡在海外消费者心中的认可度越来越高，皮卡“走出去”有利于实现国内和国际双循环，建立相互促进的发展格局。

2023 年 1—11 月份，我国皮卡共出口 16.0 万辆，相比 2022 年同期下滑 10%。市场下滑的原因有两个方面：一是国外皮卡供应链趋于常态化，零部件物料不足导致缺货的局面得到改善；二是在发达国家市场，我国皮卡出口的品牌力和产品力不强，销售模式和售后服务处于初级阶段。2023 年 1—11 月份，长城、上汽大通、江淮成为我国皮卡出口的前三强企业，而国内合资皮卡企业江西五十铃和郑州日产的出口受制于外方合作股东的约束，对整体皮卡出口的贡献率较低。

从出口流向看，出口量 TOP10 地区分别为澳大利亚、俄罗斯、智利、沙特阿拉伯、英国、厄瓜多尔、阿尔及利亚、秘鲁、危地马拉和南非（见表 2）。

TOP10 地区的出口量合计 10.4 万辆，占海关统计总体数量的 64.5%，区域集中程度还是比较高的。而位列出口量前 20 名的地区销量合计 13.3 万辆，占出口总量的 82.6%，基本上代表了我国皮卡出口的主要区域。

表 2　2023 年 1—11 月份我国皮卡出口量 TOP10 地区情况

（单位：辆）

序号	地区	出口量
1	澳大利亚	24680
2	俄罗斯	16912
3	智利	15898
4	沙特阿拉伯	9912
5	英国	7857
6	厄瓜多尔	7142
7	阿尔及利亚	6306
8	秘鲁	6182
9	危地马拉	4531
10	南非	4237

2023 年 1—11 月份，我国皮卡出口量 TOP7 品牌占据整体出口量的 90.8%。长城以出口 41253 辆冠绝群星，但是与 2022 年同期的 45739 辆相比还是下滑了 9.8%（见表 3）。而在国内销量排名第七的上汽大通则以出口 39798 辆的骄人业绩位居品牌排名第二，只是与同期相比也下滑较多，同比下降 16.7%。出口量第三名是江淮，出口 25346 辆，同比下滑 10.6%。第四名的长安同比下滑幅度最大，达到了 32.7%，出口 16679 辆。位列出口第五名的福田是皮卡出口唯一同比正增长的车企，以 57.6% 的同比增幅傲视群雄，出口量达到 9133 辆。2023 年，各皮卡企业结合自身产品特性、海外渠道布局策略等采取了不同的海外市场策略，例如长城在泰国、俄罗斯多地投资建厂，CKD 出口的比率在上升，而江淮以子公司直销和当地代理商经销为主。

表 3　2023 年 1—11 月份我国皮卡出口分品牌情况

序号	品牌	销量/辆	同比增速（%）
1	长城	41253	-9.8
2	大通	39798	-16.7
3	江淮	25346	-10.6

（续）

序号	品牌	销量/辆	同比增速（%）
4	长安	16679	-32.7
5	福田	9133	57.6
6	江铃	8304	-8.8
7	中兴	5483	-25.6
8	其他	14712	—

在汽车出口市场，我国皮卡出口的均价高于国内皮卡平均售价，出口均价达到93300元（人民币，下同）。出口均价TOP3的市场为澳大利亚118521.8元、俄罗斯112564.5元，智利98447.63元。我国出口到发达国家的皮卡均价更高，例如出口到英国的均价为12万元，法国的为11.5万元。

3. 主流皮卡产品分析

（1）高端产品增多，产品升级迭代加速　2023年是皮卡产品年，越野皮卡、增程式皮卡等新品不断进入高端市场，皮卡升级换代加速，长城、江铃、江西五十铃等品牌的新产品不断涌现。

对于长城而言，2023年5月份，2023款长城商用炮和乘用炮上市；2023年6月份，长城炮联合运良改装、览众房车分别共创推出山海炮旅居车、火弹单排、龙弹等高价值皮卡；2023年11月份，山海炮性能版上市，定位大型高性能豪华皮卡。

对于江铃而言，2023年4月份，江铃大道皮卡在上海车展发布；2023年6月份，定位为“中国皮卡全场景专家”的江铃大道旗下两款新车——追光者与全能者正式上市；2023年10月份，江铃大道敢探者和大道飞将上市，大道飞将目标用户为硬核越野群体；2023年12月份，定位“专业级山野利器”的全新福特游骑侠Ranger正式上市，售价为14.58万~24.08万元，在江铃福特科技渠道销售，一周内预售订单超过3000辆。

对于江西五十铃而言，在2023年5月10日，江西五十铃迎来成立十周年的里程碑时刻，同时开启预售D-MAX V-CROSS。2023年6月份，江西五十铃2023款瑞迈正式上市，售价区间为8.28万~11.78万元，并在2023年底补齐焕新了瑞迈大迈版。2023年8月份，2023款铃拓在成都车展上市，售价11.58万~

15.13 万元，成为 10 万元级合资皮卡王者。随着“皮卡三剑客”的焕新升级，江西五十铃产品力得到极大提升。

（2）自动挡（AT）皮卡份额快速上升　在全国各地皮卡解禁的趋势下，自动挡皮卡逐步下沉到工具类市场，国内的自动挡皮卡车型不断增加，市场份额快速上升，2023 年 1—11 月份自动挡皮卡销售 117517 辆，同比增长 41.69%。从自动挡皮卡的燃料类型看，2023 年 1—11 月份汽油自动挡皮卡销量 24564 辆，同比增长 58.7%，增长幅度是最大的；柴油自动挡皮卡销售 93013 辆，同比增幅也高达 37.8%。

从主流厂家来看，2023 年 1—11 月份长城自动挡皮卡市场占有率达到 60.5%，同比提升 8.9 个百分点，主要是长城炮贡献。江铃自动挡皮卡销售 16329 辆，市场占有率为 13.9%，江铃大道的上市，拉动江铃自动挡车型的份额，并获得客户的认可。福田自动挡皮卡销量由 2022 年的 181 辆增加到 2023 年 1—11 月份的 3552 辆，火星皮卡的上市带动了将军系列和征服者系列的自动挡车型销量。

（3）皮卡新能源化是未来的产品趋势　2023 年 1—11 月份，电动皮卡销售 6531 辆，同比增长 203%，新能源皮卡的市场渗透率由 2022 年的 0.7% 上升到 2.1%。在电动化趋势和商用车积分管理倒逼下，众多主机厂陆续布局新能源皮卡。例如，2022 年吉利发布雷达纯电动皮卡，2023 年长安发布猎手增程皮卡，2024 年，长城将发布山海炮混动皮卡，比亚迪发布方程豹皮卡，上汽大通发布 GST 皮卡等。伴随电动皮卡产品投放速度加快，技术上也由传统的“油改电”皮卡，向全新电动底盘的新产品发展。如上汽大通 GST 皮卡采用非承载式纯电底盘架构，实现“全地形智能底盘、CTC 电池、四电机分布式驱动、Tri－dim 融合控制”四大技术的应用。未来，纯电、插电式混合动力将百花齐放，新能源专用平台和新技术的使用，产品力将得到明显提升。

4. 主流皮卡区域市场分析

2023 年，我国新型冠状病毒疫情结束后，线下消费场景有所恢复，但人均消费明显下降，市场并没有呈现期待中的“井喷”场面。各地房地产工地停产、停工，与建筑强相关的皮卡需求显著下滑，而降价促销让多数皮卡经销商亏损严重，举步维艰，皮卡在全国各地的市场表现也苦乐不均，如西北区域的新疆、西藏、贵州呈现上涨，而福建、广东、河南等传统出口省份的皮卡销量出现下跌（见表 4）。

表 4　2021—2023 年 1—11 月份各省份皮卡销量情况

省份	2021 年 1—11 月份销量/辆	2022 年 1—11 月份销量/辆	2023 年 1—11 月份销量/辆	2023 年 1—11 月份销量同比增速（%）	2023 年销量占比（%）
四川	22768	19571	19574	0. 02	6. 38
云南	22293	18837	18182	-3. 48	5. 93
内蒙古	21504	19806	19660	-0. 74	6. 41
山东	22731	19020	17359	-8. 73	5. 66
广东	18382	15039	12947	-13. 9	4. 22
黑龙江	12128	12037	11434	-5. 01	3. 73
辽宁	11234	9907	8835	-10. 8	2. 88
广西	14472	11483	10001	-12. 9	3. 26
浙江	11490	11537	11340	-1. 71	3. 7
江苏	8364	8634	9183	6. 36	2. 99
湖北	14853	13329	12064	-9. 49	3. 93
江西	10600	9467	8780	-7. 26	2. 86
湖南	13988	11034	10864	-1. 54	3. 54
河北	23399	16949	16511	-2. 58	5. 38
安徽	9361	8483	9042	6. 59	2. 95
贵州	9926	7980	8577	7. 48	2. 8
福建	10511	9696	8327	-14. 1	2. 71
河南	12689	10886	9852	-9. 5	3. 21
陕西	8539	7832	7999	2. 13	2. 61
山西	8015	7683	7607	-0. 99	2. 48
吉林	5951	5693	5257	-7. 66	1. 71
海南	7109	3808	4061	6. 64	1. 32
甘肃	8836	7778	8094	4. 06	2. 64
重庆	8850	6581	7293	10. 82	2. 38
宁夏	5066	4521	4550	0. 64	1. 48
上海	1170	1446	1472	1. 80	0. 48
北京	2543	2689	3490	29. 79	1. 14
新疆	21621	16855	24011	42. 46	7. 83
天津	1899	1517	1257	-17. 10	0. 41
西藏	6101	3899	6112	56. 80	1. 99
青海	2970	2388	3099	29. 80	1. 01
合计	359363	306385	306834	0. 10	100. 00

二、2024 年皮卡市场展望

1. 宏观经济走势

2024 年受到房地产、消费者信心不足和地方债务等问题的影响，我国实际 GDP 增速将放缓至 4.8%，房地产行业下行会抑制投资活动和消费者信心，劳动力市场温和复苏，居民收入增速将低于疫情前趋势。

2. 产品趋势

2024 年皮卡产品力将全面增强，尤其是新能源皮卡的加入，将引领皮卡未来发展的趋势。

（1）皮卡品类不断扩容，新进企业通过新能源产品切入皮卡市场　皮卡市场容量持续增长，也吸引更多乘用车企业的关注，在吉利雷达通过纯电动皮卡进入赛道后，2024 年新能源皮卡将加速上市，例如上半年，长城山海炮混动皮卡、比亚迪方程豹混动皮卡等将投放市场，下半年，东风纯电皮卡、上汽大通纯电皮卡也将闪亮登场。

（2）越野皮卡竞争更加激烈　越野皮卡往往代表着汽车企业的顶尖造车实力，是各皮卡厂家实现品牌向上的重要路径。2023 年是国产越野皮卡集中爆发的一年，各厂家密集推出高性能越野皮卡，尤其是下半年，竞争日趋白热化。在 2023 年广州车展上，长城推出山海炮性能版，江铃股份携手福特推出 Ranger，两者在产品定位、价格、用户群接近的背景下同台竞技，成为引领越野皮卡技术发展的风向标。山海炮性能版全系标配博格华纳 4A + Mlock 分动器，在极致硬核四驱系统硬件的基础上，山海炮性能版提供国内皮卡最多的越野驾驶模式选择，分为标准、运动、经济、雪地、泥地、沙地、低速四驱、岩石、专家 9 种模式。作为福特家族最畅销的中型皮卡，有“福特小猛禽”之称的“福特 Ranger”，也在广州车展首次发布福特 Ranger 1st Edition，这是一款具有硬核越野实力以及丰富功能拓展潜力的专业级越野皮卡，该车型有汽油和柴油两种动力，带来丰富的原厂越野改装以及亮眼的专属设计元素，为我国越野爱好者提供全球化车型选择。此前，江铃大道敢探者、江淮悍途山猫、长安览拓者探索版、上汽大通星际 R 越野版、日产纳瓦拉越野版也纷纷进入越野版市场，扩大越野市场容量。

3. 市场趋势

预计2024年皮卡市场的发展速度将“前低后高”，行业容量增长5%，国内市场容量为35.5万辆。其中非承载式皮卡预计有4%的增长空间，承载式皮卡基数较小，将呈现高速增长。

皮卡市场将逐步洗牌，长城炮在攀升到48%的最高市场份额后，在江铃皮卡的冲击下市场份额预计会逐步回落。江铃在2023款大道皮卡和福特Ranger上市后，销量将进一步上升，江西五十铃推出改款车型后，份额将维持在9.5%左右，而郑州日产份额将小幅下滑。

营销模式也将出现一些新迹象，江铃与福特在我国全新布局“福特纵横”的新渠道品牌，把福特F-150猛禽、福特游骑侠Ranger和Ford Bronco顶级硬派越野产品逐步导入我国市场，营造硬派越野、专业户外改装的新渠道模式。长城组建皮卡学院，结合客户场景化，以用户共创模式发展，这些业务模式对于提升声量，吸引潜在客户，具有非常好的引导示范作用。

在出口方面，放眼全球，皮卡国际化是皮卡品牌向上的必由之路。全球经济复苏缓慢，海外用户的消费和购买力下降，原来青睐于国际一线皮卡品牌的用户开始转向我国皮卡，同时在产品力上，我国皮卡在智能网联和舒适性方面做得更好，在海外的性价比优势更高。

2024年皮卡企业将更加重视国内、国际两个市场，皮卡出口将继续上升；出口的区域将由传统出口市场逐步扩大到欧洲和澳洲市场，产品将由燃油车型拓展到纯电等新能源车型。

（作者：邓振斌）

2023 年豪华车市场分析及 2024 年展望

一、2023 年豪华汽车市场总览

1. 汽车市场扭转了销售疲软的态势，重回增长轨道

2023 年我国乘用车市场低开高走，呈现出逐步向好的趋势。2023 年从前 11 个月份的数据来看，除 1 月份和 7 月份以外，其余各月单月销量均高于 2022 年同期水平（见表 1），虽然在 2022 年下半年因燃油车购置税优惠政策刺激而形成了高基数，但 2023 年依然实现同比增长。

探究其增长原因，主要有两个方面的积极因素。一方面，由于近两年房地产市场的高位调整，原本购房消费挤压家庭可支配收入的状况逐步缓解，消费内生动力有所恢复。购房投资热度下降后，其他各类消费开始复苏，比如旅游热潮的重新席卷。2023 年乘用车市场的持续向好也在一定程度上受益于房地产市场的回落。

另一方面，国家为稳定和扩大汽车消费而不断加大政策支持，同时地方政府积极配合并落地实施，与企业的促销活动形成合力，为汽车市场提供稳定支撑，成为重要的外生动力。

2023 年乘用车总体市场表现良好，全年销量预计可达 2150 万辆，创历史新高。

表 1　2019—2023 年我国乘用车市场销量情况　　（单位：辆）

月份	2019 年	2020 年	2021 年	2022 年	2023 年
1 月	2738298	1928225	2357777	2262369	1293962
2 月	923683	203036	1294698	1156228	1285407
3 月	1545153	1071170	1746102	1475758	1645804
4 月	1535731	1411512	1643239	1005754	1610653
5 月	1727432	1585468	1687376	1322149	1759415

（续）

月份	2019 年	2020 年	2021 年	2022 年	2023 年
6 月	2206303	1638325	1690303	1933150	1972485
7 月	1451505	1642983	1646781	1791236	1783225
8 月	1513704	1735481	1594821	1887388	1920721
9 月	1764568	1993301	1717245	1863691	1970665
10 月	1713295	1937442	1678206	1656309	1948195
11 月	1826811	2024468	1765534	1619799	1981912
12 月	2453420	2673969	2264954	2524671	—
合计	21399903	19845380	21087036	20498502	19172444

注：数据来源于终端零售数据。

2. 中高端新能源品牌分流效应显著，传统豪华品牌渗透率明显下滑

在整体乘用车市场回暖和 2022 年因芯片供给短缺而造成的缺货问题逐步改善的大环境下，2023 年传统豪华车品牌销量虽然出现小幅上涨，但仍低于乘用车市场大盘。而从渗透率来看，下降趋势则仍在继续，其原因主要是中高端新能源车品牌销量的快速增长大量分流了 25 万元及以上价位段的消费者（见表 2）。

表 2　2019—2023 年我国乘用车市场豪华车销量及渗透率情况

时间	乘用车销量/辆	豪华车销量/辆	豪华车市场渗透率（%）	包含中高端新能源的豪华车销量/辆	包含中高端新能源的豪华车市场渗透率（%）
2019 年	21399903	3001921	14. 0	3047296	14. 2
2020 年	19845380	3183343	16. 0	3407614	17. 2
2021 年	21087036	3195017	15. 2	3699690	17. 5
2022 年	20498502	2998661	14. 6	3695812	18. 0
2022 年 1—11 月份	17973831	2702411	15. 0	3321431	18. 5
2023 年 1—11 月份	19172444	2772706	14. 5	3779943	19. 7

注：数据来源于终端零售数据。

之所以中高端新能源车品牌分流销量的趋势愈演愈烈，一方面要归因于消费者对汽车市场整体发展趋势的认知变化，新能源车型接受度迅速提高；另一

方面则要归因于消费观念的变化，车辆已不再仅仅是代步工具，消费者也不再仅仅关注车辆的驾驶属性。因此，如何在以科技感及舒适感等为代表的产品力和以服务及社群等为代表的用户体验上多下功夫，从而说服消费者支付品牌溢价，这是当前传统豪华车品牌必须做好的答卷。

传统豪华车品牌阵营分化明显，一线品牌全部实现增长，而二线品牌则多数出现下滑。

2023 年 1—11 月，整体传统豪华车品牌与 2022 年同期相比上涨了 2. 6%。宝马、奔驰和奥迪三个一线豪华品牌市场增速平稳，而二线的十个品牌中仅路虎和捷豹实现了销量增长（见表 3）。

表 3　2022—2023 年 1—11 月份传统豪华车品牌销量情况

品牌	2022 年 1—11 月份销量/辆	2023 年 1—11 月份销量/辆	同比增速（%）
宝马	694257	728121	4. 9
奔驰	703835	712418	1. 2
奥迪	577128	625067	8. 3
凯迪拉克	164181	159095	−3. 1
雷克萨斯	167323	158415	−5. 3
沃尔沃	147257	146579	−0. 5
路虎	60928	73954	21. 4
保时捷	84138	73327	−12. 8
林肯	72842	64380	−11. 6
捷豹	18235	22105	21. 2
英菲尼迪	5911	5130	−13. 2
玛莎拉蒂	4370	3941	−9. 8
讴歌	2006	174	−91. 3
总计	2702411	2772706	2. 6

注：数据来源于终端零售数据。

从品牌价值来看，二线品牌的知名度本来就处于弱势。加之受到来自一线品牌的价格打压和新能源品牌的产品打压，二线品牌面临严峻的市场竞争。讴歌已退出我国市场，英菲尼迪也几乎沦为普通汽车品牌。那些在销量规模上不具备优势的二线品牌注定面临要么降级为普通品牌，要么退出我国市场的残酷选择。对于年销量不足一万辆的品牌，摆在面前的问题将更加残酷，这样的销量远远不足以支撑起一个健康的销售网络，从而陷入销量下滑、市场投入不足的恶性循环。同时，在当前全球大环境下，那些品牌的总部能否保持对我国市场信心进而持续投入，也将是一个问号。

3. 豪华车品牌国产车型市场企稳，进口车则持续低迷

近十年来，国产豪华车销量一直保持高速增长。豪华车市场总量未见萎缩，只是将部分进口份额转移至国产，豪华车品牌国产车与进口车在市场中的关系是互补而非竞争（见表4）。

表4　2022—2023年1—11月份传统豪华车品牌分产地销量情况

车辆来源	2022年1—11月份销量/辆	2023年1—11月份销量/辆	同比增速（%）
国产	2095813	2174062	3.7
进口	606598	598644	-1.3
总计	2702411	2772706	2.6

注：数据来源于终端零售数据、新车价格监控报告。

4. 传统豪华车品牌车型高端化趋势明显，SUV车型继续受到热捧，特别是新能源SUV

从2023年1—11月份的数据可以看出，在传统豪华车品牌中，25万元以下的入门车型市场出现了显著的下滑，而25万~50万元和50万元以上价位段的市场份额均有所增长，车型高端化趋势明显（见表5）。

表5　2022—2023年传统豪华车品牌分价位段销量占比　　（%）

价位段	2022年	2023年1—11月份
25万元以下	6.1	5.1
25万~50万元	77.2	77.9
50万元以上	16.8	17.0

注：数据来源于终端零售数据、新车价格监控报告。

结合中高端新能源品牌的销量可以看出，我国消费者对SUV车型的偏好并没有改变。传统豪华车品牌SUV市场份额的减少，更多是因为他们的车型在与相似价位段的特斯拉、理想、蔚来的SUV车型竞争中被分流（见表6）。2023年的我国消费者依旧钟爱空间大、投影面积小、适合家用的SUV车型，只是更多的消费者在比较后选择了中高端新能源品牌的SUV车型。

表 6 2022—2023 年豪华汽车市场分品牌类型各车型市场份额情况

（%）

车身类型	仅传统豪华品牌			传统豪华（含中高端新能源品牌）		
	2022 年	2023 年 1—11 月份	份额变化	2022 年	2023 年 1—11 月份	份额变化
SUV	47.9	45.6	-2.3	53.4	54.9	1.5
轿车	51.1	53.4	2.3	45.7	44.4	-1.3
其他	1.0	1.0	0.0	0.8	0.7	-0.1

注：数据来源于终端零售数据。

在豪华汽车市场中，25 万 ~50 万元价位段的 SUV 不仅在 SUV 市场中独占鳌头，还继续保持了其最大单一细分市场的地位，而且其市场份额仍在进一步提升中（见表 7）。

表 7 2022—2023 年豪华汽车市场分车身类型及价位段市场份额情况

（%）

车身类型及价位段	2022 年	2023 年 1—11 月份
25 万 ~50 万元 SUV	42.5	44.4
25 万 ~50 万元轿车	38.4	35.6
50 万元以上 SUV	8.9	9.0
25 万元以下轿车	3.0	5.2
50 万元以上轿车	4.3	3.5
25 万元以下 SUV	2.0	1.5
25 万 ~50 万元其他车型	0.5	0.7
50 万元以上其他车型	0.4	0.1

注：数据来源于终端零售数据。

5. 以特斯拉、理想和蔚来为代表的中高端新势力强势增长，对豪华车客户群体的分流明显

从 2023 年 1—11 月份销量数据来看，中高端新能源品牌的表现强劲，尤其是与乘用车市场和传统豪华车品牌相比，接近 40%、甚至一倍以上的增速更显得抢眼（见表 8）。

表 8 2022—2023 年 1—11 月份分品牌类型销量情况

品牌类型	品牌	2022 年 1—11 月份销量/辆	2023 年 1—11 月份销量/辆	同比增速（%）
传统豪华	宝马	694257	728121	4.9
	奔驰	703835	712418	1.2
	奥迪	577128	625067	8.3
	凯迪拉克	164181	159095	-3.1
	雷克萨斯	167323	158415	-5.3
	沃尔沃	147257	146579	-0.5
	路虎	60928	73954	21.4
	保时捷	84138	73327	-12.8
	林肯	72842	64380	-11.6
	捷豹	18235	22105	21.2
	英菲尼迪	5911	5130	-13.2
	玛莎拉蒂	4370	3941	-9.8
	讴歌	2006	174	-91.3
中高端新能源	特斯拉	400010	537108	34.3
	理想	113902	327503	187.5
	蔚来	105108	142626	35.7

注：数据来源于终端零售数据。

在特斯拉冲年销量达到 40 万辆、理想和蔚来站稳年销量 10 万辆的台阶后，已经没有任何一个传统豪华车品牌可以轻视这些新势力品牌。这种影响一方面是销量上的分流，更长远的则是消费者对豪华车型认知、购车用车习惯和对服务体系预期的变化。这是在产品和体系上全新的竞争形态，而以目前的情况看，传统豪华车品牌主机厂 + 经销商的体系在竞争中尚处于守势。

特斯拉依靠 Model Y 的强劲表现，已经拉开了与二线豪华品牌及其他中高端新能源品牌的距离。理想和蔚来也同样取得了优异的成绩，实现了大幅的增长。考虑到这两个品牌车型定价更高，这份成绩更加难能可贵。理想各产品线车型销售均衡发展，除理想 ONE 之外，其他三款车型均实现了高速增长，2023 年 1—11 月累计销量已经超过其老对手蔚来一倍以上。而产品线更丰富的蔚来则显现出部分车型销售疲软的问题，2023 年增量主要来自 ET5。两个品牌在跨上年销量十万辆的台阶后，如何站稳脚跟并进一步发展，除了直销模式下持续稳定的订单压力外，各自也面临着不同的挑战。对理想而言，如何清晰地定位 L7、

L8、L9 产品线并制定销售策略，在价格和尺寸有一定重合度的产品上避免内耗，将对市场和销售团队提出更高的要求。而对于蔚来而言，产品线日益完善、存量客户数量增加、地域分布扩大后，如何维系好用户体验和日常服务，对于保持车主口碑的正向营销效应至关重要。

6. 传统豪华车品牌向新能源转型的路径讨论

在全球绿色低碳发展和我国乘用车双积分趋严的背景下，传统豪华车品牌投入了大量的资源向新能源汽车转型。从销量和渗透率角度看，目前处于领先地位的仍然是宝马、奔驰和保时捷（见表 9）。

表 9 2023 年 1—11 月份传统豪华车品牌新能源汽车销量及渗透率

品牌	新能源汽车销量/辆	总销量/辆	新能源汽车渗透率（%）
宝马	96736	728121	13. 3
奔驰	41841	712418	5. 9
奥迪	27018	625067	4. 3
凯迪拉克	2048	159095	1. 3
雷克萨斯	10124	158415	6. 4
沃尔沃	12770	146579	8. 7
路虎	1465	73954	2. 0
保时捷	10494	73327	14. 3
林肯	20	64380	0. 0
捷豹	—	22105	—
英菲尼迪	—	5130	—
玛莎拉蒂	—	3941	—
讴歌	—	174	—

注：数据来源于终端零售数据。

2023 年 1—11 月份，一线品牌宝马、奔驰和奥迪的新能源车型占到了传统豪华车品牌所有新能源车型销量的 82%，处于绝对领先地位，其中宝马新能源渗透率出现大幅提升，已超过奔驰一倍有余。二线品牌中沃尔沃、雷克萨斯和保时捷在新能源车型方面也有不错表现，三者合计销量占豪华车品牌新能源车型总销量的 16%，其中保时捷仍然是新能源车型渗透率最高的品牌。这些领先品牌采取的策略基本可以分为两类：以奔驰 EQ 系列为代表的独立新能源产品线，以及在燃油车型基础上衍生出的新能源车型。

在一线豪华车品牌中，奔驰在我国可能是对新能源转型最为重视的品牌。其在我国同步上市了 EQ 系列电动车，投入了大量的市场广告宣传资源来教育、引导消费者，也在4S 展厅单独辟出 EQ 专区，可谓是不遗余力。从销售成绩来看，EQ 系列也终于交出较为满意的答卷，2023 年 1—11 月份销量累计同比增长 84%。

而另一种转型模式则是在燃油车平台上调整动力总成衍生出插电式混合动力或纯电车型，并以与燃油车型相近价格销售。奔驰、宝马、保时捷插电式混合动力车型与燃油车型价位高度重叠，宝马纯电 iX3 的终端零售价甚至已经低于宝马燃油车 X3。

从目前来看，无论哪种转型策略，都未能帮助传统豪华车品牌摆脱燃油车的烙印。目前传统豪华车品牌所面临的最大问题是其潜在消费者中考虑新能源车型的比例不高，而且即使是这部分客户也不愿为新能源车型支付额外的溢价。如果是与燃油车有明显渊源的纯电车型，消费者甚至可能期望获得价格折扣。

无论是从经销商体系的销售能力还是从消费者的认知来看，传统豪华车品牌的插电式混合动力车型主要竞品是传统燃油车型。而当纯电车型摆在消费者面前时，无论是全新的纯电汽车产品线还是燃油车型的衍生产品，其设计语言、车机系统和智能体验，与中高端新能源品牌的车型相比都有浓重的燃油车影子。此外纯电车型的日常使用感受高度依赖充电和服务体系，消费者会同时考虑超充网络、服务保障、用车体验等多重因素。在这场体系的竞争中，传统豪华车品牌反而处于劣势，这种劣势最后也反映到了销量上。

可喜的是，传统豪华车品牌也正在尝试通过合作寻找新能源汽车领域新的发展模式。2023 年 11 月 30 日，奔驰中国与华晨宝马签署合作协议，双方将以 50∶50 的股比在我国成立合资公司，在我国市场运营超级充电网络。至 2026 年底，该合资公司计划在我国建设至少 1000 座超充站，约 7000 根超充桩。首批充电站计划于 2024 年起在我国重点新能源汽车城市开始运营，后续充电站建设将覆盖全国其他城市和地区。

7. 新能源品牌出海策略探讨

我国已经成为世界第一大汽车市场和世界第一大新能源市场，影响着当下的汽车世界格局，也是未来汽车发展的风向标。

在这种背景下，我国新能源汽车品牌出海跃跃欲试。领先的智能化表现和成本优势无疑是自主新能源车型的两大制胜法宝。在 2023 年 9 月瑞银证券对比亚迪海豹的拆解测算中，对比来自上海超级工厂的特斯拉Model 3，海豹的成本低15%。对比大众欧洲生产的同级别车型，海豹的成本优势则扩大至35%，即使考虑到未来在欧洲本土建厂，比亚迪的成本优势依然可以维持在25%左右。

老牌车企的新能源品牌出海，一般都有可以仰仗的资源，例如比亚迪的海外供应商资源、上汽名爵的品牌资源、吉利全球化的投资视角，以及长城在俄罗斯、墨西哥等多市场的布局。然而对新能源新势力企业而言，海外市场拓展则要从零起步。在渠道策略选择上，新能源新势力品牌驾轻就熟的直营模式已被打破。在海外市场，直营模式虽然可以为用户提供更好的服务，但也面临高额的资金投入压力和市场推进缓慢等问题。

以蔚来为例，2021年初入挪威市场，采用与国内相同的直营模式。而2022年10月，在进入德国、荷兰、瑞典和丹麦四国市场之时，则改用“以租代售”的“订阅模式”。但目前来看，上述两种模式均未见成效，欧洲市场销量远未达预期。为此，蔚来适时转变渠道策略，以即将在2024年三季度亮相的欧洲市场子品牌“萤火虫”为切入点，准备建立经销商网络。

无独有偶，小鹏也已经宣布在欧洲引入经销商模式。以直营模式为主的极氪也已经在以色列和哈萨克斯坦两国签署协议建立汽车经销网络。通过与经销商合作，新能源新势力品牌可以利用经销商在本土搭建的成熟分销渠道，以更加经济快速的方式拓展业务，也能更好地感知当地消费者偏好、适应本土法规政策。

然而渠道尚且可控，政策则说变就变。2023年的欧盟反补贴调查和美国2022年的《通胀削减法案》直指我国汽车企业。即使在汽车工业基础薄弱和我国汽车企业并无正面竞争的发展中国家，出海也充斥着变数。

应对政策谜题，零跑与Stellantis的合作无疑是一种探索。Stellantis集团出资15亿欧元，购入零跑20%的股份，获得零跑两个董事会席位，以及在双方合资的零跑国际中占股51%。零跑无须在国外新建工厂，产品直接从我国出口，或利用Stellantis的产能资源以CKD、SKD模式在国外制造，然后进入Stellantis销售网络。与此同时，也为零跑在欧盟反补贴调查中，增添了一块“挡箭牌”。因为此前欧盟对我国电动车的反补贴调查中，背后的主要推动者，正是Stellantis集团所在的法国。

而避开美国《通胀削减法案》，绕行墨西哥也会是选择之一。墨西哥与美国和加拿大同属北美自由贸易区，并且作为全球第六大汽车生产国，拥有较为完善的传统汽车整车及零部件工业基础。

二、2023年豪华汽车市场总结

2023年，我国豪华汽车市场总体销量终于摆脱颓势，重回增长轨道。这说明我国消费者的购买力和购买意愿并未消失，我国依然是全球最大的豪华车市场。

然而，市场已进入存量时代是不争的事实，此时的竞争更加激烈，当蛋糕已经很难做大时，需要依靠更强的产品力和销售力去争夺市场。豪华车市场中的马太效应愈加明显，宝马、奔驰、奥迪组成的第一梯队总体稳健，而二线品牌的市场地位已经岌岌可危，面临着来自中高端新能源品牌的猛烈冲击，如果不在品牌、口碑和产品力上痛下苦功，恐难摆脱艰苦时日。

在向新能源车转型时，传统豪华车品牌仍未摆脱燃油车的烙印。如何实现品牌形象的转型和销售体系的调整，我们看到了各个主机厂的尝试和探索，但目前尚未形成清晰的路径。传统豪华车品牌需要意识到，新能源车型尤其是纯电车型的销售不仅仅是销售体系的竞争，更是整个用车体验和充电补能体系的竞争。如果没有大量投资的决心和魄力，单纯依靠向经销商集团铺货并不能在体系竞争的环境下取得优势。

从中高端新能源品牌的高速增长不难看出，逐渐成熟的我国汽车消费者用自身的行动证明，他们愿意为质量、口碑、产品力、科技感、用户体验这些需要时间和精力积累的竞争力买单，这是稳住基盘实现增长的切入点，也对众多豪华品牌主机厂提出了更高的要求。

2023年，新能源自主品牌加快了出海的步伐：一是快速搭建海外新能源基础设施；二是积极探索新的渠道模式，同时也在为应对来自欧盟、美国等地区的打压政策寻求破解之路。

三、2024年豪华汽车市场展望

经济学家对于2024年的宏观经济走势总体为谨慎乐观。展望2024年的豪华车市场，笔者预计将出现温和增长的总体趋势，但不同品牌的表现可能大相径庭。

中高端新能源品牌仍在发展上升期，传统豪华品牌能否在其冲击下站稳脚跟，奔驰与华晨宝马在超充领域的合作能否顺利推进，类似合作案例是否接踵而至，这些在 2024 年都值得关注。而摆在中高端新能源品牌面前的问题则是如何乘胜追击，继续保持销量的快速增长。就特斯拉而言，跨上 40 万辆年销量的台阶后仅依靠少数几个车型能否维持局面并进一步向上突破，将会是很大的考验。理想和蔚来在迈入 10 万辆年销量的门槛后，也需要在产品策略和定位、销售服务网络的进一步布局、订单收集与产能规划等方面投入更多的关注。同时，随着海外经销商网络的建立，海外销量的提升，企业产能也将面临压力。

放眼 2024 年，笔者希望看到更多的新能源汽车品牌实现出口梦想，汽车企业之间、汽车企业与供应链之间、国内外汽车企业之间，相互协作，抱团取暖，共同抵御海外市场政策风险，实现市场共赢。

（作者：叶永青）

2023年SUV市场分析及2024年展望

2023年，我国汽车市场处于新型冠状病毒疫情（以下简称疫情）结束后的稳定修复期，内需扩大，出口强劲。我国经济持续恢复向好，2023年前三季度GDP增速为5.2%，预计全年增长5.3%左右，高于全年5%左右的预期目标，为汽车市场复苏打下坚实的基础。同时，在国家和地方政府一系列稳增长、促消费政策以及企业端降价保量、NEV新品密集投放等多重积极因素刺激下，国内市场总体呈现稳中向好的发展态势。汽车出口市场也继续保持增长势头，出口总量再创新高，跃升为全球最大出口国，拉动我国汽车消费再创新高。

2023年1—11月份，我国乘用车销量为2282万辆（见图1），同比增长9.1%，全年稳破2500万辆，将创造我国汽车市场历史新高。分品类看，轿车销量为1015.5万辆，几乎与2022年持平，增势显著放缓；SUV市场销量为1168.9万辆，同比增长17.0%（见图2）；MPV市场销量为97.5万辆，同比增长15.3%，结束下行趋势，开启向上周期。

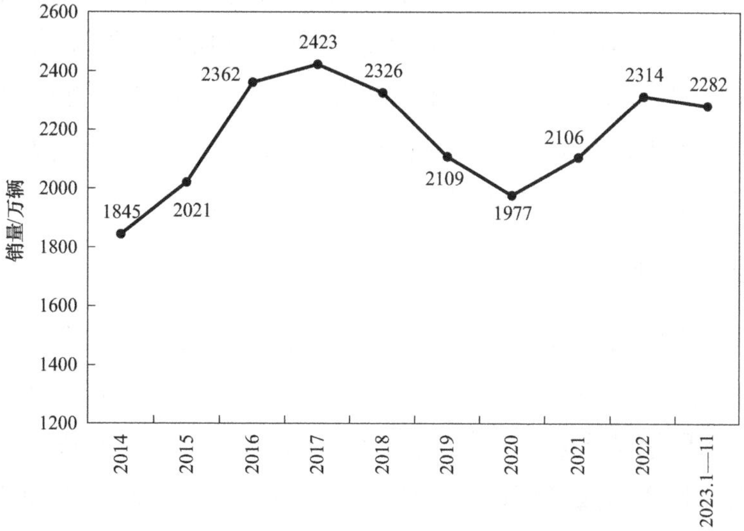

图1　2014—2023年乘用车整体市场规模走势

（注：数据来源于乘用车市场信息联席会，下同）

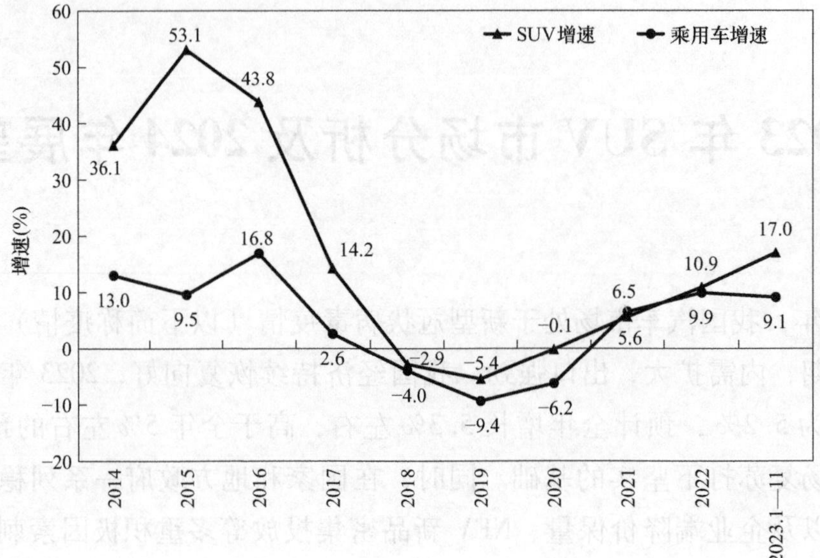

图2 2014—2023 年 SUV 与乘用车同比增速对比

一、2023 年 SUV 市场特征

1. 整体 SUV 市场分析

SUV 市场逐渐走出需求平台期，再创历史新高。2023 年，SUV 市场全面开花，传统燃油车护住基盘，纯电动和插电式混合动力两翼齐飞，逐渐走出2020—2022 年连续三年的平台期，再次进入新发展阶段。2023 年 1—11 月 SUV 累计销量已经大幅超越历年全年水平，全年有望突破 1300 万辆，大幅刷新历史纪录，市场份额历史性突破 50%（见图3），首次超越轿车，成为国内第一大品类，也意味着乘用车市场增长动能再次由轿车转移至 SUV。

2. 燃料类型分析

传统 SUV 巩固基盘，新能源 SUV 上演“狂飙”猛进。2023 年 1—11 月份，传统 SUV 温和上涨，销量为 801. 8 万辆，同比增长 5. 1% 。海外市场需求持续扩张，上汽系、奇瑞系持续发力；国内市场结构性增长，自主新车提量，合资降价保量。新能源 SUV 销量为 367. 1 万辆，同比增长 55. 4%（见图 4），净增 130 万辆，新能源渗透率迈入“3”字头，达 31. 4%（见图 5），与轿车的差距进一步收窄。

SUV 与轿车在新能源发展路线上存在较大差异，各有侧重，轿车更侧重纯

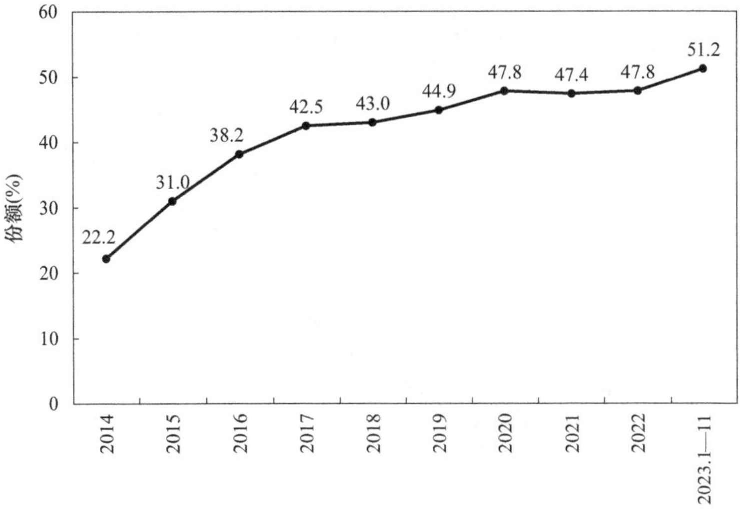

图 3　2014—2023 年 SUV 市场份额

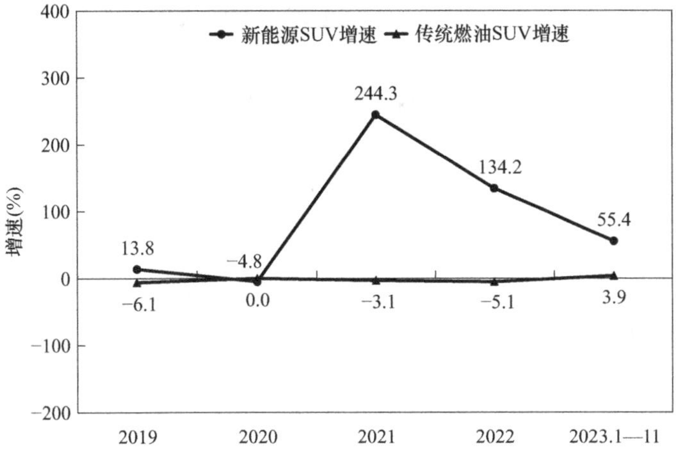

图 4　2019—2023 年新能源 SUV 与传统燃油 SUV 销量同比增速

电动发展，SUV 则坚持纯电动和插电式混合动力并重的策略，两条技术路线均衡发展。在新能源 SUV 内部，纯电动和插电式混合动力销量比例约为 6∶4，轿车则为 8∶2（见图 6）。

3. 各级别 SUV 表现

SUV 呈现“级别越高，份额增长越快”的特征，B、C 级引领增长，A 级延续下行，A0 级持续衰退。同时，也呈现“级别越高，新能源发展水平越高”的特征，B、C 级新能源渗透率超五成，颠覆了传统车的主导地位。

A0 级车作为新青年、小家庭首辆车和家庭第二辆车的需求，正在被其他级

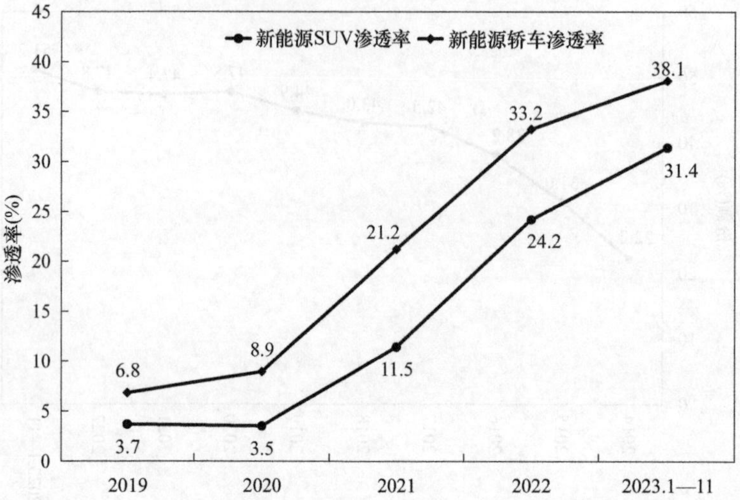

图5　2019—2023年新能源轿车与新能源SUV渗透率

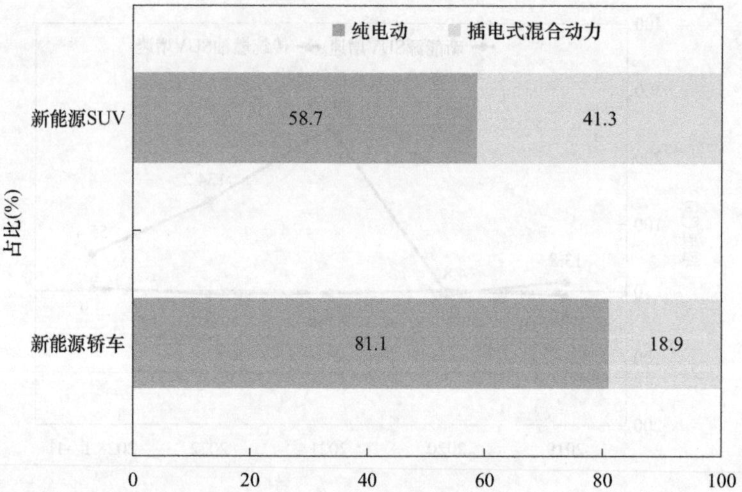

图6　新能源SUV和新能源轿车内部结构占比

别车型替代。一汽丰田卡罗拉锐放、广汽丰田锋兰达为代表的合资入门车型价格不断下探，严重挤压A0级的生存空间，广汽本田缤智、东风本田XR－V月销量由1.3万~1.5万辆暴跌至0.4万辆。同时，代步属性也被同价位、同级别精品纯电小车平替，比亚迪海豚、海鸥、上汽通用五菱宝骏云朵以及上汽大众ID.3更符合家庭代步车的需求，更好满足一、二线城市女性群体需求。

A级作为首购家庭主力用车，依然是最核心的市场，但随着首购比例下降、消费升级以及企业投放重心的上移，份额即将跌破六成（见图7）。A级市场以燃油为主，新能源加速渗透，2023年1—11月份，新能源汽车渗透率达到

24.7%。不同于其他市场，A级市场坚持纯电和插电式混合动力“两条腿”走路。插电式混合动力方面，以比亚迪为标杆，自主品牌汽车企业迅速跟进，“两长一吉”混合动力战略快速落地，深蓝S7、银河L7、哈弗猛龙等新产品虽未形成爆款，但也取得了很不错的成绩。在纯电方面，双子星比亚迪元PLUS、埃安Y在减价加量的策略下，销量一路攀升，分别跻身于SUV车型排名TOP3、TOP10。但是，A级车作为主力用车，用户对新能源尤其纯电动产品的售价、续航、空间、充电效率、舒适性等有着全面需求，现阶段主机厂并不能解决好低成本和高产品力之间的矛盾，也意味着短期内不能触发快速爆发的条件。

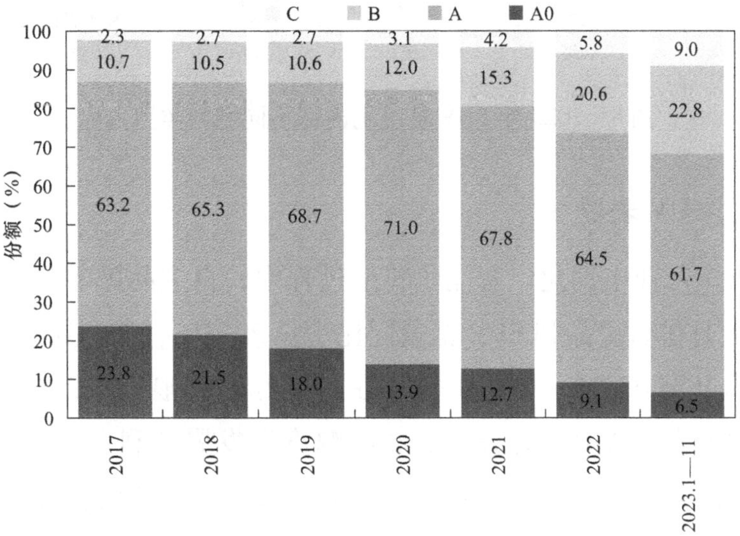

图7　2017—2023年SUV各级别份额

B级是NEV新品数量最多、最内卷的市场。2023年，B级新能源占比首次超过燃油车，达50.6%（见图8），且以纯电动为主，内部占比接近35%，PHEV占比为15%。其中，随着Model Y降价以及小鹏G6、智己LS6低价上市，纯电动市场加速内卷，已经进入白热化竞争阶段。领克08以及硬派越野坦克500 HI4-T、坦克400 Hi4-T、方程豹5的上市，插电式混合动力市场也由蓝海转为红海竞争。

“新势力+增程”的模式，点燃C级市场热情。理想L7、L8、L9“三箭齐发”，三款车型月销均破万辆，2023年下半年问界新款M7大幅下调定价以及“遥遥领先”的智能化水平，销量飙升至1.5万辆。理想、问界的强势表现，使得C级市场不仅成为增速最快的市场，也是新能源化程度最高、单一技术路线（REEV+PHEV）占比超过传统燃油车的市场。

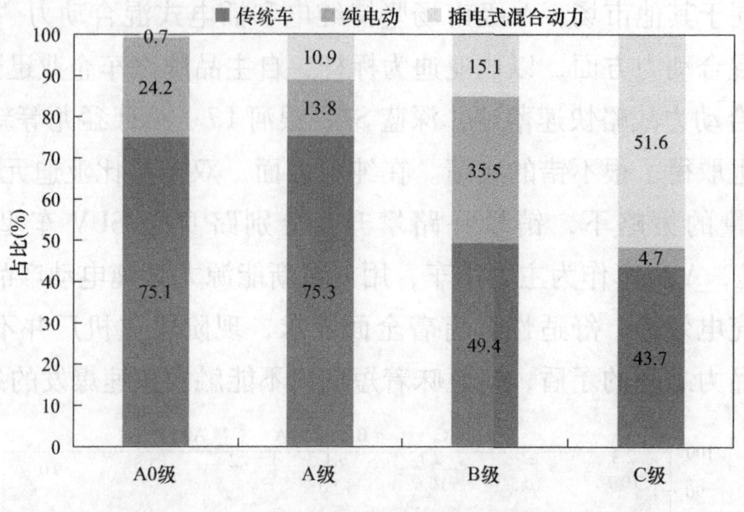

图 8　2023 年 SUV 各级别内部不同燃料类型占比

4. 各系别 SUV 表现

在我国汽车产业电动化、智能化转型过程中，自主品牌崛起之势锐不可当。2023 年 1—11 月份自主品牌 SUV 销量同比增长 29.3%，增速遥遥领先，占 SUV 总量的份额提升至 63.1%（见图 9）。在新能源转型浪潮中，自主品牌快速响应，建立牢固的先发优势，充分享受新能源汽车发展红利。在“油电同价”基础上，不仅产品力实现全包围，还全线布局产业链、供应链，在平台架构、智能驾驶、智能网联、电池、电芯、超充技术等领域持续发力，进一步打造技术“护城河”。

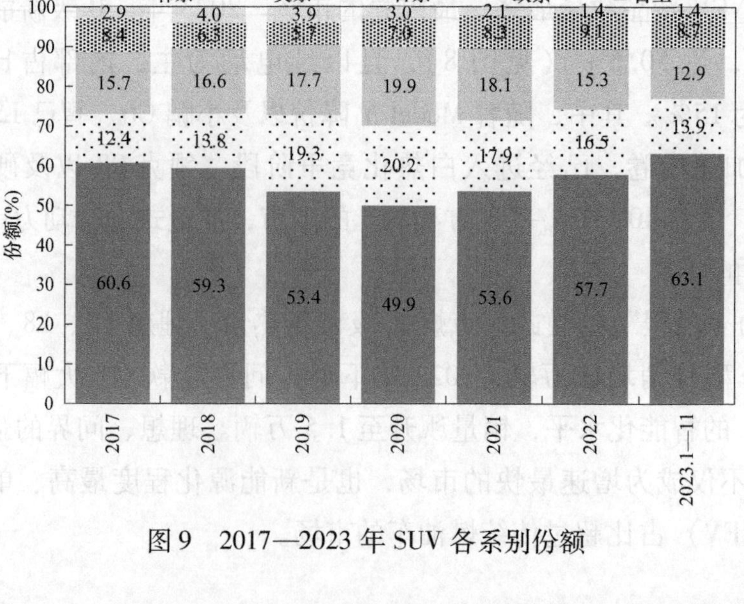

图 9　2017—2023 年 SUV 各系别份额

日系新能源转型严重滞后，市场份额创新低。2023 年 1—11 月份日系市场份额降至 12.9%，为 2016 年来最低点。日系固守燃油车和 HEV 市场，新能源汽车销量占比仅 3%，背离主流趋势。日系各品牌在华陷入困局，丰田高价值车型严重下滑，仅凭低价在入门级市场获量；本田各级市场均遭遇冲击，缤智、XR－V 更是跌落小型 SUV 神坛，马自达跌到历史低位，三菱宣布退出我国市场。

奔驰、宝马、奥迪等豪华品牌失速，欧系品牌雪上加霜。2023 年 1—11 月欧系市场份额为 13.9%，降至 2018 年欧系 SUV 爆发前的水平。在新势力不断冲击下，奔驰、宝马、奥迪被迫降价，但未能改变增速放缓颓势。欧系不断加快新能源转型节奏，但效果一般，新能源汽车渗透率为 13.0%，较上年仅增长 2 个百分点。大众 ID.4、ID.6 系列平台落后，产品力平平，销量惨淡；Smart 品牌定位小众，圈层较窄，增量贡献有限，未能举起欧系新能源大旗。未来 1～2 年欧系新能源不具备快速转型能力。

特斯拉增速放缓，美系上升趋势中断。特斯拉 Model Y 仍是销量担当，年初特斯拉发动价格战，月销量增至 5.3 万辆，跻身 SUV 车型销量榜 TOP1，“断层领先”。通用、福特也在加速推进电动化，别克 E5 是基于奥特能电动平台打造的首款量产车型，定位大五座智能纯电 SUV，效仿自主低定价策略，月销四五千辆，与小鹏 G6，智己 LS6 等新车角逐 B 级市场。

5. 终端价格走势

（1）SUV 平均成交价　SUV 保持高速增长的同时也实现了高质量发展，价格结构持续优化，高价值区间占比提升，但受价格战影响，单车平均价格短暂下滑，但无碍长期增长趋势。

年初由特斯拉掀起的价格战，贯穿 2023 年全年。2023 年 3 月份以雪铁龙为代表的燃油品牌为清理库存采取促销，以及大量新车型的低价上市，加剧了价格战，主流品类单车平均价格首次下滑。SUV 平均成交价为 17.5 万元，同比下滑 0.5 万元（见图 10），降幅达 3.1%；MPV 得益于腾势 D9 和极氪 009 等新能源 MPV 上量，结构改善，单车均价暴涨至 25.2 万元，涨幅达 5.2 万元。

（2）SUV 价格段走势　2023 年，SUV 各价位段市场都有不同程度增长，由于价格战愈演愈烈，扰乱了正常的价格体系，各市场份额保持稳定，未出现往年明显上移的情形。

部分车型降价进入（主要是哈弗 H6 国潮版、长安 CS55 PLUS、长安 CS75

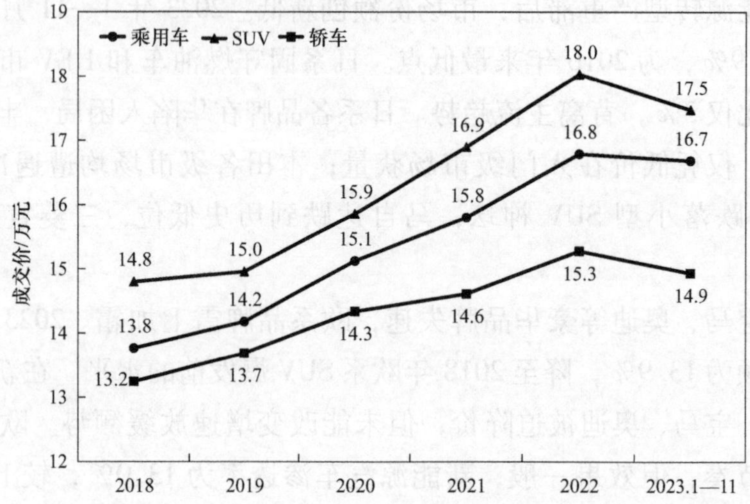

图 10　2018—2023 年乘用车、SUV 和轿车终端成交价走势

（注：数据来源于全国终端成交价）

等车型），延缓了 10 万元以下汽车下滑趋势。但疫情造成的中、低端收入群体需求萎缩以及二手车替代的影响并未消退，预计此趋势不能长期延续。

供给侧改革驱动 10 万 ~15 万元市场反弹（见图 11），份额上浮至 30% 以上。自主采取“油电并重”的策略，巩固燃油车优势的同时，加速新能源汽车转型。在燃油车方面，新车投放速度放缓，但主力车型迭代周期缩短，保持旺

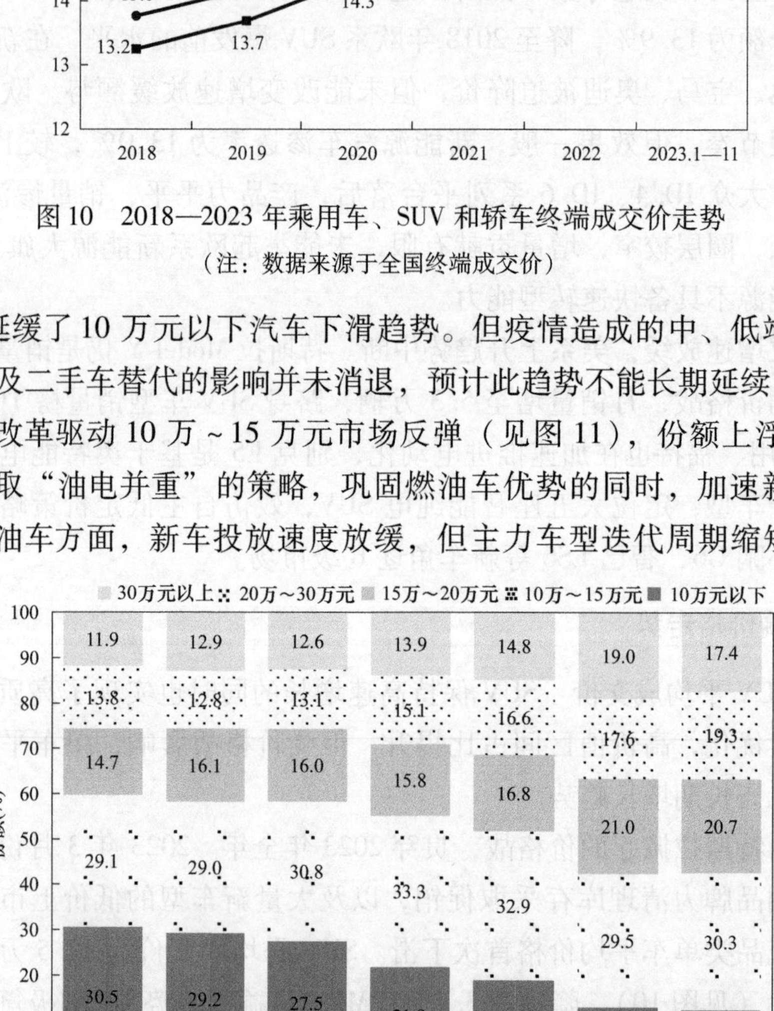

图 11　2017—2023 年 SUV 价位段走势

（注：数据来源于全国终端成交价）

盛产品力。长安 CS75 PLUS、吉利博越 L 焕新后，销量持续爬升。在新能源方面，以比亚迪元 PLUS、埃安 Y 为核心，涵盖大众 ID. 4、零跑 C11 等在内的纯电动市场逐渐形成；比亚迪宋 Pro 冠军版降价上市，并不断下调价格，结束了市场无走量插电式混合动力车型的局面，长安欧尚 Z6 IDD、长安启源 Q05 进一步将插电式混合动力车型价格下沉至 13 万元以内。

15 万~20 万元市场与行业增速一致，份额基本持平，但内部竞争加剧。一是新能源车与燃油车竞争加剧。新能源车凭借“油电同价”，正快速平替燃油车，新能源汽车市场占比由 34.5% 提升至 40.7%，插电式混合动力汽车市场占比达 25.9%。自主新能源品牌表现优秀，助力自主品牌市场份额提升。合资品牌被动防御，主力车型东风本田 CR－V、广汽本田皓影、一汽丰田 RAV4、广汽丰田威兰达、一汽－大众探岳及其 HEV 版本全系下沉进入，主打“以价保量”策略。二是自主品牌内部竞争加剧。随着“两长一吉”混合动力战略加速落地，完成第一轮产品投放，以及奇瑞、荣威等迅速跟进，市场格局正由比亚迪“一家独大”向“一超多强”转变。

20 万元以上市场处于深度调整中，合资燃油车撤离，新能源产品大规模导入，迅速填补市场空白，份额有望蓄力爆发。在纯电动市场，以 Model Y 为标杆，小鹏 G6、智己 LS6 凭借低价和智能化，快速上量，月销 8 千辆左右。在插电式混合动力市场，产品类型多元化，理想、问界组成的“3＋1”产品矩阵，月销均破万辆，领克 08 月销 8000 辆，坦克系列、方程豹 5 等新能源硬派越野延伸了用车场景，市场预期较好。

随着我国汽车市场电动化转型提速以及插电式混合动力市场爆发，2023 年已成为 SUV 新发展里程的起点，开始由平台调整期进入新一轮上升周期。在 SUV 总量增长的同时，内部也呈现结构性分化，SUV 电动化提速，并坚持纯电和插电式混合动力并行的路线；消费升级趋势显著，级别大型化、价位高端化；市场格局加速洗牌，自主品牌崛起，海外品牌持续衰退。

二、2024 年 SUV 市场展望

1. 经济因素

2023 年以来，面对严峻复杂的国际形势，在全球经济复苏势头不稳、动能减弱的背景下，我国宏观经济持续恢复向好，高质量发展稳步推进。2023 年前三季度，我国 GDP 增长 5.2%，第四季度预计增长 5.6%，2023 全年增长 5.3%

左右，高于全年 5% 左右的预期目标。展望 2024 年，外部环境或有所改善，稳增长政策效果将继续显现，国内需求有望持续修复，在政策发力和市场驱动下，我国经济将向潜在增速水平回归，预计 2024 年 GDP 增长 5% 左右。

2. 政策因素

2024 年，国内宏观经济将继续保持持续恢复向好态势。我国经济增长的主要推动力正发生变化，未来消费将发挥更大作用。当前经济面临放缓风险，房地产由增量转为存量，内需不足，投资不旺，汽车作为国民经济第二大产业，也是我国经济转为高质量发展的排头兵，国家会继续出台稳健的促消费政策，鼓励汽车消费，地方政府也会相继出台包括现金补贴在内的刺激消费政策。

3. 需求因素

新人群、新消费趋势、新场景正在助力 SUV 二次发展。我国汽车市场正在进入以再购为主的新阶段，2016—2017 年前后 SUV 销量达峰，年销量达千万辆，基数庞大的 SUV 保有用户正值再购高峰，且再购时对 SUV 的偏好较高。二胎、三胎政策放开后的第一批多孩家庭中，年龄较小的儿童逐渐步入学龄，家庭用车在空间方面的需求得到进一步凸显。同时，新生活方式、新场景的出现，也刺激 SUV 需求与日俱增。人们越来越倾向在周末或假期逃离城市的喧嚣，走向户外，贴近自然，带动了旅游、露营、长途穿越等活动的兴起，以及户外餐饮、娱乐等新出行场景的增加，而 SUV 本身具备的大空间、高通过性的特性与用户需求更加匹配，将助力 SUV 需求提升。

4. 供给因素

从短期看，产品数量和质量提升是驱动 SUV 增长的核心动能。2023 年上市多款热销车型，如深蓝 S7、银河 L7、哈弗猛龙、领克 08、捷途旅行者、小鹏 G6、智己 LS6 以及一系列越野产品，并集中在下半年上市，2024 年将继续放量。2024 年仍是产品大年，新技术、新品牌、新产品不断涌现。全新平台架构、混动技术、城市领航辅助驾驶 NOA、800V 超充等技术持续普及，提升用户体验。新品牌、新产品不断涌入，蔚来的第二品牌、集度、智界、大众安徽、一汽大众新能源品牌等不断推出；产品类型进一步丰富，从纯电动到插电式混合动力，从自主品牌到合资品牌，从低端车型到高端车型，从家用到个性，从城市到越野，进一步刺激需求释放。

5. 出口因素

自全球疫情蔓延、芯片等原材料短缺以来，海外汽车生产严重受阻，汽车需求得不到满足。而我国汽车产业迅速恢复，叠加电动化飞速转型，快速填补海外市场空白，出口持续爆发式增长，超越德国、日本，成为全球最大的汽车出口国。2023 年我国汽车出口接近 480 万辆，创下新的历史纪录。预计 2024 年出口延续增长，全年有望出口 550 万辆，同比增长 14.5% 左右。

6. 总结

当前，我国汽车市场处于再购市场和插电式混合动力市场快速发展的交汇点，也是 SUV 再次发展的起点，在需求侧和供给侧驱动下，SUV 有望迎来新一轮上升期。预计未来 1 ~3 年 SUV 需求将呈现一个螺旋式上升的过程，增长幅度取决于开辟增量市场的能力以及 SUV 与轿车的相对竞争力。综上所述，预计 2024 年乘用车市场销量为 2620 万辆，同比增长 2.7%；SUV 销量为 1370 万辆，同比增长 3.5%，增速略高于乘用车市场。

（作者：张亚磊）

2023 年 MPV 市场分析及 2024 年展望

一、MPV 市场整体发展趋势

从近几年 MPV 市场销量情况可以看出，紧凑型 MPV 在 2014—2016 年井喷式发展后快速回落，2023 年累计销量仅为 11.8 万辆（见图 1），已经处于边缘化。这背后是纯工具型 MPV 需求的饱和以及消费升级所带来的更高级别 MPV 车型的替代。

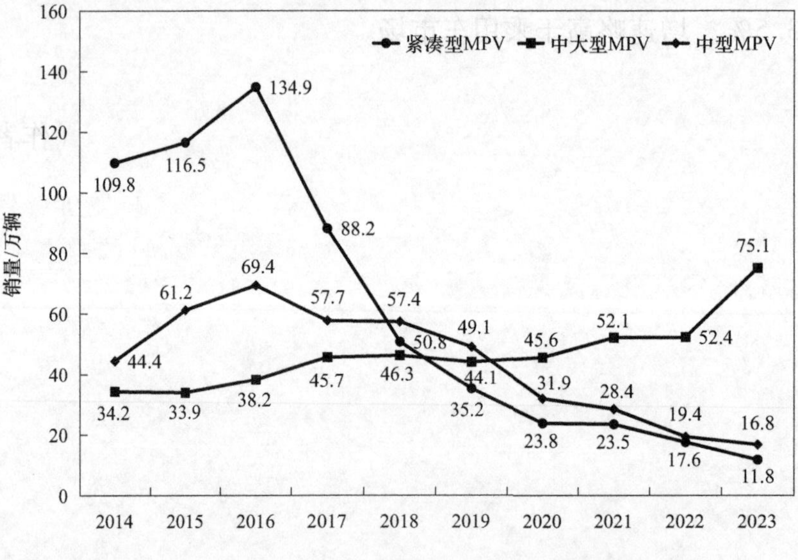

图 1　2014—2023 年分车型级别 MPV 市场销量走势

分品牌竞争格局看，五菱借助宏光 MINI 在 2021 年达到市场占有率顶峰后开始回落，同时为了五菱、宝骏两个品牌差异化，避免在同一个工具型 MPV 赛道上互相影响，宝骏也开始转型小型 SUV 和轿车，因此，宝骏在 TOP5 排名中逐渐消失。广汽传祺凭借 M6、M8 车型的高性价比，在中型和中大型 MPV 的份额上不断提升。丰田则凭借赛那、格瑞维亚两款车打开了中高端 MPV 市场，吸引了一些日系品牌倾向者以及主要购车诉求为低油耗、实用性的用户，同时来自日系 SUV、CAR 基盘用户的增换购转化也是重要销量贡献。MPV“专家”别克品牌在2023 年中高端新能源 MPV 和丰田两款车的冲击下，市场占有率有所降低。而比亚迪腾势则依靠腾势 D9 一炮而红，既挽救了品牌，又贡献了月均近一万辆的销量。

2023 年乘用车全市场的新能源汽车渗透率已达 33%，2023 年 12 月份则更是高达 40.2%。而 MPV 市场的新能源汽车渗透率则低于总体市场表现（见图 2）。MPV 新能源汽车渗透率提升主要依靠对公出行市场的紧凑型、中型 MPV，以及以对私市场为主的中高端豪华新能源 MPV。在紧凑型 MPV 中，奔腾 NAT BEV 个人购买比例仅为 6%，中型 MPV 中的比亚迪 E6、枫叶 80V 等也以对公出行为主，而中大型 MPV 中的新能源车型如腾势 D9、岚图梦想家、传祺 E9、极氪 009 等则有较高的个人购买比例。

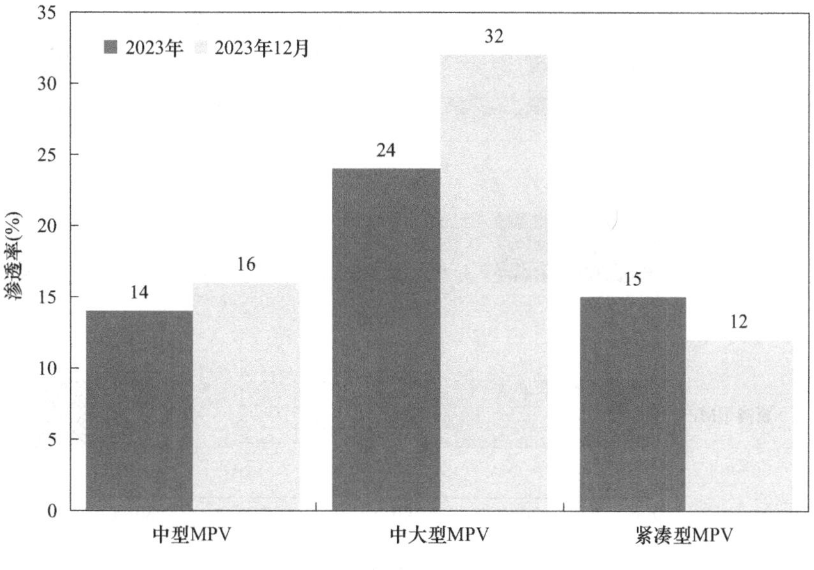

图 2　2023 年分车型级别 MPV 市场新能源汽车渗透率

从价格趋势看，紧凑级、中型 MPV 由于其工具车属性，近年来均价并未发生明显变化，而中大型 MPV 受高端供给影响，均价一直保持上升态势（见图 3）。从城市分布也能找到类似规律，中大型 MPV 主要分布在一线城市、二线城市，而其他 MPV 则更多分布在三线城市、四线城市、五线城市（见图 4）。

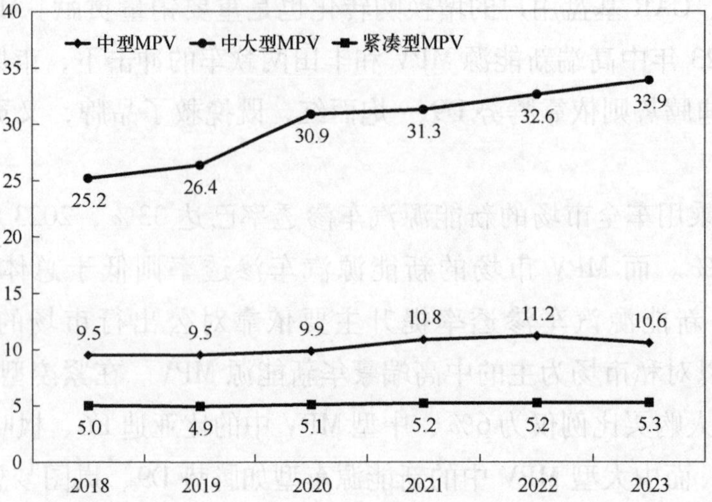

图 3 2018—2023 年分车型级别 MPV 市场均价走势

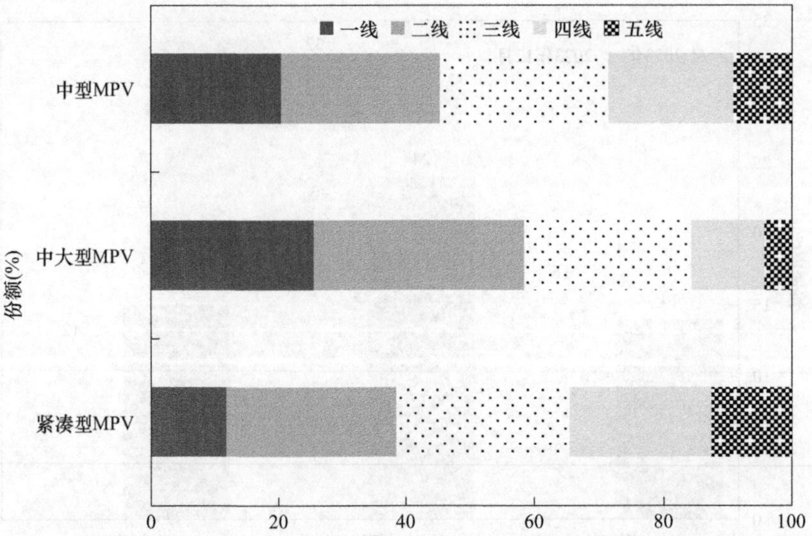

图 4 2023 年分车型级别 MPV 市场各线级城市分布

二、中大型 MPV 的竞争格局变化

MPV 的市场体量、价格、技术发展、新竞品投放已经完全由中大型 MPV 来决定。因此对于这个细分市场的分析可以帮助我们更好地理解当下的竞争格局。

中大型 MPV 市场总体处于变革发展阶段，一是高端化，二是新能源化，市场规模结构的演变受供给强驱动。新能源车渗透率从 2022 年底开始爆发，2023 全年渗透率高达 24%（见图 5），2023 年 12 月则高达 32%。2023 全年总销量为

75.1 万辆，2025—2030 年预计能够达到百万量级市场规模，届时占乘用车全市场的比例也将接近 5% 左右。

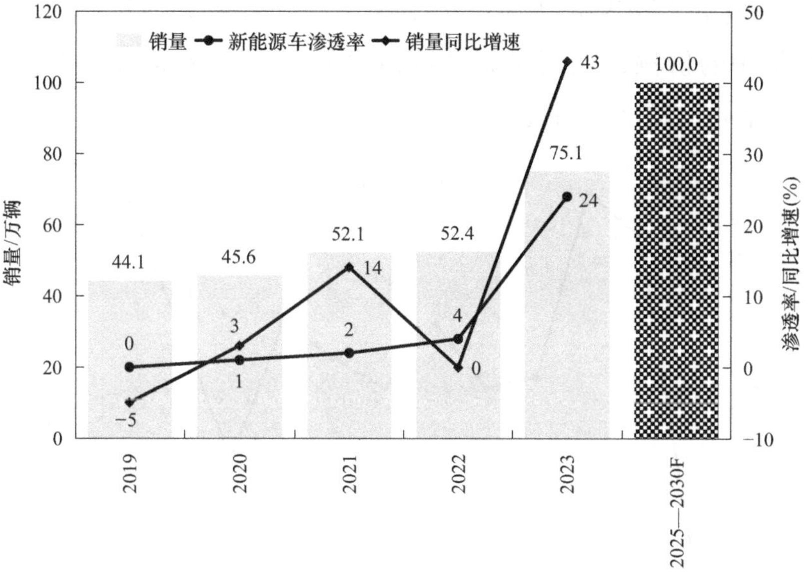

图 5　2019—2023 年中大型 MPV 销量及 2025—2030 年销量预测情况

2023 年中大型 MPV 市场销量同比大增 43%，其增量主要来自 30 万元以上价格段，该价格段增量占总增量的比例达 75%。从具体车型看，腾势 D9 和格瑞维亚贡献主要增量（见图 6），格瑞维亚也维持稳定的 4000 辆月均销量。

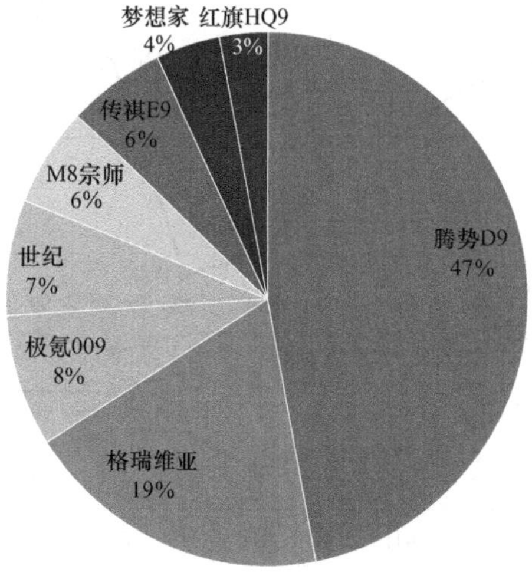

图 6　2023 年 30 万元以上中大型 MPV 市场分车型增量占比

同比高增长的势头并没有能在 2023 年月度环比上继续延续（见图 7），在没有更多强有力产品进入的前提下，预计短期内市场规模已经处于高位。同时值得关注的是，以前中大型 MPV 细分市场的折扣率向来非常低，甚至不少车型出现加价销售的情况，例如丰田赛那国产化之初、别克世纪上市之初等，然而在 2023 年的大环境下，MPV 也未能幸免于难，昔日巨头纷纷开始以价换量，来稳定自身在市场中的份额，尤其是偏低价格段的车型，这也从侧面说明了中大型 MPV 在 2023 年同比猛增后可能会迎来一波“横盘期”（见图 8）。

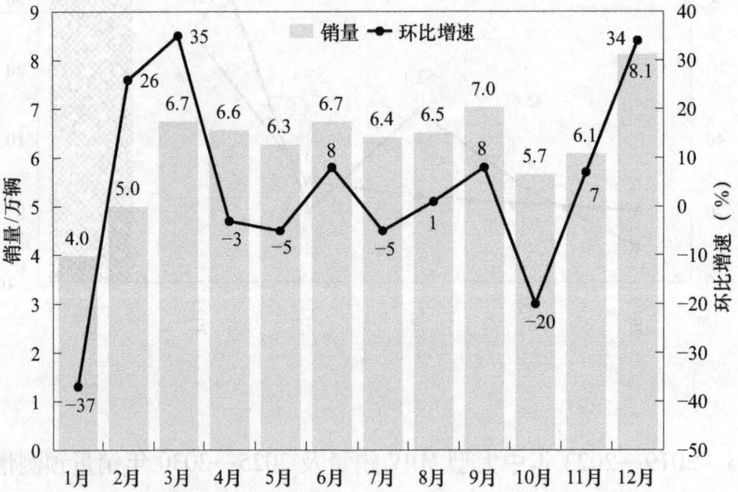

图 7　2023 年中大型 MPV 月度销量及环比增速

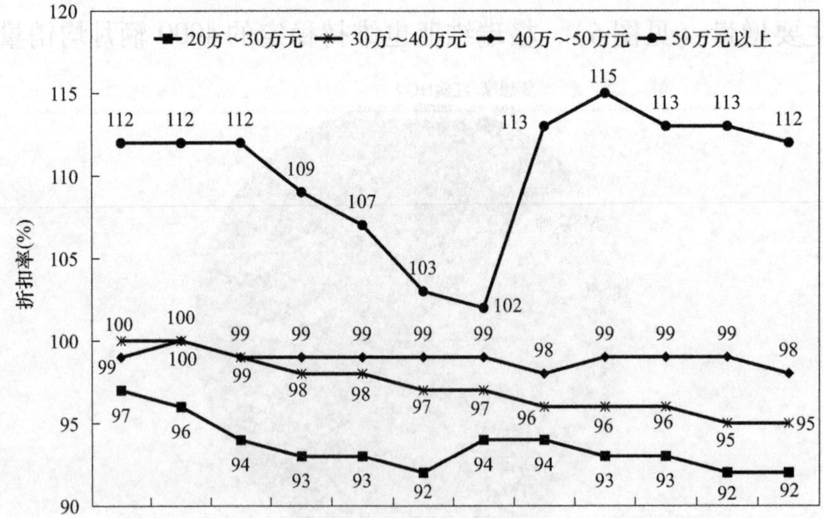

图 8　2023 年分价格段中大型 MPV 月度终端折扣率

2023 年中大型 MPV 销量 TOP10 车型及同比增速、市场占有率、成交均价情况见表 1。总体来说，自主高端车型正在凭借新能源、大空间、新品牌等要素崛起，日系、韩系面临较大压力，美系的别克 GL8 系列保持稳定，别克世纪也已牢牢站稳高端市场。

表1　2023 年中大型 MPV 销量 TOP10 车型及同比增速、市场占有率、成交均价情况

排名	车型	销量/辆	同比增速（%）	市场占有率（%）	成交均价/万元
1	腾势 D9	106672	1699	14.2	41.2
2	赛那	78078	5	10.4	35.0
3	GL8 25S/28T	60587	14	8.1	23.9
4	GL8 ES	58041	-11	7.7	34.4
5	传祺 M8 宗师	52274	556	7.0	28.7
6	格瑞维亚	47460	—	6.3	35.2
7	奥德赛	36671	-12	4.9	24.9
8	传祺 M8	31484	-38	4.2	19.2
9	艾力绅	29980	-13	4.0	27.9
10	菱智	26703	-14	3.6	8.0

从分价格段月度销量来看，20 万~45 万元中大型 MPV 是主要销售价格区间，各价格段月均销量均在 1 万辆左右（见图9）。而 35 万元是新能源汽车渗透率的分水岭，低于此价格时，受制于用户场景对于客货商多用、长途等需求，以及汽车企业利润率的考虑，目前还没有较高的新能源汽车渗透率。而在

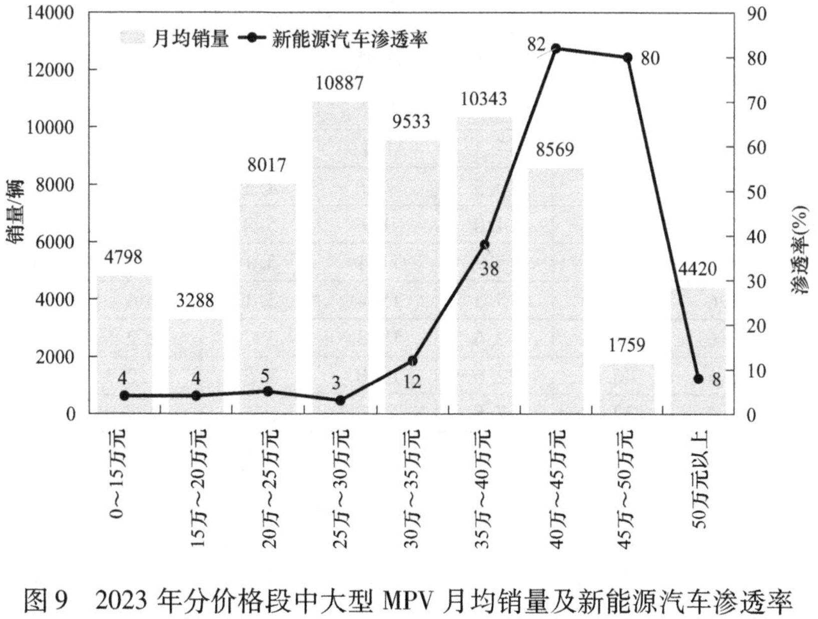

图9　2023 年分价格段中大型 MPV 月均销量及新能源汽车渗透率

35万~50万元价格段则是新能源汽车的绝对优势价格段，尤其是40万~50万元价格段的新能源汽车渗透率已经接近90%。对于大部分汽车企业来说，高端MPV和新能源汽车已经基本可以画等号。而在50万元以上价位段，品牌等附加条件又会超越纯电动体验，成为用户选择的关键因素，因此目前新能源汽车渗透率也较低。

总体来说，中高端新能源MPV正在对传统能源MPV形成自上而下的层层挤压效应，腾势D9、岚图梦想家的部分车型已经进入30万~40万元区间，挤压了丰田赛那、格瑞维亚的生存空间，后者在2023年二季度后开始出现大幅折扣，均价持续下滑、销量结构中心逐渐下移。相应地，丰田赛那、格瑞维亚沉入20万~30万元价格段，又会继续对广汽传祺M8宗师HEV、奥德赛、艾力绅等车型形成挤压。

1. 50万元以上高端MPV

2023年50万元以上高端MPV月度销量TOP5车型的市场集中度接近100%，竞争格局比较稳定（见表2），2023年10月份该价位段新能源汽车渗透率达到8%，新能源车型主要是极氪009的59万元800km高配版本，但这一车型版本占极氪009的比例下滑明显，由一季度的30%下降至四季度的20%。

表2 2023年50万元以上高端MPV月度销量及主要车型市场占有率情况

月份	销量/辆	主要车型的市场占有率（%）							
		ALPHARD	世纪	奔驰V级	极氪009	LEXUS LM	红旗HQ9	GL8陆尊	岚图梦想家
1	4619	49.3	26.3	13.3	1.4	3.5	4.8	1.1	0.2
2	4297	49.7	26.0	10.5	4.0	4.3	4.3	1.0	0.2
3	4800	46.5	28.2	14.0	0.9	5.8	3.8	0.5	0.4
4	4612	34.2	29.9	15.9	11.1	5.1	3.2	0.2	0.6
5	4196	26.6	34.2	15.5	15.4	5.1	2.6	0.3	0.3
6	3233	16.6	35.3	22.6	19.3	3.7	2.2	—	0.3
7	3396	16.5	46.0	22.6	10.0	2.5	2.2	—	0.2
8	4407	34.2	32.1	17.5	8.6	5.5	1.8	—	0.2
9	5168	39.4	32.3	16.1	6.8	4.6	0.7	—	0.1
10	4401	38.7	31.3	14.6	8.0	6.1	1.2	—	0.0
11	4826	43.1	33.3	11.2	5.6	6.1	0.7	—	0.0
12	5080	43.8	29.4	13.3	5.9	7.5	—	—	0.1

另外，别克推出世纪车型后，市场反响良好，且销量价格保持稳定，2023

年三季度更是推出了7座版满足更多人群需求。

而丰田 Alphard 在2023年7月份换代后，在驱动系统功率、智能化水平上补齐短板，解决客户抱怨，在主动安全、舒适性配置等方面也进一步升级。月销量重回2000辆水平，且加价由10%增加至20%，仍然是该细分市场难以逾越的标签。

2. 40万~50万元中高端MPV

2023年40万~50万元中高端MPV月度销量及主要车型市场占有率情况见表3，其中销量TOP7车型市场集中度超过90%，2023年10月新能源汽车渗透率已接近90%。

表3 2023年40万~50万元中高端MPV月度销量及主要车型市场占有率情况

月份	销量/辆	主要车型市场占有率（%）							
		GL8陆尊	奔驰V级	格瑞维亚	红旗HQ9	极氪009	岚图梦想家	赛那	腾势D9
1	7671	5.2	4.8	2.6	5.7	1.7	5.0	16.5	58.4
2	8842	4.1	3.0	9.8	4.0	4.2	2.8	12.7	59.3
3	13201	1.6	3.3	7.3	3.1	16.3	3.7	9.2	55.4
4	12080	1.9	3.3	6.7	5.1	8.6	4.8	8.0	61.6
5	11535	1.6	3.2	1.6	2.8	11.8	4.0	6.2	68.7
6	11605	1.0	3.2	—	2.8	12.1	5.1	6.3	69.5
7	11107	0.8	3.6	—	3.1	10.8	5.8	7.4	68.6
8	10176	0.9	3.4	—	2.3	10.5	7.5	8.5	65.7
9	10116	2.8	3.3	—	3.2	11.9	7.0	—	68.3
10	8463	5.1	—	—	4.2	15.0	11.1	—	61.8
11	9384	2.5	0.8	—	5.4	12.8	11.6	—	64.0
12	8430	—	1.2	—	8.3	21.5	19.6	—	45.9

分车型看，腾势D9处于该价格段绝对垄断地位，已经完全重塑了中高端新能源MPV竞争格局，其车主以“80后”和“90后”男性为主，在工作中处于中高层地位，驾驶经验丰富，已婚有娃的用户占80%，拥有良好的教育背景和较高的经济实力，二胎比例也较高。用户购买腾势D9的原因除了空间出众外，其他主要原因是插电式混合动力能源类型带来的用户价值，例如行驶静谧性、动力充足、使用成本低等。丰田赛那因为腾势D9等中高端新能源MPV和自家

姊妹车型格瑞维亚双重竞争，已跌出该价格段。岚图梦想家自上市后一直不温不火，2024 款梦想家开始加大动作，降价 2 万元并大幅提升产品力（WLTC 工况纯电续航里程从 82km 提升至 184km、增加快充、驱动系统功率提升、增加 CDC 悬挂、增加侧踏等）。此轮动作带来的销量增长也十分明显，2023 年 10 月份、11 月份销量分别为 2000 辆、3200 辆，42 万元的 PHEV 高配版本已占车型总销量的 30%，结合近期岚图大幅投入营销，预计会对腾势 D9、丰田赛那、格瑞维亚等车型产生压力。

3. 30 万 ~40 万元中高端 MPV

2023 年 30 万 ~40 万元中高端 MPV 月度销量及主要车型市场占有率情况见表 4，其中销量 TOP7 车型市场集中度超过 90%，2023 年 10 月份新能源汽车渗透率达到 28%。

表 4　2023 年 30 万 ~40 万元中高端 MPV 月度销量及主要车型的市场占有率情况

月份	销量/辆	主要车型的市场占有率（%）							
		GL8 陆尊	传祺 E9	传祺 M8 宗师	格瑞维亚	岚图 梦想家	赛那	腾势 D9	威然
1	12766	23.7	—	7.1	11.8	3.3	37.6	7.3	5.2
2	14775	28.4	—	8.9	19.1	2.0	25.8	8.2	2.6
3	18592	28.1	—	9.1	15.8	3.4	27.0	10.0	3.1
4	18794	26.4	—	7.7	13.1	3.9	31.0	11.3	3.3
5	19175	23.7	2.0	7.1	18.2	2.9	28.0	12.1	3.2
6	22077	21.8	8.1	5.6	18.5	3.2	26.4	10.7	3.6
7	22514	22.3	11.7	5.3	16.5	3.1	26.5	10.4	2.1
8	19705	26.5	9.7	5.2	17.2	5.0	21.0	11.4	2.4
9	19763	18.4	11.3	4.5	18.2	4.2	26.1	12.6	2.9
10	16819	16.6	11.1	3.8	17.2	5.8	24.9	11.7	2.8
11	18250	17.5	9.7	3.1	14.2	10.6	20.8	13.5	3.8
12	25396	12.4	7.2	2.7	15.2	9.8	19.1	21.2	2.8

分车型看，丰田赛那 70% 的销量处于该价格段，剩下 30% 的销量为成交价 29 万元左右的入门版本。2023 年初赛那还有小幅加价，四季度已经有几个点的折扣，同时成交均价已由一季度的 37 万元下降至四季度的 34 万元。

对于腾势 D9 而言，其中低配版本位于这个价格段。腾势 D9 在 WLTC 工况纯电续航里程43km的版本外，2023年又投产了75km中短续航版本，但这2个短续航版本，尽管价格比长续航入门款低4万元和2.6万元，且配置几乎相同，但上市数月后销量没有起色，合计销量占比不超过3%。

传祺E9搭载2.0T发动机，WLTC工况续航里程106km，2023年5月份上市后月销量维持在2000辆左右水平，但与此同时，传祺M8宗师HEV车型由月销量2000多辆下降至10月份的1000辆左右。这是因为在新能源车辆购置税的政策优惠下，传祺E9实际落地价比自家的传祺M8宗师贵得不多，因此转移了大量传祺M8的份额。这也是未来在2024—2027年新能源车辆购置税优惠存续期间内，各家汽车企业向新能源转型的过程中，燃油车、新能源车同时存在时需要考虑的重要问题。

4. 20万~30万元中高端MPV

2023年20万~30万元中高端MPV月度销量及主要车型的市场占有率情况见表5，其中销量TOP8车型市场集中度约为70%，2023年10月份新能源汽车渗透率仅为3%。

表5　2023年20万~30万元中高端MPV月度销量及主要车型的市场占有率情况

月份	销量/辆	主要车型的市场占有率（%）							
		GL8陆上公务舱	艾力绅	奥德赛	传祺M8	传祺M8宗师	格瑞维亚	赛那	威然
1	7855	26.2	16.2	13.0	15.7	19.6	—	—	1.6
2	12429	28.7	18.9	14.9	12.5	13.8	—	—	5.3
3	18777	27.8	25.2	13.1	9.4	12.9	—	—	4.5
4	18448	29.6	18.8	17.7	10.6	11.2	—	—	5.4
5	16713	26.8	17.6	20.2	10.5	12.0	—	—	5.5
6	19295	27.2	16.4	21.4	9.2	11.3	1.8	—	5.8
7	16347	33.7	3.6	19.2	5.6	19.6	3.6	—	5.8
8	19343	30.2	5.1	17.7	2.6	21.0	3.6	7.7	4.2
9	21569	28.7	5.8	13.3	1.1	20.0	3.5	6.7	9.2
10	15320	24.3	7.6	16.5	0.5	24.7	3.2	9.1	4.3
11	16214	26.4	10.0	13.2	—	22.0	2.7	10.5	4.5
12	21654	14.7	12.4	12.5	—	17.9	6.7	9.1	4.3

丰田赛那入门车型已降至25万~30万元区间，进一步对该价格段同调性竞

品产生挤压，例如本田奥德赛和艾力绅。而传祺 M8 老款大师逐渐停产，在宗师架构上重新投产了两个低配车型，带动了销量小幅增长。

三、2024 年 MPV 市场竞争展望

2024 年 MPV 市场竞争的焦点仍然在中大型细分市场，具体表现在：

1. 玩家更多、赛道更加拥挤

MPV 一直是一个比较小众的细分市场，但从 2022 年以来，大量玩家开始进入，且主要以新能源车型为主（见图 10）。2023 年，对于年销量规模约 80 万辆的市场，已经有 43 款车型进行竞争，尽管目前这一细分市场集中度较高，但随着重磅车型加入，有可能会进一步改变竞争格局。

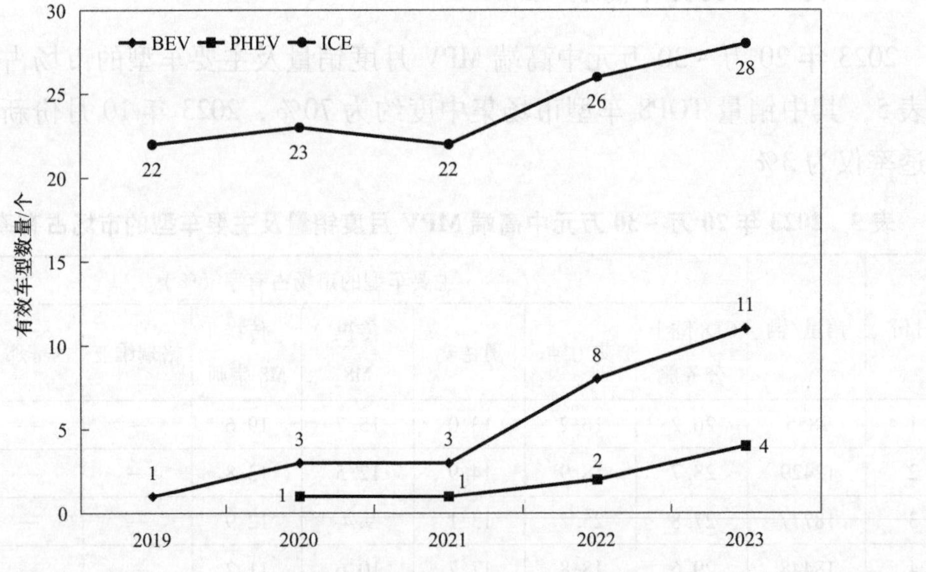

图 10　2019—2023 年中大型 MPV 有效车型（月销量 >100 辆）数量

2. 理想 MEGA、小鹏 X9 有可能创造高端纯电 MPV 家庭用户新的市场增量，沃尔沃 EM90 可能凭借其品牌调性开拓高端新能源家商兼用市场

理想推出 MEGA（见图 11），试图“重新定义”家用 MPV，同时重点强调家庭用户所关注的安全性。MEGA 颠覆式的公路高铁造型在视觉上“重新定义”了 MPV，同时将空间这一 MPV 最重要的购买原因发挥到极致。对于纯电动车的里程焦虑，超低风阻系数叠加 5C 充电速度也有望创造差异化竞争力。MEGA 作为“新物种”将在 2024 年引起全 MPV 行业竞争者的关注。

图 11　理想 MEGA

小鹏基于 SEPA 2.0 扶摇架构推出“超智驾大七座” MPV 小鹏 X9（见图 12）。作为 MPV 市场的新玩家，小鹏 X9 一方面针对 MPV 用户痛点，用后轮转向提高车辆灵活性，用三排电动翻坑座椅打造“魔变空间”；另一方面继承品牌及平台优势，全域 800V 高压平台并搭载 XNGP 高阶智能辅助驾驶，预计也将吸引追求智能化和实用性的人群。

图 12　小鹏 X9

沃尔沃推出纯电豪华 MPV 沃尔沃 EM90，基于极氪 009 换脸打造，进一步升级内饰并加持沃尔沃品牌，将售价提升至 80 万元级别。试图在纯电豪华 MPV 领域，与极氪 009 合力形成类似埃尔法与 LM 的产品组合。沃尔沃 EM90 车型的主要特点是重塑斯堪的纳维亚美学经典、超宽私享空间、北欧全境智慧座舱、沃尔沃智能安全体系。

3. 特定客户群体的需求是细分市场未来继续保持增长的决定因素

在新购车用户中，二孩及以上家庭的占比总体上与收入的占比成正相关，收入越高的家庭，二孩的占比越高，2023 年高收入家庭二孩占比超过 1/3，预计将持续释放对高端新能源 MPV 的需求（见图 13）。同时在新购车用户的理想孩子数量中，高收入家庭的二孩及以上的占比更高（见图 14），推测当限制因素如收入、教育等因素改善后，二孩家庭占比将进一步提升。从乘用车全市场的用户调研行为上看，5~6 人的联合出行频次正在增加，户外类带车活动的场景也在不断丰富，利好 MPV 市场进一步发展。

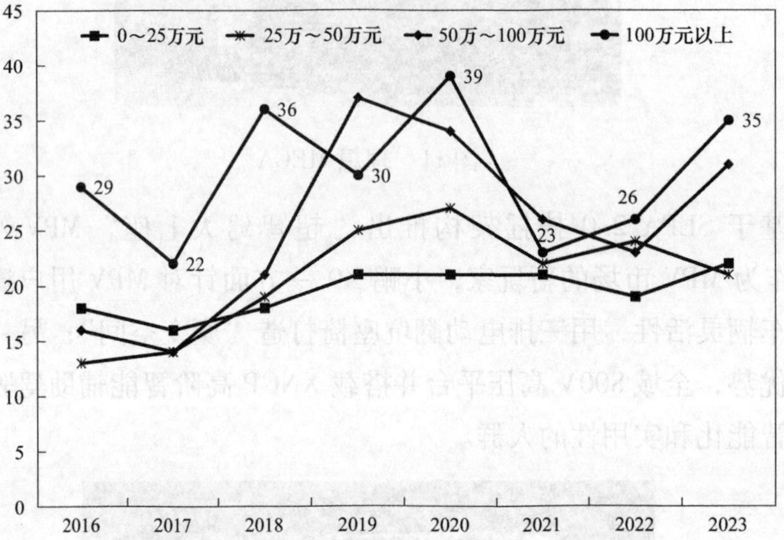

图 13 2016—2023 年不同收入新购车用户二孩及以上家庭占比情况

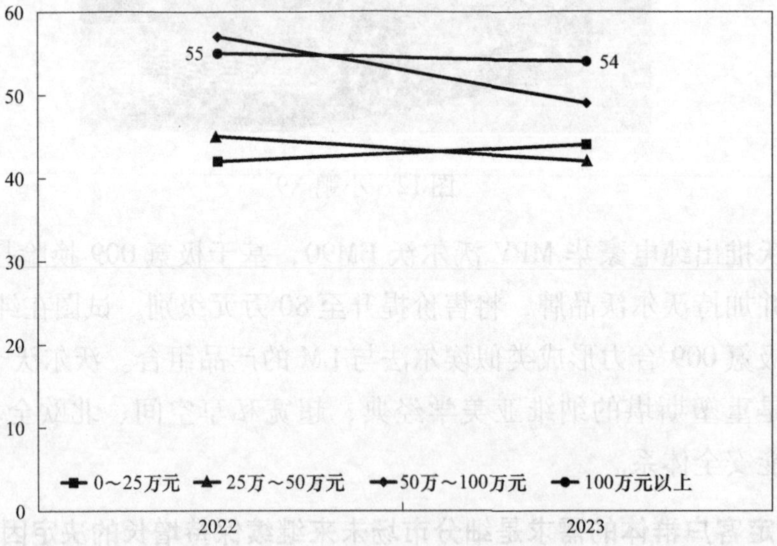

图 14 2022—2023 年新购车用户理想孩子数量≥2 个的占比

同时作为 MPV 消费群体的半壁江山，私营企业业主的规模也对 MPV 需求产生巨大影响。根据国家统计局数据，近两年尽管民营企业数量增速放缓，但总体规模还在不断扩大（见图 15），随着未来国家加大对民营经济的支持力度，预计这部分需求也会处于持续的上升期。

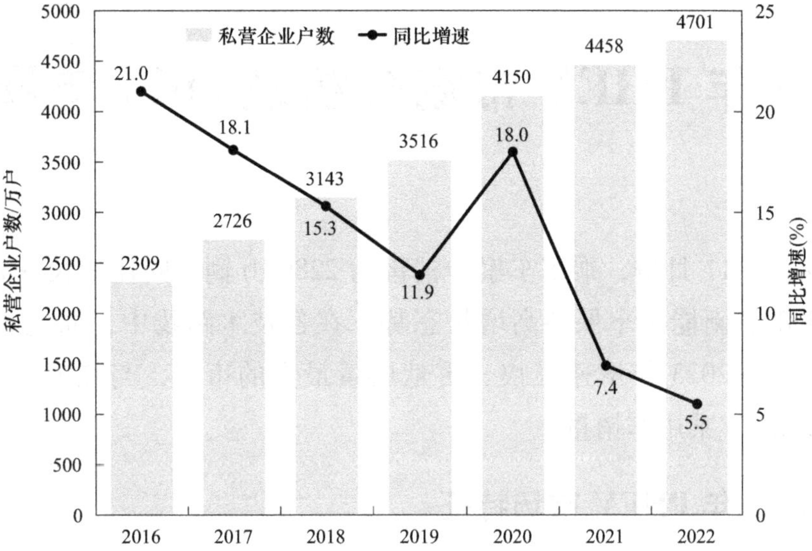

图 15 2016—2022 年我国私营企业户数及同比增速

（作者：王钦）

2023 年 PHEV 市场分析及 2024 年展望

2023 年 1—11 月份，乘用车累计销售为 2280 万辆，同比增长 9%，其中燃油车依旧下滑，新能源车保持高增长态势。在各技术路线中，插电式混合动力车（PHEV）是 2023 年增速最快、贡献增量最大的市场，与纯电动车（BEV）共同推动 2023 年乘用车销量。

一、2023 年 PHEV 市场特征

1. 新能源乘用车进入用户需求驱动阶段，销量及渗透率再创新高

2023 年，新能源汽车国家补贴全面退出，而免征购置税政策延续，新能源汽车产业政策重点之一是推进配套设施建设。新能源汽车市场进入用户需求驱动阶段，汽车企业以用户需求为导向，通过技术革新，快速丰富车型，消化国家补贴退出的影响，保持车价持续下降，促进新能源汽车持续高增长。

2023 年 1—11 月份，新能源乘用车累计销售 776. 2 万辆，同比增长 36. 4% 。从月度销量看，除 1 月份因受春节假期及疫情影响同比下滑，其他月份同比均保持超高增长。同时，月度销量环比走势不断创新高，从 2023 年 1 月份的 38. 8 万辆提升至 11 月份的 96. 2 万辆，月度新能源汽车渗透率也从 26. 7% 提升到 37. 8% 。

2. PHEV 超越 BEV 成为新能源最大增量来源，促进新能源汽车全面发展

2023 年 1—11 月，BEV 累计销售 542. 6 万辆，同比增长 22. 2% ，同比增量 98. 6 万辆；PHEV 累计销售 233. 6 万辆，同比增长 86. 9% ，同比增量 108. 6 万辆，同时，PHEV 占新能源乘用车的份额达到 30. 1% ，较 2022 年提升 7. 8 个百分点（见图 1）。从 2023 年 1 月份起，PHEV 月度销量保持环比趋势性增长，至 2023 年 11 月份的 30. 6 万辆，达到历史新高（见图 2）。

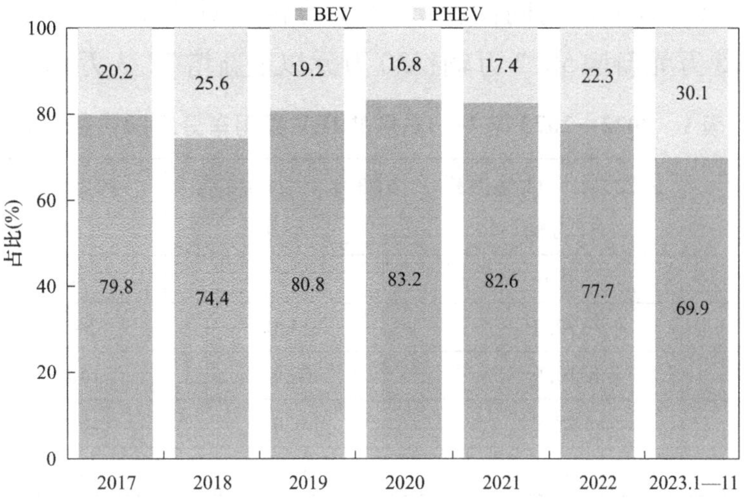

图 1　2017—2023 年新能源分动力类型占比

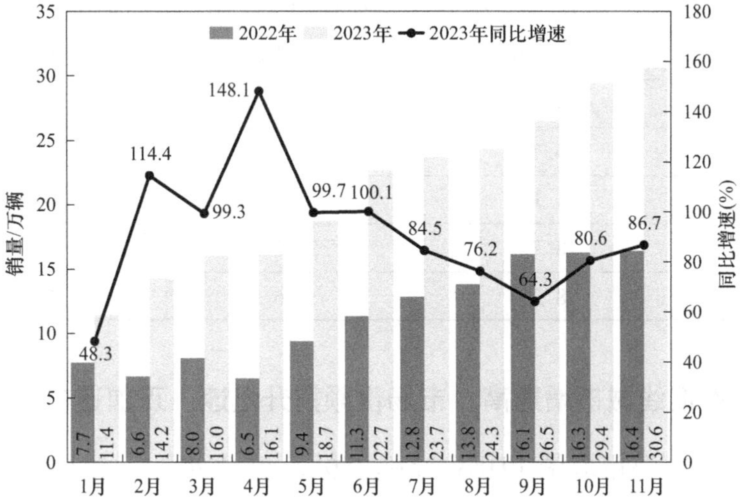

图 2　2023 年 1—11 月 PHEV 月度销量及同比增速

3. 家庭及公商务用车共同推动 PHEV 市场爆发式增长，A 级和 C 级以上市场增量最大

PHEV 一直都是以个人市场为主导，但随着 2023 年中大型 MPV、SUV 的兴起，企事业单位的用车需求增加。2023 年 1—11 月份，PHEV 个人市场累计销售 174 万辆，同比增长 83. 3%，份额达到 86. 5%；单位市场销售 25. 5 万辆，同比增长 124. 5%；出租租赁市场销量较低，但在持续三年下滑之后重回增长。

从具体增量来源来看，A 级市场同比新增 42. 3 万辆，B 级市场同比新增

28.0 万辆，C 级及以上市场同比新增 31.1 万辆（见表 1）。增量较大的价格区间是 11 万～15 万元新增 50.2 万辆；30 万元以上新增 32.3 万辆（见表 2）。

表 1　2022—2023 年 1—11 月 PHEV 乘用车分级别销量情况

级别	2022 年 1—11 月销量/万辆	2023 年 1—11 月销量/万辆	同比增速（%）	同比增量/万辆
A0 级	0.6	0.7	16.7	0.1
A 级	72.7	115.0	58.2	42.3
B 级	19.9	47.9	140.7	28.0
C 级	28.9	60.0	107.6	31.1
D 级	2.8	10.0	257.1	7.2

表 2　2022—2023 年 1—11 月 PHEV 乘用车分价位销量情况

价位段	2022 年 1—11 月销量/万辆	2023 年 1—11 月销量/万辆	同比增速（%）	同比增量/万辆
11 万～15 万元	34.2	84.4	147.0	50.2
15 万～20 万元	39.7	51.3	29.1	11.6
20 万～25 万元	14.1	23.6	67.6	9.5
25 万～30 万元	18.7	23.2	24.0	4.5
30 万元以上	18.3	50.6	176.6	32.3

4. PHEV 在低线城市增速高，市场份额提升迅速，正加速向下沉市场渗透

2023 年起，上海市取消 PHEV 绿牌指标，2023 年 1—11 月份上海 PHEV 销量同比减少 7.6 万辆，使一线城市整体 PHEV 销量同比下滑 6.0%，是唯一下滑的城市类别。而新一线城市同比增长 89.1%，二到五线城市同比增速更是在 1 倍以上，远高于新一线、一线城市（见表 3）。

从 2023 年 1—11 月份各线城市的 PHEV 销量占比看，一线城市占比 10.7%，同比下降 10.9 个百分点；新一线城市占比 29.8%，同比基本持平；二线城市占比 23.5%，同比提升 3.5 个百分点；三线城市占比 19.5%，同比提升 3.7 个百分点；四线城市占比 11.1%，同比提升 2.0 个百分点；五线城市占比 5.4%，同比提升 1.3 个百分点。从各线城市市场表现看，低线城市在完成用户教育、产品、渠道及营销下沉之后，具有巨大的增长潜力和空间。

另外，PHEV 在高海拔和高寒地区发展迅速，普及优势明显。截至 2023 年

11 月，PHEV 在陕西、甘肃、宁夏、新疆、黑龙江、内蒙古及西藏等地的销量已超越 BEV，后续辽宁、重庆、青海等地也将很快超越。

表 3　2022—2023 年 1—11 月 PHEV 乘用车分城市级别上险情况

城市级别	2022 年 1—11 月上险数/万辆	2023 年 1—11 月上险数/万辆	同比增速（%）
一线	22.9	21.5	-6.1
新一线	31.8	60.1	89.0
二线	21.7	47.3	118.0
三线	16.7	39.2	134.7
四线	9.7	22.3	129.9
五线	4.3	10.9	153.5

5. 传统中国品牌持续引领 PHEV 市场，份额保持稳定；新势力品牌加快突围，份额提升，合资品牌掉队，份额减少

2023 年 1—11 月份，传统中国品牌 PHEV 累计销售 185.5 万辆，同比增长 87%，占整体 PHEV 市场份额的 79.4%，同比基本持平；新势力 PHEV 累计销售 43.5 万辆，同比增长 145.2%，占整体 PHEV 市场份额的 18.6%，同比提升 4.1 个百分点；合资品牌 PHEV 累计销售 4.7 万辆，同比下滑 41.7%，占整体 PHEV 市场份额的 2.0%，同比减少了 3.9 个百分点。

6. PHEV 品牌格局进入多元化发展，主流新能源品牌完成布局，全新品牌表现突出

2023 年，中国品牌纷纷重新梳理新能源品牌架构、技术路线及渠道布局，并推出全新独立新能源品牌，强化在新能源市场特别是 PHEV 市场的竞争力。2023 年进入 PHEV 市场的全新品牌或新增 PHEV 产品的品牌有方程豹、仰望、猛士、坦克、银河、启源、零跑、极石等，新增的品牌层级及产品品类比较多元化，品牌从普通到高端再到超豪华，品类从家用轿车、SUV 到硬派越野再到中大型 MPV。

2023 年 1—11 月份，从品牌累计销量排名看，比亚迪以全产品布局牢牢稳居首位（见表 4）；理想凭借中大型 SUV 占据第二名；腾势排名第三，凭借中大型 MPV 腾势 D9 的成功，排名提升 13 位；第四名为深蓝；第五名为全新品牌银河；而问界、领克分别由于新 M7、领克 08 上市较晚，排名分别由 2022 年的第

3、4 名下跌到第 6、7 名。在排名前 20 名的品牌中，排名提升的还有哈弗、WEY 和欧尚，新进入的品牌还有零跑、坦克、启源等。

表 4　2022—2023 年 1—11 月 PHEV 乘用车 TOP10 品牌销量情况

（单位：辆）

排名	2022 年 1—11 月销量 TOP10 品牌	2022 年 1—11 月销量/辆	2023 年 1—11 月销量 TOP10 品牌	2023 年 1—11 月销量/辆	同比增速（%）
1	比亚迪	936435	比亚迪	1184055	44.4
2	理想	133246	理想	325677	190.7
3	问界	70131	腾势	103571	2504.9
4	领克	36187	深蓝	95752	611.9
5	名爵	30402	银河	71409	—
6	吉利	26592	问界	61695	-0.9
7	奔驰	25058	领克	48616	58.5
8	深蓝	21851	哈弗	46921	522.8
9	宝马	17612	WEY	38062	144.3
10	WEY	16938	欧尚	37965	854.1

7. PHEV 车型爆发式入市，在 A、B 级市场继续抢攻燃油车阵地，在 C 级及以上市场已成为主流

自 2021 年起，乘用车企业加快 PHEV 车型的投放。2021—2022 年率先在紧凑型市场、中型 SUV 及中大型市场取得突破，占据细分市场头部位置。2023 年 PHEV 在巩固现有市场份额的同时，继续突破中型轿车、中大型 MPV 及 SUV 等新的细分市场。

2023 年 1—11 月份，A 级市场 PHEV 渗透率达到 9.9%，同比提升 3.2 个百分点；B 级市场 PHEV 渗透率达到 8.7%，同比提升 4.7 个百分点；C 级及以上市场 PHEV 渗透率达到 28.7%，同比提升 10.2 个百分点，超越 BEV 成为主流需求，其中 C 级及以上 SUV 市场的 PHEV 渗透率更是达到 53.2%，超越燃油车，占该细分市场最大份额。

从车型排名看，PHEV 已在各细分市场取得竞争优势，占据头部位置（见表 5）。

表5 2023年1—11月A~C级乘用车销量TOP10车型（单位：辆）

排名	A级轿车		A级SUV		B级SUV	
	车型	销量	车型	销量	车型	销量
1	轩逸	321318	元PLUS	371187	特斯拉Model Y	584687
2	新朗逸	309728	宋PLUS DM-i	296624	星越L	166590
3	秦PLUS DM-i	297911	哈弗H6	241702	奥迪Q5L	128481
4	速腾	259438	长安CS75	240522	昂科威	126116
5	AION S	206403	瑞虎7	217862	唐DM	113745
6	逸动	155786	瑞虎8	205871	宝马X3	105981
7	思域	149843	AION Y	205537	红旗HS5	93093
8	宝来	135592	宋Pro DM-i	180180	奔驰GLC级	88376
9	名爵5	129196	帝豪S	163718	思皓X8 PLUS	86478
10	科鲁泽	127976	CR-V	153118	护卫舰07	67677
排名	C级轿车		C级SUV		MPV	
	车型	销量	车型	销量	车型	销量
1	奥迪A6L	154735	理想L7	113661	GL8	105717
2	奔驰E级	141252	理想L8	102977	腾势D9 DM-i	101752
3	宝马5系	125570	宝马X5	84774	五菱宏光S	81310
4	汉DM	109335	问界M7 REEV	42919	赛那HEV	77232
5	汉EV	98146	途昂	42108	传祺GM8	61393
6	凯迪拉克CT5	80714	揽境	28466	传祺GM6	50369
7	极氪001	68266	蓝山	28374	格瑞维亚	49153
8	红旗E-QM5	67748	揽巡	28365	五菱佳辰	43183
9	沃尔沃S90	32705	探险者	25535	奥德赛HEV	36722
10	零跑C01	19258	星途揽月	21687	菱智M5EV	29075

注：标注灰色的为PHEV车型。

二、2023年PHEV市场驱动力

1. 经济回升、产业政策叠加地方促消费政策等多重因素，共同提振购车需求

在经济方面，2022年末疫情管控措施重大调整，极大地改善人员流动，重启社会的“烟火气”，使经济活动逐步回归到正常水平。根据国家统计局初步核算数据，2023年我国GDP同比增长5.2%，达到全年同比增长5%的年度目标。

在产业政策方面，2023 年 PHEV 继续免征购置税；同时地方政府自 1 月份起快速推出地方购车补贴政策，补位国补退出的政策空缺，并在年中和年末进行多轮接力，极大地促进各地汽车消费。根据有关监测，2023 年月均生效地方购车补贴政策超过 120 个，月度峰值接近 200 个。

同时国家和地方政府也在加大扶持汽车出口，培育汽车出口优势，给予汽车出口极大的政策便利。2023 年 1—11 月份，乘用车累计出口 343.6 万辆，其中 PHEV 累计出口 6.2 万辆，同比增长 58%。

2. PHEV 新品供给量爆增，技术和体验迭代升级，“油电同价”快速平替燃油车

2023 年是 PHEV 技术和产品大年。截至 2023 年 11 月份，仅统计有销量贡献的全新 PHEV 品牌就新增了 12 家，新增全新车型 39 个，贡献增量 55 万辆。就连对 PHEV 技术路线发展存疑的日系品牌，也导入雅阁 PHEV、英仕派 PHEV 和启辰大 V DD－i 等全新车型。

同时汽车企业大举迭代 PHEV 技术路线，比亚迪超级混动平台（DM－i、DM－p）的成功，为以电为主的 PHEV 技术平台起到良好的示范作用。2023 年长安、吉利、长城、奇瑞等中国品牌均发布新一代 PHEV 平台，配合专用高热效率发动机，在节能、续航里程、平顺性、操控等方面的体验全面提升。

PHEV 技术提升及产品丰富的同时，也大幅降低购买门槛。2023 年，各 PHEV 汽车企业均打出“油电同价”的口号，现款车型终端大幅降价，全新车型直接低价入市，全面抢攻同级燃油车市场。

2023 年，自主 A 级 PHEV 轿车平均成交价为 11.89 万元，比 2022 年降低 1.6 万元。实际上在 2023 年 11 月份，自主 A 级 PHEV 轿车的平均成交价 10.41 万元已低于合资燃油轿车的 10.76 万元。如果以入门价来算，A 级 PHEV 轿车现款主力车型和新上市车型均突破到 10 万元以内。而自主 A 级 PHEV SUV 年度平均成交价已低于合资燃油 SUV。2023 年，自主 A 级 PHEV SUV 平均成交价为 16.06 万元，低于合资 A 级燃油 SUV 的 16.3 万元。

在中高端市场，自主 PHEV 相对合资燃油车的价格优势体现得更加明显。在 B 级 SUV 市场中，2023 年自主 PHEV SUV 平均成交价为 22.4 万元，比 2022 年降低 1.3 万元，比合资燃油 SUV 的 29.25 万元低 23.4%。在 C 级轿车市场中，2023 年自主 PHEV 轿车平均成交价为 21.48 万元，比 2022 年降低 1.7 万元，比合资燃油轿车的 37.38 万元低 42.6%。

因此，PHEV 的需求爆发，是 PHEV 相对于燃油车在技术、价格上的全面领先。

3. PHEV 能满足更广泛的人群及使用场景，在当下乘用车市场复购爆发期，PHEV 作为燃油车最合适的升级路线，迅速导入到首购和换购的单数保有家庭

2016—2018 年，是乘用车销量峰值年份，按照燃油车 3 ~7 年换购周期，最近几年正是换购爆发期。根据国家信息中心预测，2023 年乘用车首购占比为 46%，换购占比为 40. 5%，增购为 13. 5%。而且，未来十年我国换手更新需求、报废更新需求都将快速增长，支撑总换购占比保持快速提升的态势，而购车群体也从原来的首购为主，转向以增购、换购为主。

PHEV 短途用电、长途用油，没有里程焦虑，满足全场景多用途的用车需求（代步、自驾、回老家、越野等），再加上超强的经济性，更适用于保有一辆车的家庭（首购或换购家庭）。根据国家信息中心调研数据，只保有一辆车的比亚迪 DM - i 用户家庭占到 78%。

在消费群体上，2023 年，PHEV 用户中 26 ~40 岁年龄层占比高达 60. 3%，而同期燃油车占比仅为 51. 3%。PHEV 已抓住消费力最强的中青年主流消费群体。

综合分析，PHEV 是传统燃油车最核心的升级和替代路线，是唯一能同时满足多级别市场、多用车场景、多购车人群的技术路线，将长期存在。

三、2024 年 PHEV 市场展望

2024 年，国际主流机构对中国 GDP 增速的预测值保持在 5% 左右，说明我国经济增长水平仍足以支撑 2024 年乘用车增速保持在长期趋势线附近。

新能源汽车车辆购置税减免政策延续并优化，对购置日期在 2024 年 1 月 1 日至 2025 年 12 月 31 日期间的每辆新能源乘用车免税额不超过 3 万元，略微增加高端车型购置成本，但对主流细分市场没有影响。且在当下促进消费的大背景下，预期国家将出台相关存量汽车淘汰更新的政策，同时预计各地仍将出台地方促消费政策，持续刺激汽车消费需求。

2024 年，仍然是 PHEV 的产品和技术大年。市场领导品牌将再次迭代新一代 PHEV 平台，扩大技术及产品领先优势；而后进品牌必然全力追赶，补强产品布局，为 2024 年的 PHEV 市场增长提供了充足动能。与此同时，市场竞争也将加剧，PHEV 市场将进入充分竞争阶段，车价保持稳中有降。此外电池原材料

碳酸锂价格从高位的50 万元/吨以上跌落到当前10 万元/吨以下，为 PHEV 车型提供了更大的降价空间，有望促进 PHEV 车型进一步普及和增长。

在市场发展阶段，2023 年 1—11 月份，PHEV 在乘用车市场的累计渗透率达到 10.24%，标志着 PHEV 已经跨过早期用户市场进入大众市场，并处于快速发展的阶段。目前 PHEV 在 C 级及以上市场已成为主流，在中大型 MPV、SUV 支撑下，2024 年仍将爆发；A ~ B 级市场 PHEV 渗透率接近 10%，将是 2024 年增量的核心市场。

展望2024 年，我国经济稳定增长将带动消费活力，促消费政策也将提振消费信心，汽车出口及国际化将持续发力。企业新一轮技术革新也将到来，带来更强大的技术和更丰富的产品，满足更多样化的用户需求。此外伴随市场充分竞争和原材料持续降价，车价将进一步下降，加快平替燃油车。

综上，2024 年 PHEV 销量仍将保持超高速增长，预计全年 PHEV 增速将超过 50%，占新能源乘用车的比例将从当前的 30% 提升到 40% 以上。

（作者：钟志华）

2023 年三轮汽车市场分析及 2024 年展望

2023 年是三轮汽车适应市场需求与政策措施要求进行产品升级的一年，三轮汽车企业为主动应对原材料价格波动和三轮汽车产品排放法规实施等因素对市场供需的持续影响，继续采取了以销定产的谨慎经营策略，产销量较 2022 年前 9 个月上升了近 6 个百分点。

一、2023 年三轮汽车市场分析

2023 年前三季度三轮汽车市场走势在经历 2022 年的下滑趋势后出现回暖，总产销量表现为小幅上升。经统计，2023 年前 9 个月三轮汽车总产量为 87.06 万辆，同比上升 5.82%。从月度销售数据看，与 2022 年相比，2023 年 1 月至 9 月份表现为波动增长的趋势，第 1 月、3 月、6 月、7 月三轮汽车销量同比下降，其中 1 月份降幅最大，同比下降 36.1%，第 2 月、4 月、5 月、8 月、9 月三轮汽车销量同比上升，2 月份增幅最大，同比上升 53.1%。这与主要原材料价格显著波动和三轮汽车柴油机第四阶段要求的实施等因素综合作用相关，由此三轮汽车的成本和价格上涨，形成了三轮汽车的市场需求相对减小的供需关系。月度生产数据也表现出与销售数据相同的趋势，2021—2023 年前三个季度三轮汽车月产量走势图见图 1。从产销量情况来看，2023 年前 9 个月中，三轮汽车总产量呈现略高于销量的基本平衡趋势。其中，2023 年 1 月份产量大于销量最大，高出 0.12 万辆，占当月销量的 1.8%，2 月份销量比产量多 0.07 万辆，占当月销量的 0.6%（见图 2）。这主要是生产企业针对原材料价格波动和三轮汽车柴油机第四阶段要求的实施对产品成本上升的市场因素，采取了严格以销定产的经营对策的结果。预计 2023 年第四季度三轮汽车产销量将表现为上涨后的回落走势。

从市场集中度看，三轮汽车行业处于高度集中的稳定状态。2023 年前三个季度，三轮汽车产量前 3 位的企业与 2022 年相同，产量之和为 85.93 万辆，占全行业的 98.7%。其中，山东五征集团有限公司的产销量位列第一，2023 年

1—9 月产销量达到全行业的五成以上。

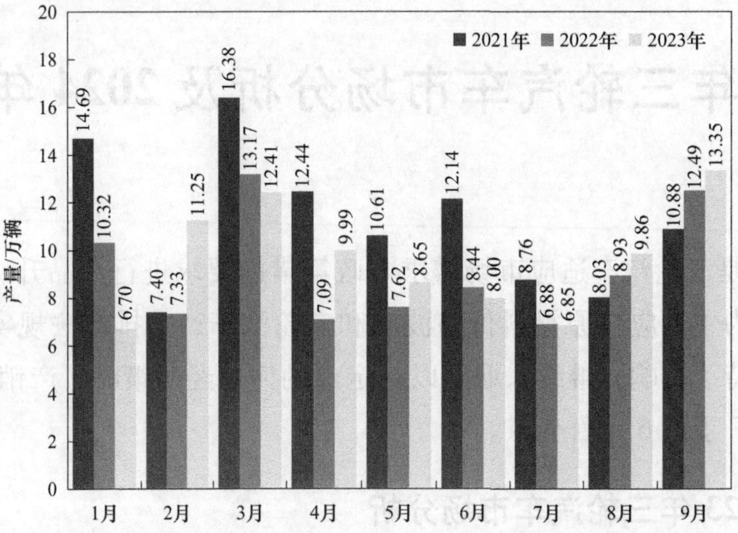

图 1　2021—2023 年前三个季度三轮汽车月产量走势图

（注：数据来源于中国农机工业协会农用运输车辆分会）

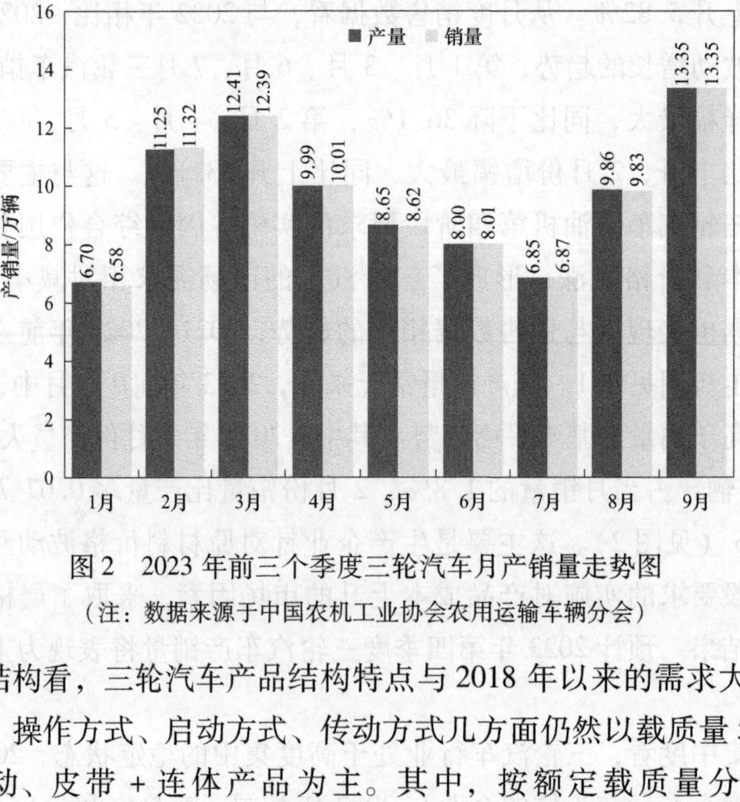

图 2　2023 年前三个季度三轮汽车月产销量走势图

（注：数据来源于中国农机工业协会农用运输车辆分会）

从产品结构看，三轮汽车产品结构特点与 2018 年以来的需求大体相同。在额定载质量、操作方式、启动方式、传动方式几方面仍然以载质量 500kg、方向盘式、电启动、皮带 + 连体产品为主。其中，按额定载质量分，在 200kg、300kg、500kg、750kg 四种载质量的机型中，载质量 500kg 的三轮汽车占总销量的 83.6%，比 2022 年上升了 5.0%；按操纵方式分，在方向把式和方向盘式两种操纵方式的机型中，方向盘式三轮汽车占总销量的 96.2%，比 2022 年上升了 2.0%；按启动方式分，在手摇启动和电启动两种启动方式的机型中，电启动三轮汽车占总销量的 99.6%，比 2022 年上升了 0.2%；按传动方式分，在皮带 + 链条、皮带 + 连体、轴传动三种传动方式的机型中，皮带 + 连体三轮汽车占总销量的 96.9%，比 2022 年上升了 0.7%。这体现了市场对三轮汽车大型化的需求增加和对三轮汽车操纵舒适性要求的提升。另外，在按驾驶室结构形式方面，在半封闭、全封闭和简易棚式三种类型驾驶室机型中，半封闭驾驶室三轮汽车占总销量的 68.8%，比 2022 年上升了 16.8%，全封闭驾驶室三轮汽车占总销量的 24.2%，比 2022 年下降了 18.8%；三轮汽车产品驾驶室结构向简单化需求的变化是农村三轮汽车产品市场需求因三轮汽车产品价格上升的适应性体现。

从三轮汽车配套柴油机看，与 2022 年的情况相同，超过九成配套单缸柴油机，24 型、28 型、20 型、32 型所占比例出现明显上升，其中 24 型柴油机占比上升至 17.5%，比 2022 年上升了 8.0%，这也是三轮汽车适应柴油机第四阶段排放要求配套发动机质量技术水平提升的一个体现。

从三轮汽车区域销售看，主要销售区域销售占比有小幅下滑，非主要区域销售占比有所上升。河南省、山东省、山西省、甘肃省、河北省仍然是主要销售地区，占全国总销量的 56.61%，与 2022 年基本持平，河南省再次成为销售比例最高的省份，占 15.20%，较 2022 年上升 2.49%，山东省销售比例占比处于第二，较 2022 年下降 4.75%（见表 1）。这与主要销售区域市场需求对产品质量和价格的适应性有关。三轮汽车生产区域分布与 2022 年情况相同，生产企业集中于山东省，占 99.31%。

表 1　2019—2023 年前三季度三轮汽车按省市分布的销售占比（前 5 位）

（%）

年份	山东省	河南省	甘肃省	山西省	河北省
2019 年	19.31	16.10	10.11	9.98	10.14
2020 年	24.68	12.19	12.86	10.01	8.53
2021 年	21.06	10.77	9.64	8.08	7.21
2022 年	19.71	12.71	6.98	10.47	7.02
2023 年	14.96	15.20	8.98	10.36	7.11

二、2024 年三轮汽车市场展望

受我国原材料价格的波动，三轮汽车产品对柴油机第四阶段排放要求的适应性调整，预计 2024 年三轮汽车生产企业将基本消化因产品改造对市场需求和产品性能造成的影响。

从供需关系方面看，自 2020 年以来原材料供应显著波动导致原材料价格上涨或价格显著波动，在 2023 年也继续影响三轮汽车市场供需，表现为三轮汽车生产成本的明显波动。三轮汽车是微利产品，广大农村购买者对其价格变化敏感程度比其他汽车产品明显，这也是三轮汽车 2023 年 1 月至 9 月产销波动的主要原因。同时，由于自然灾害等原因导致农产品价格的波动，也进一步放大了三轮汽车市场需求的振荡。

从政策措施方面看，三轮汽车污染物排放标准深入实施也是 2023 年三轮汽车市场出现振荡波动、需求受限的主要原因之一。三轮汽车柴油机第四阶段排放要求 2022 年底实施以来，为解决产品排放升级对三轮汽车动力性、可靠性、使用经济性、维修方便性和产品成本上升等方面的影响，主要生产企业通过以销定产、通过生产制造物流过程消化生产成本等措施避免造成经营损失，实际由此造成的产品成本上升 3% ~10% 不等，三轮汽车的市场需求也造成一定限制，这也是 2023 年三轮汽车产销量并未出现明显上升的一个主要原因。

从竞争性产品市场看，市场产销状况整体表现为上升趋势。中国汽车工业协会数据显示，2023 年 1—8 月份，货车产品产销量分别为 224. 9 万辆和 226. 6 万辆，同比增长 17. 1% 和 15. 5% 。另据中国摩托车商会数据显示，2023 年 1—9 月份，三轮摩托车产销累计分别完成 175. 45 万辆和 175. 59 万辆，同比增长 1. 19% 和 0. 69% 。

收入水平是决定农民购买何种道路货运工具的主要因素，农民收入水平的提升仍然需要相当时间的积累，不会一蹴而就，物美价廉的三轮汽车相对于微型货车、轻型货车、三轮摩托车等在农村的货运机动车仍占据比较优势，仍将作为农村货运的主力军继续服务“三农”。随着三轮汽车生产企业进一步消化吸收柴油机第四阶段排放要求实施对产品整体质量性能和生产成本的影响，预计 2024 年三轮汽车产销量会与 2023 年持平或继续小幅上升。

（作者：张琦）

2023年专用汽车市场分析及2024年展望

目前，我国经济仍存在有效需求不足、社会预期偏弱等不利因素，对专用汽车市场增长带来一定挑战。2023年1—11月份，我国六大类专用汽车累计销量为110.2万辆，同比增长5.9%，普通自卸汽车销量为5.6万辆，同比下降46.7%。同时，我国经济回升向好、长期向好的基本趋势没有改变，2024年我国经济运行有望总体回升，对各类专用汽车的需求有所增长，预计2024年六大类专用汽车销量约为145万辆，普通自卸汽车销量为7万辆。

一、2023年专用汽车市场走势

1. 专用汽车市场销量走势

（1）六大类专用汽车销量走势　2023年1—11月份，我国六大类专用汽车累计销量为110.2万辆，同比增长5.9%（见图1），但仍处于近年来的低位。这是由于2023年新能源汽车利好政策不断出台，老旧车辆淘汰进程加快，同

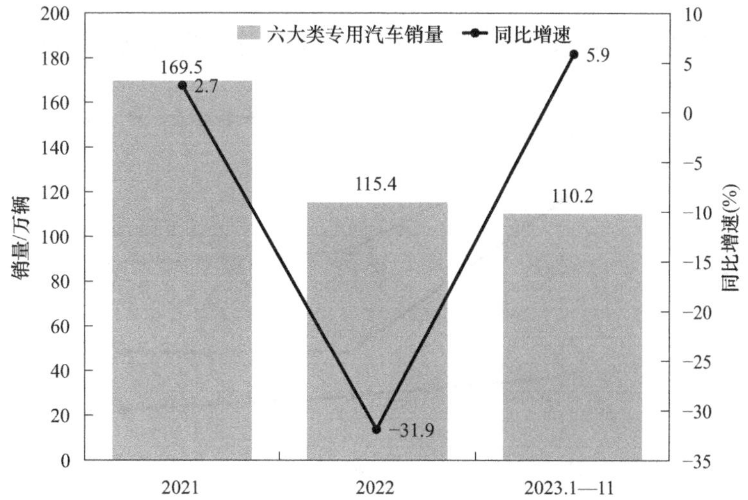

图1　2021—2023年六大类专用汽车销量及同比增速

（注：数据来源于中汽数据有限公司终端零售数据，下同）

时，社会消费品零售总额显著提升、公路货运量和快递货运量需求增长，使新能源专用车、公路物流车、城市配套服务类车辆等同比大幅增长，由于房地产开工不足等原因，导致土建工程车等车辆需求下降。

六大类专用汽车中，2023 年 1—11 月份厢式汽车、仓栅汽车、罐式汽车、举升汽车、特种汽车、自卸汽车占比分别为 64.9%、18%、5.3%、5.6%、3.7% 和 2.5%。从同比增速来看，2023 年 1—11 月份，仓栅汽车同比增长 11.8%，厢式汽车同比增长 6.4%，举升汽车同比增长 5%，特种汽车同比增长 3.5%，自卸汽车同比下降 3.8%，罐式汽车同比下降 8.4%。2021—2023 年六大类专用汽车销量如图 2 和图 3 所示。

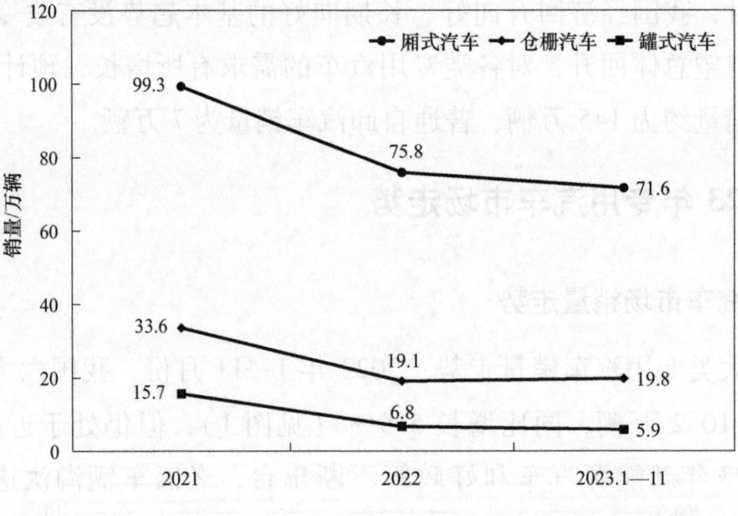

图 2 2021—2023 年厢式汽车、仓栅汽车、罐式汽车销量

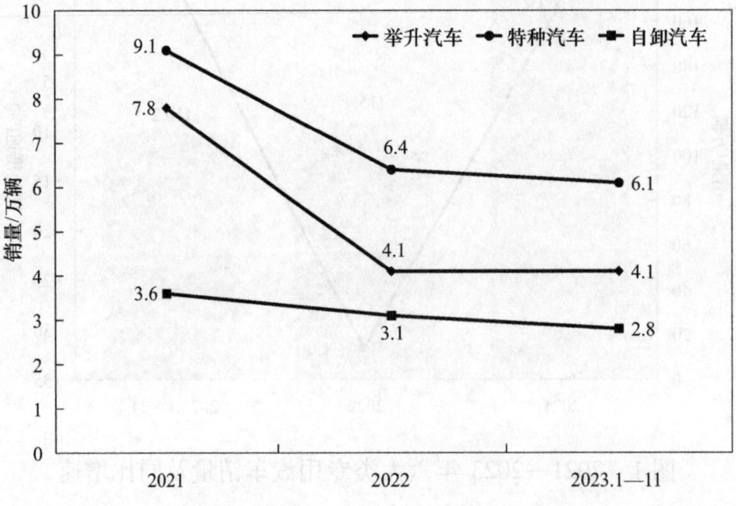

图 3 2021—2023 年举升汽车、特种汽车、自卸汽车销量

（2）普通自卸汽车销量走势　2023 年 1—11 月份，普通自卸汽车销量仅为 5.6 万辆，同比大幅下降 46.7%（见图 4）。这是由于 2023 年房地产开发投资同比大幅下降，带动关联的建材、水泥等产业下滑，导致自卸汽车的需求下滑，同时，由于超载治理使牵引汽车等对公路运输类自卸汽车形成替代，也导致自卸汽车市场销量大幅下滑。

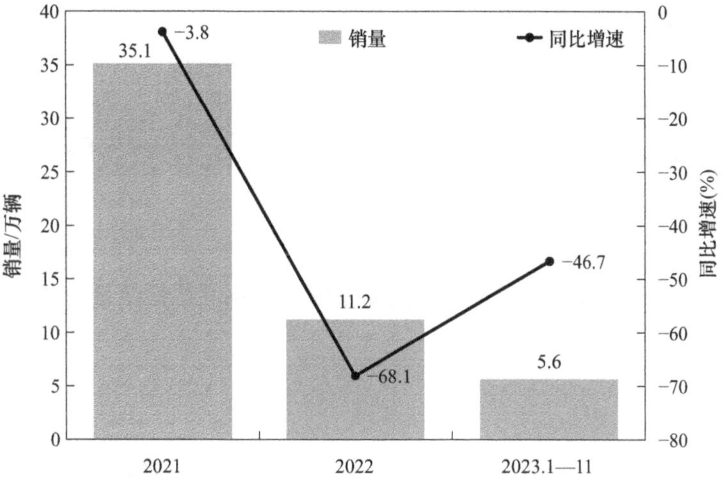

图 4　2021—2023 年普通自卸汽车销量及同比增速走势

2. 专用汽车吨位结构

（1）六大类专用汽车吨位结构　2023 年 1—11 月份六大类专用汽车中，重型汽车销量为 21.4 万辆，中型汽车销量为 4.3 万辆，轻型汽车销量为 82.3 万辆，微型汽车销量为 2.1 万辆。从增速来看，轻型汽车同比增长 5.2%，中型汽车同比下降 4%，微型汽车同比增长 23.8%，重型汽车同比增长 9.4%。从各吨位车型占比来看，2023 年 1—11 月份，重型汽车占比增长 1.3%，为 19.5%，中型汽车占比下降 0.3%，为 3.9%，轻型汽车占比下降 1.3%，为 74.7%，微型汽车增长 0.3%，为 1.9%（见图 5）。

（2）普通自卸汽车吨位结构　2023 年 1—11 月份，重型普通自卸汽车销量为 4.4 万辆，同比下降 3.8%，中型普通自卸汽车销量为 6002 辆，同比增长 22.1%，轻型普通自卸汽车销量为 6186 辆，同比下降 88.7%。从各吨位车型占比来看，重型汽车销量占比大幅增加 34.9%，为 78.2%，中型汽车销量占比增加 6%，为 10.7%，轻型汽车占比下降 40.9%，为 11.1%（见图 6）。

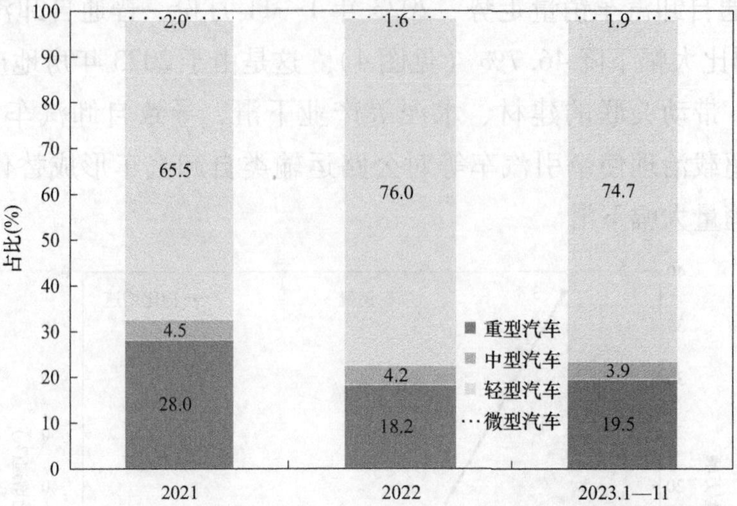

图5　2021—2023年六大类专用汽车吨位结构销量占比

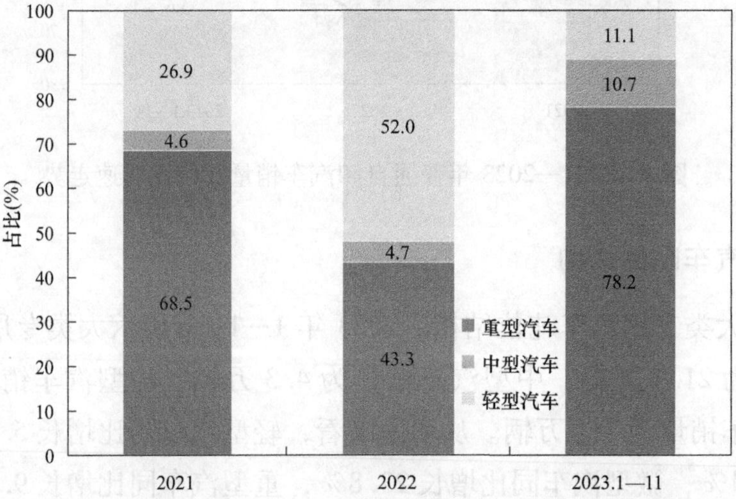

图6　2021—2023年普通自卸汽车吨位结构销量占比

3. 专用汽车燃料结构走势

（1）专用汽车燃料结构　2023年1—11月份，六大类专用汽车中，柴油汽车销量占比下降3.3个百分点至50.1%（见图7），汽油汽车占比下降1.9个百分点至26.4%，混合动力汽车占比为0.3%，天然气汽车占比为2.8%，我国专用车电动化进程显著加快，新能源专用汽车市场占比增加3.9个百分点，渗透率已达到20.4%。

（2）新能源专用汽车销量　受新能源汽车利好政策和技术水平快速提高的

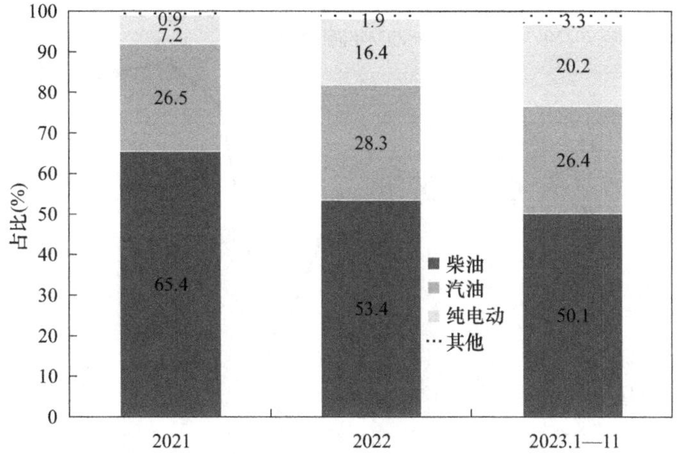

图7　2021—2023年专用汽车燃料结构销量占比

影响，2023年1—11月份，我国新能源专用汽车销量为22.5万辆，同比增长30.8%，其中纯电动专用汽车为22.3万辆，燃料电池专用汽车为2019辆。

从车型来看，纯电动厢式运输汽车销量为19.2万辆，纯电动仓栅式运输汽车销量为1.5万辆，各类纯电动环卫汽车销量为5576辆。

从吨位占比来看，轻型汽车销量为20.8万辆，占新能源专用汽车总量的93.1%，重型汽车销量为7713辆，占比为3.5%，微型汽车销量为6453辆，占比为2.9%，中型汽车销量为1311辆，占比为0.6%。

从主要销售企业来看，吉利四川商用车、奇瑞商用车、重庆瑞驰、北汽福田、东风股份销量位居前五名，分别为3.6万辆、2.1万辆、2万辆、1.7万辆、1.5万辆，前五名企业的市场份额为49%。

从主要销售区域来看，广东、江苏、浙江、四川、河南销量位居前五名，分别为6万辆、1.9万辆、1.3万辆、1.3万辆和1万辆。

4. 专用汽车月度销量走势

（1）六大类专用汽车月度销量　2023年专用汽车市场多个月份的同比销量呈现明显增长态势，尤其是9月份以来，随着经济持续回升向好，专用汽车市场销量同比呈现20%以上的增长（见图8）。

（2）普通自卸汽车月度销量　2023年除了10月份以外，各月份普通自卸汽车销量均呈现同比显著下降态势，尤其是2月份、4月份和8月份，销量呈现大幅下滑态势（见图9）。

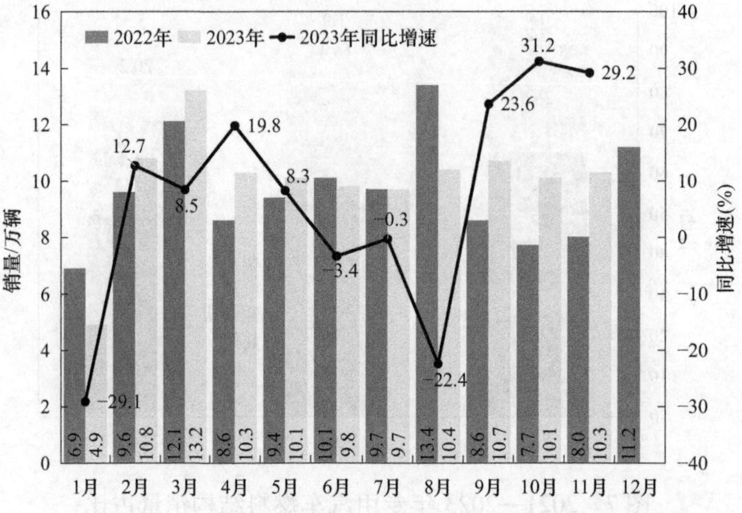

图 8　2022—2023 年六大类专用汽车月度销量及同比增速

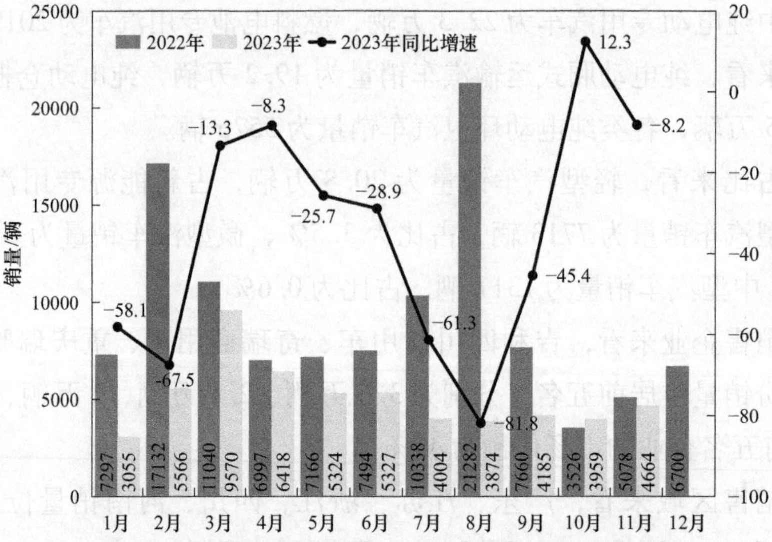

图 9　2022—2023 年普通自卸汽车月度销量及同比增速

5. 专用汽车行业竞争格局

（1）厢式汽车市场竞争格局　从厢式汽车行业竞争格局来看，北汽福田连续多年位居第一，2023 年 1—11 月份销量为 11.5 万辆（见图 10），上汽通用五菱销量位居第二，销量为 4.9 万辆，华晨鑫源销量为 3.9 万辆。从行业集中度来看，2023 年 1—11 月份，厢式汽车前三名企业市场份额为 28.5%，比 2022 年提高 1.8 个百分点，前十名企业市场份额为 58.6%，比 2022 年提高 2.9 个百分点。

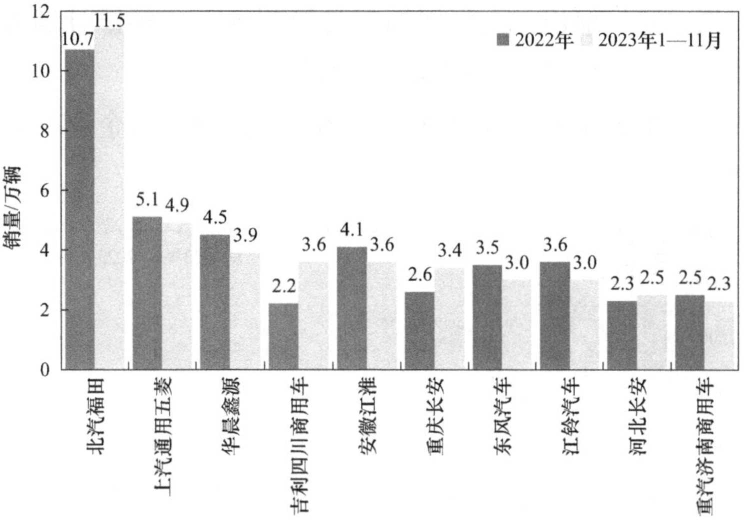

图 10　2022—2023 年厢式汽车市场竞争格局

（2）罐式汽车市场竞争格局　从罐式汽车行业竞争格局来看，2023 年 1—11 月份，三一汽车销量位居第一，为 4766 辆，程力专汽销量为 3721 辆，中联重科销量为 3244 辆（见图 11）。2023 年 1—11 月份罐式汽车行业集中度有所下降，与 2022 年相比，前三名企业市场份额下降 5.3 个百分点，为 20%，前十名企业市场份额下降 1.7 个百分点，为 46.9%。

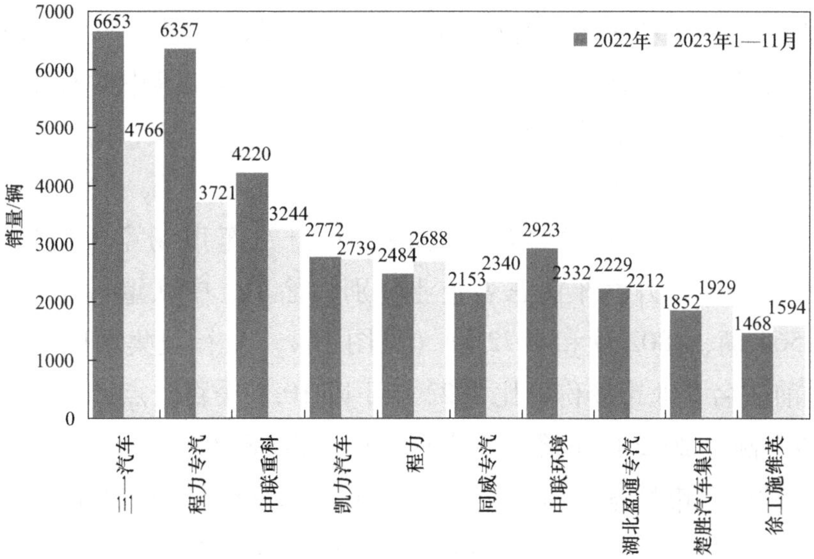

图 11　2022—2023 年罐式汽车市场竞争格局

（3）仓栅式汽车市场竞争格局　2023 年 1—11 月份，仓栅式汽车市场格局较为稳定，一汽、北汽福田、上汽通用五菱位居前三，销量分别为 3 万辆、2.4 万辆和 1.9 万辆，销量均呈现一定幅度的增长（见图 12）。与 2022 年相比，前三名企业市场份额增长 4.1 个百分点，为 36.9%，前十名企业市场份额增长 2.6 个百分点，为 72.1%。

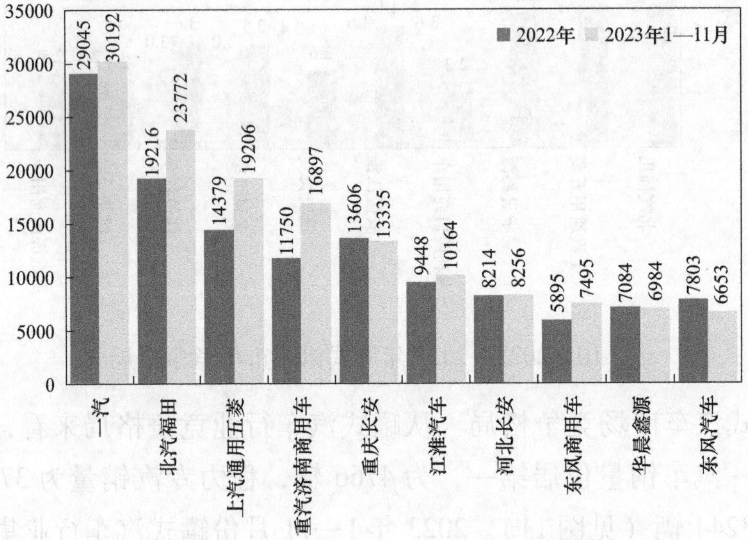

图 12　2022—2023 年仓栅式汽车市场竞争格局

（4）自卸汽车市场竞争格局　2023 年 1—11 月份，自卸汽车市场格局变化不大，中联环境、程力专汽、福龙马销量位居前三，分别为 4248 辆和 2495 辆、1287 辆（见图 13）。2023 年 1—11 月份，自卸汽车行业集中度有小幅下降，前三名企业市场份额比 2022 年下降 1.1 个百分点，为 28.8%，前十名企业市场份额比 2022 年下降 2.8 个百分点，为 50%。

（5）举升汽车市场竞争格局　近两年举升汽车市场竞争格局较为稳定，2023 年 1—11 月份举升汽车前三名企业分别为徐工、中联重科、三一汽车，销量分别为 5564 辆、4802 辆和 4072 辆（见图 14）。从行业集中度来看，2023 年 1—11 月份前三名企业市场份额比 2022 年下降 10.4 个百分点，为 35.3%，前十名企业市场份额比 2022 年下降 4.5 个百分点，为 68.2%。

（6）特种汽车市场竞争格局　2023 年 1—11 月份特种汽车前三名企业分别为中联环境、程力和一汽，销量分别为 4094 辆、3664 辆和 2142 辆（见图 15）。从行业集中度来看，2023 年 1—11 月份前三名企业市场份额比 2022 年下降 1.5 个百分点，为 16.2%，前十名企业市场份额比 2022 年下降 2 个百分点，

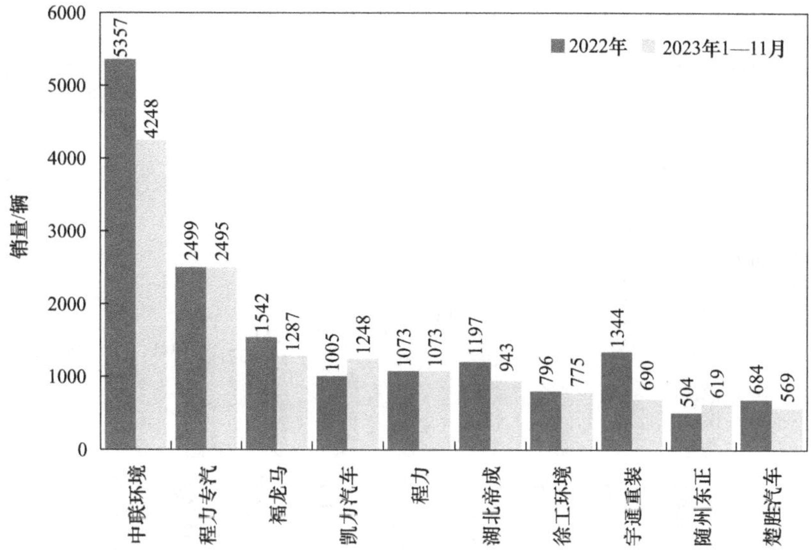

图 13　2022—2023 年自卸汽车市场竞争格局

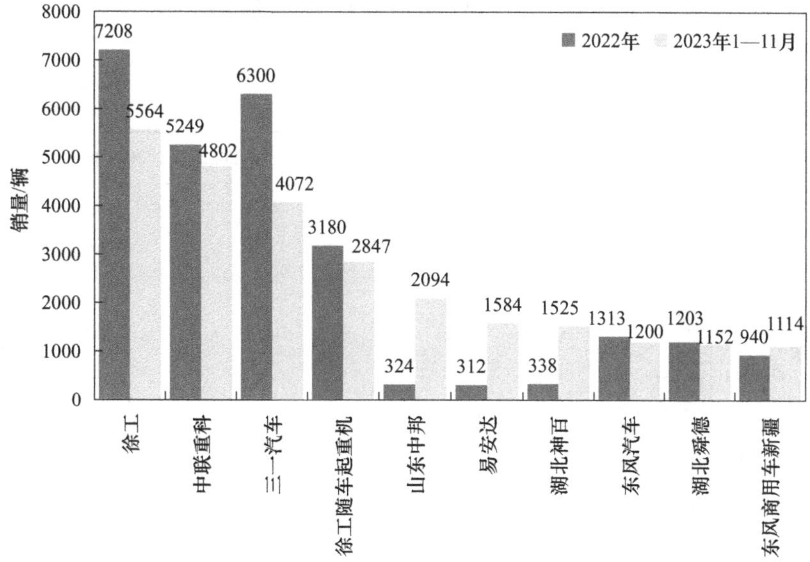

图 14　2022—2023 年举升汽车市场竞争格局

为 33.3%。

（7）普通自卸汽车市场竞争格局　2023 年 1—11 月份普通自卸汽车销量前三名企业分别是北汽福田、陕汽、成都大运，销量分别为 7044 辆、5567 辆和 4362 辆（见图 16）。从行业集中度来看，前三名企业市场份额比 2022 年下降 1.7 个百分点，为 30.3%，前十名企业市场份额比 2022 年下降 0.4 个百分点，为 61.8%。

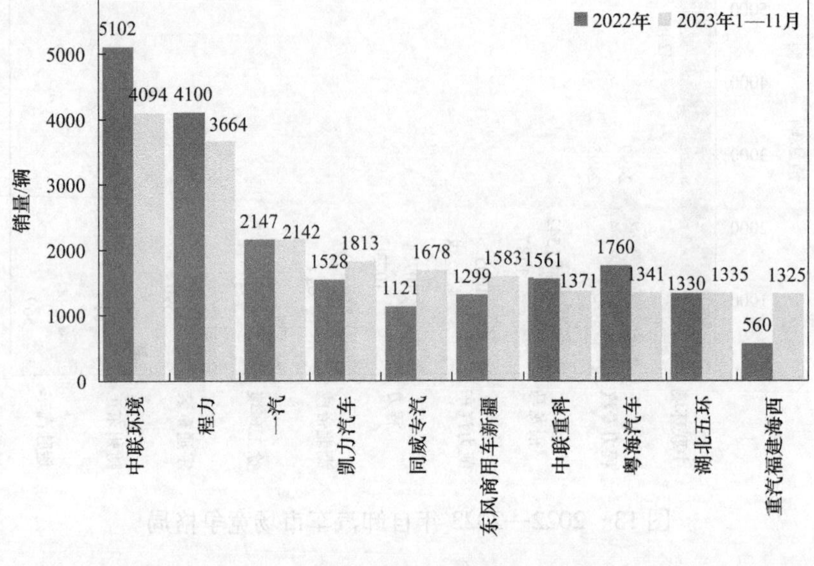

图 15　2022—2023 年特种汽车市场竞争格局

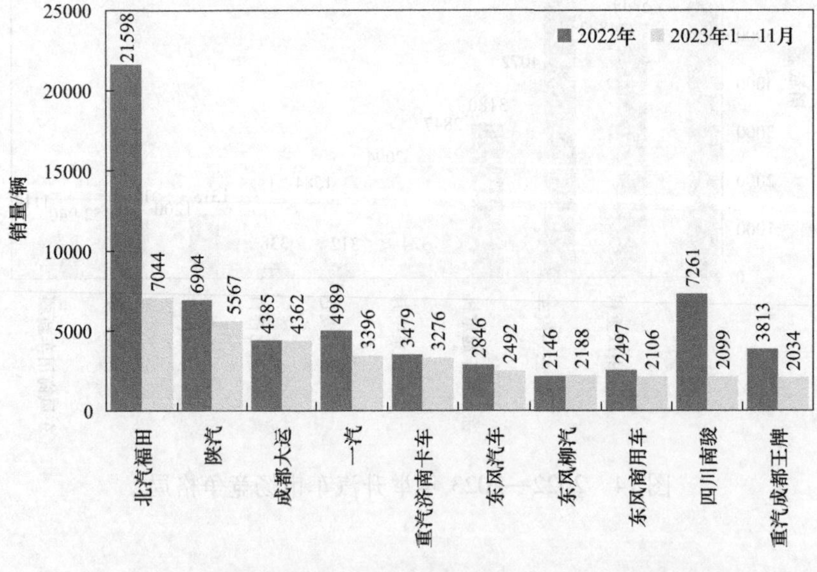

图 16　2022—2023 年普通自卸汽车市场竞争格局

6. 分用途专用汽车销量走势

2023 年 1—11 月份，公路物流类、城市服务类、危险化学品运输类、消防类专用汽车同比呈增长态势，而环卫类、土建工程类、路面及抢险类、医疗救护类、警用军用类专用汽车销量呈现一定下滑（见表1）。

表1　2022—2023 年主要用途专用汽车销量走势

用途	2022 年销量/辆	2023 年 1—11 月份销量/辆	同比增速（%）
公路物流类	884908	851304	7.3
环卫类	83575	70930	-8.6
土建工程类	68414	63208	-2.4
城市服务类	46472	59597	43.7
路面及抢险类	23359	20352	-7.6
危险化学品运输车	13948	15749	21.2
医疗救护类	21574	10563	-44.1
消防类	4599	5914	42.6
警用军用类	5478	3589	-24.4
其他	1342	1218	-0.7

（1）公路物流类专用汽车　由于2023 年社会消费品零售总额、公路货运量与国内快递量呈现明显幅度的增长，利好各类公路物流类专用汽车的市场需求。2023 年 1—11 月份公路物流类专用汽车销量为 85.1 万辆，同比增长 7.3%。其中，厢式运输车销量为 56.0 万辆（见图 17），同比增长 4.7%。仓栅式运输车销量为 19.6 万辆，同比增长 11.8%。冷藏车销量为 5.0 万辆。翼开启厢式车销量为 2.1 万辆，同比增长 21.6%。

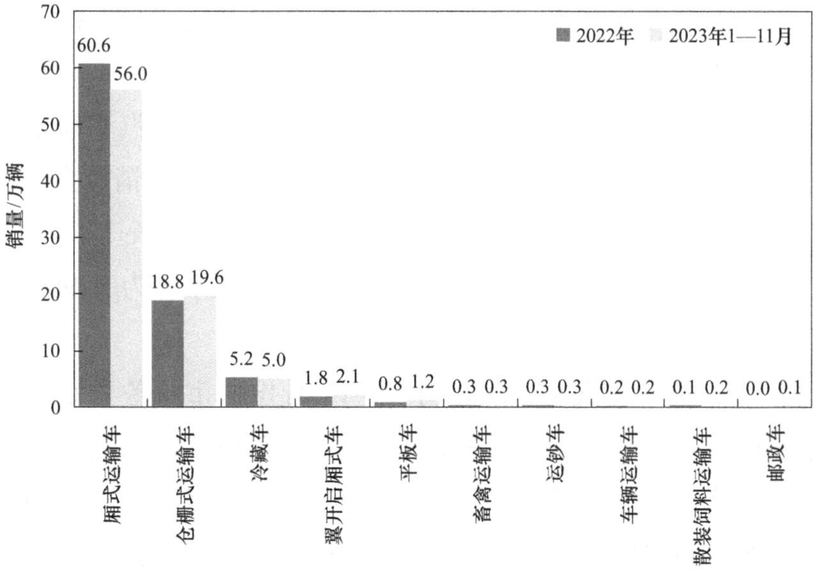

图 17　2022—2023 年主要公路物流类专用汽车销量

（2）环卫类专用汽车　由于2023 年部分地方政府缩减了地方财政出资购买环卫类专用汽车的采购计划，导致市场销量显著下滑。2023 年1—11 月份环卫类专用汽车销量为7.1 万辆，同比下降8.6%。其中，绿化喷洒车销量为1.1 万辆，同比下降10.2%。压缩式垃圾车销量为9328 辆，同比下降0.2%。车厢可卸式垃圾车销量为8415 辆，同比增长13.2%。抑尘车销量为6339 辆，同比增长1.6%。洗扫车销量为5798 辆，同比下降5.3%（见图18）。

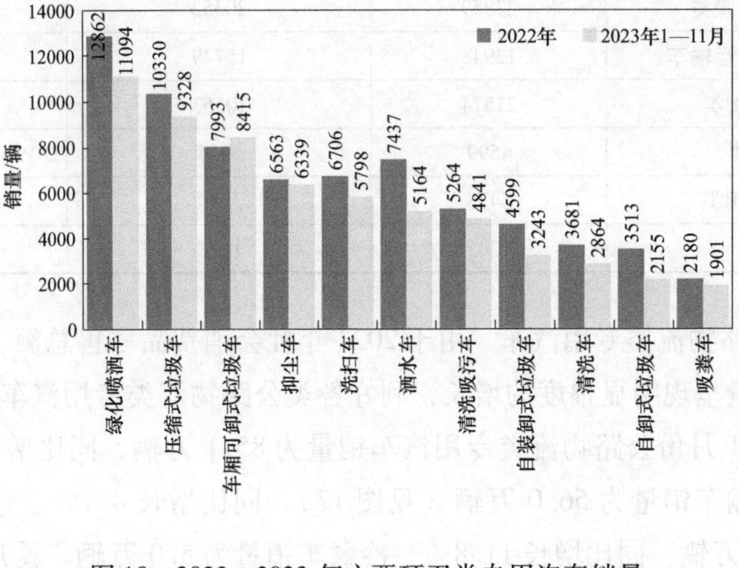

图18　2022—2023 年主要环卫类专用汽车销量

（3）土建工程类专用汽车　2023 年，由于全国房地产开发投资同比大幅下降，各类土建工程类专用汽车的市场需求明显下降。2023 年1—11 月份，土建工程类专用汽车销量为6.3 万辆，同比下降2.4%。其中，汽车起重机车销量为1.8 万辆（见图19），同比下降14.8%。混凝土搅拌运输车销量为1.7 万辆，同比下降16.8%。随车起重运输车销量为1.2 万辆，同比增长12.1%。高空作业车销量为1 万辆，同比增长52.1%。混凝土泵车销量为3490 辆，同比下降6.2%。

（4）城市服务类专用汽车　2023 年1—11 月份城市服务类专用汽车销量为6 万辆，同比增长43.7%左右。其中，由于2023 年旅游市场旺盛，旅居车市场规模显著增长，旅居车销量为13304 辆，同比增长24.3%（见图20）。商务车销量为12556 辆，同比增长167.6%。教练车销量为5881 辆，同比增长31.1%。工程车销量为5506 辆，同比增长20.1%。检测车销量为3624 辆，同比增

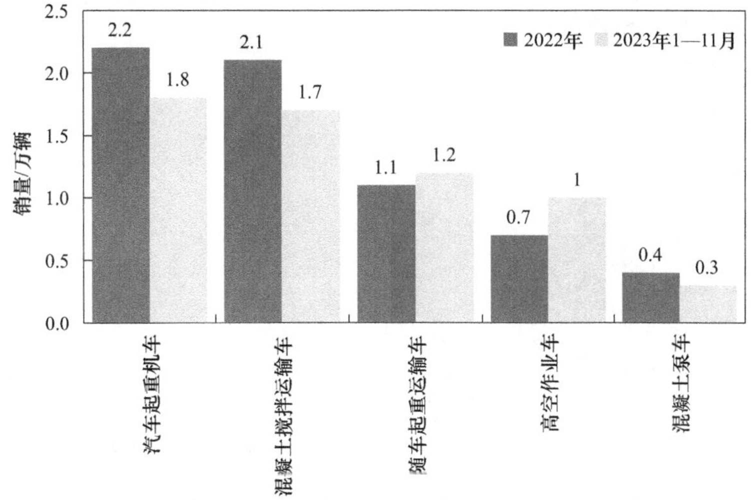

图 19　2022—2023 年主要土建工程类专用汽车销量

长 33.6%。

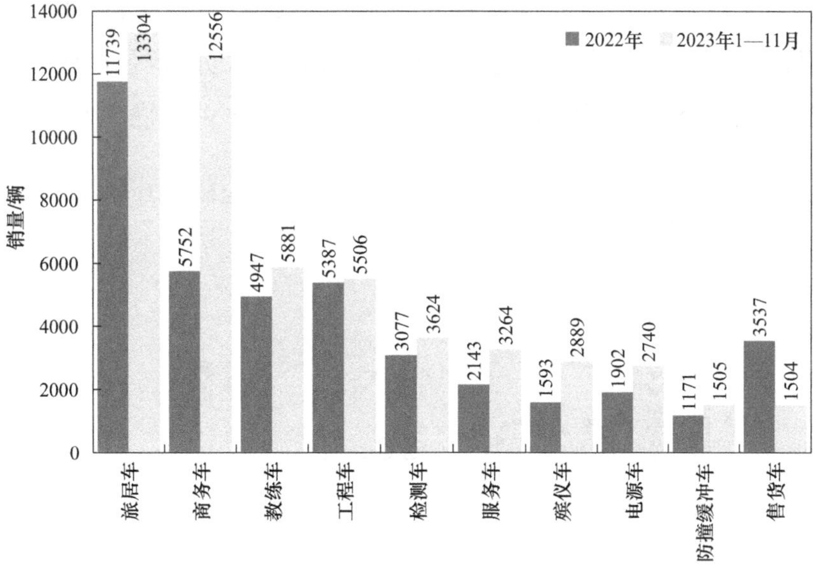

图 20　2022—2023 年主要城市服务类专用汽车销量

（5）医疗救护类专用汽车　2023 年 1—11 月份医疗救护类专用汽车销量为 1.1 万辆，同比下降 44.1%。其中救护车销量为 9230 辆（见图 21），同比下降 43.9%。医疗车销量为 1320 辆，同比下降 45.7%。

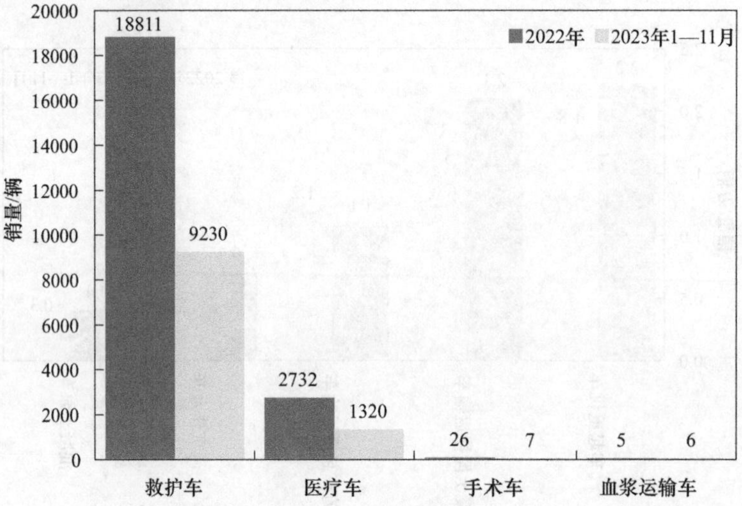

图 21　2022—2023 年医疗救护类专用汽车销量

7. 专用汽车区域销量分布

（1）六大类专用汽车区域销量分布　专用汽车作为生产资料，其销量与各省市的经济、人口规模、产业结构等息息相关，2023 年 1—11 月份六大类专用汽车主要销售区域包括广东、山东、湖北、河北、江苏等经济或人口大省，销量分别为 15 万辆、8.7 万辆、6.8 万辆、6.8 万辆、6.4 万辆（见图 22）。

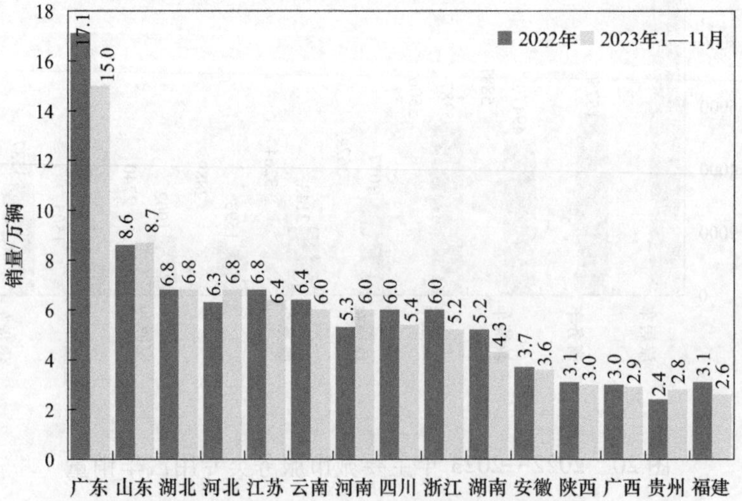

图 22　2022—2023 年专用汽车主要销售区域销量

（2）普通自卸汽车区域销量分布　2023 年 1—11 月份普通自卸汽车的主要销售区域包括上海、四川、广东、河北、浙江等地，销量分别为 5463 辆、3777

辆、3460 辆、3371 辆和 3095 辆（见图 23），销量均呈大幅下滑态势。

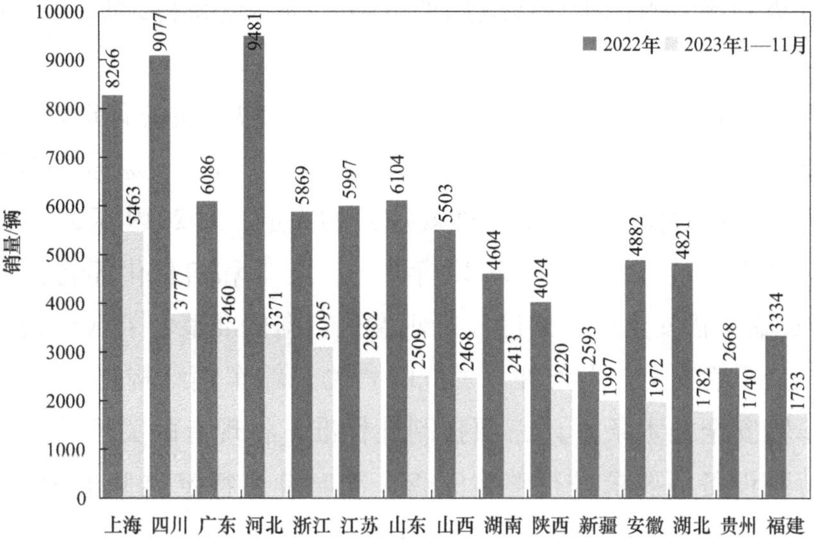

图 23　2022—2023 年普通自卸汽车主要销售区域销量

二、专用汽车市场主要影响因素

1. 政策因素

2023 年，我国出台多项专用汽车行业政策，引导行业排放标准不断升级，持续规范危险化学品运输车等专用汽车标准，加快推进专用汽车电动化，鼓励专用汽车与智能网联技术融合发展。

（1）车辆排放标准升级　2023 年 5 月，生态环境部、工业和信息化部、商务部、海关总署和市场监督管理总局联合发布关于实施汽车国Ⅵ排放标准有关事宜的公告，明确提出自 2023 年 7 月 1 日起，全国范围全面实施国Ⅵ排放标准 6b 阶段，禁止生产、进口、销售不符合国Ⅵ排放标准 6b 阶段的汽车，对 2023 年上半年专用车销量增长形成一定的推动作用。

2023 年 11 月，生态环境部常务会议审议并原则通过了《关于推进实施水泥行业超低排放的意见（征求意见稿）》和《关于推进实施焦化行业超低排放的意见（征求意见稿）》。在这两项政策中要求，进出企业的原燃料采用铁路、水路、管道、管状带式输送机、皮带通廊等清洁方式运输比例不低于 80%，对于达不到的企业，汽车运输部分应全部采用新能源或国Ⅵ排放标准的车辆。同时，重点区域企业原燃料清洁运输比例达不到 80% 的部分应用新能源汽车替代，其他原燃料运输应全部采用新能源或国Ⅵ排放标准的车辆。未来重点场景车辆的排放标准升级和新能源汽车替代应用的政策支持力度将持续加强，对相关车辆形成利好。

（2）车辆标准不断规范　国家对道路危险货物运输的管理要求不断加强，对危险化学品运输车辆的管理不断优化。2023年12月，交通运输部官方网站发布关于修改《道路危险货物运输管理规定》的决定，对2019版的《道路危险货物运输管理规定》进行了修改。2023年7月，工业和信息化部装备工业一司对《危险货物运输车辆安全技术条件》征求意见，新标准整合了《道路运输爆炸品和剧毒化学品车辆安全技术条件》《危险货物运输车辆结构要求》和《运油车辆和加油车辆安全技术条件》三项强制性标准，将现有的关于结构、性能、安全装置及特殊设备等要求进行整合完善，同时补充特定类型车辆的技术要求，不符合规定的车辆可能存在安全隐患，将禁止上路通行。

2022年12月30日，国家标准GB/T 42289—2022《旅居车辆居住用电气系统安全要求》发布，于2023年7月1日起实施，新标准立足于电气安全，提升先进性，推动国内产品技术水平提升。2023年5月份，国家标准化管理委员会发布推荐性国家标准《旅居车辆居住要求》，在2008版国家标准的基础上进行完善，于2023年12月1日起实施。2023年9月份，国家标准化管理委员会发布国家标准GB 29753—2023《道路运输易腐食品与生物制品冷藏车安全要求及试验方法》，新标准扩大了适用范围，对新增车型自2024年1月1日起实施，对已获得达标车型公告的车型自2025年1月1日起实施。

（3）新能源专用汽车支持政策　2023年12月份，国务院印发《空气质量持续改善行动计划》的通知，提出：到2025年，重点区域和粤港澳大湾区沿海主要港口铁矿石、焦炭等清洁运输（含新能源车）比例力争达到80%。重点区域公共领域新增或更新公交、出租、城市物流配送、轻型环卫等车辆中，新能源汽车比例不低于80%。在火电、钢铁、煤炭、焦化、有色、水泥等行业和物流园区推广新能源中重型货车，发展零排放货运车队。加快推进铁路货场、物流园区、港口、机场、工矿企业内部作业车辆和机械新能源更新改造。

2023年6月份，财政部、国家税务总局、工业和信息化部发布《关于延续和优化新能源汽车车辆购置税减免政策的公告》，提出：对购置日期在2024年1月1日至2025年12月31日期间的新能源汽车免征车辆购置税，对购置日期在2026年1月1日至2027年12月31日期间的新能源汽车减半征收车辆购置税。

紧接着在2023年12月份，工业和信息化部、财政部、国家税务总局等三部门联合印发《关于调整减免车辆购置税新能源汽车产品技术要求的公告》，明确了享受减免车辆购置税新能源汽车产品技术要求。新能源汽车购置税减免政策的出台，稳定了市场预期，利好新能源专用车市场持续健康发展。

2023年11月份，工业和信息化部、交通运输部等八部门正式印发《关于启动第一批公共领域车辆全面电动化先行区试点的通知》，确定北京、深圳、重庆、成都、郑州、宁波、厦门、济南、石家庄、唐山、柳州、海口、长春、银川、鄂尔多斯15个城市为此次试点城市。政策提出在公务用车、城市公交车、环卫车、邮政快递车、城市物流配送车、机场用车、特定场景重型货车等领域，推广超过60万辆新能源汽车，并建设70万台充电桩，0.78万台换电站。专用汽车和自卸汽车等领域，是政策重点支持的方向，未来几年电动化率将持续快速提升。

（4）智能网联汽车与专用汽车融合发展支持政策　随着智能网联汽车技术的快速提升，专用汽车与智能网联技术融合发展成为多个地方政府积极探索的方向。

北京提出积极推进无人配送、无人零售和无人安防等应用场景综合性商业化运营；支持政策先行区加快车载智能终端推广加装，率先在政策先行区政府公务车辆、公共交通车辆和环卫车辆部署。

上海提出全力推进自动驾驶在港口物流领域应用。支持智能重型货车大幅提升智能驾驶能力；支持自动驾驶技术在城市物流配送领域应用，逐步从港口物流向干线物流、城市末端配送等场景延伸；支持无人清扫作业车辆参与城市道路养护巡检；支持外卖零售无人车率先在园区等封闭场景及半开放场景示范推广。

广州提出探索智能网联（自动驾驶）汽车在公交、共享出行、港口码头、智能环卫、物流配送、智慧泊车、智慧高速等特定场景的应用。

深圳提出鼓励开展开放场景内自动驾驶出租车、公交、短途接驳、城市环卫、载货运输以及无人车配送等多模式创新应用。

2. 经济因素

（1）全社会固定资产投资　2023年1—11月份，全国固定资产投资（不含农户）46万亿元，同比增长2.9%（按可比口径计算）（见图24），增速有所下降。2023年1—11月份，民间固定资产投资235267亿元，同比下降0.5%。2023年1—11月份，工业投资同比增长9.0%，基础设施投资（不含电力、热力、燃气及水生产和供应业）同比增长5.8%，同比增幅均比2022年有所下降。

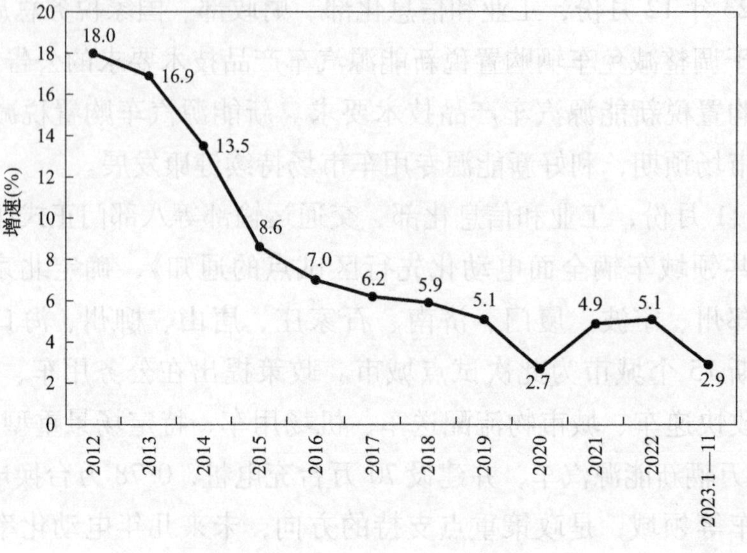

图 24　2012—2023 年全社会固定资产投资额（不含农户）增速

（注：数据来源于国家统计局，下同）

2023 年 1—11 月份，全国房地产开发投资 10.4 万亿元，同比下降 9.4%（按可比口径计算）（见图 25），各月份房地产开发投资增速持续收窄，房地产开发投资市场下降对产业链上下游形成连锁反应，使工程类专用汽车的需求有所减弱。

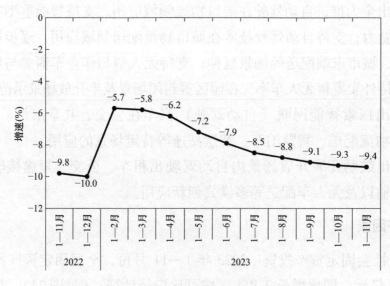

图 25　2022—2023 年全国房地产开发投资增速

（2）社会消费品零售总额　2023 年 1—11 月，社会消费品零售总额为 427945 亿元，同比增长 7.2%。从月份来看，2023 年多个月份社会消费品零售额增速明显高于2022年（见图26），消费呈现复苏态势。预计2024年消费信心将逐步回升，社会消费品零售额将迎来持续增长。

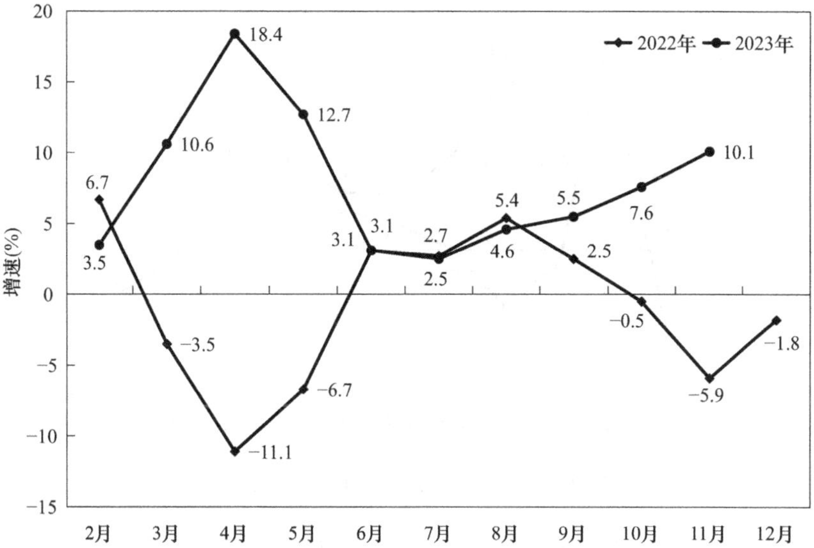

图26　2022—2023年各月份社会消费品零售总额增速

（3）公路货运量与国内快递量　2023年1—11月份，我国完成公路货运量369亿吨，同比增长8.9%。从各月份来看，除1月外，2023年各月份公路货运量比2022年均有较大幅度的增长（见图27），显著提振了对公路物流车辆的终端需求。

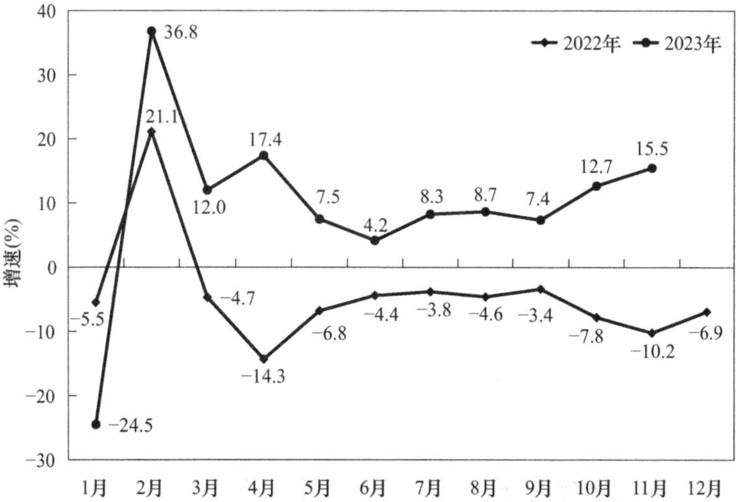

图27　2022—2023年各月份公路货运量同比增速

2023年1—11月份，全国快递业务量累计完成1188.2亿件，同比增长18.6%；快递业务收入累计完成10885.2亿元，同比增长13.7%，对公路物流车辆形成利好。2022—2023 年各月份国内快递量同比增速见图 28。

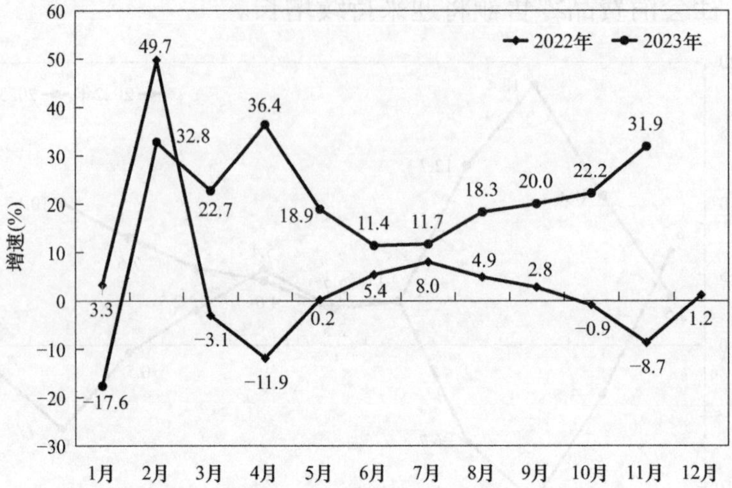

图 28　2022—2023 年各月份国内快递量同比增速

（4）制造业采购经理指数　2023 年多个月份的制造业采购经理指数（PMI）低于临界点，显示出制造业生产景气水平较低（见图 29）。

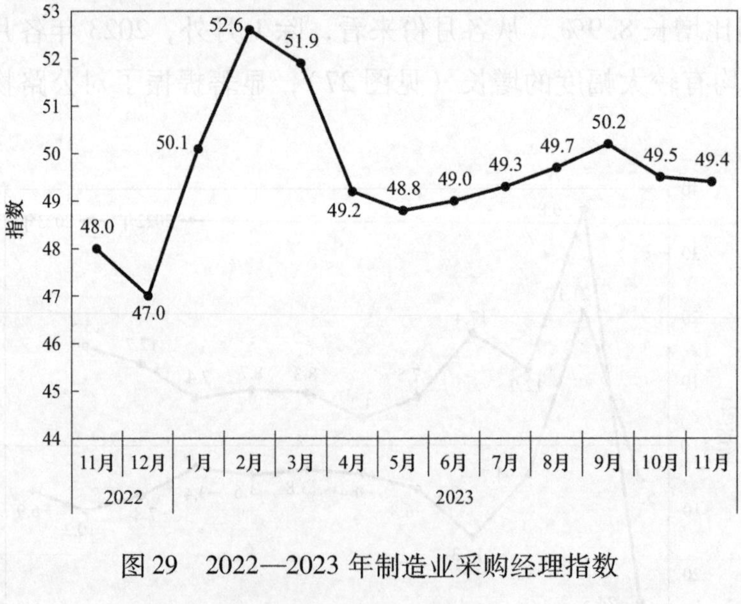

图 29　2022—2023 年制造业采购经理指数

三、2024 年专用汽车市场趋势预测

1. 六大类专用汽车市场趋势预测

2023 年中央经济工作会议指出，我国发展面临的有利条件强于不利因素，

经济回升向好、长期向好的基本趋势没有改变，要求积极的财政政策要适度加力、提质增效，强化国家重大战略任务财力保障，提出 2024 年要坚持稳中求进、以进促稳、先立后破，多出有利于稳预期、稳增长、稳就业的政策，在转方式、调结构、提质量、增效益上积极进取，不断巩固稳中向好的基础。这一系列要求，为 2024 年经济回升向好奠定了坚实的基础，也为专用汽车市场需求提供了政策保障。

从政策来看，预计 2024 年老旧车辆淘汰将持续推进，政策持续引导重点场景车辆排放标准升级，公共领域车辆全面电动化进程加快，为相关专用汽车市场需求提供了一定利好，新能源专用汽车仍将保持快速增长态势。

从市场需求来看，全球制造业景气或将迎来修复，我国出口将持续向好。此外，随着社会消费品零售额、公路货运量、快递量等仍将持续增长，对各类物资的运输需求增加，公路物流车辆的需求旺盛。同时，2023 年中央经济工作会议强调“严控一般性支出，党政机关要习惯过紧日子”，环卫类专用汽车等车辆的增长空间有限。目前房地产新开工面积已偏离了可持续的住宅需求，后续新开工面积有望迎来缓慢恢复，使土建工程类专用汽车的市场需求有所回升。

综上所述，预计 2024 年六大类专用汽车销量将同比增长 12% 左右，全年销量预计在 145.0 万辆左右（见图 30）。

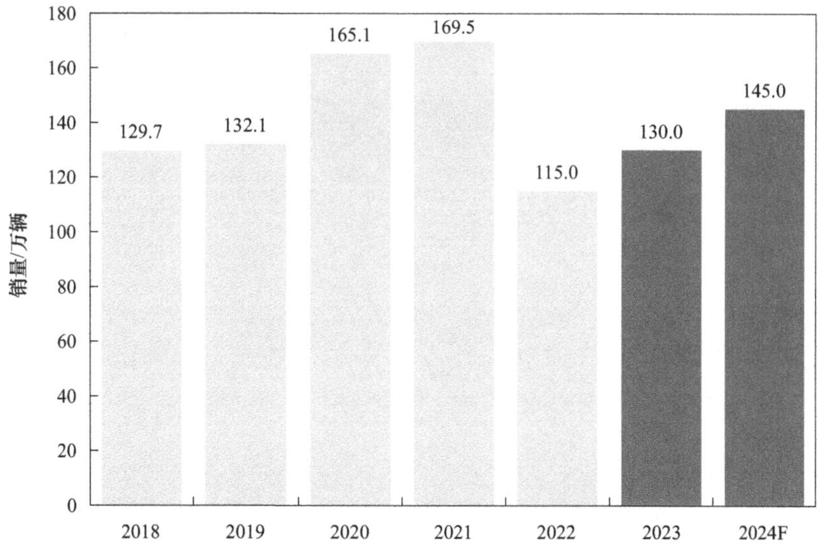

图 30　2018—2024 年六大类专用汽车市场趋势预测

2. 普通自卸汽车市场趋势预测

2024 年我国经济运行有望回升向好，公路货物运输需求保持增长，基础设施建设规模逐步回升，房地产投资降幅有望收窄，预计 2024 年普通自卸汽车销量会有小幅增长，全年销量在 7.0 万辆左右（见图 31）。

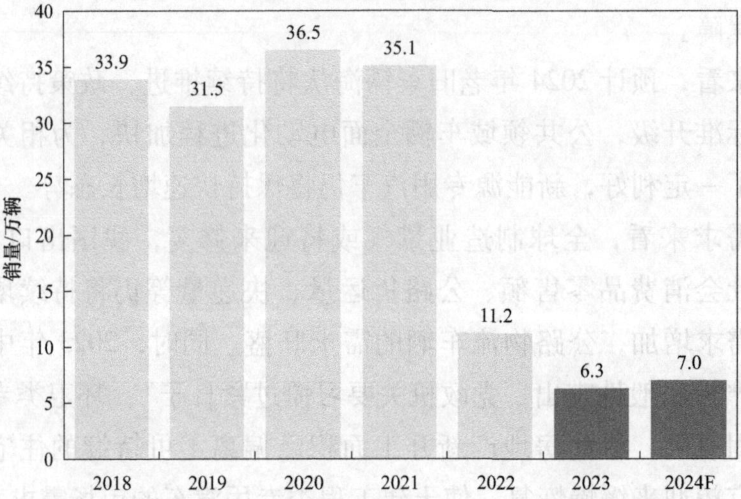

图 31　2018—2024 年普通自卸汽车市场趋势预测

（作者：任海波　张秀丽）

细分市场篇

2023 年北京市汽车市场分析及 2024 年展望

一、2023 年北京市汽车市场回顾

2023 年作为国内新型冠状病毒（简称新冠）疫情防控全面放开后的第一年，面对国内外经济大环境的挑战，国家出台了一系列稳经济、促消费政策，全年企业信心持续向好，生产生活秩序逐步恢复，我国经济呈持续回升态势。在各项政策协同发力下，国内汽车行业摆脱新冠疫情影响，全年产销量创下历史新高。

北京市作为国内限购城市，同全国汽车消费市场大趋势保持了一致，在 2023 年初摆脱新冠疫情影响后汽车消费需求迅速走出低谷，二季度北京新车销量同比增长 50.42%，2023 年北京新车销量有望超过 66 万辆，同比增长超过 10%。虽然 2023 年国家对新能源汽车的补贴退出，但北京市新能源汽车销量依然保持快速增长，全年北京市新能源汽车年销量将首次超过 25 万辆，同比增长超过 25%，占比不断提高。传统燃油车面对市场份额快速下滑的局面，价格降幅远超往年。2023 年北京市二手车市场虽受到新车快速投放、价格战、二手车政策调整等因素的冲击，但仍从 2022 年的交易低谷中快速恢复，2023 年二手车交易过户量有望恢复到 68 万辆，同比增长超过 16%。

1. 新车市场整体情况

2023 年 1—11 月份北京市场新车交易 60.78 万辆，同比增长 12.58%，增幅超过全国 2.5 个百分点，预计 2023 年北京新车交易量超过 66 万辆，基本恢复到 2019 年疫情前的销量水平。

从月度销量同比增长趋势来看，2023 年北京市新车市场已经恢复到正常的态势，销量走势主要受限购政策及传统市场因素影响，全年表现为低开高走，6 月份及第三季度成为全年销售高峰期。2023 年 1 月份受春节假期及政策退出下的提前透支影响，北京新车销量环比下降近 60%，同比降幅也近 50%。春节后随着疫情影响的逐步下降，北京消费需求快速复苏，一季度新车销量虽比 2022

年同期下降 7.6%，但降幅逐月缩小，到 4 月份销量已反超 2022 年同期销量。随着 2023 年 5 月底北京市新能源购车指标集中投放，在各种利好政策及厂家促销政策的共同作用下，北京市场汽车消费进入旺销期。2023 年 6 月份北京市新车交易超过 7.08 万辆，环比上涨 41.86%，同比增长 33.58%，单月新车销量超过 7 万辆创下北京 6 月新车销量的新纪录。2023 年第三季度中 7 月、8 月两个月北京单月销量有所下降。2023 年 9 月份进入传统节前旺销期，尤其是传统汽油车在节前各品牌大幅促销的努力下，9 月销量环比增长 19.35%，同比增长 12.45%，表现亮眼。2023 年 1 月、5 月、10 月三个包含春节、五一、十一假日的月份反而因为人们将更多精力放在了探亲和旅游上而使汽车消费需求降低，形成三个汽车销量的低谷期。2022—2023 年北京市新车分月度销量见图 1。

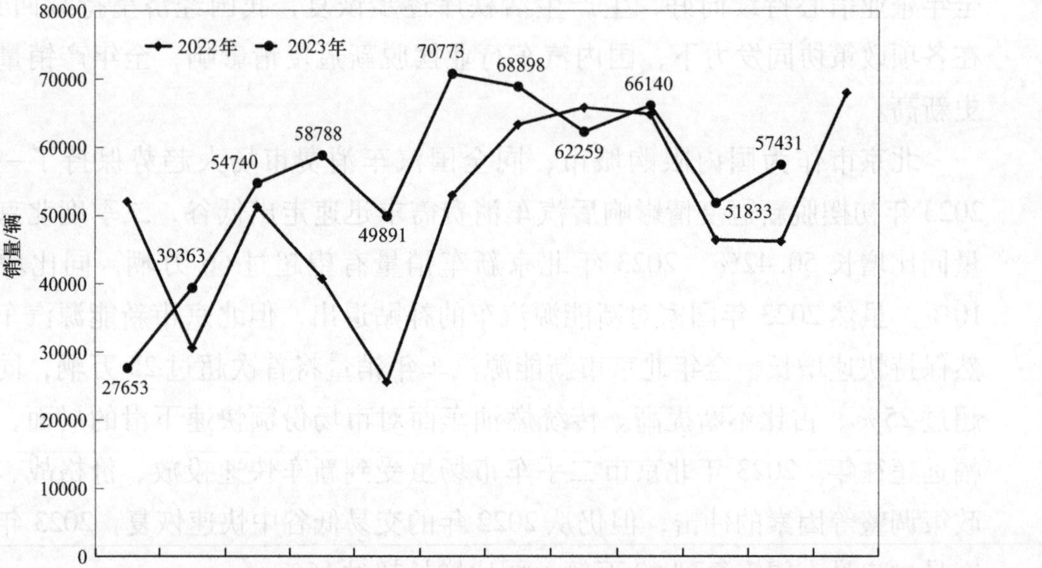

图 1　2022—2023 年北京市新车分月度销量

2023 年分国别国产乘用车在北京市的市场占有率变化不大（见表 1）。2023 年国产自主品牌占有率为 38.47%，与 2022 年相比略增 0.2 个百分点，继续保持占有率第一的位置；德系车受新能源汽车销量下滑影响，整体占有率下降了 0.84 个百分点，以 27.71% 的占有率位居第二；日系车市场份额与 2022 年相比下降了 1.57 个百分点，以 17.59% 的市场占有率位居第三。美系车在特斯拉供应链基本恢复正常的情况下，2023 年市场份额增长明显，占有率提升 3.19 个百分点，以 12.48% 位居第四。北京的乘用车市场主要以自主、德系、日系、美系品牌车型为主，其他国别品牌车型占比总和不足 4%，越来越边缘化。

表 1　2021—2023 年北京市分国别国产乘用车市场占有率情况　（%）

年份	中国	德国	日本	美国	韩国	瑞典	英国	法国
2021 年	34.20	27.83	20.20	12.71	2.62	1.41	0.62	0.41
2022 年	38.27	28.55	19.16	9.29	1.73	1.48	0.51	0.37
2023 年	38.47	27.71	17.59	12.48	1.56	1.37	0.59	0.24
同比	0.20	-0.84	-1.57	3.19	-0.17	-0.11	0.08	-0.13

2023 年北京市乘用车市场仍以轿车及 SUV 车型为主，分别占到 44.25% 和 46.85% 的市场份额，与 2022 年相比，轿车及 SUV 车型占比都有所下降，MPV 车型占比 8.33%，增长了 1.51 个百分点。

2. 北京市进口车市场情况

2023 年 1—11 月份北京市进口车累计交易 40027 辆，同比增长 3.77%，略好于全国进口车终端销量增速，预计全年北京进口车交易量可达 4.4 万辆左右，同比增幅达到 5% 左右，但与 2023 年北京市新车销量整体近 10% 的增幅相比仍有明显差距，交易规模与疫情前的 2019 年的 7.88 万辆相比，也相差巨大。2021—2023 年北京市进口汽车月度销量如图 2 所示。

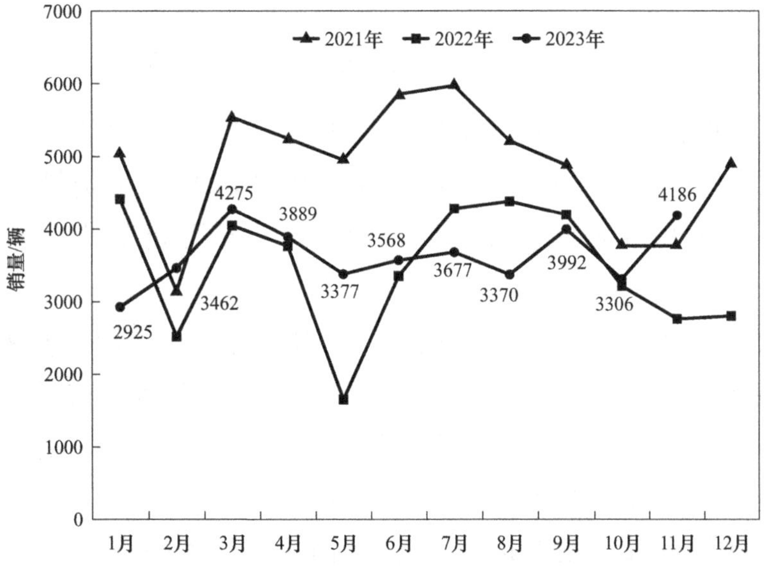

图 2　2021—2023 年北京市进口汽车月度销量

北京市作为国内进口车销售的主要市场，近年来进口车销售总量持续走低，2023 年虽有所增长，但市场占有率从 2017 年起已经连续第 7 年下滑，2023 年

1—11 月份进口车在北京市新车销售市场占有率只有 6.59%（见图 3），与 2022 年相比市场份额又下降了 0.55 个百分点，与 2017 年相比市场份额更是下降了 5.98 个百分点。造成进口车市场占有率逐年下降的最主要原因，就是新能源进口车表现不佳，进口新能源汽车销量只占到北京市新能源汽车销量的 2.37%，2023 年进口燃油车销量仍占到北京市燃油车销售市场的 10.41%，下滑并不明显。

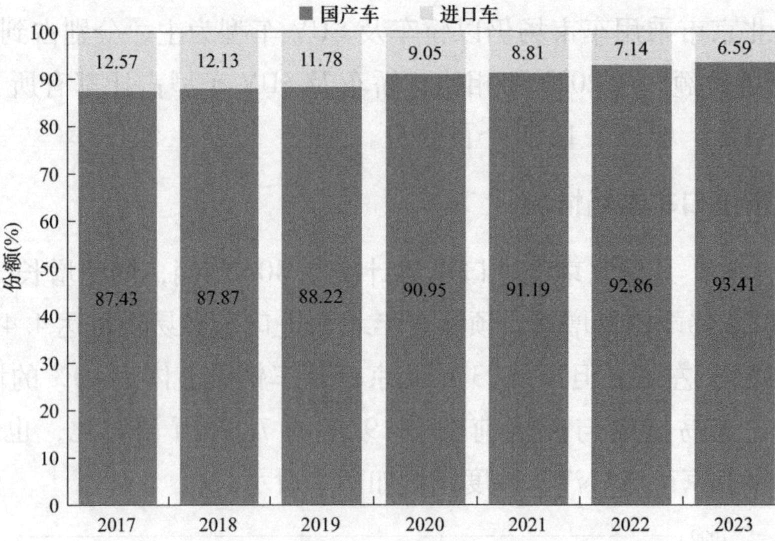

图 3　2017—2023 年北京市进口汽车市场份额

从 2023 年北京市进口车销售车型数据来看，进口车销售仍以 SUV 及轿车为主，两者占到所有进口车销量的 95.69%，其中 SUV 车型仍排在首位，占比 51.89%，轿车占比 44.80%，排在第二位，MPV 车型仍是小众车型，占比只有 3.3%。

从销售进口车排量上看，纯电动车型只占所有进口车销量的 4.46%，3.0L 及以下排量燃油车占所有销售进口车的 89.18%，其中销量最大的仍为 2.0T（占比 32.74%）及 3.0T（占比 31.04%）两个排量车型，3.0T 以上车型占比 6.36%。

从动力类型上看，2023 年进口新能源汽车占到北京市进口车销量的 14.02%，与 2022 年相比基本持平。进口新能源汽车仍主要以油电混合动力车型为主，但与 2022 年相比占有率从 11.78% 下降到 9.56%，相差 2.22 个百分点。而纯电动车型则从 2022 年的 2.28% 增长到 2023 年的 4.43%。

从北京市进口车品牌销量排名来看，2023 年 1—11 月份奔驰以 8776 辆的销量位居第一（见图 4），奥迪、宝马分别位居第二位、第三位。前三名的品牌销量与2022年相比都略有增加，但增幅不大。雷克萨斯因销量下滑，排名从2022年的第二位下滑到2023年的第四位。2022年前十的品牌只有吉普被大众以微弱优势挤出前十排行。

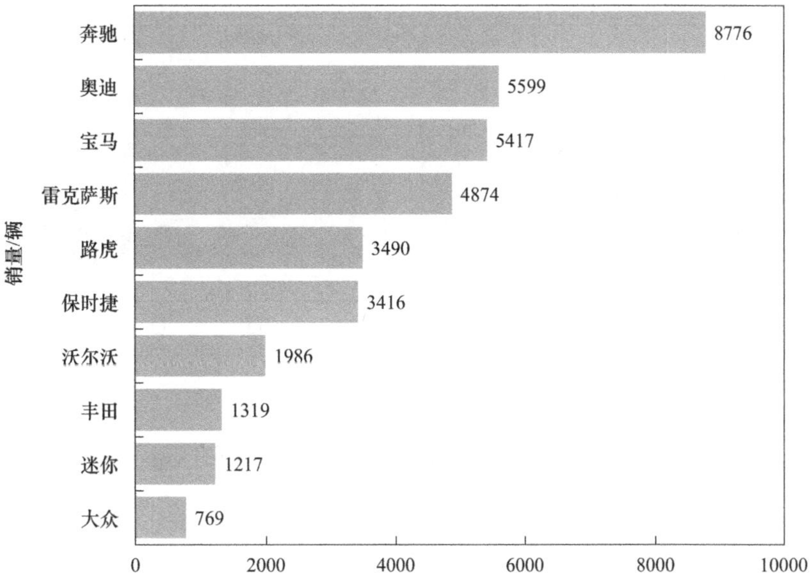

图4　2023年1—11月份北京市进口车销量前十名品牌

3. 北京市新能源汽车市场情况

2023年北京市新能源汽车销量继续保持快速增长的势头，在2022年销量增长27.52%的基础上，2023年1—11月份北京市新能源汽车累计交易24.28万辆（见图5），同比增长28.68%。2023年除1月份出现同比、环比大幅下降的情况外，从2月份开始新能源汽车就恢复高速增长的态势，5月底购车指标集中投放后，6月、7月连续两月创造单月销量新高，7月单月新能源汽车销量更是突破3万辆。7月后虽环比逐步下降，但都保持了较高的同比正增长，预计2023年北京市新能源汽车销量超过26.5万辆。2021—2023年北京市新能源汽车月度销量见图6。从2017年开始北京新能源汽车销量已保持了连续7年的高速增长，从2017年的5.75万辆，到2023年累计增长超过4.6倍。

2023年北京市新能源汽车市场份额继续快速增长达到39.95%（见图7），与2022年相比又提升了4.79个百分点。随着新能源汽车市场份额的不断扩大，消费者对新能源汽车的接受程度不断提高，2023年国家虽然对新能源汽车补贴政策退出，但消费者对新能源汽车的购买偏好进一步提升。

2023年北京市新能源汽车市场竞争更加激烈，特斯拉率先引爆价格战，各

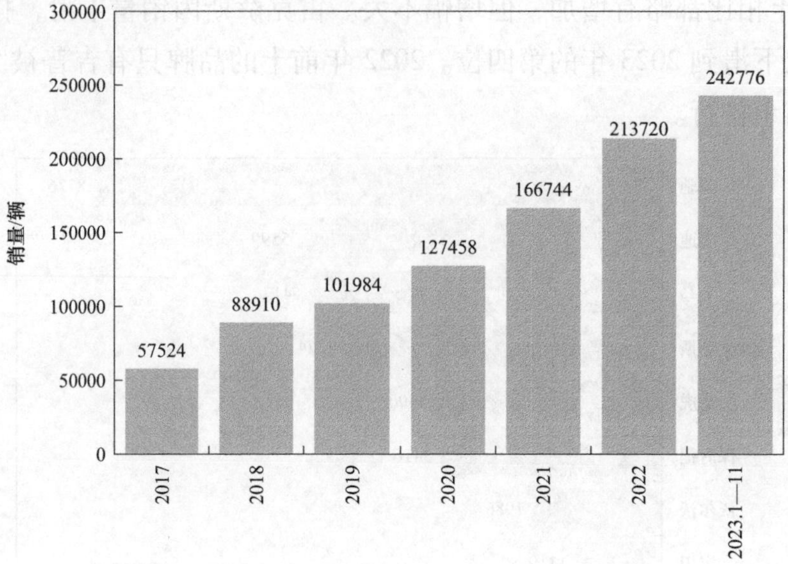

图 5　2017—2023 年北京市新能源汽车销量

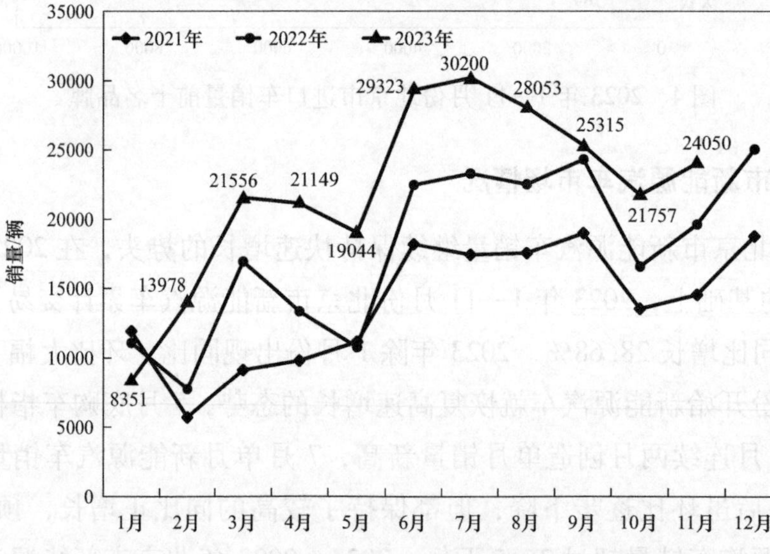

图 6　2021—2023 年北京市新能源汽车月度销量

个新能源汽车自主品牌纷纷应战。从销量排行来看，比亚迪以 4.78 万辆继续稳居第一（见图 8），但增速只有 8.3%，低于整体 28.68% 的增幅；丰田依靠在 HEV 车型上的一家独大，以 2.82 万辆继续保持了北京市新能源汽车销量第二的位置，销量同比增长 37.2%；特斯拉则继续位居第三，同比增速达到 19%，但与丰田的差距有所加大，销量也只有比亚迪的一半。北汽新能源紧随比亚迪、丰田、特斯拉之后，在 2023 年取得第四的位置，与 2022 年相比提升了两个名

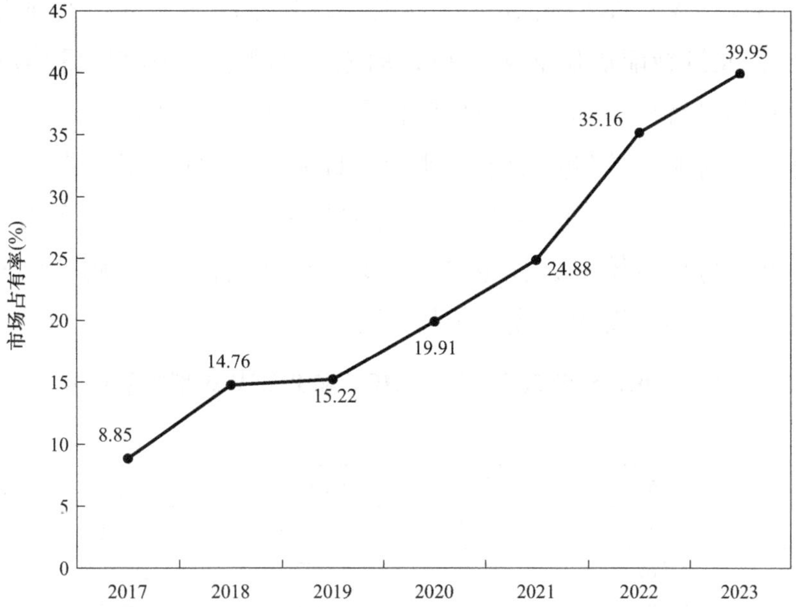

图 7　2017—2023 年北京市新能源汽车市场占有率

次，增长明显。作为造车新势力代表的蔚来、小鹏、理想，在 2023 年都进入北京市新能源汽车销量排行榜的前十名，特别是理想表现突出，以 1.35 万辆的销量从 2022 年的前十名之外一举夺得第五名的排名。

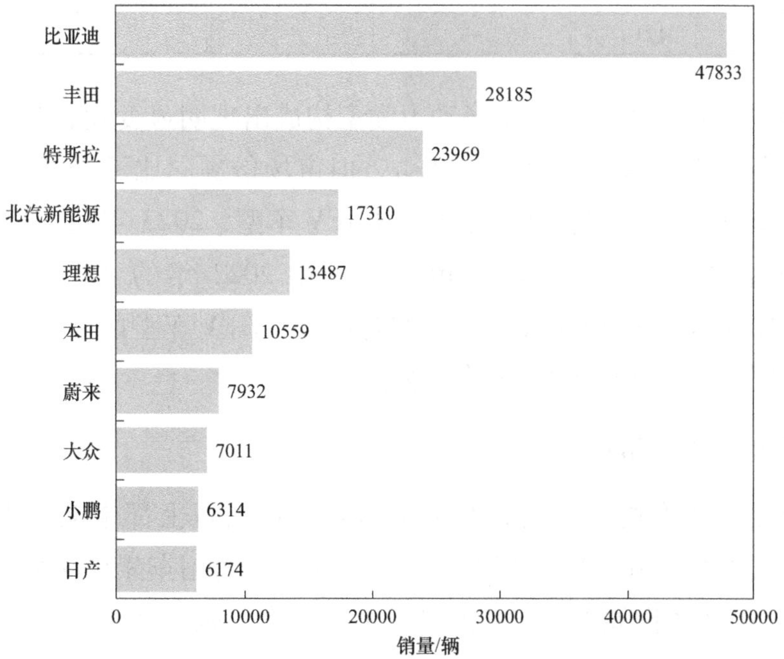

图 8　2023 年北京市新能源汽车销量前十名品牌

在纯电动（BEV）车型销量排行上主要以自主品牌为主，比亚迪位居第一位（见表2），北汽新能源位居第三位，蔚来、小鹏分居第四位和第六位，进入前十的合资品牌只有位居第二位的特斯拉和位居第五位和第八位的大众和宝马，日系车没有一个品牌能够进入前十排行。日系车中的丰田、本田、日产稳居HEV 车型销量的前三名。PHEV 则是以自主品牌为主，理想汽车力压比亚迪取得 PHEV 车型销量排行第一，比亚迪以微弱劣势屈居第二，腾势汽车则强势崛起赶超了之前的问界、岚图、领克位居第三位。

表 2　2023 年北京市 BEV、HEV 和 PHEV 车型销量排名

（单位：辆）

品牌	BEV 销量	品牌	HEV 销量	品牌	PHEV 销量
比亚迪	34721	丰田	26486	理想	13487
特斯拉	23969	本田	10272	比亚迪	13112
北汽新能源	17307	日产	6099	腾势	3237
蔚来	7932	传祺	2408	长安	920
大众	6437	福特	589	领克	833
小鹏	6314	—	—	—	—
ARCFOX	4791	—	—	—	—
宝马	4377	—	—	—	—
传祺	3167	—	—	—	—
极氪	3121	—	—	—	—

2023 年北京市新能源汽车市场动力类型构成出现明显变化，与 2022 年相比BEV 车型虽仍占据主流地位（61.48%），但市场份额同比下降了 11.51 个百分点。抢占了 BEV 车型市场份额的主要是 PHEV 车型，2023 年随着各自主品牌新款 PHEV 车型的持续投放，使其市场份额由 2022 年的 7.26% 快速猛增到17.89%。PHEV 车型对 BEV 车型替代趋势明显。HEV 车型的市场占有率保持了相对稳定，同比小幅增长了 0.78 个百分点。

4. 北京市商用车市场情况

2023 年北京市商用车市场在私人消费及企业消费上都未能呈现复苏迹象，市场需求继续大幅下滑，2023 年 1—11 月份北京市商用车累计交易只有 3.39 万辆，在 2022 年同比下降接近 30% 的基础上，再次大幅下降 27.95%。预计 2023 年北京市商用车销量不足 3.8 万辆，又一次刷新近年北京商用车销量新低。连续四年的负增长，北京市商用车销量已不足 2019 年销量的 36.9%。2021—2023

年北京市商用车分月度销量如图 9 所示。

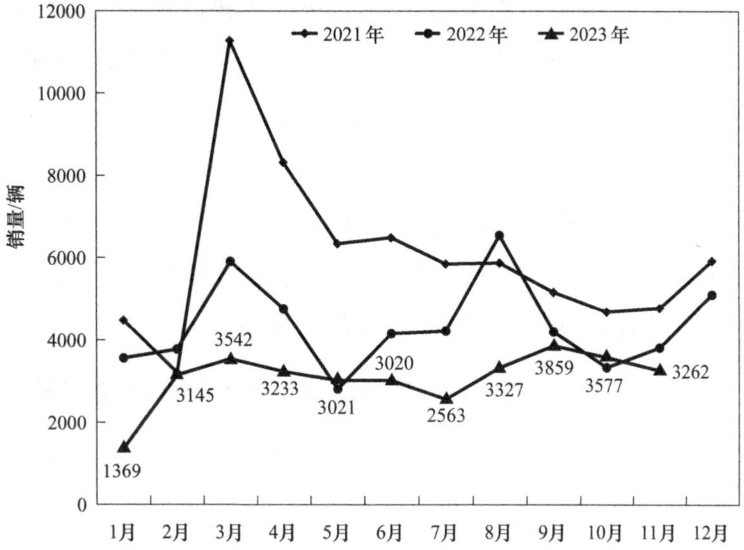

图 9　2021—2023 年北京市商用车分月度销量

2023 年北京市商用车市场份额持续下降，2023 年 1—11 月份市场占有率只有 5.58%，与 2022 年相比又下降了 3 个百分点，与 2019 年相比，商用车市场占有率下降了近 10 个百分点。北京市对私人购买、使用货车的限制以及对公交、环卫、出租等车辆的更新已基本告一段落，私人及企业商用车短期购买消费的需求明显不足，带动整体商用车需求持续下降。2021—2023 年北京市商用车分月度市场占有率如图 10 所示。

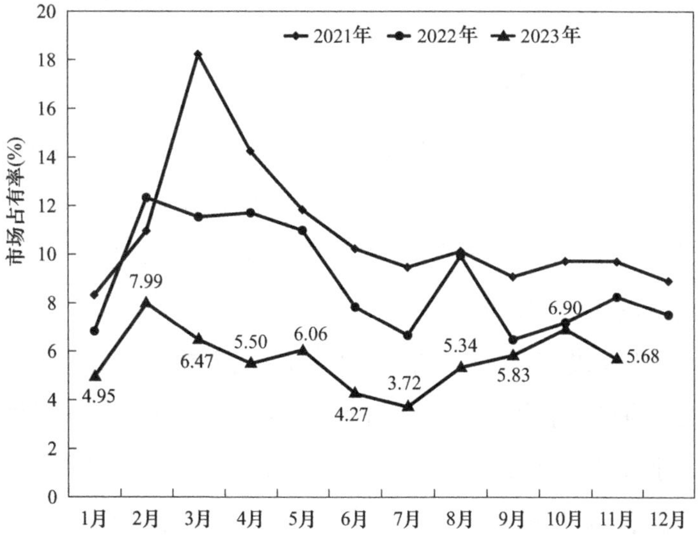

图 10　2021—2023 年北京市商用车分月度市场占有率

2023 年北京市商用车销售仍以专用车为主，占商用车市场份额的 52.66%（同比下降 1.86 个百分点），货车占比 29.59%（同比增长 2.21 个百分点），客车占比 17.75%（同比下降 0.35 个百分点）。2023 年北京商用车占比最高的仍为柴油动力车型，占比为 37.72%（见表 3），其次为汽油动力车型，占比为 33.13%，在政府带动下，2023 年北京新能源商用车市场份额同比增长 8.29 个百分点，达到 27.73%，其中又以纯电动车型为主。但随着新能源商用车在北京的市场占比继续提升，柴油车和汽油车市场占比都在持续下降，尤其是汽油动力车型，2023 年市场份额同比下降了 6.19 个百分点。

表 3　2023 年 1—11 月份北京市商用车市场分动力类型销量及占比

动力类型	销量/辆	占比（%）
EV	7732	22.80
FCV	924	2.72
HEV	2	0.01
PHEV	745	2.20
柴油	12795	37.72
汽油	11236	33.13
其他	484	1.42
总计	33918	100

5. 北京市二手车市场情况

2023 年 1—11 月份北京市二手车累计成交过户 62.55 万辆次（见图 11），同比 2022 年 54.5 万辆次增加 8.05 万辆次，同比增长 14.74%，增速高于同期新车。2023 年北京新车与二手车销量比为 1∶1.03，只略高于 2022 年的 1∶1.01，还远未恢复到疫情前 1∶1.13 的水平。

从 2023 全年各季度二手车销量趋势来看，随着 1 月份全国疫情防控放开，疫情期间积压的二手车消费需求在一季度开始释放，致使短期消费激增，交易量增加明显，二季度虽不及预期但和 2022 年二季度（受疫情影响交易量较低）相比较，数据上仍有较大幅度增加。但 2023 年三季度开始交易量逐月明显下滑，除前面提到的直接因素外，政府对置换外迁购买新能源汽车奖励政策到期，厂家补贴政策调整或退出致消费者置换车数量下降，一定程度上间接影响了二手车交易。2023 年四季度受北京二手车流通政策的调整影响（二手车临时指标不再对经纪公司使用），二手车经纪公司面临经营模式调整的难题，加之新车年底冲量价格战加剧，造成对二手车交易价格的打压和冲击，影响了二手车交易量的走高，虽受 2022 年底低基数的影响同比呈现高增长，但实际交易量并不理想，与往年年底的旺销形成鲜明对比。

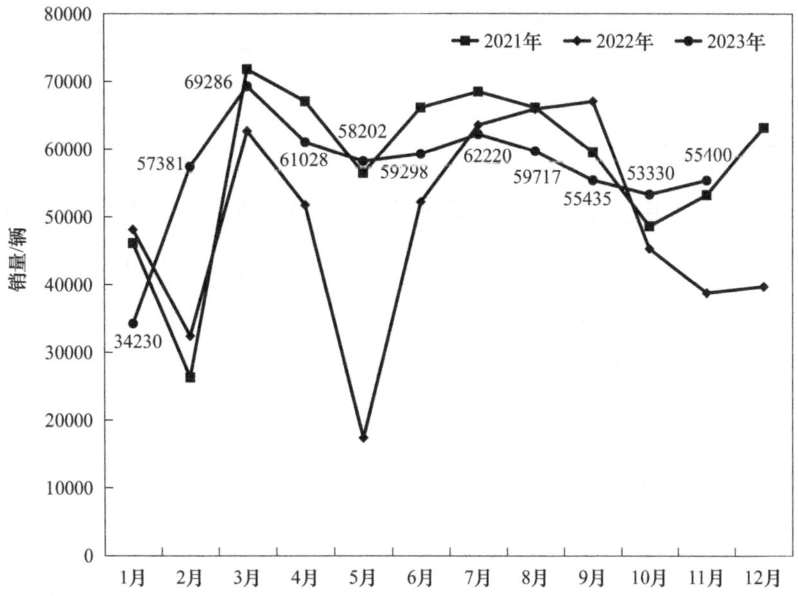

图 11　2021—2023 年北京市二手车月度销量

2023 年 1—11 月份，北京市本地二手车过户量累计为 37.53 万辆（见表 4），同比增长 14.66%，与二手车整体增速基本持平，本市过户占总交易量的 59.99%。2023 年 1—11 月份，北京地区外迁过户总量累计为 25.03 万辆，同比增长 14.87%，外迁量增速高于本地交易量增速 0.21 个百分点。北京市商务局在 2023 年 3 月份出台了《关于支持二手车扩大流通和经销发展的通知》和《北京市关于鼓励汽车更新换代消费的方案》，因为鼓励、引导、支持北京市二手车在全国流通，拉动作用非常明显。特别是 2023 年二季度外迁过户同比增长 65.85%、环比增长 20%，为全年外迁同比增长超过 17% 奠定了坚实的基础。但 2023 年 1—11 月份，北京市二手车外迁率为 40.01%，与 2022 年相比外迁率基本持平，要恢复到以往 50% 左右的外迁率水平，仍需要一定的时间和契机。

表 4　2023 年北京市本地二手车过户量及外迁率

月份	本地过户量/辆	外迁过户量/辆	外迁率（%）
1	20055	14175	41.41
2	35714	21667	37.76
3	43567	25719	37.12
4	35980	25048	41.04
5	33660	24542	42.17
6	34722	24576	41.44
7	37139	25081	40.31
8	34755	24962	41.80
9	34049	21386	38.58
10	32151	21179	39.71
11	33469	21931	39.59

2023 年 1—11 月份，北京市二手车累计交易额为 657.21 亿元，比 2022 年同期 609.93 亿元增长了 7.75%。与二手车整体交易量增速 14.66% 相比，量升价降，表明北京市二手车市场依旧处在“以价换量”的恢复性调整中，二手车“便宜才是硬道理”的压力一直存在。北京市 2023 年 1—11 月的二手车平均交易价格为 10.51 万元，比 2022 年同期的 11.19 万元下降 0.68 万元，同比降幅达到 6.08%。

2023 年随着全国限迁政策的放开，北京市二手车主要迁入地也出现变化，2023 年内蒙古继续以 19.7% 的占比位居北京市二手车迁入地第一，河北以 16% 的占比超越辽宁 11.6% 的占比成为第二，山东以 10.1% 的占比和吉林以 8.3% 的占比分别位居第四、第五（见图 12）。

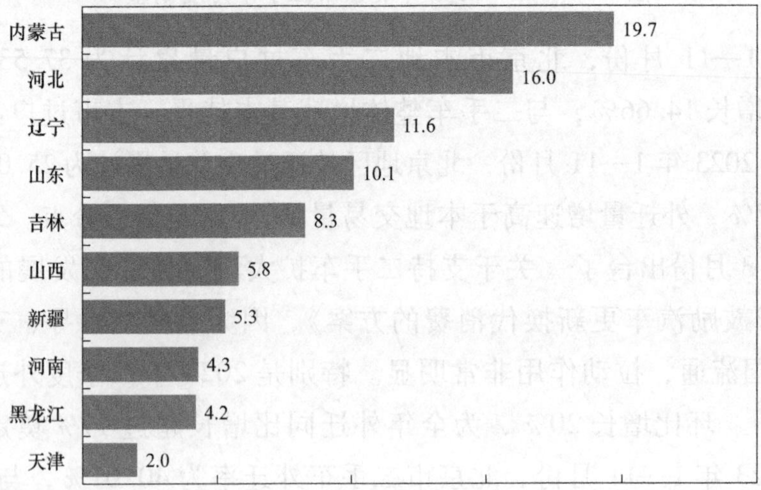

图 12　2023 年北京市二手车外迁地占比排行

二、2024 年北京市汽车市场展望

2024 年作为疫情之后的第二年，社会各行各业都对新一年的发展充满期望。2023 年出台的一系列促进汽车行业发展、规范汽车流通、促进汽车消费的相关政策在 2024 年将得到进一步深化落实，成为促进整个汽车行业稳定发展，推动汽车消费快速复苏的基石。例如，2023 年 7 月份国家发展与改革委员会等十三部门印发《关于促进汽车消费的若干措施的通知》；2023 年 8 月 25 日工业和信息化部等七部门联合发布《关于印发汽车行业稳增长工作方案（2023—2024 年）的通知》；2023 年 8 月 31 日北京市商务局等四部门联合发布《关于规范二手车经营行为的通知》；2023 年 9 月 27 日财政部、税务总局联合发布《关于延续实施二手车经销有关增值税政策的公告》；2023 年 9 月商务部外贸司发布了《二手车出口有关事项的公告（征求意见稿）》，其中列明了二手车出口企业的申报条件、申报程序、出口许可证申领流程等内容，进一步加大了二手车出口行业开放力度，鼓励更多企业参与出口业务；2023 年 10 月份商务部等九部门联合出台《关于推动汽车后市场高质量发展的指导意见》，促进汽车后市场规模稳步增长，持续优化汽车使用环境，更好地满足消费者多样化汽车消费需求；2023 年 10 月国家金融监督管理总局下发《关于金融支持恢复和扩大消费的通知》，加大重点领域支持力度，支持扩大汽车消费，加大新型消费和服务消费金融支持，降低消费金融成本等。

2024 年，限购政策仍然是影响北京市汽车消费的最主要因素，在其他限购城市纷纷放松购车限制政策的大形势下，北京市依然坚持对汽车购买总额限制的政策。2022 年在《北京市“十四五”时期交通发展建设规划》中提出，到 2025 年，全市小客车千人保有量控制在 580 万辆以内，平均每年新增 10. 54 万辆。基于交通和环保压力，限购仍是北京市汽车消费的基本定调。2024 年预计北京市小客车指标年度配额仍为 10 万个，其中普通指标为 3 万个，新能源指标额度为 7 万个，分配比例上继续倾向无车家庭。从 2023 年公布的数据来看，北京市普通小客车有效申请数量已经近 335 万辆，获得普通小客车指标概率不足 1% 。新能源小客车指标有效申请数量也已达 78. 35 万个，获得新能源小客车指标概率也不足 1/10。从指标申请数量来看，北京市汽车消费需求十分旺盛，2024 年在汽车限购政策上是否能够有所调整，将是北京市汽车消费增长的最大变数。

展望2024年的北京市汽车消费市场，在国家各项稳经济、促消费的组合政策带动下，国家整体经济在全面复苏逐步好转，2024年北京市整体汽车市场仍将呈现出前低后高的销量走势，销售旺季集中在三季度及年底。2024年北京市新车交易在消费信心持续恢复的带动下有望全年继续保持正增长，全年完成新车交易量有望恢复到疫情前2019年的67万辆。2024年北京市新能源汽车将继续快速增长，增长的幅度将保持在两位数，全年新能源汽车销量有望突破30万辆，市场占有率进一步提升，其中新能源置换需求将占到新能源汽车购买需求的70%以上。2024年北京市进口车销量有望小幅增长或持平，受制于新能源汽车竞争力不足，进口车市场占有率将继续走低，进口车销量难以超过5万辆。2024年北京市商用车将随着物流及经济的复苏有望出现正增长，但北京市对微型客货车的限制仍将抑制北京市商用车的发展，销量难以恢复到疫情前的水平，2024年将维持在5万辆左右。2024年北京市二手车交易量有望继续快速回升，2023年国家及北京市出台了一系列政策来扶持、规范二手车行业发展，经过一年的调整，二手车经营企业通过经纪模式改为经销模式，在经营上将更加规范，在摆脱了原有政策束缚后，2024年北京市二手车交易量将有望恢复到2019年的75万辆。

2023年北京市汽车流通模式和网点布局一直处于变动之中，新能源汽车品牌加速网点布局和建设，而传统汽油车品牌网点却在不断减少，2023年的价格战使流通行业损失惨重，大部分品牌4S店都处于亏损状态。2024年随着汽车行业及流通模式的巨变，原有汽车流通企业将面临更加激烈的竞争。各汽车品牌将步入市场格局激烈变化的动荡期，销量规模上不去、盈利能力不足的汽车品牌将面临巨大的生存压力。

（作者：郭咏）

2023 年上海市乘用车市场分析及 2024 年预测

一、2023 年上海市区域市场分析

1. 2023 年上海市经济情况

2023 年，面对复杂严峻的国际环境，上海市各部门贯彻落实党中央、国务院决策部署和市委、市政府的工作要求，坚持稳字当头、稳中求进，着力提信心、扩需求、促发展，生产供给稳步恢复，就业物价总体平稳，高水平改革开放和高质量发展有效推进。

前三季度，上海市实现地区生产总值 33019.23 亿元，按可比价格计算，同比增长 6.0%。其中，第一产业增加值为 56.42 亿元，同比增长 2.1%；第二产业增加值为 7953.57 亿元，同比增长 4.2%；第三产业增加值为 25009.24 亿元，同比增长 6.6%。

前三季度，上海市固定资产投资同比增长 25.0%。从主要投资领域看，工业投资增长 14.0%，房地产开发投资增长 25.3%，城市基础设施投资增长 15.2%。前三季度，全市社会消费品零售总额为 13778.99 亿元，同比增长 16.1%。分行业看，批发和零售业零售额为 12649.56 亿元，同比增长 14.4%；住宿和餐饮业零售额为 1129.43 亿元，增长 39.6%。从主要商品类别看，限额以上服装、鞋帽、针纺织品类商品零售额同比增长 24.9%，限额以上汽车类和通信器材类商品零售额分别增长 11.5% 和 15.5%。

前三季度，上海市中外资金融机构本外币存款余额和贷款余额月均同比分别增长 7.3% 和 7.8%。前三季度，上海市主要金融市场成交额为 2546.08 万亿元，同比增长 15.0%。其中，上海证券交易所有价证券成交额同比增长 11.6%，银行间市场成交额增长 17.9%，上海黄金交易所成交额增长 8.2%。

前三季度，上海市货物进出口总额为 31665.63 亿元，同比增长 2.7%。其中，出口 12989.26 亿元，同比增长 3.9%；进口 18676.37 亿元，增长 1.8%。从主要出口产品看，电动载人汽车、锂电池、太阳能电池“新三样”出口额同

比分别增长 91.8%、66.0%、21.7%。

前三季度，上海市居民人均可支配收入同比增长 7.1%。其中，城镇常住居民人均可支配收入同比增长 7.0%；农村常住居民人均可支配收入增长 8.3%。前三季度，城镇调查失业率平均值为 4.7%，比上半年下降 0.1 个百分点。前三季度，上海市居民消费价格同比上涨 0.5%，上海市工业生产出厂价格同比下降 0.2%。

总的来看，上海市经济总体保持恢复向好态势，体现了较强的韧性和活力。但目前国际环境更趋复杂、严峻，市场需求仍显不足，上海市经济持续回升向好的基础仍需巩固。

2. 2023 年上海市乘用车市场情况

（1）上海市乘用车保有情况　据相关部门公布的统计数据估算，截至 2022 年底，上海市乘用车千人保有量约为 585 万辆（含上海注册及长期在沪外省市号牌小客车），其中长期在沪外省市号牌小客车为 125 万辆，本地注册的小客车千人保有量为 460 万辆（见图 1）。由于外牌车辆的出行范围及出行时段都受到较大限制，其千人保有量仍将持续下降，但在新能源汽车千人保有量大幅增长的推动下，上海市乘用车千人保有量同比增长量有所回升，2022 年上海市乘用车千人保有量同比增加约 20 万辆。

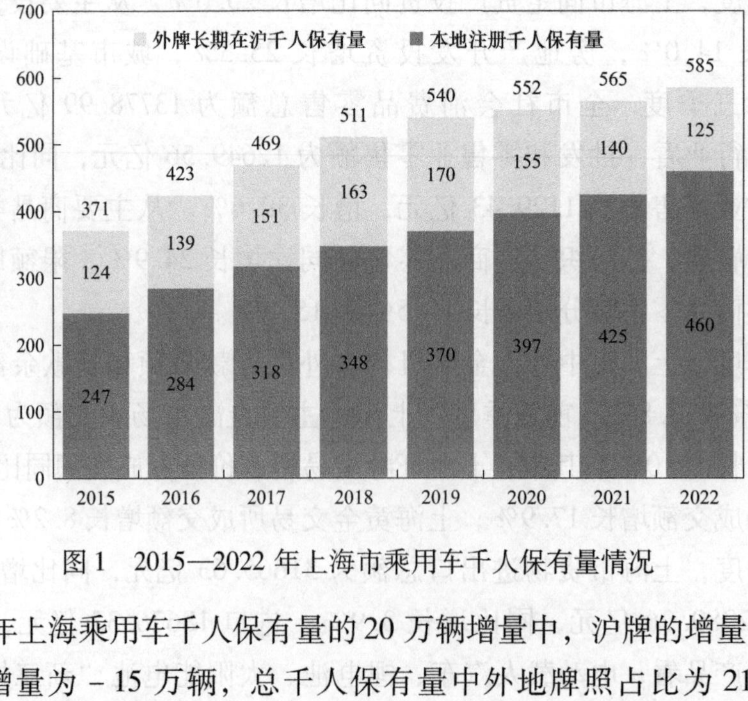

图 1　2015—2022 年上海市乘用车千人保有量情况

在 2022 年上海乘用车千人保有量的 20 万辆增量中，沪牌的增量为 35 万辆，同期外牌的增量为 -15 万辆，总千人保有量中外地牌照占比为 21.37%（见

图2)，占比下降明显。

图2　2015—2022年上海市乘用车千人保有量占比

(2) 上海市乘用车需求情况　2023年上海市乘用车全年总体市场需求（上险量）预计为74.6万辆，同比增速1.3%；其中本地注册乘用车需求量预计为60.3万辆，同比增速预计为-2.7%，占上海市总需求的比例为80.8%（见图3）。

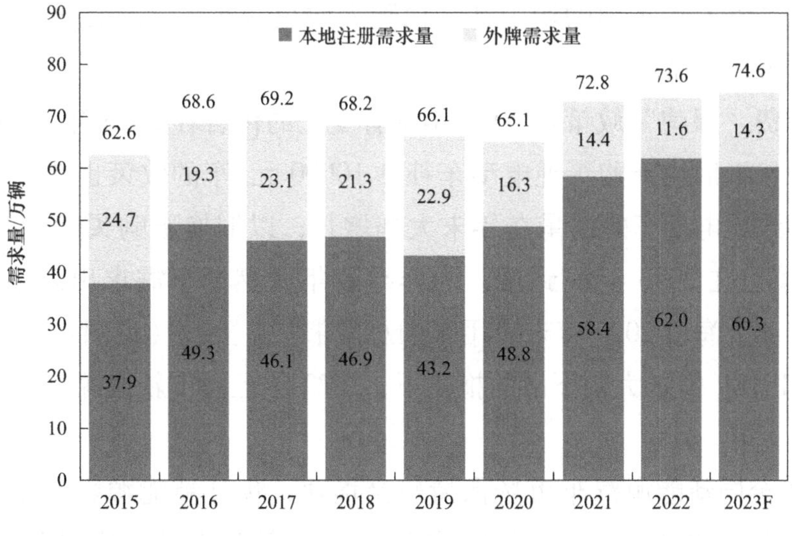

图3　2015—2023年上海市乘用车需求情况

2023年12月14日，上海市发布了新修订的《上海市鼓励购买和使用新能源汽车实施办法》(以下简称《实施办法》)，自2024年1月1日起施行，有效期至 2024 年 12 月 31 日。新“绿牌”政策总体上延续了上一轮政策安排，只在部分个人用户申领要求、单位用户申领要求等方面进行了调整。

基于推动节能减排和缓解交通拥堵等方面的考虑，对于名下没有在上海市注册登记汽车的个人用户，《实施办法》继续通过免费发放专用牌照额度支持购买和使用新能源汽车；对于名下已拥有在上海市注册燃油汽车的个人用户，《实施办法》鼓励个人将燃油车置换为新能源汽车。对个人申请新能源汽车专用牌照额度，在拥车条件方面，新政策由上一轮政策要求“个人名下没有使用本市专用牌照额度登记的新能源汽车”，调整为申请人名下既“无使用本市专用牌照额度登记的新能源汽车”，也“无非营业性客车额度证明”，还“无使用非营业性客车额度注册登记的机动车（不含摩托车）”，即上海新“绿牌”政策要求个人名下“既无新能源车，也无燃油车（沪 C 号段车辆除外）”。

新政策对持有《上海市居住证》的来沪人员，由上一轮政策要求“申请之日前 24 个月内累计缴纳社会保险或者个人所得税满 12 个月”，调整为“申请之日前 36 个月在本市连续缴纳社会保险或者个人所得税”。修订后的《实施办法》对来沪人员相关要求与上海市非营业性客车额度拍卖资格要求一致，政策变化表现出“蓝牌”“绿牌”同权的趋向。

对单位用户申领新能源汽车牌照，在上一轮政策要求“信用状况良好”基础上，增加“在本市缴纳的职工社会保险人数超过 5 人，或者单位自申请之日前 1 年在本市连续缴纳税收”的要求。

上海免费“绿牌”政策在 2024 年将有变化的传言在 2023 年 11 月份之后越传越盛，而且以旧换新购买纯电动车补贴 10000 元/车的政策也在 2023 年 12 月底到期，导致纯电动车的销量在年末大幅增长；以旧换新购买燃油车补贴 2800 元/车的政策也在 2023 年底到期，同样导致年底燃油车需求出现了快速增长。两者共同带动上海市 2023 年末乘用车的总需求明显上升（见图 4、图 5）。

1）在 PHEV 需求大幅下滑的拖累下，2023 年上海市新能源汽车需求增速明显放缓。

2023 年全国新能源汽车市场保持较高增速，预计新能源新车销量达到 730 万辆，同比增长 39.1%；上海市的新能源汽车预计需求量将达到 36.4 万辆，新能源汽车新车渗透率为 48.8%，同比增长 8.6%（见图 6），增速明显低于全国。

2023 年上海市消费者购买 PHEV（含 REEV）的，不再发放专用牌照额度。没有了免费牌照的支持，2023 年 PHEV 需求大幅下降，预计全年需求量为 2.8

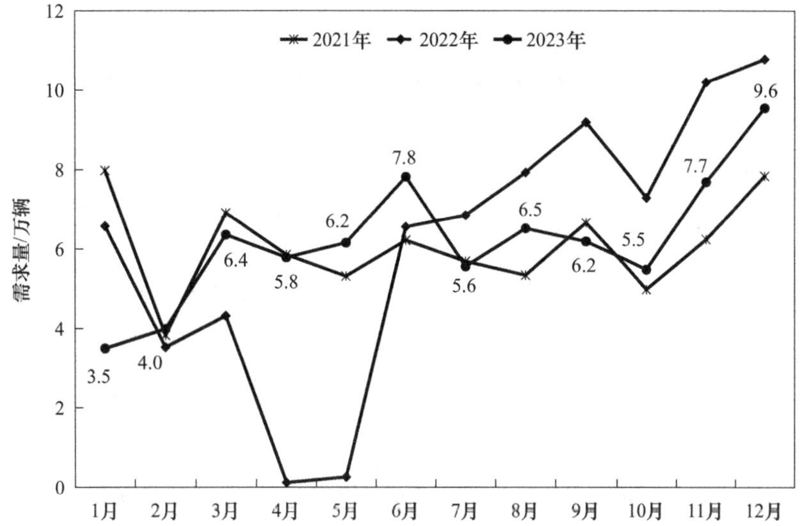

图 4　2021—2023 年上海市乘用车需求量月度走势

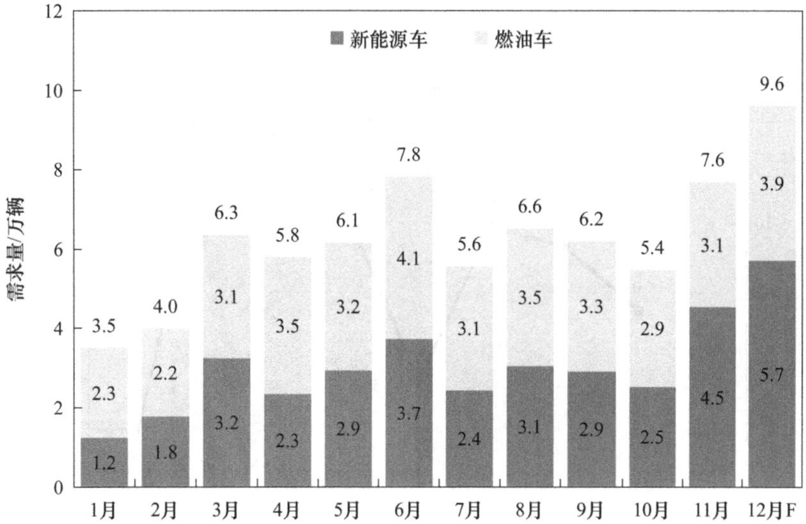

图 5　2023 年上海市乘用车分燃料类型月度需求量

万辆，同比增速为 -77.7%（见图 7）。

2023 年全年一直都有以旧换新购买 BEV 补贴 10000 元/车的政策，推动了大批的燃油车用户换车时转向购买 BEV，PHEV 潜在用户如想获得免费新能源汽车牌照只能转向购买 BEV，造成上海市 BEV 需求量大幅增长，预计 2023 年 BEV 的新车需求量将达到 33.6 万辆，同比增长率为 60.3%（见图 8）。

2）2023 年发放的上海市区传统能源牌照额度低于 2022 年，参与竞拍个人客车牌照的人次同比下降 41.6%，2023 年 12 月竞拍中签率已大幅上升到 20%。

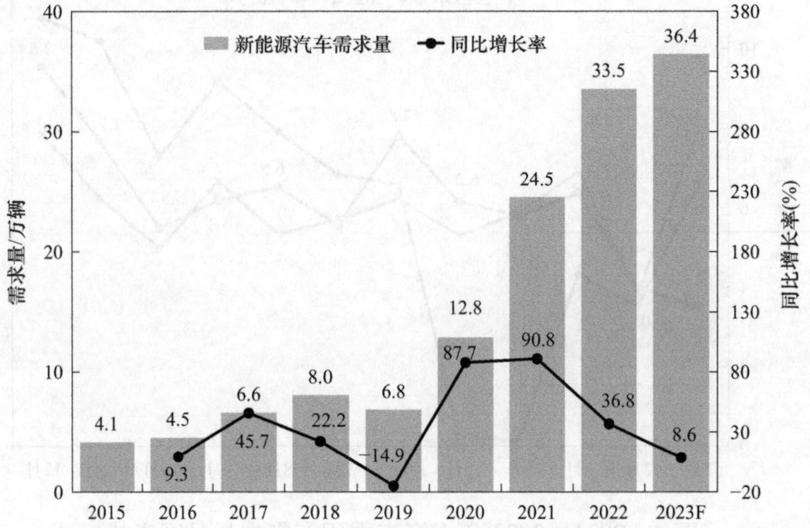

图6　2015—2023年上海市新能源汽车需求量和同比增长率走势

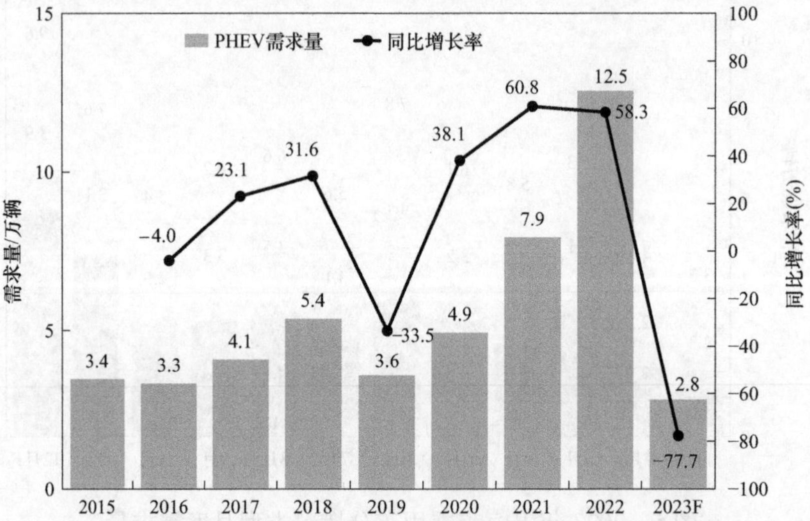

图7　2015—2023年上海市PHEV需求量和同比增长率走势

2022年上海市多增加了4万个用于市区传统能源汽车的非营业性客车牌照额度，全年牌照额度达到20万个。2023年全年牌照额度发放数量回归常态，小幅回落到17.7万个（见图9）。

2023全年上海市区个人非营业性客车额度的投标人数为123.2万人（见图10），与2022年的投标人数相比下降了41.6%，全年平均中标率从2022年的8.5%上升到12.6%，2023年12月的中标率达到20.0%。

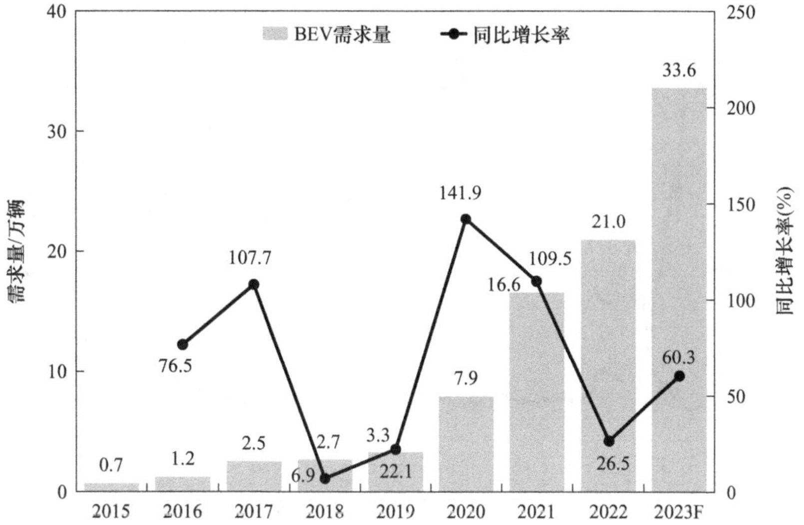

图 8　2015—2023 年上海市 BEV 需求量和同比增长率走势

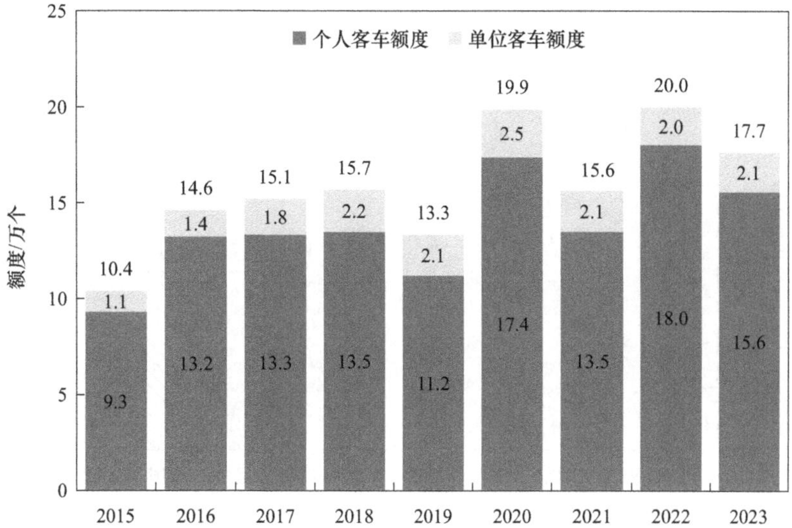

图 9　2015—2023 年上海市非营业性额定牌照额度

（3）2023 年上海市乘用车新车需求结构

1）在上海市乘用车新车需求结构中，豪华型、进口车比例都大幅高于全国水平，市场高端化特征明显，而且高端化速度明显快于全国。

2023 年 1—11 月份，在上海市的车型档次结构中，豪华型的比例达到 33.8%，为全国最高，远高于同期全国豪华型的比例（17.0%）（见图 11）；上海市豪华型占比与 2022 年相比提高 6 个百分点以上，而同期全国豪华型占比仅提高不到 1 个百分点。

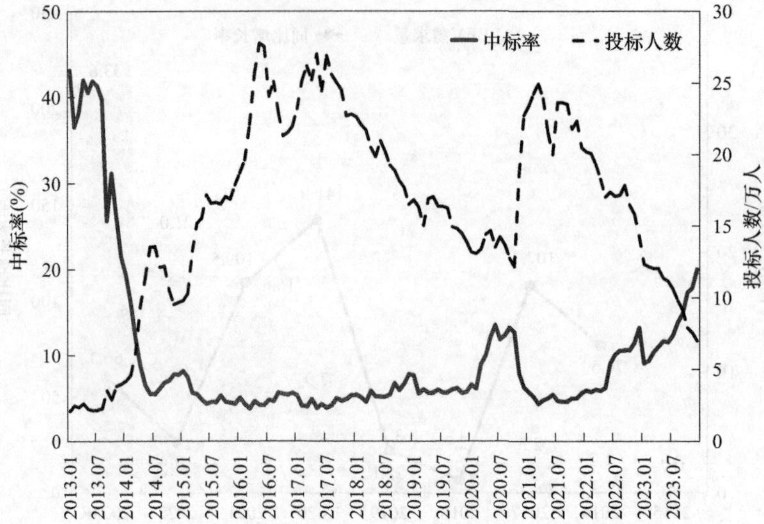

图 10　2013—2023 年上海市个人非营业性客车牌照投标人数及中标率

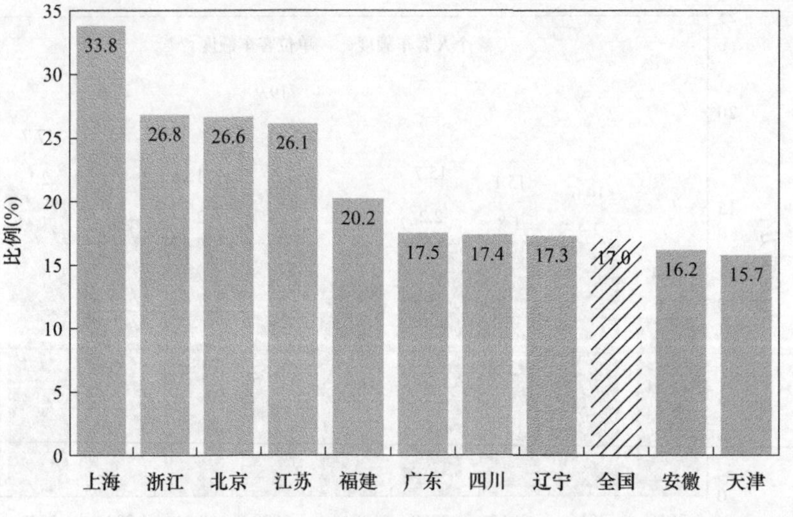

图 11　2023 年 1—11 月份全国乘用车新车需求中豪华型比例及 TOP10 省市情况

2023 年 1—11 月份，上海的进口车需求量占比为 6.5%，明显高于同期全国的进口车比例（3.6%）（见图 12）。

2）2023 年 1—11 月份，上海市新能源汽车渗透率达到 47.2%，远高于全国 33.7% 的渗透率（见图 13）。

由于 2023 年 1 月 1 日起上海购买 PHEV 不能获得新能源汽车免费牌照，2023 年上海市 PHEV 在新车总需求量中占比仅为 3.6%（见图 14），为全国最低，远低于同期全国 PHEV 占比（10.7%）及 2022 年的上海 PHEV 占比（17.0%）。

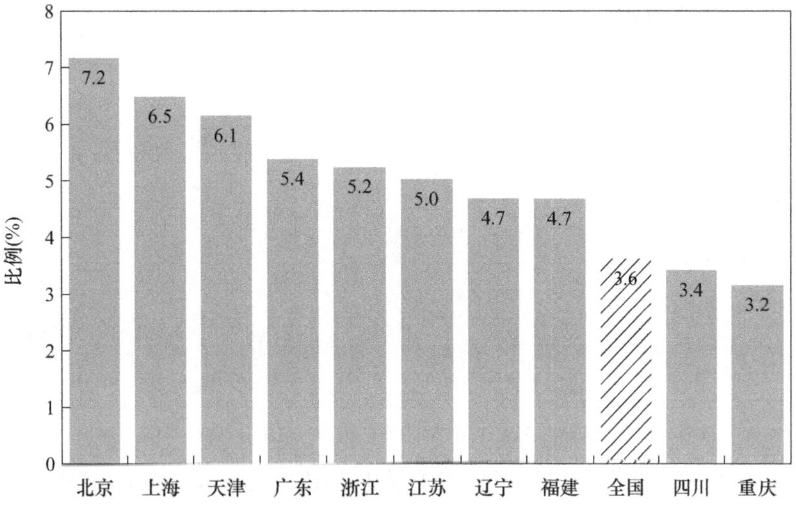

图 12 2023 年 1—11 月份全国乘用车新车需求中进口车型比例及 TOP10 省市情况

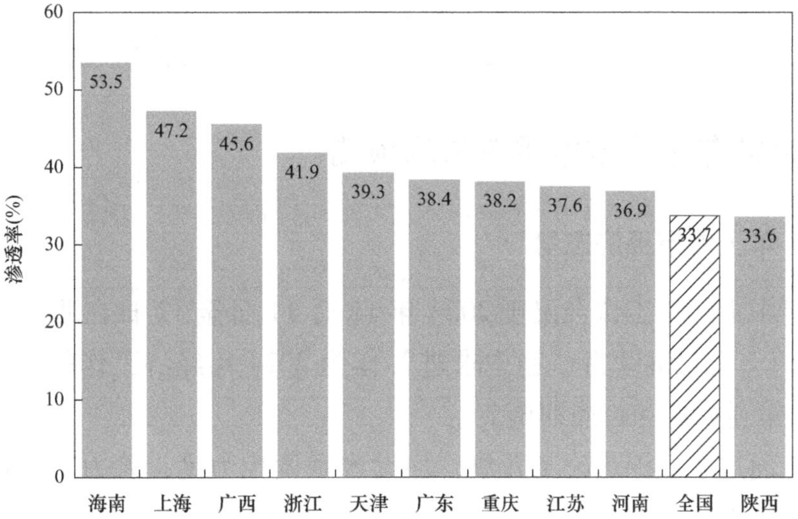

图 13 2023 年 1—11 月份全国新能源汽车渗透率及 TOP10 省市情况

2023 年 1—11 月份，上海市新能源汽车销量中前五品牌合计占比达到 59. 7%，其中比亚迪在上海市的市场份额为 23. 1%，明显低于全国；特斯拉市场份额达到 20. 2%，远高于其在全国的份额（8. 3%）（见表 1）。

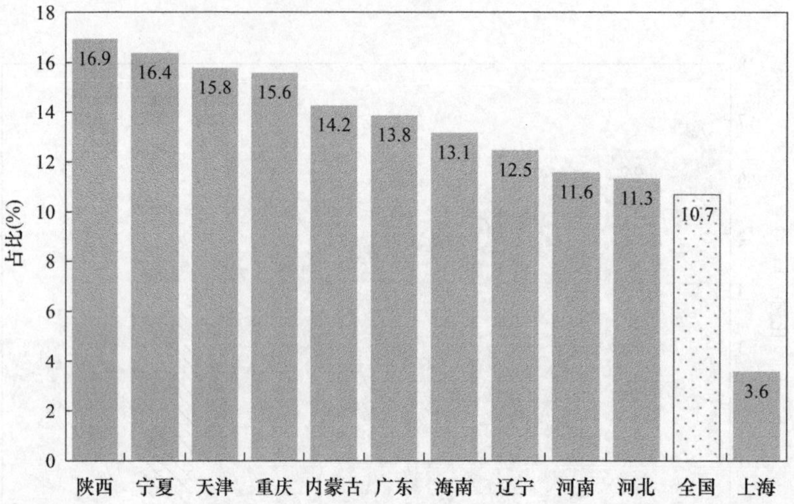

图14　2023年1—11月份全国新车总需求量中PHEV占比及TOP10省市和上海市情况

表1　2023年1—11月份全国及上海市新能源汽车销量占比TOP5品牌情况　（%）

全国前五品牌	比亚迪	特斯拉	广汽埃安	五菱	理想	前五品牌合计
占比	33.3	8.3	6.2	5.7	5.1	58.6
上海前五品牌	比亚迪	特斯拉	蔚来	荣威	上汽大众	前五品牌合计
占比	23.1	20.2	7.9	4.3	4.2	59.7

二、2024年上海市乘用车市场预测

1. 2024年上海市经济态势

2023年中央经济工作会议于2023年12月11日至12日在北京市举行（以下简称会议）。会议继续将“稳中求进”作为2024年经济工作的总基调，提出强化宏观政策逆周期和跨周期调节。

2023年通过全面深化改革开放，加大宏观调控力度，着力扩大内需、优化结构、提振信心、防范化解风险，我国经济回升向好，高质量发展扎实推进。会议指出，进一步推动经济回升向好需要克服一些困难和挑战，主要是有效需求不足、部分行业产能过剩、社会预期偏弱、风险隐患仍然较多，国内大循环存在堵点，外部环境的复杂性、严峻性、不确定性上升。综合来看，我国发展面临的有利条件强于不利因素，经济回升向好、长期向好的基本趋势没有改变。

会议强调，做好2024年经济工作，加快构建新发展格局，着力推动高质量发展，全面深化改革开放，推动高水平科技自立自强，加大宏观调控力度，统筹扩大内需和深化供给侧结构性改革，统筹新型城镇化和乡村全面振兴，统筹高质量发展和高水平安全，切实增强经济活力、防范化解风险、改善社会预期，巩固和增强经济回升向好态势，持续推动经济实现质的有效提升和量的合理增长。

2024 年要着力扩大国内需求，激发有潜能的消费，扩大有效益的投资，形成消费和投资相互促进的良性循环。推动消费从疫后恢复转向持续扩大。稳定和扩大传统消费，提振新能源汽车、电子产品等大宗消费。要以提高技术、能耗、排放等标准为牵引，推动大规模设备更新和消费品以旧换新。

2023 年 12 月 18 日举行的中国共产党上海市第十二届委员会第四次全体会议明确 2024 年上海经济社会发展将着力做好八方面工作，加快建成具有世界影响力的社会主义现代化国际大都市，在推进中国式现代化中充分发挥龙头带动和示范引领作用。

一是加快“五个中心”建设。坚持整体谋划、协同推进，努力实现重点突破、以点带面。坚持教育、科技、人才一体推进，加快建设高水平人才高地。二是促进经济平稳健康发展。坚持远近结合、内外兼顾，释放消费潜力，扩大有效投资，巩固外贸外资基本盘，激发经营主体活力，推动经济持续回升向好。三是推进高水平改革开放。四是优化城市空间布局。持续增强中心城区辐射能级，深入推进“五个新城”建设，加大力度推进崇明世界级生态岛建设。五是提高城市治理现代化水平。深入实施城市更新行动，加强社会治理和城市精细化管理。六是提升人民生活品质。七是提升文化软实力。八是着力严作风、优环境、强保障。强化真抓实干的工作作风，持续打造国际一流营商环境，更好地发挥法治的引领、规范、保障作用。

2. 2024 年上海市乘用车市场影响因素及总量预测

2024 年新能源汽车免征车辆购置税的政策主体内容基本延续不变，随着新能源汽车产品性能持续提升，将继续推高新能源汽车的市场渗透率，预计 2024 年新能源新车需求增长仍是上海市乘用车需求量增长的主要推动力量，2024 年上海市新能源汽车需求量将略高于 2023 年。

2023 年上海市区传统能源非营业性客车牌照额度发放规模为 17.6 万个，比常态化的 2021 年额度数高 2.1 万个，在政府提供的个人拍卖指标和单位指标没有大幅变动的情况下，主要是因为个人委托拍卖的指标额度增加（见图 15）。2023 年 12 月份个人非营业性客车额度竞拍中签率为 20%，当月个人委托拍卖的额度量达到了 3000 多个。由于新的“绿牌”政策要求申请人名下不能有燃油车额度，2024 年个人委托拍卖的额度量预计仍将上升，如政府提供的牌照额度基本保持稳定，将使 2024 年的传统能源非营业性客车牌照额度略高于 2023 年。

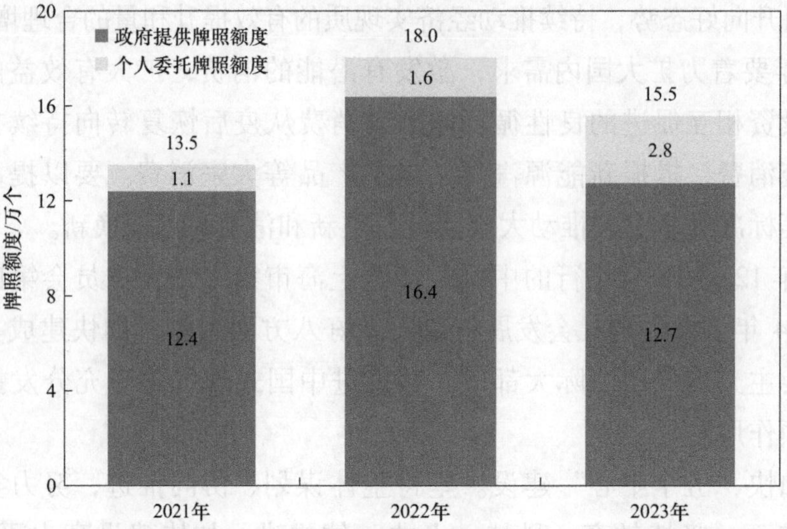

图 15　2021—2023 年上海市传统能源个人非营业性客车牌照额度结构

同时，由于上海市存量保有用户的总量持续上升，2024 年更新需求预计将保持小幅上升。

综合以上因素，预计 2024 年上海市乘用车总销量（上险量）将达到 76 万辆，同比增长率为 1.9%（见图 16）。

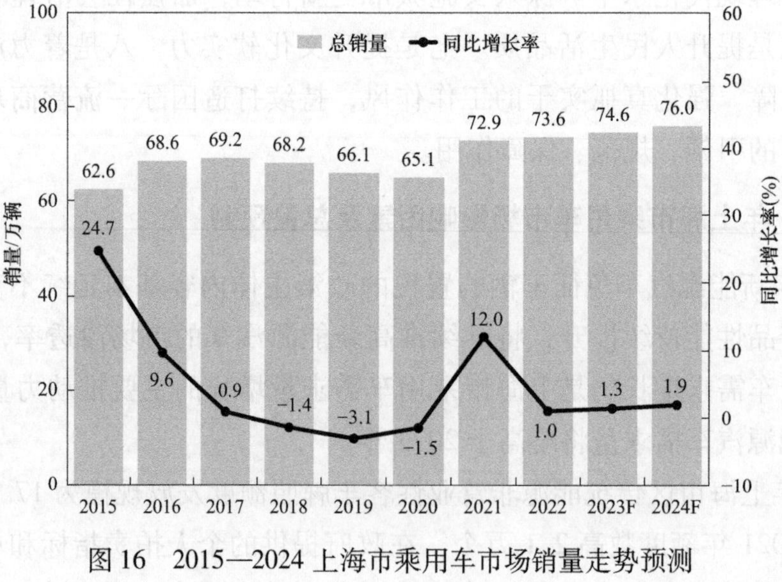

图 16　2015—2024 上海市乘用车市场销量走势预测

（作者：俞滨）

2023 年内蒙古自治区乘用车市场分析及 2024 年展望

一、内蒙古自治区乘用车市场概况

1. 内蒙古自治区基本情况

内蒙古自治区位于祖国北部边疆，由东北向西南斜伸，呈狭长形，东西长约 2400 公里，南北最大跨度为 1700 多公里。横跨东北、华北、西北地区，内与黑龙江、吉林、辽宁、河北、山西、陕西、宁夏、甘肃 8 省区相邻，外与俄罗斯、蒙古国接壤，边境线为 4200 多公里。总面积为 118.3 万平方公里，占全国土地面积的 12.3%，是我国第三大省区。

2022 年内蒙古自治区常住人口为 2401 万人，占全国总人口的 1.7%，居全国第 24 位；城镇化率为 68.6%，高于全国平均水平，居第 10 位。

内蒙古自治区以能源类产业为主，经济发展受政策影响大，居民购买力强。区内土地辽阔、资源丰富。草原、森林和人均耕地面积居全国第一，是我国最大的草原牧区。全区共有 103 种矿产的保有资源量居全国前十位，其中有 47 种矿产的保有资源量居全国前三位，特别是煤炭、铅、锌、银、稀土等 20 种矿产的保有资源量居全国第一位。2017 年起，随着供给侧结构性改革持续深化，内蒙古自治区经济增长速度放缓。但随着投资快速增长和以新能源产业为主的高新技术产业的发展，自 2022 年起，全区经济发展再次快于全国（见图 1）。2022 年，全区 GDP 总量达到 23159 亿元，占全国的 2.0%，居第 21 位，而 GDP 同比增速为 4.2%，居全国第 3 位。从产业结构看，三产比例为 11.5%∶48.5%∶40.0%，第一、第二产业比重远高于全国平均水平，而第三产业比重则远低于全国平均水平。粮食总产量居全国第六位，牛奶、羊肉、牛肉和羊绒、饲草产量稳居全国第一，煤、电保供量均居全国第一，煤炭开采和洗选业、电力热力生产和供应业、有色金属冶炼和压延加工业、黑色金属冶炼和压延加工业、化学原料和化学制品制造业、石油加工、炼焦和核燃料加工业以及食品制造业等是优势产业，占全省规模以上工业总产值的 80.2%（见图 2）。内蒙古自治区居民购买力较强，人均 GDP 为 96474 元，高于全国平均水平，居第 8 位。

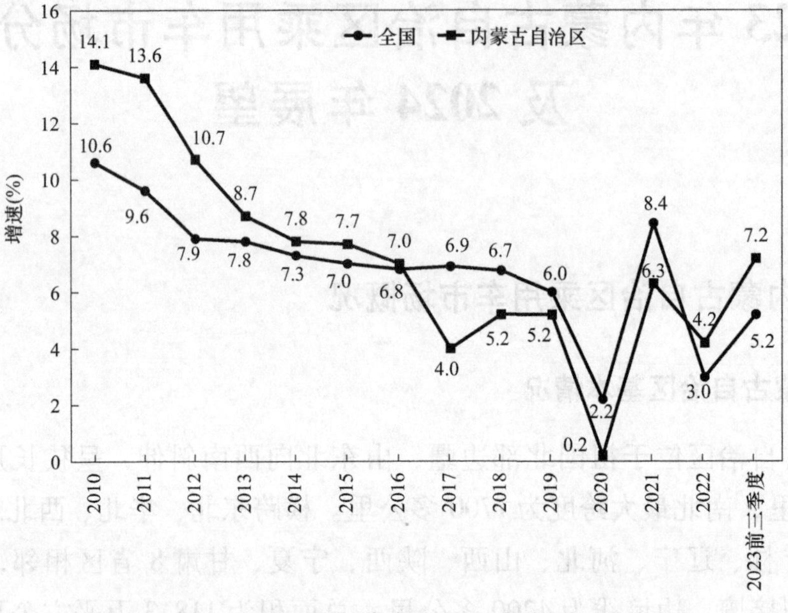

图 1　2010—2023 年内蒙古自治区和全国 GDP 增速

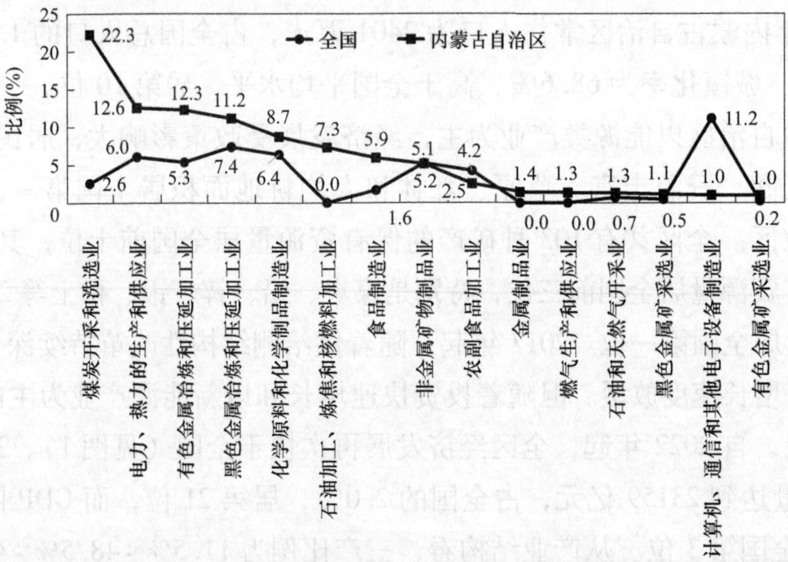

图 2　2022 年内蒙古自治区和全国部分产业占规模以上工业总产值的比例

内蒙古自治区共辖 12 个地级行政区，包括 9 个地级市、3 个盟，区域分化明显，有“东林西矿、南农北牧”之称。首府呼和浩特市以第三产业为主，比重大幅领先于其他盟市，人口规模居全区第二，经济总量居全区第三，拥有以伊利、蒙牛为基础的乳制品产业集群。鄂尔多斯市和包头市两市经济总量占据全区前两位，第二产业比重和城镇化水平高，居民购买力强。包头市的工业以钢铁、有色金属、装备制造业为主，而鄂尔多斯市的工业以煤炭、煤化工、新能源产业为主。阿拉善盟、乌海市、锡林郭勒盟等地的第二产业占比高，城镇化水平和居民购买力强。阿拉善盟、乌海市的工业以煤炭及煤化工为主。锡林郭勒盟白酒产量居全区第一，其牧业产值居全区第二。赤峰市、通辽市、呼伦贝尔市、巴彦淖尔市、乌兰察布市、兴安盟等盟市第一产业占比高，城镇化率较低、居民购买力较弱，其中乌兰察布市牧业占比较高，其他盟市仍是以农业为主（见表1）。

表1　2022年内蒙古自治区各盟市经济社会发展指标

城市	常住人口/万人	城市化率（%）	GDP/亿元	第一产业占比（%）	第二产业占比（%）	第三产业占比（%）	人均GDP/元
呼和浩特市	355.1	79.8	3329.1	4.8	34.7	60.5	94443
包头市	274.0	86.9	3749.9	3.5	52.7	43.8	137360
鄂尔多斯市	220.1	78.1	5613.4	3.5	68.9	27.6	256908
赤峰市	400.1	54.6	2148.4	21.0	33.7	45.3	53577
通辽市	283.5	51.0	1561.8	25.5	32.3	42.2	54992
呼伦贝尔市	219.1	74.8	1536.0	25.3	35.5	39.2	69819
锡林郭勒盟	111.9	74.6	1148.7	14.8	51.8	33.3	102558
巴彦淖尔市	151.8	60.8	1084.6	27.1	33.1	39.8	71118
乌兰察布市	163.1	61.0	1017.9	17.4	44.0	38.6	61876
乌海市	56.0	95.9	803.3	1.0	73.0	26.0	143450
兴安盟	139.6	54.1	681.5	37.1	26.9	36.0	48507
阿拉善盟	26.9	82.7	407.3	6.0	64.3	29.7	150848

2. 内蒙古自治区乘用车市场特征

内蒙古自治区乘用车千人保有水平一直高于全国，在大多数年份的需求增速慢于全国（见图3）。同时，乘用车市场发展受政策影响较大。2011—2015年，乘用车需求量仅提升1.5万辆，达到35.4万辆，占全国总需求的1.61%，排名为第24位；2016—2017年，由于国家实施车辆购置税优惠政策，内蒙古自治区需求增长明显，2017年达到41.8万辆，占全国总需求的1.72%，排名为第23位，增速也高于全国，同时千人保有量达到148.4辆/千人。根据乘用车发展阶段理论，千人保有量在150辆以上处于普及后期，该阶段乘用车需求增速将缓慢。2018 年起，随着购置税优惠政策退出、国家供给侧结构性改革措施深化以及新型冠状病毒（简称新冠）等对经济的影响，内蒙古自治区乘用车需求规模不断下滑。2022 年内蒙古自治区乘用车需求跌至 26.5 万辆，排名为第 24 位，占全国总需求的 1.29%，低于 GDP 总量和人口的占比，表明购买意愿较弱。保有量达到 515.4 万辆，占全国总保有量的 2.1%，排名为第 19 位；千人保有量达到 214.7 辆，比全国平均水平高 42.5 辆，排名为第 4 位。

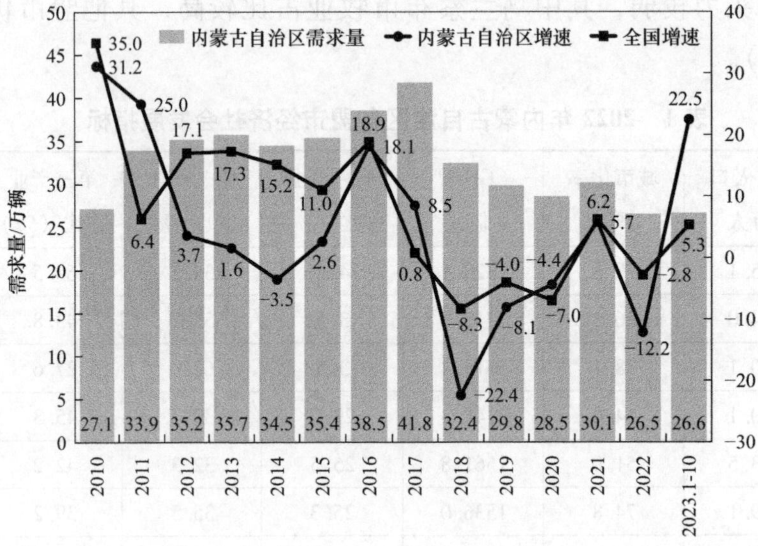

图 3　2010—2023 年内蒙古自治区乘用车需求量及增速

（注：2010—2015 年需求量为注册口径，2016—2023 年需求量为保险口径，均含进口车数据）

内蒙古自治区乘用车市场区域内部分化明显。由于 2022 年内蒙古受新冠疫情影响大，故以 2021 年为截面数据进行分析。从需求来看，呼和浩特市需求量为 6.3 万辆，占全区 20.9%，远高于其人口规模和经济总量的占比，具有明显的头部特征；包头市、赤峰市和鄂尔多斯市作为第二梯队，需求量均超过 4 万辆，共占全省 42.1%；通辽市需求量不足 3 万辆，其他盟市需求量不足 2 万辆，阿拉善盟需求量仅为 1100 辆。从发展阶段来看，呼和浩特市和鄂尔多斯市的千人保有量均已超过 270 辆（见图 4），已超过 250 辆的临界点，进入复数保有期，需求增速将进一步降低。乌海市、锡林郭勒盟、包头市、赤峰市、通辽市、乌兰察布市、巴彦淖尔市、兴安盟等盟市千人保有量已接近甚至超过全国平均水平，并已超过 150 辆的临界点，处于普及后期，需求增速放缓，未来市场需求潜力下降。阿拉善盟和呼伦贝尔市的千人保有量略低于全国，但也即将突破 150 辆，需求快速提升的阶段即将过去。

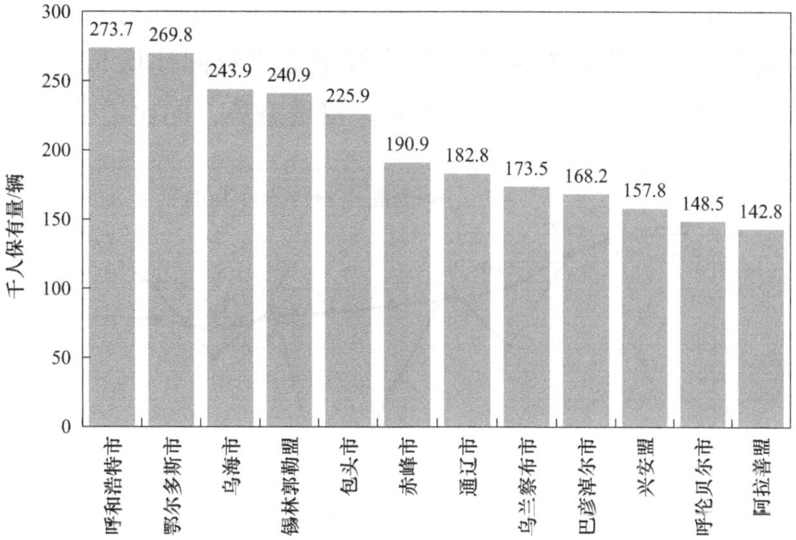

图 4　2021 年内蒙古自治区分盟市乘用车千人保有量

二、2023 年内蒙古自治区乘用车市场分析

1. 2023 年内蒙古自治区经济发展

2023 年内蒙古自治区经济稳定运行、增势良好，主要能源产品产量均居全国前列。前 3 季度 GDP 累计增速 7.2%，高于全国平均水平 2.0 个百分点，居全国第 3 位。2023 年 1—10 月份，全区规模以上工业增加值同比增长 7.4%。采矿业增加值同比增长 2.7%，制造业增长 12.0%，电力、热力、燃气及水生产和供应业增长 11.4%。新兴产业增势较好，装备制造业增加值增长 15.7%，战略性新兴产业增长 17.5%，高技术制造业增长 18.0%。全区规模以上工业企业生产原煤、焦炭产量均位居全国第 2 位，分别占全国的 26.1% 和 10.3%。液化天然气产量位居全国首位，占全国液化天然气产量近三成，达 27.8%。发电量位居全国首位，占全国发电量的 8.3%，其中，火力发电量、风力发电量均位列全国第 1 位，分别占全国的 9.5%、15.4%；太阳能发电量位列全国第 4 位，占全国的 7.2%。

2023 年内蒙古自治区固定资产投资快速增长，新能源产业投资动力强劲。2023 年 1—10 月份，全区固定资产投资同比增长 23.7%，高于全国增速 20.8 个百分点，居全国第 2 位（见图 5）。基础设施投资同比增长 18.9%，制造业投资增长 53.0%，房地产开发投资下降 2.6%。全区坚持风光并举、全产业链发展，紧抓快干推进新能源建设。2023 年 1—10 月份，全区新能源产业投资同比增长 80. 2% 。以风力、光伏发电为主体的新能源电力投资同比增长 52. 0% ；以装备制造、晶硅材料为主的新能源制造业投资呈倍增态势，同比增长 1. 5 倍。

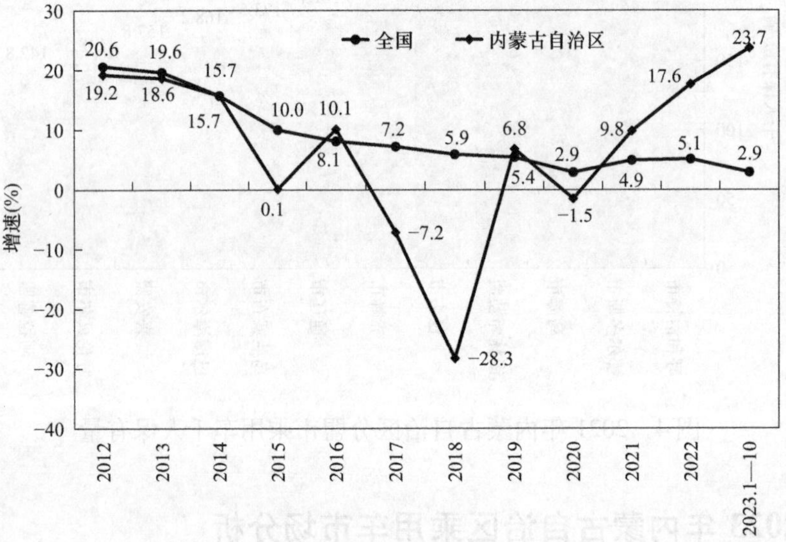

图 5 2012—2023 年内蒙古自治区和全国固定资产投资累计增速对比

2023 年内蒙古自治区消费市场持续恢复。2023 年 1—10 月份，社会消费品零售总额累计增长 7. 0% ，略高于全国平均水平 0. 1 个百分点。餐饮收入同比增长 17. 8% ，商品零售增长 5. 9% 。基本生活类商品保持较快增长态势，升级类消费需求持续释放。全区持续加大新能源汽车的购买补贴和促销力度，新能源汽车销售表现出强劲增长势头。呼、包、鄂地区消费增长较快，三市合计占全区社会消费品零售总额比重达到 55. 4% ，对全区社会消费品零售总额增长贡献率达 72. 3% 。

内蒙古自治区外贸依存度低，但近两年随着国际局势变化，进出口贸易快速发展。2023 年 1—10 月份，出口总额累计 85. 3 亿美元，居全国第 24 位；同比增速 14. 4% ，与全国出口总额下滑的趋势相反，位居全国第 4 位（见图 6）；对中东、中亚、欧盟、俄罗斯等国家和地区出口增速高，汽车、有机化学品、钢铁、电子电信设备、塑料制品等是主要出口品类。

2. 2023 年内蒙古自治区乘用车市场表现

2023 年，内蒙古自治区乘用车市场表现好于全国。2023 年 1—10 月份，全区乘用车需求量为 26. 6 万辆，占全国市场的 1. 54% ，排名第 25 位；同比增速

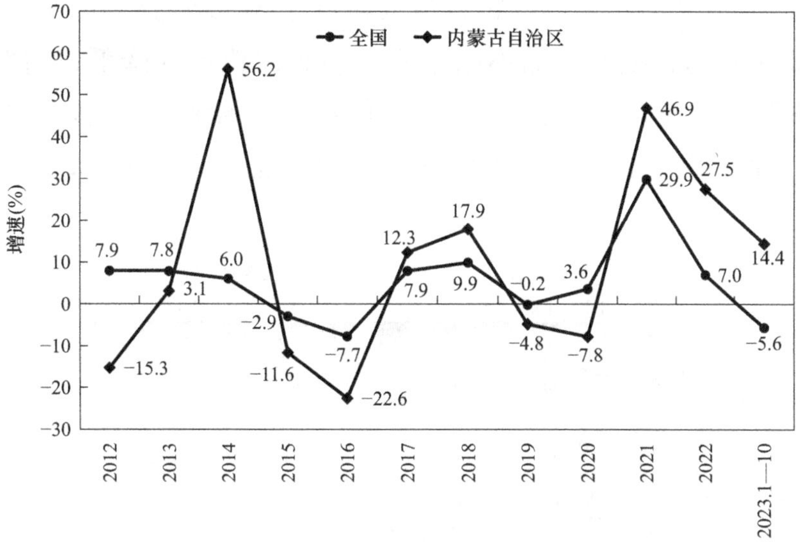

图6　2012—2023 年内蒙古自治区和全国出口总额累计增速对比

为 22.5%，高于全国平均增速 17.2 个百分点，位居全国第 6 位。

分月度来看，2023 年，内蒙古自治区乘用车需求在政策和市场的双重拉动下大幅回升（见图 7）。2023 年 1 月，需求受新冠疫情影响程度大于全国；2023 年 2 月起，呼和浩特市、包头市、鄂尔多斯市、通辽市、呼伦贝尔市、赤峰市等盟市的地方促消费政策陆续出台，补贴金额为 1000～8000 元不等，汽车市场需求回升；2023 年 5 月受政策和市场终端降价促销的叠加刺激，需求跃上新台阶；2023 年 5—10 月需求为自 2018 年以来历史最高位，增速高于全国水平。

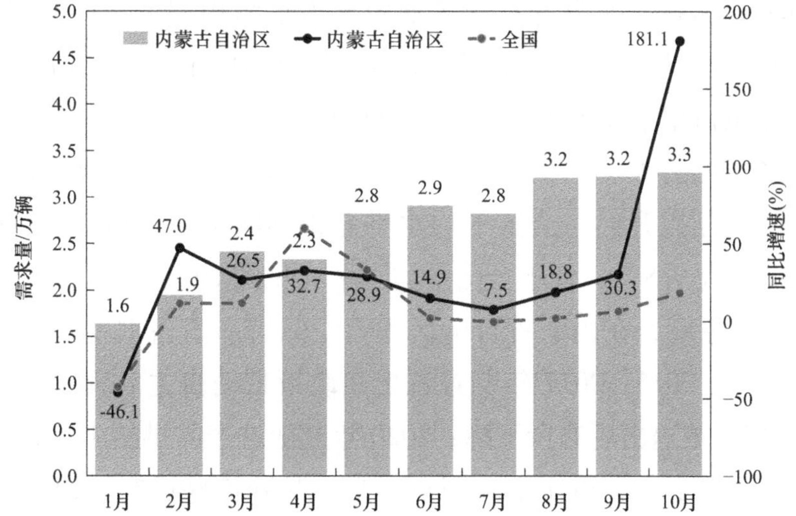

图7　2023 年 1—10 月份内蒙古自治区乘用车月度需求量与同比增速

（注：以上需求数为保险口径，含进口车保险数据）

从乘用车类型看，由于内蒙古自治区幅员辽阔、路况复杂，用户对 SUV 偏好较高。2015 年起，随着产品不断丰富、购买门槛不断降低，内蒙古自治区 SUV 份额逐年大幅提升，并于 2017 年取代轿车占据乘用车需求主体地位；至 2023 年 10 月份，SUV 占比已达 59.8%，远高于全国平均水平，居全国第 6 位（见图 8）。

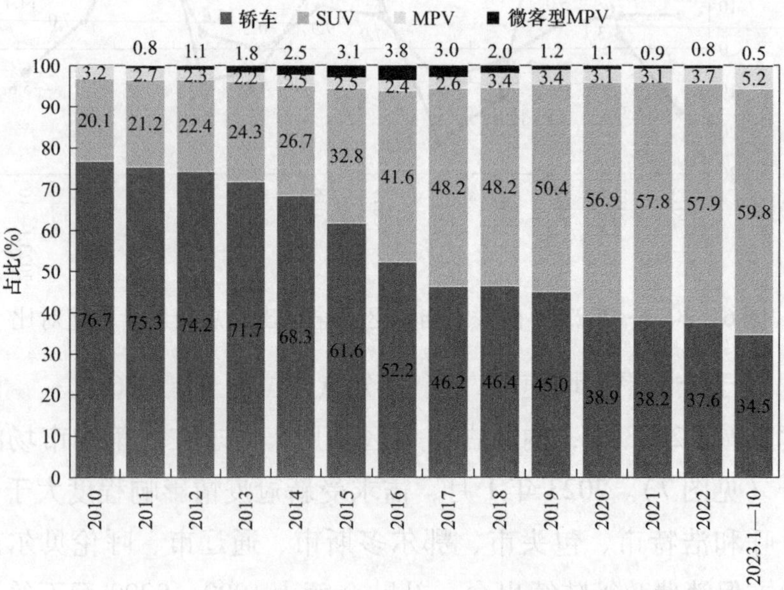

图 8　2010—2023 年内蒙古自治区乘用车车型结构

（注：2010—2015 年需求数为注册口径，2016—2023 年需求数为保险口径，均含进口车数据）

从乘用车级别看，内蒙古自治区乘用车需求结构偏低，但升级趋势明显。2017 年起，B 级及以上车型市场份额逐年提升但仍低于全国平均水平；以家用为主的 A 级车虽占据市场主体地位，但份额波动下滑，而 A0 和 A00 级车型市场份额逐年下降（见图 9）。内蒙古自治区豪华车占比相对较低，自 2017 年起，豪华车市场份额明显提升但与全国平均水平差距不断扩大；2023 年 1—10 月份，豪华车渗透率仅为 9.8%，低于全国平均水平（见图 10）。

从乘用车车系看，在内蒙古自治区中自主品牌一直占据主体地位，占比高于全国平均水平。2015—2017 年购置税优惠政策带动自主品牌需求份额大幅提升，但 2018 年政策退出后有所下降；2020 年起随着产品供给丰富，尤其是新能源汽车产品的大量上市，再次带动用户对自主品牌偏好提升。2023 年 1—10 月份，自主品牌份额超过 50%，占据绝对主体地位，超过全国平均水平（见图 11）。

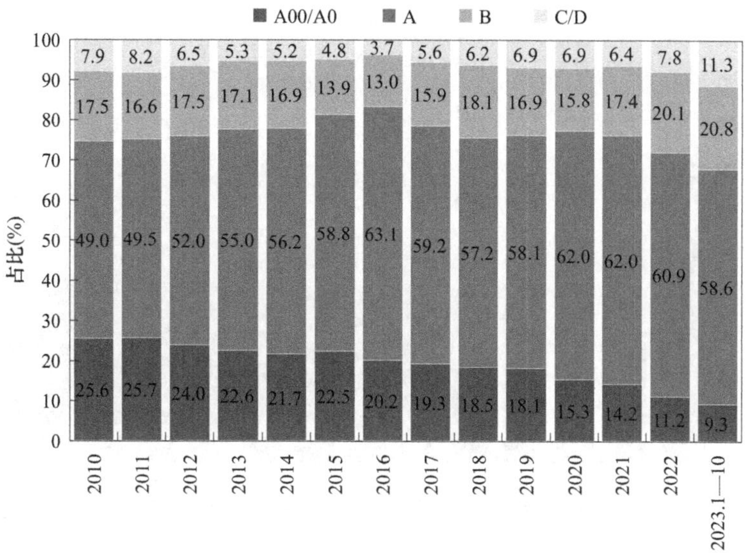

图 9 2010—2023 年内蒙古自治区乘用车级别结构

（注：2010—2015 年需求数为注册口径，2016—2023 年需求数为保险口径，均含进口车数据）

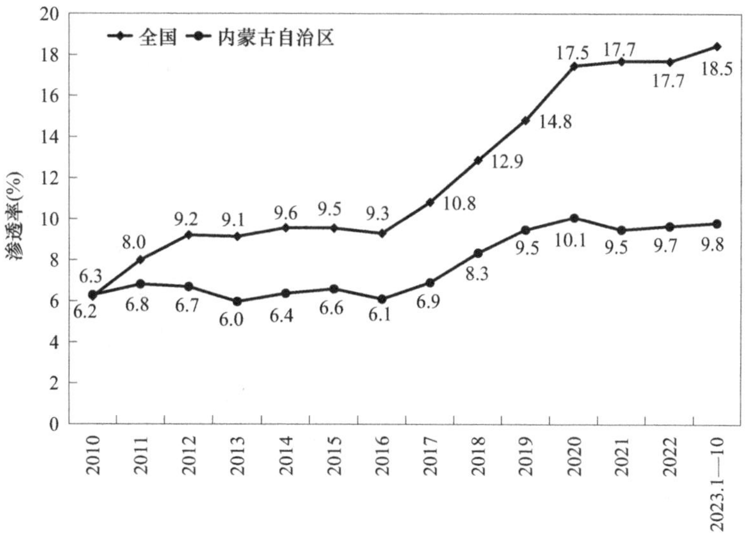

图 10 2010—2023 年内蒙古自治区与全国豪华车渗透率

（注：2010—2015 年需求数为注册口径，2016—2023 年需求数为保险口径，均含进口车数据）

内蒙古自治区出行距离长，随着纯电动产品续航里程增加，尤其是插电式混合动力产品的大量上市，用户里程焦虑得到较大缓解。从 2021 年起新能源汽车需求量快速提升，呈追赶趋势。2023 年 1—10 月份累计销售量达到 5.87 万辆，增速远高于全国，达到 189.7%。但由于充电基础设施和自然条件等因素制约，新能源汽车渗透率仍低于全国平均水平（见图 12）。

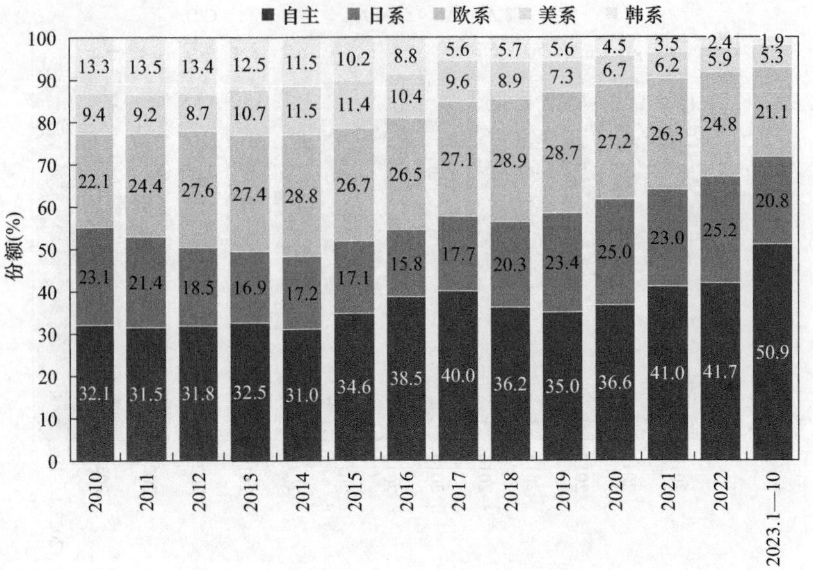

图 11　2010—2023 年内蒙古自治区乘用车车系份额

（注：2010—2015 年需求数为注册口径，2016—2023 年需求数为保险口径，均含进口车数据）

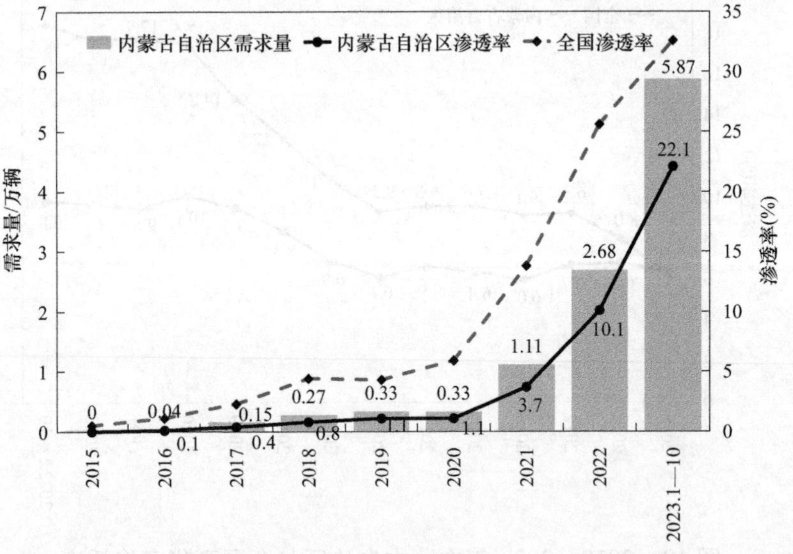

图 12　2015—2023 年内蒙古自治区新能源汽车需求量和渗透率情况

（注：以上需求数为保险口径，含进口车保险数据）

从城市来看，内蒙古自治区内需求梯次性明显。2023 年 1—10 月份，呼和浩特市需求量达到 6.0 万辆，领跑全区，占全区需求的 22.7%；包头市和鄂尔多斯市需求量超过 4 万辆，共占全区需求的 32.6%；赤峰市和通辽市需求量超过 2 万辆，共占全区需求的 19.5%；其他盟市需求量不足 2 万辆，共占全区需求的25.2%（见图13）。包头市、呼和浩特市、乌兰察布市、鄂尔多斯市等城市同比增速远高于全区平均水平，阿拉善盟、呼伦贝尔市、通辽市等盟市的需求量低于2022年同期。

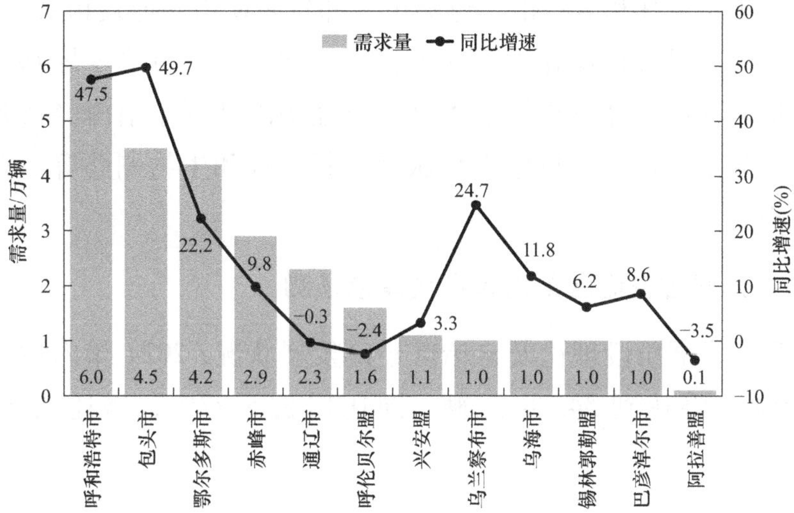

图13　2023年1—10月份内蒙古自治区分盟市乘用车需求量与同比增速

（注：以上需求数为保险口径，含进口车保险数据）

三、2024年内蒙古自治区乘用车市场展望

1. 内蒙古自治区经济展望

内蒙古是国家重要能源和战略资源基地、农畜产品生产基地和我国向北开放重要桥头堡，筑牢我国北方重要生态安全屏障，是内蒙古必须牢记的“国之大者”。

2024年内蒙古自治区将继续推动传统产业“脱胎换骨”、新兴产业“强筋壮骨”、支柱产业“聚链成群”。加快推进能源经济多元化、低碳化、高端化；加快大型风光基地和源网荷储、风光制氢等场景项目建设，做大做强新能源装备制造产业链，“风光氢储车”一体化推进。做大做强现代煤化工产业链，支持鄂尔多斯市可再生能源制氢与现代煤化工产业耦合发展。做大做强稀土新材料产业链，努力建设全国最大的稀土新材料基地和全国领先的稀土应用基地。通过集中推进、重点突破，使农畜产品生产及精深加工、新能源及装备制造、煤炭及煤基产业、金属采冶及新材料制造这4大支柱产业产值向万亿级迈进。

“十四五”期间，内蒙古自治区将着力打造城市群和区域中心城市，重点建设呼和浩特市、包头市、鄂尔多斯市、乌海市城市群和赤峰市、通辽市“双子星座”。发挥呼和浩特市辐射带动作用，打造区域性科技创新中心、生活消费中心、休闲度假中心、交通物流中心，做强、做大乳制品产业，提升“中国乳都”核心地位。集中打造呼和浩特市、包头市、鄂尔多斯市、通辽市装备制造基地，支持鄂尔多斯市建设现代煤化工产业示范区，支持乌海市建设煤基生物可降解材料产业基地。支持赤峰市积极融入京津冀经济圈和辽宁沿海经济带，重点发展绿色农畜产品生产加工、特色文化旅游、新能源和生物制药等产业，建设区域性物流中心。

2. 2024 年内蒙古自治区乘用车市场需求预测

结合乘用车发展阶段理论及自治区经济发展状况，2024 年内蒙古自治区乘用车需求量预计将达到 34.78 万辆，同比增长 5.27%，增速快于全国（见图 14）。

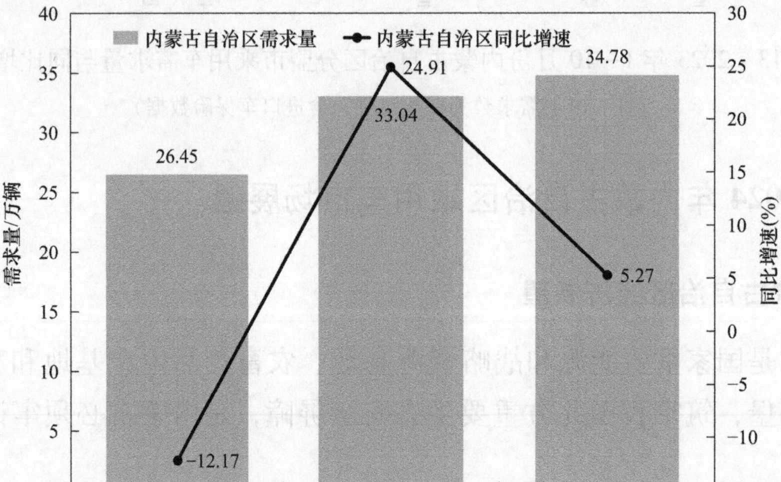

图 14　2022—2024 年内蒙古自治区乘用车需求量及同比增速

（作者：贾炜）

2023 年河南省乘用车市场回顾及 2024 年预测

2023 年，河南省经济运行保持稳定，整体呈现“稳中向好、稳中有进、稳中提质、稳中蓄势”的发展态势。展望 2024 年，河南省经济运行将持续复苏，全年 GDP 增速将高于全国平均水平。乘用车市场增幅会略高于全国平均水平，预计同比增长 4%。

一、2023 年河南省经济情况及乘用车市场回顾

1. 2023 年河南省经济发展情况回顾

2023 年第一季度河南省经济运行态势良好，实现“开门红”，全省生产总值为 14969 亿元，同比增长 5%，增速高于全国 0.5 个百分点，且增速位次也较 2022 年有明显跃升，居六个经济大省第一位、中部地区第二位。

2023 年上半年，河南生产需求稳步恢复、消费需求持续增长、出口需求不断增大，全省地区生产总值为 31326 亿元，同比增长 3.8%。2023 年 1—8 月份，全省规模以上工业增加值增长 3.6%，全省社会消费品零售总额增长 5%，贸易顺差扩大 27%。虽遭受了 1961 年以来最严重的降雨，农业生产总体稳定；而服务业也在快速回升，2023 年上半年服务业增加值同比增长 4.5%，较 2022 年同期增长了 2.3 个百分点。在工业内部，汽车、电子等主导产业较快增长，其中，汽车及零部件产业、电子信息产业增加值分别增长 34.1%、14.9%，分别拉动全省规模以上工业增加值增长 1.0 个百分点、1.5 个百分点。这表明河南省工业结构持续优化，工业转型取得新进展。

总体来看，2023 年河南省经济发展的积极因素在增多，向好运行的态势在持续。但同时，也面对更加复杂多变的外部环境。

2. 2023 年河南省乘用车市场回顾

（1）2023 年河南省乘用车市场分析　从数据上来看，2023 年河南省乘用车上牌量为 136 万辆，同比增长 18%（见图 1），增长幅度较大，优于全国市场的增速。

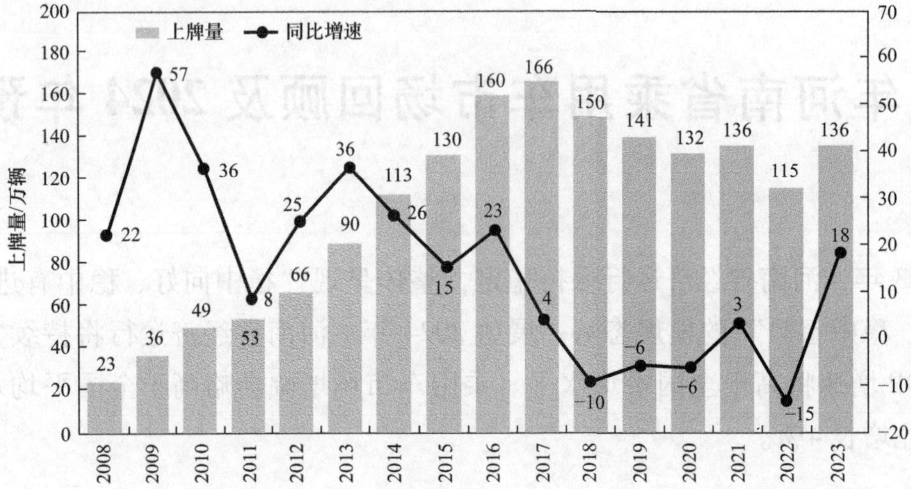

图 1 2008—2023 年河南省乘用车（含进口车）上牌量及同比增速

2023 年河南省汽车消费市场整体呈现低开高走、逐步向好的态势。河南省汽车市场的增长一方面是因为 2022 年销量受疫情影响较大；另一方面得益于 2023 年新能源汽车的增长、政策支持和市场需求的增加。

2023 年初，市场受到春节和补贴退出等因素的影响，处于低迷状态。2023 年 3—6 月份，市场开始全面启动，6 月份在车展的助推下达到一个高峰值。2023 年 7—11 月份，市场稳步提升，再现销售旺季“金九银十”，2023 年 10 月份汽车市场受促销影响明显走强，燃油车和新能源车销量均环比增大，购车消费需求有所释放。2023 年 10 月份乘用车月度销量达到 12.3 万辆，同比增长 75%（见图 2）。

郑州市作为河南省的头部市场，依然保持一枝独秀，销量达到河南省总销量的 36%，因 2022 年受疫情影响的程度最严重、时间最久，2023 年同比增长幅度也最大。其次同比增长幅度较大的是商丘市、安阳市、许昌市、平顶山市等城市，而南阳市、新乡市、驻马店市、信阳市、濮阳市等城市市场表现欠佳，只有微小增长。整体来看，豫东地区的消费潜力在 2023 年释放明显，而这几个城市的销量对全省市场贡献占比也较大。除鹤壁市外，其他城市均呈现 12% 以上的增长幅度。（见图 3）。

从 2023 年前 11 个月河南省畅销的十大品牌销量来看，比亚迪以 152473 辆的销量遥遥领先，同比增长 97%。一汽奥迪的销量增长明显，显示出其在河南的品牌影响力。此外，吉利汽车虽然位次没有发生变化，但销量同比增长了

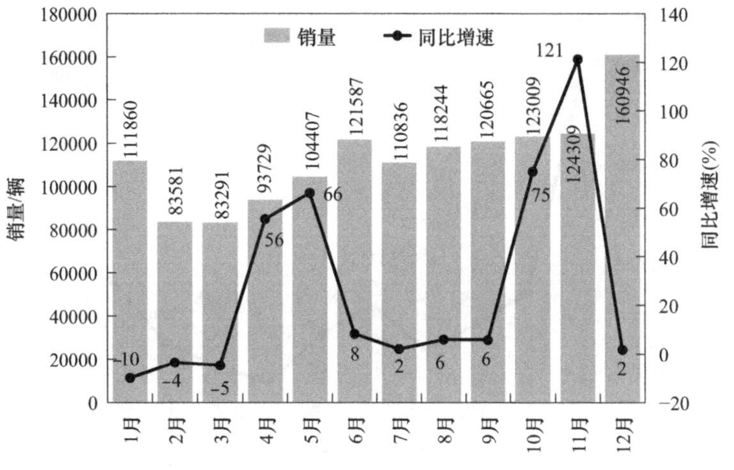

图 2　2023 年河南省乘用车月度销量及同比增速

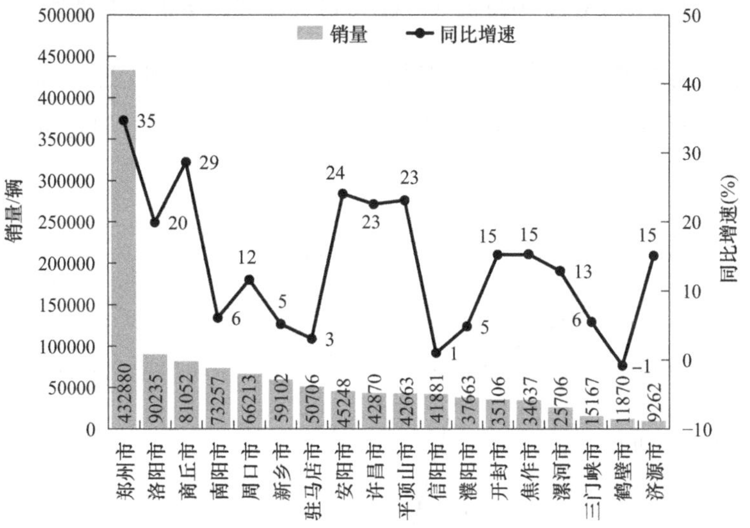

图 3　河南省 2023 年 1—11 月份分城市乘用车销量与同比增速

19%，一汽大众、上汽大众、别克、广汽丰田和东风本田的销量较为稳定（见图 4）。

（2）分车系销量排名分析　2023 年，自主品牌销量同比增长 29%（见图 5），遥遥领先，而且市场份额从 2022 年的 50% 提升到了 54%，抢占日系和美系份额。

从整体来看，各车系均有不同程度的增长，欧系和韩系分别增长 25% 和 12%，增幅较大的原因是因为 2022 年合资品牌和韩系萎缩较为严重，基数较低。

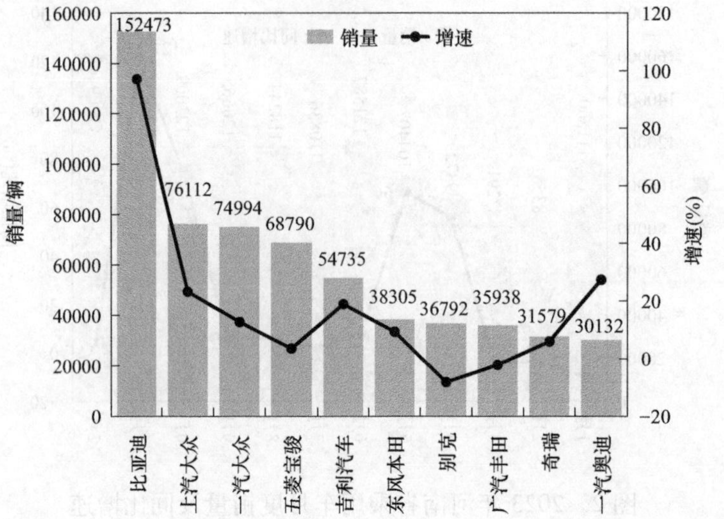

图 4　河南省 2023 年 1—11 月份分品牌汽车销量及增速

自主品牌在河南省市场的强势占领，主要得益于比亚迪、五菱宝骏、吉利、奇瑞等品牌在河南省的市场布局及渗透，比亚迪连续三个月在河南省的销量达到 17000 多辆。

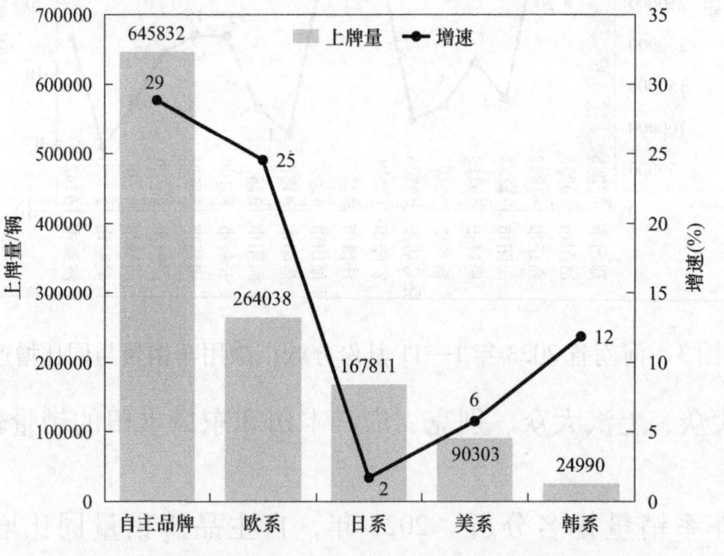

图 5　河南省 2023 年 1—11 月份分车系上牌量排名及增速

（3）新能源汽车发展分析　2023 年，河南省新能源乘用车上牌量达到 39 万辆，销量同比增长 22%。2023 年河南省分地市新能源汽车销量排名及增速见图 6。在消费端，新能源汽车销量和市场渗透率不断增长，2023 年前 11 个月，河南省新能源汽车市场表现令人瞩目，市场渗透率达到 33%，超过全国平均水平的 30.8%，但是销量同比增长速度并没有超过全国平均水平。

分地市增长速度来看，商丘市、平顶山市、信阳市、周口市、南阳市的同比增长速度均达到了 30% 以上，表现尤为抢眼。洛阳市、商丘市、济源市、焦作市、濮阳市、驻马店市、许昌市、开封市、漯河市、鹤壁市等城市的新能源汽车市场渗透率已达到 35% 以上，消费者对新能源汽车的接受与认可度越来越高。

从细分市场来看，比亚迪海鸥、五菱宏光 MINI EV、长安 Lumin 是轿车销量前三位，小型、低价、新能源是共同的特点，反映出河南省消费者对绿色出行和通勤需求的刚需特点。

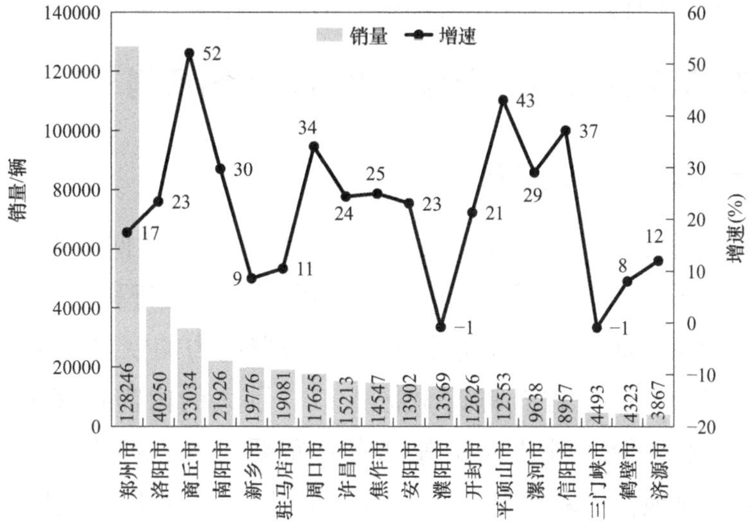

图 6　2023 年河南省分地市新能源汽车销量排名及增速

2023 年 8 月河南省出台了《河南省建设制造强省三年行动计划（2023—2025 年）》，提出把新能源汽车列入河南省 28 个千亿级重点产业链，全力推动新能源汽车产业换道领跑、赶超发展。

经过多年的沉淀，河南省汽车产业已经形成了从零部件配套到整车生产的全产业链发展格局。拥有宇通集团、比亚迪、上汽郑州、海马汽车、郑州日产等 19 家整车企业，整车产能约为 190 万辆，在动力电池、轮毂、气缸套、传动轴、转向器等关键零部件领域培育了多氟多、中创新航、戴卡轮毂、中原内配等一批行业龙头企业。

尤其近年来，河南省紧跟汽车产业电动化、网联化、智能化发展趋势，着力推进新能源汽车整车集成、动力电池与燃料电池系统、关键零部件等技术攻关，建立研发创新平台105个，其中国家级平台26个。

2023年4月份，郑州比亚迪项目正式投产，是比亚迪布局在中部地区的中高端车型重要生产基地，7月19日，海豹DM-i首批量产车下线，是郑州比亚迪投产的首款全新车型。9月27日，方程豹汽车首款车型“豹5”首批量产车正式下线，11月24日开始交付，是郑州比亚迪投产的第二款全新车型。

2023年10月份，年产60GWh储能及动力电池项目在平顶山签约，项目全部达产后，可实现年产值400亿元，助力河南打通“材料—电池—整车消费”新能源汽车产业链条，加速打造千亿级新能源智能网联汽车产业集群。

河南省新能源汽车热销背后的原因：一方面是河南省的人口红利；另一方面是新能源汽车项目落地郑州以及相关配套的不断完善等多重因素共同推动的结果。

二、2024年河南省经济走势和乘用车市场预测

1. 2024年河南省经济走势预测

2024年，河南省将全力推进现代化建设实践，锚定“两个确保”，实施“十大战略”，经济运行将呈现持续复苏态势，全年GDP增速将高于全国平均水平。

（1）有利因素　2024年随着居民收入和消费能力的恢复，企业投资和消费者信心将持续回升。河南省有将近1亿人口，巨大的内需市场对于经济增长、制造业发展、产业升级、科技创新等都有着重要意义；河南省位于中部地区，全国综合交通枢纽地位不断提升，“空中丝绸之路”不断扩容提质；常住人口城镇化率仍然落后于全国8.15个百分点，投资、消费仍具有巨大的增长空间；构建新发展格局、新时代中部地区高质量发展、黄河流域生态保护和高质量发展三大战略交汇叠加，郑州航空港经济综合试验区、郑洛新自创区、中国（河南）自贸区等国家重大战略平台高质量发展，河南发展潜力依然突出。

此外，河南省积极谋划九期“三个一批”项目，累计投资约13亿元，郑州比亚迪、洛阳百万吨乙烯、宁德时代等重大项目顺利推进，为现代化河南省建设铸就新动力。

（2）不利因素　首先，外部环境依然严峻复杂，专家认为2024年全球经济将会走弱；其次，投资和消费信心仍在恢复中，2023年上半年，河南省居民人均可支配收入只有全国水平的72%，消费拉动经济复苏的动力不足，受疫情影响，地方政府债务率上升，中小城市商业银行风险暴露，房地产企业违约现象发生；第三，产业转型压力不断加大，河南省国家实验室、国家技术创新中心

目前仍为空白，“双一流”建设高校仅有2所，行业龙头企业数量偏少，亟须加快动能转换，实现创新领域的跨越式发展；第四，人口老龄化带来新问题，近年来，河南省老龄化加剧，由此带来的赡养、抚育、养老、医疗、社会保障等方面的压力将逐年凸显；第五，重点领域风险仍需化解，企业债务风险增大，房地产、建筑等行业尤其突出，金融领域、房地产领域风险增大。

2. 2024年河南省乘用车市场预测

河南省拥有1亿人口，汽车保有量约为2000万辆，平均每5个河南人拥有一辆汽车。驾驶人数量为3500万人，平均每3个人持有一本驾照。照此测算，还有很大的市场需求空间。

2024年1月1日，河南省政府出台《推动2024年第一季度经济“开门红”若干政策措施》，以政策“组合拳”奋战经济“开门红”。其中一项措施是，落实国家新能源汽车免征车辆购置税政策，鼓励汽车生产企业让利促销，支持各地对在省内新购汽车的消费者按照购车价格的5%给予补贴（最高不超过10000元/辆）。根据规划，到2025年，河南省新能源汽车年产量将突破150万辆，建成3000亿级新能源汽车产业集群。在尚未公开的河南省新能源汽车产业链规划中，这一产量目标被进一步提升。

新能源汽车产业作为河南省重点支持的5个万亿级优势产业之一，目前已形成了从原材料、核心零部件，再到整车及配套设备的较为完整产业链条。河南省汽车产业链的最新发展思路就是以郑州为产业链“头雁”集中落地整车企业，河南省各地发挥优势培育发展零部件产业。

2023年，河南省加强对消费潜力的挖掘力度，持续出台了促进汽车消费的惠民政策、支持二手车企业发展等，为引导2024年河南省消费建立了良好的政策体系。自主品牌的市场份额强势占领，以及新能源汽车销量的持续增长，将助力2024年河南省乘用车销量继续增长。

根据对上述影响乘用车发展的各种因素的综合分析预测，2024年河南省乘用车需求量预计为141万辆，同比增长4%。

（作者：朱灿锋　王彦彦）

2023 年江苏省乘用车市场回顾及 2024 年预测

2023 年，汽车行业作为社会经济支柱产业，在稳定消费中发挥顶梁柱作用。江苏省持续出台引导性有利政策和补贴举措，指导各地开展形式多样的消费促进活动，对于巩固消费增长势头、进一步扩大汽车消费发挥积极作用。同时，新能源汽车随着价格优势和保障能力提升，得到消费者普遍接受，确立了汽车行业转型发展的方向。

一、江苏省乘用车销量略有增幅

据乘用车上险数据显示，2023 年 1—11 月份，全国乘用车累计销量为 1917.7 万辆，同比增长 6.7%；江苏省乘用车销量为 158.86 万辆，同比增长 3.5%（见表 1），低于全国市场平均值；其中扬州、泰州、常州三市增长率较高，南京、盐城两市负增长。

表 1　2022—2023 年 1—11 月份江苏省各地乘用车销量及同比增速

地区	南京	无锡	徐州	常州	苏州	南通	连云港
2023 年 1—11 月份销量/万辆	22.35	20.68	11.32	12.62	36.30	14.37	5.22
2022 年 1—11 月份销量/万辆	23.70	19.30	10.57	11.63	36.25	13.92	4.90
同比增速（%）	-5.7	7.1	7.1	8.6	0.2	3.2	6.6
地区	淮安	盐城	扬州	镇江	泰州	宿迁	全省
2023 年 1—11 月份销量/万辆	6.50	5.78	7.82	4.70	6.00	5.19	158.86
2022 年 1—11 月份销量/万辆	6.01	5.94	6.45	4.58	5.39	4.83	153.48
同比增速（%）	8.1	-2.7	21.2	2.7	11.2	7.4	3.5

1. 受价格竞争影响和假期因素，各地月销逐步平稳

2023 年，各地逐步走出疫情影响，汽车市场逐步平稳。2023 年 1 月份，受疫情和春节假期影响，各地销量大幅下降（见表 2），其中宿迁、淮安、连云港、徐州等苏北城市好于苏南。2023 年 4 月份，汽车市场一度清冷，各地政府快速出台汽车促销政策，整体市场逐步回暖。

表 2　2023 年 1—11 月份江苏省各地乘用车销量及环比增速

时间	南京	无锡	徐州	常州	苏州	南通	连云港
1 月销量/辆	13546	13804	9426	7047	19981	10185	4536
环比增速（%）	-55.0	-43.6	-31.9	-51.4	-60.4	-46.0	-31.1
2 月销量/辆	15842	15931	7788	8976	23339	10677	3877
环比增速（%）	16.9	15.4	-17.4	27.4	16.8	4.8	-14.5
3 月销量/辆	20359	18258	8571	9256	33519	12937	3867
环比增速（%）	28.5	14.6	10.1	3.1	43.6	21.2	-0.3
4 月销量/辆	19747	17068	9077	9341	31151	11399	4781
环比增速（%）	-3.0	-6.5	5.9	0.9	-7.1	-11.9	23.6
5 月销量/辆	20968	17992	10553	12247	36395	11696	5058
环比增速（%）	6.2	5.4	16.3	31.1	16.8	2.6	5.8
6 月销量/辆	25634	18814	11591	11606	39231	14514	4891
环比增速（%）	22.3	4.6	9.8	-5.2	7.8	24.1	-3.3
7 月销量/辆	21181	15415	9541	10441	343174	13723	4996
环比增速（%）	-17.4	-18.1	-17.7	-10.0	-12.5	-5.4	2.1
8 月销量/辆	22298	19355	11180	12972	38388	14956	5207
环比增速（%）	5.3	25.6	17.2	24.2	11.9	9.0	4.2
9 月销量/辆	21777	22403	11089	15370	36174	14198	4650
环比增速（%）	-1.6	16.8	-0.3	20.8	-5.0	-4.7	-10.5
10 月销量/辆	20308	22511	12178	15107	35215	14710	5429
环比增速（%）	-6.7	0.5	9.8	-1.7	-2.7	3.6	16.8
11 月销量/辆	21809	25276	12193	13846	35317	14728	4904
环比增速（%）	7.4	12.3	0.1	-8.3	0.3	0.1	-9.7

（续）

时间	淮安	盐城	扬州	镇江	泰州	宿迁	全省
1 月销量/辆	5528	4635	4801	3052	4139	4664	105344
环比增速（%）	-25.8	-38.7	-41.4	-56.8	-40.9	-13.1	-47.7
2 月销量/辆	4600	4226	4829	3448	4266	3434	111233
环比增速（%）	-16.8	-8.8	0.6	13.0	3.1	-26.4	5.6
3 月销量/辆	4698	4918	7697	4219	5112	4097	137508
环比增速（%）	2.1	16.4	59.4	22.4	19.8	19.3	23.6
4 月销量/辆	5465	4887	7702	3938	4740	4503	133799
环比增速（%）	16.3	-0.6	0.1	-6.7	-7.3	9.9	-2.7
5 月销量/辆	6165	5521	7355	4391	5819	4966	149126
环比增速（%）	12.8	13.0	-4.5	11.5	22.8	10.3	11.5
6 月销量/辆	7090	5590	10703	6060	6215	4567	166506
环比增速（%）	15.0	1.2	45.5	38.0	6.8	-8.0	11.7
7 月销量/辆	5093	6403	6392	4245	5891	4592	142230
环比增速（%）	-28.2	14.5	-40.3	-30.0	-5.2	0.5	-14.6
8 月销量/辆	5923	5839	7049	5005	6216	5720	160108
环比增速（%）	16.3	-8.8	10.3	17.9	5.5	24.6	12.6
9 月销量/辆	6827	5645	8729	4251	5619	4723	161455
环比增速（%）	15.4	-3.3	24.6	-14.8	-9.4	-17.4	1.5
10 月销量/辆	6624	5029	6484	4116	6034	5574	159319
环比增速（%）	-3.0	-10.9	-25.7	-3.2	7.4	18.0	-1.3
11 月销量/辆	6988	5112	6451	4310	5932	5106	161972
环比增速（%）	5.5	1.7	-0.5	4.7	-1.7	-8.4	1.7

2. 自主品牌汽车市场占有率进一步扩大，合资品牌陷入困境

2023 年 1—11 月份，江苏省乘用车销量 TOP20 品牌中，自主品牌数量有 7 个（比 2022 年度增加 1 个），德系有 5 个，日系有 5 个，美系有 2 个（比 2022 年度减少 1 个），韩系有 1 个（见表 3）；TOP20 品牌合计销量占全省总销量的 72.7%，比 2022 年度提高约 3 个百分点，品牌集中度进一步提高。

表3　2023 年 1—11 月份江苏省乘用车销量 TOP20 品牌

排名	品牌	1 月	2 月	3 月	4 月	5 月	6 月	7 月	8 月	9 月	10 月	11 月	1—11 月	1—11 月同比增速（%）
1	比亚迪	12075	14586	19343	16254	18885	19739	17611	18424	19228	20246	19040	195431	70.4
2	宝　马	8022	7540	9285	8139	8515	8901	7853	8719	9082	8309	9352	93717	5.3
3	奔　驰	7344	7263	8817	8327	8202	8631	7742	8661	8536	6765	7051	87339	0.4
4	上汽大众	5975	5982	6040	7837	7307	8421	8037	9008	8738	9202	8540	85087	-5.6
5	一汽奥迪	4551	5149	7349	6941	7644	8970	6964	7755	8355	7356	7146	78180	-0.2
6	特斯拉	4115	5208	9841	5372	6012	11211	5836	8652	5694	3634	7337	72912	41.5
7	一汽大众	4588	4254	4742	5301	6226	7122	6340	7082	6823	6419	6116	65013	-2.4
8	广汽丰田	3575	4318	4192	5260	5587	6197	4726	5435	5858	5751	5358	56257	-15.8
9	别　克	3004	3487	4465	4696	5081	5845	4738	5149	6634	4878	6670	54647	-17.4
10	吉　利	3665	3438	4042	4260	5716	5451	4639						
11	长安汽车	3647	3689	5115	4850	4857	5117	4902						
12	一汽丰田	2809	3227	3973	3841	4227	4827	4072						
13	上汽通用五菱	3224	3921	3210	3194	3434	2962	3378						
14	东风日产	2877	2288	2393	2720	2854	3251	2598						
15	广汽本田	1807	2237	2716	3088	2988	3922	2951						
16	东风本田	1756	1869	2008	2139	2538	2872	2333						
17	理想汽车	1338	1055	1469	1869	2400	2626	2703						
18	蔚来汽车	1611	1775	1427	1054	912	1600	2987						
19	奇　瑞	1273	1346	1650	1657	1962	2355	1472						
20	现　代	1986	1275	1577	1717	2260	2157	1819						

（续）

排名	品牌	8 月	9 月	10 月	11 月	1—11 月	1—11 月同比增速（%）
10	吉　利	5314	5422	5910	5540	53397	13.2
11	长安汽车	4764	4509	5042	4417	50909	12.0
12	一汽丰田	4436	3988	4155	3685	43240	-12.9
13	上汽通用五菱	3449	3546	4065	4261	38644	-19.6
14	东风日产	2791	2549	3250	3631	31202	-31.8
15	广汽本田	2698	2647	3188	2860	31102	-29.8
16	东风本田	3624	3203	3083	2959	28384	-26.7
17	理想汽车	2852	3238	3451	4249	27250	242.1
18	蔚来汽车	4036	2613	2511	2059	22585	41.4
19	奇　瑞	1700	2345	2228	2184	20172	-14.4
20	现　代	1861	1621	2006	1709	19988	-6.5

比亚迪、特斯拉继续领跑新能源和整体市场，理想汽车、蔚来汽车首次进入江苏省乘用车销量 TOP20 名单，尤其是理想汽车随着车型增加和换代，2023 年 1—11 月份同比增速达到 242.1%。除宝马、奔驰等部分豪华品牌，其他合资品牌销量均已不同程度下降，日系品牌销量下降尤为明显。全省销量过万辆的车型有 32 个（比 2022 年度减少 4 个），其中，新能源车型达 11 款之多（比 2022 年度增加 3 款），且销量排名前四车型均为新能源车型；SUV 车型增至 10 款（比 2022 年度增加 3 款）。新能源和 SUV 车型得到更多消费者喜爱。

3. 全省新能源汽车市场呈均衡发展

2023 年 1—11 月份，江苏省新能源乘用车销量为 59.33 万辆，占全省乘用车总销量的 37.3%，比 2022 年增加 10 个百分点；占全国新能源乘用车销量的 9.2%，与 2022 年一致。南京、无锡、常州、苏州、镇江等苏南五市新能源乘用车销量占全省 63.1%，占有率比 2022 年下降 3.6 个百分点；徐州、连云港、淮安、盐城、宿迁等苏北五市新能源乘用车销量占全省 19%，比 2022 年略有上升，全省新能源汽车市场呈均衡发展。

2023 年 1—11 月份，江苏省新能源乘用车销量 TOP10 品牌占新能源乘用车销量的 67.4%，比 2022 年略有增长；销量 TOP10 车型占新能源乘用车销量的 40.5%，比 2022 年略有下降。比亚迪、特斯拉仍处于绝对领先地位（见表 4），其他汽车企业正在快速追赶。

表4 2023年1—11月份江苏省新能源乘用车销量TOP10品牌和TOP10车型

排名	品牌	销量/万辆	车型	销量/辆
1	比亚迪	19.54	特斯拉 Model Y	51571
2	特斯拉	7.29	比亚迪海豚	33529
3	理想汽车	2.73	比亚迪元 PLUS	30900
4	蔚来汽车	2.26	比亚迪秦 PLUS	27747
5	埃安	1.73	比亚迪宋 PLUS	22988
6	五菱宝骏	1.67	特斯拉 Model3	20958
7	零跑汽车	1.37	比亚迪海鸥	17652
8	极氪汽车	1.28	埃安 Aion Y	13837
9	长安汽车	1.16	长安 Lumin	10791
10	上汽大众	0.98	理想 L7	10483

二、2024年江苏省乘用车市场预测

1. 江苏省消费总体呈现向好趋势，汽车市场仍有较大空间

根据江苏省战略与发展研究中心的数据监测分析，2023年前三季度全省社会消费品零售总额同比增长7.1%，全省乘用车销量虽然有所增长，但是整体汽车市场仍然处于恢复状态。省委召开经济工作会议，确立新年度要聚焦经济建设这一中心工作，要求推动大宗消费扩容升级，做到精准施策。各地消费促进政策频出，汽车消费需求逐步得到释放，2024年江苏省汽车市场将进入稳定增长阶段，乘用车销量同比增长约7%。

2. 新能源汽车得到均衡发展，混动车型占有率大幅提升

新能源汽车和新消费在江苏省均是由南向北推进，2023年苏北五市新能源汽车销量在全省占比有一定提升，泰州、无锡、扬州、常州四个城市新能源汽车渗透率先后超过40%，市场渗透率淮安、宿迁两地也达到28.9%和29.3%。随着混动车型的增加和城乡充电设施逐步完善，全省新能源汽车消费呈现均衡发展态势，预计2024年江苏省新能源乘用车市场渗透率将由目前的37%升至50%。

3. 新汽车时代正式到来，传统合资品牌授权经销商大幅减少

智电汽车快速发展正在改变汽车销售和流通模式，随着合资品牌市场占有率大幅下降，早期经销商主动或被动地接受代理模式减少，自营和代理模式门店增加，2024 年预计减少 30% 的传统合资品牌授权经销商。对于江苏省或区域头部经销商集团，因其具有自持门店和对汽车品牌的优先选择优势，仍将引领新汽车时代和新服务渠道发展。

（作者：徐士刚）

2023 年安徽省乘用车市场分析及 2024 年预测

一、2023 年安徽省乘用车市场分析

1. 2023 年安徽省经济发展回顾

2023 年，安徽省经济发展表现出强劲的复苏势头，高质量发展稳步推进。全年地区生产总值达到了 4.71 万亿元，同比增长 5.8%。

在投资方面，2023 年，安徽全省的固定资产投资总额增长了 4%，其中，制造业投资的增幅尤为显著，达到 20%。在众多制造业中，光伏制造业的表现尤为亮眼，全年实现营业收入超过 2900 亿元，使得安徽省在全国的排名上升至第三位。而在光伏制造业中，锂离子电池制造业的发展更是突出，全年营业收入突破了 1000 亿元，同比增长约 15%。在就业方面，2023 年，安徽省城镇新增就业人口达到了 72.2 万人。在科技创新方面，安徽省的高新技术企业数量增长了 28%，在全国排名中升至第 8 位。其中，“科大硅谷”的建设成效显著，吸引了 846 家新的科技型企业入驻，创新创业人才近万人，设立了 9 家海内外创新中心，为安徽的科技创新发展注入了新的活力。

在出口方面，安徽省的“新三样”产品（锂电池、电动载人汽车、太阳能电池）出口增长了 11.6%，其中，汽车出口数量达到了 114.7 万辆，同比增长 80.1%。这一数据的增长，充分展示了安徽省在新能源汽车产业的发展上取得的显著成效。

总的来说，2023 年是安徽省经济发展的一个丰收年，无论是在投资、制造业发展、就业、科技创新还是出口方面，安徽省都取得了显著的成绩。展望未来，安徽省将继续坚持高质量发展战略，推动经济社会持续健康发展。

2. 2023 年安徽省汽车市场环境分析

在产业规模方面，安徽省正在新能源汽车赛道高速前进。2021 年，安徽省新能源汽车产量为 25.2 万辆，占全国的比重是 6.85%。2023 年安徽省汽车产量

达到了249.1万辆，同比增长了48.1%。其中，新能源汽车产量达到了86.8万辆，同比增长了60.5%。这些数据充分展示了安徽省在汽车产业发展上的优势和潜力。

在出口和高端化发展方面，安徽省汽车企业取得重大成就。2023年我国汽车出口量超过500万辆，安徽省本土汽车出口占比近1/4，为全国汽车出口做出了重要贡献。其中，奇瑞集团2023年出口汽车达93.71万辆，同比增长101.1%，连续21年位居我国品牌乘用车出口量第一。另外奇瑞集团还计划在欧洲建造两座汽车工厂，进一步扩大国际市场份额。江淮汽车2023年全年累计出口16.96万辆，同比增长47.99%。同时，江淮汽车在新能源领域加速转型，推出了新能源乘用车品牌江淮钇为。蔚来在高端纯电汽车市场占据领导地位，2023年第三季度，在我国30万元以上电动汽车市场，蔚来市场份额超过45%，位居第一。

在政策支持方面，安徽省政府出台了一系列鼓励汽车产业发展政策支持：

2023年3月27日，经安徽省政府专题会议研究同意，印发《关于支持扩大汽车消费若干措施的通知》，其中包括支持各地财政发放汽车消费补贴、鼓励地方开展汽车下乡（或新能源汽车下乡）活动；支持举办展销活动。对各地上半年举办并在商务部门备案、符合条件的汽车展销活动按一定标准进行补助，进一步优化安徽汽车消费市场环境。

2023年5月份，芜湖、蚌埠、淮北、黄山等安徽城市相继推出新能源汽车消费券，其中补贴力度最大的是芜湖，最高可以补贴1万元/辆。

2023年6月21日，安徽省召开了新能源汽车产业集群建设推进大会。指出，要把新能源汽车产业讲透，把工作任务部署到位。奇瑞、蔚来、大众、比亚迪、江淮以及一批研发机构和零部件企业，纷纷建言献策。安徽省发展和改革委员会、财政厅、科学技术厅、经济和信息化厅等部门主要负责人亲自上阵，宣讲安徽省新能源汽车发展实打实的支持政策。而这场会议明确要求把汽车产业作为安徽的首位产业。

2023年10月27日，安徽省发展和改革委员会印发《安徽省进一步恢复和扩大消费若干措施》（以下简称《若干措施》），《若干措施》首项为促进新能源汽车消费。要求全面落实新能源汽车免征车辆购置税、开展新能源汽车下乡活动、鼓励以旧换新促销补贴、党政机关和事业单位新增及更新公务用车全部购置新能源汽车并优先采购新能源汽车租赁服务等。《若干措施》表示支持合肥、黄山等市打造开放型国际会展之都。值得一提的是，合肥在2023年举办的新能源汽车展览会吸引了95个参展品牌和53.5万观众，销售额达31.7亿元。

2023年12月20日，2023徽商助力安徽省高质量发展大会在合肥举行。王传福当选名誉会长，尹同跃当选执行会长，且同步举办新能源汽车产业链对接会，会上安徽省省长王清宪表示新能源汽车产业是推动高质量发展的重要赛道，安徽省要建成具有国际竞争力的新能源汽车产业集群！

3. 2023年安徽省乘用车市场回顾

根据汽车市场统计数据，2023年安徽省乘用车累计销售约77.77万辆，同比增长3.15%。其中2023年安徽省新能源汽车销售约26.02万辆，同比增长31.55%。新能源汽车市场渗透率达33.46%。

受2022年12月份销售冲量压力释放，2023年开年安徽省销量并不理想。2023年1月份，特斯拉打响价格战第一枪，3月份，湖北开启新车降价促销，价格战成为贯穿2023年全年的关键词，其规模远超市场预期。在这种背景下，安徽省政府积极出台相关促消费政策，2023年4月、5月份安徽省乘用车销量同比增长分别高达94.9%、34.7%（4月份同比增速高主要受同期基数较低影响），后三季度销量逐步稳增最终追平并实现同比增长。2023年12月份各品牌为冲击年底销量任务，环比增长达到了26.7%，基本追平2022年同期水平（见图1）。

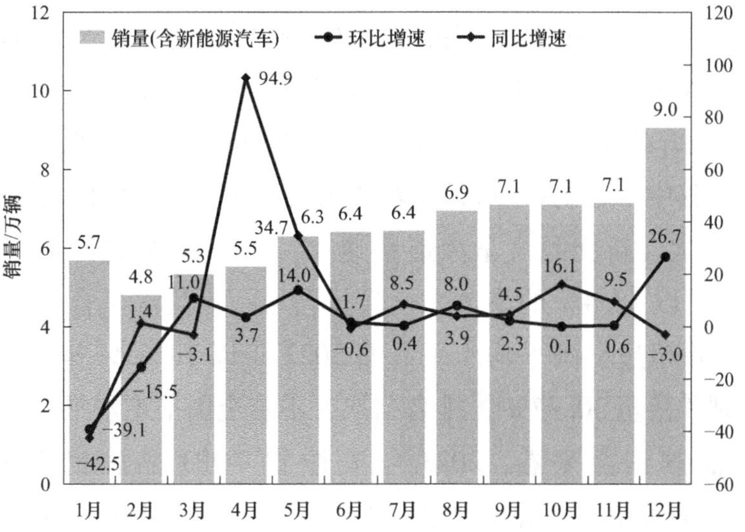

图1 2023年安徽省乘用车月度销量及同比、环比增速

2023 年安徽省新能源汽车渗透率达 33.46%，较 2022 年增长了 7.23%。和 2022 年同期销量相比，除了 2023 年 1 月、3 月份出现了负增长外，其他月份均大幅度增长，4 月份的销量甚至提升了 73.0%，8—11 月份更是连续 4 个月销量提升超过 47%（见图 2）。

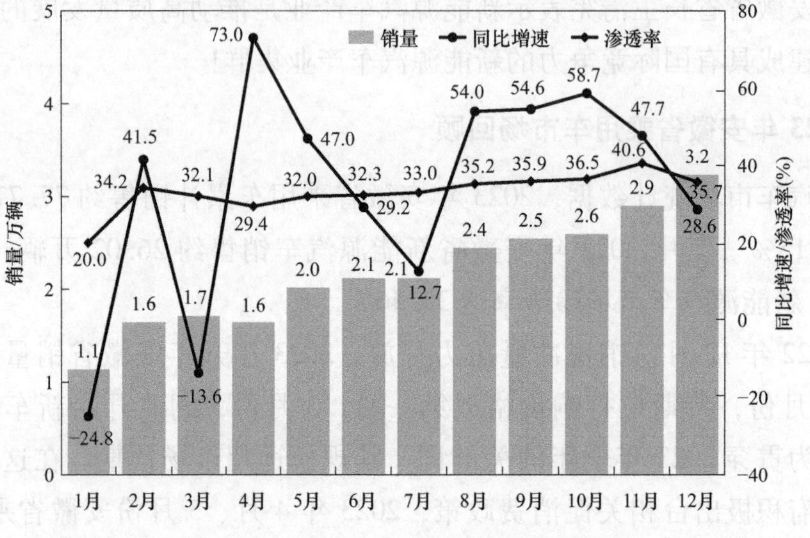

图 2 2023 年安徽省新能源汽车月度销量和同比增速及渗透率

分地区来看，合肥 2023 年乘用车销量为 27.6 万辆（见图 3），同比增长 13.63%，占安徽全省乘用车销量的 35.45%，较 2022 年提升了 3.21 个百分点。阜阳 2023 年乘用车销量为 7.5 万辆，超越芜湖提升至第二名，占比达 9.61%，较 2022 年提升了 0.44 个百分点。芜湖 2023 年乘用车销量为 5.9 万辆，由 2022 年第二名滑落至第三名，占比达 7.54%，较 2022 年下滑了 1.9 个百分点。

在新能源乘用车渗透率方面，2023 年安徽省十六地市新能源乘用车渗透率均在 25% 以上。其中，合肥市 2023 年新能源汽车销量为 10.25 万辆，同比增长 52.52%，增幅较大，新能源汽车渗透率达 37.2%，超安徽省 3.74 个百分点。值得一提的是亳州以 38.4% 的渗透率全省排名第一，其次是合肥、马鞍山、滁州、阜阳，达到并超过全国平均水平。而 2022 年以 38.65% 排名第一的芜湖，2023 年渗透率则跌落至 30.97%，排名第八，不及全国平均水平。

从乘用车品牌销量来看，2023 年安徽省 TOP3 品牌销量占据总量的 25.70%，；TOP5 品牌中，合资品牌仅有上汽大众，其余 4 家均为自主品牌，分别是比亚迪、奇瑞、吉利汽车、长安汽车（见图 4），说明自主品牌已经完成对合资品牌市场份额的反超。比亚迪凭借海豚、海鸥、元 PLUS 等车型稳坐安徽省

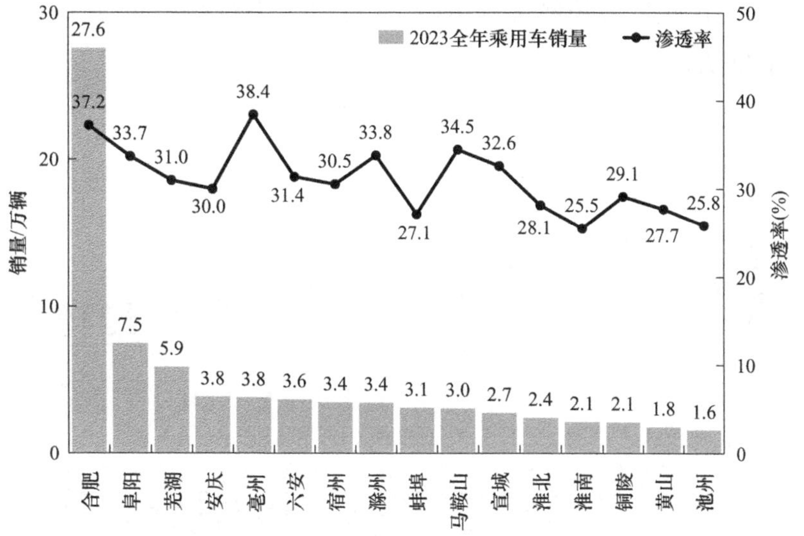

图 3　2023 年安徽省各地市乘用车销量及新能源汽车渗透率

乘用车销量及新能源汽车销量双第一。日系品牌则面临安徽省市场最严峻的考验，市场份额不断被挤压，广汽丰田、东风本田、一汽丰田排名下滑至第 12 ~ 15 名，东风日产更是跌落至第 20 名，而宝马、奥迪、奔驰销量排名较 2022 年均有提升。

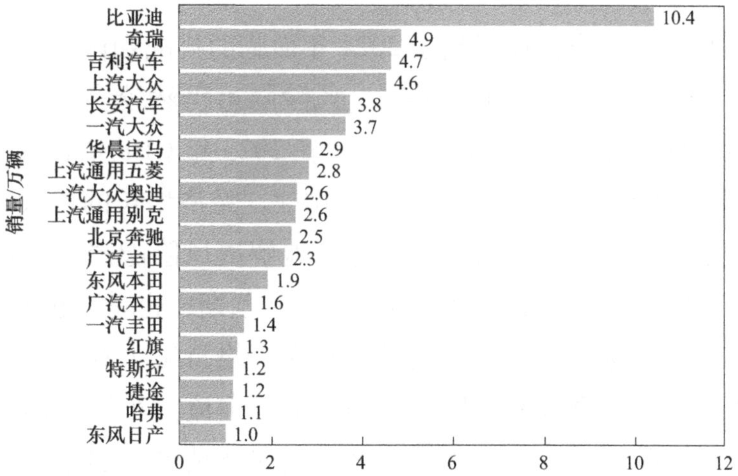

图 4　2023 年安徽省乘用车累计销量 TOP20 品牌

从车型销量来看，安徽省乘用车市场以 A 级家用轿车（海鸥、海豚、速腾、朗逸、Lumin 等）为主（见图 5），其中新能源车型更是消费者首选对象。SUV 方面，元 PLUS、瑞虎 8、Model Y、宋 PLUS 的市场表现也很亮眼。特别是 Model Y 可谓是特斯拉的明星车型，一款车型就占据了特斯拉年度总销量的 73.72%。

值得一提的是，比亚迪汉超越帕萨特、凯美瑞、迈腾等一众 B 级轿车，为国产品牌带了一个好头。

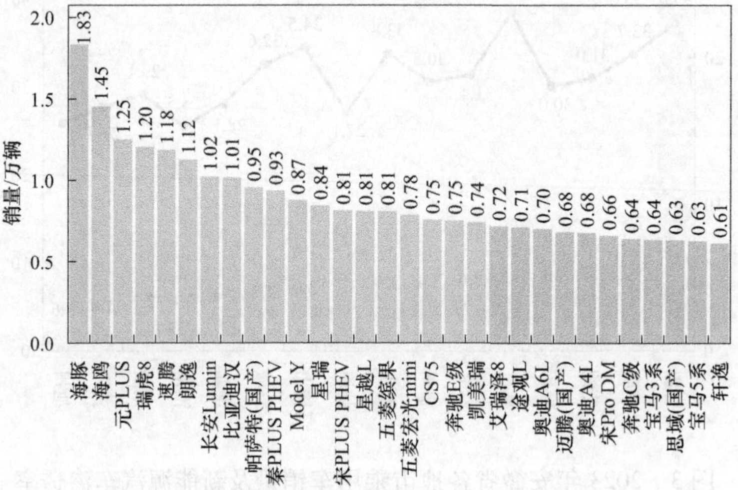

图 5　2023 年安徽省乘用车累计销量 TOP30 车型

二、2024 年安徽省乘用车市场预测

1. 2024 年全国汽车市场环境分析

2023 年中央经济工作会议提到了 2024 年面临的挑战和困难有：有效需求不足、部分行业产能过剩、社会预期偏弱、风险隐患仍然较多，国内大循环存在堵点，外部环境的复杂性、不确定性上升。在 2023 年 GDP 增长基数并不低的基础上，2024 年 GDP 保持持续较快增长面临挑战。经济增长的挑战需要政府和市场积极主动地提供增长环境，而如何创造性地解决风险隐患，如何推动若干经济领域的改革，如何改善每个人对经济的感受和预期，也是真正的“重头戏”。

在新能源汽车市场变革中，电池级碳酸锂价格持续下跌，预示新能源汽车价格战将继续。传统燃油车市场持续受到冲击，主流汽车制造商继续提供更大优惠应对。消费者观望情绪高，过早收缩优惠和补贴可能加速淘汰边缘汽车企业，加深消费者观望情绪。我国汽车行业在非垄断状态下，价格战将持续，汽车企业可能陷入降价“死循环”以应对市场竞争，2024 年又将是加速汽车市场洗牌的一年。

2. 2024 年安徽省乘用车市场影响因素及总量预测

2024 年 1 月 5 日，安徽省第十四届人民代表大会常务委员会第六次会议通过《安徽省新能源汽车产业集群发展条例》（以下简称《条例》），《条例》自2024年3月1日起施行。《条例》是安徽省第一次以立法形式规范和促进安徽省新能源汽车产业集群高质量发展，也是全国首个新能源汽车产业专项立法，共设7章43条，明确促进新能源汽车产业集群建设总体要求和推进机制，强化科技创新对新能源汽车产业集群建设推动作用，突出新能源汽车产业发展的前瞻引领，打造新能源汽车产业集群建设智造生态，深化新能源汽车场景应用和要素保障，推动新能源汽车产业开放发展。

同时，在《安徽省“十四五”汽车产业高质量发展规划》中写道：到2025年，省内企业汽车生产规模要超过300万辆，其中新能源车占比要超过40%，汽车产业产值要超过10000亿，产业链近地化率达到70%。

2023年，安徽省全面启动市、县、乡三级充换电基础设施建设，旨在解决新能源车主的“里程焦虑”，到2024年计划完成75%覆盖，2025年基本完成全覆盖，并将推进全省“充换电一张网”，成为新能源汽车出行“友好省份”，释放出更多的新能源汽车消费能力。其中蚌埠市计划到2025年建设各类充电桩不少于2.5万个，数量较2023年几乎翻番。同时安徽省正在谋划推进全国换电标准统一联盟的组建。

政策的推动加上产业链布局逐步完善，安徽省打造了良好的燃油车及新能源车使用氛围。据公安部交通管理局统计，截至2023年底，全国有25个城市机动车保有量突破300万辆，合肥就是其一。机动车保有量飞速增长，意味着合肥城市的快速发展。

2023年，是安徽省汽车产业的奋进之年，也是“消费提振年”。2023年安徽省政府一系列汽车促消费政策的出台，有效地拉动了消费者的消费热情，推动“购车意愿”转化为“购车行为”。展望未来，在接下来的“2024消费促进年”中，安徽省将继续推动汽车产业的发展，促进消费市场信心，壮大汽车“首位产业”，为安徽省经济的高质量发展注入更多的动力。在良好的营商及消费环境下，预计2024年安徽省将实现乘用车销售80.8万辆左右，同比增长约4%，其中新能源汽车销量为28.3万量，同比增长约10.3%。

（作者：江博雅）

2023 年重庆市汽车市场分析及 2024 年预测

2023 年，随着一系列促消费政策持续发力显效，我国市场活力不断增强，消费新业态、新热点持续涌现，消费市场保持稳定恢复态势。市场销售恢复向好，基本生活类和升级类商品销售良好，线上消费较快增长，服务消费需求持续释放。我国坚持推动传统产业改造升级和培养壮大战略性新兴产业两手抓，2023 年前三季度汽车制造业投资增长 20.4%。汽车消费同样回升，但 2023 年上半年运行未达预期，市场出现波动，居民消费能力和消费信心有待进一步恢复。2023 年我国汽车市场总体呈现燃油车销量下行压力加大、新能源汽车销量再创新高、二手车交易持续活跃、老旧机动车加速报废淘汰等市场特征。根据全国乘用车市场信息联席会的数据，2023 年 1—10 月份，全国乘用车累计零售 1726.7 万辆，同比增长 3.2%，同比净增 55.1 万辆，其中，新能源乘用车国内累计零售 595.4 万辆，同比增长 34.2%。

一、2023 年重庆市汽车市场分析

1. 2023 年重庆市经济情况

2023 年以来，重庆市深入贯彻党中央、国务院决策部署，认真落实市委、市政府工作要求，完整、准确、全面贯彻新发展理念，坚持稳中求进工作总基调，加快构建新发展格局，着力推动高质量发展，经济运行呈现恢复向好态势。

根据国家统计局统一核算，2023 年前三季度全市实现地区生产总值 22243.88 亿元，同比增长 5.6%，增速比上半年提高 1.0 个百分点，由上半年低于全国 0.9 个百分点转为高于全国 0.4 个百分点，追赶发展成效明显。分产业看，第一产业增加值 1429.67 亿元，增长 4.3%，对经济增长贡献率为 5.2%；第二产业增加值 8830.19 亿元，增长 6.1%，对经济增长贡献率为 43.0%；第三产业增加值 11984.02 亿元，增长 5.4%，对经济增长贡献率为 51.8%。

2023 年前三季度，全市规模以上工业增加值同比增长 5.7%，增速较上半年加快 2.2 个百分点，高于全国 1.7 个百分点。支柱产业持续恢复，汽车和摩托

车、材料和消费品增加值同比分别增长7.0%、10.3%和6.8%，对规模以上工业增加值增长贡献率分别为24.6%、41.8%和19.6%，有力拉动全市工业经济实现增长。其中汽车行业运行平稳，在2023年9月份同期基数较高的情况下，前三季度，汽车行业增加值同比增长5.9%，比上半年提高1.2个百分点，对全市规模以上工业增长的拉动力从上半年的0.8个百分点提高至1.0个百分点。其中，汽车整车制造同比增长1.0%，汽车零部件制造增长9.7%。在产品产量方面，前三季度，全市汽车产量为160.62万辆，同比下降4.3%，降幅较上半年收窄2.5个百分点。

随着经济社会全面恢复常态化运行，消费场景全面拓展，积压的消费需求快速释放，加上一系列扩大内需政策措施协同发力，消费市场延续回升向好态势，多数商品消费增长势头良好。2023年前三季度，全市实现社会消费品零售总额1.12万亿元，同比增长7.4%，增速比2023年上半年、一季度分别提高1.2个百分点、2.7个百分点，由上半年低于全国平均水平2.0个百分点转为高于全国平均水平0.6个百分点；商品零售额同比增长5.5%，比上半年提高0.9个百分点。从限额以上单位销售情况看，全市16个大类商品零售额同比增速呈现“12增4降”，增长面为75.0%，比上半年提高18.7个百分点。其中，石油类、汽车类商品零售额分别增长3.9%、4.8%，分别拉动全市限额以上单位商品零售额增长0.5个百分点、1.4个百分点。新能源汽车消费表现强劲，零售额同比增长69.8%，高于全市限额以上单位商品零售额增速64.3个百分点，拉动全市限额以上单位商品零售额增长3.8个百分点，新能源汽车占全市汽车类零售额的比重达29.6%，比上半年提高1.8个百分点。

2023年以来，面对严峻复杂的国际环境和艰巨繁重的改革发展稳定任务，重庆市上下保持战略定力，坚定高质量发展方向不动摇，各项稳经济政策靠前发力，全市经济“形”有波动，“势”仍向好，一季度实现良好开局，二季度承压前行，三季度加快回升，高质量发展态势良好。2023年3月份重庆市出台《关于实施新能源汽车置换补贴的通知》（渝商务〔2023〕49号），大幅促进新能源汽车销售，撬动区县、生产商、经销商、金融机构等促进汽车消费资金超6亿元；自6月起，组织各区县参加“百城联动”汽车节和“千县万镇”新能源汽车消费季活动，同期开展“爱尚重庆渝悦消费”汽车惠民促销活动，在全市营造良好的促消费氛围，引导恢复消费信心，提振市场消费意愿。

2. 2023年重庆市乘用车市场情况

据公安部统计，截至2023年9月底，全国机动车保有量达4.3亿辆，其中汽车3.3亿辆，新能源汽车1821万辆；机动车驾驶人5.2亿人，其中汽车驾驶人4.8亿人。全国有90个城市的汽车保有量超过100万辆，同比增加8个城市。其中，43个城市汽车保有量超过200万辆，25个城市超过300万辆，而重庆汽车保有量超过600万辆。

2023年1—10月份，重庆市广义乘用车销量为36.0万辆，与同期相比增长6.8%；新能源乘用车零售13.3万辆，同比增长46.2%。2023年1—10月份，重庆市自主品牌销量21.3万辆，相较2022年同期增长19.6%，在总销量中的占比达到59.2%，较2022年的52.9%增长6.3个百分点。这得益于2023年以来重庆市新能源汽车销量的持续增长，其中，自主品牌在1—10月份新能源汽车销量中占比达到86.1%，其次是特斯拉拉动的美系品牌，占比达7.8%。国家层面针对汽车行业的指引政策频出，商务部推动“百城联动”汽车节和“千县万镇”新能源汽车消费季活动，而重庆市各区也陆续发布新的促消费政策，这些都有效促进汽车市场的增长。重庆市燃油车市场压力仍较大，2023年3月份异常的“价格战”促销、国ⅥB排放标准切换促销等持续的降价浪潮使得终端消费者观望情绪加重，加之“油转电”趋势，价格战将进一步持续，燃油汽车企业总体利润处于低位。

在2023年1—10月份重庆市广义乘用车市场中，按车系分，自主品牌车系占比增长明显，占到59.2%；其次是德系车占比20.5%，与2022年同期基本持平，其中Smart表现亮眼，一汽大众相比2022年同期销量增长37.4%；日系车占比9.7%，除英菲尼迪外，其余日系品牌占比均有不同程度的下滑；美系品牌市场占比7.8%，小幅下滑，其中Jeep下滑幅度较大，雪佛兰和福特紧随其后，仅有特斯拉实现同比正增长，增幅21.2%；韩系和法系品牌市场占比总和不足3%，且下滑明显。

2023年1—10月份，重庆市新能源汽车累计销量为13.32万辆，累计同比增长46.2%，累计市场渗透率达37.1%，渗透率相较同期增长10个百分点（见图1）。2023年11月份起，厂家和经销商进入全年目标冲刺阶段，预计11—12月份新能源乘用车销量在3.4万辆左右，2023全年增速为44.9%左右，全年市场渗透率将突破40%。

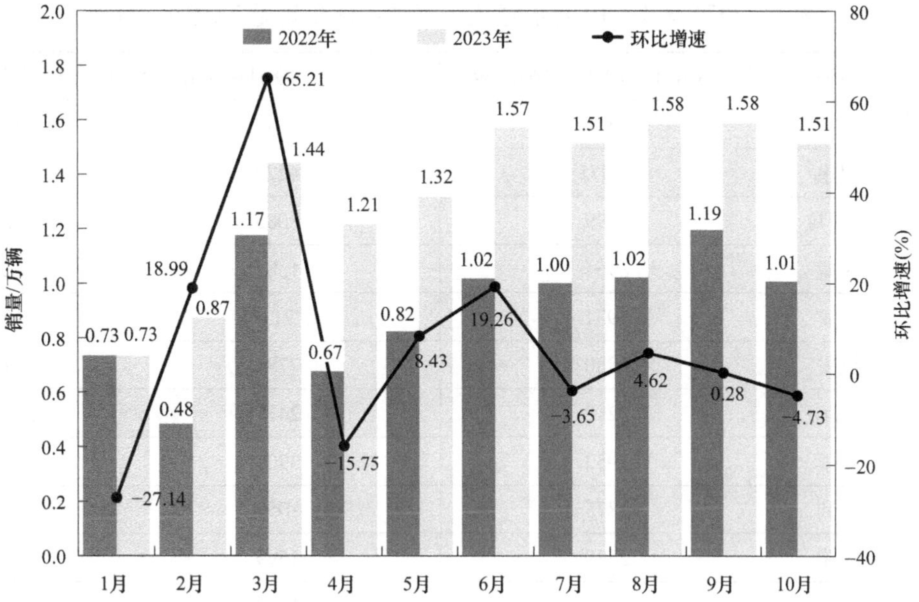

图1　2022—2023年1—10月份重庆市新能源汽车销量趋势

（注：数据来源于重庆市汽车商业协会）

在2023年1—10月份重庆市新能源汽车市场中，分品牌看，比亚迪汽车依旧保持总销量第一，2023年新增1.1万辆，增速达38.9%（见表1），在重庆市车型销量榜TOP20中其上榜车型达10款，占到细分市场29%的份额，优势地位明显；长安汽车携深蓝、阿维塔品牌纷纷入围前20名，其中深蓝S7自上市以来，连续4个月位列重庆市新能源车型榜冠军，表现不俗；受益于出行市场带动，埃安快速跃升至品牌榜第五名，同比增速达到1015.5%。在华为加持下，AITO排名提高1位，增速达32.9%。合资品牌被全面“换道超车”，大众销量排名相较2022年下滑8位，销量同比下滑39.9%，细分市场仅占1.5%的份额；宝马凭借i3和iX3两款车带动，总体销量上涨，相较2022年排名提高1位。腾势在中高端MPV市场表现优异，发力小众市场寻求新增量。

造车新势力企业中，理想汽车得益于细分市场主销车型的优越表现，准确把握消费者需求，位列2023年1—10月份重庆市新能源汽车品牌销量第二名，旗下三款车型均入围车型榜TOP20，与小鹏、蔚来拉开差距。特斯拉受出口影响，国内Model 3交付量下滑严重，直接影响到总排名。

除此之外，从单款热销车型的销量排行情况来看，新能源汽车市场竞争愈发激烈。除Model Y与宋PLUS DM-i以外，各车型销量差距非常小（见表2）。未来，随着越来越多的厂家发力新能源汽车赛道，市场格局将迎来新的变化。

表 1　2023 年 1—10 月份重庆市新能源汽车销量 TOP20 品牌

排名	品牌	2023 年 1—10 月份销量/辆	2022 年 1—10 月份销量/辆	同比增速（%）
1	比亚迪	39036	28108	38.9
2	理想	10575	4229	150.1
3	特斯拉	9799	8085	21.2
4	深蓝	8964	1384	547.7
5	埃安	7931	711	1015.5
6	长安	6880	7781	-11.6
7	AITO	3212	2417	32.9
8	小鹏	2952	3903	-24.4
9	吉利	2875	1057	172.0
10	零跑	2539	1599	58.8
11	极氪	2429	1523	59.5
12	五菱	2216	2843	-22.1
13	宝马	2097	1000	109.7
14	大众	1966	3271	-39.9
15	睿蓝	1797	1041	72.6
16	阿维塔	1765	147	1100.7
17	欧拉	1754	1436	22.1
18	蔚来	1742	1354	28.7
19	腾势	1662	7	23642.9
20	欧尚汽车	1495	426	250.9

注：数据来源于重庆市汽车商业协会。

表 2　2023 年 1—10 月份重庆市新能源汽车销量 TOP20 车型

排名	车型	2023 年 1—10 月份销量/辆	2022 年 1—10 月份销量/辆	同比增速（%）
1	Model Y	7032	5428	29.6
2	宋 PLUS DM-i	5135	6000	-14.4
3	S7 REEV	3978	—	—
4	Aion S	3925	760	416.4
5	元 PLUS	3794	2653	43.0
6	秦 PLUS DM-i	3756	2329	61.3
7	理想 L7	3715	—	—

（续）

排名	车型	2023 年 1—10 月份销量/辆	2022 年 1—10 月份销量/辆	同比增速（%）
8	SL03 REEV	3598	681	428.3
9	理想 L8	3555	—	—
10	海豚	3549	2799	26.8
11	秦 PLUS EV	3075	2694	14.1
12	逸动 EV	3049	3420	-10.8
13	宋 Pro DM-i	2885	1106	160.8
14	理想 L9	2759	727	279.5
15	MODEL 3	2690	2657	1.2
16	唐 DM-i	2504	1615	55.0
17	汉 EV	2340	2850	-17.9
18	海鸥	2036	—	—
19	Aion Y	2008	1119	79.4
20	汉 DM-i	1841	1675	9.9

注：数据来源于重庆市汽车商业协会。

据统计，2023 年 1—9 月份，全国二手车累计交易量为 1410.7 万辆，同比增长 8.3%，其中重庆市二手车累计交易量为 24.1 万辆，同比增长 5.9%。

在二手车新政影响下，2023 年二手车市场也朝着规范化、品牌化的道路发展。截至 2023 年 11 月份，重庆市共有 2108 家企业完成了二手车备案，其中二手车经销企业有 1758 家。从合规化、制度化入手，规范二手车行业良性健康发展是必由之路，也是增量市场向存量市场转化的必然选择。

二、2024 年重庆市汽车市场预测

1. 2023 年我国汽车市场环境分析

2023 年前三季度，我国 GDP 为 913027 亿元，按不变价格计算，同比增长 5.2%，经济持续恢复向好。其中，第一产业增加值为 56374 亿元，同比增长 4.0%，对经济增长的贡献率为 5.0%；第二产业增加值为 353659 亿元，同比增长 4.4%，对经济增长的贡献率为 31.9%；第三产业增加值为 502993 亿元，同比增长 6.0%，对经济增长的贡献率为 63.0%。从环比看，经调整季节因素后，2023 年三季度 GDP 环比增长 1.3%。环比增速连续五个季度增长，经济总体呈

现持续恢复向好态势。随着市场供给能力不断优化提升以及品质生活与绿色环保理念增强，居民升级类和绿色商品消费需求持续释放，新能源汽车销量继续保持快速增长势头，前三季度新能源乘用车零售超过 500 万辆，同比增长 33.8%。

2023 年以来，国家出台了一系列政策推动汽车产业健康、稳定发展。2023 年 7 月份，国家发展和改革委员会会同有关部门和单位研究制定了《关于促进汽车消费的若干措施》，政策围绕进一步稳定和扩大汽车消费，优化汽车购买使用管理制度和市场环境，更大力度促进新能源汽车持续健康发展等内容，在包括优化汽车限购管理政策、支持老旧汽车更新消费、加快培育二手车市场、加强新能源汽车配套设施建设、着力提升农村电网承载能力、降低新能源汽车购置使用成本、推动公共领域增加新能源汽车采购数量、加强汽车消费金融服务、鼓励汽车企业开发经济实用车型及持续缓解停车难、停车乱问题等十个方面提出相关举措，营造有利于汽车消费的政策和市场环境。

2023 年 10 月份，商务部等九部门联合发布了《关于推动汽车后市场高质量发展的指导意见》，政策从优化汽车配件流通环境、促进汽车维修服务提质升级、构建多层次汽车赛事格局、加快传统经典车产业发展、支持自驾车旅居车等营地建设、丰富汽车文化体验及优化汽车消费金融服务等七方面，明确了汽车后市场发展的总体目标和主要任务，系统部署推动汽车后市场高质量发展，促进汽车后市场规模稳步增长，市场结构不断优化，规范化水平明显提升，持续优化汽车使用环境，更好地满足消费者多样化汽车消费需求。

2. 2024 年重庆市经济发展趋势

重庆市是全国重要汽车生产基地之一，传统汽车产业已形成“1 + 10 + 1000”优势集群，正加快向新能源化、智能网联化转型升级，智能网联新能源汽车产销规模增长迅速，“大小三电”（电控系统、驱动电机、动力电池，电制动、电转向、电空调）等核心配套已有较好基础，具有西部地区最为完整的智能网联新能源汽车产业链，以长安、赛力斯、睿蓝为代表的头部整车企业汇聚发展。近年来，重庆市围绕“建成世界级智能网联新能源汽车产业集群”目标，以新能源汽车整车制造龙头企业为引领，大力实施汽车零部件集群发展战略，全面梳理产业链上下游产品和企业，加速布局世界级智能网联新能源汽车产业集群。2022 年 9 月份，重庆市人民政府制定并印发了《重庆市建设世界级智能网联新能源汽车产业集群发展规划（2022—2030 年）》，推动重庆市汽车产业新能源化、智能网联化、高端化、绿色化发展。

重庆市大力促进汽车消费升级扩容，抓住国际消费中心城市培育建设契机，巩固消费回暖势头。一是激发县乡消费，鼓励区县开展新能源汽车促销和以旧换新汽车消费，完善消费者权益保护机制，释放居民消费潜力。二是支持汽车经销企业构建城乡一体、线上线下融合的汽车销售和售后服务网络，鼓励其积极整合联动各方资源，通过政企联动，采取降价打折、抽奖赠礼、以旧换新补贴等方式，多方合力开展各类汽车展销和惠民消费促进活动。三是瞄准行业痛点与市场需求，挖掘汽车后市场消费潜力，结合商务部等九部门联合发布的《关于推动汽车后市场高质量发展的指导意见》，优化汽车配件流通环境、促进汽车维修服务提质升级、丰富汽车文化体验，以及优化汽车消费金融服务等，提升服务效能。

3. 2024 年重庆市乘用车市场影响因素及总量预测

2023 年 1—10 月份重庆市广义乘用车销量为 36.0 万辆，与同期相比增长 6.8%，占全国细分市场的 2.1%，保持正常水平。按月份细分来看，因 2023 年春节较早和相关政策切换带来的市场透支因素，以及车企降价下消费者形成“买涨不买跌”心态，导致 1 月、2 月份销量走低；3 月份重庆市出台《关于实施新能源汽车置换补贴的通知》带动新能源汽车增长；6 月份举办的重庆车展提升了整体销量；7 月份作为传统汽车市场淡季、车展及经销商半年冲量等多种因素影响，部分购车需求提前释放，汽车市场承压前行，增长动力不足；10 月份开始进入年底的市场加速期，未来汽车市场增长效果将较好，预计 2023 年重庆市广义乘用车销量为 44.5 万辆左右（见表 3），较同期增长 10.9 个百分点。

展望 2024 年，在不考虑地缘政治等不可抗力因素的情况下，重庆市乘用车市场消费潜力将进一步释放，2024 年预计增幅为 5%。

表 3　2017—2024 年重庆市乘用车（广义）销量及预测

（单位：万辆）

年份	2017 年	2018 年	2019 年	2020 年	2021 年	2022 年	2023 年	2024 年（预计）
乘用车销量	49.6	48.8	45.9	43.8	45.4	40.1	44.5	46.5

（作者：陈学勤　叶玉屏）

我国各线级城市新能源乘用车市场发展特征及2024年展望

2020年以来，我国新能源乘用车（以下简称NEV）市场实现了超高速发展，NEV内需量由2020年的116万辆增长至2023年1—11月份的687万辆，NEV渗透率达到34.4%（见图1）。

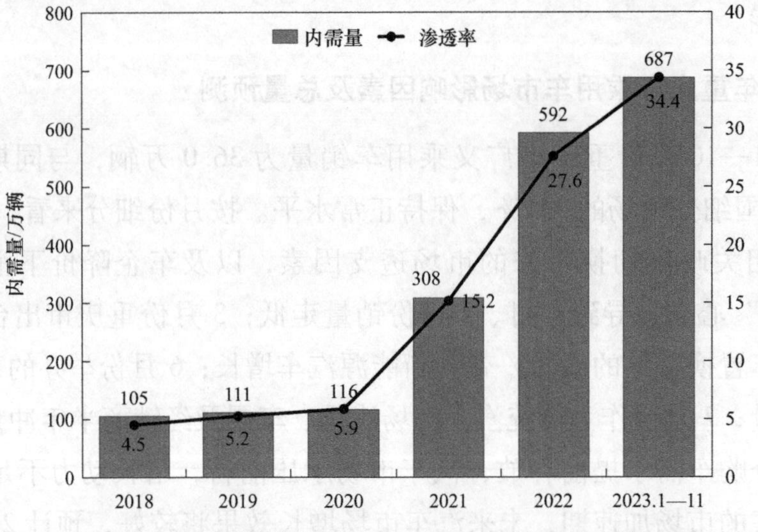

图1　2018—2023年我国NEV内需量与NEV渗透率

（注：数据来源于国家信息中心狭义乘用车内需数据库）

如果将全国各地级及以上城市按照经济发展水平与人口规模划分为一线、二线、三线城市三大类（见表1），则各线级城市NEV市场呈现出了不同的发展趋势。本文将探究各线级城市NEV市场的发展特征以及其背后成因，并展望各线级城市NEV市场未来的发展趋势。

表1　我国各线级城市的主要代表城市

城市线级	主要代表城市
一线城市	北京、上海、成都、广州、杭州、深圳、重庆、苏州、天津
二线城市	郑州、武汉、西安、东莞、长沙、合肥、宁波、佛山、石家庄、南京、济南、长春、沈阳、无锡、昆明、青岛、温州、金华、太原、南宁、乌鲁木齐等49个城市

（续）

城市线级	主要代表城市
三线城市	洛阳、商丘、菏泽、淄博、扬州、湖州、银川、南阳、赣州、遵义、阜阳、周口、淮安、江门、珠海、聊城、汕头、柳州、泰州、新乡、盐城、西宁、衡水、襄阳、德州、驻马店、滨州、宜昌、绵阳、连云港、宿迁等283个城市

一、当前各线级城市 NEV 市场发展特征

1. 一线城市 NEV 渗透率高于二、三线城市

2023年1—11月份，一线城市中NEV渗透率已达到40.9%，高于二线城市33.9%的NEV渗透率和二线城市28.1%的NEV渗透率（见图2）。由于高线级城市用户购买能力强、消费观念前卫，NEV在全国的普及呈现出高线级城市领先于低线级城市的特点。

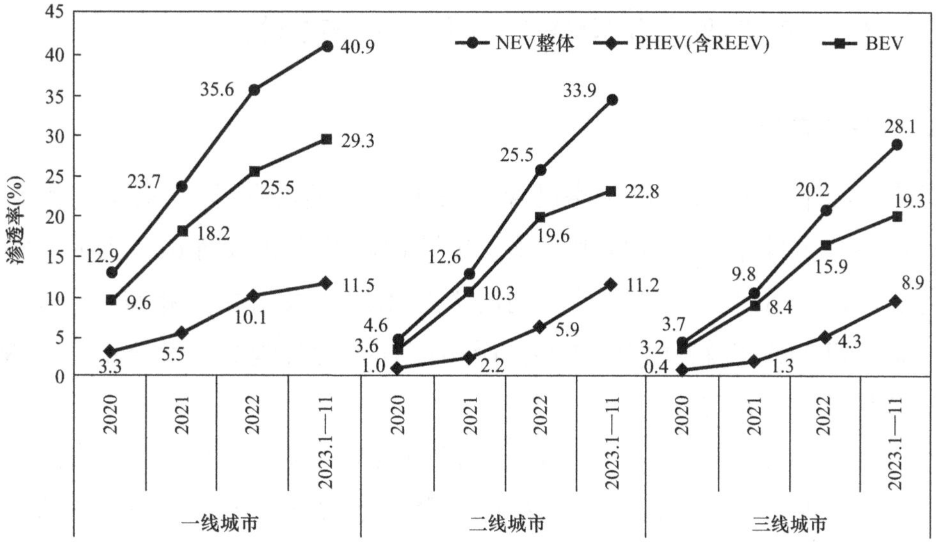

图2 我国各线级城市乘用车市场分燃料类型NEV渗透率

（注：数据来源于国家信息中心狭义乘用车终端销量数据库）

2. 二、三线城市 NEV 渗透率增长呈现加速趋势

相较于2020年，2022年一线城市NEV渗透率由12.9%提升至35.6%，年均提升11.4%；二线城市NEV渗透率由4.6%提升至25.5%，年均提升10.5%；三线城市NEV渗透率由3.7%提升至20.2%，年均提升8.3%。可见在

此期间 NEV 渗透率在各线级城市均呈现快速增长的趋势。但是若将 2023 年与 2022 年比较来看会发现，NEV 渗透率在各线级城市中的发展趋势已经发生分化。2023 年前 11 个月较 2022 年全年，一线城市 NEV 渗透率由 35.6% 提升至 40.9%，提升 5.3%；二线城市 NEV 渗透率由 25.5% 提升至 33.9%，提升 8.5%；三线城市 NEV 渗透率由 20.2% 提升至 28.1%，提升 7.9%。可见一线城市 NEV 渗透率提升幅度趋稳的同时，二、三线城市 NEV 渗透率保持较快增长态势。

3. PHEV 渗透率在二、三线城市加速增长

NEV 产品可拆分为只能纯电驱动的 BEV 产品和既可以纯燃油驱动也可以纯电驱动的 PHEV 产品两种类型。若分别看这两种产品的渗透率变化趋势，可以发现，当前各线级城市中 BEV 渗透率的提升趋势较 2022 年前已呈现明显的放缓趋势，而 PHEV 渗透率在二、三线城市中呈现加速提升的趋势。

二、当前各线级城市 NEV 市场影响因素剖析

1. 用户需求端

当前乘用车市场 NEV 渗透率已经突破 34%，随着 NEV 渗透率的不断提升，NEV 产品用户群体结构也在发生变化。按照创新技术普及理论，当前 NEV 乘用车已经由向先导用户普及阶段过渡到向大众用户普及阶段。相较于先导用户可能更多地受到 NEV 创新性驾驶体验的吸引而选择尝鲜购买，大众用户对 NEV 产品的关注点则更加务实。

大众消费者对 NEV 产品的关注点可以总结为两点。首先是全场景的适应性，即打消里程焦虑、保证充电便利性以及满足多场景出行需求。根据国家信息中心 NEV 用户调查数据，大众用户对于 BEV 实际续驶里程要求在 500km 以上，充电时间要求在 20min 以内（含找充电桩以及等待时间）。此外，由于大众用户家庭普遍只保有一辆乘用车，因此需要 NEV 产品能够同时满足多种场景的出行需求。

其次是全生命周期的低成本需求。当前 NEV 产品较燃油车依然存在较高溢价，且 NEV 产品的保养维修费也高于燃油车。同样行驶 100km，NEV 产品所需的费用低于燃油车所需的油费。大众用户希望在全生命周期内 NEV 产品能够表现出比燃油车更好的经济性。

综上所述，NEV 产品依靠科技和智能化等优势吸引先导用户购买尝鲜的历史，无法在大众用户身上得到有效重现。而越是低线级城市，大众用户的占比越高，这也就解释了为什么当前低线级城市 NEV 渗透率低于高线级城市。

2. 产品供给端

根据国家信息中心测算数据，当前市场上现有的 BEV 产品平均续驶里程为 400km，用户满意度仅为 30%；30% ~80% 电量充电所需平均时长为 55min，用户满意度仅为 6%。可见当前 BEV 产品所能达到的续驶里程和充电便利性水平与大众用户的理想水平相比，还存在较大的差距，这与当前 BEV 渗透率提升呈现放缓趋势的现象相符。

2021 年后，以比亚迪 DM－i 技术为代表的 PHEV 产品成功打入主流家用需求价位区间，凭借“可油可电”的特点打消了用户对续驶里程与充电便利性的焦虑，且凭借高热效率的混合动力专用发动机以及“以电为主”的驱动模式，实现了比同级别传统燃油车更高的燃油经济性。近一年来，PHEV 产品在乘用车市场中的渗透率更是得到了加速提升，尤其是在大众用户占比较高的低线级城市。

3. 产业政策端

2023 年以来，新能源汽车国家补贴政策的退出以及新能源汽车购置税“两免两减”政策的出台相对有利于 PHEV 市场发展。2022 年以前，用户购买 BEV 产品所享受的国家补贴额度显著高于购买 PHEV 产品所享受的国家补贴，因此该政策对 BEV 产品的支持力度大于 PHEV 产品。2023 年以来，国家补贴政策完全退出，且 2023 年 6 月出台的新能源汽车购置税“两免两减”政策在减免额度上对 BEV 产品与 PHEV 产品一视同仁，因此可以判断政策端的变化相对利好 PHEV 产品市场。

虽然国家对于 NEV 产品的补贴政策已经退出，但地方政府对 NEV 产品提供支持的现象依然较为普遍。由于高线级城市的促消费补贴额度显著高于低线级城市，主打科技智能的中高端 BEV 产品在高线级城市得到的政策支持力度相对较大。此外，值得一提的是，用户在北京购买 PHEV 无法享受与 BEV 相同的限行豁免优惠，而上海也自 2023 年 1 月 1 日起停止向 PHEV 用户免费发放牌照。这些现象表明，一线城市对于 PHEV 产品在使用端的政策支持力度要弱于 BEV 产品。

4. 使用环境端

从地理环境角度来看，三线城市分布在气温较低的西部、东北部地区的比例较高（见图 3）。在当前电池技术条件下，低温环境会带来较为严重的电池电量衰减问题，这在很大程度上限制了用户对于 BEV 的选择。此外，西部地区由于地广人稀，用户长途出行的需求较高，因此对 BEV 产品续驶里程的担忧最为严重。

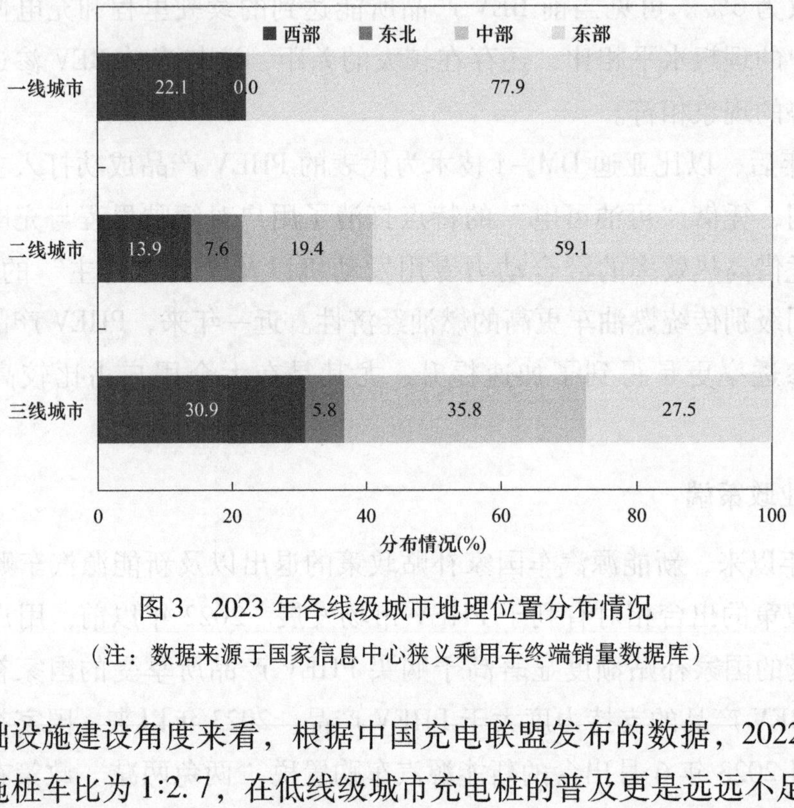

图 3　2023 年各线级城市地理位置分布情况

（注：数据来源于国家信息中心狭义乘用车终端销量数据库）

从基础设施建设角度来看，根据中国充电联盟发布的数据，2022 年我国充电基础设施桩车比为 1∶2.7，在低线级城市充电桩的普及更是远远不足。

三、2024 年 NEV 市场前景展望

1. 全国 NEV 整体渗透率继续提升，PHEV 渗透率增长相对更快

从政策端来看，虽然当下中国新能源汽车产业发展正在由政策驱动向市场驱动转变，但仍需清楚地认识到中国新能源汽车产业发展尚未成熟的客观事实。在新能源汽车产业国际竞争日益激烈的当下，为了推动中国新能源汽车产业高质量发展，国家对于新能源汽车产业的支持政策仍将持续。

从市场供需方面来看，当前充电基础设施数量以及 BEV 产品性能尚无法有

效满足大众用户对于续驶里程、充电便利性以及经济性的要求。在此背景下，比亚迪、长城、奇瑞、吉利、广汽等主流汽车企业已通过研发 PHEV 产品来满足大众用户对 NEV 的需求。

综上所述，2024 年 NEV 渗透率持续提升的大趋势不会发生转变，其中 PHEV 渗透率将迎来快速提升。

2. 在 PHEV 快速普及的带动下，低线级城市 NEV 渗透率提升速度快于高线级城市

从基础设施建设角度来看，三线城市充电基础设施不完善的现状短期内难以得到有效改善。

从市场供需关系角度来看，当前二、三线城市消费者对 NEV 产品的诉求更多地集中在使用费用低和产品性价比高两方面，而以比亚迪秦 Plus DM－i 为代表的紧凑级家用轿车产品恰好迎合了这类需求。当前各大主流汽车企业均开始布局 PHEV 市场，预计未来供给端将推出更多的家用经济型 PHEV 产品，以满足大众用户对 NEV 的需求。

综上所述，2024 年各线级城市 NEV 渗透率均将继续提升，但 PHEV 渗透率的提升速度将会呈现二、三线城市快于一线城市的特点，且在此趋势影响下，预计 2024 年二、三线城市 NEV 渗透率提升速度将快于一线城市。

（作者：刘天淼）

2023 年我国进口车市场分析及 2024 年展望

2023 年，我国汽车市场在政策大力促消费、厂商深度内卷、出口大放异彩等多重因素支撑下交出亮丽答卷。乘用车市场信息联席会发布的数据显示，2023 年乘用车零售销量为 2169.9 万辆，同比增长 5.6%，厂商批发销量高达 2553.1 万辆，再创历史新高。与之相对，进口车市场在国产替代尤其是高端新能源产品加速蚕食的大背景下，销量表现差强人意，但依旧有可圈可点之处。2024 年，预计进口车市场马太效应仍将延续，同时豪华品牌[㊀]乃至超豪华品牌在“愈卷愈烈”的汽车市场中也难以独善其身，预计将加速在智能化、电动化方面进一步发力，以加强产品和品牌优势，并以更优的客户服务姿态吸引和打动用户，保住目前来之不易的市场份额。

一、促消费政策引导，国民经济呈现筑底特征

2023 年是我国新冠疫情防控结束后展现经济复苏活力的一年。随着经济社会全面恢复常态化运行，促消费政策持续发力，餐饮、文化、旅游等服务消费实现较快恢复，以汽车为代表的大宗消费表现亮眼，对经济增长的拉动作用持续提升，国民经济顶住了国内外多重不利因素交织带来的下行压力，经济运行呈现筑底特征。2023 年国内生产总值企稳回升，预计大概率完成全年 5% 左右的增速目标。

2023 年 12 月份召开的中央经济会议确定了“稳中求进、以进促稳、先立后破”的总体经济发展基调，高质量发展将成为 2024 年经济发展的主题。从会议部署看，2024 年宏观政策将更加精准发力、多做加法，财政政策将适度加力、提质增效，财政支出结构将继续优化，货币政策将灵活适度、精准有效，更加注重对价格水平的引导作用。同时，在建设全国统一大市场与畅通国内大循环背景下，中央及各地区消费政策有望加码，采取更加积极主动的支持政策，对

㊀ 本文所列豪华品牌仅包含奥迪、宝马、奔驰、MINI、捷豹、凯迪拉克、雷克萨斯、路虎、讴歌、沃尔沃、英菲尼迪、保时捷、玛莎拉蒂、阿斯顿·马丁、宾利、法拉利、兰博基尼、劳斯莱斯、迈凯伦和特斯拉。

需求端的刺激效果将逐步显现；制造业升级和市场规范化管理将有助于供给侧改革深化，利于消费环境改善，支撑国民经济实现可持续发展。

二、2023 年我国进口车市场回顾

1. 供需不平衡状态依旧，市场开始呈现积极信号

相比乘用车市场大盘，进口车受到热门车型国产化、自主品牌高端化转型等因素影响，自 2017 年开始震荡下行，至 2022 年全年进口量不足 80 万辆（见图 1）。2023 年，国内高端市场需求逐步转好，尤其进入下半年，市场销量得到了一定恢复。

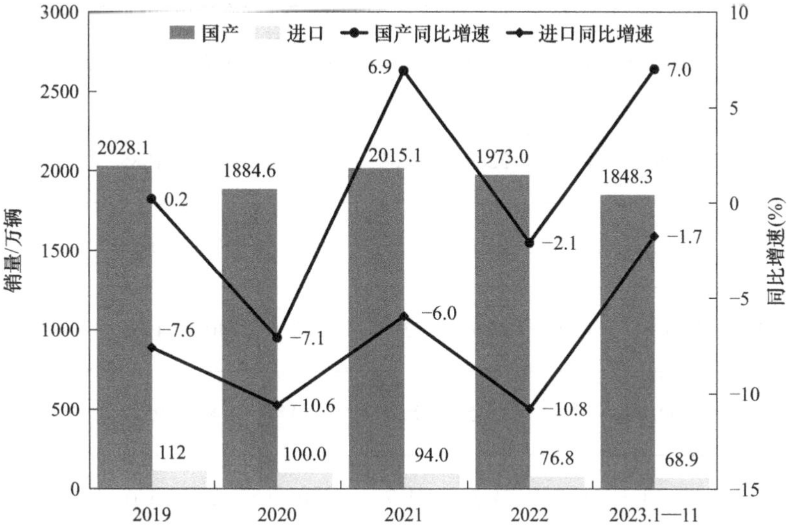

图 1　2019—2023 年国产和进口乘用车销量及同比增速

（注：数据来源于海关、终端销售数据）

2019—2021 年，乘用车进口量持续下探，年度跌幅保持在 10% 上下，从 112 万辆、100 万辆再到 94 万辆，2022 年受政策调整、需求低迷的影响更是出现了 76. 8 万辆的历史低位。在此期间，厂商、经销商经营压力较大且难以缓解。其主要原因是厂商面对疫情影响估算不足，经销商对后疫情时代市场预判乐观，导致了供应抢跑需求、库存难消、消费者观望、抑制整体销量的局面。2023 年 1—11 月份，进口销量伴随国民经济运行波动向上，市场销量达到 68. 9 万辆，同比小幅下滑 1. 7%。从月度走势来看，需求逐步改善，下半年开始进口市场出现回温，11 月份进口量出现了近一阶段时间的高点，为 2024 年的进口车

市场带来积极信号。

2. 市场阶段性筑底，年轻客户群体决定后续市场走势

从数据趋势来看，进口乘用车市场经历疫情和芯片短缺的冲击洗礼，尤其是国产豪华新能源车分流了部分需求，大概率已经完成了筑底阶段。后期除了关注国际环境变化导致的供应波动因素外，国产资源尤其是自主高端产品的放量供应，需要进一步引起重视，尤其是当下年轻人对品牌溢价的接受度持续下降，可能将是进口市场回暖的较大不确定因素。2013—2023 年进口乘用车和国产乘用车销量数据对比见表 1。

表 1 2013—2023 年进口乘用车和国产乘用车销量数据对比

年份	2013 年	2014 年	2015 年	2016 年	2017 年	2018 年	2019 年	2020 年	2021 年	2022 年	2023 年 1—11 月份
国产乘用车销量/万辆	1391	1566	1767	2269	2286	2110	2028	1885	2015	1973	1848
进口乘用车销量/万辆	111	126	112	107	113	112	112	100	94	77	69
总计销量/万辆	1502	1692	1879	2376	2399	2222	2140	1985	2109	2050	1917
国产乘用车市场占有率（%）	92.6	92.6	94.0	95.5	95.3	95.0	94.8	95.0	95.5	96.2	96.4
进口乘用车市场占有率（%）	7.4	7.4	6.0	4.5	4.7	5.0	5.2	5.0	4.5	3.8	3.6
国产乘用车同比增速（%）	16.7	12.6	12.8	28.4	0.7	−7.7	−3.9	−7.1	6.9	−2.1	7.0
进口乘用车同比增速（%）	13.3	13.5	−11.1	−4.5	5.6	−0.9	0	−10.7	−6.0	−18.1	−1.7
总体市场同比增速（%）	16.4	12.6	11.1	26.5	1.0	−7.4	−3.7	−7.2	6.2	−2.8	6.7

注：数据来源于终端销售数据。

3. 行业库存居高，厂商经营压力大

2023 年上半年进口车销量的低迷与 2022 年经销商库存处于较高水平有直接关系（见图 2）。2023 年 1—11 月份海关进口量为 71.9 万辆，终端销量为 68.9 万辆，基本处于供需平衡状态，但主要品牌的库存水平仍有提升，行业压力不

减。2023 年下半年伴随需求改善，同时经销商也一定程度上适应了高库存状态，急于完成全年销售任务，纷纷在下半年出现补货行为。而这也导致了库存数据居高难下。由此，2024 年一季度甚至二季度经销商都将着力控库存、降库存，届时也将影响进口资源的引入。

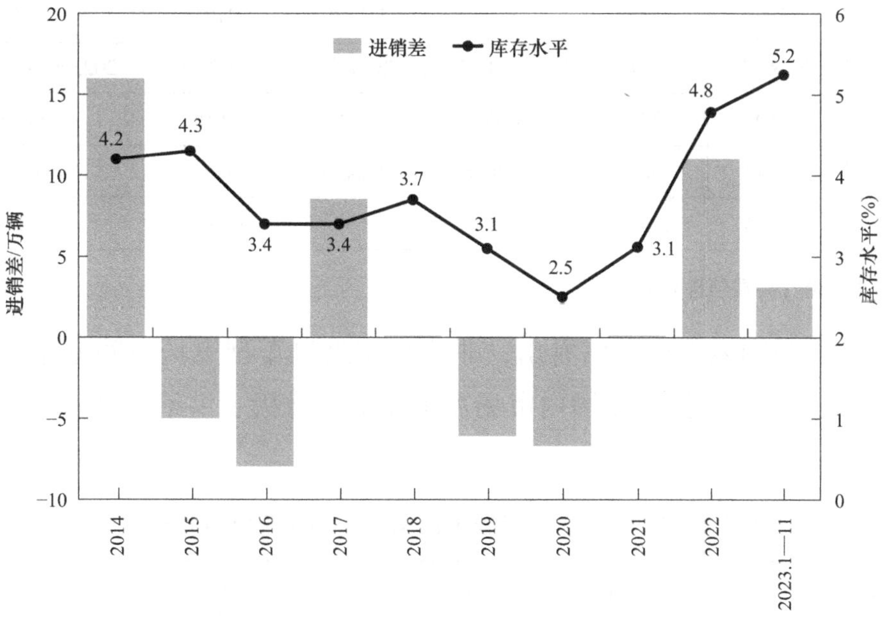

图 2　2014—2023 年进口乘用车库存情况

（注：数据来源于中国进口汽车市场信息联席会，全行业库存包含进口主机厂和经销商库存）

4. 品牌阵营持续分化，非豪华需求更趋小众

在进口乘用车市场中，非豪华品牌需求的快速下滑是造成进口乘用车总体需求萎缩的重要原因。究其原因，一方面是在经济前景不明朗的大环境下，非豪华品牌的消费人群是最敏感的观望型客群；另一方面，非豪华品牌也直接受到自主品牌向上发展和豪华品牌价格下探的双重影响，面临市场空间被持续挤压的窘境。非豪华品牌的销量自 2018 年起连续下滑，2020—2022 年期间，销量年均降幅达到 40%，2023 年前 11 月则下滑到 6. 37 万辆的水平（见表 2）。反观进口乘用车市场中的其他阵营，豪华品牌需求呈现相对理性的波动性走势，2018—2023 年销量震荡幅度为 5% 上下，2023 年出现了 2% 降幅；而超豪华品牌的市场走势则“活跃”许多，销量保持较高增长速度的同时，走势也比较震荡。值得一提的是，自主品牌超豪华车型的逐步上市对超豪华进口车有一定的影响，而且整体市场需求在经济大环境影响下尚未充分释放，2023 年超豪华车市场出现回调。

表2 2012—2023年进口乘用车品牌销量对比 （单位：辆）

销量	2012年	2013年	2014年	2015年	2016年	2017年
超豪华车	3321	3899	3855	2927	3761	4215
豪华车	612789	685682	767002	702644	725492	795900
非豪华车	365091	422504	487996	417589	341211	327510
销量	2018年	2019年	2020年	2021年	2022年	2023年1—11月份
超豪华车	5150	5217	6052	8038	8650	6823
豪华车	836142	838734	802686	843439	691526	618458
非豪华车	278994	274453	191047	88746	68098	63716

注：数据来源于终端销售数据。

通过市场份额表现也可以看出，非豪华车进口车型市场空间基本都被豪华车型取代（见表3），这也是国内市场需求端消费升级、供给端品牌升级的直接影响结果。

表3 2012—2023年我国进口乘用车品牌市场份额构成 （%）

市场份额	2012年	2013年	2014年	2015年	2016年	2017年
超豪华车	0.3	0.3	0.3	0.3	0.3	0.4
豪华车	62.5	61.7	60.9	62.5	67.8	70.6
非豪华车	37.2	38.0	38.8	37.2	31.9	29.0
市场份额	2018年	2019年	2020年	2021年	2022年	2023年1—11月份
超豪华车	0.5	0.5	0.6	0.9	1.1	1.0
豪华车	74.6	75.0	80.3	89.7	90.0	89.8
非豪华车	24.9	24.5	19.1	9.4	8.9	9.2

注：数据来源于终端销售数据。

5. 豪华品牌进口车型持续被国产车型取代，整体市场趋稳

2012—2023年，国产豪华车的销量一直保持高速增长态势。2023年1—11月份，国产豪华车销量为2095813辆，进口豪华车销量为598644辆。豪华车市场总量未见萎缩，只是部分豪华车品牌将原本畅销的进口车型导入国内生产，这也反映出我国汽车工业发展到了一定水平，同时也印证了豪华车品牌国产车与进口车在市场中的关系是互补而非竞争。

6. 进口豪华新能源车型增多，后期值得关注

与整体进口车市场未改颓势的表现大相径庭，新能源汽车进口形势喜人。截至 2023 年 11 月份，新能源汽车进口量较 2022 年就实现了 140.0% 的涨幅（见图 3）。自主品牌在新能源市场地位不断巩固，外资品牌新能源化也进一步加速进程。一线豪华品牌新能源产品在 2023 年陆续放量，宝马 i 系、特斯拉 Model X 和雷克萨斯 RZ 等车型进口量增速居前，插电式混合动力车型奔驰 GLE 级、雷克萨斯 RX 和保时捷卡宴等车型销量势头较好，都是支撑新能源进口车市场热度的因素。

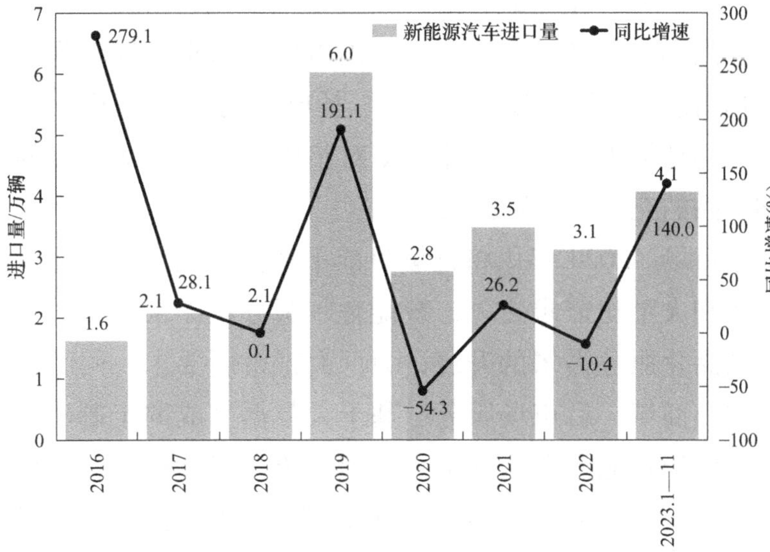

图 3　2016—2023 年新能源汽车进口量及同比增速

（注：数据来源于终端销售数据）

三、2024 年我国进口车市场展望

1. 宏观经济持续向好，外部环境存在不确定性

“年年岁岁花相似，岁岁年年人不同。”在消费环境改善与消费政策的持续引导下，2024 年消费趋势还将产生许多新变化，但经济回升向上的趋势已经确定。消费作为稳增长发展中的重要动力，是恢复经济中的稳大局者，虽然我国正处于国内经济增速换挡与国外局势复杂多变的时期，但在扩大内需、促进国内大循环、建设全国统一大市场的政策推动下，消费潜力释放与结构优化将会

继续。同时，2024 年欧、美降息确定性增强，并有望进入新一轮补库周期，同时进口需求或有所回升。“一带一路”进入第二个十年，我国将持续加强与沿线国家的贸易合作，也将为我国出口增长提供新动能，进而拉动经济增长。

除上述因素之外，同时也要关注到国际政治、经济形势复杂多变，都将导致国际贸易格局变化，为我国的进口贸易增加不确定性，从而引发进口车市场的波动、震荡。

2. 进口车市场有望回温，豪华车品牌加速转型

国内外经济的恢复将有利于汽车特别是进口车为代表的中高端车型消费需求释放。2022—2023 年，主流品牌的产品投放策略都是积极引入趋于高端化和个性化的全新产品和换代产品，以补充国内市场的需求。同时为满足特定人群需求、加快布局新能源汽车市场，纯电动、插电式混合动力车型更是加快引入。虽然在目前的市场环境下，豪华新能源车对整体进口车市场销量的拉动作用有限，但对后期产品的充实和布局影响深远。

统观进口车市场，2024 年仍将延续目前平稳向好的发展态势。一是消费升级，在高端豪华和大型化需求之外，智能化、服务化需求的持续升级，单一产品需求向综合商品化服务需求的升级，为厂商带来新要求，同时也将带来新的市场机会，如精品商城、后市场服务、基于大数据生成的定制化服务等；二是新能源高端化，豪华新能源车型的丰富度和渗透率持续提升，主打简约的特斯拉已经在国产“冰箱、彩电、大沙发”的豪华产品围攻下开始“装修”内饰，预计接下来对豪华车市场的分流还将加速。而由此导致的第三点，依旧是阵营分化，豪华车品牌和非豪华车品牌之间，一线豪华车品牌和二线豪华车品牌之间的销量差距进一步拉大，市场的淘汰赛将进入加速阶段。

结合宏观经济、产业政策、产品供给等因素综合判断，2024 年进口乘用车市场总体呈现去库存和复苏态势，大概率呈现恢复性增长的特征，考虑到 2023 年基数不高，预计 2024 年在经济和消费恢复超预期的情况下，销量多将呈现涨势。但考虑到奔驰等品牌热销车型国产化因素的影响，总量多维持在 70 万 ~ 80 万辆水平。品牌分化的特征还将持续，豪华车占比稳中有升。

豪华车市场新能源渗透率在新车型持续补充的支撑下持续反弹，但考虑到整体新能源乘用车市场的增速放缓和中高端产品持续丰富，豪华新能源车进口量仍将显得微乎其微。

平行进口车市场方面，在政策的关怀和各方力量的努力下也将得以恢复，预计 2024 年将在 2023 年水平上实现一定增量。

3. 发展建议

在国货消费意识觉醒，同时自主品牌产品力基本满足需求的大环境下，高端豪华车将继续紧随中端（B 级）车市场加速国产化脚步，同时进口及豪华车市场的竞争将愈演愈烈。值得期待的是，国内消费需求升级的大趋势不变，大众的认知惯性导致“梦之车”依旧是高端豪华车，故而从中长期看，豪华车市场还将保持增长，在今后几年中，进口车市场中的高端豪华车、平行进口车和高端电动车均具有一定的发展潜力。

在此背景下，建议厂商要进一步准确把握智能化、新能源化和服务化的市场发展方向，不断完善技术、产品和服务能力，通过科技智能的配置、良好的产品体验和高端定制的服务来满足目标市场用户的需求。建议经销商思考和探索后市场的创新商业模式，深化车主运营业务，进一步把控库存风险，助力进口车市场平稳健康发展。

（作者：王存）

2023 年我国汽车出口市场分析及 2024 年展望

一、2023 年我国汽车出口概况

自 2021 年以来，我国汽车市场进入出口高速增长模式，年复合增长率超过 70%，由此开启了出口 2.0 时代。据中国海关统计，2023 年 1—10 月份，整车（不含低值电动载人汽车，下同）出口量为 404.93 万辆，同比增长率为 64.1%，出口金额为 827.01 亿美元，同比增长率为 78.0%。其中，乘用车出口量为 359.70 万辆，同比增长率为 73.0%，出口金额为 614.53 亿美元，同比增长率为 88.8%；商用车出口量为 64.20 万辆，同比增长率为 20.8%，出口金额为 214.44 亿美元，同比增长率为 52.8%。预计 2023 年全年整车出口可达近 500 万辆规模，同比增长率为 59.0%（见图 1）。

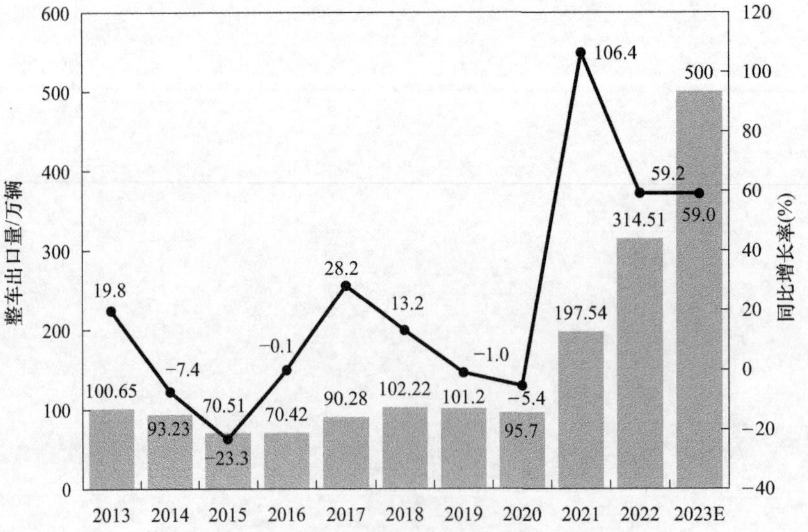

图 1　2013—2023 年整车出口量年度走势

（注：数据来源于海关数据，下同）

从月度走势看，2023 年 1—10 月份整车出口稳步抬升，4 月起整车出口额超过零部件，10月份单月整车出口首次突破50万辆，出口额突破100万美元（见图2），创历史新高。预计2023年11月、12月出口将进一步维持高位运行，全年出口量有望达500万辆。

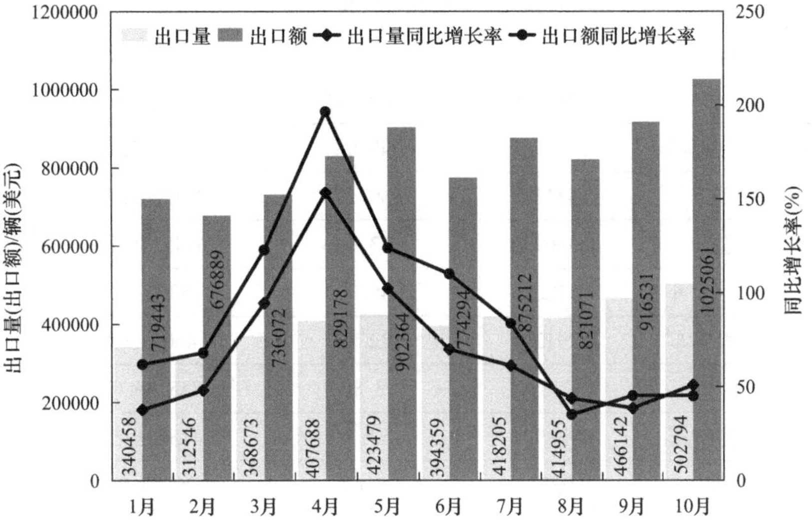

图2　2023年1—10月份我国汽车整车出口量（出口额）月度走势

二、2023年汽车出口主要特点

1. 乘用车为出口主力，商用车市场回暖

分车型看，2023年1—10月份，乘用车出口量仍然超过商用车，占整车出口总量的88.83%（见表1），与2022年同期相比，增幅为10个百分点。其他乘用车为第一大出口车型，共出口143.14万辆，同比增长率为80.57%，占乘用车出口总量的39.8%，其中主要为新能源乘用车；轿车位居第二，共出口103.38万辆，同比增长率为83.18%，占乘用车出口总量的28.7%；以上两类车型出口量占整车出口总量的68.5%。

2. 纯电动乘用车占新能源汽车出口首位

2023年1—10月份，我国新能源汽车出口量为130.12万辆，同比增长率为90.53%，出口额为350.83亿美元，同比增长率为90.91%（见表2）。其中，纯电动乘用车出口量最大，为111.09万辆，占新能源汽车出口总量的85.4%，出口额为289.01亿美元，占新能源汽车出口总额的82.4%。插电式混合动力乘用车位居第二，出口量为 10.22 万辆，出口额为 30.78 亿美元，占新能源汽车出口总量的 7.9%，占新能源汽车出口总额的 8.8%。

表 1　2023 年 1—10 月份整车出口车型分布

车型		出口数量/辆	同比增长率（%）	出口金额/万美元	同比增长率（%）
乘用车	轿车	1033771	83.18	1224864.55	104.88
	四驱 SUV	100079	196.08	230824.61	247.10
	9 座及以下小客车	1031762	49.98	1417403.52	59.28
	其他乘用车	1431378	80.57	3272242.42	92.46
	乘用车合计	3596990	73.04	6145335.10	88.83
商用车	10 座及以上客车	57201	48.71	353622.71	80.12
	其中：轻型客车	29121	22.90	46034.63	39.14
	货车	421331	3.86	855136.05	22.51
	其中：重型货车	93899	52.32	415501.82	50.17
	中型货车	9537	7.67	26708.84	25.91
	轻型货车	34615	−14.00	53683.80	−8.35
	微型货车	255768	−8.11	289316.98	−1.67
	其他商用车	163462	87.20	935634.22	83.70
	商用车合计	641994	20.80	2144392.98	52.78
汽车合计		4049299	64.05	8270113.77	77.95

表 2　2023 年 1—10 月份整车出口结构

商品名称	数量/辆	同比增长率（%）	金额/万美元	同比增长率（%）	平均单价/万美元	同比增长率（%）
汽油车	2249516	62.52	2914842.24	80.46	1.30	11.04
汽油乘用车	2136497	68.03	2815745.90	84.16	1.32	9.60
汽油货运车	113019	0.36	99096.34	14.89	0.88	14.47
柴油车	325621	5.53	1065968.43	28.04	3.27	21.34
柴油乘用车	5426	28.82	13871.20	35.45	2.56	5.15
柴油货运车	291030	2.20	804885.23	21.92	2.77	19.29
新能源载人、载货及客车	1301246	90.53	3508341.45	90.91	2.70	0.20
混合动力乘用车	49455	312.64	97862.79	406.93	1.98	22.85
插电式混合动力乘用车	102230	41.51	307766.17	59.14	3.01	12.45

（续）

商品名称	数量/辆	同比增长率（%）	金额/万美元	同比增长率（%）	平均单价/万美元	同比增长率（%）
纯电动乘用车（不含低值电动车）	1110877	92.91	2890122.01	93.76	2.60	0.44
其他类型发动机乘用车	2820	178.66	407.05	-8.32	0.14	-67.10
混合动力货车	167	-52.15	281.94	-43.76	1.69	17.52
纯电动货车	27178	104.24	68618.67	74.95	2.52	-14.34
其他能源货车	334	-89.80	1305.94	-83.89	3.91	57.89
大客车	57201	48.71	353622.71	80.12	6.18	21.13
柴油客车	30756	67.68	156012.67	81.26	5.07	8.10
混动客车	47	-87.98	489.36	-90.53	10.41	-21.21
纯电动客车	8138	78.78	141487.51	76.93	17.39	-1.03
其他客车	18260	20.28	55633.17	121.50	3.05	84.15
牵引车	119185	122.17	545358.54	150.72	4.58	12.85
底盘（商用车）	4715	-13.52	24011.62	-28.15	5.09	-16.92

3. 欧洲市场一枝独秀，拉美市场增长乏力

分大洲看，欧洲为我国最大的整车出口市场，出口量为162.77万辆，出口额为382.81亿美元，占比分别为40.2%和46.29%（见表3）；亚洲紧随其后，出口量为122.49万辆，出口额为237.66亿美元，占比分别为30.25%和28.74%。受拉丁美洲部分国家货币贬值，购买力下降影响，我国对拉丁美洲整车出口增幅下滑明显。

表3 2023年1—10月份我国汽车整车出口大洲分布

洲别	数量/辆	占比（%）	同比增长率（%）	金额/万美元	占比（%）	同比增长率（%）
全球	4049299	100.00	64.05	8270113.77	100.00	77.95
亚洲	1224923	30.25	52.21	2376636.22	28.74	66.38
非洲	173351	4.28	-4.36	402416.23	4.87	14.18
欧洲	1627683	40.2	156.21	3828113.44	46.29	127.85
北美洲	94716	2.34	57.70	286044.20	3.46	94.87
拉丁美洲	721828	17.83	12.86	953688.04	11.53	25.59
大洋洲	206700	5.10	40.40	423128.00	5.12	50.96

分国别看，2023 年 1—10 月份，俄罗斯为我国整车第一大出口市场，出口量为 73.61 万辆，同比增长率为 615.63%；墨西哥位居第二，出口量为 33.42 万辆，同比增长率为 70.74%；比利时位居第三，出口量为 18.93 万辆，同比增长率为 17.06%（见表 4）。排名前 15 位国家中，泰国、西班牙、乌兹别克斯坦、巴西、哈萨克斯坦、加拿大增速明显。

表 4　2023 年 1—10 月份我国汽车整车出口国别分布

排序	国别	出口额/万美元	占比（%）	同比增长率（%）	出口数量/辆	占比（%）	同比增长率（%）
1	俄罗斯	1562185.90	18.89	490.00	736074	18.18	615.63
2	墨西哥	393803.96	4.76	83.73	334164	8.25	70.74
3	比利时	536605.07	6.49	23.22	189341	4.68	17.06
4	澳大利亚	375392.54	4.54	64.09	187548	4.63	50.90
5	英国	505381.02	6.11	54.94	174739	4.32	52.54
6	沙特阿拉伯	287520.60	3.48	14.26	172778	4.27	−2.80
7	泰国	234716.54	2.84	445.71	143037	3.53	106.62
8	阿联酋	211920.47	2.56	41.38	122088	3.02	86.83
9	西班牙	310020.40	3.75	148.10	115594	2.85	197.00
10	乌兹别克斯坦	210168.88	2.54	339.02	94585	2.34	406.86
11	巴西	154551.82	1.87	154.40	76623	1.89	167.65
12	哈萨克斯坦	168822.72	2.04	285.58	76037	1.88	371.66
13	以色列	149661.97	1.81	60.49	54284	1.34	88.54
14	德国	161187.91	1.95	77.00	52621	1.30	99.42
15	加拿大	168361.35	2.04	521.46	44372	1.10	359.19

4. 自主品牌表现不俗，合资车企寻求突围

我国整车出口仍以自主品牌为主。根据中国汽车工业协会统计的整车企业出口数据，2023 年 1—10 月份，排名前十位的出口企业分别为上海汽车集团股份有限公司（86.13 万辆）、奇瑞控股集团有限公司（74.23 万辆）、浙江吉利控股集团有限公司（33.98 万辆）、特斯拉（上海）有限公司（30.88 万辆）、重庆长安汽车股份有限公司（29.09 万辆）、长城汽车股份有限公司（24.70 万辆）、比亚迪股份有限公司（18.50 万辆）、东风汽车集团有限公司（18.01 万辆）、安徽江淮汽车集团有限公司（13.88 万辆）、北京汽车集团有限公司

（13.33万辆）（见表5），合计出口342.75万辆，占出口总量的87.4%。

表5　2023年1—10月份我国主要汽车企业出口情况

排序	企业名称	出口数量/辆	同比增长率（%）
1	上海汽车集团股份有限公司	861335	25.94
2	奇瑞控股集团有限公司	742340	104.17
3	浙江吉利控股集团有限公司	339839	76.34
4	特斯拉（上海）有限公司	308816	40.74
5	重庆长安汽车股份有限公司	290879	33.37
6	长城汽车股份有限公司	247046	86.03
7	比亚迪股份有限公司	185000	439.48
8	东风汽车集团有限公司	180124	-9.30
9	安徽江淮汽车集团有限公司	138816	54.38
10	北京汽车集团有限公司	133354	42.52
11	中国重型汽车集团有限公司	116410	66.86
12	中国第一汽车集团有限公司	67910	148.43
13	江苏悦达起亚汽车有限公司	64062	0.00
14	广州汽车工业集团有限公司	56383	109.43
15	陕西汽车控股集团有限公司	47068	72.28
16	华晨宝马汽车有限公司	30675	47.67
17	鑫源汽车有限公司	23120	75.91
18	海马汽车股份有限公司	19320	0.00
19	厦门金龙汽车集团股份有限公司	15318	26.65
20	合众新能源汽车有限公司	10471	/
21	成都大运汽车集团有限公司	8657	154.02
22	郑州宇通集团有限公司	7830	106.98
23	南京金龙客车制造有限公司	5509	134.83
24	河北中兴汽车制造有限公司	4748	-27.21
25	徐州徐工汽车制造有限公司	3229	10.47
26	山西成功汽车制造有限公司	2713	51.73
27	贵航云雀汽车有限公司	2151	37.97
28	肇庆小鹏汽车有限公司	1781	0.00
29	江西江铃集团晶马汽车有限公司	1442	196.10
30	现代商用汽车（中国）有限公司	1039	62.60

注：数据来源于中国汽车工业协会。

5. 传统汽车生产基地出口排名领先

2023年1—10月份，上海市、安徽省、浙江省列整车出口额为省市前三位，出口额分别为193.34亿美元、82.48亿美元和63.20亿美元。排名前十位的省市中，广东省增幅最大，出口量和出口额同比增长率分别为161.73%和208.62%（见表6）。前十省份合计出口323.83万辆，出口额为603.89亿美元，占整车出口总量的76.4%，占出口总额的72.8%。

表6　2023年1—10月份我国省、自治区、直辖市整车出口前十名

排序	地区	出口金额/万美元	同比增长率（%）	出口数量/辆	同比增长率（%）
1	上海市	1933381.72	42.22	796671	23.07
2	安徽省	824821.14	130.14	598752	109.45
3	浙江省	632005.90	41.99	319633	38.36
4	山东省	564761.95	31.69	239557	22.05
5	河北省	435468.41	146.73	297581	107.23
6	广东省	406058.47	208.62	187888	161.73
7	重庆市	375877.19	40.91	296536	25.86
8	江苏省	321584.09	107.49	198421	88.98
9	河南省	300318.79	116.07	183387	133.78
10	湖北省	244644.91	98.56	119878	46.81

6. 电动化竞争日趋激烈

2023年1—10月份，全球新能源汽车合计销量为1073.20万辆（见表7），占全球新车销量的15%。销量排名前20位品牌中中国汽车企业占据8席，比2022年减少2席，合计占比为38.9%，比2022年同期下降2个百分点。比亚迪、上汽通用五菱、广汽、上汽均是连年上榜，且大部分中国品牌都提升了自己在榜单中的排名。2023年1—10月份，我国新能源汽车累计销量约为728万辆，同比增长率为37.8%，位列全球第一，市场渗透率达33.5%。

表7　2023年1—10月份全球新能源汽车品牌销量榜

品牌	销量/辆	市场份额（%）
比亚迪	2267867	21.13
特斯拉	1438992	13.41

（续）

品牌	销量/辆	市场份额（%）
广汽埃安	401085	3.74
宝马	388833	3.62
大众	379456	3.54
上汽通用五菱	350285	3.26
梅赛德斯	298332	2.78
理想	284649	2.65
长安	267023	2.49
吉利	256743	2.39
上汽	219712	2.05
沃尔沃	216787	2.02
起亚	203356	1.89
现代	202630	1.89
奥迪	199572	1.86
丰田	129188	1.20
蔚来	128422	1.20
福特	127884	1.19
Jeep	119779	1.12
标致	115269	1.07
TOP20 合计	7995864	74.51
其他	2736090	25.49
共计	10731954	100.00

注：数据来源于 Clean Technica。

三、2023 年汽车出口问题分析

1. 内外需求偏弱，经济修复进程放缓

2023 年 10 月 10 日，国际货币基金组织（IMF）发布的最新《世界经济展望》报告认为，全球经济增速的基线预测值将从 2022 年的 3.5% 降至 2023 年的 3.0% 和 2024 年的 2.9%，远低于 3.8% 的历史（2000—2019 年）平均水平。由于货币政策收紧，加之国际大宗商品价格下跌，预计全球通胀率将从 2022 年的 8.7% 稳步降至 2023 年的 6.9% 和 2024 年的 5.8%，大多数国家的通胀预计要到

2025 年才能回到目标水平。据中国社会科学院世界经济与政治研究所监测：2023 年 10 月，中国外部经济综合 PMI 为 47.5，较上月进一步回落，已连续一年以上处于枯荣线下方。美国仍位于萎缩区间，下降至 46.7。主要跟踪的发达经济体均处于枯荣线下方。在新兴市场中，除了印度、俄罗斯处于扩张区间，土耳其、南非、巴西、东盟均处于枯荣线下方。2023 年 8—10 月份全球主要经济体和中国外部经济综合指数见图 3。

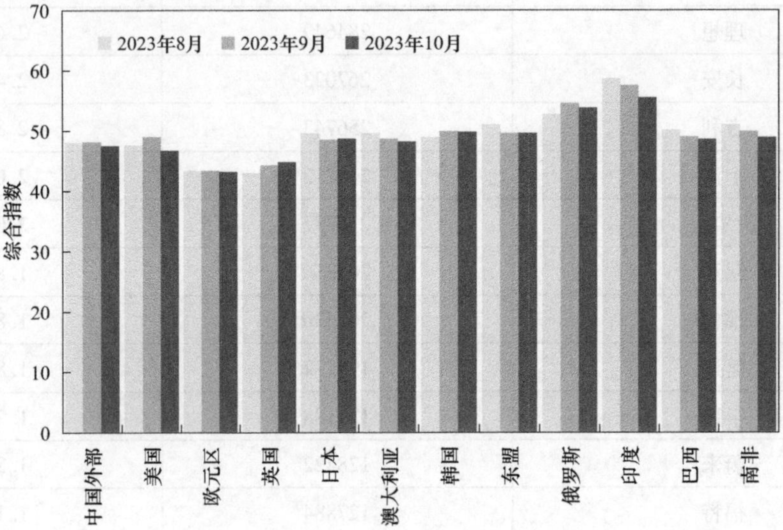

图 3　2023 年 8—10 月份全球主要经济体和中国外部经济综合指数

（注：数据来源于 CEIC，世界经济预测与政策模拟实验室）

我国外部经济仍然在收缩区间，外需疲弱，我国出口贸易持续承压，同时内需未见显著反弹。随着美联储放宽紧缩姿态，汇率贬值压力有所缓减。IMF 于 2023 年 11 月 7 日上调了对我国经济的增长预期，预计 2023 年我国经济将增长 5.4%，2024 年将增长 4.6%，较 2023 年 10 月《世界经济展望报告》中的预测值均上调了 0.4 个百分点。

2. 欧美新车市场回暖，电动汽车表现欠佳

据美国汽车经销商协会数据，2023 年 10 月份美国轻型车的新车销量预计为 120 万辆（见图 4），销量同比增长率为 1.8%，表现和 2022 年同期持平，较之前几个月的销量增长呈现出明显放缓。美国汽车工人联合会（UAW）罢工的负面影响开始展现。2023 年 1—10 月份，美国轻型车累计销量为 1280.02 万辆，同比增长率为 12.8%。预计全年轻型车销量为 1540 万辆左右。

欧洲汽车制造商协会（ACEA）数据显示，2023 年 10 月份新车注册量同比增长率为 14% 达 104 万辆，这是欧洲新车注册量连续第 15 个月增长，电动汽车的销量约占总交付量的 15%。2023 年 1—10 月份，欧盟新车销售量同比增长率为 16.7%，总销量接近 900 万辆，呈现良好复苏态势。逆势增长的原因主要在于积压的订单，长期的供应链中断令欧洲汽车订单量居高不下，在经济前景转弱之际，积压的订单提振了销量，但消费者对电动汽车的需求已经显示出疲软。

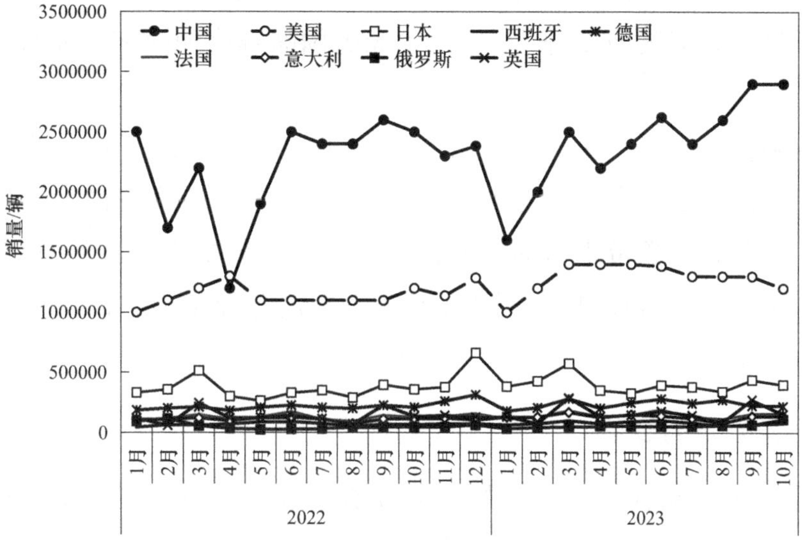

图 4　2022—2023 年全球主要市场轻型车销量情况

（注：数据来源于 Marklines）

3. 保护主义抬头，贸易摩擦风险激增

2023 年 2 月份，日本发生比亚迪电动大巴车六价铬事件，以此狙击比亚迪乘用车登陆日本市场。2023 年 3 月份，土耳其单方面对我国电动汽车加征 40% 关税，而对其他国家关税为 10%。2023 年 9 月 13 日，欧盟委员会主席冯德莱恩在盟情咨文讲话中宣布，欧盟将对产自中国的电动汽车发起反补贴调查，2023 年 10 月 4 日，欧委会正式发布立案文件。2023 年 11 月 29 日，土耳其再次发难，宣布对进口电动汽车采取许可证措施，与土耳其签有自由贸易协定国家的进口产品则不受该法令的约束，此举被认为仅针对中国电动汽车。

贸易摩擦导致保护主义抬头，国际贸易壁垒增加，出口产品面临更大压力，资源和要素无法在一定区域内自由流动，变相削弱了投资者信心。全球电动汽车供应链的稳定性正在经受考验，供应链中断和转移将对全球的产业结构和就业市场带来深远影响。

4. 应对海外市场竞争，售后服务体系不可或缺

2023 年 6 月份，沙特阿拉伯对国内 10 家汽车代理商处以经济罚款。罚款原因包括：违反沙特阿拉伯商业代理法及其执行条例，违反提供维修和备件供应规则，不向消费者提供售后服务等。其中包括四家中国汽车代理商，处罚原因为：延迟在规定的时间向消费者交付新车；在消费者提出要求后 14 天内未提供急需备件。另有 2 家美国品牌代理商、1 家德国品牌代理商和 3 家日本品牌代理商遭到处罚。

在沙特阿拉伯市场，消费者对于消费体验的评价，除了产品力本身，售后服务也是重要的组成部分。对于看重中东市场的中国品牌来说，因售后服务体系不完备而为品牌形象带来负面影响得不偿失。部分主机厂已经意识到这一点，正着手加强本地化备件库建设，同时提升信息化管理水平，协助经销商做好库存管理和员工培训。

5. 无序竞争没有赢家

2023 年以来，随着国内新能源汽车市场上量，众多车型集中上市，开启了价格“大乱战”。一时间，众多品牌将目光投向了海外市场，从东盟到拉美，部分企业将国内的某些“经验做法”移植海外，价格较量从未停歇。

同业低价竞争并非明智之举，扰乱正常行业秩序的同时，也损害了中国制造的海外形象。汽车企业只有在终端销售上维持一定的利润率，才能集中精力提高产品质量和技术水平，从而实现品牌的长远可持续发展。而且，我国汽车出海也不是低端产品的流放，而是应将具备核心竞争力、代表中国汽车制造水平的产品有节奏地投放海外，在国际市场上打出中国品牌的组合拳。

四、2024 年汽车出口形势展望

1. 多重挑战之下，全球经济前景黯淡

经济与合作发展组织（OECD）预测，2023 年全球经济增速为 2.9%，2024 年将放缓至 2.7%。2024 年也将成为 2020 年以来全球经济增速最低的自然年，主要经济体增长态势和货币政策也将进一步分化。相较于新兴市场和发展中经济体，发达经济体面临更大的经济增长压力。受就业市场韧性消退、内外部需

求回落、通胀和利率水平高企、地缘冲突余波未散等因素影响，欧元区和英国面临更大的通胀压力。美国经济处于下行阶段，中国和其他亚太经济体经济走势有望逐渐企稳，将成为稳定全球经济的重要力量。

2024 年需求端下行压力可能大于生产端。2023 年全球工业生产在触底后缓慢回升，随着疫情引致的供给侧冲击进一步消退，预计 2024 年全球供应链和工业生产将继续在波动中复苏。但在高通胀、高利率、高债务背景下，居民家庭资产负债表状况将逐渐变差，紧缩性货币政策对需求端的滞后影响将逐步显现，支撑 2023 年经济增长的需求端因素可能在 2024 年面临加速回落的压力。

2. 电动化转型势不可挡，新能源汽车渗透率有望升至 20%

随着动力电池技术的逐步成熟，新能源汽车已步入纯电动和插电式混合动力为主的电动化时代。包括纯电动和插电式混合动力在内的新能源汽车 2021 年的全球销量为 644 万辆，2022 年约为 1007 万辆，2023 年预计超过 1300 万辆。

2024 年全球新车销量增速或将放缓，但新能源汽车的渗透率将持续提升，预计销量有望达到 1800 万辆，渗透率升至 20%。为遏制中国电动汽车在欧盟市场上的影响力，欧盟可能采取的反补贴措施，也会增加该细分市场的不确定性，从而为欧盟 2035 年禁燃目标的达成蒙上阴影。但是，我国新能源汽车市场将继续领跑全球，2024 年销量有望达到 1150 万辆，渗透率约为 37%，成为全球电动化转型的核心引擎。

3. 技术法规与限制措施频出，保护主义正在撕裂全球经济

2023 年 12 月，美国能源部发布关于“受关注外国实体”（FEOC）的解释指南，明确了通胀削减法案（IRA）政策相关要求。自 2024 年起，符合免税条件的美国电动汽车不能包含由 FEOC 所制造或组装的电池组件；2025 年后，合规的车辆也不能含有由此类实体提取、加工或回收的关键矿物，如镍和锂等。当前，我国占全球电动汽车出口的 35%，占全球锂离子电池制造量的 80%，占锂、镍和稀土等关键矿物全球加工能力的 60%~90%。

2024 年 1 月起，法国将电动汽车补贴与碳足迹核算挂钩，并单方面为中国制造的电动汽车设定过高的碳排放指数，叠加交通运输环节所涉及的碳排放，导致法国市场最受欢迎的三款电动汽车：达契亚 Spring、特斯拉 Model 3 和 MG4 失去补贴资格，而这三款电动汽车都是在中国制造并出口到法国。

IMF 第一副总裁戈皮纳特表示，2023 年世界各国共采取约 3000 项贸易限制措施，数量为 2019 年的 3 倍。

4. 贸易与投资并举，我国汽车出海进入新阶段

不同于传统的一般贸易方式，我国汽车企业的出海战略正在开启本地化生产的新阶段。一方面，随着海外市场的拓展，出现了销量较为稳定的重点市场，具备了本地化规模生产的盈利基础；另一方面，我国新能源汽车展现出较强的竞争优势，动力电池厂商及相关零部件产业链在海外配套能力也趋于成熟。此外，海外设厂除了能够降低国际贸易当中的运输成本，还具有避免高关税和贸易壁垒的优势，这也是国际汽车贸易发展到一定阶段的惯常做法。

然而，作为最被中国电动汽车制造商看好的欧盟市场，由于欧委会针对中国电动汽车反补贴调查的启动，延缓了部分汽车企业赴欧投资的脚步。在我国电动汽车刚刚踏足欧洲大陆之际，在无实际证据表明中国汽车对欧盟汽车产业造成实际损害之时，欧盟此举无异于给跃跃欲试的中国投资者泼了一盆冷水。但同时，部分汽车企业全球化布局的决心不容小觑。2023 年 12 月下旬，比亚迪宣布将在匈牙利赛格德市（Szeged）建设新能源汽车整车生产基地，投资额将达到数十亿欧元。作为第一个加入“一带一路”倡议的欧洲国家，匈牙利近年来也成为中国电池制造商的投资热土，包括宁德时代、亿纬锂能、欣旺达在内的多家厂商在此投资建厂。

5. 预计 2024 年整车出口增长 20%，达到 600 万辆规模

2023 年，我国汽车两次震撼了全球汽车界。首先，在上海车展上，我国电动汽车以领先的质量、配置和价格震惊了西方竞争对手；其次，我国汽车出口量在 2023 年第一季度超过日本，坐上了全球第一的位置。迈进年出口 500 万辆大关，属于我国汽车出海的 2.0 时代已然来临。

展望 2024 年，我国汽车出口仍将保持增势，新能源汽车渗透率有望提升至 35% 以上，新能源乘用车对整车出口增长的贡献率可达 50%，预计全年整车出口 600 万辆规模，同比增长 20%。

（作者：陈菁晶　孙晓红）

2023年二手车市场分析及2024年预测

2023年随着新年的钟声敲响，二手车流通新政策的最后一项，即自然人在一个自然年度内出售持有时间少于1年的二手车不超过3辆的限制开始正式实施，预示着新政策进入全面贯彻实施阶段。转眼2023年已接近尾声，一年来，新政策贯彻执行情况怎么样，新政策对市场结构的改变有哪些，经历长达3年的新型冠状病毒（简称新冠）疫情，全面恢复正常市场秩序后市场表现又有怎样的表现？接下来笔者与大家一起探讨。

从总体上看，2023年有利于二手车市场发展的环境主要有两方面：一是制约二手车市场发展的体制机制性障碍全部清除，税收问题、商品属性问题以及限迁问题都已经在2022年国务院17部门联合下发的《关于搞活汽车流通扩大汽车消费若干措施的通知》（商消费发【2022】92号）中全面解决，二手车流通业迎来了史上最好的政策环境；二是社会进入正常运行状态，二手车市场也必将回归其原有的市场运行状态。当然，2023年市场发展也面临着不利因素：一是疫情结束后，整体消费动能还需要一个恢复期，居民对大宗消费相对谨慎；二是始于武汉的新车大幅度降价，加剧了汽车消费群体的持币观望情绪，不但影响到了二手车消费信心，同时还对经营者的经营带来很大麻烦。

一、二手车市场总体特征

据中国汽车流通协会的统计，2023年1—11月份，全国共交易二手车1675万辆，同比增长率为14.7%（见图1）；交易额累计为10707.5亿元，同比增长率为9.8%。乍看这个数据非常靓丽，仔细分析，本年度的高增长是建立在2022年同期基数低的基础上的，与2021年同期相比增长率仅为4.9%。如果按照正常的市场发展规律，2023年二手车市场应该是在同比两位数增长的基础上再有10%及以上的增长。换而言之，由于2022年出现了近9%的负增长，2023年的二手车市场增长率应该达到30%以上才算正常。虽然市场发展未达预期，但无论如何，二手车交易总规模向上突破毕竟是件好事，表明市场已经或正在恢复其应有的活力。

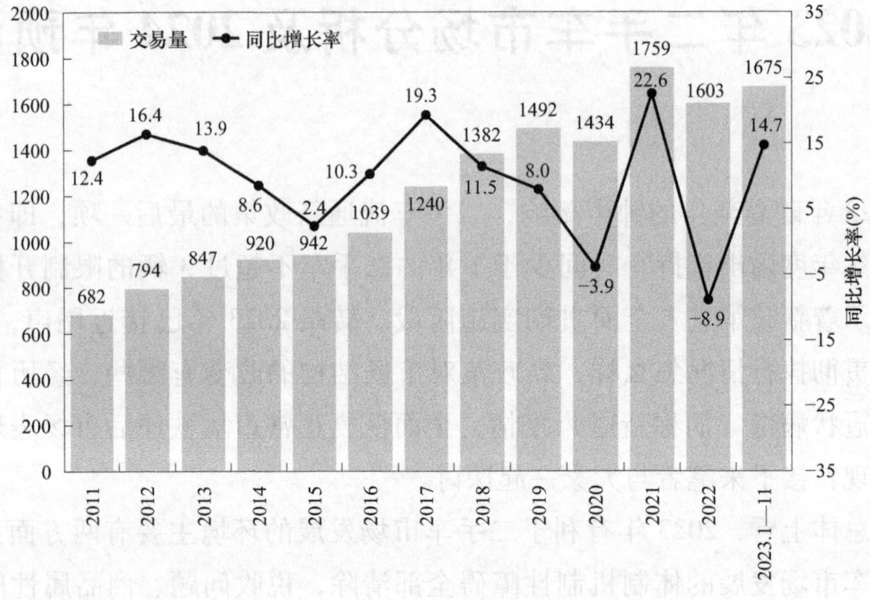

图 1 2011—2023 年二手车交易量与同比增长率

1. 二手车市场稳中有升

根据中国汽车流通协会的统计，进入 2023 年以来，二手车交易呈现恢复性增长态势。除 1 月份春节因素出现下降外，其余各月都与 2022 年同期相比有明显增长（见图 2）。与交易量最高的年份 2021 年进行比较，2023 年 1—11 月份交易量也高出了 214.1 万辆，特别是进入 6 月份以后，虽然市场不及预想的那么好，但各月交易量均稳定在 150 万辆以上。可见，二手车市场已经走出低俗，恢复其正常增长轨道。

但是 2023 年也不是一帆风顺，负面因素也不少。除了二手车新政策落地后市场主体需要度过适应期以外，2023 年 3 月初由武汉触发的新车价格战对二手车经营带来了很大的压力。这一点也好理解，经过了 2023 年 1 月、2 月二手车旺销后，多数二手车经营商（简称车商，下同）库存规模降到了较低水平，相当比例的车商库存水平不及正常值的 3 成。2023 年 3 月份刚刚补完库存，突然发现，库存车辆收购价格比市场同款新车价格还高。同时，新车价格大幅度降价，不仅仅是对二手车价格体系产生冲击，更重要的是增加了消费者的持币观望情绪，市场需求大幅度下降，从而影响了二手车成交率。换位思考一下，如果想卖掉自己的车，上月还能卖个 5 万多，不到一个月的时间 4 万没人收了，还愿意卖吗？二手车市场正是克服了如此多种不利因素实现较明显的增长实属不易。

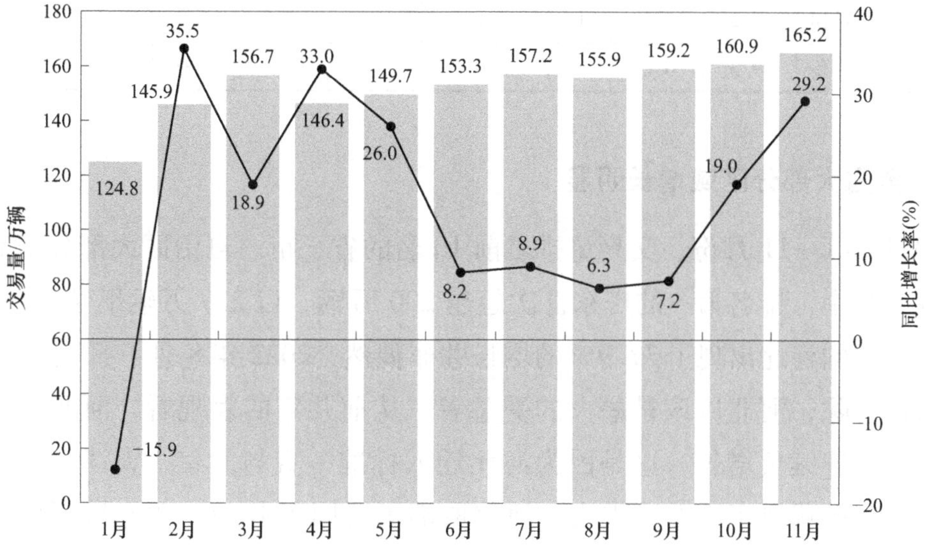

图 2　2023 年 1—11 月份二手车月度交易量与同比增长率

2. 所有车型全线增长

2023 年 1—11 月份二手乘用车共交易 1344. 1 万辆，与 2022 年同期 1173. 7 万辆相比增长了 170. 4 万辆，同比增长率达到 14. 5%，与整体市场基本一致；与历史最高点的 2021 年同期 1268. 3 万辆相比也增加了 75. 8 万辆。二手乘用车占交易总量的 80. 2%。其中，二手轿车共交易 992. 2 万辆，同比增长率为 14. 4%，占市场总量的 59. 2%（见表 1），占比与 2022 年持平；二手 MPV 交易 103. 4 万辆，同比增长率为 17%，占交易总量的 6. 2%，占比与 2022 年同期相比增长 0. 2 个百分点；二手 SUV 交易 216 万辆，同比增长率为 16. 1%，其占交易总量的 12. 9%，与 2022 年同期相比份额再次提高了 0. 2 个百分点；二手微型客车共交易 32. 5 万辆，与 2022 年度基本持平，占交易总量的 1. 9%，与 2022 年同期相比再降 0. 3 个百分点。二手商用车交易 234. 7 万辆，同比增长率为 9. 8%，远远低于整体市场的增长率，商用车占总交易量的比例为 14%，比 2022 年同期下降了 0. 6 个百分点。值得关注的是二手摩托车交易量达 47. 9 万辆，继 2022 年同比增长率为 29. 2% 的基础上再度增长 58. 7%，摩托车热度仍然不减。

表 1　2022—2023 年各车型占总交易量的份额　　（%）

车型分类	乘用车				商用车		其他车	农用车	挂车	摩托车
	轿车	MPV	SUV	微型客车	货车	客车				
2023 年 1—11 月份	59.2	6.2	12.9	1.9	8.2	5.8	1.8	0.3	0.7	2.9
2022 年 1—11 月份	59.3	6.0	12.7	2.2	8.1	6.5	2.0	0.3	0.7	2.1

3. 全国大部分区域增长明显

2023 年 1—11 月份，交易量排名前 10 名的省、市、自治区大部分都有明显的提升，其中，排名第一的广东首次超越 200 万辆，以 239 万辆继续领跑全国。排名第七位的河北出现了 37.9% 的增长并非偶然，2022 年 8 月 1 日国 V 排放二手车限迁解除，河北应该是最大的受益者。从前几年的表现看，河北二手车交易量出现了连续负增长，这是因为河北迁入标准一直与北京、天津一致，导致北京、天津的优质车源无法进入，河北取消了对国 V 排放二手车限迁限制，车源大幅度增加，市场恢复活力。在前十名的省、市、自治区中只有浙江出现了两位数的下降，交易排名也从 2022 年的第二名被山东和四川超越下降至第四名（见图 3）。分析全国各地交易量变化也不难发现，全国只有 6 个省、市、自治区交易量有所下降外，其余地区均出现上升态势。

从另一个维度绝对量上看，虽然仍然还是 4 个省、市、自治区交易量在百万级别，但这 4 个区域交易量均在 120 万辆以上，这与 2022 年相比多出了一家。

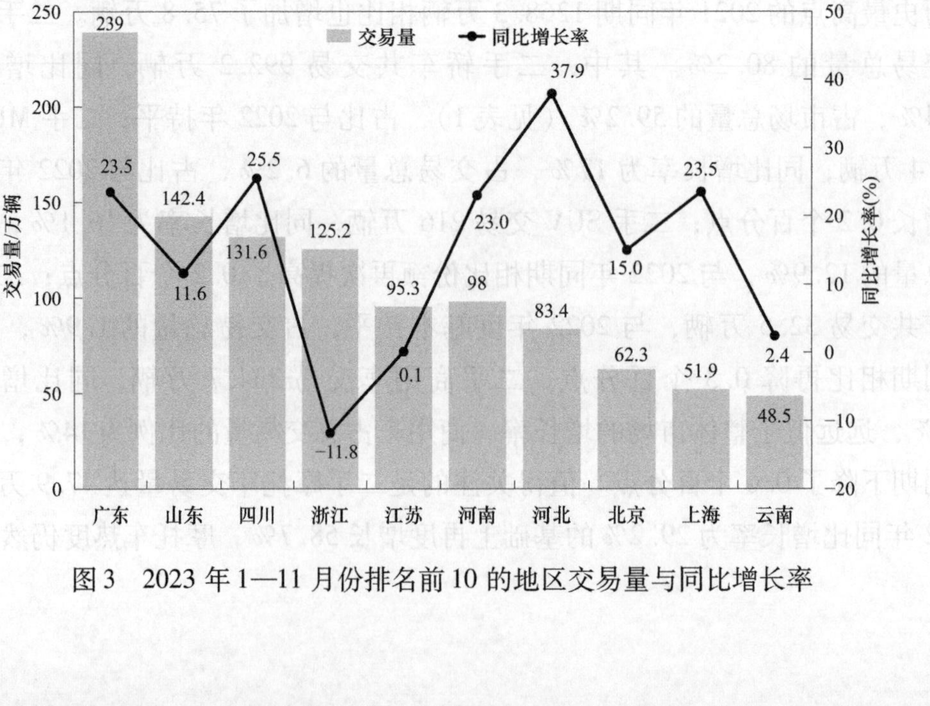

图 3　2023 年 1—11 月份排名前 10 的地区交易量与同比增长率

4. 二手车交易价格呈现波动态势

如果说2022年二手车交易价格出现单边下降，让很多二手车经营者亏损，那么2023年二手车市场价格可谓起伏不定（见图4），让二手车经营者叫苦不迭，据车商反映，2023年的二手车市场行情还不如疫情期间。从二手车平均交易价格走势上看，2023年1月份和2月份平均价格明显上升，其中，1月份比上月增长了3200元，2月份在1月份价格上涨的前提下又增长了1600元。平均交易价格的上升，意味着需求旺盛，在这两个月中车都不够卖，库存降到了不足3成，绝大多数经营者都赚到了钱。可进入2023年3月份以后，随着武汉补贴事件引发的新车价格大跳水，让刚刚把库存补到正常水平的车商发现，他们采购的车源，要比新车价格还要高。也就是从3月份开始，二手车平均价格起伏动荡，使得一些老江湖也无法很好地把握市场价格的波动。2023年1—11月份，二手车平均交易价格为63917元，与2022年平均交易价格相比，减少了2850元。二手车市场虽有交易量上的提升，但总体的交易价格却有4%的下跌。一般情况下，二手车流通业的平均毛利润也就是4%～5%，二手车平均价格的下降意味着经营利润的损失。但据车商反映，实际情况却是亏损的比2022年还要严重。

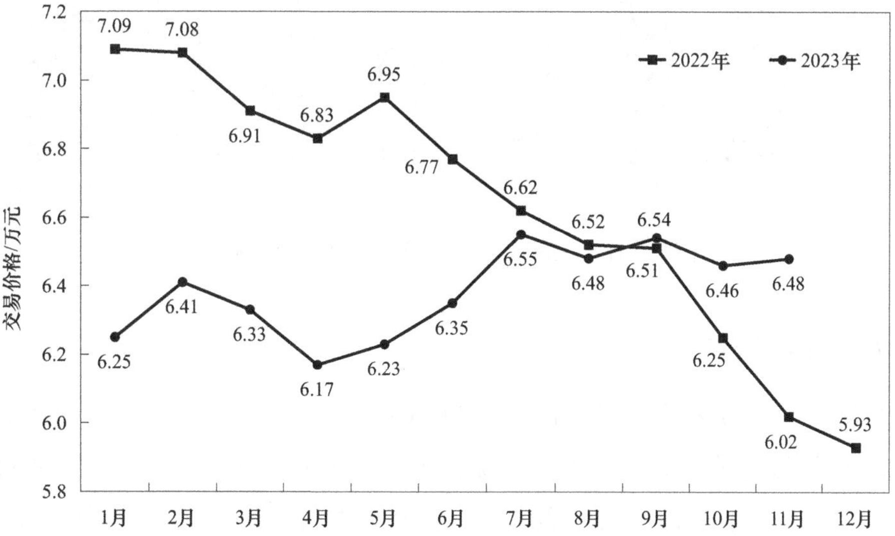

图4 2022—2023年月度二手车平均交易价格变化

5. 各价位车辆占比略有变化

从各价位车型的比例变化情况看，似乎看不出多大变化，但仔细分析，却也能够从中看出一定的规律。比如，15 万元以上的车型占比在 2017 年、2018 年分别为 10.38% 和 10.07%（见图 5），到了 2019 年提高到了 13.08%，2020 年下降到了 10.91%。3 万元以下的车型在 2020 年达到了 2019—2023 年间的最高点，为 33.17%，说明 2020 年的二手车市场与疫情密切相关，二手车交易更体现解决代步问题，高端车必然受到冷落。再看 2021 年、2022 年、2023 年的 15 万元以上高端车比例分别为 12.27%、12.09% 和 12.10%，也就是说高端车比例基本稳定在 12% 以上。而 3 万元以下的车型在 2023 年又有小幅度的回升。从二手车价位以及上部分所述的平均交易价格，反映出在二手车市场端，消费降级趋势还是有所体现的。

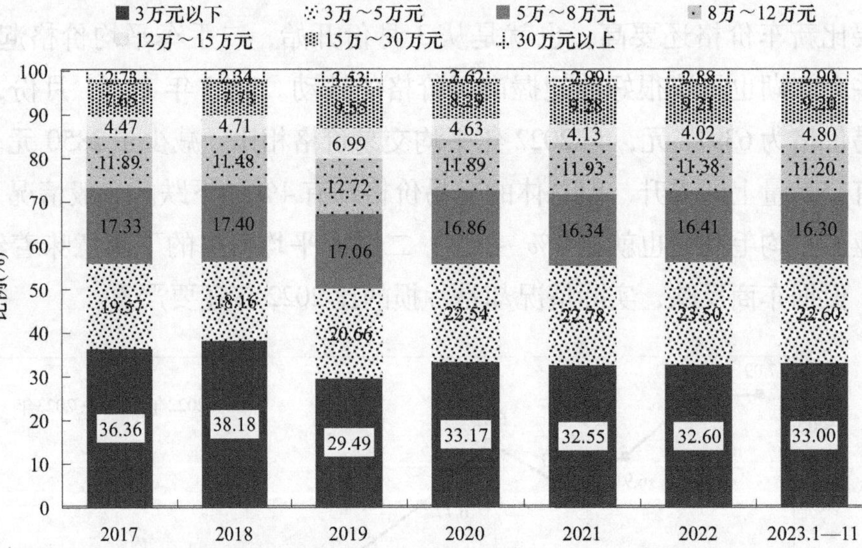

图 5　2017—2023 年二手车各价位段比例变化

6. 从车龄结构看市场变化

我们从二手车交易车龄上的两端看市场变化。2016 年，使用年限在 3 年以内的准新车占总交易量的 22.45%（见图 6），而到了 2022 年，这个比例上升到了 30.00%，为近年的最高点，2023 年这个车龄段的比例虽有所下降，但仍然达到了 27.90%，居近年第二高点；2023 年使用年限在 3～6 年的“中年”车龄的车辆占总交易量的 43.20%，占比与 2022 年同期相比提高了 3 个百分点达到近年最高点，比 2021 年增加了 7.06 个百分点；7～10 年车龄的车辆占总量的 20.50%，占比提升了 0.8 个百分点，为近年第二低点；10 年以上的老旧车占总交易量的 8.40%，这一比例也比 2022 年同期下降了 1.7 个百分点，为历年第二个低点。从车龄结构看，低龄二手车比例保持较高的水平，高龄车比例继续下降，说明2023年的二手车市场行情与汽车保有车龄增长的实际情况相反。消费者更青睐准新车，老一点的车越来越难卖，也是导致库存周期提高、销售价格下降的一个原因。

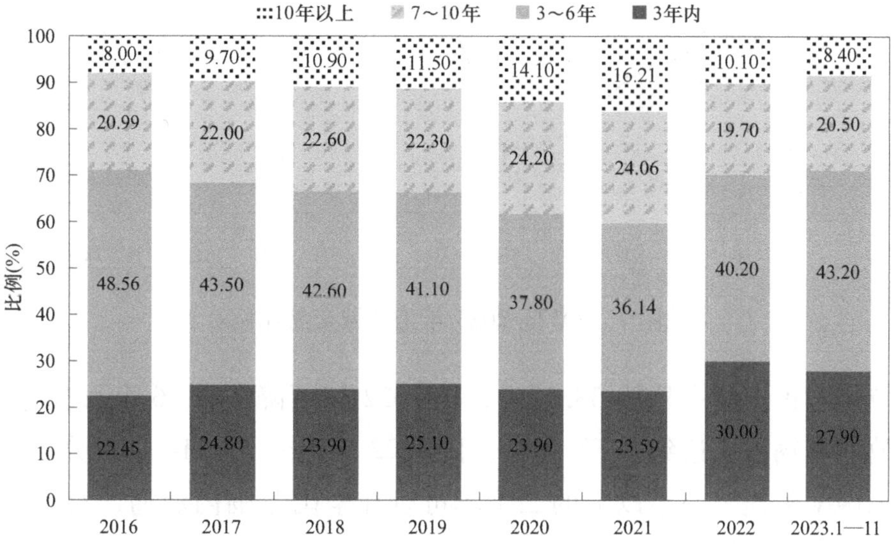

图6　2016—2023年各车龄段二手车的比例

7. 二手车跨区域流通基本恢复

2022年受疫情影响，跨区域交易下降明显，全年跨区域交易比例只有25%，是2018年以来的最低值。2023年随着疫情的结束，跨区域交易逐渐恢复，2023年1—11月份，二手车跨区域交易总量为453.2万辆，比2022年同期多出了88.1万辆，占总交易量的27.1%，比2022年同期提高了2.1个百分点。从各月的情况看，除2023年1月份跨区交易低于2022年同期外（见图7），其余各月均比2022年同期高。2023年9月份之后，各月跨区交易比例均超过28%。可见，正常的二手车流通秩序已经基本恢复，跨区交易也越来越活跃。

8. 二手车各排放标准占比变化

根据《关于搞活汽车流通扩大汽车消费若干措施的通知》规定，自2022年10月1日起，全国取消对国Ⅴ排放二手车迁入限制。经过一年后，2023年国Ⅰ、国Ⅱ排放标准的二手车仅占总交易量的1.87%，继续比2022年下降，共减少了0.47个百分点；国Ⅲ排放占比为7.57%（见图8），比2022年下降了1.36

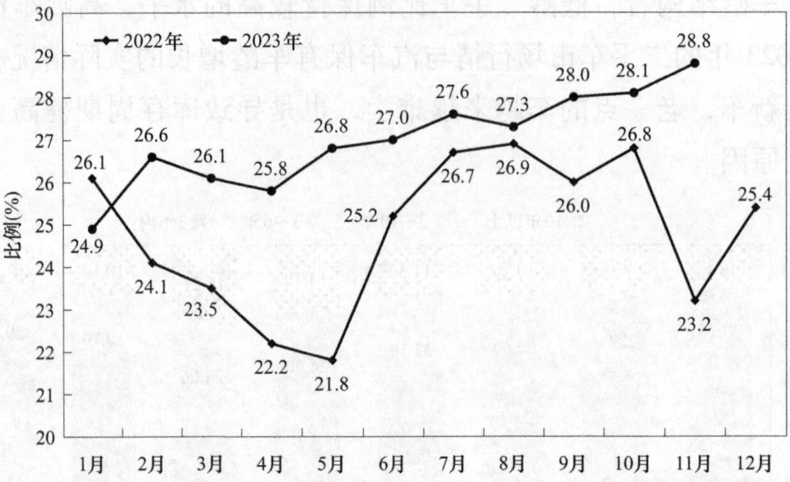

图 7　2022—2023 年跨区域交易比例

个百分点；国Ⅳ排放占比为 38.13%，比 2022 年下降了 2.36 个百分点；国Ⅴ、国Ⅵ排放的车辆占比达到了 52.43%，比 2022 年提升了 4.14 个百分点。换句话说，取消国Ⅴ限迁，一半以上的二手车可以在全国范围内流通，对打通堵点起到了非常重要的作用。

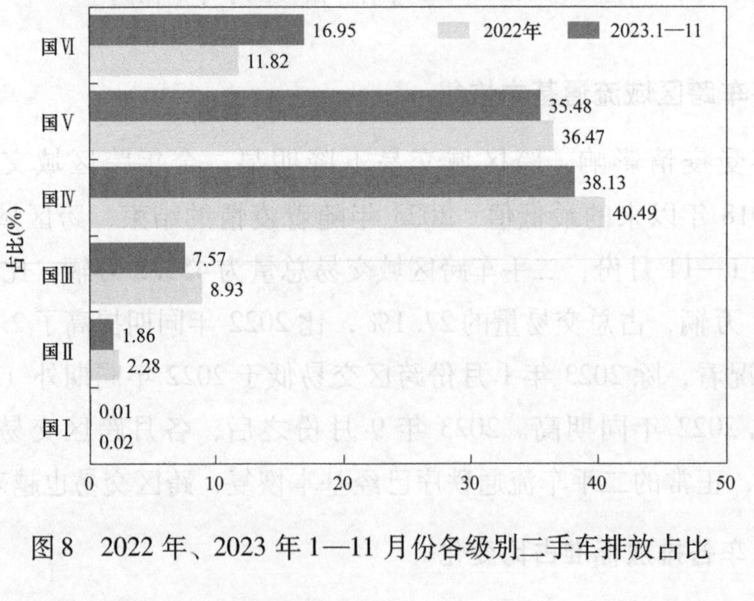

图 8　2022 年、2023 年 1—11 月份各级别二手车排放占比

9. 二手车在不同级别城市的表现

由于汽车普及最先发起于一、二线城市及东部沿海发达城市，然后才逐渐向三、四线城市延伸。二手车市场也最先发起于一、二线城市，车流的主流向

毋庸置疑是从高向低流，也就是从高端城市向末端城市流通。从各级别城市占全国二手车交易总量占比情况看，各级别城市占比也在渐渐发生变化。其中一线城市从 2018 年的 13. 32% 下降到 2023 年的 11. 06% （见图 9），占比下降了 2. 26 个百分点。一、二线城市交易量之和仍然占全国总量的一半以上，2018 年占 55. 84%，到了 2023 年仍然占 53. 65%，其中 2. 19 个百分点的下降主要是一线城市份额的减少导致；而末端的四、五线城市之和占比从 2018 年的 25. 85%，提升到了 2023 年的 27. 68%，提高了 1. 83 个百分点，其中的贡献来自于五线城市。也就是说，二手车市场在五线城市开始起步发展。

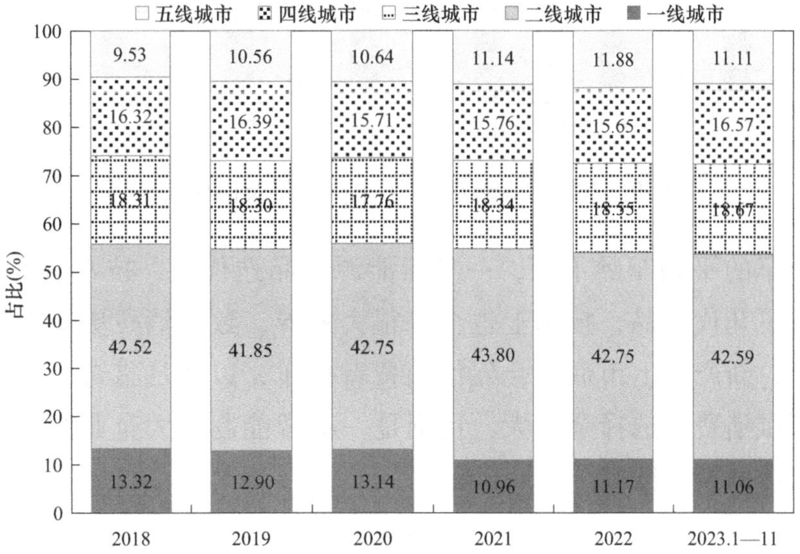

图 9　2018—2023 年各级别城市二手车交易量占比

（注：样本包含全国 338 个分级城市，其中一线城市 4 个，分别为北京、上海、广州、深圳，二线城市 45 个，三线城市 70 个，四线城市 90 个，五线城市 129 个）

10. 新能源二手车市场开始具备一定规模

随着新能源汽车市场的迅速崛起，新能源二手车流通需求日趋旺盛，也初具规模。2023 年新能源二手车开始具备一定规模，据中国汽车流通协会统计，2023 年 1—11 月份，全车新能源二手车共交易 67. 6 万辆，同比增长 35. 8%。从各月度表现来看，前低后高，2023 年 9 月及以后各月交易量明显提升，其中 11 月份交易增长率破百，达到 105. 0% （见图 10）。

新能源二手车的车龄普遍较短，70% ~80% 的车辆都在 4 年以内，其中，2023 年下半年各月中，4 成及以上的新能源二手车的车龄在 2 年内（见图 11）。

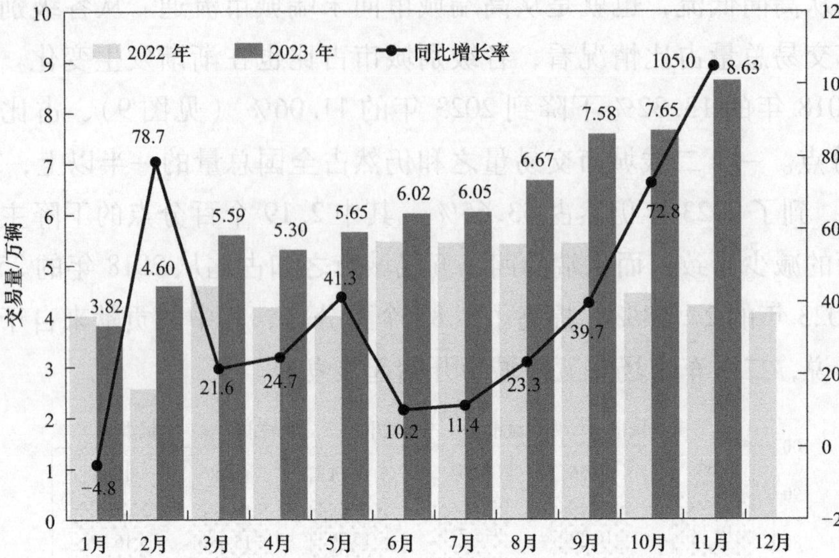

图 10　2023 年新能源二手车交易量及同比增长率

新能源二手车的平均车龄下探，一是新能源产品迭代快，技术发展也快，差 2 年可能就差了几代产品，技术上也会有很大差异，致使消费更新也快；二是消费群体年轻，新产品上市后，会促使消费者换车，以满足猎奇心理；三是产品品牌多，可供消费者选择余地大，特别是一些智能制造大企业的进入，更激起部分消费群体的换车欲望。

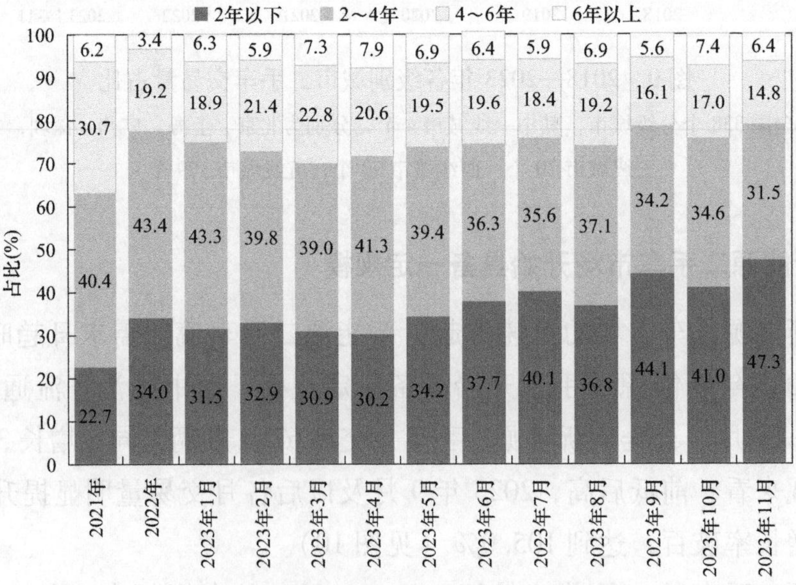

图 11　2023 年新能源二手车年限占比

二、新政策下各经营主体的主要表现

从总体上讲，新政策的绝大部分条款都是为经营者赋能的，新政策的实施将对传统二手车交易模式发生较大的改变，二手车市场也将从以个人之间交易为主向企业化经营转变。可以预判，用3～5年左右的时间，二手车市场将逐渐过渡到规模化、规范化、品牌化阶段，二手车市场信任度也将会有大幅度提升。

1. 车商从个体向企业转型

车商群体数量庞大，据2021年某自媒体公布的数据，含有“二手车”字样的经营主体全国有56万家。2023年媒体爆料二手车经营主体达到79万多家。2023年虽未做车商营商环境调查，不能披露准确数据，但从交流与观察来看，经营主体小、散、弱的情况并未得到明显改观。从企业性质上看，2022年上半年调查结果显示，个体工商户占55.4%，经销公司占33.6%，而且多年未有大的改变。中国汽车流通协会2022年12月份对车商政策落地实施情况调研结果显示，个体工商户的比例已经下降到了21.6%，经销企业比例提升至60.6%，与2022年初结果相比有了明显改观。虽然采样的维度不同，但随着政策在各地的落地，车商开始向经销企业转型的趋势成为必然。经过市场调研我们还了解到，随着新政的落地实施，车商群体出现了五种变化：

一是直接退出。由于企业经营与个体户交易存在较大差异，难度也有了明显提升，有些车商直接退出，改做其他行业，由于没有准确的统计数据，应该比例不是很高，但确实一部分经营者退出了市场。

二是通过挂靠或者几家合伙成立二手车经销公司。几个老板合伙成立二手车企业已经不是新鲜事了。近十年来，一些有一定规模的车商早就意识到想长久发展，必须进行企业化改造，成立二手车经销企业。事实证明，这样的改造是成功的。国内排前的二手车经销商基本上都是在几年前就实现了企业改造。另外一种新的情况就是一些个体户由于规模较小，也不太懂企业化经营，特别是缺乏财税管理方面的知识和经验，从而选择挂靠到二手车销售平台公司名下。据了解，这类经销平台公司大部分是由二手车交易市场搭建的，目的就是给驻场车商提供价值服务，帮助车商从个体向经营企业平稳过渡。

三是接转成二手车经销企业。前面已经提及中国汽车流通协会每年都会组织一次车商营商环境调查，2022年调查报告显示，65.4%的受访车商表示计划或已经完成向经销公司转型。二手车新政策大的框架是鼓励经销、限制个体，二手车商从个体向企业转型是大势所趋。

四是按兵不动，继续做个体。长期以来，二手车交易基本上以私人之间交易为主，即便是专业的经营者，也是通过个人“背户”的形式从事二手车买卖。新政策实施后，一些小规模的经营者会从农村“借”一些身份证，以延续原来的生意。这种做法存在很大风险，这其中有法律风险也会有经营风险。这部分群体还占一定的比例。

五是简化业务链，进行专业化分工。进入 2023 年，在市场与政策双重推动下，二手车经营开始进行专业化分工。过去掌握一定车源渠道的车商，开始专门从事车辆收购业务。他们从信息平台、原来的合作伙伴或者是基盘客户那里获得车辆信息后，直接现金收购过来，但不做转让登记，也不做单独签注，他们会在较短的周期内找到合适的经销商，从中赚取差价。而有一定规模，且对二手车零售比较擅长的车商，从过去花很大精力找车源变为专注做零售，提高了效率。

2. 二手车交易市场的困惑

二手车交易市场从自发形成的那一天起，就成为当地二手车集中交易的场所。长期以来，由于能够将众多小车商聚集经营，形成其特有的“防火墙”。市场环境变了，交易市场不得不面对 3 大挑战。

一是独享的部分政府职能出现分流。为了方便交易，政府将部分职能前移至交易发生地，交易市场成为唯一的为交易双方开具发票的机构，并通过引入车管转移登记功能等，实现交易、过户一站式，几乎所有的二手车交易都需要到二手车交易市场办理。但随着二手车新政的落地实施，交易市场独享的二手车发票权下放到了汽车经销企业，包括 4S 店和二手车经销公司。大量的二手车交易发票将从交易市场端转向了经营端，原来以开具二手车交易发票，收取“服务费”的盈利模式将会消失。同时，随着“放管服”推进，大量的交管服务站会向具备条件的 4S 店、二手车经销商开放，一站式服务也不再是交易市场的特权。

二是集客主渠道开始受到新媒体冲击。由于交易市场经营运作时间比较长，有一定的知名度和品牌影响力，形成了线下集客能力，车商在交易市场中经营，不需要投入太多的广告费可以坐等客户上门。但随着互联网营销，以及视频营销的兴起，交易市场的集客优势也慢慢丧失。

三是空置率提升。二手车交易市场有两大收入：一个是交易服务费；第二个是市场租金收入，保住了市场入驻率，即保住了饭碗。第一个搬离交易市场的是大车商。由于大车商具备一定规模后，开始注重经营服务品牌的打造。但是，二手车交易市场是中、小车商创业起家的地方，相当比例的经营者处于原始资本积累阶段，难免会出现各种不规范的情况，会对大车商的品牌树立产生不利影响，脱离交易市场“另立门户”是大多数车商的首选。第二个搬离交易市场的是“网红”车商。一些“网红”车商已经具备了充裕的私域流量，不但不再需要交易市场的自然引流，临近的其他商户有可能会把“网红”车商带来的到店客户给“截和”，这类的车商也要离去。第三个要搬离的是专门做收购的车商。随着二手车经营链条的细分，一些专干收车生意的车商不再需要在交易市场设立门店，有个库房即可，甚至就不需要场地，直接将车源信息卖给下家。原来在交易市场租车位卖车，现在转型专做收购的车商也加入退租行列。

3. 二手车交易市场的转型

这么多的困难和问题摆在这里，困难显然不小。是不是意味着交易市场这种市场模式走到尽头了？毕竟国外可没听说过有二手车交易市场这种业态形式。如果说交易市场业态仍然有空间的话，应该怎样去做出调整和改变，以建立新的防火墙和竞争优势？这里笔者给不出标准答案，但是可以肯定地说，只要是围绕着留住商户、留住消费、提高服务质量、提升管理效率、建立二手车交易服务平台为核心内容，转型方向就不会有错。在这里给交易市场管理者提几个建议，供参考。

第一，标准化改造。二手车属于非标商品，其一车一况、一车一价构成了二手车的特殊属性。长期以来，二手车交易市场一般都是粗放式管理模式，并没有在服务标准化上做多少工作。其实，二手车交易市场服务是一项复杂的工作，客观上需要将各项服务工作进行分解，并进行标准化改造，比如二手车售前、售中、售后管理的标准化模块的设立等，包括转移登记手续、服务收费、交易纠纷的响应与处置等。市场管理者通过标准化的服务不断提高服务效率，提升场地出租率与市场摊位的含金量，提升客流量与客户满意度。建立标准其实并不难，可以参照的服务标准有国家标准《二手车鉴定评估技术规范》、团体标准《二手乘用车鉴定评估技术规范》、团体标准《二手车经销商服务规范》等制定本企业的标准，难的是严格执行标准。

第二，数字化改造。二手车交易市场聚集着少则数十家，多则数百家经营者，每年完成的交易少则数千笔，多则数十万笔，数字化是提升服务效能的必由之路。然而，虽然交易市场数字化、信息化喊了很多年，但真正为交易赋能的数字化却凤毛麟角。有的交易市场花了不少钱自己研发或委托专业信息科技公司研发数字化系统，功能单一；有的仅仅是满足上级领导视察、兄弟单位参观时好看的“花架子”，时间一长便被弃不用；也有的成为开具交易发票时，能够由交易双方提前将交易信息录入，以提高开发票时的效率，减少等待时间。其实数字化改造应该具有更深的含义，应该涵盖交易市场管理、车位管理、库存管理、交易手续管理、二手车况信息管理、车源信息管理、交易价格参考、经营者展示、远程交易、二手车金融、二手车物流等多维度的功能，其核心应该具有网络交易功能，由经营者自发上传与下架车源信息。

第三，平台化改造。所谓的平台化就是说交易市场管理者从地主思维向服务平台思维转化。第一步先把自己从管理者的台上拉下来，变身为服务者，一是为驻场商户服务，让他们在交易市场中赚到钱；二是为消费者服务，让来市场买卖车辆的消费者交易安全高效，放心交易。第二步通过延展服务内涵，围绕交易提供立体化的服务，包括售前引流服务、整备服务，售中车况检测认证服务、试车保障服务，售后质量保证与维修服务等。第三步借助数据化改造，把交易市场物理上的围墙在互联网上打开，让交易市场的车源信息通过互联网链接到更广域的买方，提高交易的广度与深度。

4. 4S 店集团持续发力

由于4S 集团二手车数据要相对滞后些，本部分只能引用2022 年的数据。从“2023 年中国汽车经销商集团百强排行榜”数据看，百强集团二手车交易量没升反降。2022 年汽车经销商集团二手车共交易 142 万辆，与 2021 年相比减少了9 万辆，与整体市场表现一致。但二手车与新车的比例，我们通称旧新比为21%，与 2021 年相比提高了 1.5 个百分点。从头部企业中升与永达二手车业务情况看，这两个企业借助二手车新政的红利，业务得到大幅度提升。其中永达集团二手车销售额为 33.7 亿元，同比增长率为 50.2%；中升集团以 98.3 亿元同比增长了 20.8%。从占新比上看，永达集团旧新比达到了 43.2%，同比增长了近 10%。说明随着二手车新政的逐步落地，经销商集团二手车业务将会调速增长，成为真正意义上的二手车流通业的生力军。

5. 政策实施中遇到的新问题

第一，管理的问题。一是政策宣导不力与滞后问题。有的地方对新政策宣传不够，相当比例的二手车经营者对政策不了解，没在2022年底前完成个体/经纪转经销、商务部门备案等手续，以至于个人名下的车辆无法及时完成库存签注，以致出现大量库存车辆无法销售。也有个别地方政府对二手车新政不够重视，2023年后才开始转发17部委文件，备案工作也是2023年以后才开始，影响了政策效力。二是有的地方对政策掌握的尺度不同，在办理签注或转让登记时还要求企业持营业执照原件；也有的地方办理转让登记需要到指定的服务站。三是一些地方部门之间缺少协同，仍然存在备案企业无法申领统一发票、无法反向开票、经销企业开具的统一销售发票部分车管所不予办理单独签注及转让登记等。四是有的地方连锁企业分公司不能备案，影响其正常经营，特别是分公司与母公司不在同一城市的，影响更大。五是出现消费纠纷权责问题。有的地方出现消费纠纷不是积极解决，而是部门与部门之间推诿责任。六是行业准入问题。在很多地区存在大量从事二手车经营的自然人，他们没有在市场监管部门进行注册登记，而是以专业户形式从事二手车经营业务。消费纠纷和经营不规范问题一般都会出现在这个群体，因为他们不是法人机构，成为行业监管的盲区。这个群体的存在，不利于建立健康的二手车交易秩序。七是政策孤岛问题。按照政策规定，符合国Ⅴ排放标准的二手车不受区域限制，但北京至今仍然未实施。还有北京、天津等一些限购城市仍然坚持使用“周转指标”，单独签注政策无法落地。而且，周转指标实行配给制，有数量限制，人为框定企业经营规模。

第二，发票问题。一是异地交易发票不互认。据企业反映，当发生异地交易时，无论是企业反向开票还是正向开票，外埠城市的车管部门不予办理单独签注及转让登记，须在转入地本地企业重新开具发票，延长了交易链条，增加了交易成本。二是从法人机构购入车辆以及商用车不能反向开票。新政策文件中没有把从法人机构以及商用车购入纳入反向开票的政策范畴，但在实际二手车交易中，会有一定比例的二手车流通需要从法人机构购入，特别是附加值比较高的车辆这种情况更多。由于无法反向开票，只能通过交易市场开具，人为增加了交易环节和交易成本。三是交易发票价格偏离问题。由于长期以来，二手车统一销售发票由二手车交易市场，也就是与交易利益方无关的第三方代开，发票本身的属性更偏重于交易凭证，而对交易金额的关注度相对较低。随着新政策的实施，统一销售发票的第二个属性也就是价值属性变得重要起来，不但是交易来历凭证，还是纳税的依据。因此，交易发票体现的成交价格应该真实准确。

第三，税收问题。一是有的地方对超过 130 万元二手车加征 10% 的消费税。二是有的地方对于跨城市交易的外地经营者按照资产处置征收增值税。三是仍然有相当比例的经营者仍然按照自然人背户的方式做经营，他们从农村收借大量的身份证以满足其背户的目的。据调查，二手车新政全面实施近一年，仍有相当数量的经营者以自然人、经纪公司形式经营二手车，采用个人背户的交易模式，他们对转型经销认知不到位，积极性也不高。

第四，信息问题。二手车信息不对称是制约二手车市场进一步健康成长的首要问题。一是保险出险记录信息。车辆保险出险记录信息已经通过有关机构开始应用于二手车交易中，有效地保护了消费者与经营者的合法权益。二是车辆的维修保养记录信息。目前市场上也有机构提供车辆的维修保养信息，但由于信息源不能通过正式渠道收集，多数车辆的维修保养保息无法获取，经营者与购买者无法对于车辆技术状况准确把握，影响了交易的可靠性。三是交易信息。目前，二手车交易信息由中国汽车流通协会按照国家统计局授权统计，并向社会发布。但由于二手车流通企业数量庞大，特别是随着二手车交易发票向二手车经销企业全面开放，信息采集的难度大幅度提升。掌握交易信息的政府部门共享部分信息，服务于市场发展。

三、2024 年二手车市场展望

对于许多二手车从业者来说 2023 年确实比较艰辛，主要原因有五点：一是受新车价格剧烈波动殃及。二是消费动能不足引发的消费降级。三是新进入者源源不断，分蛋糕人数的增量远远高于市场增量。四是大部分经营者不懂新型传播引流方式，经营方式落后。五是新政策落地企业需要一定时期的适应等。即便如此，二手车交易总量有明显增长是毋庸置疑的。事实上，2023 年的高增长是建立在 2022 年度市场萎缩的前提下，实际上增量并不是很大，如果用 3 年的时间连续看市场的话，只能算是弱增长。那么 2024 年二手车市场又将会是怎样的表现呢？喊了多年的 2000 万辆大关会不会在这一年实现突破？接下来我们一起分析一下 2024 年度二手车市场将会如何发展。

1. 2024 年宏观经济环境温和改善有利于二手车市场发展

据摩根大通、高盛、花旗等机构在近期对我国 2024 年经济数据的预测，GDP 增速平均给出了 4.8% 的预测。他们普遍认为我国经济将迎来温和改善，在鼓励性政策的支持下，消费、投资有望得到修复。虽然说 GDP 增速低于 2023 年，但宏观经济保持稳定，二手车市场就能够保持其原有的发展势头。如果政府出台与二手车消费相关联的政策的话，二手车市场将会激发出强大的动能。

2. 二手车政策效应将逐渐显现

新政策全面落地已经满一年，随着政策不断深入贯彻实施，政策效应也将逐步显现。这体现在一是大量的个体从业者、经纪公司开始向二手车经销企业转化。以北京为例，由于北京是限购城市，地方政府为了保证二手车经营者正常经营引入了“周转指标”政策，以满足经营者收购时及时给卖方腾退购车指标。北京市商务局等 4 部门联合发文，自 2023 年 9 月 1 日开始，只对经销企业开放“周转指标”，北京从事二手车经营企业全部转为经销公司。同时，广西、湖南、北京、深圳、青岛、宁波等省市分别对二手车经销纳税企业给予现金奖励，鼓励二手车经营者向二手车经销企业转型。从笔者对市场调研情况看，大批二手车经营者都在源源不断向经销企业转型，他们有的直接成立汽车经销公司，或由经纪公司增项汽车销售，或几个自然人或个体户合并成立汽车销售公司，也有的会挂靠到某二手车销售平台公司，以获取经营资质。市场也会不断教育从业者向经营企业转型。因为如果不转型的话，经营规模就会被压缩得很小，有投机取巧者尝试通过借身份证背户，不但存在巨大的法律风险，而且远远不能支撑原有的经营规模。

3. 二手车行业信心将会逐渐恢复

据中国汽车流通协会发布的二手车经理人指数显示，2023 年全部在荣枯线 50 以下，但与 2022 年有 6 个月指数在 40 以下相比要好了很多。2023 年全部在 40 线上，其中有 4 个月指数超过 45。二手车市场虽然表现低于预期，但情况明显好于 2022 年（见图 12）。

从 2023 年各月的指数变化情况看，11 月、12 月虽然低于 9 月、10 月，但下降幅度并不是很大，而且年末还有上升的趋势，与景气值差距也在逐渐缩小。我们有理由相信，2024 年随着经营主体对新政策与市场变化的不断适应，二手车经营信心将会逐渐恢复，二手车市场也将进入正常的发展轨道。

4. 二手车市场环境在不断优化

公安部发布数据，2023 年末全国汽车保有量为 3.36 亿辆，与 2022 年同期相

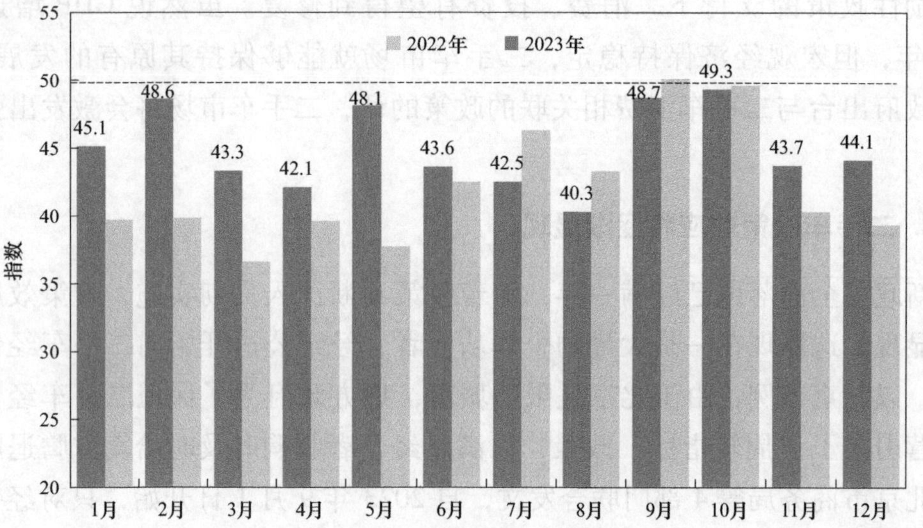

图 12 2022—2023 年二手车经理人指数

比，增加了 1700 万辆。汽车保有量数据比美国也多出了 6000 万辆，但二手车交易却不及美国的一半。二手车新政策的全面实施，打通了二手车流通中的堵点，从政策上解决了渠道企业的卖车问题，而消费层面对二手车消费的疑虑以及对经营者的信任问题还没有完全解决。这需要从两个方面去努力：

一是随着新政策的实施，经营主体小、散、弱的局面会随着时间的推移以及市场竞争与优化会在一定程度上得到缓解。据一些分析人士通过查询平台查到，2023 年二手车从业主体从 2021 年的 56 万家暴增到了 2023 年的 79 万家！2021 年平均到每家的份额只有 30 辆，而到了 2023 年平均每家只有 23 辆。这就可以解释为何市场规模提高了，而经营者却感到生意不如从前了的主要原因之一。笔者判断，在二手车新的政策环境下，有利于正规化、规模化的企业发展，而小、散、弱的经营者个体将会越来越艰难，通过市场的选择，市场主体的个数会不断优化降低，而单个市场主体的规模也将会越来越大。规模化、品牌化经营主体数量的提高，必然会引导市场更加规范，消费者对二手车的信任度也会不断提高。

二是消费环境越来越好，让二手车信息更加透明化，让消费者放心消费的市场化工具也被广泛应用。这其中有基于国家标准《二手车鉴定评估规范》推出的检测方法“行”认证，2023 年为近 100 万宗二手车消费提供了安全保障；基于保险信息的产品“柠檬查”帮助经营者与消费者筛选出水泡、火烧和车身骨架损伤的车辆。同时，第三方检测已经成为二手车交易必不可少的环节，二手车信任问题在一定程度上得到了部分解决。但由于二手车的质量与价格的不确定性，还缺少类似美国 CARFAX、KBB 提供的车辆背景信息以及相对准确的二手车交易价格信息等信息产品。这需要二手车行业人的不懈努力以及整个汽车流通链条众多参与者共同参与。但从总体上看，二手车市场环境在一年比一年好，消费者对二手车的消费信心也一年比一年提高，有利于二手车市场活力的提升。

5. 二手车交易量在向新车销量逼近

据公安部发布的数据，2023 年，全国新注册登记汽车 2456 万辆，办理汽车转让登记业务 3187 万笔，比新车注册数多出了 731 万辆。当然，公安交管部门办理汽车转让登记并不能算成二手车交易的数据，但从这个数据上也可以看出，二手车转让登记数量在快速提升。从另一个维度，中国汽车流通协会发布的数据上看，二手车交易量与新车销量的比例“旧新比”在逐年提升（见图 13），大的趋势是向上的斜线。

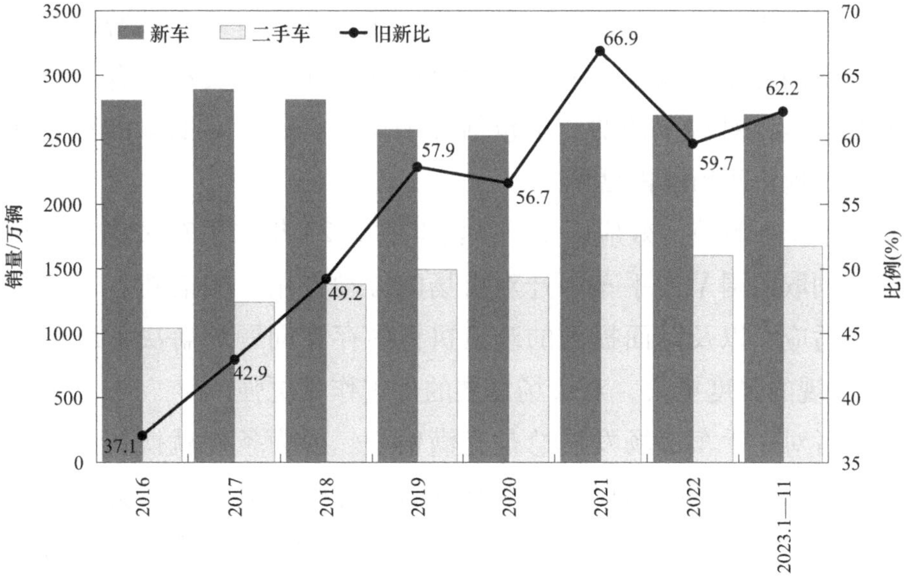

图 13　2016—2023 年二手车交易量与新车销量比例

6. 2024 年二手车有望实现新突破

最难的事情就是对市场的预测。在 2022 年度的文章中，笔者认为随着疫情的结束与正常生活、市场秩序的恢复，被封存的市场需求将出现弹射效应，预计2023年的二手车市场将会有所作为。然而，实际情况是宏观经济环境和社会消费需求都不及预期，二手车市场发展虽然与2022年相比实现了较高增长，但也不及预期。不过预测未来市场趋势也只能用几个因素的合成作用来判断。

一是宏观经济发展因素。2023年中央经济工作会议明确了2024年经济工作的总体要求和政策取向，要坚持稳中求进、以进促稳、先立后破，多出有利于稳预期、稳增长、稳就业的政策，在转方式、调结构、提质量、增效益上积极进取，不断巩固稳中向好的基础。稳固向好的经济形势，特别是中央关于稳定和扩大传统消费，提振大宗消费，激发有潜能的消费、稳住消费增长的基本盘等大政方针，将对二手车市场稳定增长起到指导性作用。

二是新车市场因素。据中国汽车工业协会预测，2024年我国汽车市场将会有超过3%以上的增长。其实无论新车市场增长与否，不可否认的事实是中国已经进入了存量市场阶段，汽车消费的主力结构将以换购消费为主要驱动力。因此，可以暂时忽略新车市场是否是3%以上的增长还是3%以内的下降，都不会对二手车市场产生太大的影响。不过，在没有刺激政策的前提下，新车市场增长，同样也会促进二手车市场的活跃。2023年一些地方政府就曾陆续出台阶段性对汽车消费的补贴政策，在一定程度上拉动了新车消费；也有的地方政府出台的补贴政策是针对汽车消费，也包括二手车，实现了新旧车的消费联动，有力地促进了当地汽车市场的活跃。

三是二手车新政策的效应因素。从河北省2023年二手车市场出现高增长可以明显感受到取消国Ⅴ二手车限迁对市场的拉动作用。相信随着市场主体对新政策的逐渐适应，以及前面提到的政策执行中存在问题的解决，政策效应将会在2024年呈现的强度更大，对市场发展的促进作用更强。

历来笔者对二手车市场发展总是充满信心。因为条件就摆在这里，最硬的硬件就是汽车保有量。我国比美国保有量高了许多，但二手车交易量却少了许多，说明我国二手车市场活力远远没有被激发。纵观2024年二手车市场发展环境，无论是宏观经济、二手车政策、居民消费、经营主体发展、二手车交易环境等各种有利于二手车市场发展条件应有尽有。预计2024年的二手车交易量增长率将继续保持较高水平，能否继续冲击2000万辆大关，我们将拭目以待。

（作者：罗磊）

市场调研篇

上汽大众产品市场调研报告

一、2023 年上汽大众产品市场总体表现

2023 年对于中国汽车市场来说是复苏的一年，虽有新冠疫情的余波，但是总体上疫情的影响在慢慢淡出人们的正常生活，消费信心也在 2023 年尤其是下半年缓慢地恢复。同时，各大汽车厂家在 2023 年第二季度开始加大了促销力度，促进了整体汽车市场的热销。上汽大众凭借深厚的历史底蕴，2023 年在稳住了燃油车销量的同时，大幅提升了新能源汽车的销量，并且上汽奥迪品牌销量也有突破性的增长。2023 年 1—11 月份，上汽大众（大众品牌 + 斯柯达品牌 + 奥迪品牌）累计销售 1084464 辆（见图 1），其中新能源汽车销售 109881 辆，同比增长 35.9%。

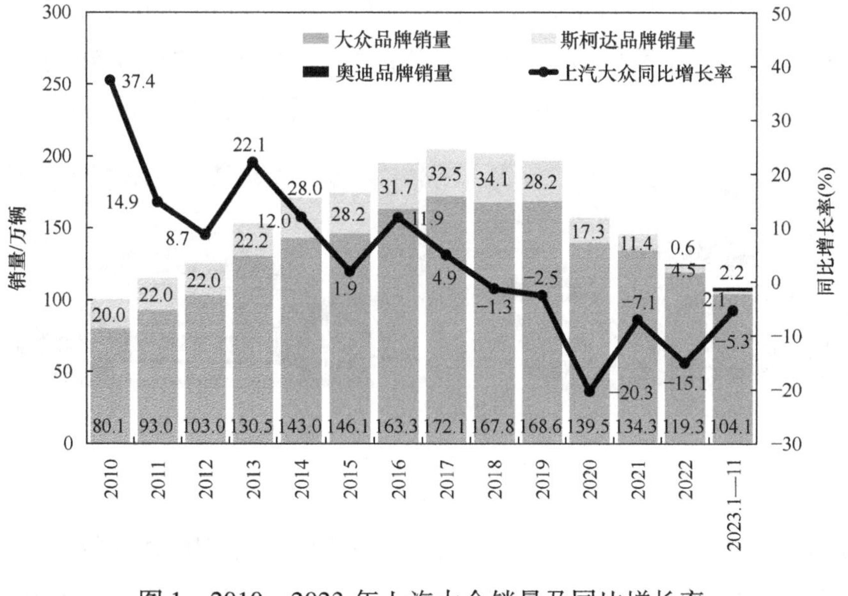

图 1　2010—2023 年上汽大众销量及同比增长率

伴随着市场的复苏，2023 年上汽大众 ID. 系列电动车销售有了卓越的进步，尤其是 ID. 3 的月销售量已经破万辆，成为紧凑级纯电动车型中最热门的车型之

一，使得整体ID. 系列车型销量在2023年同比增长43.8%。在传统燃油车市场，2023年上汽大众新上市了全新途岳和朗逸新锐，其中全新途岳在产品设计及装备方面都做了全面升级，全系使用R－line设计，成为A级主流SUV中最亮眼的车型之一。而朗逸新锐作为一款全新的车型，在拥有潮流设计的同时，还提供了卓越的性价比，成了10万元以下入门车型的首选。

二、全新途岳

全新途岳于2023年3月30日上市。这款中期改款产品可以说是诚意十足，在产品设计和装备上都做了巨大的升级改型。新款途岳的造型比起旧款车型变化非常明显，全系都采用R－line套件设计语言。前脸格栅采用3D（三维）波浪线条式设计，格栅两端配备了双层矩阵设计的星月叠影矩阵式LED（发光二极管）车灯，由贯穿式灯带引领，与中央的“VW”品牌标识连接，带来月升沧海般焕然一新的视觉效果。带有立体筋线的前引擎盖、翼展式下格栅造型、弯月式的底部护板，塑造出SUV强烈的力量感，提升整车的视觉冲击力。

全新途岳车身线条硬朗，前后贯通，与上扬式窗线呼应，让整体车身看起来更加的修长（见图2）。宽大的轮眉、超高的离地间隙，搭配18in（1in＝0.0254m）黑红拼色设计的轮毂极具前卫感和运动感。尾部同样采用贯穿式尾灯加上红色描边Logo灯带设计，彰显细节品质。新车长/宽/高分别为4458mm/1841mm/1632mm，轴距为2680mm，相比老款，车身长度增加5mm。

图2　全新途岳外观

内饰部分，全新途岳升级了一体式横向布局仪表，10.25in仪表与12in悬浮式中控屏为车内增添了科技感（见图3）。此外，新车还配备透光面积达1.17m²的全景电动大天窗。同时，在智能化装备上，新车配备IQ. 智慧车联，涵盖智能语音、智慧导航、智享娱乐、智趣出行、智联控车等功能，结合车机系统与移动端上汽大众APP（软件），可实现多轮语音交互、远程智联控车、组队出行等丰富功能，并且该系统支持无线 CarPlay 及 CarLife 功能。

图 3 全新途岳内饰

通过对全新途岳早期购买者的研究发现，用户购买全新途岳主要源于对其动感外观的喜爱，其次是其优秀的操控性，宽大的车身尺寸和内部空间（见图 4）。

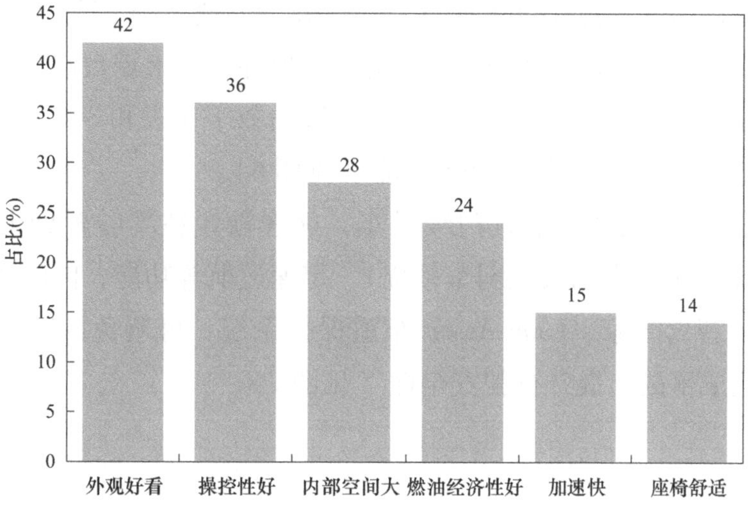

图 4 全新途岳早期购买者喜欢的因素占比

三、朗逸新锐

朗逸系列在中国销售突破 500 万辆之后，作为朗逸家族的新成员，朗逸新锐于 2023 年 6 月 13 日上市，成了国民家用轿车的新选择。朗逸新锐是继大众桑塔纳之后的新一代入门级轿车，售价 9.999 万元起，全系搭载 1.5L + 6AT 动力组合。

相比朗逸而言，朗逸新锐采用更年轻化的家族式外观设计语言，前脸为该系列标志性的分层式设计，上方加入横向镀铬条装饰，下方则融入点阵式中网填充，有点全新凌渡 L 的感觉，整体呈现出更时尚运动的外观视觉效果（见图 5）。侧面的线条延续了大众家族化的设计风格，多条贯穿前后的腰线带来了丰富的光影效果。尾部采用时下流行的熏黑式尾灯，行李舱盖还带有突起的鸭尾，排气为隐藏式，后包围也加入横向镀铬条以体现高级感。

图 5　朗逸新锐外观

内饰方面，朗逸新锐提供了静谧蓝、烟雨青、迷雾灰三种主题，与外观颜色完美搭配，营造出年轻、明快的运动感，T 形环抱式中控台同样是大众经典的设计风格。此外，朗逸新锐全系标配 8in 全液晶数字仪表和 8in 多点触控屏，科技感十足，并且还支持无线 CarPlay 功能（见图 6）。

作为一款 10 万元左右的入门级轿车，朗逸新锐在驾驶辅助上面也毫不懈怠，全系配备 AEB（自动紧急刹车系统）、定速巡航等功能，同时还搭载了上汽大众 IQ. Drive 智驾管家、Lane Assist 车道保持系统，可避免因车辆驾驶员无意识地跑偏而造成事故，提升行驶安全性（见图 7）。

图 6　朗逸新锐内饰

图 7　Lane Assist 车道保持系统

通过对朗逸新锐早期购买者的研究发现，用户对其印象是非常有特点的，实用、舒适、经济实惠、可靠是它最突出的标签（见图 8）。作为大众品牌的入门级轿车，这些消费者的认知与车型特点非常契合。而朗逸大气、稳重的品牌印象深入人心，作为车系的一员，也带动并提升了朗逸新锐的档次感。

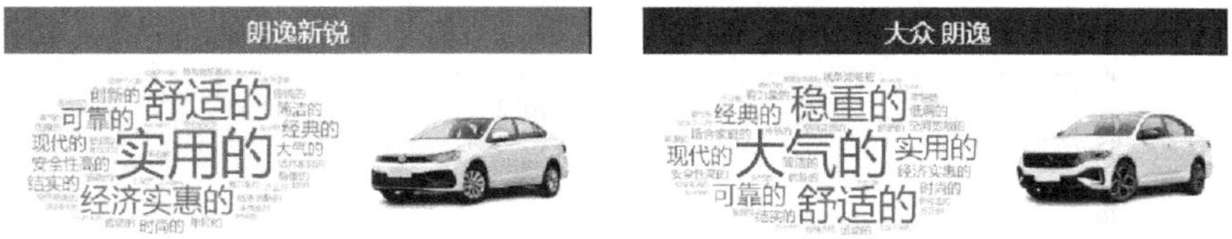

图 8　对朗逸新锐早期购买者的研究报告

四、上汽大众 ID. 系列的品牌表现

上汽大众是合资品牌进入纯电动车市场的先驱之一，自从 2021 年第一款 ID. 系列车型——ID. 4 X 上市后，经历了两年多的经营，ID. 系列已经成为家喻户晓的车型品牌。在 2023 年的新能源品牌有提示测试中，上汽大众的知名度已经超过了 90%（见图 9）。虽然相比新势力品牌和本土品牌而言，上汽大众进入新能源汽车市场较晚，但是上汽大众已经处于新能源汽车市场的上游位置，知名度超越了所有合资品牌和一部分的新势力和本土品牌。

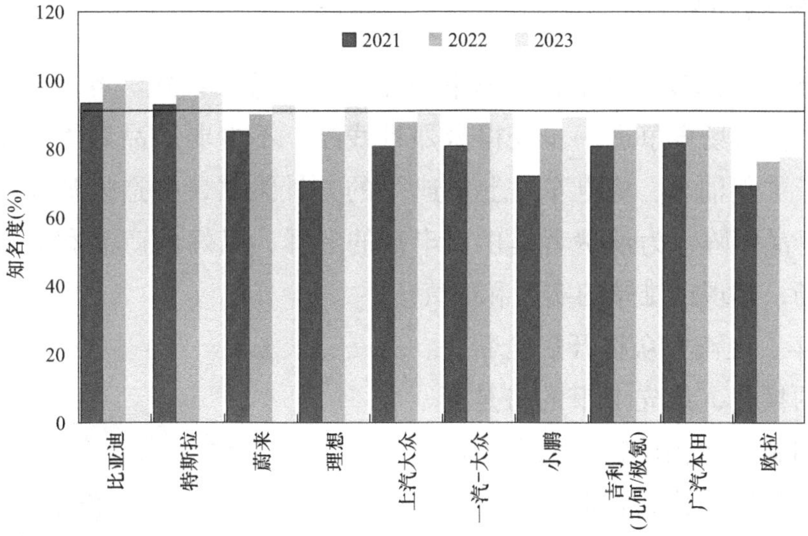

图 9　2021—2023 年品牌表现监测研究——新能源品牌知名度

同时，ID. 品牌的产品在上市后也在不断地升级迭代，这是电动车独有的属性，力求产品在软、硬件上持续完善，让用户满意。随着消费者对上汽大众纯电动车接受度的提升，ID. 3 在 2023 年成了 12 万元品质纯电动车首选，销量突

破万辆。在新能源汽车市场，上汽大众的购买考虑意向程度也有了明显的提升（见图 10）。

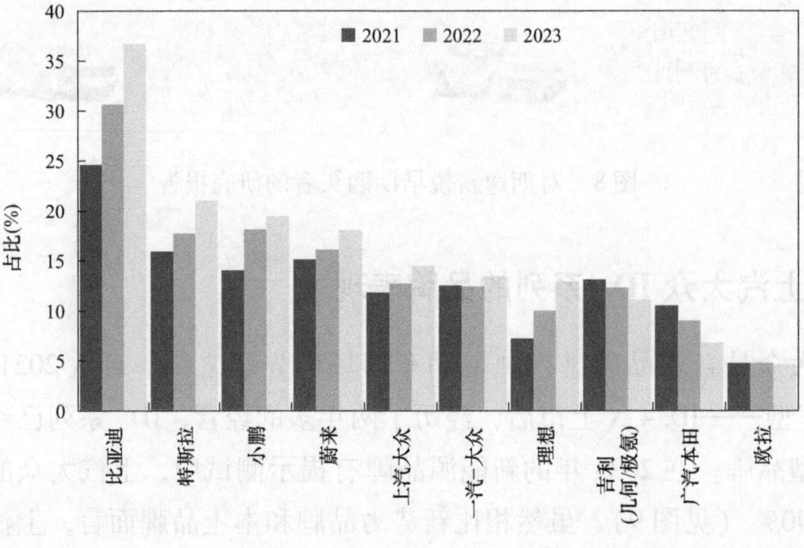

图 10　2021—2023 年品牌表现监测研究——新能源品牌购买考虑比例

五、总结与展望

2023 年，伴随疫情结束，汽车市场开启了“卷”模式。各大汽车厂家纷纷降价促销，让市场竞争进一步变得激烈且残酷，不少弱势品牌因此出局。上汽大众贯彻了“促油车、稳电车、上奥迪”的方针策略，打造燃油车、新能源汽车并行的产品矩阵，为消费者提供更丰富的选择，以好的产品和品牌布局每一个细分市场，体现出雄厚的实力和底气。

2024 年，上汽大众将开启全新一代燃油车的换代，最先上市的将是新一代途观和新一代帕萨特，从车型的设计语言、数字座舱到智能驾驶水平和车机系统，都将是颠覆性的提升，并将重新创造和定义智能燃油车的新品类。同时，ID 系列也将迎来第四款产品（B 级纯电动轿车）的上市，进一步拓展 ID 系列的产品矩阵。上汽大众 ID. Next 概念车外观如图 11 所示。

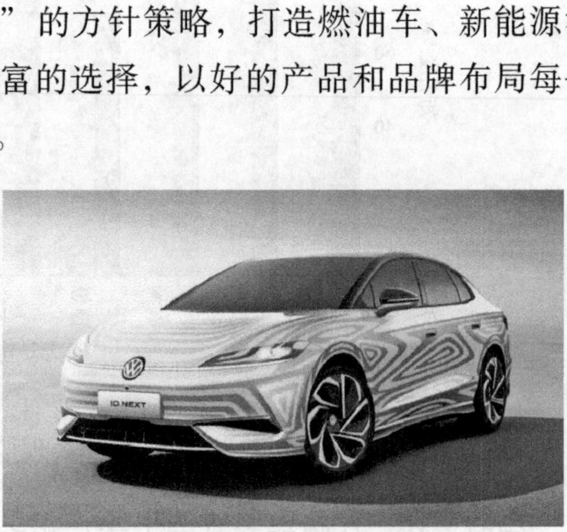

图 11　上汽大众 ID. Next 概念车外观

2024 年，上汽大众也将迎来成立 40 周年，即将进入“不惑之年”的上汽大众，曾经的“燃油之王”没有选择躺在功勋簿上，而是用“不惑”的发展眼光，不断进取，不断突破，争做新能源汽车时代的“新王者”。

（作者：张曙）

2023 年一汽 - 大众（大众品牌）产品调查报告

2023 年是新冠疫情结束之后的第一年，伴随疫情结束，消费信心有所反弹，消费预期增强，汽车消费需求逐步释放。2023 年一季度由于燃油车购置税减半政策退出的透支效应以及春节较早的影响，造成市场开局不利。2023 年 3 月份之后受益于各地方政府刺激政策密集发布，市场逐步转暖，但各主机厂面对日益严峻的市场竞争压力，终端价格持续下滑，价格战愈演愈烈。从 2023 年 1 月份特斯拉大幅降价开始，新能源汽车品牌纷纷跟进，鲶鱼效应显现；2 月份，比亚迪冠军版发布，掀起油电同价新浪潮，自主品牌也纷纷跟进；3 月份，价格战正式打响，以“政企联动”等大额补贴为先导引爆全网，从此，汽车市场终端成交价格一路下滑，促进汽车终端市场成交量进一步提升。汽车市场在二、三季度持续维持在较高量级，个别月份市场总量达到近五年历史新高，汽车市场整体持续向好。进入 2023 年第四季度，由于市场持续维持在高位，增速放缓，“金九银十”体现出旺季不旺的感觉，进入 12 月份各厂家开始加速冲击年度销量目标，为 2023 年乘用车市场收官画上圆满的句号。2023 年新能源汽车市场的表现是最大亮点，全年新能源乘用车市场渗透率达到 35%，较 2022 年有 8 个百分点的提升。新能源汽车市场进入高速增长期已成共识，在供给端强势新产品大量投入、政策加持以及需求持续拉动等多因素作用下，新能源乘用车增长趋势将延续，预计 2025 年渗透率将达到 50% 的水平。

在整体汽车市场价格竞争激烈、燃油车市场加速萎缩的大背景下，一汽 - 大众（大众品牌）全年完成零售销量 1050017 辆（见图 1），实现全年销量同比正增长。与此同时，一汽 - 大众（大众品牌）奋力克服激烈的市场竞争环境，深刻洞察用户需求，进一步优化和补齐产品矩阵。2023 年推出大众品牌电动化转型的重磅产品——B 级纯电动轿车 ID. 7，同时推出探歌中期改款产品，实现产品力再次提升，为用户提供更契合当下需求的产品，以持续焕新的姿态继续深耕乘用车市场。

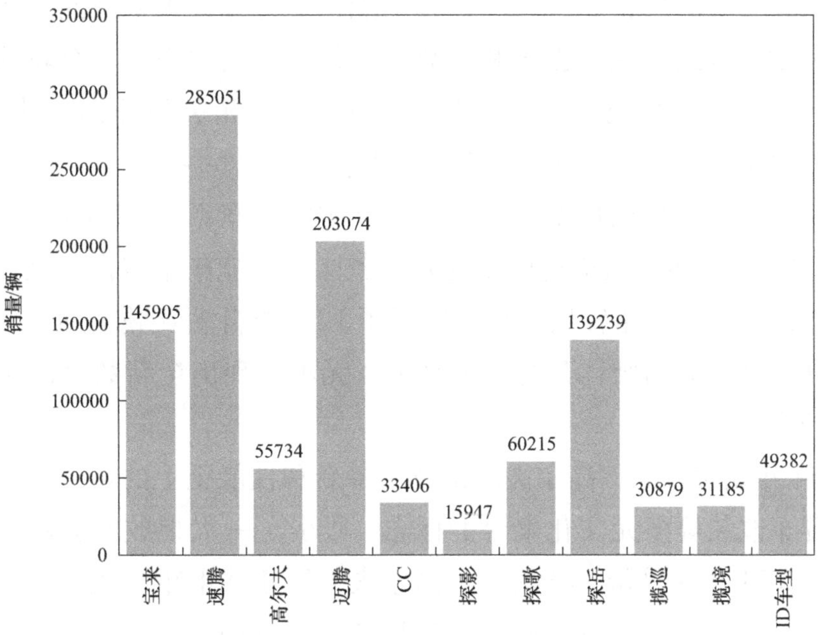

图1 2023 年一汽 - 大众（大众品牌）分车型销量

一、再续传奇——高尔夫

近十年来，我国的两厢车市场经历了从迅速发展到持续下滑的过程，这种趋势在 2021 年触底之后，在 2022 年有所反弹。2014 年是两厢车市场的转折点，随着 SUV 车型逐渐走热及两厢车现有产品的逐渐老化和部分车型的停产，两厢车市场逐渐萎缩。

作为大众最经典的车型以及符号般的象征，2003 年高尔夫 4 被引入我国，如今已经更新到第 8 代。高尔夫凭借其品牌影响力、多年积累的口碑以及高保值率在这个细分市场保持着绝对的统治地位。2013 年高尔夫 7 上市，迅速夺取了市场份额，并从 2014 年起连续 9 年稳居细分市场销量第一的宝座。

2020 年，第 8 代高尔夫上市，延续德国工业的严谨与简洁，精妙传递出车的情绪与温度。一汽 - 大众赋予了其全新的基因——数字化，将其命名为“全新数字高尔夫”。全新数字高尔夫，以一场数字革命，带来颠覆性的审美变革。数字化是第 8 代高尔夫的关键特点，它也是基于数字化理念的大众 MQB Evo 平台上诞生的第一款车型。全新数字高尔夫搭载了大众全新数字化座舱，采用全新的 Floating Design 设计，触控式人机交互，信息娱乐系统、氛围灯、方向盘、天窗及阅读灯调节、空调及音量调节等，一切皆可触控；抬头显示系统、手机无线充电设备囊括其中；更有智能语音功能，实力打造未来空间，实现了历代高尔夫车型中最极致的视觉提升和在数字增强技术上的进步。全新数字高尔夫搭载了最新 IQ. Drive 系统，将与泊车、驾驶、安全相关的辅助功能进行整合，实现全旅程覆盖。Travel Assist（驾驶辅助系统）、Pre - Crash（预碰撞保护系统）、MKB（多次碰撞预防系统）、PLA 3.0 智能泊车系统、RTA（后方交通预警）、ACC 3.0（高级自适应巡航系统）等数十项功能集结待命，犹如全能高手在身侧，帮助驾驶员一路轻松畅行，实现了 L2 + 级自动驾驶辅助。从智慧座舱到智能互联再到智能驾驶，其每一处细节，无不体现出全新数字高尔夫就是数字化时代的产物。

自 1974 年诞生以来，高尔夫既是技术革新和性能至上的传奇缔造者，同时还是粉丝赛车改装等多元文化聚合的标志，吸引了一大批敢于创新、追随信仰的年轻人。2021 年 9 月份，全新一代高尔夫 GTI 正式上市。较轻的车重、扎实的底盘和强劲的动力，以及充满运动激情的外形和内饰设计，传承高尔夫 GTI 经典设计，融入科技感十足的灯光组合，搭配战斧造型运动铝轮毂，与“小钢炮”的形象完美贴合。如今，高尔夫全球累计销量更是超过 4000 万辆，这个成功的车型已经远远超过了一款产品应有的定义，形成了其底蕴深厚的粉丝文化。每一代高尔夫为每一个特定的时代都留下了深刻的先进技术烙印。在产品力不断提升的支撑下，“高尔夫文化”才得以持续。2023 年是高尔夫引入中国 20 周年，为进一步提升产品力和品牌形象，2023 年 5 月份新推出两款“高尔夫 20 周年纪念版”车型（见图 2），大幅增加 L1 和 L2 级驾驶辅助系统等科技便利装备，随车增加 20 周年纪念元素贴纸，并限时限量特供专属用户文创礼品，深受消费者喜爱，2023 年全新数字高尔夫又一次凭实力“圈粉”。

图 2 “高尔夫 20 周年纪念版”车型

二、家用轿车常青树——宝来

上市 22 年，累计销量超过 300 万辆，“驾驶者之车”宝来早已成为一汽 - 大众轿车家族的灵魂之一。在全新设计理念与智能化的全面加持下，2022 年 6

月上市的改款全新宝来引领了一汽－大众轿车家族在新的时代焕新出发（见图3）。全新宝来在外观方面，依旧采用家族式设计风格，镀铬装饰的格栅条与前照灯内的LED灯相连，使车头整体感更强；前照灯采用了LED光源，点亮效果明亮，大大提升了辨识度；新车无论从车长还是车高都有所增加，新车长度为4672mm，相比老款车型加长了9mm，新车高度为1478mm，相比老款车型增加了16mm；后包围加入了一些镀铬材质的点缀，车尾看起来更加精致。内饰方面，全新宝来采用了全新家族式的语言，中控屏幕不再为嵌入式，而是采用了12in悬浮式中控屏设计，提升了整体内饰的科技感。2023年全新宝来以深刻洞察用户需求为基础，先后推出了1.5T以及1.4T新版本，强化宝来车型的动力配置，为消费者带来更为满意的驾乘体验，全新宝来上市后月均销量超过1万辆，2023年第四季度宝来销量进入细分市场前三名。伴随宝来传奇的淡出市场，相信全新宝来可以更好地承接宝来传奇用户，再创佳绩。

图3 全新宝来

三、A＋级三厢车标杆——速腾

一汽－大众速腾作为较早进入我国汽车市场的“老师傅”，以其优异的产品表现陪伴了一代又一代家庭。如今，基于对国民新生代消费市场的深度洞察，2022年6月上市的改款全新速腾无论在外观设计、内部空间，还是动力性能等方面均进行了全面革新（见图4），备受瞩目。全新速腾搭载大众亚太区首次采用的1.5T Evo2发动机，最大功率高达118kW，最大转矩达250N·m，在拥有更强劲动力的基础上，兼顾了更好的燃油经济性［WLTC工况（世界轻型汽车测试循环工况）为5.77L/100km］。同样值得关注的是，全新速腾引入大众IQ科技为整车全面赋能，IQ. Drive智驾管家、IQ. Light灵眸LED大灯、IQ语音精灵和IQ智慧车联等科技配置的搭载，无疑将巩固全新速腾在细分市场的领先地位。作为A＋级轿车细分市场的标杆车型，全新速腾上市即热卖，2023年实现月均2万辆以上的销量表现，名列细分市场第一名，无愧于A＋级标杆的称号。

2023年是全新速腾上市的第一个完整年，全新速腾捷报频传，为更多懂生活、重品质的消费者带来不俗的体验。

图 4　全新速腾

四、B 级三厢车标杆——迈腾

17 年前，迈腾正式进入中国，从此开启了一汽 - 大众在 B 级车市场的开拓创新之路。顾名思义，“迈”寓意自信、果决、动感；“腾”表示腾飞、超越、激情。故无论遭遇顺境还是逆境，迈腾始终不忘初心，矢志向前。从技术引领到市场引领，迈腾已成为一种精神、一种力量。

从 2007 年正式引入国内，15 年时间销量便超过 200 万辆。迈腾作为纯正血统的德国大众 B 级车将突破性的创新引领到了新高度，产品质量也得到了用户认可。“入华 15 载，归来仍少年”，迈腾 200 万辆纪念版也在 2022 年正式登场（见图 5）。

图 5　迈腾 200 万辆纪念版

迈腾 200 万辆纪念版在原有高端、稳重、大气的宽体风格基础上，融入更多动感个性元素，通过前格栅、保险杠、侧裙、轮毂、扰流板、尾灯、双边四出排气镀铬装饰等外观设计升级，增加运动风格，实现颜值与价值的双重提升，为消费者带来更优选择。

运动不局限于外部，在内饰方面，全新带变速拨片的触控运动方向盘搭配多色可调彩色氛围灯，以及新增的金属运动踏板，使得在驾驶时更能够找到“人车合一”的驾驶激情，仿佛握紧方向盘的一瞬间，就真正融入了迈腾200万辆纪念版，在“人车合一”的驾驶中，沉浸式体验速度与激情。全新座椅面料、车门内饰板及缝线设计等细节雕琢，迈腾200万辆纪念版实现了科技与质感的双重提升，为整车赋予内外兼修的“德系”魅力。

迈腾200万辆纪念版的登场，不仅仅为用户带来了耳目一新的设计，更重要的是，从内而外彰显了一汽-大众的全新使命。依靠品牌价值和产品的优秀竞争力，助力迈腾站在B级车市场金字塔顶尖，为整个B级车市场带来更大突破。

五、颜值革新——CC家族

兼具轿车的理性与跑车的感性，将优雅与动感两种风格完美结合，作为一汽-大众的旗舰车型，CC自2010年第一代产品在国内上市后，就深受年轻消费者的青睐。CC以德系风格、同级前卫造型、豪华设计元素、高品质和高安全性等产品优势，在国内市场打下了坚实的竞争基础。外观方面，CC车型采用了大气的外观设计，流线型的车身和动感的尾部造型；内饰方面，CC车型采用了高品质的材料和精良的工艺，营造出舒适、豪华的驾乘环境。

新CC作为最美大众车，拥有超强辨识度的高颜值，采用大众最新的家族式前脸设计语言，特别是贯穿整个中网的日间行车灯，以及大众全新R-line设计元素，引领潮流兼具豪华，完美诠释高级轿跑车定位（见图6）。自2020年年底上市以来，新CC成功捍卫了其细分市场地位。搭载2.0T高功率发动机的中高端版本以其显著产品性价比，成为新CC绝对的销量主力，在带给用户最美颜值体验的同时，进一步增强了跑车澎湃动力的驾驶体验。

图6　大众新CC

CC 猎装车是在新 CC 基础上打造的一款兼具动感和实用的衍生车，继承新 CC 高颜值，融合全新灵感设计，完美实现造型突破，拥有超大后排及行李舱空间，体现了一汽-大众对国内汽车市场个性、多元用车场景的深度洞察，满足了用户个性、独特和品位等需求。

新 CC 家族，在 B 级三厢车中高端市场形成了产品集团优势，在设计、科技及智能网联方面升级强化，顺应用户年轻化和细分多样化趋势，为优质客户提供丰富选择，以市场和客户为导向，增强了品牌影响力。

六、年少有为——探影

探影是一款基于 MQB A0 平台打造的全新车型（见图 7），以它的精致设计和卓越性能，吸引了无数消费者的目光。车型尺寸方面，探影的车身长/宽/高分别为 4194mm/1760mm/1601mm，轴距为 2651mm。小巧的车身尺寸不仅使探影在城市驾驶时游刃有余，而且也带来了更好的燃油经济性。外观设计方面，探影采用了大众集团最新的设计语言，提供了普通版和 R-Line 版两套设计风格，可以满足消费者的不同喜好。普通版车型以简约时尚为主，而 R-Line 版车型则更加运动和个性化。动力表现上，1.2T 发动机的最大功率为 85kW，峰值转矩为 200N·m，配合 7 速双离合变速器，能够带来更加富有激情的驾驶感受。

图 7 探影外观

内饰设计方面，探影的内饰设计延续了大众的经典风格（见图 8），整体简洁大方。车内采用了大量的软质材料和皮质包裹，提升了整车的质感。方向盘采用了大众最新的设计风格，搭配了多功能按键，操作便捷且充满科技感。仪表盘采用了 8in 的液晶屏幕，显示信息丰富，读取清晰。中控台配备了 9.2in 的 MIB 车机控制系统，界面设计简洁易用，支持蓝牙、导航、倒车影像等功能。

座椅空间上，探影的座椅采用了人体工程学设计，包裹性和支撑性都非常好。座椅材质为皮质和织物混搭，提供了良好的舒适性和透气性。后排座椅空间宽敞，腿部空间充足，乘坐舒适。

图8 探影内饰

安全配置方面，探影配备了多项主动安全配置，包括 ESP（车身电子稳定系统）、ABS（制动防抱死系统）、MKB（多次碰撞预防系统）等。同时，探影还配备了倒车雷达、倒车影像、RKA 智能胎压监控系统等，为驾驶员提供了全方位的安全保障。

综上，探影以其精致的设计、卓越的性能和丰富的配置，成了紧凑型 SUV 市场的一股新的力量。无论是普通版还是 R - Line 版车型，都能满足不同消费者的需求。探影的动力表现和内饰设计都展现出了大众品牌的实力和诚意。

七、潮流驾趣——全新探歌

作为一汽 - 大众首款 SUV 车型，探歌在 2018 年上市后受到了无数年轻用户的热爱，成为一汽 - 大众在 SUV 市场的开路先锋。五年来，它经历了汽车市场的考验，却仍然能够保持稳健的销量。

2023 年，探歌迎来了中期改款，同时也做了一次“换芯”手术。作为一款目标用户是年轻潮流群体的车型，动力系统的重要性不言而喻，为充分满足年轻用户高能且低耗的使用需求，全新探歌换装了一台 EA211 1.5T Evo2 发动机，最大功率较 1.4T 发动机提升了 8kW，峰值转矩维持在 250N · m 不变。但其最大转矩转速区间发生了变化，从 1.4T 发动机的 1750 ~ 3000r/min 变为 1750 ~ 4000r/min。这也意味着发动机在更多时候都处在动力响应最好的状态。基于全球用户都在追求环保出行方式的大环境下，全新探歌 1.5T Evo2 发动机采用更多新技术来降低油耗和排放。数据显示，全新探歌的 WLTC 工况百公里综合油耗相较于旧款探歌 1.4T 车型从 6.45L 降低至 6.1L。考虑到排放问题，该发动机还配置主动式油气分离器，搭配紧耦合式排气系统，做到碳排放低至百公里 6.7g，全面满足国Ⅵ B 排放标准。

作为一汽 - 大众在 SUV 领域年轻化的代表产品，全新探歌将潮流基因继续进行到底。其采用了最新一代大众设计语言，从前脸硬朗加宽的进气格栅，到 R - Line 专属造型以及高辨识度的灯光组合，全方位赋予了外观设计更强的运动感和潮流感，充分诠释了其运动风格与舒享品质（见图 9）。此外，全新探歌在现款车型缤纷色彩的基础上，首次推出了全新的“柠檬黄”颜色，为个性用户提供了更多色彩选择。全新探歌在稳健、厚实的造型之下，进一步加大了内在空间的利用率。全新探歌通过“短悬长轴”的设计理念实现了完美车身比例和最大化乘坐空间，依托 2680mm 的轴距和紧凑的前后悬布局，全新探歌从前排脚掌到后排座椅中心的车内使用长度达到 1789mm，为用户构建出宽敞、舒适的内在空间。

图 9　全新探歌外观

与此同时，全新探歌搭载了科技质感的内饰，从中控台至两侧车门，采用环抱式软质材料包覆设计，增加座舱质感。新车搭载了 9.2in 悬浮中控屏和 10.3in 全液晶数字仪表，覆盖副驾驶侧门板和仪表板的 30 色可调透光饰板，营造科技氛围（见图 10）。全新探歌还在智能化上下足了功夫，搭载了众多大众 IQ. 科技先锋配置，通过 IQ. Light 灵眸矩阵、IQ. Drive 智驾管家等功能全场景守护驾乘安全，减轻驾驶负担。同时，全新探歌全系配备后视影像、PLA 智能泊车系统、IQ. 智慧车联等前沿科技，全面提升汽车生活体验，以更温暖、更智慧的应用，引领行业智能化用车体验。

综上所述，全新探歌将继续以精致、时尚领跑 A 级主流 SUV 设计潮流，为消费者不断地带来惊艳感受。

图 10　全新探歌内饰

八、全新进化——探岳家族

在一汽 - 大众的 SUV 布局中，探岳是“顶梁柱”一样的存在。2018 年上市以来，探岳凭借强大的产品力，为年轻人群带来了高品质、高价值 SUV 的新选择，持续引领 A + 级 SUV 市场。探岳已经从一款标杆性的产品成长为涵盖燃油车、插电式混合动力、Coupe（轿跑车）造型的家族系列。面对当下汽车市场日新月异的产品迭代和用户新需求，全新探岳家族于 2022 年全面升级，塑造与时俱进的产品价值，赋予了探岳全新的增长活力。全新探岳家族围绕前瞻设计、多元动力组合和智能科技等三大硬核亮点进行了全方位升级。

在 2023 年 4 月份举办的上海车展上，备受期待的一汽 - 大众探岳 1. 5T 车型正式上市，全面替换此前的 1. 4T 发动机，同时探岳及探岳 X 还推出了高光黑运动版。探岳 1. 5T 车型外观造型延续了在售车型设计，在颜值上更加贴近年轻人的审美需求。探岳 X 峰峦式前格栅、天弓贯穿式格栅氛围灯，加上竖型的灯带设计，更加富有层次感。搭配发光的品牌标识，在夜间有着强烈的科幻质感。尾灯造型采用了贯穿式尾灯设计，拉伸了整车视觉宽度，更加锐利硬朗、激情动感，进一步增强了力量感和硬派气息（见图 11）。

新车型在内饰方面继续采用三辐式方向盘和悬浮中控显示屏，大尺寸全景天窗、感应式电动行李舱盖、Kessy 智能无钥匙进入系统、全液晶数字仪表、12in 触摸彩屏、智能触控式三区自动恒温空调等人性化舒适配置全面标配，科技感十足（见图 12）。车联网还全系升级为最新的斑马系统 IQ. 智慧车联，可通过语音完成导航、听音乐、车辆控制、空调温度调节、查看天气等功能的操作。

图 11 探岳外观

图 12 探岳内饰

此次推出的高光黑运动版在 R – Line 套件基础上，车身关键组件采用黑化套件。这其中包含有黑化的车顶行李架、前格栅饰条镀铬、X 烫印、前保险杠饰条镀铬以及前照灯内镀铬的全面黑化；侧身黑化的轮圈、车窗饰条、外后视镜、门把手，也进一步提升了运动感。在车尾的排气管、尾部字标以及后保险杠喷漆也都采用黑色涂装。

几年来，一汽 – 大众以探岳家族为主力，全面发力 SUV 市场，取得了巨大成功。一汽 – 大众始终坚持“从人性化需要入手，打造中国市场最需要的产品”，紧紧抓住新中产生活所需，针对他们对品质和品位生活的追求，倾力打造他们的梦想之车，力求让这群人在探索前行中找到最大的人生乐趣，成为他们人生路上的“最佳合伙人”。

九、全能家商旗舰 SUV——揽境

揽境为一汽 – 大众首款中大型 SUV，产品定位为主流 B 级六座/七座 SUV，它的目标客户群体是主流进步 SUV 需求者，可以理解为满足多数想体现自己成就感的客户。揽境不但在造型的设计上采用全新大众型面设计语言，散发出刚毅与雅致协调的吸引力，同时在空间尺寸上也要远胜于竞争对手，可以说在直观感受上带给消费者超出产品本身定位的体验。不仅如此，产品本身的科技感和舒适性，也极大地满足了用户的需求。

科技感在揽境的装备理念上展现得淋漓尽致。首先，车外使用了大众最先进的 IQ light 灯光科技，集成了雾灯功能的全天候前照灯，包括 AFS（自适应前照灯系统）、MDFS（远光灯自动避让行人及来车功能）等，同时使用全身型氛围灯，在前后 Logo 都可点亮的基础上，前格栅、翼子板、行李架和后部贯穿尾灯相结合，完美匹配了车身优雅稳重的理念，满足了主流进步人群的诉求。车内搭载悬浮双连屏，10.25in液晶仪表盘加大众最先进的12in中控屏，完美迎合了当今消费者对科技属性的追求。该车搭载最新CNS 3.0车机系统，车机交互功能更多元化，使用感觉更流畅，也保证了驾驶功能更智能，例如标配了领先的Travel Assist 2.0，并在标配ACC（自适应巡航控制系统）的基础上实现一键自动驾驶和Park Assist 3.0（泊车辅助系统3.0）等，在智能科技上充分满足客户需求。

舒适性也是主流进步客户最大的诉求。揽境在空间舒适性的基础上，储物空间是远远强于竞争对手，大容积的中扶手箱，副仪表板下方大储物空间，扩大了的手套箱、门板储物空间，以及超大的行李舱空间，满足了客户对于车内容纳的诉求。在座椅舒适性方面，在四驱版本上标配前排双电动座椅，拥有八向电动调节和额外四向电动腰托支撑，同时首次标配了前排座椅通风功能，用超越竞争对手的功能体验去满足客户。在开启车门的舒适性方面，采用了全车无钥匙启动及全车无钥匙进入，标配了电动行李舱盖，同时在四驱车型上标配了行李舱感应开启，用脚晃动即可开启行李舱盖。在整车环境的舒适性上，采用三区空调及最新空气净化系统，同时增加了后排隐私玻璃及强降噪玻璃，以及面积高达0.8m^2的全景天窗，搭配多达14个喇叭的哈曼卡顿音响，整体上给驾乘人员提供了最极致的舒适性体验。

总之，揽境在各方面的表现都十分出彩。在空间方面对中国用户的需求理解得很透彻，同时SUV的外观造型也比较符合中国人的审美（见图13）。科技感和舒适性再加上大排量发动机和四驱系统的加持，无论是公路还是越野，都能够从容应对。

图13 揽境外观

十、SUV 战略收官之作——揽巡

揽巡定位大五座 SUV，这款车型填补了一汽 - 大众在中型高端 SUV 到大型 SUV 之间的市场空白，并凭借其硬朗有型的格调外观、精准稳健的驾驶控制感受以及充裕的内部空间，向其所在的细分领域发起进攻。

在外观上，揽巡采用灵牛外观设计，配合全车炫彩灯光，看起来非常的大气（见图 14）。揽巡车长近 5m（4949mm），轴距近 3m（2980mm），是大众最大的五座 SUV，超大尺寸下空间体验极佳。

图 14　揽巡外观

在内饰上，揽巡采用了大众最新的布局设计，包括大尺寸的全液晶仪表盘和中控触摸屏，极大地提升了车内科技感。座椅采用优质材料，提供了良好的支撑性和舒适性。

在配置上，揽巡传承德系车一贯的优秀驾驶性能，独立悬架、EPS（电动助力转向系统）和超大空间，家庭长途旅行无论坐在哪个位置都可以随意调整坐姿，驾驶体验非常好。同时，揽巡配备了非常丰富的装备，连屏设计的 10.25in 液晶仪表盘 + 12in 中控屏、L2 + 级的 Travel Assist、30 色可调的内饰氛围灯等，让科技感和舒适性样样拔尖。

同时在动力上，揽巡搭载了代号为 EA888 的 2.0T 高/低功率发动机，其中低功率机型的最大功率为 186 马力（1 马力 = 735.499W），高功率机型的最大功率为 220 马力，这台发动机在 2.0T 发动机阵营，参数算得上比较出色，且历经多次更新迭代，其稳定性也得到了用户的肯定。

揽巡是大众品牌 SUV 集大成之作，其超越同级的空间感受，丰富的驾驶体验，炫彩的内饰氛围都将为我国消费者提供更好的产品体验。

十一、质享新体验——ID.4 CROZZ 和 ID.6 CROZZ

自 2021 年以来，ID.4 CROZZ 和 ID.6 CROZZ 组成的纯电动 SUV 双雄，凭借强大的口碑、卓越的产品力和精准的用户洞察，迅速成为合资电动车市场的一股强劲势力。一汽 - 大众也凭借这两款 SUV 的出色表现成了首家新能源汽车销量超过 10 万辆的合资品牌。2023 年，ID. CROZZ 家族累计销量达到 4.9 万辆（见图 15），位居合资纯电动 SUV 销量榜第一。

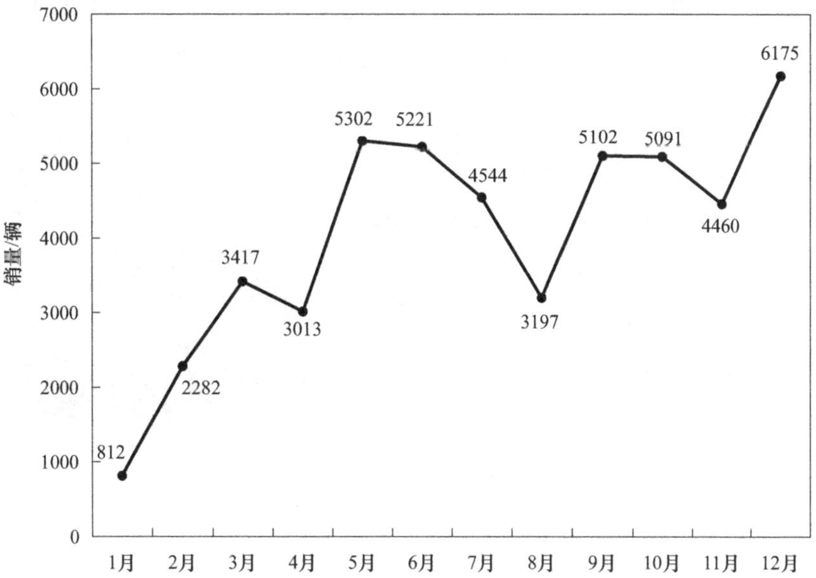

图 15　2023 年 ID.4 CROZZ 和 ID.6 CROZZ 月度销量

2023 年 9 月份，一汽 - 大众 ID. CROZZ 家族 2024 款正式上市，新增了外观颜色、升级了软件系统，并对主销车型的外观套件和科技配置进行大幅更新，进一步提升内外饰视觉效果，为用户带来新体验。

2024 款 ID.4 CROZZ 全系新增了车身颜色“莱茵蓝”，该颜色取自发源于瑞士阿尔卑斯山麓并流经德国的莱茵河，以更纯净、深邃、鲜明的蓝色，赋予新车神秘色彩，让用户尽享梦幻美感。

2024 款 ID.6 CROZZ 全系换装超纤材质方向盘。PURE + 版新增标配 Travel Assist 功能，实现 0 ~ 160km/h 的全速域智能驾驶辅助，让行车更安全，操作更便捷。PRO 版则更新了超纤材质座椅，动感风格套件从选配升级为标配，进一步提升整车视觉效果。

ID. CROZZ 家族 2024 款还升级了 ID. S 3.4 软件系统，对整车的控制器和控制逻辑进行了双重优化，使之更人性、更贴心，并进一步提升了驾控便利性和乘坐舒适性。伴随2024款产品的推出，一汽－大众ID. CROZZ家族必将为用户提供更安全、更可靠的电动出行新体验，为用户开启更加美好的出行新世界。

十二、ID. 家族形象焕新之作——ID. 7 VIZZION

一汽－大众正在进入ID. 电动2.0时代，ID. 7 VIZZION（见图16）作为大众品牌首款B级三厢纯电动轿车，承载了ID. 品牌销量向上的希望。对于大众品牌而言，ID. 7是继ID. 4后的第二款全球电动车型，也是大众集团全球首款纯电动B级轿车，作为ID. 品牌焕新的重要载体，是形象焕新之作。

与传统汽车相比，电动车不仅要考虑传统车身结构的安全，还需要保证“三电”系统的安全。秉持着纯正的德系品质和前沿技术，在安全上，ID. 7 VIZZION“两手抓、两手硬”。一方面，ID. 7 VIZZION采用了三维立体笼式车身，热成形钢占比超32%，做到了高安全、高舒适、低振动的车身结构；另一方面，ID. 7 VIZZION电池采用四重隔热结构，从电芯到电池包开展了436项安全测试，只为用户的每一旅程安全。

图16　ID. 7 VIZZION亮相广州国际车展

当下，智能化体验已是电动车的“必修课”，基于对用户用车场景的深刻洞察，ID. 7 VIZZION在智能交互上实现了颠覆性升级。采用了全新一代车机操作系统ID. OS 2.0，对人机交互设计进行升级，提升交互体验；与科大讯飞合作，支持“可见即可说”；车载地图与高德地图合作，拥有专属的充电地图，具备车道级导航水平；车机系统内存升级到16GB。除了车机系统以外，ID. 7 VIZZION全系标配AR HUD，采用Travel Assist 3.0，新增交互式变道辅助功能。

任何时代，空间大小、舒适度都是消费者高度关注的重点。ID. 7 VIZZION采用全新一代的内饰设计语言，将智能科技感、豪华质感融入创新环抱式一体科技座舱，同时，通过Smart Air隐藏式智能空调、SkyView智能光感天幕等，实现了智能、人性化的车内舒适度调节，给予用户极致细腻的舒适享受。

造型设计方面，ID. 7 VIZZION采用了“自由之形”设计理念，不同于大众品牌燃油车型简约锋利、充满力量感的设计理念，ID. 7 VIZZION 采用了更加放松的型面设计，利用松弛的车身线条与优雅动感的型面，塑造了 ID. 7 VIZZION 动感流畅的车身造型，这样的设计风格不仅带给 ID. 7 VIZZION 设计上的突破与品牌造型风格上的全新尝试，更让 ID. 7 VIZZION 拥有了超低的风阻系数(0. 23Cd)，达到了行业优秀的水平。

2024 年是 ID. 7 VIZZION 上市后的第一个完整年，未来，ID. 7 VIZZION 将与 ID. 4 CROZZ 和 ID. 6 CROZZ 组成一汽 - 大众 ID. 家族纯电动三剑客，进一步开拓新能源市场格局，覆盖更多用车场景，保障用户无忧纯电动出行。

（作者：郭章勇）

2023年上汽通用汽车产品市场调研报告

一、2023年上汽通用汽车总体市场表现

2023年是全面贯彻党的二十大精神的开局之年，是三年新冠疫情后经济恢复发展的一年。

在国家层面，我国顶住外部压力、克服内部困难、防范化解风险，经济整体回升向好，现代化产业体系建设取得重要进展，向全面建设社会主义现代化国家迈出坚实步伐。综合来看，我国经济回升、长期向好的基本趋势没有改变。预计全年GDP增长率能实现5%的既定目标。

在汽车市场层面，整体市场呈“低开高走”之势。2023年1—2月份受春节因素和补贴退坡等影响，整体销量偏低；3—5月份受2022年低基数的影响，同比全面暴涨；6—11月份受出口和降价影响，销量持续稳步提升。

回顾全年，新能源汽车维持高速增长，出口销量屡创新高。根据中国汽车技术研究中心有限公司（以下简称中汽中心）发布的终端零售数据，2023年1—11月份乘用车总销量1914.8万辆，同比上涨6.6%。其中，轿车销量同比上涨2.0%，SUV销量同比上涨10.2%，MPV销量同比上涨21.0%。

在上汽通用汽车公司层面，2023年是上汽通用汽车向智能化、电动化战略转型的关键一年。

在汽车智能技术飞速发展的背景下，上汽通用汽车成立软件及数字化中心，将基于“云管端”的技术和业务需求，着力打造车云协同的组织架构，加快推进数字化、智能化与汽车的深度融合，围绕用户场景化需求为我国消费者提供更好、更丰富的智能座舱与智能驾驶的功能及体验。

上汽通用汽车不仅在全国范围内自建奥特能超级充电站，为凯迪拉克IQ和别克奥特能的纯电动车主提供补能服务，还与特斯拉中国携手开启充电网络互联互通合作，预计从2023年年底开始，上汽通用汽车旗下凯迪拉克品牌和别克

品牌的奥特能纯电动车型车主能通过登录品牌相关的 APP，使用充电地图功能即可在部分特斯拉超级充电站和目的地充电站进行充电，进一步完善上汽通用汽车补能体系的全国布局。

在新能源汽车产品方面，别克奥特能 SUV 双车 ELECTRA E4 和 E5 率先上市，别克微蓝 6 430km 版本焕新上市，别克的新能源转型进入快车道。凯迪拉克 IQ 锐歌发布标准续航版，树立 30 万元级豪华纯电动 SUV 新标杆，为消费者带来丰富的选择，树立合资品牌电动汽车的技术标杆。

在智能座舱领域，全新一代 VCS 智能座舱系统进入市场，搭载该系统的别克 ELECTRA E5 获得了专家评审团认可，荣膺“华舆奖 2023 中国年度典范智能座舱”。

2023 年 1—11 月份上汽通用汽车国内终端销售总量为 78.9 万辆（见图 1），总销量位列行业第七（见图 2）。

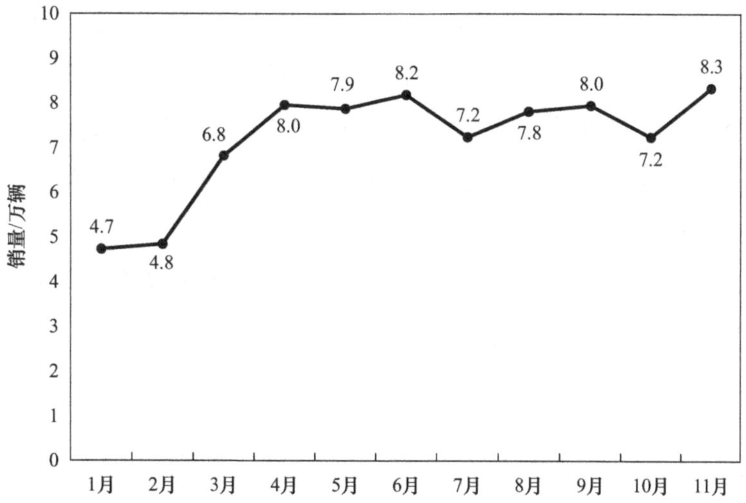

图 1 2023 年 1—11 月份上汽通用汽车国内终端零售销量统计

（注：数据来源于中汽中心）

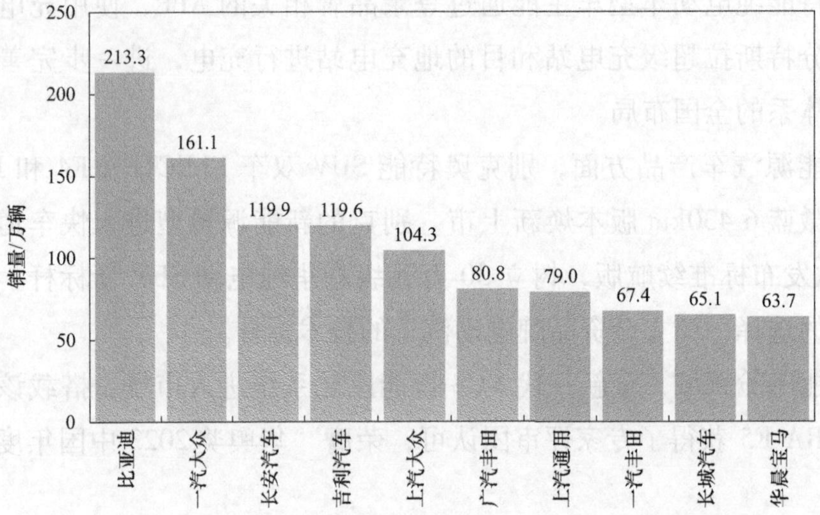

图2 2023年1—11月份各厂商乘用车终端零售销量统计

（注：数据来源于中汽中心）

二、别克品牌2023年各车型市场表现

2023年是别克品牌的产品大年，也是新能源转型的重要一年。总计推出两款基于奥特能平台开发的纯电动车型——智能电动（以下简称智电）大五座SUV ELECTRA E5和智电轿跑SUV ELECTRA E4。并且焕新上市了十万元国民纯电动精品家用轿车微蓝6，此外别克“双君”同步焕新，全新一代君越和新君威领衔中高级轿车市场。

别克品牌在2023年1—11月份终端总销量为45.6万辆（见图3）。新能源汽车终端销量为47496辆，同比增长47.8%。

1. 紧凑级轿车

紧凑级轿车市场是最大的细分市场，紧凑级轿车也是别克品牌的销量中坚。别克微蓝6一直以扎实可靠的续驶表现受到消费者青睐，此次上市的全新车型搭载高效电池系统，CLTC工况（中国轻型车测试工况）下续驶里程达到430km，限量惊喜价格为9.98万元。凭借高品质、大空间、续驶扎实、安全可靠的产品实力，微蓝6上市后备受用户关注和青睐，助力别克纯电动家族销量不断攀升。2023年1—11月份，别克微蓝6（BEV + PHEV）终端销量为34134辆，是别克品牌新能源汽车的销量担当。

威朗Pro同样维持燃油车销量担当角色，2023年1—11月份，别克威朗Pro

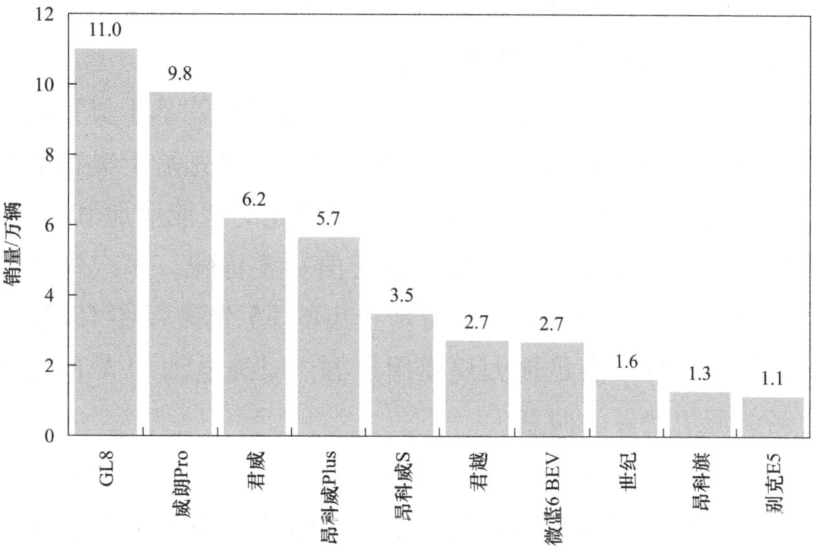

图 3　2023 年 1—11 月份别克品牌各车型上险销量

（注：数据来源于中汽中心）

累计销售 97720 辆。

2. 中高级轿车

别克“双君”通过运动与商务的不同定位，迎合不同消费者的需求，在中高级市场维持稳固的领导地位。

别克君威驰骋于中高级市场多年，赢得超过 170 万用户的认可。新君威上市后，荟萃潮流时尚设计、越级舒适空间、领先智能交互和卓越品质驾乘，为追求品质生活并享受出行乐趣的消费者带来超越期待的中高级驾乘体验，也为中高级轿车细分市场注入新的能量和动力。2023 年 1—11 月份君威销量为 61946 辆。

全新一代别克君越采用别克 Pure Design 设计理念及光塑美学设计语言，塑造了大气舒展的豪华车身比例和气势恢宏的现代化外观。此外，在智能化、便利性、内饰质感等方面全面升级，提供沉浸式的感官体验。新车重新定义中高级车标准，并赢得了消费者的认可和青睐。2023 年 1—11 月份君越销量为27226 辆。

3. SUV 产品

近年来，SUV 产品广受消费者的喜爱，销量占比逐年上升。别克 SUV 家族目前已全面覆盖中大型、中型、紧凑型、小型 SUV 细分市场。2023 年 1—11 月份别克 SUV 家族全系累计销售 124377 辆。

2023 年别克重点发力纯电动 SUV 市场，推出了两款基于奥特能智电平台的纯电动 SUV。别克智电大五座 SUV ELECTRA E5 是别克基于奥特能平台的首款量产车型，其凭借大厂品质、扎实续驶、行业领先的智能座舱和智能驾驶体验，以及承载全家出行的超大空间，上市后备受消费者青睐，多次蝉联中大型纯电动 SUV 月度销售冠军。2023 年 10 月份新上市的 E5 先锋版在 15 万 ~20 万元区间成为全新的价值标杆，满足更大规模用户群体对纯电动 SUV 的需求，展示了别克对主流新能源消费者的诚意。

智电轿跑 SUV ELECTRA E4 基于奥特能智电平台开发，产品定义来源于新时代主流人群对新能源用车的多元化需求，采用 Pure Design 纯粹设计理念，拥有轿跑般的时尚造型，亦兼顾中大型 SUV 的使用空间，为消费者带来“大有意思”的产品体验。

别克 E4、E5 的快速到来，印证了别克电动化转型的魄力和速度。凭借强大的体系实力和竞争优势，别克将在智电赛道上全面发力。2023 年 1—11 月份别克奥特能纯电动家族累计销售 13260 辆。

2023 年，别克品牌燃油 SUV 新车较少，仅有昂科拉 Plus 一款车型正式上市。别克旗下燃油 SUV 如昂科旗、昂科威 Plus、昂科威 S 等销量稳定。

4. MPV 产品

别克常年领导中高端 MPV 市场，截至 2023 年 9 月 1 日，别克 MPV 累计销量突破 180 万辆。

别克 GL8 是别克 MPV 的销量担当。历经 23 年发展，稳居同级市场销量榜首，伴随许多家庭开启美好生活，也伴随众多企业从无到有、从小到强，赢得用户口碑的同时，也屡获行业奖项。2023 年 1—11 月份别克 GL8 累计终端零售销量为 110054 辆，月均销量破万辆。

秉持别克品牌 23 年高端 MPV 产品开发的深厚积淀，基于全新大型豪华 MPV 架构开发，融合 Pure Design 纯粹设计理念、突破性的行业领先科技、至臻至美的高档材质和独具匠心的工艺细节，别克世纪连续多月蝉联大型豪华 MPV 销量榜首，改写了进口车垄断豪华 MPV 的市场格局。2023 年 1—11 月份别克世纪终端零售销量为 16084 辆。

近年来，车内环境和空气质量备受关注。别克世纪响应用户需求，配备业界领先的 BioCare 智能生物净舱系统，荣膺“五星健康车”奖项，获得“中国汽车健康指数测评”MPV 车型测试历史最佳成绩。别克世纪将带领别克品牌向更高端、更智能持续攀登，为品牌开创更大格局。

三、雪佛兰品牌 2023 年各车型市场表现

1911 年路易·雪佛兰和威廉·杜兰特正式创立雪佛兰品牌，至今已有 112 年。2023 年 11 月份，雪佛兰首次以全 SUV 车型亮相广州国际车展，演绎品牌传承百年的硬核实力。由雪佛兰开拓者、探界者、星迈罗、创酷 RS 等主力车型联合多款创意改装车组成雪佛兰 SUV 参展阵容，共同展现强悍可靠和硬核个性的 SUV 特质。

“用我们的眼界，改变他们的视界!”雪佛兰·红粉笔教育计划，长期致力于改善偏远地区素质教育水平。自 2006 年启动已有 17 年，支教项目组织超过 1200 名志愿者，奔赴 29 个省、市、区的 141 所学校，为 39000 多名乡村儿童带去了素质教育课程。2023 年雪佛兰·红粉笔奔赴福建省龙岩市连城县莒溪镇壁洲小学、荆楚古城的沙洋县五里铺镇草场小学、贵州铜仁市碧江区东风小学、宁夏回族自治区中卫市中宁县大战场镇彭建小学、云南大理漾濞县太平乡构皮完全小学等学校，用热情点燃孩子们的梦想，用真诚温暖的关爱走进他们的内心世界。

雪佛兰品牌在 2023 年 1—11 月份总销量为 15.7 万辆（见图 4）。

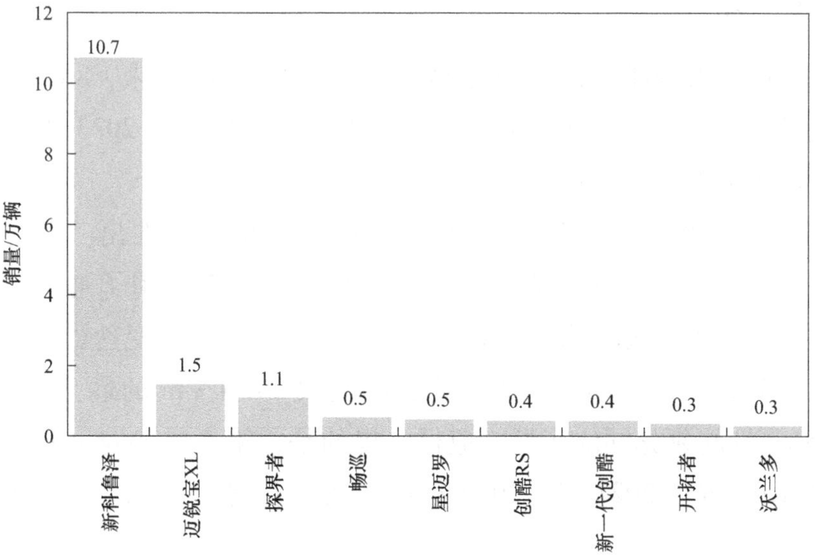

图 4　2023 年 1—11 月份雪佛兰各车型上险销量

（注：数据来源于中汽中心）

1. 新能源汽车产品

作为雪佛兰首款纯电动城际轿跑，畅巡自上市以来，以先进的纯电驱动科技、智能互联科技和稳定可靠的安全科技赢得了良好的市场口碑，尤其是真实续驶实力广受消费者信赖。得益于通用汽车在新能源汽车领域27年的研发制造经验，雪佛兰畅巡搭载的高性能三元锂电池系统遵循通用汽车全球安全标准，拥有61.1kW·h电池容量，续驶里程达到518km。

2. 紧凑级轿车

新科鲁泽是雪佛兰在紧凑级轿车市场的重磅明星产品。新科鲁泽自2022年9月份上市以来，凭借优异的品质成为国内消费者信赖的汽车伙伴，以令人心动的造型设计、更智能的小雪OS智联系统、同级领先的科技配置以及高效节能的动力表现，进一步满足了主流人群对高品质家用轿车的需求。2023年1—11月份累计销量为107156辆，位列紧凑级轿车销量前列。

3. 中高级轿车

作为国内中高级运动轿跑的代表，雪佛兰迈锐宝XL传承雪佛兰与生俱来的运动基因，拥有强劲的动力和极富运动性能的底盘调教，获得大量消费者的青睐。2023年1—11月份迈锐宝XL累计销售14700辆。

4. SUV产品

自1935年推出全球首款SUV车型Suburban Carryall以来，88年间，雪佛兰SUV家族已陪伴超过2580万全球车友不断探索未知旅途。2023年1—11月份，雪佛兰SUV总计销售27781辆。

2023年7月20日，2023款创酷RS正式上市，共推出三款车型，售价10.99万~12.89万元。动力方面，新款创酷RS延续使用了通用汽车第八代Ecotec 1.5T四缸直喷涡轮增压发动机与钢链式智能无级变速器，最大功率为135kW，在1500~5000r/min的宽泛范围内提供250N·m的最大扭矩，百公里加速仅7.8s，性能领先同级车型。值得一提的是，第八代Ecotec 1.5T四缸直喷涡轮增压发动机曾在2021年、2022年连续两次获得“中国心”十佳发动机称号，尽显实力。

2023年7月10日，美式七座大型SUV雪佛兰开拓者上新2023款，共推出四款车型，售价19.49万~26.69万元。新车在车身尺寸、外观造型、科技配置等方面进一步升级，拥有雪佛兰经典 2.0T +9AT 黄金动力组合与 48V 轻混系统的强悍性能、Twin - Clutch 智能四驱对全路况的掌控能力以及雪佛兰 SUV 始终如一的可靠品质。

2023 年 5 月 8 日，2023 款雪佛兰探界者上市，共推出五款车型，售价 18.49 万 ~23.99 万元。2023 款探界者传承雪佛兰全新一代 SUV 家族设计语言，拥有纯正美式 SUV 硬核外观。作为雪佛兰 SUV 家族的明星车型，探界者秉承雪佛兰品牌对品质的一贯追求，无论在日常用车或是碰撞测试中均展现出强悍可靠的产品特质，至今已收获全球超过 460 万车主的信赖与喜爱。2023 年 1—11 月份探界者销量为 10849 辆。

四、凯迪拉克品牌 2023 年各车型市场表现

作为拥有 121 年历史的豪华汽车品牌，凯迪拉克始终以客户需求为导向，不断突破创新。121 年的璀璨与沉淀，传承与突破，凯迪拉克用超越时代的美学感知力，让每一次大胆的先锋设计，都成了时代的经典之作。继 2023 年上半年三款燃油车型焕新，到 11 月份广州车展 IQ 锐歌标准续航版领衔的 IQ 纯电动型谱扩容，再到即将上市的全新 CT5，充分诠释凯迪拉克品牌持续聚焦国内豪华用户出行需求，全力加速品牌及产品焕新，在智慧出行时代，赋予“新美式豪华”全新内涵。

在 2023 勒芒 24 小时耐力赛中，三台凯迪拉克赛车在最高组别 HYPERCAR 的竞争中都顺利冲过终点。其中，凯迪拉克 V - Series. R 混合动力赛车的 2 号车组凭借可靠的赛车性能、利落的比赛能力及稳妥的进站策略在这一经典赛事中获得季军，3 号车组获得第四名。时隔 21 年后凯迪拉克重返勒芒赛道，并突破性在该赛事中进入前三名，充分彰显了凯迪拉克的技术实力和对赛道拼搏的不懈追求。

回溯凯迪拉克百年品牌历史，也是与电影结缘的百年历史，在《绿皮书》《教父》《黑客帝国》等众多佳作中的经典“出演”，使得凯迪拉克早已成为电影文化符号。凯迪拉克品牌内核为“胆识、格调、创新”，希望通过更多影视作品，激励更多人勇于实现内心所想，敢于探索人生更多可能。2023 年 1—11 月份凯迪拉克国内累计销量为 15.8 万辆（见图 5）。

1. 新能源产品

2023 年 11 月 17 日，凯迪拉克 IQ 锐歌全新版本——后驱标准续航豪华版正

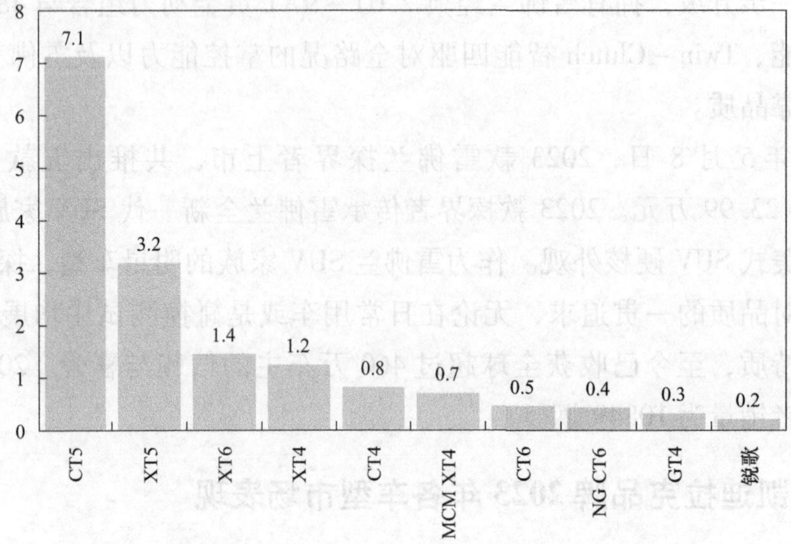

图 5 2023 年 1—11 月份凯迪拉克各车型上险销量

（注：数据来源于中汽中心）

式上市，售价 29.77 万元起，新车在 2023 广州车展的展台 C 位（核心位置）亮相，成为现场观众关注的热点。2023 年 1—11 月份 IQ 锐歌销量为 2049 辆。

基于纯电动汽车用户最关心的补能问题，凯迪拉克全面发力。在上汽通用汽车和特斯拉充电网络达成互联互通的基础上，凯迪拉克也成为国内首个与特斯拉达成互联互通补能合作的汽车品牌。凯迪拉克宣布特斯拉已开放的超级充电站、目的地充电站将于 2023 年内支持 IQ 纯电动车用户充电，用户可通过 IQ APP 体验包含寻桩、导航、充电和支付在内的一站式综合充电服务。同时，凯迪拉克牵手南方电网，针对南方地区的补能体系进行完善，用户可登录 IQ APP 进行体验。

2. 豪华轿车

为纪念凯迪拉克 V 系列高性能家族诞生 20 周年，凯迪拉克旗下性能巅峰之作 CT4 – V BLACKING、CT5 – V BLACKING 两款高性能轿车近日登陆知名竞速游戏《极限竞速：地平线 5》。广大性能车发烧友都将有机会通过赛车游戏身临其境感受凯迪拉克这两款标杆车型的独特魅力。

全新 CT5 即将焕新上市。自上市以来，CT5 始终与有格调的精英同行，深入了解他们在智慧出行时代的更高出行需求。新车在坚守超级跑车（简称超跑）级后驱驾控的初心之上，全面焕新内外饰设计并升级多项智能化配置，刷新豪华中级轿车新标杆。全新 CT5 将以全新设计展现非凡格调，以领先科技塑造超越同级车型的体验。2023 年 1—11 月份 CT5 累计销售 71173 辆。

2023 年 5 月 28 日，全新 CT6 焕新上市，售价 35.97 万 ~46.97 万元。“艺术与科技”的设计理念成就了凯迪拉克全新 CT6 与生俱来的先锋感。全新 CT6 致敬 ESCALA 概念车风格细节，钻石切割外观设计孕育出犹如雕塑品般的艺术美感。搭载全新升级 4.0 版本 MRC 主动电磁感应悬挂系统，相比上一代阻尼响应速度提升了 45%。

3. 豪华 SUV

2023 年 5 月 28 日，凯迪拉克首款个性轿跑 SUV 全新 GT4 正式上市，售价 21.97 万 ~30.97 万元。全新溜背式造型融入钻石切割美学，尽显“先锋个性轿跑 SUV”的灵动气息。同时，70 余项声控指令交互，让用户拥有更懂自己的语音智能助手。2023 年 1—11 月份 GT4 累计销量为 3161 辆。

2023 年 5 月 31 日，新美式运动 SUV 全新 XT4 焕新上市，售价 22.97 万 ~27.57 万元。全新 XT4 重磅升级游艇式豪华智能座舱，标配行业顶级的 33in 环幕式超视网膜屏，以 9K 分辨率、10 亿种色彩显示，呈现细腻逼真的视觉效果。全新 XT4 还搭载了由 14 颗高性能扬声器组成的 AKG 录音棚级高保真音响系统，为用户营造出身临其境的沉浸式聆听体验。2023 年 1—11 月份 XT4 累计销量 12370 辆，全新 XT4 累计销量 6948 辆。

随着 IQ 锐歌后驱标准续航豪华版的上市，以及 IQ 纯电动全新车型 OPTIQ 的全球首秀，凯迪拉克将不断扩容 IQ 纯电动家族，联合燃油车型打造“油电互补、逐级进阶”的产品型谱，满足豪华车用户不同的出行需求。预计到 2024 年，凯迪拉克将有三款全新 IQ 纯电动车型与消费者见面，助力品牌耕耘豪华纯电动市场。

五、2023 年总结及 2024 年展望

2023 年是上汽通用汽车转型发展的关键之年，“破局焕新，勇毅前行”是 2023 年公司必须完成的任务。上汽通用汽车打破“传统车企”的固有格局，以“品牌焕新、产品焕新、技术焕新”的全新面貌展现在行业和消费者面前，以坚定转型的勇毅踏准行业发展大势，迎头赶上，再攀高峰。

在电动化领域，2023 年，上汽通用汽车“奥特能产品家族”不断壮大，并继续完善电动车销售和服务模式，带给消费者超越预期的购车和用车体验，为

公司的电动化转型打开全新的局面。截至 2023 年 11 月份，共有 20 家凯迪拉克 IQ 纯电动空间开业，遍布 12 个主要城市；超过 190 家凯迪拉克 IQ 纯电动专区开业，覆盖 97 个城市；别克纯电动空间共有 36 家，别克纯电动专区开业超过 672 家，覆盖超过 261 个城市。此外，上汽通用汽车着力搭建多层级、高质量的充电网络，截至 2023 年 11 月份，上汽通用汽车自建品牌充电站已落成 50 座，共有 236 根充电桩上线运营。上汽通用汽车还积极拓展“补能合作朋友圈”，已经与六家主流充电运营商开展合作，到 2023 年底，与主流充电运营商合作的第三方充电桩将达到 58 万根，全国地级市覆盖率近 100%，同时高速公路充电站超 3000 座，为用户提供便捷的一站式充电服务。

在智能驾驶领域，全新一代 SUPER CRUISE 超级辅助驾驶系统已通过 OTA（空中下载技术）远程升级的方式率先搭载在凯迪拉克 IQ 锐歌上，并将逐步应用到别克和雪佛兰车型上。2024 年起，上汽通用汽车还将为我国消费者逐步带来覆盖更多场景的高阶智能辅助驾驶功能，打造更加智能、安全、可靠的辅助驾驶体验。

在智能座舱领域，上汽通用汽车新一代 VCS 智能座舱系统已陆续应用于 2023 年推出的多款全新车型上，覆盖新能源汽车和燃油汽车产品线，充分彰显了上汽通用汽车以“油电同享”理念打造“新汽车”的积极努力。“常用常新”的不止软件，2024 年起，VCS 智能座舱系统将推出搭载高通骁龙 8195 芯片的升级平台，进一步提升系统及应用的响应速度。同时，将陆续推出后排娱乐、四音区语音识别、杜比全景声、车外音响、智能香氛等硬件升级，全方位提升用户多模交互体验，不断给用户创造新的智能用车体验。

未来，别克“奥特能产品家族”将继续汇聚合力、稳步向前，在满足新时代消费者多元化智电出行需求的同时，为别克向“电动化、智能化、高端化”的转型发展注入更多动能。别克将不断丰富“奥特能家族”的产品谱系，强化在 MPV、SUV、轿车等主流新能源汽车市场的布局，为用户带来更加多元的智能电动出行体验。

未来，雪佛兰将持续加速智能化、网联化的迭代升级，不断为用户提供智慧出行新体验。雪佛兰 SUV 家族将凭借始终如一的可靠品质，继续助力消费者开拓广阔天地；雪佛兰 · 红粉笔将继续用知识的力量，去播种希望，去浇灌梦想，去点亮未来，为乡村孩童们投下一片暖阳。

未来，凯迪拉克品牌将秉承“科技制胜”的策略，以革新科技不断升级用户体验，加速电动化、智能网联化步伐，为用户带来前所未有的新美式豪华体验。

面对汽车产业百年未有之大变局，上汽通用汽车正积极拥抱变化，创新整合全球优势资源，叠加26年来的本土化体系竞争力，以新技术、新产品、新体系、新体验和新业务模式，赋能企业和品牌在电动化、智能化、网联化赛道上快速转型。继凯迪拉IQ锐歌交付后，凯迪拉克第二款基于奥特能平台的车型OPTIQ在广州车展亮相。别克智电大五座SUV ELECTRA E5和智电轿跑SUV ELECTRA E4得到市场的积极回应。2024—2025年，上汽通用汽车将推出八款全新新能源车型，包括奥特能纯电动车型和全新一代智电插电式混合动力车型。不断丰富的新能源汽车产品阵容，将为用户带来更加多元的智电出行解决方案，也彰显出上汽通用汽车不断加快电动化、智能网联化转型，为消费者打造更美好的出行生活的不懈努力。

展望未来，上汽通用汽车将不断整合全球优势资源，依托国内庞大的用户基盘、丰富的实践经验，加快开发符合我国客户需求、具有差异化竞争优势的智能网联产品与配置，全面拥抱场景主导、软件定义、数据驱动、智慧出行的新时代。

（作者：符逸　霍媛）

2023 年广汽本田产品市场调研报告

一、2023 年广汽本田整体市场表现

2023 年是疫情后的第一年，然而由于春节假期以及疫情的延续性影响，一季度汽车市场低迷，累计批发量同比下滑 7.1%，累计终端销量则同比下滑 13.1%。面对开局不利的形势，中央、地方、企业、消费者齐心协力，最终使得 2023 年 1—11 月份乘用车市场实现正增长。根据全国乘用车市场信息联席会数据，2023 年 1—11 月份，狭义乘用车市场批发量达 2280.8 万辆，同比增长 9.0%，终端销量为 1932.4 万辆，同比增长 5.4%。

虽然狭义乘用车市场批发量、终端销量均实现了正增长，但两者存在的较大差异表明厂家、渠道的库存在提升。高库存促使部分扰乱市场正常节奏的非常规现象频发，例如，企业价格战等，这不利于汽车产业的正常发展和汽车消费的良性循环。

除了非常规的市场扰乱因素外，新能源汽车产品供给增多、增强，给传统能源汽车市场带来了极大压力。2023 年 1—11 月份，传统能源汽车市场下滑 6.0%；与此同时，新能源汽车市场增长 35.4%，渗透率达 35.1%，为整体乘用车市场销量兜底，支撑其实现年内增长。

在混乱的市场价格战以及强势的新能源汽车竞争下，广汽本田坚守本心、攻坚克难，确保终端价格、销量平衡。2023 年 1—11 月份，广汽本田批发量、终端销量分别达到 55.9 万辆和 54.6 万辆，累计同比持续转好，分别实现累计同比 -18.0% 及 -16.0%（见表 1）。其中，广汽本田的型格在竞争激烈的 A 级轿车市场中杀出重围，1—11 月份逆势增长 48.2%；十一代雅阁作为慢热型选手，从 9 月份起以高环比增速重新回归细分市场销量排名前五，1 ~ 11 月达成终端销量 15.5 万辆；皓影等中高级车型则为广汽本田销量进行兜底，以优于整体市场的平稳表现抵挡住了来自终端市场的压力（见表 2）。

表1 2023年1—11月份广汽本田批发量和终端销量情况

月份	1月	2月	3月	4月	5月	6月
累计批发量/辆	38143	79364	149474	174502	226840	287468
累计批发量同比（%）	-51.3	-41.4	-29.5	-26.0	-19.6	-19.2
累计终端销量/辆	40279	76084	117881	178361	229077	294630
累计终端销量同比（%）	-49.7	-42.1	-36.4	-21.9	-18.5	-16.2
月份	7月	8月	9月	10月	11月	—
累计批发量/辆	329476	371945	433387	496899	558677	
累计批发量同比（%）	-23.6	-25.9	-24.1	-21.7	-18.0	
累计终端销量/辆	335456	377617	427698	492866	546427	
累计终端销量同比（%）	-20.1	-22.7	-22.1	-18.5	16.0	

表2 2022—2023年广汽本田分车型终端销量情况

车型	2022年1—11月份终端销量/辆	2023年1—11月份终端销量/辆	同比增长率（%）
型格	70051	103813	48.2
皓影	111311	108633	-2.4
雅阁	194057	155197	-20.0
飞度	58433	52003	-11.0
奥德赛	38138	34378	-9.9
缤智	106318	34681	-67.4
冠道	38091	29528	-22.5
极湃1	2719	4471	64.4
凌派	25332	11032	-56.5
致在	2251	12546	457.4
其他	3453	145	-95.8

广汽本田高品质的产品与服务不仅赢得了用户的口碑，多年来也获得了行业权威的认可。2023年，广汽本田连续3年夺得J. D. Power SSI & CSI & IQS第1名，开创了行业新纪录。今年，广汽本田还正式开启整车出口业务，ZR-V致在e：HEV、奥德赛e：HEV分别出口至欧洲及其他海外市场，进一步验证了卓越的“广本质造”水准获得了国际市场的认可。

二、2023 年广汽本田在细分市场的产品表现

1. 型格（INTEGRA）的市场表现

作为广汽本田的战略型中级车，型格（见图 1）承载着本田对极致性能和运动精神的追求，传承了 INTEGRA 的品牌精髓。

凭借三厢轿车、五门轿跑两大车身结构，以及 CVT、MT、e：HEV 三大动力类型，型格构建了市场上少有的“性能产品矩阵”，打造了 A + 级轿车市场的性能标杆，是 20 万元以内最值得买的性能车之一。

2023 年 11 月份型格车型实现销量达 13272 辆，同比增长 243.7%，稳居 A + 级轿车市场头部阵营；1—11 月份累计销量达 112613 辆，同比增长 48.2%。

图 1　型格（INTEGRA）

2. 全新一代皓影（BREEZE）的市场表现

全新一代皓影（见图 2）凭借燃油、混合动力、插电式混合动力三个动力类型矩阵，成为新能源时代不惧路况、不惧远近、不惧冷热的全场景最优解。不仅如此，得益于 Honda Architecture 新架构打造的硬核高刚性车身，全新一代皓影成为 C - IASI（中国保险汽车安全指数）碰撞测试核心 3 项的最高 G 级评价的顶级安全座驾，重新定义了安全标准。

2023 年 11 月份皓影车型销量为 14156 辆，同比增长 100.1%；1—11 月份共累计销量为 114026 辆。

3. 全新雅阁（ALL NEW ACCORD）的市场表现

作为中高级轿车市场的价值标杆，雅阁一直是消费者选购 B 级车绕不开的选项。2023 年 5 月，全新雅阁正式上市，集合“智动、智驾、智座”三智科技

图 2　全新一代皓影（BREEZE）

于一身，涵盖“锐 · T 动”及“e：PHEV 强电智混”两大动力类型。其中，全新雅阁 e：PHEV（见图 3）作为本田首款搭载 e：PHEV 插电式混合动力系统的轿车，以真正的新电动化科技产品实力全维重构了出行体验。在第五届极限挑战赛中，凭借全新“三电”科技系统高效且智能的能量管理机制，全新雅阁 e：PHEV 在冠军组跑出了 203. 2km 的极限纯电动续驶成绩，平均百公里电耗低至 8. 71kW · h。

2023 年 11 月份，全新雅阁热销 17257 辆；1—11 月份累计销量为 147808 辆，持续夯实头部产品地位。

图 3　全新雅阁（ALL NEW ACCORD）e：PHEV

4. 奥德赛（ODYSSEY）锐 · 混动的市场表现

作为本田全球战略型 MPV，奥德赛以其多元的产品阵容满足了不同用户的需求，率先在行业内实现全混合动力销售，并推出聚焦特殊人群的领享福祉版和聚焦商务精英的御享四座版，持续圈粉超过 70 万用户。新近上市的 2024 款奥德赛锐 · 混动（见图 4），新增远近光智能切换系统以及数字钥匙、空调远程操作、智能语音识别、表情互动等 10 多项功能，并将前后 LED 流光转向灯、自动大灯、驾驶席侧电动滑门等科技装备扩大搭载至更多车型版本中。同时，为部分车型版本提供了更加个性、酷炫的熏黑选装包，给用户带来了更为年轻、潮酷的用车体验。

2023 年，由广汽本田生产的奥德赛锐·混动正式反向出口日本市场，验证了广汽本田卓越的制造能力和品控实力，持续夯实奥德赛锐·混动高端家用 MPV 第一品牌的地位。

2023 年 11 月份，奥德赛锐·混动国内销量为 4195 辆，同比增长 58.5%；1—11 月份国内累计销量为 36722 辆，出口 2900 辆。

图 4　2024 款奥德赛（ODYSSEY）锐·混动

5. 飞度（FIT）的市场表现

一直以来，飞度始终把握着时代最前沿的用户需求，从可靠、玩车、好开、空间等多维度，持续颠覆人们对两厢车的价值观念，不断刷新两厢车标杆形象。2023 年 4 月份，广汽本田重磅推出拥有全新外观和丰富配置的新飞度（见图 5）。本次改款以 24 项诚意升级为用户带来了更具品质感的用车选择。新飞度的外观沿袭了海外 FIT RS 版的外观造型设计，带来了更为激进的运动形象，并提供了多达 12 种的多元个性车色，能够满足不同用户的选择；此外，新飞度进一步丰富了包括魔术座椅、全皮质座椅、后视镜加热、中央扶手箱、智能触控液晶屏等多项舒适实用的配置，并在智能辅助驾驶方面实现了 Honda SENSING 系统功能的全新升级，媲美 L2 级别辅助驾驶功能，此项同级别车型少有。

2023 年 11 月份，飞度销量为 3735 辆；2023 年 1—11 月份累计销量为 46494 辆，在 2023 年 1—11 月份累计新能源渗透率高达 64.3% 的 A0 级轿车（小型车）细分市场中，成为燃油车型中销量的佼佼者。

图 5　新飞度（FIT）

三、总结与展望

2023 年，广汽本田步入意义非凡的累计千万用户的时代，崭新征途正式开启。面向智能化、电动化新未来，广汽本田基于燃油车时代的粉丝文化先发优势和品牌积淀，通过不断导入先进技术、推出硬核产品，加速新能源与智能化步伐，为千万粉丝打造更便捷、更智能的出行车生活。同时，也将继续与用户、粉丝铸就更加强大的“超级热爱共同体”，坚定梦想，共创精彩，一起奔赴下一个千万辆新征程。

2024 年，对于汽车市场而言，将依旧风云变幻：新能源汽车持续攻城略地，终端市场价格战火纷飞。然而，道阻且长，行则将至。广汽本田作为智能化、电动化时代一切以用户用车体验为上的“真势力”，将不忘初心，坚守长期主义，以全新雅阁和全新一代皓影为基点再次出发，继续攀登电动化高峰，为消费者提供更多科技产品，共筑智能化、电动化时代出行新生态。

（作者：毛玉晶）

2023 年东风日产产品市场调研报告

一、2023 年乘用车市场回顾

2023 年 1—10 月份乘用车市场批发销量为 1746 万辆，相较 2022 年同期增长 2%（见图 1），高于过去 4 年同期销量，接近 2018 年水平。

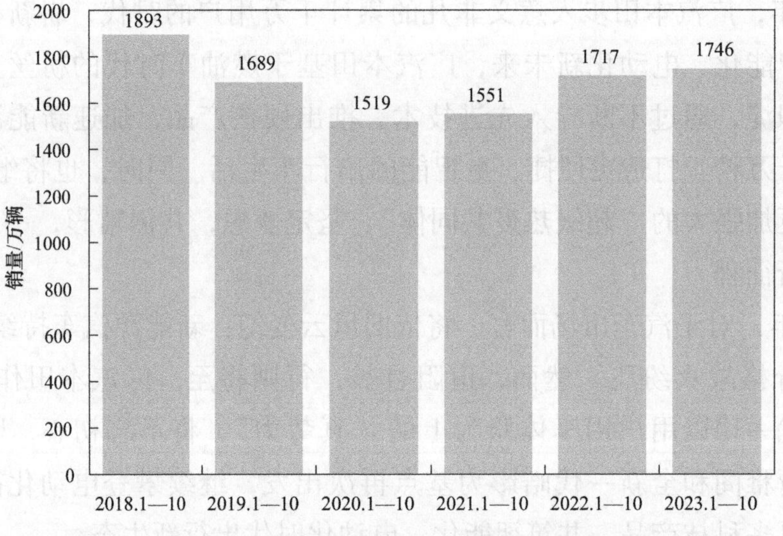

图 1　2018—2023 年（1—10 月份）乘用车市场销量

（注：数据来源于全国乘用车市场信息联席会）

多方面因素叠加，引导汽车市场逐步回暖。从图 2 可以看出，燃油汽车购置税减半政策和新能源汽车国家补贴的退出，对 2023 年 1 月份的销量造成较大的不利影响，但随后，汽车企业的降价促销和地方政府的消费鼓励政策又使汽车市场快速回暖。除此以外，供应链的持续改善等因素对汽车市场回暖也产生了积极的影响。2023 年 6—7 月份销量虽小幅低于 2022 年同期，但是 9—10 月份的销量迅速抬升，相比 2022 年同期达到了更高水平，延续了“金九银十”的现象，其主要原因是汽车企业促销持续增大，以及地方车展和政府促消费政策的落地，都刺激了购车需求的有效释放。虽然 10 月份的销量环比小幅下降，但后续迎来“双十一”，销量又进一步得到提高。

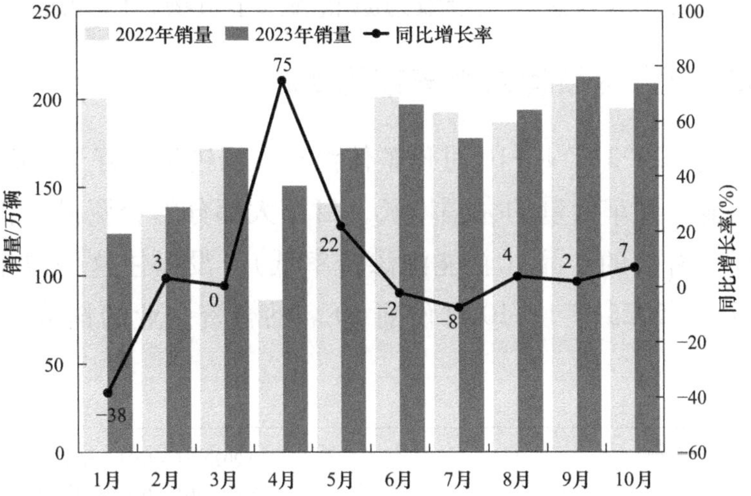

图 2　2023 年 1—10 月份乘用车月度销量及同比增长率

（注：数据来源于全国乘用车市场信息联席会）

按汽车的动力总成划分来看，2023 年 1—10 月份的新能源汽车销量增长较快，成为整体汽车市场增长的主要驱动力，其中 PHEV（含 REEV）同比增长 73%，EV 同比增长 6%，（见图 3）。新能源汽车渗透率达到 34. 1%，大幅超过《新能源汽车产业发展规划（2021—2035）》提出的到 2025 年新能源汽车销量占比 25% 的目标。

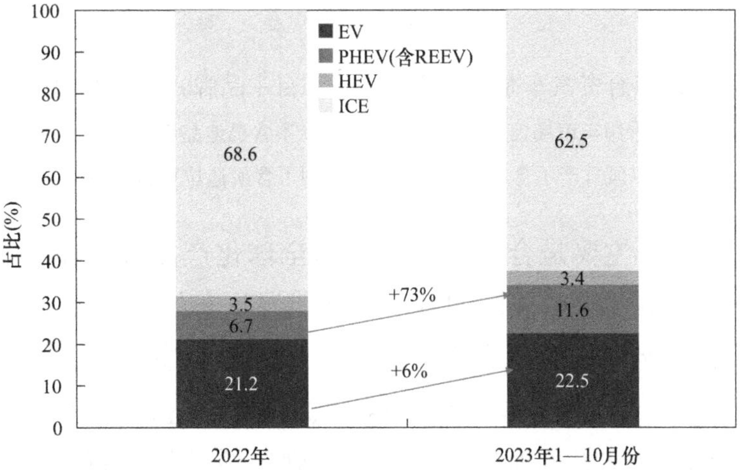

图 3　2022 年和 2023 年 1—10 月份乘用车市场分燃料类型销量占比

（注：数据来源于全国乘用车市场信息联席会）

当前我国新能源汽车已进入高速成长期，从政策驱动转为市场驱动。我国新能源汽车市场已经成为全球竞争最为激烈的汽车市场，已经进入淘汰赛阶段。

二、2023 年合资品牌乘用车市场回顾

如前文所述，2023 年 1—10 月份整体汽车市场销量略好于 2022 年同期，主要是受益于新能源汽车销量的大幅增长。目前大部分的合资品牌尚未在新能源汽车领域布局强有力的产品（新能源渗透率低），没抓住这一波销量增长的机会。如图 4 所示，2023 年 1—10 月份前 10 名的合资企业的销量都不及 2022 年同期。

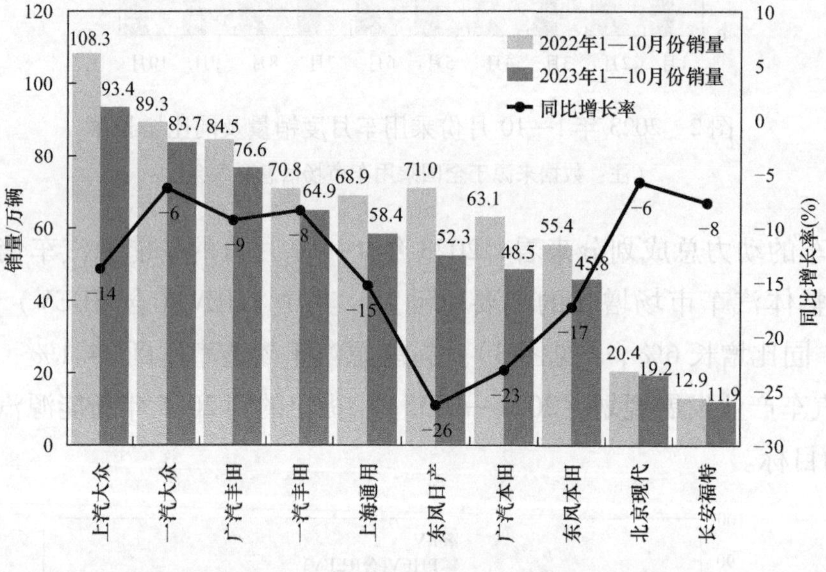

图 4　2023 年合资汽车企业（不含豪华和自主品牌）销量及同比增长率

（注：数据来源于全国乘用车市场信息联席会。上汽大众不含奥迪品牌，一汽 – 大众不含捷达品牌，东风日产不含启辰品牌，上汽通用不含凯迪拉克品牌。）

究其背后原因，主要是合资品牌原有的全球化产品开发模式已经无法满足我国客户快速迭代的要求。我国的客户对新能源汽车的接受度更高、更年轻化，对车辆的外观、智能科技体验有更高的要求，同时自主品牌非常积极地投放强有力的产品，使整个新能源汽车市场的竞争激烈程度达到前所未有的高度。

为扭转目前的竞争弱势地位，各合资品牌纷纷开始进行战略调整，加大转型力度，扩大我国合作方的话语权，或与我国本土企业进行战略合作，在电动化和智能化领域全面活用本土资源，力求稳住市场份额。

三、2023 年东风日产市场表现

1. 东风日产的新能源转型

作为主流合资汽车企业，东风日产也在积极布局转型之路。2023 年可谓是东风日产转型新能源、开启新篇章的开局之年。日产品牌方面，推出了新艾睿雅 ARIYA 低续航版本，杀入 20 万元以下的价格区间，打开合资高端纯电动 SUV 的全新消费格局。启辰品牌方面，推出了首款具备合资高品质的插电式混合动力 SUV——大 V DD-i 超混动，还有基于纯电动平台打造的纯电动“百变大空间”SUV——启辰 VX6。双品牌双管齐下，共同开拓新能源市场，2022—2023 年东风日产分车型批发量见图 5。

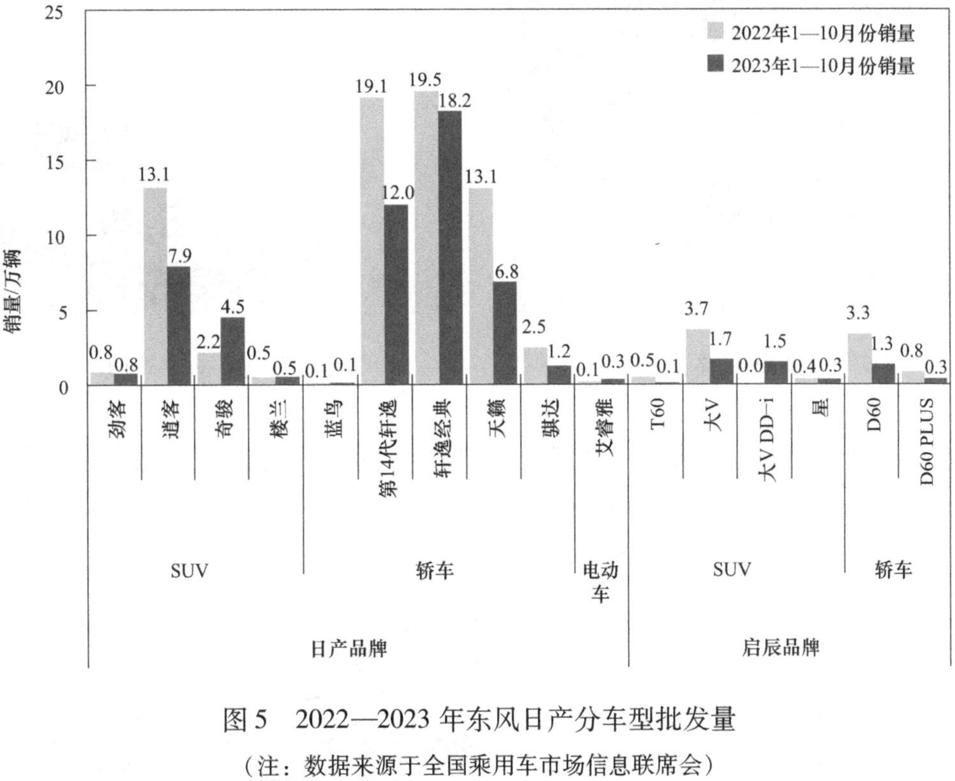

图 5　2022—2023 年东风日产分车型批发量

（注：数据来源于全国乘用车市场信息联席会）

（1）艾睿雅　艾睿雅作为日产全球 EV 战略型车型，东风日产顺势而为，自我革新，推出了适应我国市场的低续航版本。2023 年 7 月 20 日，艾睿雅焕新上市，并新推出艾睿雅 500（见图 6），价格下探至 19.99 万元，大幅降低了合资纯电动 SUV 的购车门槛。

艾睿雅以领先时代的全链路自研“三电”技术，打造“真安全，不担心”与“真续航，不虚标”的硬核产品实力，让用户在都市生活中享受无忧续驶的同时，畅享“人车合一”的驾驶乐趣。

（2）启辰大 V DD－i　启辰大 V DD－i 作为东风日产首款插电式混合动力 SUV，于 2023 年 7 月 8 日正式上市（见图 7），新车共推出了 4 款配置车型，售价区间为 11.89 万～14.99 万元。

东风日产启辰大 V DD－i 搭载了东风日产技术中心倾力打造的插电式混合动力专用原生平台，采用单档直驱技术路线，纯电动优先，高效用油，带来可电可油、高效节能的新能源出行体验，同时延续了日产世界级的制造水准，采用了高标准的电池安全标准，保持了合资公司的高品质形象。

图 6　2023 款艾睿雅 500

图 7　启辰大 V DD－i

（3）启辰 VX6　启辰 VX6 是基于全新纯电动平台打造的一款纯电动 SUV，是启辰品牌在新能源汽车市场中的重要产品。2023 年 11 月 3 日，启辰 VX6 正式上市（见图 8），共推出 3 款车型，售价区间为 14.19 万～15.99 万元。

图 8　启辰 VX6 纯电动汽车外观与内部图

百变大空间是启辰 VX6 最大的优势，启辰自研魔方座椅技术，能根据不同的使用场景，拓展出各具特色的空间布局。例如，在“星空大床房”布局下，将前、后排座椅向前放倒，秒变 2.5m×1.5m 全平大床。除此之外，还有“K歌观影房”“迷你会客厅”“午休逸空间”等多种布局，让全家人尽享欢乐。

2. 东风日产的燃油车基盘

在新能源转型的同时，东风日产通过车型焕新来稳固原有的燃油车市场优势，通过全新轩逸家族焕新、第三代逍客焕新、超混电驱奇骏上市来巩固燃油车型在细分市场的领先地位。

（1）全新轩逸家族　轩逸家族凭借其出色的燃油经济性和360°“零短板”的产品力受到广大消费者的喜爱，连续三年获得国内狭义乘用车市场轿车零售销量年度冠军，轩逸家族在我国累计销量也已突破500万辆。

2023年3月10日，全新轩逸家族焕新上市（见图9），共推出8款车型。其中，全新轩逸共推出3款车型，官方指导价格为11.90万～13.39万元；超混电驱轩逸共推出5款车型，官方指导价格为13.89万～17.49万元。

全新轩逸家族成立后，将携手新轩逸经典车型，组成“轩逸全家桶”，以更多动力选择、更丰富配置、更广价格区间，全面满足我国家庭用户的所有需求。

（2）超混电驱奇骏　作为“城市+越野”的全能型SUV，日产奇骏在国内走过了15年的传奇之路。作为日产全球首款双电机混合动力旗舰SUV，2023年5月22日，超混电驱奇骏正式上市（见图10）。新车有两款车型，分别是超混双电机四驱至尊版，价格为19.99万元；超混双电机四驱豪华版，价格为18.99万元；实现了混动与燃油同价、四驱与两驱同价，同时此次国内指导价远低于其他地区，让这款有口皆碑的车型更显诚意和性价比。

图9　全新轩逸家族焕新上市

图10　超混电驱奇骏

超混电驱奇骏搭载第二代e-Power技术，拥有1.5T发动机+双电机组成的动力系统，100%全时电驱，全系搭载e-4ORCE雪狐电四驱系统，拥有更为优秀的加速和极高的性能上限，驾驶和乘坐也更平稳舒适。

（3）第三代逍客 作为“15 万元级专业的城市 SUV”，逍客迎来了第三代产品。2023 年 8 月 16 日，东风日产全新第三代逍客正式上市（见图 11），共推出精英版、豪华版、领航版和旗舰版四款车型，售价区间 13.99 万 ~17.49 万元。

作为换代车型，第三代逍客基于雷诺 - 日产联盟第二代 CMF - CD 专业 SUV 平台开发，优化了整车结构，升级了前后独立悬挂，提高了高强度钢的应用比例，并应用半铝质车身，提升了车辆动态性能、安全性能。采用 12 项主动安全科技，覆盖所有行驶场景，为客户出行提供更智能的安全保护。

图 11 第三代逍客

四、2024 年展望

笔者认为，2024—2026 年，我国乘用车市场总体上仍将处于上行周期。

预计 2024 年乘用车需求总量仍会保持微增长。其中燃油车市场持续下降，新能源汽车继续保持高增长，但增速趋缓，市场渗透率将提升到 40%，合资非豪华车市场需求持续下滑，自主乘用车市场继续维持正增长，同时，乘用车海外出口持续保持高增长态势。

首先，我国经济表现出较强的韧性，GDP 的增幅在 5% 左右，城镇居民和农村居民可支配收入增长基本与 GDP 同步，这为汽车市场的稳定增长奠定了良好的基础。

其次，根据 2023 年 9 月底公安部和统计局发布的数据，我国的汽车保有量达到 3.3 亿辆，我国当前千人乘用车保有量约为 230 辆，这一数据仍然低于主要发达国家水平，具备发展潜力。同时，依据国家的新型城镇化战略，政府着力提升城镇化发展质量，推进以县城为载体的低线级城市的城镇化建设，尤其是七大城市群周边的县城将承接卫星城配套角色，未来发展潜力大。随着推进生态宜居的美丽乡村建设，乡村产业发展持续推进，城市和周边乡村的交流更多（如露营、户外、乡村旅游等）也会刺激低线级城市的乘用车需求增加。

新能源汽车市场竞争愈发激烈，在这场转型的长跑比赛中，需要的是耐心和坚守。2023 年 11 月 11 日，东风日产的母公司东风汽车有限公司发布了“启 DNA +”战略，开启了全新的进化之路。一是开启了“研发能力”进化，坚持由合资公司东风日产主导新能源整车研发，围绕研发速度、研发成本、技术迭代和科技储备等领域，推动整体研发实力到达一个新的高点。二是开启了“自主产品”的进化，利用中国的资产，以中国的速度和中国的标准，推出全新的产品。三是开启了“全球化能力”进化，在整车市场方面，将在东风集团和日产全球的支持下，主动开展出口业务；在技术方面，向全球市场输出自主研发的电动化技术和智能驾驶技术，加速技术“走出去”，让科技创新带给全球消费者愉悦的出行体验。四是开启合资“优化整合”的进化，对于日产和启辰品牌，进行品牌差异化定位，采取不同产品策略，实现与消费者之间的深层次链接，从而更好地满足消费者多样化、多层级的需求。

东风日产将践行“在中国，为中国，向全球”的理念，以 1500 万基盘客户为牵引力，打造出更多超越客户期待的产品，打赢这场新能源转型之仗。

（作者：崔忠良）

2023 年神龙汽车市场调查报告

2023 年对于绝大多数汽车厂商来说，都是异常艰难的一年，神龙公司也没能例外。没有面向消费者的新能源产品，C6、C3 - XR、2008 等多款燃油车型退出市场，在“缺电少油”的困境下，神龙人凭借狼性、韧性和血性，在合资非豪华车这一日渐衰减的市场，杀出了属于自己的一片天地。2023 年 1—10 月份，我国燃油乘用车市场总体销量同比下降了6.2%，其中合资主流（非豪华）燃油车市场同比下降了11.4%（见图 1），神龙燃油车销量逆势上扬，同比增长了13.6%，完美跑赢大市。

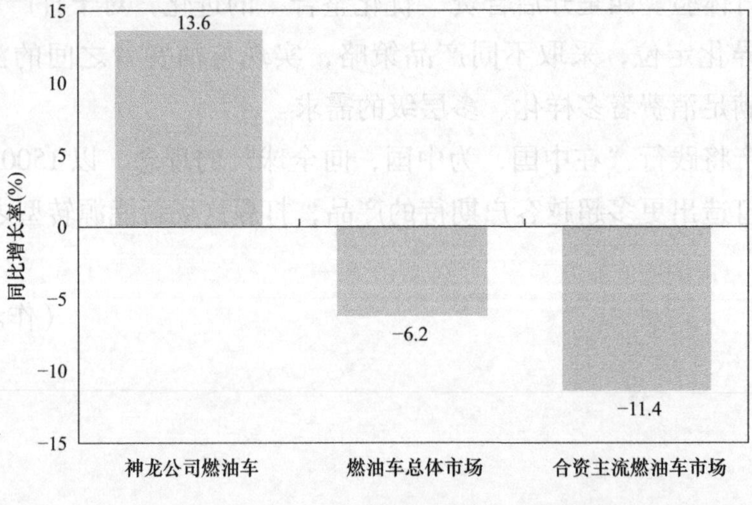

图 1　2023 年 1—11 月份神龙公司及同类市场的燃油车销量同比增长率情况

一、神龙公司面临的内外部市场环境

1）面对快速扩张的新能源汽车市场，神龙产品市场覆盖度低，生存的空间越来越小。

2023 年，我国新能源汽车市场渗透率继续呈现快速扩张的态势，1—10 月份，新能源市场渗透率达到 34.8%（见图 2），在同比 2022 年提升了 12.8 个百分点的基础上，2023 年再次同比提升了 6. 3 个百分点。存量竞争时代下，传统燃油车市场生存空间逐年缩小的趋势在所难免。在此背景下，神龙公司依然聚焦在传统的燃油车市场深耕细作，现有产品仅仅覆盖了燃油车的三个细分市场，分别是 A 级 SUV、A 级三厢轿车和 B 级三厢轿车，这三个细分市场的份额也在快速萎缩，合计份额降至 26. 0%（见图 3），年度市场规模不到 550 万辆，留给神龙汽车的蛋糕越来越小。

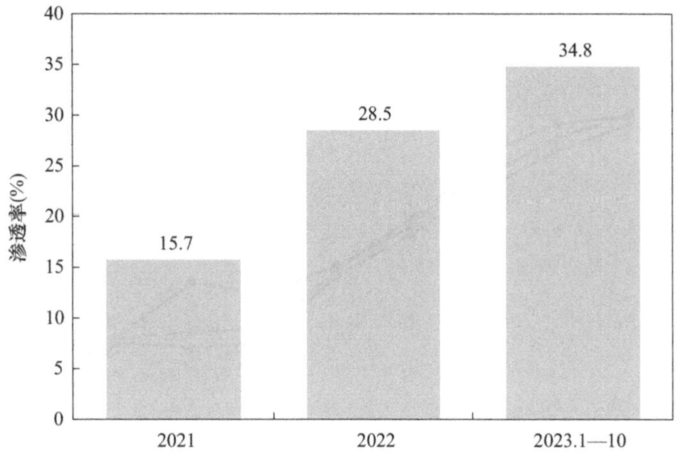

图 2　2021—2023 年我国乘用车市场新能源汽车渗透率情况

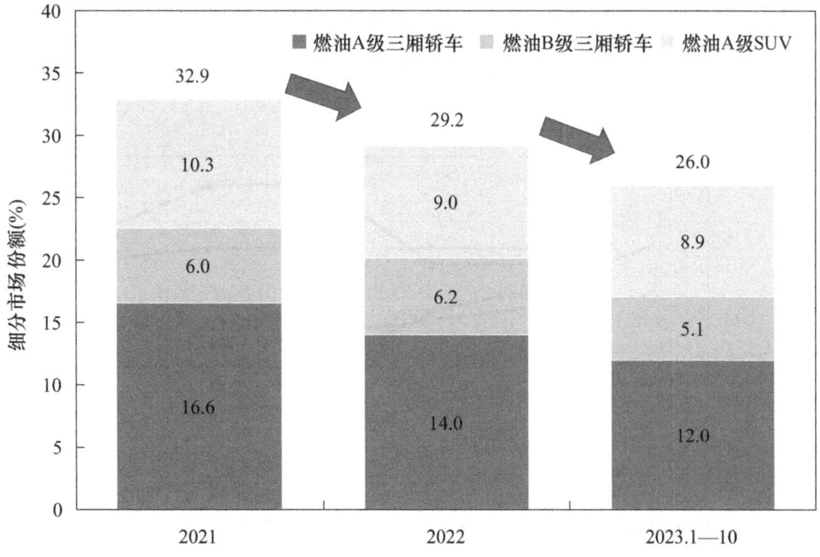

图 3　2021—2023 年神龙公司产品所在细分市场份额年度变化趋势

2）外部市场价格竞争激烈，神龙产品价格竞争力不占优势。

2023 年是乘用车市场价格激烈动荡的一年，价格战此起彼伏。神龙产品所在的 A 级燃油 SUV、A 级燃油三厢轿车和 B 级燃油三厢轿车等三个细分市场价格竞争尤其激烈。2023 年 1—10 月份，这 3 个细分市场的终端交易价格分别同比下降了 9.5%、7.6% 和 8.2%（见图 4），年底仍处在下降趋势中。神龙产品不具备价格优势，以标致 408X 为例（A 级跨界燃油车产品），主销版本终端交易价格超过 15 万元（见图 5），是竞争群所有产品中价格最高的一款，超过了很多主流的 B 级轿车。

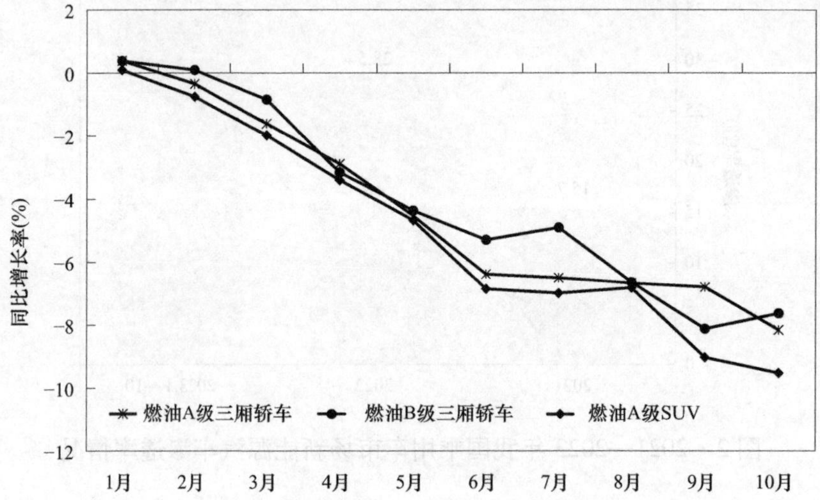

图 4　神龙公司产品所在细分市场（合资主流）终端交易价格同比增长率

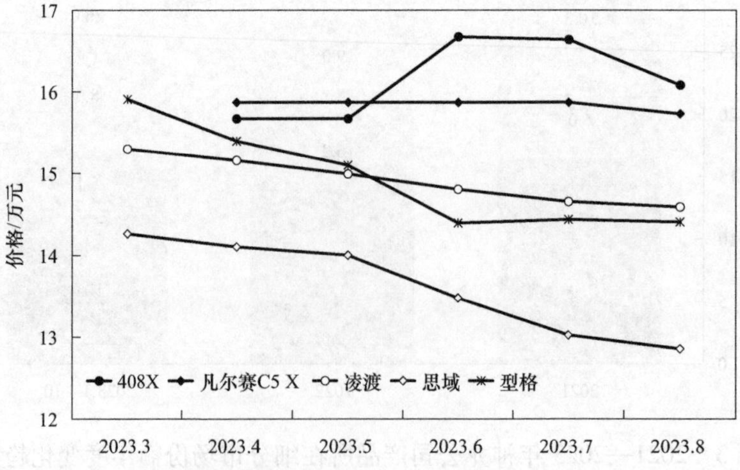

图 5　2023 年 3—8 月份标致 408X 与竞争产品主销版本的价格走势

3）品牌边缘化趋势加剧，品牌形象认知度降低。

和所有的传统燃油汽车合资企业一样，受自主品牌和众多造车新势力挤压，神龙汽车的市场占有率逐年下滑，神龙旗下的标致和雪铁龙品牌的用户关注度降低，品牌影响力越来越弱，边缘化趋势加剧。在品牌定位方面，标致的美感、动感、质感以及雪铁龙的潮流设计、领先舒适、智慧科技的品牌主张没有被用户充分认知（见图6），品牌形象感知模糊，不利于形成记忆，没能留下深刻印象。相反，由于股东战略延迟发布，标致雪铁龙品牌退出我国市场的负面舆论不绝于耳，让广大的经销商和用户朋友信心受挫，给神龙公司的经营造成极其被动的局面。

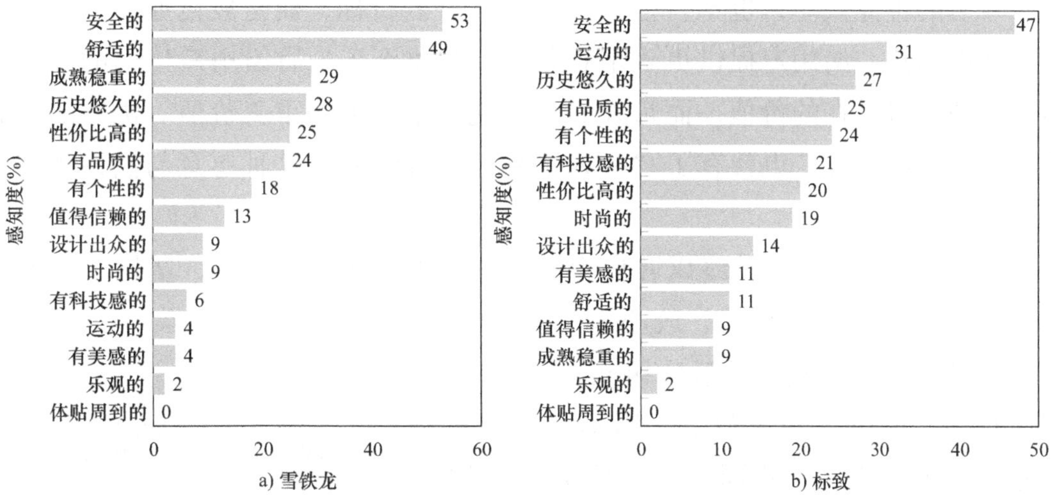

图6　用户对雪铁龙与标致的品牌形象感知情况

二、践行“变与不变”，探索出一条属于自己的法式特色生存之道

面对各种困境，神龙公司没有放弃，更没有倒下，而是始终把命运掌握在自己手上，践行“变与不变”，探索出了一条属于自己的法式特色的生存之道。相信利空出尽，必然会否极泰来。

神龙的行动举措，归纳起来主要有“三不变”“两变”。

（1）“不变一”　坚持个性化、小众品牌定位不变，维护良好品牌形象。销量并不是评价一个汽车品牌好坏的唯一标准。在日常生活中，类似的例子非常多。一部电影的优劣，是不能用票房来衡量的；一件衣服的好坏，也不能用价格来衡量。对于汽车来说，销量并非是评价一款车型或者一个汽车品牌的唯一标准。销量大有大的优势，销量小也有小的好处！

标致雪铁龙在我国拥有大量的保有基盘客户和法系“铁粉”。经过深入的用户画像分析，笔者发现：购买法系车的人，往往是一群时尚、个性、追求优雅生活方式的年轻人。他们用车除了满足日常生活的代步出行以外，还充当了社交工具以及进行户外旅行等。

因此，神龙汽车立足于东风雪铁龙“131X”家族、东风标致索肖社区两大客户社群，开展自驾、露营、美食、健身、萌宠、骑行等丰富的社群活动，为不同兴趣爱好的客户找到归属、找到知音，进一步丰富他们的用车生活，让他们成为法式生活的践行者和传播者。

今后的神龙汽车，也不再把销量作为唯一的目标，而是放慢速度，走入用户，拥抱用户，给用户提供更多贴心服务。神龙汽车今后给用户传达的不再是财富、地位等外在的价值，而是人的个性化艺术追求和审美价值。优秀的产品再加上贴心的服务，也就有了“一入法系，终身法系”这种愿意与法系车共同成长的用户群体。

（2）“不变二” 始终以客户为中心，创建“知音”品牌，坚持“五心守护”，持续打造“良心车、放心车、安全车”。从2020年开始，神龙汽车公司实施“五心守护”行动，围绕“用车放心、用车安心、服务贴心、换车开心、一路同心”来服务客户用车全旅程。2023年2月10日，“知音·知心·焕新启航”2023神龙汽车文化节在武汉体育中心开幕。活动现场，神龙汽车发布并详细介绍了全新用户品牌“知音”（见图7），包括品质知音、服务知音、生活知音以及三大知音会员体系，包括成长体系、积分体系、荣誉体系，推动神龙汽车全价值链转型，通过“良心车，神龙造”“五心守护”行动2.0、神龙知音会员体系三大内容等与客户建立知音伙伴关系，贯彻以客户为中心的经营理念。

图7 神龙汽车全新用户品牌“知音”

神龙汽车坚持利他主义和长期主义，为客户做好每一款产品，围绕品牌内涵和硬核技术，精准、持续地实施营销动作，让更多客户能够更便捷、更真切地体验到“良心车、放心车、安全车”。

神龙产品在很多看不见的地方，采用了毫不妥协的良心用料。以售价10万元的A级轿车标致新408为例，新408的前立柱、中立柱、车门防撞梁等关键受力部位大量采用1500MPa超高强度热冲压成形钢板，整车高强度钢占比超过70%，有效保证座舱安全，提升车身抗冲击性。新408车身地板针对正面碰撞设计了6道纵向加强梁，将撞击向后和侧面分散。针对侧面撞击同样设计了6道横向加强梁，"六横六纵加强梁"最大限度地保障了碰撞发生时乘员的安全。凭借在车身材料、车身工艺、车身结构上的高品质表现，东风标致新408一举斩获"2022中国十佳车身"与"最佳材料"两项大奖，并在车内优质空气、婴童级材料、电磁辐射安全三个维度测评中脱颖而出，成为首款通过儿童优先（绿色座舱）认证的十万元级家庭轿车。

（3）"不变三" 坚持打造系列长线IP，创建"法式星期三"品牌日，营造法式调性，传递法系车的价值和内涵。神龙汽车通过打造一系列的长线IP，成功让法系车品牌走进更多年轻圈层，与更多年轻人共创共享、品位生活方式，让更多我国用户充分感受个性、时尚、优雅的法式魅力，为品牌个性化、年轻化的发展积累了丰富的品牌积淀。

2023年，神龙汽车继续打造多个长线IP。例如，作为"2023中国大学生音乐艺术节"逐梦挚友，成功助力我国十城百校百万学子逐梦青春。作为中法文化交流的桥梁，神龙汽车连续多年赞助"中法文化之春"，成功支持了"2023城市互联中法当代建筑展""2023夏至音乐日""第15届傅雷翻译奖"等系列活动，受到外界一致好评。

提起法国，很多人会想到一个词——浪漫，法式浪漫是很多人心中的一种憧憬与向往。什么样的法式浪漫最让人印象深刻？埃菲尔铁塔下情侣的拥吻，香榭丽舍大街里的烛光晚餐，塞纳河铁桥上蔚为壮观的爱情同心锁，各种以鲜花为媒的仪式感……浪漫体现在日常生活中的点点滴滴。

为进一步强化用户口碑运营，传递法系车的价值和内涵，给更多我国用户带来充满法式魅力的生活方式，神龙汽车打造"法式星期三·神龙知音日"长线活动IP，每周三在我国经销商店，都会举办各种线下活动，给用户带来原汁原味的法式调性体验，设立法式下午茶、法式咖啡、知音故事会、浪漫交车仪式等浓浓法式风情体验环节，希望在轻松、舒适的环境中，为所有进店客户带去一整天的好心情。通过"法式星期三·神龙知音日"，神龙汽车期待在快节奏的日常生活里，给客户带来片刻的松弛感，乐享法式生活方式，度过美好的时光，感受个性、时尚、优雅的法式生活魅力。

神龙汽车以用户品牌“知音”为引导，加速向“以客户为中心”深度转型。通过品质知音、服务知音、生活知音，走进客户的用车场景、生活场景，融合“人·车·生活”，不断为客户创造价值，也因此收获了许多知音伙伴。“法式星期三·神龙知音日”的推出旨在进一步提升客户体验，让客户更深入地了解和感受法系车乐观、个性、创新的品牌调性，成为用户的“生活知音”（见图8）。

图8 “法式星期三·神龙知音日”经销商品牌活动掠影

（4）“变化一” 推行两网融合，强化网络协同，增加客户触点，提升网点营利性。神龙公司坚持以客户为中心，推出双品牌营销渠道融合方案，增加东风标致、东风雪铁龙双品牌渠道布局，强化网络协同，从而更好地服务客户。

具体来看，对于同城单网点城市，神龙汽车对单一的东风标致或东风雪铁龙品牌进行轻量化变革，发展成为双品牌的售前、售后一级门店。而对于同城多网点城市，如有两个及以上单品牌店，在各方认可的情况下互为二网（售前二级、售后一级）触点。同时，聚焦核心主销商品，统筹管理东风标致和东风雪铁龙两个品牌的各车型差异化互补营销策略，精简商务政策，加大区域营销投入，强化新媒体线上营销，优化制度流程，提高内部运行效率，提升经销商赢利性。

（5）“变化二” 成立数字运营中心，大力发展新媒体和客户运营。如今数字化与新媒体已渗透到汽车及汽车服务营销的各个环节，并深远地影响着汽车消费者、汽车经销商、汽车服务企业及整车制造企业之间的互动模式，汽车及汽车服务营销数字化转型迫在眉睫。来自公域的线索数量和线索质量双双下降，存量竞争时代，对企业在销售漏斗上端开源和线索管理提出了更高要求。与此同时，营销投入与回报不相匹配，营销资源投入和媒体成本日益背离趋势，企业的营销预算收紧，而持续上涨的媒体成本和日益碎片化的媒介触点使营销投入边际效应下滑。

在此背景下，神龙公司于2023年6月果断成立数字运营中心，积极搭建新媒体三层矩阵，将员工、经销商、合伙人纳入新媒体传播，通过统一主题、统一政策、统一平台，分时段直播，建立全新的商机线索平台。搭建以神龙知音文化为核心内容的数字化运营体系，以内容打通用户圈层与新媒体运营，内容策略围绕品质知音、服务知音、生活知音三个维度进行多场景搭建。根据销量目标贡献分解，明确过程指标及各矩阵应承担的主要目标。根据各矩阵目标分解，重点开展“搭体系、扩矩阵、提能力”重点举措，提升线索和订单量。

经过几个月的高效运转，神龙新媒体营销获取的线索量超过了IDCC（网络电话营销），成功从以公域为主转入私域阵地，新媒体和客户运营等私域阵地的销量贡献度达到25%，处在传统车企的领先水平。

（作者：李锦泉）

2023 年奇瑞主销产品市场调研报告

一、奇瑞品牌整体表现

2023 年，我国发展面临的形势错综复杂，国际政治经济环境不利因素增多，国内周期性和结构性矛盾叠加，既有风高浪急，也有暗流汹涌。在这种情况下，总体来说 2023 年取得的经济成绩可圈可点。虽没有实现“报复性反弹”，但实现了“恢复性增长”，预计全年 GDP 同比增长 5.3%。其中消费贡献有所提升，而汽车消费更是重要支柱。

在汽车市场方面，截至 2023 年 11 月份，国内狭义乘用车市场累计销量为 1926 万辆，同比增长 3.2%。其中燃油车销量为 1244 万辆，同比下滑 7.4%，新能源汽车销量为 682 万辆，同比增长 30.6%。新能源汽车中 PHEV 增长率更高，达到 232 万辆，同比增长 83.3%（注：国内狭义乘用车批发数据，奇瑞口径）。

从整体来看，2023 年汽车市场虽然保持正增长，但过程却异常艰难。年初的燃油车购置税优惠及新能源补贴退出，造成市场表现冷淡；3 月份面临国Ⅵ-B 排放标准切换，众多品牌卷入市场价格战，引发 4—5 月份消费观望；随着 5 月份国Ⅵ-B 非 RDE（实际驾驶排放）车型优惠政策落地，市场需求释放；7—8 月份淡季不淡，市场开始缓慢增长；8 月 25 日《工业和信息化部等七部门关于印发汽车行业稳增长工作方案（2023—2024 年）的通知发布》，进一步确立了汽车消费的重要性，同时叠加地方促消费政策支持以及传统旺季，整体市场进入年底前的稳步增长阶段。

从结构来看，燃油车销量下滑，而新能源汽车持续高速增长，渗透率超过 35%，其中自主品牌新能源汽车渗透率已经超过 60%。存量竞争态势愈发明显，呈现出混合动力平替燃油、电动增速放缓、合资下压自主品牌、新势力新品牌涌入等特征，市场竞争趋于白热化。

在这样严峻的市场形势下，奇瑞汽车关注客户价值主张，践行客户价值体验，紧跟客户需求，与客户共创产品和生态，优化产品结构，不断提升产品竞争力，持续打造爆款产品。2023年内推出瑞虎9、瑞虎8 PLUS冠军版、探索06、瑞虎7 PLUS冠军版、艾瑞泽8高能版、艾瑞泽5 2024款等新车及改款车型。2023年1—11月份共销售113.5万辆新车，同比增长38.9%（见图1），增速远超行业整体水平。

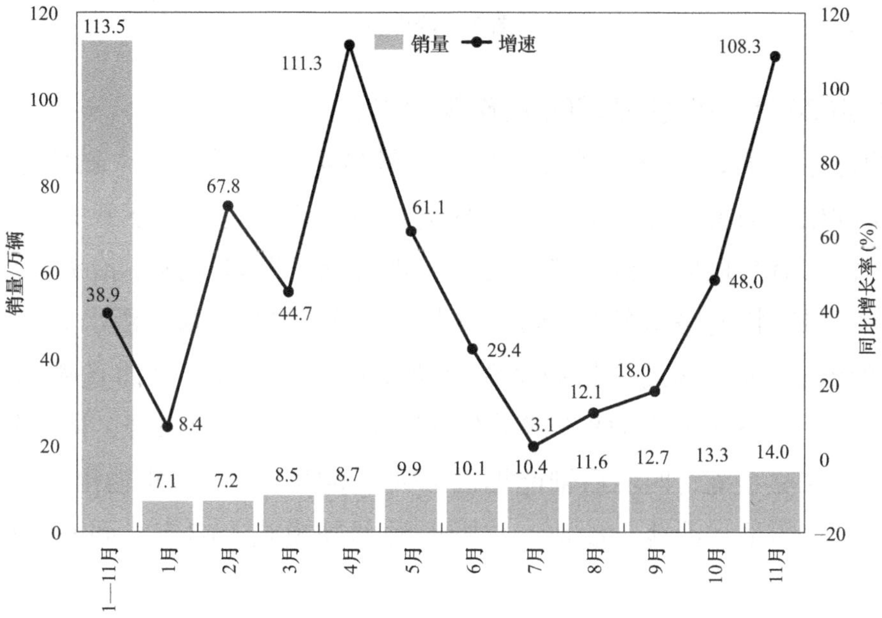

图1　2023年1—11月份奇瑞品牌销量及同比增长率

（注：数据来源于全国乘用车市场信息联席会批发数）

二、重点新产品介绍

1. 瑞虎9

瑞虎9（见图2）于2023年5月30日正式上市，新车搭载2.0T＋7DCT（双离合变速器）、2.0T＋8AT两个动力类型，上市共推出五款配置车型，长/宽/高分别为4820mm/1930mm/1699mm，轴距为2820mm，售价区间为15.29万~20.39万元，支持五座、七座两种座椅布局。

瑞虎9产品定位为“磁悬浮超舒适旗舰SUV”，目标客户群体定位为享受生活的追梦者。作为奇瑞战略旗舰SUV，瑞虎9以九大越级舒适（三大驾享舒适：超稳舒适、驾趣舒适、智驾舒适；六大坐享舒适：温感舒适、视觉舒适、听觉舒适、嗅觉舒适、触感舒适、空间舒适）、三大旗舰品质（更美观、更智能、更

图2 瑞虎9

安全）打造20万元级驾乘最舒适的旗舰SUV。

超稳舒适方面，瑞虎9搭载CDC（连续减振控制系统）“磁悬浮”悬架，通过悬架软硬度的智能无级调节，实现毫秒级响应，就像按下开关，灯即点亮的感觉，游刃有余地应对全场景路况，实现红绿灯路口加速不抬头、高速急刹车不点头、城市快速路超车不侧倾、城市周边粗糙路况颠簸不洒水等。

驾趣舒适方面，瑞虎9搭载奇瑞自研2.0TGDI（汽车燃油直喷燃烧技术）十佳发动机+麦格纳湿式7DCT或爱信8AT的双黄金动力组合，同时搭载全场景智能控制四驱系统，四驱后轴能提供最大3000N·m的转矩输出，还有经济、标准、运动、雪地、泥地、沙地、越野七种驾驶模式，响应时间≤0.1s，轻松驾驭各种路况。

智驾舒适方面，瑞虎9提供L2.9级智能辅助驾驶。在高速场景中，可通过NOC（导航辅助驾驶系统）、HWA（高速公路辅助驾驶系统）实现单车道巡航、自动变道超车、自动上下匝道等功能；在城市场景中，配备了全速域自适应巡航和交通拥堵辅助等功能。同时可通过遥控泊车、自动泊车等不同场景下的停车功能，帮助用户实现全路况停车无忧，省心省力，是新手驾驶员、也是停车困难户的福音！此外，瑞虎9还提供全路况视觉辅助，行业领先水平的50inAR-HUD（增强现实抬头显示），拥有7.5m投影距离，可以实时、实景显示导航及辅助驾驶信息。还有540°高清全景影像，确保车辆周围无视线死角，保障出行安全。

温感舒适方面，瑞虎9全车配备三个独立鼓风机和27个出风口，在同等风量设置的前提下，每一个风口的风量都只有一般车型出风口风量的一半左右，配合回字形360°风向调节，真正做到“无风感的温度宜人”，为全车乘客打造一个“恒温、恒湿、恒氧”的座舱。

视觉舒适方面，瑞虎9软包覆上的渐变式绗缝凸显舒适、高端；搭配

24.6in 丝滑曲面屏，环绕256色律动氛围灯，带来温馨科技的视觉享受。

听觉舒适方面，瑞虎9配备SONY14扬环绕音响，大师级调教，让车内人员体验现场音乐厅的高品质氛围。另外，主驾驶位置配置两个头枕扬声器，可设置共享、驾享、私享三种模式，让每个座位都是独立的沉浸式空间。

嗅觉舒适方面，瑞虎9为用户提供与国际顶级香氛公司CK联合开发的高级香氛系统，提供多种个性化香味供选择，还能结合迎宾、小憩等场景，智能开启。

触感舒适方面，瑞虎9配备了十分丰富的座椅功能。主、副驾均配备了座椅电动调节、记忆、加热、通风，还有优于同级车型的电动可调腰托、腿托及气动按摩功能。第二排座椅有舒睡头枕、两侧坐垫加热，第三排座椅有靠背角度电动调节、一键放倒等豪华配置。

空间舒适方面，瑞虎9采用了更加灵活多变的储物空间设计，可满足不同出行场景的储物需求。全家一起出行时，能轻松放置4个24in行李箱+1个婴儿车+1个冲浪板；二、三排座椅一起放倒，“秒变”2m大床。

外观造型方面，瑞虎9采用“柔光美学”设计语言，尽显“柔光”的灵动与力量。

智能方面，瑞虎9随车搭载讯飞引擎XTTS3.0，能深层次语音定制，支持真人发音；在高通骁龙8155芯片的超级算力加持下，30s可实现20多条连续语音指令，可控制28类429项功能，达到全场景语音智能交互。同时结合用户实际用车场景，开发了多个智慧场景模式，如迎宾模式：走近车辆时，前后尾灯开启流水迎宾动效的同时车辆解锁、隐藏式门把手弹开、后视镜展开、点亮迎宾光毯。拉开主驾车门，可以看到座椅自动后退；坐上去，关闭车门，座椅又自动调整到设置好的记忆位置，方便省心又充满仪式感。

安全方面，瑞虎9力求把安全保障做到极致，按照全球最高的五星安全标准设计开发。搭载行业最多的包含同级独有远端气囊在内的全包裹式10个气囊，堪称顶级被动安全配置，能最大限度保障驾乘人员安全。笼式吸能安全车身结构设计，大幅提高了乘员舱的结构完整性。正碰6个吸能盒，有效应对正面碰撞。侧碰采用独特的“竹节”吸能结构，更加可靠地消耗及分解碰撞能量。全车高强度钢覆盖率达85%，其中A/B柱、前座椅横梁等关键位置更是采用了抗拉强度高达1500MPa的超高强度钢。以全球标准和顶级的安全配置，构建旗舰安全。在碰撞安全、智能安全和保险安全的各种认证中均能取得好成绩。

瑞虎 9 携九大越级舒适、三大旗舰品质，打造 20 万级驾乘最舒适的旗舰 SUV，为全球用户提供超越期待的舒适体验。上市后取得了不错的市场表现，销量快速提升（见图 3）。

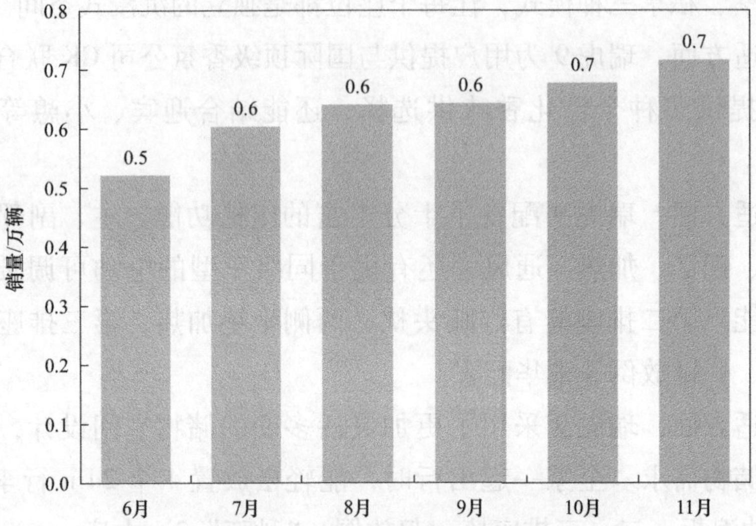

图 3　2023 年瑞虎 9 系列销量

（注：数据来源于全国乘用车市场信息联席会批发数）

2. 瑞虎 8 PLUS 冠军版

瑞虎 8 PLUS 冠军版（见图 4）于 2023 年 11 月 10 日上市，新车搭载 1. 6TGDI、2. 0TGDI 两种动力选择，共计四款车型，新车长/宽/高分别为 4722mm/1860mm/1745mm，轴距为 2710mm，售价区间为 12. 49 万～14. 59 万元，支持五座、七座两种座椅布局。

图 4　瑞虎 8 PLUS 冠军版

新车定位“5 +2 座豪装旗舰 SUV”，采用全新 8155 旗舰座舱、立体悬浮钻石前格栅、19in 飞旋多幅轮毂以及新增流光银车色，以在动力、安全、空间、科技、品质等五个方面的超强竞争力强势内卷中型 SUV 市场。

在动力方面，“芯”强则车强，瑞虎 8 PLUS 冠军版配备鲲鹏动力 1.6TGDI/2.0TGDI 超强产品阵容，带来 6.8L/100km 超低油耗及发动机终身质保，成为中型 SUV 市场颇具竞争力的产品。其中，鲲鹏动力 2.0TGDI 最大功率为 187kW，峰值转矩为 390N · m，百公里加速 7s 级，不仅实现速度与品质上的“快、强、省、好”，更比肩 V6 3.5L 排量发动机级别动力储备。

在安全方面，瑞虎 8 PLUS 冠军版立足 C－NCAP 五星安全设计，采用超高强度钢一体化笼式车身，在关键部位使用六块本特勒超高强度热成形钢＋第三代高强度钢，打造超强防撞安全屏障。配备 L2 级智能驾驶辅助系统，包括 540° 高清全景影像、全速 ACC 等多项功能，让驾驶更轻松、停车更便捷、行车更安全。

在空间方面，瑞虎 8 PLUS 冠军版带来了“5＋2 座超大灵活空间”，为用户提供舒适驾乘体验。新车无论是 4722mm × 1860mm × 1745mm 的超大车身、2710mm 的超长轴距，还是 1930L 的超大行李舱空间、12 种灵活可变式的组合空间，都能满足全家人任何场景的出行需求，更有 C－PURE 奇瑞净立方绿色座舱和低至 34dB NVH（噪声、振动与声振粗糙度）超强静谧空间，让用户享受舒适、健康的车内空间。

在科技方面，瑞虎 8 PLUS 冠军版搭载高通骁龙 8155 智能芯片，不仅带来全新 HMI5.0、超级 ID（账号）等功能体验，更提供 2s 快速开机、30ms 流畅响应和 15 个以上连续对话不卡顿等功能。同时配备 24.6in 寰宇星云沉浸环绕屏、豪装旗舰座舱、SONY 豪华 8 扬环绕音响以及 50W 手机无线快充等装备。

在品质方面，瑞虎 8 PLUS 冠军版由全球化设计团队打造，立足全球化设计标准，采用全球领先的硬件制造工艺，全方位满足年轻群体对品质的追求，同时新车还拥有行业领先的整车终身质保等服务。

瑞虎 8 冠军家族诞生 5 年来，不断提升对细分市场的感知能力与辐射能力，持续展现强大的冠军品质和冠军实力。可以预见，此次瑞虎 8 PLUS 冠军版的正式上市，进一步丰富了瑞虎 8 冠军家族的产品矩阵，加速夯实“冠军之路”，同时以优异的市场销量表现再一次诠释了冠军 SUV 的新高度（见图 5）！

3. 探索 06

探索 06（见图 6）分为悦野版和都市版。探索 06 悦野版于 2023 年 8 月 20 日正式上市，新车搭载 1.6T＋7DCT 动力，共推出五款配置车型，长/宽/高为 4538mm/1898mm/1680mm，轴距为 2672mm，售价为 11.69 万～14.49 万元。探

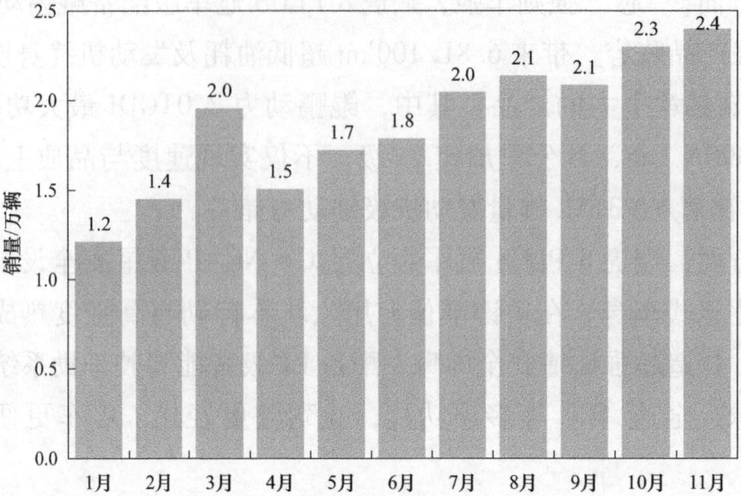

图5 2023 年瑞虎 8 系列销量

（注：数据来源于全国乘用车市场信息联席会批发数）

索 06 都市版于 2023 年 12 月 6 日正式上市，新车同样搭载 1.6T + 7DCT 动力，共推出两款配置车型，长/宽/高为 4500mm/1865mm/1680mm，轴距为 2672mm，售价为 11.99 万 ~12.99 万元，该车型为五座布局。

图6 探索 06

探索 06 主打"可城市、可越野"，悦野版定位为 12 万元级四驱精致悦野 SUV，都市版定位为"国际风范定义者"，探索 06 目标客户为敢想敢为、突破边界、勇敢追求多样人生、不断探寻人生边界的年轻一族。奇瑞探索 06 融合了捷豹路虎技术，革新轻越野产品定义，重塑观感与体验，开创了轻越野市场全新品类。

在外观方面，探索 06 悦野版既有城市 SUV 的精致美感，又很好地兼容了越野 SUV 的硬朗气息，其"精致悦野"理念更符合我国用户的日常审美和实际需求，给他们带来了奔赴远方的向往。前脸矩阵式前格栅，像迷宫一般，令人着迷。车身腰线简约，但足够硬朗。尾部贯穿式 LED 尾灯，搭配硬派后保险杠，兼具力量与精致。探索 06 都市版前脸硬朗、大气，极具视觉冲击力。同时，竖琴式律动进气前格栅设计新颖独特，灵感来自于欧美古典竖琴，给人以扑面而来的轻奢风格，配合飘逸流畅的车身线条，动感十足，将都市极简美学演绎到底。

在舒适方面，探索 06 在内饰上选用了奢侈品级的面料工艺，观感有品位，触感很舒适。简约科技的机甲风局部造型，例如“战机档把”与“立体战舰车门”，让人感觉充满未来科技感。

在安全方面，探索 06 拥有“五环”超级安全体系。一是主动守护环，拥有 L2.5 级智能驾驶辅助系统；二是强硬抵御环，全车超 80% 采用高强度钢；三是超级吸能环，采用笼式吸能太空舱车身设计；四是持久护身环，同级卓越的翻滚保护能力；五是全球五星环，实现全球五星安全标准。

在动力方面，探索 06 搭载了同级车型中的最强动力总成，鲲鹏 1.6TGDI + 7DCT，不仅动力澎湃，油耗对用户也极为友好，四驱版本油耗仅 7.48L/100km，让用户能以两驱车的油耗开四驱车。

在驾驶控制方面，探索 06 搭载了全场景智能控制四驱系统，为用户带来安全、节能、充满乐趣的驾驶体验。拥有沙地、雪地、泥泞、越野等 7 种驾驶模式，可以满足 19 种驾驶场景，让新手驾驶员也能尽情“撒野”。四驱介入速度快，介入时间小于 0.1s；制动锁止响应时间为 0.15s，达到行业领先水平；后轴轮端最大转矩为 3000N · m，带来超强的脱困能力；麋鹿测试成绩为 80km/h，达到了运动性能轿车的水平；涉水深度为 605mm，爬坡最大角度为 41°，轻松通过高度落差 1.5m 的交叉轴扭曲路等，这些都为探索 06 带来了优越的野外通过性。

在科技配置方面，探索 06 既是智能多变的座舱，也是绿色健康的座舱，更是魔术空间座舱。搭载 L2.5 级智能辅助驾驶，拥有 ACC、AEB、LDP（车道偏离抑制系统）、BSD（盲区监测系统）等 23 项辅助功能，为车主提供多场景的驾驶护航，无论长途自驾旅行还是日常城市通勤，探索 06 都能提供最好的全方位守护。科技感十足的 W - HUD（风挡型抬头显示），让车辆信息一览无余，且位置和亮度自主可调，让行驶途中视线“0”转移，保障行车安全。50W 的手机无线充电，仅需 40min 即可充电至 80% 电量。探索 06 支持 OTA 远程升级，可以实现常用常新，无须进店，方便快捷。

奇瑞汽车凭借对技术、产品、用户的不断探索，让探索 06 从产品端到体验端，都能助力年轻用户解锁户外与都市等多元出行场景，在探索中享受美好生活。上市后也获得了不错的市场反馈，2023 年探索 06 销量表现如图 7 所示。

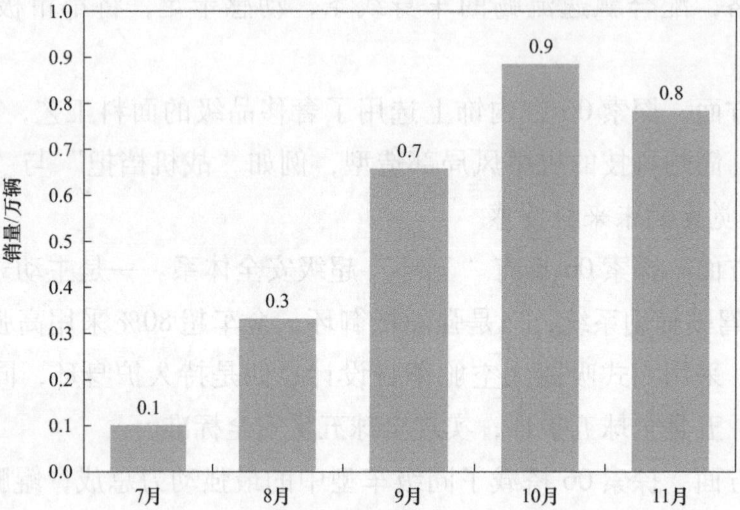

图 7　2023 年探索 06 销量表现

（注：数据来源于全国乘用车市场信息联席会批发数）

4. 瑞虎 7 PLUS 冠军版

2023 年 8 月 25 日，全新一代瑞虎 7 PLUS 冠军版（见图 8）于成都车展正式上市，共四款车型，售价为 9.99 万 ~ 11.99 万元。瑞虎 7 PLUS 冠军版定位为“10 万元级 SUV 价值标杆”，车长/宽/高为 4530mm/1862mm/1695mm，轴距为 2670mm，专为 25 ~ 35 岁、追求潮流乐趣、时尚品质的“乐活青年”准备，不仅延续瑞虎 7 PLUS 车型高颜值、高价值、高安全的产品基因，更首次搭载奇瑞

图 8　全新一代瑞虎 7 PLUS 冠军版

鲲鹏动力第四代1.5TGDI发动机，同时在配置上也进行了升级，以“加量不加价”“入门既享”的性价比，助力用户出行体验“升舱”。

在动力方面，瑞虎7 PLUS冠军版是奇瑞首款搭载鲲鹏第四代发动机的车型，采用1.5TGDI米勒循环发动机，发动机热效率高达40%以上，匹配德国格特拉克7速湿式双离合变速器，最大功率为135kW，峰值转矩为290N·m，凭借奇瑞鲲鹏发动机的技术，不仅拥有百公里加速8.5s的强劲动力体验，还实现了WLTC工况下百公里6.4L的超低油耗。同时整车（含发动机）终身质保为用户提供用车保障，实现真正的“快、强、省、好”，让用户在用车全周期内，享受安心、省心的出行生活新体验。

在外观方面，瑞虎7 PLUS冠军版由原奔驰顶级设计师领衔的国际团队设计，采用“晶彩先锋”设计语言，中网采用水晶刀锋竖形设计，看起来非常大气时尚。

在座舱方面，瑞虎7 PLUS冠军版延续了瑞虎7PLUS的科技智慧座舱，采用24.6in曲面双联屏、LION 5.0车联网、SONY定制豪华音响、1.1m^2全景天窗、一体式能量运动皮座椅，以及四门车窗一键升降等智能与舒适性配置，还有AQS（空气质量控制系统）+负离子空气净化、PM0.3级的空调滤芯、双温区自动空调和欧盟级环保工艺用料，共同打造车内的舒适空间，可谓是“冠军座舱标杆”。

在安全方面，瑞虎7 PLUS冠军版采用的是全球五星安全开发标准，在一体化高强度笼式车身结构和领先同级车型的主动安全配置的基础上，还标配自动前照灯、自动刮水功能。

瑞虎7 PLUS冠军版一经上市就广受好评，成为年轻人购车的首要选择，“加量不加价”的超高性价比，助力更多年轻用户轻松开启美好的有车生活。从市场表现来看，瑞虎7系列2023年月均销量接近2万辆（见图9），其中9—11月份更是突破月均2.5万辆。

5. 艾瑞泽8高能版

艾瑞泽8高能版（见图10）于2023年7月12日正式上市，新车搭载2.0T+7DCT动力，共推出三款配置车型，长/宽/高为4780mm/1843mm/1469mm，轴距为2790mm，售价为12.99万~14.69万元。艾瑞泽8高能版延续艾瑞泽家族优秀品质基因，围绕动力性能、操控性能、算力性能的“三大性能”，以及安全、智能、舒适、美学的“四大品质”，重磅打造“高性能品质家用轿车”。

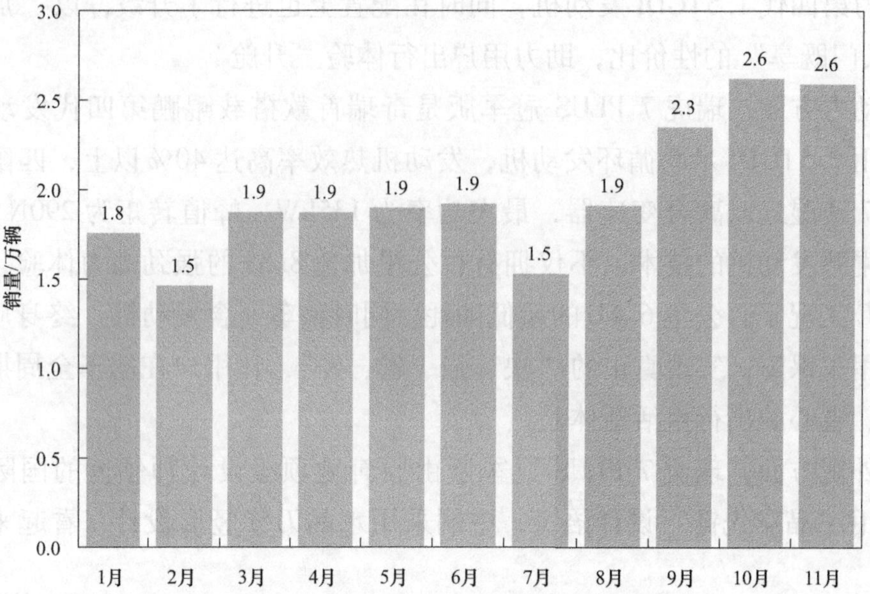

图 9　2023 年瑞虎 7 系列销量

（注：数据来源于全国乘用车市场信息联席会批发数）

图 10　艾瑞泽 8 高能版

新车通过安全、智能、舒适、美学“四大品质”为用户带来极致的驾乘体验。一是在安全方面，540°安全影像、L2. 5 级别智能驾驶辅助等为车主的安全保驾护航；防撞梁不仅采用高强度铝合金材质，并且能够占到整车车宽的 80%，在行业内是绝对领先的。二是在智能方面，除了 24. 6in 高科技超大双联屏，还借助高通骁龙 8155 芯片与 DMS（驾驶员监控系统），让用户能够根据自身的驾驶习惯去设置多达 12 种智能体验模式，并能实现 30s 内连续 20 个语音指令不卡顿。三是在舒适方面，2790mm 的轴距为整车提供超大的空间，有效满足用户的舒适需求，同时主驾座椅具备通风、加热、记忆及电动调节等功能，进一步提升舒适度，奇瑞的“金耳朵”团队打造的 SONY 12 扬立体声音效，为车主带来殿堂级的听觉享受，在车内就仿佛置身于演奏会的现场；而舒适和健康密不可分，艾瑞泽8的净立方座舱，能够主动识别车内空气质量，自动开启空气净化系统，配合高级香氛系统，实现座舱自清洁，让全家随时随地都能呼吸到纯净新鲜的空气。四是在美学方面，无论是凌波锋锐的前格栅设计、溜背造型、一体贯穿式流水LED尾灯，还是18in双运动风格轮辋、真双边四出排气，都让静态展示极有排面。

艾瑞泽8高能版通过动力、操控、算力“三大性能”，给予用户远超同级车型的用车体验。一是在动力方面，采用奇瑞鲲鹏2.0T发动机，峰值转矩高达390N·m，功率可达187kW。拥有7s级别的百公里加速，中高段加速也同样强劲，90~120km/h的加速仅需4.6s，完胜同级竞品。最关键的是，只需用92号汽油。二是在操控方面，打造“322”驾控模式，即三种驾驶模式、两种转向模式和两种制动模式，其中独有的两种制动模式采用最先进的IPB（线控制动系统），在不同的驾驶工况下，提供合适的制动响应性能，给用户带来更舒适的驾驶体验。三是在算力方面，配备同级车型独有的高通骁龙8155芯片，7nm制造工艺加上8核CPU（中央处理器），算力高达105kDMIPS，保障了车机运行的流畅度，开机最快仅需2s。

艾瑞泽8高能版作为A+级轿车的“破局者”，以“三大性能”与“四大品质”的超强产品竞争力，满足用户日益增长的多元化需求，上市后助力艾瑞泽8系列销量迅速攀升（见图11）。

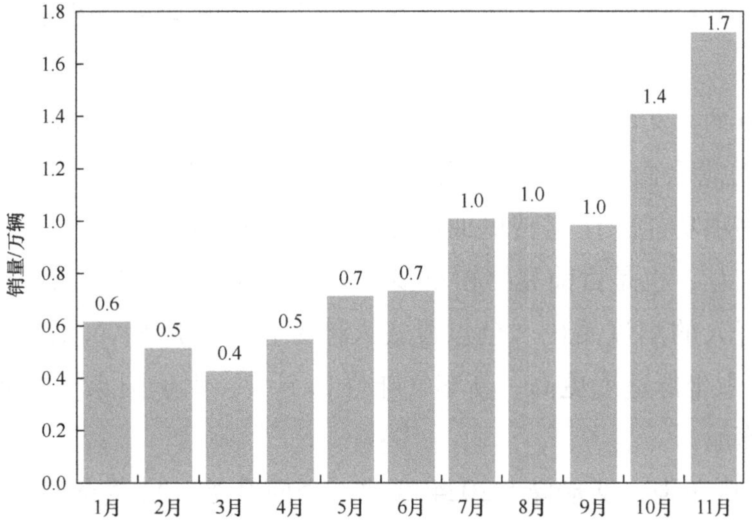

图11 2023年艾瑞泽8系列销量

（注：数据来源于全国乘用车市场信息联席会批发数）

6. 艾瑞泽 5 2024 款

畅销全球 80 多个国家和地区、斩获全球 100 万用户的艾瑞泽 5 再出新品。2023 年 10 月 20 日，艾瑞泽 5 2024 款（见图 12）焕芯上市，提供 1. 5L－MT、1. 5L－CVT 两种动力组合，共推出三款车型，市场指导价为 5. 99 万～7. 59 万元，定位为“全球精品家用轿车”，对造型、动力、配置进行了全面升级。

图 12　艾瑞泽 5 2024 款

艾瑞泽 5 2024 款在前脸造型上全面升级，由奇瑞欧洲造型设计团队打造，满足年轻人群对时尚与运动的追求。全新前脸采用竖琴式运动前格栅，搭配极速运动雾灯区造型，给人以新潮时尚感。投射式白眉熏黑光导前照灯与 LED 日间行车灯相得益彰。新车长度为 4572mm、宽度为 1825mm、高度为 1482mm，轴距为 2670mm，满足一家五口用车空间。溜背式的车顶设计，运动属性十足。车窗周围采用了黑色饰条包裹，时尚度在线，再加上多幅式的轮毂，进一步提升了运动感。

在内饰方面，艾瑞泽 5 2024 款中控台造型更加简约，配备全新 9in 高清触控屏，大屏功能全面升级，带有高德地图、手机映射、智能语音、天气预报、视频音乐等多项功能，让驾驶更加便捷。高档软质搪塑仪表台搭配皮质多功能运动平底方向盘，也是目前高档轿车多用的搭配设计。贯穿式空调出风口设计，贴合时下年轻人的潮流品位。全包覆式人体工程学皮座椅，堪比“豪华舒适大沙发”，使得乘坐舒适度更高。新车气味性 3. 5 级，优于国家环保标准让乘客静享绿色生态座舱。

“芯”强则车强，艾瑞泽 5 2024 款动力全面升级，搭载奇瑞新一代 1. 5L 高效米勒循环发动机＋世界十佳变速器 9 速 CVT，重新定义 5 万元级小排量车型新高度。得益于采用米勒循环、进气道双喷等行业先进技术，发动机最大热效率达 40%、轻量化提升 30%，最大功率为 88kW，峰值转矩为 148N · m，整车起步加速表现提升10%，整车油耗降低8%。同时，怠速噪声全面优化，38dB图书馆级NVH表现超越合资车型。

艾瑞泽5 2024款采用C-NCAP高标准五星安全设计，以一体化笼式车身和关键部位六块超高强度热成形钢，带来坚如磐石的守护。前排配备双安全气囊，保护主、副驾乘客，抵御头部、胸部冲击。搭载TPMS（直接式胎压监测系统），实时显示胎压。全系标配ESP，在车辆失控时，能够修正车身姿态，保持车身稳定。

作为奇瑞年轻化战略转型的首款车型，艾瑞泽5问世七年，始终秉持德系“理工”精神和“工程师”思维，成为中国品牌畅销全球的家用轿车标杆。同时，艾瑞泽5是中国品牌第一款以世界级标准进行打造的车型，也是第一个运用全球资源、全球标准打造的一款车型，荣获J. D. Power 2023年中国新车质量紧凑型轿车第一名。同时，艾瑞泽5二手车保值率高达46.49%，荣膺J. D. Power2023年中国汽车保值率风云榜最保值中国品牌轿车车型第三名。

艾瑞泽5 2024款聚焦全球用户的出行场景和“既要、又要、还要”的需求，以全球品质、全新动力、全新设计为核心，不断提升产品竞争力，将成为全球消费者的理想之选。从市场表现来看，2023年艾瑞泽5系列月均销量近万辆（见图13）。

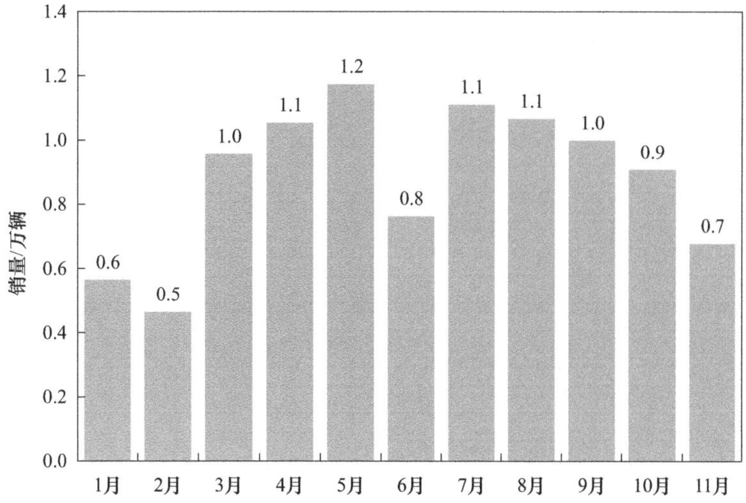

图13　2023年艾瑞泽5系列销量

（注：数据来源于全国乘用车市场信息联席会批发数）

三、结语

2024 年是疫情结束的第二年，我国经济仍将处于疫情后的复苏状态，预计 GDP 将同比增长 4.8%。随着中、美两国关系缓和，2024 年我国外部环境出现极端情况的可能性降低。但美国遏制我国发展的长期战略没有改变，叠加美国、印度两国领导人大选，潜在冲突依然存在。随着疫情后居民消费持续恢复，2024 年居民消费有望继续向疫情前水平靠拢，整体消费信心提振并逐步恢复，对汽车市场消费有一定牵引作用。从目前来看，汽车市场总体上保持稳健发展、稳中求进、向上向好的趋势。预计 2024 年整体市场微增 2% ~3%，但内部竞争将进一步加剧，价格战仍会继续，同时新能源汽车挤压燃油车、自主品牌侵蚀合资品牌市场的步伐将进一步加速。

2024 年是充满挑战与希望的一年，奇瑞汽车将进一步开拓细分市场，拓展新能源新赛道，满足用户多元化的需求。未来两年，奇瑞风云系列将推出 11 款全新车型，同时燃油车也将持续迭代上新。期待奇瑞汽车能够取得更好的市场表现，迈向一个更高的台阶。

（作者：房冬冬）

2023 年广汽传祺产品市场调研报告

一、广汽传祺总体表现

2023 年，汽车行业智能化、电动化的变革大潮已成定势，商业模式、产品形态均需要重新定义，汽车市场无论是内卷程度还是变革速度，都在史无前例地加速。这一年，是“万亿广汽，千亿传祺”的筑基之年，也是广汽传祺向新能源科技公司转型的关键之年，传祺积极拥抱变化，正式迈入“XEV + ICV”（混动化 + 智能化）双核战略 2.0 时代，以科技创新赋能汽车行业高质量发展。

市场表现层面，在新能源汽车市场持续高速增长、传统燃油汽车市场大幅度下降的行业环境下，广汽传祺传统燃油车型、PHEV 车型、HEV 车型销量均实现大幅增长，总销量同比增长达 16.9%（见表 1），逆风扬帆，跑赢行业大盘。

表 1　2023 年 1—11 月份广汽传祺同比增速与行业同比增长率　（%）

能源类型	传祺同比增长率	行业同比增长率
整体	16.9	6.9
燃油	3.6	-5.9
PHEV	4693	88.1
HEV	91.0	5.9

注：数据来源于中国汽车技术研究中心有限公司终端零售数据。

品牌层面，在广汽集团“NEXT”行动计划指引下，传祺钜浪混动品牌正式升级为传祺智电混动品牌，迈入“电动化、智能化”双核战略 2.0 时代，入局 PHEV 以及前瞻动力领域。与此同时，广汽传祺品牌高端化进程也持续加速，2023 年全年单车价格突破 16 万元，最高单月曾突破 17 万元，超越许多合资品牌，品牌形象进一步提升。

商业模式层面，新能源产业高速发展快速变革，渠道转型、营销模式革新已成时代的必选项。广汽传祺在渠道服务方面也与时俱进，开启了全新的新能源体验模式。通过打造“直连直服、直营直销”的新能源体验中心，构筑了业界特有的厂—店—客“金三角”沟通闭环，从而为消费者打造集展示、体验、下订、交付四大功能于一体的用户之家，让消费者的购车流程更透明、更便捷。

二、广汽传祺产品策略

2023 年，广汽传祺在产品领域深耕细作，取得了亮眼的成绩。这一年，传祺相继推出了全新 GS3、影豹 R、传祺 E9、传祺 ES9、传祺 E8 等重磅车型，受到了行业的广泛关注，为用户带来更多选择。

1. 稳步转型，连续推出 E 系列三款车型

2023 年，传祺在切换新能源赛道的路上布局清晰，稳步向前。传祺推出全新产品架构——i-GPMA，它兼容 HEV/PHEV/REEV（增程式电动汽车）多种混合动力模式，并搭载广汽星灵电子电气架构和魔方平台，以电动化和智能化的融合，完全覆盖市场主流插电式混合动力产品。依托 i-GPMA 广汽全球模块化架构，传祺推出全新的技术品牌——传祺智电科技 i-GTEC，为用户提供了全新的“智净”出行方案。与此同时，传祺坚持市场导向，落地了更多高价值、高品质的产品，在一年之内连续推出了 E 系列三款 PHEV 车型：传祺 E9、传祺 ES9、传祺 E8，为中国汽车的发展注入一份韧而有劲的生命力。

2. 稳固“中国 MPV 专家”地位

2023 年，传祺在 MPV 市场继续发力，强势引领 MPV 市场的发展。随着 MPV 版图扩张，传祺 MPV 在销量上实现对合资的赶超，收获了“自主品牌 MPV 冠军”“最懂中国人的 MPV 专家”等美誉。“MPV 首选 G 标”成为消费共识，足以证明传祺 MPV 在市场的强大号召力。

截至 2023 年 10 月，传祺 MPV 家族已收获超 50 万车主，形成了强大的口碑“护城河”，真正诠释了中国 MPV 的话语权在传祺。截至 2023 年 11 月，传祺 MPV 家族持续热销，连续 9 个月终端销量破万辆。2023 年 1—11 月份，传祺在 10 万元以上 MPV 市场占有率接近 20%，在所有品牌中排名第一（见图 1），相当于每五辆 MPV 就有一辆来自传祺，进一步坐实传祺“中国 MPV 专家”地位。

3. 积极拥抱年轻群体

2023 年，广汽传祺继续积极拥抱年轻群体，推出了 10 万元级 SUV 最优

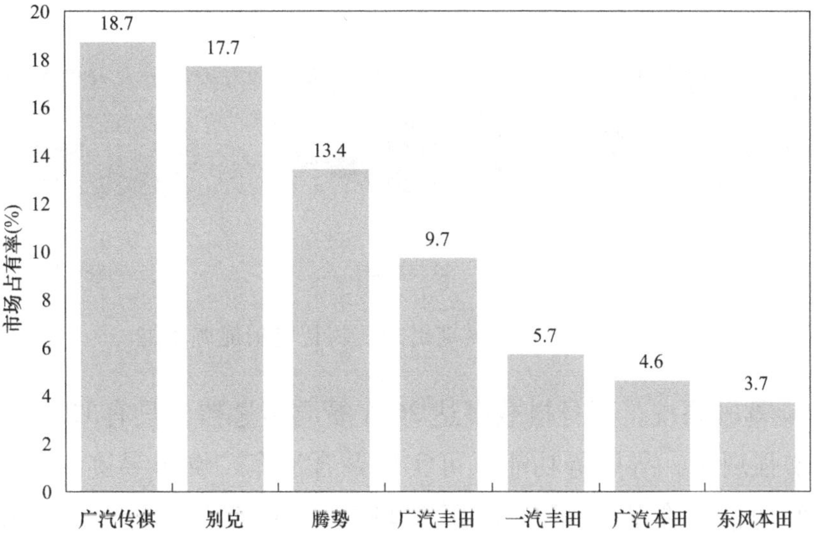

图1　2023 年 1—11 月份 10 万元以上 MPV 市场占有率前七名品牌

注：数据来源于中国汽车技术研究中心有限公司终端零售数据。

解——新一代 GS3·影速和年轻人触手可及的性能车影豹 R。至此，影豹、影酷、影速组成的广汽传祺“影系军团”全员集结，它们各具特色，都是年轻人的“移动超级伙伴”。广汽传祺积极落地年轻人的梦想，充分满足年轻人的用车需求，影系车型既有超高性价比，又能让年轻人追求时尚品位、展现个性自我，是年轻用户的不二选择。

三、广汽传祺重点新产品

1. 传祺 E9：传祺智电混动首款落地产品

作为传祺智电混动首款落地产品，同时是广汽传祺向科技公司转型的全新力作，传祺 E9（见图 2）于 2023 年 5 月份隆重上市，以全面领先的产品实力、丰富的用车场景，让用户触手可及“向往已久的智电出行”。

传祺 E9 从用户需求出发，构建“宁、劲、智、远”差异化领先优势：传祺 E9 搭载了 12.3in 副驾娱乐屏、15.6in 二排吸顶屏、14.6in 悬浮式中控屏等七块科技屏幕，整车 16 个雅马哈扬声器音响，看剧、学习、娱乐互不打扰，每一个位置都是“最佳席位”。传祺 E9 搭载了同级别车型没有的 2.0T 混动专用发动机，匹配双电动机平行轴串并联 DHT（混合动力专用变速箱），带来动力强、能耗低的高科技用车体验。为解决大型 MPV 驾驶、泊车难题，传祺 E9 搭载 ADi-

a) 传祺E9　　b) 传祺ES9　　c) 传祺E8

图 2　2023 年传祺推出的三款智电新能源车型

GO Pilot 智能驾驶系统，车身搭载多达 26 个智驾传感器，具有 L2 级智能驾驶辅助、AR（增强现实）导航等功能，可实现融合泊车、倒车寻迹、遥控泊车等高阶智能泊车功能。在更贴近实际用车场景的 WLTC 工况下，传祺 E9 拥有 1032km 超长综合续驶，百公里电耗 21kW · h，百公里馈电状态油耗 6.05L，满电满油状态下能达到 1442km 超长续驶，让用户说走就走，不必再担心续驶问题。

电动化时代，消费者对驾驶、乘坐感受有了新的追求，传祺 E9 为消费者带来安心舒适、动力充沛、豪华智能、长续驶、低能耗的越级驾驶、乘坐乐趣，重新定义新能源豪华 MPV 市场标准。

2. 传祺 ES9：新能源全尺寸旅行 SUV

作为传祺向新能源企业转型的第二款产品，传祺 ES9（见图 2）以霸气外形、超大空间和能一车搞定全场景的电驱动实力，为消费者提供了新能源时代的出行新选择。

传祺 ES9 前脸采用大开口点阵格栅设计，与宽大厚实“G 标”底座融为一体，搭配强壮护板、精工镀铬装饰，宽阔威猛，气势磅礴。侧面的高耸姿态，侧裙护板与车身同色，显得车身带有沉厚有力的高级感。粗犷的行李架、双层切割图案的 20in 双辉轮毂、宽大立体的鳍形 D 柱饰板，适配多场景的户外旅途。

5015mm（龙鳞翼版本）或 5110mm（旅行者版本）的车长，加上 2920mm 的超长轴距，让传祺新能源 ES9 整体尺寸比同级车型大了一圈，做到了 25 万元级新能源 SUV 少有的全尺寸，也带来了更灵活多变的空间体验。二排女皇躺椅让用户拥有 8 档 131 度躺睡空间；二、三排座椅一键放倒后，相当于一张 2m 的大床；还做到了 SUV 中少见的“真三排”，传祺 ES9 的宽奢舒适座舱，真正做到了让全家人“座座 C 位，全员享受”。

在三电续驶上，传祺新能源 ES9 采用 2.0T PHEV 专用发动机匹配行星轮两档混合动力专用变速器，加上 25.57kW·h 电池包，做到了 CLTC 纯电动续驶里程 143km、CLTC 综合续驶里程 1215km。此外，传祺 ES9 不仅支持快充、慢充，还支持对外放电、车内供电功能，能支持照明、电火锅等基础户外设备，更能满足投影仪、智能音响等高阶户外产品，让用户解锁更多野营乐趣。

3. 传祺 E8：最懂中国家庭的超级 MPV

随着消费结构不断升级，大众对车辆的需求也在不断变化，空间更灵活、舒适性更强的 MPV 车型逐渐成为用户购买家用车的第一选择。传祺 E8 的到来，正式开启了家用车由 MPV 主导的 3.0 时代。作为 25 万元内家用车领域的“模范生”，传祺新能源 E8 自亮相以来，市场反响热烈，备受用户认可。

传祺 E8（见图 2）是一款为中国家庭美好出行而打造的家用车型，目标是为用户开启充满爱的用车生活。对于一款家用车来说，传祺 E8 可谓是“多边形战士”，在智能、动力、舒适性等方面都有着超越同级车型的领先产品实力。

在智能化方面，该车首次搭载广汽星灵电子电气架构，算力提升 50 倍，数据传输速率提升 10 倍，能够支持更复杂的数据处理及更高阶的智能驾驶功能，让人机交互更丝滑，带来更人性化的智能体验。在动力方面，该车采用传祺高热效率 2.0ATK 发动机，最高热效率为 42.1%，最高传动效率达 97.5%，可电可油，纯电动续驶里程 150km，满电满油综合续驶里程超过 1200km，消除用户的里程焦虑，让出行无忧。在舒适性方面，超大的 5.20m^2 车内空间、灵活多变的座椅组合、同级车型唯一的二排双侧超级零“重力座椅”，为家庭成员提供更高质量的出行生活。

值得一提的是，传祺新能源 E8 的综合产品实力受到了行业内的高度认可，先后斩获“2023 中国十佳车身”和“2023 汽车工业品质创新巅峰奖”，这正是传祺 E8 硬核实力的最好证明。

4. 新一代 GS3·影速：10 万级国民性能 SUV

新一代 GS3·影速（见图 3）在外观上传承了科技工业美学的设计理念，采用星钻菱影的设计语言，整体棱角分明，战斗感十足，打造了“威甲飞翼”前脸及“镭射之眼”分体式 LED 前照灯，配上多彩酷炫配色，充分满足了年轻用户的购车审美需求。

在动力方面，新一代 GS3·影速搭载了第三代 1.5T 直喷发动机 + 7WDCT

（湿式双离合变速器）的同级车型最强动力总成，百公里油耗可低至6.18L，让年轻用户用车无压力。拥有同级车型最长轴距，实现了同级车型最大百变空间。此外，新一代 GS3・影速推出了 R－Style 版，同级最快百公里加速 7.5s，动力强劲。

新一代 GS3・影速的设计使命是为年轻用户打造专属的超级伙伴，它要与用户一起并肩前行，解锁未来，成为他们人生旅途中的超级合伙人。想年轻人所想，懂年轻人所需，新一代 GS3・影速为年轻用户打造了买得起、开得爽、用得值的体验。影速正是当前年轻人第一台 SUV 的最佳选择，也是 10 万元级 SUV 的最优解。

a) 新一代GS3·影速　　b) 影豹R

图3　新一代 GS3・影速和影豹 R

5. 影豹 R：年轻人触手可及的性能车

影豹 R（见图 3）搭载国产 2.0T 发动机＋爱信 8AT 变速器，最大功率为 195kW，最大峰值扭矩为 400N・m，实现同级车型最快百公里加速 5.7s，首次搭载博世 ESP10、四活塞大陆高性能卡钳、米其林 PS5 高性能轮胎。影豹 R 全球首次搭载博世 ESP10，基于前馈控制算法，车辆动态速度响应更快，与赛道级的底盘调校配合堪称天作之合，进一步提高了赛道上的极限性能和控制性。在专属赛道调校 Race（赛道）模式下可关闭 ESP，带来无电子介入的纯机械控制感，驾驶者可畅享赛道竞技中的操控乐趣。

凡是过往，皆为序章。2023 年，广汽传祺通过一系列酷炫的科技成果加速进入新能源赛道。展望未来，广汽传祺将带着赤子之心，与广大用户和合作伙伴一道，向更美好的移动生活出发，以奋斗的姿态，奔赴梦想的远征！

（作者：温朴涵）

2023年吉利汽车产品调研报告

一、2023年乘用车市场表现

随着国内经济的逐步恢复和消费者信心的提升，2023年我国乘用车市场销量保持稳定增长，1—11月份，乘用车销量为2385.1万辆，同比增长8.9%（见图1）。虽然受到一些外部因素的影响，但整体市场表现依然稳健。

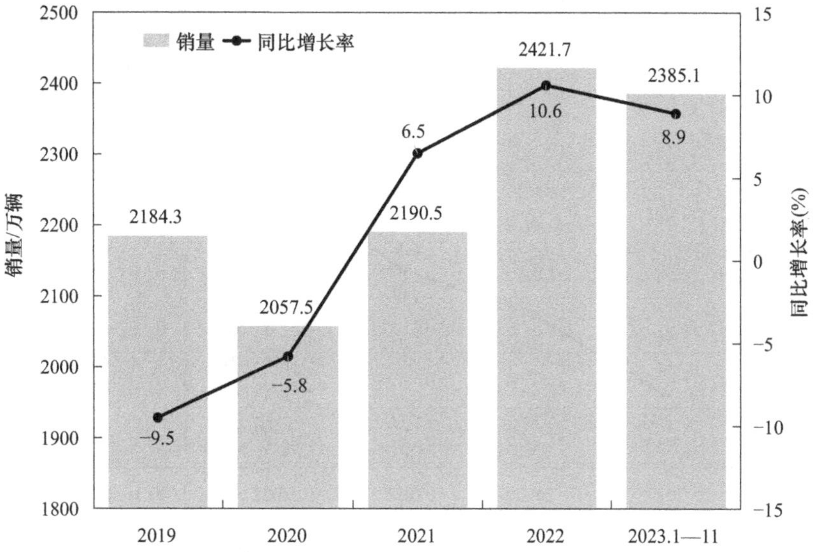

图1　2019—2023年我国乘用车市场销量及同比增长率

2023年乘用车市场主要有以下特征：

一是新能源汽车市场持续火爆。随着国家对新能源汽车产业的扶持力度不减，消费者对新能源汽车的接受度不断提高，新能源汽车市场持续火爆。2023年1—11月份，新能源汽车销量达728.8万辆，同比增长34.8%，继续保持高速增长。新能源汽车渗透率快速提升达32.8%，同比增长6.3%。

二是自主品牌市场份额提升。在乘用车市场中，自主品牌汽车企业表现突出，2023年1—11月份销量为1384.5万辆，同比增长22.3%，市场份额不断提升，达58.0%，同比增长6.3%。一些自主品牌汽车企业凭借其优质的产品和服务，赢得了消费者的信任和支持，逐渐在市场上树立了良好的口碑。

三是出口市场表现亮眼。随着我国汽车产业的不断发展壮大，我国乘用车在出口市场上的表现也越来越亮眼。一些自主品牌汽车企业积极开拓海外市场，不断提升自身品牌影响力和竞争力，为我国汽车产业的国际化发展做出了积极贡献。

二、2023年吉利汽车表现好于整体市场

2023年1—11月份，吉利汽车销量合计153.6万辆，同比增长19.3%（见图2），全年目标完成率93%，创造了吉利汽车历史最好销量。

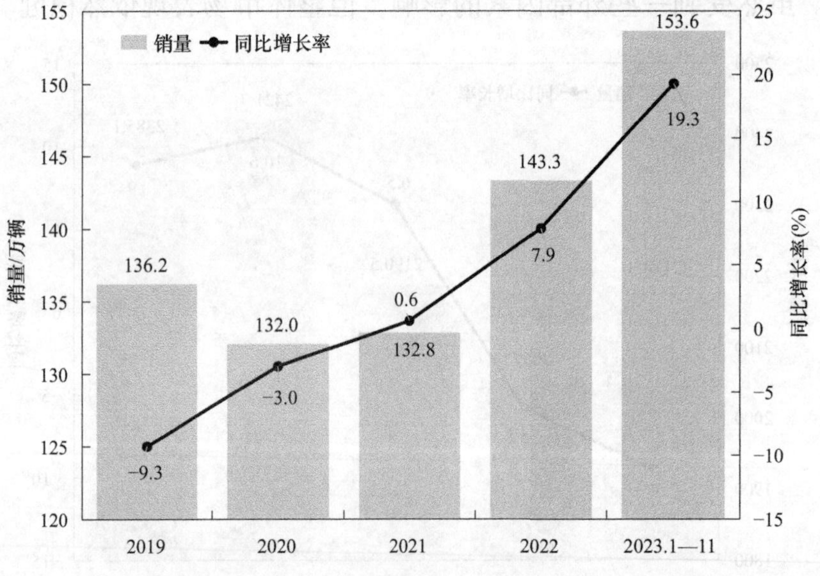

图2 2019—2023年吉利汽车历年销量及同比增长率

吉利2023年表现较好的原因如下：

一是吉利成熟产品表现稳健。在星越L、星瑞、博越（含博越L）、帝豪、缤越、领克06、领克03等燃油产品的带动下，吉利燃油产品销量稳定，2023年1—11月份吉利主要燃油产品销量及同比增长率如图3所示。

吉利全新产品表现不俗。2023年吉利推出了众多新品，主要有银河L7、银河L6、熊猫mini、领克08等产品，且均有不错表现，给吉利整体带来可观的净增长量，2023年1—11月份吉利新产品销量如图4所示。

吉利新能源产品持续走量。2023年初，吉利熊猫mini正式上市，在整个

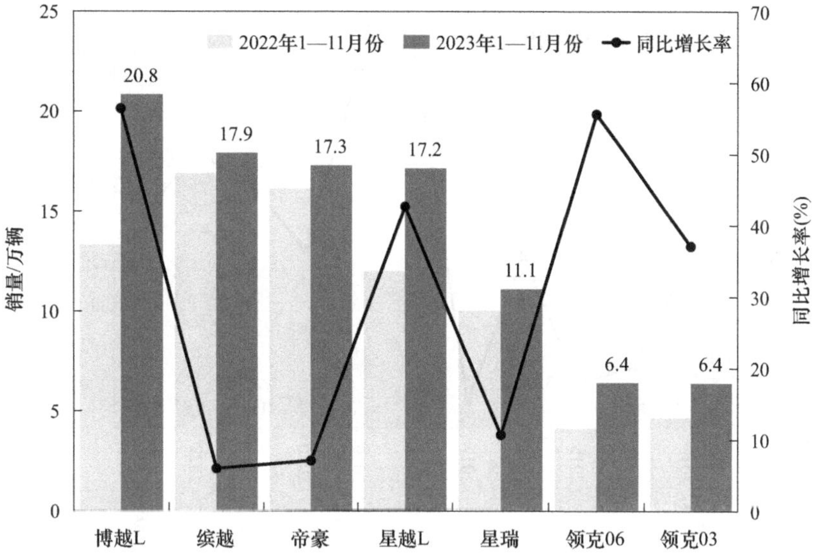

图 3　2022—2023 年 1—11 月份吉利主要燃油产品销量及同比增长率

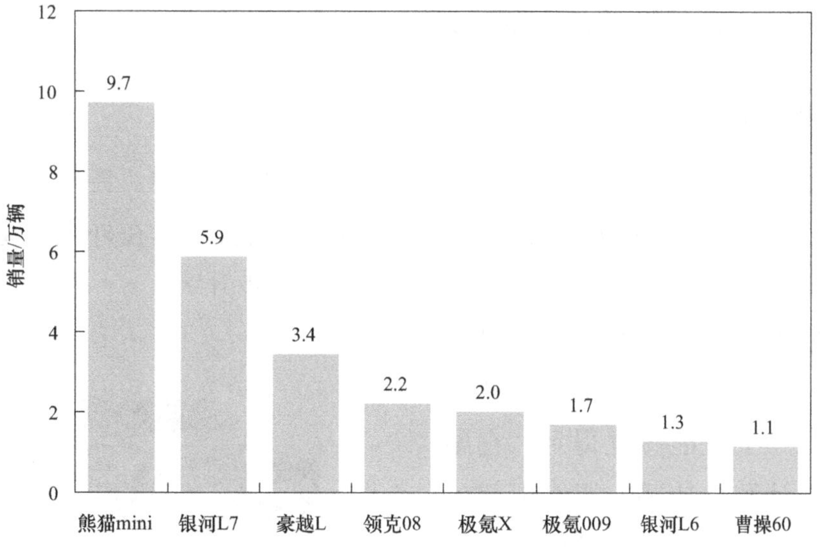

图 4　2023 年 1—11 月份吉利新产品销量

2023 年，为吉利贡献了近 10 万辆的销量。另外，极氪 001 在 2023 年表现可圈可点，其在 30 万元左右市场站稳脚跟，成为该价格区间纯电动车型消费者首选车型之一。

吉利出口继续高歌猛进。吉利出口市场表现优异，7 年时间增长了 20 余倍（见图 5）。2023 年，吉利在俄罗斯、东南亚、中东等国家和地区均有较好表现，为吉利整体销量增长提供了助力。

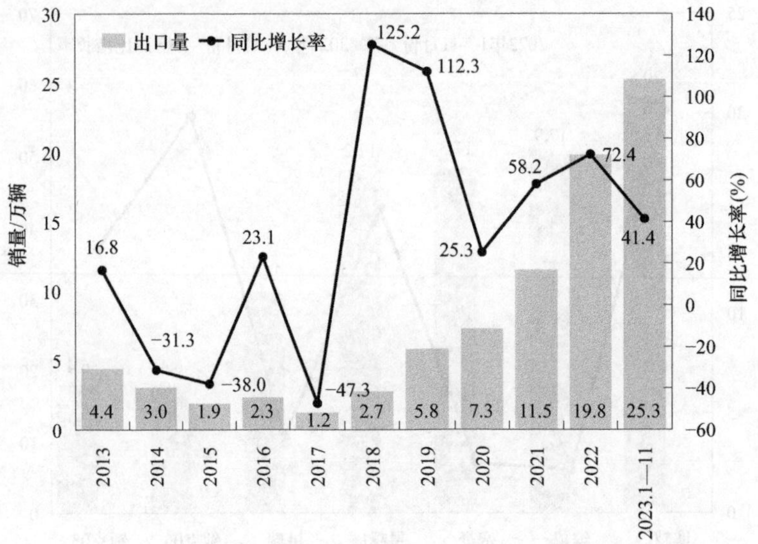

图 5　2013—2023 年吉利汽车出口销量情况

三、2023 年吉利产品全面向新

1. 吉利星瑞 L 智擎

吉利星瑞 L 智擎（见图 6）作为吉利全新的 HEV 车型，售价仅 12.67 万 ~ 14.67 万元，和现款的星瑞产品几乎做到了同价，而且新车在外观造型上，相比现款星瑞车型在很多细节上都有所调整，做了进一步升级。

图 6　吉利星瑞 L 智擎

新车采用“山海宇宙”全新设计语言，从车型命名“星云版、星河版、天宫版”上也能感觉得到，它融入了传统设计和科技感。相比现款星瑞，整个前脸的造型更加简洁，中网的轮廓更加圆润，尺寸也有所加大，车灯也经过了重新设计，同时还引入“晴山紫”专属颜色车漆。车身侧面的变化不大，流畅的线条从车头滑到车尾，全新的黑色轮圈很有运动感。新车长/宽/高为 4825mm/1880mm/1469mm，相比现款星瑞，在长度和宽度上略微增加，轴距保持不变。新车采用了全新的贯穿式尾灯设计，透明灯罩加上熏黑处理，再加上同样亮黑的下保险杠饰板，以及双边单出的排气口，运动氛围很强，不仅提升了车辆的整体美感，还彰显了其独特的个性和品位。

在内饰部分，星瑞L智擎全新设计了“宇宙星河智享座舱”，让人一坐进来就会感受到属于这个时代的科技感。它采用了怀档设计，中间是一块13.2in的中控屏，仪表盘采用的是10.2in的液晶屏，还配备了AR-HUD，而且分辨率很高，交互设计也很合理。新车在材料和配色上都做了不少的新尝试，黑、白双色的内饰配色很显贵气，中控区域和门板位置都能看到大量的白色木板装饰，车门的开启方式以及车内门把手也都有了明显区别于传统理念的设计。

车内配备了很多年轻人喜欢的流行功能。它搭载了燕飞利仕音响，还提供了头枕音响，配备50W大功率手机无线充电板等，都是时下年轻人喜欢且实用的配置。

在动力系统上，新车搭载1.5TD涡轮增压四缸混动专用发动机，最大功率为120kW，峰值转矩为255N·m，匹配三档DHT，可做到全速域并联输出动力，采用P1+P2双电动机混合动力系统，百公里加速时间为7.5s，百公里油耗为4.22L。它的动力响应很及时、很轻快，在低速区间几乎都是纯电动车的驾驶感受，系统会优先选择用纯电进行驱动，这样既保证了动力响应的及时性，又能有效控制燃油的消耗量。星瑞L的驱动电动机和发动机配合得非常不错，虽然超过一定速度后，不再使用纯电进行动力输出，但在电动机的辅助下，无论在什么速度区间，深踩加速踏板都能够获得用户想要的能量输出。其转向系统的调校在舒适性的基础上加入了运动性，方向盘的反馈力度适中，指向性也不错。

新车底盘部分采用的是前麦弗逊、后多连杆式独立悬架布局，整体风格有运动感，悬架的侧向支撑力度韧性十足，过弯时能让车身始终保持不错的姿态，而且车尾的跟随性也不错，在通过连续起伏路面时对车身姿态的调整也很及时，不会有多余的振动，在舒适性和运动性上的表现很均衡。星瑞L智擎将作为现款星瑞的姐妹款让消费者有更多的选择。

2. 吉利星越L智擎

吉利星越L智擎（见图7）的价格为17.17万~18.17万元，相比于星瑞L智擎的变化，星越L智擎在外观、内饰方面的变化相对较小，外观部分最大的变化是更新了前进气格栅的样式，由星越L的内凹式格栅升级到了外扩式造型，同时也精简了下面保险杠的设计，让车头更加简洁和饱满，也更加大气。其车身侧面和尾部与现款星越L基本一致，全新的密辐式轮圈很有豪华感，后保险杠的镀铬装饰替换为亮黑色装饰，同时新车配备了全新的“皓月白”专属车漆颜色。

图7 吉利星越L智擎

在内饰部分，依旧是由三块中控大屏幕构成了智能座舱，白+灰拼色风格很显豪华质感，而且车内做工用料都很不错，采用了大面积的软包和皮质材料，就连棚顶都是带绒的翻毛皮材质，不管视觉还是触觉都很有档次。另外，不管星瑞L智擎还是星越L智擎，它们的地板上除了自带的地毯之外，还都在其下方很贴心地配备了原厂的塑料材质地垫包裹，消费者买完之后也不用再额外花钱购置新的地垫了。

新车动力系统与星瑞L智擎相同，搭载1.5TD涡轮增压四缸混动专用发动机，最大功率为120kW，峰值转矩为255N·m，匹配三档智混变频技术，可以做到全速域并联输出动力，采用P1+P2双电动机混合动力系统，百公里加速时间为7.9s，百公里油耗为4.79L，兼顾了燃油经济性和动力性能。

虽说这两款车搭载的是同一套动力系统，但在实际体验中，用户能感觉得到，星越L智擎的驾驶感受是更加稳重，这也跟它的车型定位以及车身重量有一定关系。不过保持不变的是灵敏轻快的加速感受。它的转向手感更加沉稳，不管是低速行驶还是高速行驶，它都会给用户不错的力度反馈，不会过于灵敏也不会反应迟钝，始终给驾驶者很强的“安全感”，指向性不错，可控性很强。

在底盘方面，它采用前麦弗逊、后多连杆式独立悬架布局，质感与纯燃油版车型几乎一致，整体风格更偏向于舒适性，行驶中的稀碎振动几乎都能被底盘吸收过滤，在大的起伏路面上，减振器也能有效抑制车身多余的弹跳，始终让车辆维持在一个相对舒适的状态。

3. 吉利银河L6

银河L6（见图8）作为银河系列的第二款车，其定位为紧凑型轿车，共有五种车型。银河 L6 主攻 10 万~15 万元级家用轿车市场，相比同级别车型，其在动力技术以及智能化方面占据一定优势。

图 8　银河 L6

银河 L6 搭载了新一代雷神 8848 动力系统，其发动机热效率高达 44.26%，是目前全球量产发动机中热效率最高的。其搭载的神盾电池安全系统融合了架构、整车、质量控制和云端安全四大范畴，能够通过“架构十宫格专利”“整车笼式防护”“快充安全无忧”等八重护盾，保障电池包及电池模块安全。

银河 L6 基于 e-CMA 智能电混架构打造而来，动力部分均搭载雷神 1.5T 混动系统，并匹配三档 DHT Pro 变速器，搭配 P1+P2 双电动机，可根据车辆行驶状况自动切换成能耗和性能最均衡的模式，在保持良好经济性的同时，提供优良的动力性能。

银河 L6 搭载了全新自研的银河 N OS 车载智能系统，内置高通骁龙 8155 芯片。语音交互系统支持全场景“可见即可说”、四音区识别以及深度连续对话等先进功能，提供稳定可靠的智能体验。银河 L6 在中控屏幕尺寸上略占优势，并且配备了同级别车型罕见的驾驶位座椅通风和记忆功能、负离子发生器、车内香氛装置以及雨量感应式刮水器，在乘坐舒适性和日常使用便利性方面稍占优势。售后服务政策方面，吉利银河针对银河 L6 提供了首任车主（非营运）可享整车 6 年或 15 万 km 质保、三电（电池、电动机、电控系统）终身质保等权益。

虽然从品牌正式发布至 2023 年底仅有短短半年多的时间，但吉利银河凭借出色的市场表现证明了自身的实力，首款车型银河 L7 已经成功跻身“万辆俱乐部”，第二款车型银河 L6 同样具备不俗的产品力，并且价格足够有诚意。相信在电动化技术和智能座舱领域全面领先的银河 L6，也将延续银河 L7 的优异市场表现，助力吉利银河品牌销量再上一个台阶。

4. 吉利银河 L7

全新混合动力车型吉利银河 L7（见图 9）以其独特的“电感造型、劲省电混、智爱座舱、宠爱副驾、神盾电池”等五大优势，已成为市场上的一匹销量黑马。

图 9　吉利银河 L7

首先，吉利银河 L7 的“电感造型”设计独树一帜，封闭式前脸和全球首次量产纳米级炫彩白车漆，使其动感双色车身更具吸引力。其次，吉利银河 L7 的“劲省电混”技术也是其一大亮点。6.9s 的百公里加速性能，以及 WLTC 工况下 5.23L/100km 的亏电油耗，都让其在同级别车型中独领风骚。而 CLTC 工况综合续驶里程 1370km 的续驶能力，更是让消费者在驾驶过程中无须担心电量问题。

在智能科技方面，吉利银河 L7 同样表现出色。其“智爱座舱”采用全屏联动设计，搭载高通骁龙 8155 芯片，移动智能终端支持全域 FOTA（移动终端的空中下载软件升级），让驾驶变得更加便捷和智能。同时，其全场景“可见即可说”的设计，也让驾驶者与车辆的交互更加自然、流畅。

在空间设计上，吉利银河 L7 同样不遗余力。其 630mm 的同级车型最大腿部空间，以及同级车型唯一的 16.2in 巨幕副驾屏，都让乘客在驾驶过程中享受到了极致的舒适感。同时，其四大“宠爱舒享”配置，更是让乘客在驾驶过程中享受到了尊贵的体验。

在安全方面，吉利银河 L7 采用了神盾电池安全系统，为消费者提供全方位的安全保障。

除此之外，吉利银河 L7 还拥有三大超级功能：弹射起步、Kickdown（换低档）和 P1 超频助力。其中，弹射起步功能可实现左脚制动踏板踩到底，右脚加速踏板踩到底，在发动机转速达到 1700r/min 时，猛松制动踏板实现弹射起步；

Kickdown 功能则可在高速超车时，猛踩加速踏板激活，实现变速器 3 档降 2 档，迸发强劲转矩；P1 超频助力功能则在大加速踏板情况下，P1 电动机可自动短暂作为动力源输出转矩。

最后，吉利银河 L7 还配备了厘米级高精地图。相比于普通地图提供的道路级导航，厘米级高精度地图能够为新车型提供车道级导航、车道线等更多维度的信息。这一功能的加入，无疑进一步提升了吉利银河 L7 的驾驶体验。

总的来说，吉利银河 L7 凭借其独特的“电感造型、劲省电混、智爱座舱、宠爱副驾和神盾电池”等五大优势，以及配备的厘米级高精地图，使其成为新能源汽车市场的一匹黑马。相信在未来的市场竞争中，吉利银河 L7 将会继续引领行业发展的新潮流。

5. 吉利银河 E8

2023 年 12 月 16 日，吉利银河 E8（见图 10）正式开启预售，新车共推出 5 款车型，预售价为 18. 8 万元起。银河 E8 将会在 2024 年 1 月 5 日正式上市交付。银河 E8 基于浩瀚 SEA（可持续体验架构）打造，定位纯电动中大型轿车，拥有后驱以及四驱版本车型，并支持 800V 快速充电技术，其官方百公里加速时间为 3. 49s，最大续驶里程为 665km。

图 10　吉利银河 E8

银河 E8 外观采用了全新的设计风格，官方称之为光之涟漪 · 律动格栅，配备全球首个量产的一体式发光前脸，拥有 158 个窗口组成的发光矩阵，可呈现迎宾欢送、左右流水、跳跃流水、音乐秀等丰富的发光效果。车身颜色方面，新车将提供海棠粉、烟霞灰、秋杏黄、知秋红、初雪银和柳霜白共六种配色。

车身尺寸方面，其长/宽/高为 5010mm/1920mm/1465mm，轴距为 2925mm。侧面来看，银河 E8 接近于一款轿跑车型，车顶线条十分流畅。同时，得益于流线型车身、外置式 AGS（主动进气格栅）、低风阻封闭气动轮圈等低风阻设计，吉利银河 E8 风阻系数仅 0.199Cd。

尾部方面，其尾灯设计灵感来自于旭日上升轨迹，灯腔内搭载了 390 颗 LED 灯珠，同样支持不同灯语形式。同时，尾部夸张的扩散器设计提升了运动气息。此外，银河 E8 的行李舱空间可达 420L，还配备有 53L 容积的前行李舱空间。

内饰方面，新车将提供初雾白、湖境灰两种配色选择。当然，银河 E8 最为抢眼的是配备了 45in 的 8K 屏幕，拥有全场景人工智能语音交互，在停车档状态下支持手机或者手柄直连来打游戏。此外，吉利银河 E8 还将搭载高通骁龙 8295 芯片与银河 N OS 无界版车机系统。另外值得一提的是，新车还将搭载激光雷达，它也是吉利汽车旗下首款配备激光雷达的车型。

动力方面，银河 E8 后驱版车型采用 400V 架构，电动机最大功率为 200kW，最大转矩为 343N·m；双电动机四驱版本车型采用 800V 架构，并配备高效 SiC 电驱系统，前电动机最大功率为 165kW，后电动机最大功率为 310kW，最大转矩为 710N·m。电池方面，新车将会搭载 62kW·h、75.6kW·h 及 76kW·h 电池组，对应续驶里程分别为 550km、665km 和 620km。其他参数方面，官方公布其百公里加速时间为 3.49s，麋鹿测试成绩为 82km/h，转弯半径为 5.62m。

银河 E8 作为银河系列的首款纯电动车型也是吉利汽车的首款中大型纯电动轿车，将进一步丰满吉利银河的产品矩阵，助力吉利汽车 2024 年销量再创新高。

6. 领克 03 + +

就我国燃油车市场而言，领克 03 + +（见图 11）可称得上是我国自主品牌的第一款高性能车，它分为 03 + Racing（四驱版）和 03 + TCR（前驱版）两个版本。其中四驱版比较侧重日常的公路驾驶，兼顾赛道性能，而前驱版则有着极致的赛道性能表现，兼顾日常驾驶。虽然版型不同，但均搭载 Drive - E 2.0TD T6 EVO 机械 + 涡轮双增压发动机，全新开发的 8AT 竞速变速器，最大功率达到 350 马力，峰值转矩达到 450N·m。其中，03 + Racing（四驱版）百公里最短加速时间为 4.89s，而 03 + TCR 版可以在宁波国际赛道全速冲刺五圈，动力无衰减。

03 + Racing（四驱版）的十段可调 Bilstein 减振器、Akebono 制动套件（前四活塞固定运动卡钳 + 划线制动盘）、Alcantara 内饰套件（方向盘、座椅、变速

图 11　领克 03 + +

杆)、米其林 PS4S 高性能轮胎、竞技式宽体车身、三段可调碳纤维尾翼、轻量化碳纤维组件、双边双出排气、19in 熏黑锻造轮毂，带来纯粹高性能车该有的姿态。

03 + TCR（前驱版）贯彻赛道功能主义设计思路。Alcantara 内饰套件（方向盘、变速杆)、斜边四出排气、19in Cyan Racing 定制熏黑锻造轮毂、E - LSD 竞速式限滑差速器、米其林 CUP2 高性能轮胎、前舱铝合金横向稳定加强杆，使其更加轻巧灵动。轻量化就是最有效的进化，前驱版 03 + TCR 在 03 + Cyan 定制版基础上质量减小约 150kg，整车最大行驶净下压力可达 184kgf（1kgf = 9. 8N)。

7. 领克 06 EMP

领克 06 EMP（见图 12）以独树一帜的 EMP（插电式混合动力）平台和高效卓越的三电技术，成为新能源汽车市场的一股强劲势力。

图 12　领克 06 EMP

领克 06 EMP 车身长/宽/高为 4350mm/1820mm/1625mm，轴距为 2640mm，定位小型 SUV。在这款车型的背后，蕴藏着前沿的电池科技。续驶里程高，使得驾驶者可以无忧无虑畅游四方；充电速度快，让电动出行生活更加便捷，远离等待的烦恼。

领克 06 EMP 以领克最新“都市对立美学”的设计语言，呈现出未来科技与都市时尚的完美融合。分体式车灯组闪耀着智慧的光芒，上方 Y 字形的 LED 日间行车灯造型犀利，下方 LED 远近光源深邃而神秘。熏黑进气格栅增强了运动气息，内部横幅式结构如同肌肉线条，展现出强烈的层次感。

在车身侧面上，线条流畅，多条腰线犹如肌肉纹理，赋予了整车强烈的力量感。同时，这款车型还配有全景天窗，让用户与天空更亲近，智能感应行李舱盖让用户告别烦琐的手动操作。同时，巧妙地对 B 柱、C 柱等处进行熏黑处理，营造出悬浮式车顶的视觉效果。

在尾部设计上，领克 06 EMP 同样展现了精湛的技艺。车顶配备小尺寸扰流板和高位制动灯，熏黑的尾灯组采用贯穿式设计，内部集成点阵式 LED 光源，点亮后辨识度极高，下包围部分同样采用了三段式造型，与前脸造型相呼应，两侧的装饰性导流槽凸显运动气息。底部配备立体感十足的黑色饰板，使得车尾更加富有层次感。

内饰方面采用全新设计语言，三幅式多功能方向盘将实用与美观完美融合。10.25in 全液晶仪表盘、15.4in 悬浮式中控屏以及电子怀档，让人置身于科技的海洋。扶手区域设有两个较大的储物格，手机无线充电面板则为现代都市生活增添了一份便捷。中控屏下沿集成了一系列功能触摸按键，操作简便。此外，新车在内饰方面大量使用了环保材质，展现出简约淡雅的审美品位。

动力方面，新车搭载了一套由 1.5L 自吸发动机和电动机组成的插电式混合动力系统，发动机最大功率为 88kW，电动机部分由 P1 和 P3 双电动机组成，P3 驱动电动机最大功率为 160kW，系统综合功率最大为 220kW，峰值转矩为 568N · m，CLTC 工况纯电动续驶里程为 126km，综合续驶里程可达 1200km，匹配 3DHT Evo 变速器。

8. 领克 08

作为一款全新的中型插电式混合动力 SUV，领克 08（见图 13）是基于全新一代 CMA Evo 架构打造的首款车型。无论是配置、智能化，还是动力系统，它都有许许多多的亮点。

领克 08 在车身侧面采用了 Flush Door（平开门）工艺，车身顶部到尾部呈现出一个平滑的过渡，而翼子板上的饰板可以延伸至后视镜，使整体设计显得更加统一流畅。此外，流行的隐藏式门把手设计使得整体车门呈现一体式无框

图 13　领克 08

的造型，同时配备了无边框式外后视镜，支持加热、调节和自动折叠等功能。

领克 08 的尾灯设计着实为其增色不少。贯穿式的灯组内融入了富有科技感的细节，光源呈线段式排列，类似钢琴按键的设计，点亮后独特的辨识度立刻显现。排气系统采用了巧妙的隐藏式设计，车尾底部还巧妙地设计了扩散器，使整体造型更显动感。

领克 08 的尺寸符合主流中型 SUV 标准，长/宽/高为 4820mm/1915mm/1685mm，轴距为 2848mm，搭载 21in 的铝合金轮毂，彰显出动感时尚的设计。

内饰方面，领克 08 采用了全新的设计理念，中控台上几乎没有物理按键，展现了极简的现代美感。此外，它还配备了主流的 12.3in 全液晶仪表盘，以及先进的 92in AR - HUD。领克 08 还配备了一块 15.4in 的悬浮式中控屏幕，其超窄边框设计让屏幕看起来格外震撼。在其内部，搭载了 Flyme Auto 魅族车机系统，为驾驶者提供了丰富多彩的智能功能和娱乐体验。

领克 08 搭载了两颗我国首款自主研发的车规级 7nm 量产芯片“龙鹰一号”，它们集成在安托拉 1000Pro 计算平台上，NPU（嵌入式神经网络处理器）算力高达 16TOPS。这一技术配置使得领克 08 能够提供 L2 级辅助驾驶功能，包括 APA（自动泊车辅助）和 RPA（摇控泊车辅助）等功能。

领克 08 在智能驾驶方面采用了国产黑芝麻 A1000 芯片，摒弃了主流汽车使用的英伟达 Orin X 芯片。同时，它配备了 1 个前视摄像头、4 个环视摄像头、3 个毫米波雷达以及 8 个超声波雷达，实现了包括 ACC、LDW（车道偏离警示系统）、LKA（车道保持系统）等 L2 + 级智能驾驶功能。

领克 08 的动力系统采用了 EM - P 超级增程电动方案，它结合了 1.5T 四缸发动机和三台驱动电动机，形成了一套高效的插电式混合动力系统。前驱版本的系统综合功率为 280kW，系统综合转矩达到了 615N · m。配备 21.2kW · h 和 39.8kW · h 两款三元锂电池，分别提供了 120km 和 245km 的 CLTC 工况纯电动续驶里程。四驱版的系统综合功率高达436kW，系统综合转矩达到了905N·m，百公里加速仅需4.6s。配备一块39.6kW·h的三元锂电池，使得最高综合续驶里程达到了1400km，CLTC工况纯电动续驶里程也能达到245km。此外，30%～80%电量的充电时间仅为28min，还支持3.3kW的外放电功能，极大地提升了充电的便利性。

9. 极氪001 FR

2023年10月27日，吉利极氪正式发布了纯电动猎装超跑——极氪001 FR（见图14），起售价为76.9万元。极氪001 FR集合了千万元级超跑的动力性能、“公路坦氪”的极致安全、行政级轿车的奢华舒适度、越野SUV的脱困能力、顶级智能座舱和智能驾驶体验，以及永不失联的车载卫星电话等独特亮点，彻底颠覆了传统超跑的极限，为用户带来了真正符合智能电动时代标准的超跑体验。

图14 极氪001 FR

极氪001 FR以五项全球首发量产的核心技术引人注目：全球首发量产的四电动机分布式电驱系统、全球首个ZVC（四轮转矩矢量控制）技术、全球首创的“蜻蜓结构”中段一体式压铸技术、全球首个量产并率先交付的高通骁龙8295智能座舱计算平台，以及全球首次量产搭载的卫星通信技术。这些技术使得极氪001 FR成为智能电动时代中最具实力的纯电动超跑。

仅仅一个多月的时间，极氪001 FR再次突破极限。它的百公里加速时间从2.07s减少至2.02s，而0～200km/h的加速仅需6.29s，超越千万元级超跑0.5s以上。经过工程团队的持续调校，极氪001 FR新增了专属的“弹射模式”，使其起步时间比正常加速快了0.02s。有了这个模式，极氪001 FR在直线竞速中始终能领先一步。

极氪001 FR的智能驱动进化不止于瞬间爆发，更在于动力输出的全程高能。极氪为001 FR开发的“超频模式”，将赛车游戏中的“氮气加速”功能变为现实，让最大动力瞬间爆发。超频模式比标准模式功率增加10%，可以在加速的任何时刻启动，让极氪001 FR无论出弯加速还是直道超车，全程加速都能保持强大的爆发力。在“莱科宁模式”下开启超频模式后，极氪001 FR的最大功率也从亮相时的1265马力提升至惊人的1300马力。

极氪001 FR极致的性能背后，是极氪高效硬核的三电核心技术。极氪001 FR搭载了全球首个量产交付的800VSiC高压系统，每一个电动机都单独配备一个SiC电控模块，稳定高效，控制精准。四电动机综合输出功率最高可达956kW，匹配性能领先的100kW·h麒麟电池，最大充电倍率达4C，仅需15min就能让电量从10%充至80%。极氪001 FR的电池放电功率达兆瓦级，同时采用“直瀑式油冷技术”为电动机散热，强大的热管理系统让极氪001 FR峰值功率连续输出12次动力无衰减；连续八次不间断从0km/h加速至100km/h，再制动至0km/h，整车测试时电芯内部温度仅升高3.6℃。

持续保持稳定的不只是极氪001 FR智能电驱的温度，还有强度。极氪采用了长达249m的高强度碳纤维材料来包覆电动机转子，15层覆盖，套筒厚度只有1.1mm，质量只有88g，最高转速下能承受超过16×10^3kgf的拉力。这也是极氪001 FR的后双电动机最高转速超过20000r/min，其高速性能仍能持续爆发至最高时速的原因。

安全是极氪的核心，极氪式安全是极氪001 FR极致性能的底气。极氪001 FR在“公路坦氪”的技术基础上特别升级，除了720°全方位安全盔甲外，极氪001 FR车身中部采用全球首创的“蜻蜓结构”中段一体式压铸，整个铝后车身也使用了全球独创的“四段式”后端一体式压铸工艺制造，最大限度降低碰撞时对电池包的冲击。在电池内部，极氪001 FR采用全球首创的电芯双大面液冷技术，换热面积较传统底部液冷电池包扩大四倍，实现冷却、隔热和结构加强三大功能集成，层层加码，高效杜绝起火隐患。

“不怕撞，不起火”只是极氪式安全的基础，优异的操控才是极氪001 FR极致安全的核心。依托ZVC技术，极氪001 FR不仅可以实现不挑路面的掉头，还可以实现赛道高速过弯。在赛道测试中，布加迪在干燥地面过S弯的速度是80km/h；同样的弯道在洒水状态下，极氪001 FR能以80km/h的速度高速过S弯，车身稳定，操控精准。基于此，极氪也带来了倍受期待的“漂移模式”，让驾驶爱好者都能享受令人兴奋的高速漂移过弯体验。

极限动态下的优异表现，得益于顶级软、硬件的完美协同。极氪001 FR拥有全球最大的碳纤维车顶，长1.46m，宽1.16m，质量仅6.5kg，比传统玻璃车顶减少65%，强度却提升了67%。此外，极氪001 FR的前唇、侧裙、尾翼和扩散器，全部采用碳纤维空气动力学套件，整体质量减少超过17kg，车辆高速行驶时可增加178kgf的下压力；配合赛道级前窄后宽高性能轮胎带来的强劲抓地力，速度再快，也能时刻保持最佳的“贴地飞行”姿态。全球顶级避振品牌KW为极氪001 FR定制原厂减振器，让车辆能完美匹配不同赛道特性和不同驾驭风格，带来更臻于纯粹的动态质感。原厂标配AP Racing十活塞锻造铝制动卡钳、赛车专属超大尺寸Brembo碳陶打孔制动盘，让极氪001 FR冲进“2s俱乐部”的同时，100~0km/h制动距离仅为33.4m，即便长时间激烈驾驶，也能保持最好的制动状态。

极氪进化始终离不开用户共创，极氪001 FR的进化受益于F1世界冠军基米·莱科宁的助力。作为首位欧洲车主，也是极氪001 FR的首席性能顾问，基米·莱科宁参与到极氪001 FR的开发调校过程中，不断挖掘这辆性能猛兽的巨大潜力。在极氪001 FR发布会现场，极氪智能科技CEO安聪慧与基米·莱科宁联袂首次发布世界上第一个用智能算法写进车里的世界冠军模式——莱科宁模式，将F1冠军的经验和能力复制给所有极氪001 FR车主。

将F1世界冠军丰富的赛道经验和娴熟的技巧完美融入智能驱动系统中，莱科宁模式为极氪001 FR带来的不仅是1300马力的最大功率提升，还对极氪001 FR的九项参数做了专属定制调校，让用户真正有机会拥有和“F1冠军同款”的驾驶体验。全新模式将在冬季测试结束后，于2024年一季度通过OTA的方式正式上线。未来，极氪智能驱动系统进化的成果，还将赋能所有极氪001车型，实现性能进阶。

作为一家硬核技术驱动的公司，极氪对每一款产品都有着极致追求。极氪001 FR不只有极致的安全和性能，还彻底颠覆了行业对超跑和高性能车的认知，极氪001 FR全球首次发布并率先交付高通骁龙8295智能座舱计算平台，较高通骁龙8155计算平台算力提升2.2倍，图形和视频处理能力提升2.7倍。以8295计算平台为基础，极氪为001 FR打造出纯电动超跑专属的智能空间。

极氪001 FR智能随动座椅解决了传统桶形赛车座椅牺牲舒适换性能的问题，日常驾驶可提供十个点位、六种方式的按摩功能，舒适感拉满；激烈驾驶时，座椅又会根据车辆动态，在0.1s内动态响应，增加腰部和腿部的侧向支撑，让驾驶者以最舒服的坐姿实现人车合一。此外，极氪001 FR还标配全新的2.5K柔性OLED（有机发光二极管）中控屏、35.5in超大成像HUD（抬头显示）、竞技风格仪表和氛围灯；还有顶级的雅马哈音响，2400W的额定功率配合全车28个扬声器，让每个座位都是7.1.4声道环绕立体声。

除了硬件，还有软件的全面升级。极氪智能驱动系统的全数字化能力，打通了极氪001 FR的所有性能参数。极氪001 FR匹配了历史上第一个车机内置专业赛道APP，可让四大类性能参数全部开放，每一项都超过10档可调，自定义驾驶风格超过13000种。另外，这个赛道APP还拥有完善的视频记录功能，可以完美还原驾驶者赛道驾驶表现，轻松分享给其他车友，是真正的赛道交友神器。

在用户关注的智驾方面，极氪001 FR还是一辆可搭载激光雷达的智能纯电动超跑，具备涵盖城市和高速全场景的智能驾驶能力。遇到极端天气，极氪001 FR强大的感知能力依然可以很好地识别路况，既安全又省心。即便开到无人区，极氪001 FR全球量产首发的车载卫星通信技术，也能为用户保驾护航，让安全永不失联。

在用户至上的时代，极氪为车主们提供了广阔的选择空间。极氪001 FR的所有车主都能够免费选择两种车顶：一种是追求极致纯粹，选择全球最大的碳纤维车顶；另一种是追求智能升级，选择激光雷达+智能光感天幕车顶。不论选择哪种车顶，极氪001 FR都将配备ZAD（完全智能驾驶辅助系统），为用户带来前所未有的超跑智能体验。

极氪001 FR融合了猎装的时尚外观、超跑的性能、轿车的舒适度、SUV的空间和脱困能力，以及顶尖的智能体验，它将成为一辆覆盖全路况、全场景的全能纯电动猎装超跑。无论是驰骋赛道，还是穿梭于城市街道，甚至是在寻找诗和远方的旅程中，极氪001 FR都能轻松应对。

10. 极氪007

2023年12月27日，吉利极氪正式发布首款纯电动豪华轿车极氪007（见图15），官方零售价为20.99万元起。极氪007从开启预售到正式上市，40天时间累计订单51569单。其出色的市场表现，充分印证了极氪作为行业颠覆者和细分市场标杆，持续领跑智能纯电动时代。

作为极氪首款纯电动豪华轿车，极氪007将目标指向全球最主流的轿车市

图 15 极氪 007

场。全系标配 800V 高压系统，加上极氪自研最新科技，极氪 007 站在用户视角，带着对性能、安全、设计和智能的全新“灵魂拷问”，为纯电动轿车带来新标准、新体验、新答案，实现用户期待。

极氪 007 全系标配 800V 高压系统，每一个元器件都能适配超过 800V 的最高电压，行业顶级的 800V 动力电池以及同级车型最强的 475kW 高性能碳化硅电驱系统，让极氪 007 从架构到三电全面领先行业。

极氪 007 四驱性能版，百公里加速仅需 2. 84s。四驱性能版拥有专属配色，基于用户共创命名为“功夫黄”。为满足性能控对“极氪式操控”的向往，极氪基于 001 FR 的赛道特性，从三电到底盘对极氪 007 四驱性能版进行了专属性能开发与调校，让减振器和弹簧的刚度更高，前后稳定杆更粗，使极限动态表现更精准、更稳定。极氪 007 四驱性能版专属的“锻纹”高性能碳纤维套件，完美兼顾了高度轻量化和豪华运动格调；配置的主动扩散器，速度超 70km/h 时将自动开启，配合前窄后宽的 20in 高性能轮胎，时刻保持贴地行驶；标配四活塞卡钳、Brembo 制动盘，以及与 001 FR 同款智能随动座椅和竞速模式，让极氪 007 四驱性能版拥有超跑级驾驶控制质感。

出众的极氪式操控，不只是四驱性能版的专属，极氪 007 全系标配与极氪 001 FR 相同架构打造的 310kW 碳化硅后电驱。极氪 007 后驱版本也以最快 5. 4s 的百公里加速时间成功进入“5s 俱乐部”。不只加速快，极氪 007 全系标配前双叉臂、后五连杆悬架，并在底盘四大关键位置采用液压衬套，运动、舒适都能兼顾。四驱车型还标配 CCD（电磁减振系统），可基于不同驾驶模式动态调节减振硬度，满足各种复杂路况需求，让用户获得更极致的驾驶控制体验。

极氪 007 为用户提供了两款动力电池，分别是极氪自研的“金砖电池”和宁德时代的“麒麟电池”。基于架构和三电系统全栈自研的优势，极氪 007 的电驱系统综合效率高达 92.5%。配合高效的热管理系统，在 800V 架构下，搭载自研金砖电池的极氪 007 车型，续驶里程最高可达 688km；搭载麒麟电池的极氪 007 车型最高续驶里程为 870km。

此外，极氪 007 还全系支持 V2V 直流供电功能，最大输出功率为 60kW。它既可以充当户外露营时的移动充电站，又可以实现跨品牌车对车充电，解决他人亏电时的燃眉之急。

凭借“三个 800”（800V 的架构、超 800km 续驶里程、目前布局最广的 800V 超快充电网络），极氪 007 成为全球充电速度最快的纯电动轿车。充电 15min，搭载金砖电池的极氪 007 车型，续驶里程增加超 500km；搭载麒麟电池的极氪 007 车型，续驶里程增加 610km。

从品牌创立开始，极氪就将深厚的安全底蕴写进品牌基因。交付超 19 万辆零自燃，极氪式安全经历过无数真实案例验证。得益于近 30 年造车底蕴和集团资源全面赋能，来自浩瀚原生纯电动架构的安全天赋，极氪式安全在极氪 007 身上，既有传承，又有进阶。在车身工艺方面，极氪 007 采用一体式压铸后端铝车身；在材料创新上，极氪 007 应用全新的“纤晶”铝合金材料，成形后的压铸件一致性更好，韧性更强，屈服强度提升 10% 以上。同时，极氪 007 的后碰变形量也减少了 16%。

在最考验车身结构安全的正面中心柱碰撞方面，极氪 007 以 50km/h 的速度，开创了最高的测试标准，电池包不变形、不起火、不爆炸。从整车到电池包，再到电芯，极氪均以远超行业的安全标准持续刷新着纯电动车安全上限，让极氪式安全与极氪式操控一样，成为用户心中最鲜明的品牌标签。

极氪 007 由全球顶级设计大师史蒂芬·西拉夫原创设计，全新的设计语言，无论比例、造型还是细节都极致纯粹，引领纯电动时代豪华轿车的审美。

极氪 007 拥有 90in 一体式智慧灯幕，由 1711 颗 LED 灯珠构成，亮度达到 1 万 nit，全行业最高。这块智慧灯幕由 75 颗车规级高功率芯片独立控制，让极氪 007 成为“一车千面”的智能电动汽车。极氪 007 为用户贴心预设了 27 种灯语效果和 11 种智能表情，搭配不同场景自由变换。通过“神笔画布”功能，用户可以个性定制，将创意“画”到灯幕上向外展示，让沟通从车内走向车外。未来，用户可以深度参与共创，极氪会征集用户的优秀创意，通过 OTA 的方式陆续推送给所有极氪007用户。

极氪007全系标配8295智能座舱芯片，拥有30TOPS的超强算力。车机响应速度更快，后台最多可同时常驻64个APP，即开即用，人机交互更流畅。极氪007还拥有三屏SR实时渲染，中控屏、仪表屏和AR HUD都能同时显示SR实时渲染界面，不管哪块屏都能随时了解车辆行驶环境，紧急情况时高效提醒。极氪007上搭载的AR HUD，成像面积达到35.5in，亮度达12000nit，不怕强光，能清晰显示导航、智能驾驶辅助等丰富信息。

基于座舱操作系统的底层架构全面升级，极氪007带来了迄今为止开放度最高的场景自定义功能——场景工坊。场景工坊让极氪007全车140项功能都可以开放，并进一步解构成400多个可编辑的原子符，用户通过设定时间、地点、车辆状态等触发条件，让系统可以同时完成多个指令的连续任务，为搭建个性化场景创造了一条“捷径”。

极氪007全球首发“浩瀚智驾”智能驾驶系统，从实际场景出发，覆盖智能泊车、高速与城市智能驾驶的全部场景，解决最难、最实际、用户最需要解决的痛点。以全系标配的NVIDIA DRIVE Orin智能驾驶芯片为基础，算力高达508TOPS，极氪007提供“激光雷达+视觉融合”以及“纯视觉”两套硬件方案，感知硬件数量最高可达31个。

针对用户实际使用中最难也最高频的泊车场景，极氪007专门开发了指尖泊车功能，让用户轻松应对生活中最复杂也最常见的非标准停车位，遥控入位，轻松便捷。极氪007还可实现最难的超窄机械立体停车位自动泊入，智能泊车表现出众，该功能已经在测试中，将于2024年3月开启公开测试。

在用户最高频使用的行车场景，“浩瀚智驾”也表现出远超同级车型的智慧体验。极氪007搭载的高速NZP（高速自主领航辅助）功能交付即上线，全国都能用，支持全国超20种匝道类型，且匝道通过率达到行业最高的98.9%，变道成功率接近98%，让通行效率更高、更安全。

极氪007的LCC+（增强版车道居中辅助）功能焕新升级，针对复杂十字路口和大曲率弯道这两个人工接管频率最高的场景，进行了特别强化。实际测试显示，LCC+可以通过双向八车道的大型十字路口，还能根据人流、车流智能控制车速，全程不用接管。未来，通过OTA，它还能实现红绿灯智能识别、主动提醒、智能启停。LCC+还帮助极氪007顺利通过了更大曲率的弯道，城市中所有立交盘桥匝道，它基本都可以无接管通过。

“浩瀚智驾”的城市 NZP 也将于 2024 年 6 月开启公开测试，通勤模式将是首批开放公测的功能，会根据用户覆盖率陆续开通。城市 NZP 通勤模式可以实现电动车逆行避让、行人避让、错位路口、无保护左转等复杂场景的顺利通行，无须接管。

四、2024 年乘用车市场平稳向上

2024 年作为疫情结束后的第二年，我国整体经济也将继续稳步向上。乘用车市场也将随着经济的好转继续上行，但是 2024 年也将面临诸多难题。

一是 2024 年投资可能不会有太大的回暖。目前基建和制造业投资面临高基数，房地产投资恢复仍需时间，且 2024 年房地产工作重点放在“防风险”中。民间投资仍存诸多堵点，营商环境、鼓励政策、保障机制等有待进一步规范。2023 年 1—11 月份固定资产投资同比增长 2.9%，预计 2024 年投资增长率为 4.5%，低于 GDP 增长。

二是净出口对经济拉动效果提升有限。外贸外资领域，2023 年整体表现不及预期，2023 年 1—11 月份，出口总额同比增长仅 0.3%，欧美传统市场需求不旺与加码制裁并存。美国 2024 年库存周期转换仍存诸多不确定性，同时 2024 年部分国家大选导致的地缘政治风险及市场波动仍存风险，预计 2024 年全球贸易额或将持续小幅收缩。

三是 2024 年将持续出现通货紧缩（简称通缩）现象。消费者物价指数（CPI）在 2023 年内持续下滑，由年初的同比增长 2.1%，下滑至 11 月份的同比、环比均下降 0.5%，通缩预期进一步加剧。工业品出厂价格指数（PPI）在 2023 年 1—11 月份连续 11 个月同比下降，大宗商品价格回落伴随着需求不足致 PPI 长期下滑。2024 年伴随着稳增长政策发力、低利息运行，预计 CPI 有望迎来温和回升，但就业环境压力依旧很大，房地产市场、股票市场赚钱效应不佳，消费热情恐仍处在低位。

四是 2024 年社会消费两极分化将趋于严重。2023 年社会消费品零售总额同比增长 7.5%，成为拉动 GDP 增长的最主要力量，但目前也是以削减品牌溢价的一般良好品质商品为主，如拼多多超越阿里巴巴成为第一大电商消费平台，短视频兴起取代其他娱乐产业，节假日短途出行数量与消费总额创新高，但客单价大幅下滑。有关机构预计 2024 年全年社会消费品零售总额名义增长率为 6.5%。

因此，2024 年我国 GDP 的增长仍然只能依赖于消费，出口与投资拉动力不足，消费预期恐较难恢复。汽车作为消费领域最核心的板块，各个地方仍然会有各种促汽车消费政策出台，但国家层面出台有实质性的消费政策可能性微乎其微，更可能以取消限购、取消限行、报废车更新、基础设施建设等的引导性政策为主。

笔者预计 2024 年汽车终端销量会在 2180 万辆左右，同比增长约 3.8%。传统燃油车的市场份额将进一步地降低，预计会下滑至 60% 以内。新能源汽车销量则继续上扬，但是纯电动汽车销量增长率将降低至 20% 以内，插电式混合动力汽车销量则会有更高速的增长，预计会达到 40% 以上。

但 2024 年的市场不会一帆风顺，其中也隐藏着机遇和风险。一是自主品牌份额将再创历史新高，达到 55%，合资品牌压力继续增长。二是价格战仍然会持续，主机厂和经销商也将再度面对增收不增利的局面。三是高端配置继续下放，随着如 800V、城市辅助领航等高端装备逐渐在 30 万元以内车辆上装备，未来也将会有更多中、低价位车辆装备中、高端配置。四是动力电池继续升级，半固态、全固态电池将实现装车。五是出口成为拉动企业销量增长的主要助力之一，随着我国汽车出口如火如荼地开展，预计在 2024 年将有更多厂家的更多车型出口到世界上更多的国家和地区，也将把中国技术、中国品质、中国服务带到全世界。

（作者：李瑞林）

2023 年荣威及 MG 产品市场调查报告

一、2023 年乘用车市场概况

2023 年是疫情结束后的第一年，国内经济曲折恢复，全年 GDP 预计增长 5.3%，与疫情前相比仍有较大差距，股市、楼市持续低迷影响消费信心，从居民新增存款大幅上涨可以看出居民购买力仍在，但消费意愿下降，尤其是对汽车等大宗商品的消费意愿下降。2023 年乘用车整体市场批发量预计为 2247 万辆，同比增长 4.3%，上险量预计为 2164 万辆，同比增长 5.6%，2023 年批发量与上险量差额为 83 万辆，处于历史较高水平，疫情后整体市场需求增长弱于产能预期是 2023 年市场的主要矛盾。从 2023 年全年市场节奏看，前三季度市场需求增长相对较好，主要由于价格持续下探、地方补贴政策持续推出，以及新车持续刺激推动；第四季度市场需求增长放缓，终端零售走势弱于产能预期，批发量与上险量差额迅速扩大。2021—2023 年乘用车市场销量走势如图 1 所示。

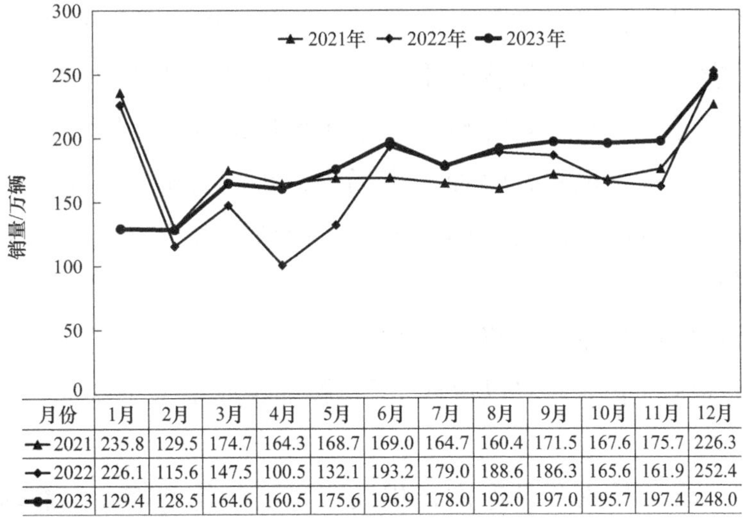

月份	1月	2月	3月	4月	5月	6月	7月	8月	9月	10月	11月	12月
2021	235.8	129.5	174.7	164.3	168.7	169.0	164.7	160.4	171.5	167.6	175.7	226.3
2022	226.1	115.6	147.5	100.5	132.1	193.2	179.0	188.6	186.3	165.6	161.9	252.4
2023	129.4	128.5	164.6	160.5	175.6	196.9	178.0	192.0	197.0	195.7	197.4	248.0

图 1　2021—2023 年乘用车市场销量走势

从结构看，新能源汽车与燃油车在主流市场全面展开竞争。2023 年燃油车市场预计销售 1428 万辆，同比下降 6.3%，新能源汽车预计销售 735 万辆，同比增长 40.1%，新能源汽车市场仍然保持高速发展，全年渗透率预计达 34%，相比 2022 年大幅增长 8.4%，2023 年 11 月份市场销量达 77 万辆，市场渗透率达 39%（见图 2），再度创下历史新高。

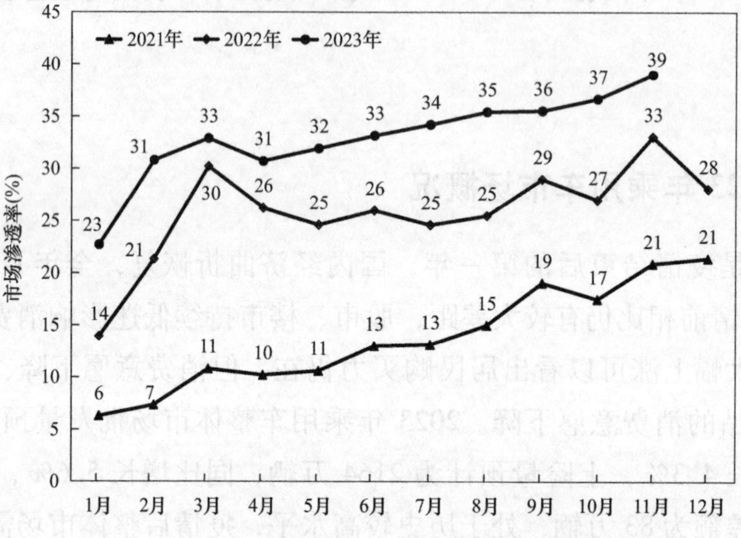

图 2　2021—2023 年新能源汽车市场渗透率走势

（注：数据来源于机动车交通事故责任强制保险）

对于荣威及 MG，2023 年外部市场环境挑战较大，主要挑战包括：

一是细分市场高端化、新能源化特点突出。在轿车、SUV 市场中，高端新能源汽车市场销量均有明显增长，尤其中、大型插电式混合动力 SUV 市场销量大幅增长；而燃油车市场销量普遍下降，其中 A 级、B 级燃油主力乘用车市场销量均有明显下降，小型、紧凑 SUV 燃油车市场销量也有较大下降。

二是从主要厂家表现看，燃油车市场中，头部合资、自主厂商面临销量普遍下降，豪华厂商多数保持销量同比增长；而新能源汽车市场中大多数厂家保持销量同比增长。

三是头部竞争加剧导致价格竞争加剧，渠道生存状态普遍恶化，多家头部企业在年度目标压力下持续“以价换量”，腰部企业不得不跟随，渠道营利性普遍下降。

四是科技、汽车行业合纵连横，积极布局下一轮智能化，新玩家入局市场竞争加剧：华为联合多家汽车制造商积极布局下一轮智能化，小米即将推出第一款自研产品。

与此同时，也有结构性利好：PHEV 车型能够覆盖用户全部使用场景，且短期内相比 BEV 具备价格优势，PHEV 技术路线获得市场认可；主流厂家研发方向快速转向，未来产品大量供给，市场将快速成长。

二、2023 年上汽乘用车市场表现

2023 年 1—11 月份，上汽乘用车累计销量为 23.1 万辆，其中新能源汽车销量为 5.6 万辆（见表 1）。

表 1 2022 年 1—11 月份及 2023 年 1—11 月份上汽乘用车整体及新能源汽车销量

（单位：万辆）

类别	2022 年 1—11 月份销量	2023 年 1—11 月份销量
上汽乘用车	33.1	23.1
上汽新能源汽车	7.3	5.6
荣威	22.9	14.1
MG	10.1	9.0

注：数据来源于机动车交通事故责任强制保险。

分品牌来看，荣威品牌 2023 年 1—11 月份累计销量为 14.1 万辆（见图 3）。2023 年起，荣威品牌深耕新能源品类，11 月 8 日，伴随全新序列“D 家族”的首款产品“荣威 D7”双车正式上市，荣威品牌也首次公布了全新品牌价值主张——“进取，信赖，愉悦”。与此同时，也发布了全新“D 战略”，主要包括

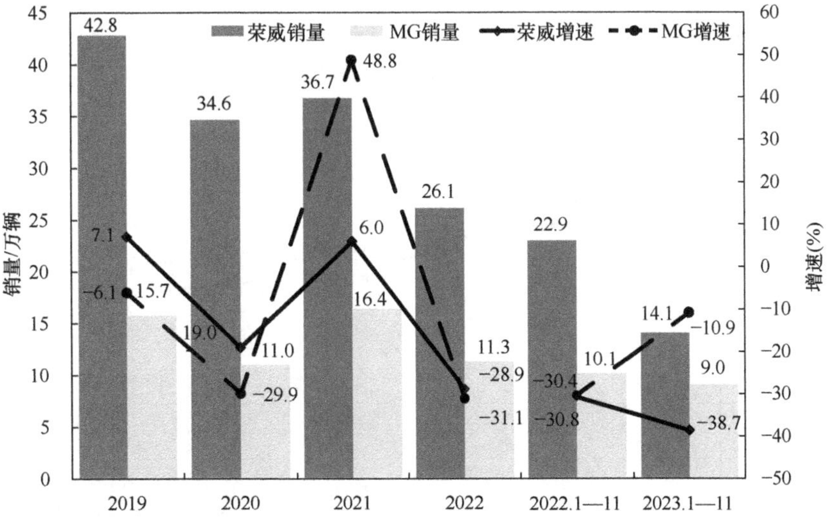

图 3 2019—2023 年上汽乘用车分品牌销量走势

（注：数据来源于机动车交通事故责任强制保险）

三个部分的内容：新序列、新技术、新周期。“向新”而行是荣威在新汽车时代给出的答案，未来三年，荣威将以 D 系列为核心，至少推出八款新能源车型，实现从纯电动到混合动力、从紧凑级到中高级、从轿车及 SUV 到 MPV 的全覆盖。

MG 品牌 2023 年 1—11 月份累计销量为 9.0 万辆（见图 3）。黑标轿跑 MG7 填补了我国品牌豪华轿跑市场空白，自 2023 年 3 月份上市以来广受消费者好评，在 MG 品牌的年度累计销量中占比超过 25%，成功拔高了品牌定位。“中国电车，欧洲销冠”MG4 EV 正式启用全球统一命名后，在国内市场也迸发出强大的市场号召力，月度销量不断提高，助力 MG 品牌持续电动化升级；敞篷电动跑车 MG Cyberster 作为 MG 品牌的百年献礼之作上市即交付，已成功跻身 30 万元以上价位跑车市场的第一阵营。

此外，MG 作为上汽乘用车海外出口的品牌担当，2023 年 1—11 月份销量再次创下新高，累计出口量为 59.8 万辆，同比增长 47%，超过 2022 年全年的批发量（见图 4）。全球科技革命浪潮之下，MG 加速电动化转型，布局“高价值”与“全球化”两大赛道，树立了自己作为全球知名汽车品牌的定位。依托上汽集团全产业链规模化、体系化的优势，产品远销欧洲、澳大利亚、新西兰、南美洲和东南亚等 100 多个国家和地区，并连续四年稳居中国单一品牌海外销量榜首，收获了“中国之光，全球智选”的闪亮名片。

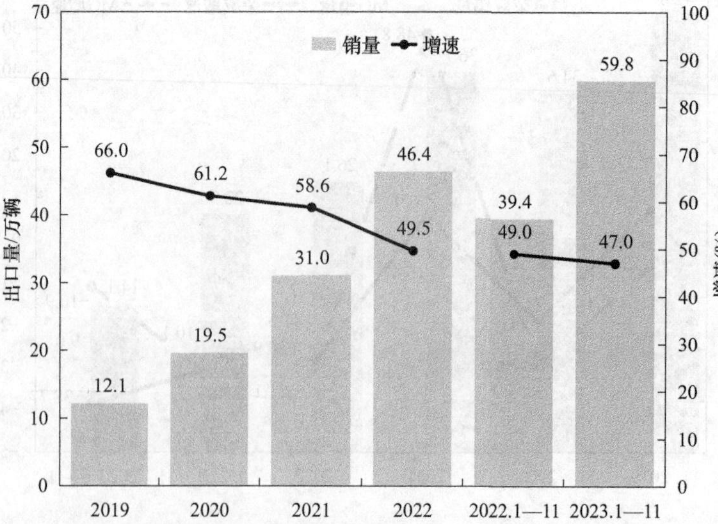

图 4　2019—2023 年上汽乘用车 MG 出口销量及增速

三、重点车型介绍

1. 荣威 RX9

2023 年 3 月 2 日，上汽荣威旗下旗舰级 SUV——荣威 RX9 正式上市，车型定位六座中型 SUV，搭载 2.0T + 9AT 的动力系统，共推出四款车型，售价为 17.58 万 ~24.38 万元。

造型方面，荣威 RX9 基于“情感律动”工业美学设计理念，大尺寸格栅造型锋利、飘逸，搭配时尚灯组以及名称字母 Logo，使车型头部造型犀利、个性且有腔调。前包围造型动感，两侧通风开口造型中还内嵌了雾灯组（见图 5）。车身侧面采用双腰线设计，上方腰线将前后侧翼子板的造型营造出宽体的视觉效果，下方的腰线顺延车门，穿过隐藏式门把手延伸至车尾，配合平整的车门面板以及 21in 的双五辐式轮圈，使整车展现出强大的气场。车尾部分采用贯穿式尾灯组，两侧尾灯主体端呈现阶梯式的设计，点亮后极具辨识度。左、右双段式的车顶扰流板，配合车尾后包围双边共两出的排气布局，呈现出运动气息。车身配色方面，有丝绒银、秘境绿、珠光白、荣麟灰四种方案。

图 5　荣威 RX9 外饰造型图

内饰方面，荣威 RX9 提供暖阳米和典雅黑两种内饰风格，采用全液晶仪表盘、中控多媒体触控屏、47in 副驾环幕贯通屏的屏显配置（见图 6）。内置配备高通骁龙 8155 芯片，搭载斑马洛神座舱系统，可以实现驾驶信息、控制设备、娱乐功能的三屏联动，以及整体车载系统的流畅运行。此外，荣威 RX9 标配独立航空级座椅，一、二排座椅可支持 140°仰角，搭载通风、加热以及按摩功能，有效提升驾乘体验。第三排座椅除常规杯架之外，还提供 USB 接口，为乘坐提供更多便利。

图 6　荣威 RX9 内饰图

动力方面，荣威 RX9 搭载 2.0T 涡轮增压四缸发动机，最大功率为 234 马力，峰值扭矩为 392N · m；传动系统方面，与之匹配的是 9 速手自一体变速器，拥有六种驾驶模式并具备四驱功能。此外，荣威 RX9 还将搭载 CDC，以适应各种路面工况表现。

在驾驶辅助系统上，荣威 RX9 配置了 L2 级别的自适应巡航系统，包含自动泊车、自动车道居中等辅助功能。

2. MG7

2023 年 3 月 29 日，轿跑 MG7 正式上市。新车推出 1.5T 和 2.0T 共六个版本车型，售价为 11.98 万 ~16.98 万元。作为 MG 黑标首款旗舰车型，MG7 凭借媲美百万级轿跑的优雅外观、高雅奢享的座舱体验和沉稳卓越的驾控实力，为新时代下的消费者带来兼顾豪华舒享与心动激情的多重体验。

MG7 优雅高级的气质与生俱来：溜背的造型、饱满的双切线和挺拔的筋骨线条，再加上富有层次感的外观色调，其优雅格调令人一眼着迷。0.766 的完美轿跑高宽比，让整车重心下压，打造出优雅的低趴姿态；超跑风范无框车门营造轻盈舒展的仪式感，匹配双层夹胶玻璃，带来沉浸式静谧座舱体验；180 万元内唯一的自适应三段式电动尾翼，将优雅与动感巧妙融合，中低速行驶时，尾翼收纳于掀背行李舱盖，轻微上挑的尾翼满足一般速度下的气动需求；高速行驶时，尾翼自动上升打开，提供更稳定的下压力，带来更沉稳的驾控体验（见图 7）。

图 7　MG7 造型图

优雅高级的气质由外至内，MG7 以越级配置打造豪华奢享的座舱体验（见图 8）。车型实现了 BOSE®Centerpoint 高端序列音响在主流品牌轿车上的首次运用，带来如临现场的听觉享受；进口 Dinamica®高档麂皮绒质感材质，透气细腻；Topload 可开启式玻璃穹顶，1. 8m^2 超大面积，带来优雅高级的全景视野体验；斑马洛神 8155 智能座舱系统与 AR－HUD，打造了超越同级车型的奢享体验。

图 8　MG7 内饰图

优雅高级的外表之下，是 MG7 运动激情的内核。MG7 搭载上汽蓝芯第三代 2. 0T 高性能黑标发动机，匹配“世界十佳变速器”——上汽全新 9 速手自一体变速器，MG7 可输出 261 马力最大功率，405N · m 最大扭矩，百公里加速时间为 6. 5s，NEDC 综合工况油耗低至 6. 2L/100km，变速体验高级平顺，动力性能表现以及油耗表现均领先于同级车型。

智能时代，MG7 极力打造燃油轿车中最领先的辅助驾驶系统——NGP（高阶智能辅助驾驶系统），搭载 23 个感知硬件以及上汽自主研发的辅助驾驶算法，可实现包含 ISC（怠速控制系统）、ALC（自动变道辅助）、ACC、AEB 等 22 项高阶辅助驾驶功能，做到超感控制，以及更接近于人的驾驶感觉。

3. MG4 EV

在 2023 年 8 月 25 日成都车展首日，上汽集团 MG 品牌旗下“中国电车，欧洲销冠”紧凑型纯电动轿车 MG4 EV 正式启用全球统一命名，展现出 MG 品牌“从世界来，向世界行”的全球化战略决心。2023 年 9 月 7 日，MG 品牌再度加码，推出 MG4 EV 出海冠军版车型，售价 11.58 万元起（见图 9）。

图 9　MG4 EV 出海冠军版荣耀上市

此外，2023 年 9 月 5 日于德国慕尼黑车展亮相的 MG4 EV 四驱版车型也随出海冠军版上市，命名为 MG4 EV XPOWER（见图 10），双电动机四驱的 MG4 EV XPOWER 是售价 20 万元以内唯一进入“3.8s 俱乐部”的纯电动“钢炮”，代表了 MG4 EV 运动性能的巅峰。

图 10　MG4 EV XPOWER

作为“中国汽车工业史上首款真正意义上的全球纯电动车”，MG4 EV 荣登中国电车 2023 年 1—11 月份出口量排行榜第一，同时也成功问鼎欧洲纯电动紧凑型车销量榜第一，是欧洲市场最畅销的中国电车。自上市以来，MG4 EV 已累计获得包括“德国紧凑级年度风云汽车”“英国 2023 年度最佳车型”“法国最佳年度电动车”在内的全球近 60 个权威奖项荣誉，可谓“全球奖项收割机”。

畅销全球的背后，是 MG4 EV 作为“出海冠军”的越级优势与卓越品质。MG4 EV 基于“上汽星云”纯电动专属系统化平台打造，融汇上汽全球创新资源，好看、好开、实用、安全是全球用户对 MG4 EV 的共同印象。MG4 EV 不仅拥有灵动犀利的外观，还兼具媲美中级车的宽阔空间。驾控层面，MG4 EV 配备同级车型少有的后驱架构和五连杆独立后悬架，带来越级操控体验。此外，MG4 EV 还获得欧洲最严苛的 Euro NCAP 五星安全认证。全面综合的优秀实力，让 MG4 EV“圈粉”无数。一路走来，赢得了海外销量、用户口碑双丰收的 MG4 EV，可谓当之无愧的“出海冠军”。

MG4 EV 出海冠军版对产品体验与核心驾控优势都做了升级。在产品体验方面，MG4 EV 出海冠军版加大了屏幕尺寸，搭载了更窄边框的 12.3in 高清触控互联大屏与高清 360°全景影像系统（见图 11），让内饰更具时尚感和科技感，为消费者带来实在的用车便利。在驾控方面，MG4 EV 出海冠军版配备了 Super XDS（弯道控制系统），通过软硬件的完美配合，可以媲美运动车型才有的 LSD（限滑差速器），给予车辆更好的过弯动态，让整车驾控性能再度跃升。

图 11　MG4 EV 出海冠军版内饰

4. 荣威 D7 DMH 和荣威 D7 EV

2023 年 11 月 8 日，上汽荣威品牌全新序列“D 家族”的首款产品“荣威 D7”双车正式上市，新车定位中高级新能源轿车，提供插电式混合动力车型荣威 D7 DMH（12.18 万～14.18 万元）和纯电动车型荣威 D7 EV（14.38 万～17.08 万元）两种版本（见图 12）。

图 12　荣威 D7 双车造型

作为“D 战略”的重要布局之一，荣威 D7 既是门面担当，也是技术集大成者，依托“上汽星云”纯电动系统化平台和“上汽珠峰”机电一体化架构两大超级平台打造，在尺寸、动力、续驶和电池安全等层面均实现了全方位的提升，展现出优于同级的硬核实力。

荣威 D7 秉承着“以自信优雅的设计，做满足中国人真实需求的车”的理念，拥有舒展的线条比例，丰满浑厚的车肩，以及简洁、大方、协调而富有节奏的造型姿态。然而，纯电动车型 D7 EV 与插电式混合动力车型 D7 DMH 也存在着一些设计的不同之处，无进气格栅设计的 EV 车型更具科技属性，突出纯电动的新锐感、时尚感。细节上荣威 D7 EV 把主灯罩盖区域匹配面差做到了极限 2mm 左右，以减少分件的匹配台阶，优化极限风阻。而 DMH 车型则显得更加稳健进取，与混合动力车型所匹配的超长续驶一样，风格成熟而可靠。

荣威 D7 的侧面弧线简约优雅，行李舱盖和后风挡之间的间隙面差做到了行业最低，同时也将 A 柱和前风挡之间的匹配面差做到了同级别最低，既营造了高级纯粹的视觉感受，也优化了整车风阻，提升了续驶性能。

大空间一向是中国消费者关注的焦点，“大，是舒适与豪华的基础”，仅从空间尺寸来看，荣威 D7 凭借 4890mm/1890mm/1510mm 的车身尺寸，以 A 级车的价格拉满了 B 级车的空间格调。此外，荣威 D7 全系标配云宿智能座舱，采用了环抱式设计，赋予高级、舒适、温暖的环境，倾心打造的云宿座椅坐垫长度同级最长，腿部支撑性更好；靠背和头枕的尺寸不仅超越了所有竞品，280mm的后排头枕宽度甚至超越奔驰S级，带来如宿云端的舒适体验（见图13）。

图13　荣威D7内饰

在动力表现上，荣威D7同样优于同级。荣威D7 EV采用了VGA（可变几何结构）“六合一”电驱新三电技术+豪华后驱架构+五连杆独立后悬架，极力打造最稳纯电动驾驶感；荣威D7 DMH则采用了行业领先的双电动机+同轴技术，既保障了动力的充沛又减少了油耗。

续驶方面，EV车型配置两款不同电量的宁德电池，CLTC续驶里程分别可达510km和610km；DMH车型配备专用高效长续驶电池，满油满电CLTC综合续驶里程高达1400km。从续驶来看，荣威D7双车均处于行业顶级水平。

安全方面，荣威D7 EV具备当前最高安全标准的三电系统防护等级，其搭载的宁德电池也已通过高于国标的双针刺试验。此外，在车身材质上荣威D7 EV采用了车身整体的高扭转刚度笼式设计，其采用的高强度钢比例达64.64%，进一步保障了车内乘客的安全。

以A级车的价格赋予B级车的空间、B级车的价值，毫无疑问，荣威D7拥有着改写B级车格局的实力。

5. MG Cyberster

MG品牌百年献礼之作——敞篷电动跑车MG Cyberster于广州车展正式上市，共推出三款车型，魅力心动版31.98万元、超然致远版33.98万元、传奇四驱版35.98万元。此外，MG Cyberster传奇四驱红篷版也在广州车展期间惊艳亮相，该车以摩登米和红篷为基调，为用户提供更个性化的选择，将于2024年3月开启预定。MG Cyberster在中国首发后，2024年年中还将回到悠久跑车文化发源地英国等欧洲市场上市，让世界一睹中国跑车的风采。

MG Cyberster 重塑跑车市场的价值体系。剪刀门与软顶敞篷电动组合全球独一无二；三层特制软顶敞篷隔音隔热四季舒适乘坐，高刚性骨架可实现 50km/h 车速内电动开闭（见图 14）；C 位环抱座舱以驾驶者为中心设计，实现四屏控制，独享操控驾驭感，尽享科幻浪漫驾驶氛围（见图 15）。前 F1 冠军车队底盘动态工程师 Marco Fainello 亲手调校 Cyberster 的前双叉臂、后多连杆独立悬架及底盘，将整车驾控性能带到了全新高度，打造了匹敌超豪华品牌跑车的驾控体验；544 马力的澎湃动力造就了 3.2s 的百公里加速体验；纯正跑车后驱布局加上 XDS（弯道动态控制系统），使用户畅享过弯乐趣；Brembo 四活塞固定式卡钳搭配德国 Continental 制动系统，提供了 33m 顶级制动表现；2.43°/g 的侧倾梯度与 1.83 的超五星抗侧翻系数，性能出众的同时更具安全感。

图 14 至美敞篷电动跑车 MG Cyberster

图 15 MG Cyberster 内饰图

此外，MG Cyberster 积极面对智能化发展大势，率先将跑车市场带入智能时代。Cyberster 搭载 L2 + 级智能驾驶辅助系统，在 ACC、ICA（智能巡航辅助）、RPA 等的综合赋能下，极大解决了传统跑车长途累、停车难的痛点。而针对驾乘人员看重的车内氛围，Cyberster 采用斑马智能座舱 Cyber OS 系统，配合高性能游戏引擎 Unreal Engine 及高通骁龙 8155 车规级芯片，带来行业领先的 3D 化沉浸式交互体验，结合三联屏环抱式设计和 BOSE 音响系统，感官互通打造未来感十足的“智慧空间”。

四、2024 年展望

2024 年国内经济预计增长 4.8%，预计宏观经济基本与 2023 年相当，整体仍处于疫情后恢复期，难以对汽车市场提供强支撑，从结构看消费需求有望小幅恢复，失业率预计继续下降，居民信心逐步企稳，防御型储蓄减弱，总体来看 2024 年起“疫后疤痕效应”将逐步衰退，居民消费意愿开始缓慢回升。

2024 年乘用车市场总量方面预计会在 2023 年的基础上实现小幅增长，结构上预计将继续进行主流市场新能源化的深刻变革，同时将持续伴随激烈的价格竞争压力。另外，两个拉动 2023 年市场增长的因素同样在 2024 年存在：地方促消费政策力度仍将持续，以及平行出口仍将保持热度。

新能源汽车市场方面，新能源汽车购置税补贴在 2024—2027 年期间实行“两免两减”，相比燃油车价格优势仍在，另外在中短期内新能源汽车型在限购、限行城市的路权优势也将继续，但随着新能源汽车购置税技术要求的调整，A00 纯电动小车销量下滑。从燃料类型看，相比 BEV，预计 PHEV 销量将继续保持更高增速，主要由于 PHEV 当前有与 BEV 相同的政策扶持，且纯电动续驶里程越来越长、定价低于 BEV 且没有续驶焦虑，在相同的政策优惠下已经展现出了更强的产品竞争力。

2024 年汽车市场将继续进行新老赛道转型，消费者认知也将继续快速更新迭代和扩散下沉。虽然外部环境艰难，挑战重重，但也应看到市场机遇在同步大量涌现。荣威、MG 也将积极迎接挑战，把握机遇，始终以最优质的产品和体验，推动品牌持续向上，助力我国自主品牌汽车更上一层楼。

（作者：蔡晴　甘博文）

2023年长安汽车产品市场调研报告

一、2023年汽车行业总体情况回顾

2023年作为疫情结束后第一年，我国经济整体向好，但依然面临宏观总需求不足、微观主体信心不振等问题。具体表现为居民消费信心不充足，消费信心指数处于低位，家庭财富增长放缓甚至缩水，给居民带来较大压力，压制了信心恢复。

汽车作为大宗消费品，市场整体表现较好，是拉动2023年经济复苏的“优等生”。2023年中国汽车行业主要呈现以下特点：

一是总销量创历史新高。根据中国汽车工业协会发布的数据，2023年1—11月份，全行业批量销售汽车2693.8万辆，同比增长10.8%；全年预计批量销售总量达3000万辆，同比增长11.7%，汽车总销量有望超过2017年的历史最高值。

二是出口远超行业年初预期，仍是中国品牌出海的重要手段。中国汽车企业抓住了俄罗斯、墨西哥等燃油车的增量机会和欧洲新能源汽车机会。中国汽车企业绿地新建和境外并购并举，自主品牌纷纷海外建厂，出口销售已成为拉动增长的主力。2023年1—11月份，我国汽车出口441.2万辆，同比增长58.4%。分车型看，乘用车出口372万辆，同比增长65.1%；商用车出口69.2万辆，同比增长29.8%。整车出口前十名企业中，从增长率上来看，比亚迪出口21.6万辆，同比增长3.6倍；奇瑞出口83.7万辆，同比增长1.1倍；长城出口28.3万辆，同比增长84.8%。

三是国内复苏强劲势头也远超年初预期。乘用车方面，从2023年3月份开始的降价潮持续至年末，释放了较多潜在需求。2023年1—11月份，狭义乘用车市场零售1853万辆，同比增长6.9%。商用车也在新基建等投资逐步发力下快速回升，1—11月份销售366.6万辆，同比增幅高达21.8%。

四是新能源汽车渗透率提升。在持续全年的降价潮下，虽然传统燃油车的

国内零售下滑势头减弱（全年预计仅下滑0.8%，远低于年初预计的两位数下滑），但新能源汽车的增长势头更好。前11个月燃油车零售1143万辆，占比为61.7%；HEV零售73万辆，占比为4.0%；PHEV（含REEV）零售201万辆，占比为10.9%；BEV零售436万辆，占比为23.5%。新能源汽车整体渗透率达到34.4%。

五是从市场格局看，国内市场强势合资品牌份额继续下行，传统自主品牌电动化转型加速，新势力开始分化。当前，汽车产业进入发展新阶段，并呈现出“四大重塑”的发展特征：一是市场格局重塑。由曾经的欧、美、日、德、韩、中“六分天下”，到现在的中国品牌独占“半壁江山”。二是产品技术重塑。随着人工智能、大数据等新技术群的发展应用，汽车产品由传统的交通工具，进化为以新能源为基础、智能化深度融合的数智新汽车。三是产业格局重塑。产业形态由单向链状的、以石油内燃机为主线的产业链，重塑为主机厂、(一级供应商)、原材料商多点联动、垂直整合、横向拓展，并且石油产业、电力产业贯穿其中的新汽车网状生态圈。四是用户需求重塑。从使用场景上，用户不再满足于汽车仅仅作为一个简单的出行工具，还希望成为用户的生活帮手、工作助手、挣钱能手、情感伴侣。

六是汽车产品作为多种先进技术融合体的特征更加明显。其中关于汽车智能驾驶，2023年可以视为城区驾驶辅助系统（城区NOA）落地元年，政策支持自动驾驶产业化正式拉开帷幕，智能驾驶逐渐成为消费者购车的主导因素，智能化能力成为汽车企业竞争的核心要素。根据麦肯锡的调查数据，68%的受访者认为本土高端新势力品牌吸引消费者的地方是“更先进的自动驾驶功能”，这一点在七大要素之中高居第二。

综上所述，对2023年我国汽车行业的简单概况就是：销量好于预期、出口保持旺盛增长、国内市场更加“内卷”、各汽车企业加速转型、自主品牌占有率继续扩大。

二、2023年长安汽车产品市场表现

1. 整体经营情况

长安汽车拥有39年造车经验积累，在全球拥有12个生产基地、22个工厂。作为中国汽车品牌的典型代表之一，长安汽车旗下包括长安启源、深蓝、阿维塔、长安引力、长安凯程、长安福特、长安马自达、江铃等品牌。

2023 年 1—11 月份，长安汽车销量为 2337963 辆，同比增加 11. 85%；自主品牌销量为 1933384 辆，同比增加 16. 74%；自主乘用车销量为 1483033 辆，同比增加 21. 77%；自主品牌海外销量为 220849 辆，同比增加 38. 10%，主力出口车型为 CS35PLUS、CS55PLUS、第三代悦翔、UNI－K 和 UNI－T。自主品牌新能源汽车 11 月份销量为 50598 辆，同比增加 52. 73%；1—11 月份累计销量为 414679 辆，同比增加 83. 47%。自主品牌销量增长高于行业 6. 9%。截至 2023 年三季度末，长安汽车营业收入 1082. 06 亿元，同比增长 26. 78%；实现归属于母公司所有者净利润 98. 8 亿元，同比增长 43. 22%。

2. 2023 年长安汽车自主品牌狭义乘用车市场表现

2023 年 1—11 月份，长安汽车自主品牌狭义乘用车累计销量为 121. 6 万辆，其中 BEV 销量为 18. 2 万辆，销量占比为 15%；PHEV（含 REEV）销量为 15. 6 万辆，销量占比为 12. 8%；燃油车销量为 87. 8 万辆，销量占比为 72. 2%（见表 1）。从动力结构上看，燃油车占比高于行业 10 个百分点，PHEV（含 REEV）占比略高于行业，BEV 占比低于行业约 8 个百分点。

表 1　2023 年 1—11 月份长安汽车自主品牌狭义乘用车各动力类型销量及占比

动力类型	2023 年 1—11 月份销量/万辆	销量占比（%）
BEV	18. 2	15. 0
PHEV（含 REEV）	15. 6	12. 8
燃油车	87. 8	72. 2
合计	121. 6	100. 0

注：数据来源中汽中心零售数据。

传统燃油车保持了自主品牌阵营第一的地位。长安的燃油车具备较全面的产品谱系，可以覆盖不同级别的用户需求，车型集中在引力品牌，包含 CS 系列、UNI 系列、欧尚系列和逸动系列。其中，CS 系列定价集中于 5 万 ~15 万元价格区间，是长安品牌销量的主力。CS 系列凭借高性价比与快速迭代能力，得到广大消费者的认可，销量势头持续强劲，主力车型 CS75 系列 2023 年 1—11 月份累计销量为 23. 6 万辆；UNI 系列定位年轻群体，定价集中于 10 万 ~20 万元价格区间。UNI 系列设计偏运动，外观和内饰设计前卫，目标群体年轻，主力车型 UNI－V2023 年 1—11 月份累计销量为 10. 7 万辆。欧尚定位入门级家用市场，主打高性价比，产品价格集中于 5 万 ~10 万元区间，旗下主力车型——

欧尚 X5 系列与欧尚 Z6 凭借其超高的性价比优势，成为细分市场爆品。欧尚 X5 系列 2023 年 1—11 月份累计销量为 6.6 万辆，欧尚 Z6 2023 年 1—11 月份累计销量为 6.7 万辆。

新能源汽车快速增长。由于中国新能源汽车存在多种不同的动力技术路线，且存在用户诉求的多样性，因此长安在新能源汽车领域采取多品牌的战略路径。2023 年长安汽车新增加一个品牌启源，与阿维塔、深蓝共同形成长安汽车三大新能源智能化品牌矩阵，以满足不同细分化市场需求。

启源将承载长安汽车转型的战略使命，围绕“数智进化新汽车”定位，不断投放新科技、新功能、新体验，打造持续进化的新汽车平台产品。启源品牌将以长安自研的 SDA（智能数字化平台）作为底层技术支撑，计划推出 A 系列、Q 系列以及数智新汽车产品 E0 系列三条产品线，2023 年内陆续发布长安启源 A05、A06、A07、Q05 等全新产品。

深蓝汽车定位年轻、科技，全面发力主流电动车市场，致力于成为“全场景智慧出行引领者”。深蓝汽车将进一步夯实年轻、科技的数字纯电动车品牌定位，结合增程、纯电、氢电的全电技术优势，全面发力主流电动车市场。为实现全场景智慧出行，深蓝汽车以“超级增程”推动电动平权，以“深蓝智能”加速智能平权。深蓝科技目前有两款经典产品：深蓝 SL03 和 2023 年 6 月上市的深蓝 S7。截至 2023 年 11 月底，深蓝 S7 销量为 4.3 万辆。

阿维塔定位高端智能电动汽车全球品牌，致力于为用户创造情感智能出行体验。阿维塔汇聚长安汽车、华为、宁德时代各自领域优势赋能，共同打造引领智能电动汽车技术平台 CHN。该平台具备“新架构、强计算、高压充电”三大特征，产品具备顶级智能、顶尖设计、顶奢空间三大核心优势。阿维塔旗下有两款产品：阿维塔 11（定位中大型纯电动轿跑式 SUV）和阿维塔 12（定位中大型纯电动智能豪华轿跑）。

3. 2023 年长安汽车新上市车型

2023 年全年长安汽车上市乘用车车型 14 款。

2 月 14 日，“大家庭智能七座 SUV”CS95PLUS 正式上市，共推出三款车型，售价区间为 17.59 万 ~ 19.99 万元。

2 月 17 日，“未来科技运动 SUV”第二代 UNI - T 正式上市，共推出五款车型，售价区间为 11.59 万 ~ 13.99 万元。

3 月 18 日，“质美智省新家轿”逸达正式上市，共推出三款车型，售价区间为 8.79 万 ~10.79 万元。

4 月 21 日，2023 款 UNI－V 正式上市，共推出 1.5T＋7DCT 和 2.0T＋8AT 两种动力组合六款车型，售价区间为 10.89 万 ~13.99 万元。

4 月 26 日，第三代 CS75PLUS 上市，共推出五款车型，售价区间为 12.49 万 ~14.99 万元。

6 月 25 日，超感驾趣电动 SUV－深蓝 S7 正式启程发布，共推出五款车型，售价区间为 14.99 万 ~20.29 万元。

8 月 8 日，逸达畅享版惊喜上市，上市起至 8 月 31 日限时畅享价 7.79 万元。

8 月 16 日，Lumin 205km 香沁款快充车型上市，售价 5.49 万元起。

8 月 24 日，阿维塔 11 鸿蒙版正式上市，共推出四款车型，价格区间为 30 万 ~39 万元。

8 月 25 日，深蓝 SL03 焕新上市，共推出四款车型，售价区间为 14.59 万 ~19.19 万元。

10 月 18 日，长安 Lumin 301km 蜜沁款正式上市，售价 6.19 万元。

10 月 20 日，数智电驱超省新家轿——长安启源 A05 全域上市，价格区间为 8.99 万 ~13.29 万元。

11 月 10 日，阿维塔品牌日 A Day 在深圳举办，未来智能豪华轿车阿维塔 12 同步全球上市并宣布阿维塔 12 全系售价。其中，700 三激光后驱奢享版 30.08 万元、650 三激光四驱性能版 34.08 万元、650 三激光四驱 GT 版 40.08 万元。

12 月 12 日，长安启源全新紧凑型 SUV——Q05 正式上市，共推出五款车型，售价区间为 11.99 万 ~14.99 万元。同时，长安启源中大型轿车——A07 同步新增两款纯电动车型，售价分别为 16.79 万元和 17.99 万元。

4. 2023 年长安主力车型的用户口碑

根据线上调研数据，长安汽车的燃油车用户口碑主要集中在空间、外观和动力，新能源汽车用户口碑集中在驾乘感受、续驶里程和空间。具体车型的口碑情况如下：

（1）CS75PLUS 口碑　在调研中发现，CS75PLUS 的前三名功能性形象分别为空间大（占比为 47.1%）、动力强劲（占比为 39%）和驾乘舒适（占比为 37%）。

口碑具体描述如下：在空间方面，长安 CS75PLUS 的空间设计非常出色，无论是前排还是后排乘坐都有很充足的头部和腿部空间，乘坐起来非常舒适，没有压迫感。同时，后座乘客也能够享受到相对私密的空间，乘车不会感到拥挤。而且，行李舱的空间也很宽敞，可以轻松容纳大量行李。在动力方面，长安CS75PLUS搭载了一台2.0T发动机，输出动力充沛，在日常行驶中，车辆加速迅猛，轻踩节气门就可以感受到加速的反馈。在驾驶感受方面，长安CS75PLUS的悬挂系统设计得很出色，非常稳定平顺。在行驶过程中，车辆的抓地力很好，无论是过弯抑或减速都能够保持稳定。此外，它的座椅舒适度也较高，对长途驾驶来说非常重要。

（2）UNI-V口碑　在调研中发现，UNI-V的前三名功能性形象分别为外观设计好看（占比为41.6%）、操控性能好（占比为39.1%）和配置丰富（占比为38.7%）。

口碑具体描述如下：在外观方面，UNI-V采用了时尚而动感的设计语言。前脸设计简洁大方，线条流畅，整体给人一种运动感和力量感十足的感觉。车身侧面的流线型造型和凌厉的腰线设计营造出了一种轿跑式SUV的风格。在操控方面，配备了一台动力强劲的发动机，加速迅猛，能够在短时间内达到理想的速度。同时，悬挂系统的设计也非常出色，车辆行驶时非常稳定，能够有效减少颠簸和冲击感。此外，制动系统也非常灵敏，能够迅速停车，增加了行驶的安全性。在配置方面，这款车的配置相当丰富。它配备了一系列先进的科技设备和安全性能辅助系统，如全速自适应巡航控制、360°全景影像等，这些功能能够全方位地保护驾驶者和乘客的安全。

（3）逸动PLUS口碑　在调研中发现，逸动PLUS的前三名功能性形象分别为性价比高（占比为44.2%）、外观设计好（占比为41.6%）和驾乘舒适（占比为36.5%）。

口碑具体描述如下：在性价比方面，作为一款家用轿车，我感觉它的性价比超级高。售价十万元以下，拥有这些配置的车型很少，也算是“天花板”级别了。在外观方面，前脸进气格栅矩阵式设计非常霸气，两侧扁平的前照灯眼神凶悍，和周边镀铬装饰条相互辉映，车身线条流畅硬朗，刚毅的轮毂肌肉感十足，车尾一体式尾灯在夜间辨识度极高，整车不仅大气稳重，运动气息也非常浓厚。在驾乘舒适性方面，驾驶感受很满意，起步不慢，加速反应很快，一般城市道路用标准模式驾驶时的油耗比较低而且驾驶较为平顺，轮胎抓地力强、刹车制动灵敏，底盘调教正好，减振也不错。

（4）长安Lumin口碑　在调研中发现，长安Lumin的前三名功能性形象分别为加速强劲（占比为 50.3%）、续驶里程大（占比为 48.6%）和空间宽敞（占比为 35.5%）。

口碑具体描述如下：在加速方面，驾驶感很好，提速很快，驾驶座比较舒服，开时间长也不会觉得累，视野开阔，拐弯的时候不会倾斜，小巧玲珑的停车非常方便。在续驶里程方面，容量为 27.99kW·h 的磷酸铁锂电池，官方续驶里程是 301km，春秋基本都能开到 280km 左右。续驶里程是足够的，市区开，一般一周才充一次电。在空间方面，前排驾驶空间还是相当足够的，驾驶视野也还可以，后排进入其实挺方便，两个成年人坐后面也不算拥挤，腿部空间也还挺足，膝盖离前排座椅还有一拳距离，头部也有一拳多，还算比较舒适。

（5）深蓝 SL03 口碑　在调研中发现，深蓝 SL03 的前三名功能性形象分别为加速强劲（占比为 62.1%）、续驶里程大（占比为 40.9%）和空间宽敞（占比为 31.5%）。

口碑具体描述如下：在加速方面，增程式发动机的提速也特别快。在续驶方面，深蓝 SL03 表现出色。根据实际驾驶体验，车辆在充满电的情况下，夏天在行驶 165km 后增程器会开始介入，冬天在行驶 140km 左右增程器启动，基本上达到官方标称的续驶里程。在空间方面，车辆的空间也设计得很合理，前、后排座椅舒适，后排满座也不会觉得很拥挤。

（6）阿维塔 11 口碑　在调研中发现，阿维塔 11 的前三名功能性形象分别为驾乘感受（占比为 80.1%）、续驶里程大（占比为 48.9%）和空间宽敞（占比为 44.5%）。

口碑具体描述如下：在驾乘感受方面，加速快、声音很小在高速公路上行驶完全不吵，超车更加没问题，特别的轻松，而且加速时的推背感特别强，开起来很爽，不管是在市区还是高速公路上行驶，超车都相当的轻松。在续驶方面，续驶不错，充满电可以行驶 660 km 左右，损耗有些但是很合理。在空间方面，对于身高 175cm 驾驶者完全够用，如果身高在 180cm 以上，坐在后排座位也不觉拥挤。储物空间还算丰富，行李舱空间够用，宽度很好，家用自行车刚好横着能放进去。

三、2024 年市场情况预测

1. 影响因素分析

（1）长期因素　主要为需求端的保有水平和供给端的产业革命。从保有水平来看，截至2023年9月底，全国汽车保有量3.3亿辆，年末可能达到3.4亿辆，千人汽车保有量约240辆，进入普及后期，部分城市汽车保有量已达到或接近饱和，后续销量潜在增长率降低为1%～5%。从产业革命来看，汽车行业处于新能源汽车增长周期，结构性增长动力强劲。从历史来看，2001年到2010年，乘用车占比由38%提升到78%；2011年到2019年，我国汽车市场SUV引领全球时尚，SUV占比与轿车不相上下；2020年起，新能源汽车产业链进入爆发增长。

（2）短期因素　主要包括宏观环境、需求端和供给端三个方面。第一，在宏观环境方面，2024年美、印面临大选，“与中国关系”势必再次成为竞选主题，“对中国强硬”已成政治正确，“潜在冲突”事件在所难免。2024年中国经济仍处于疫情后修复期，传统引擎拖累的减弱，新兴引擎继续修复，预计GDP增长率为5%。第二，从需求端看，2024年居民收入稳步增长，中、低收入群体改善更明显，促进收入信心提振，有利于消费意愿的提升，购买意愿有望持续提升。2023年乘用车保有量约2.8亿辆，随乘用车销量稳定，报废率稳定至全球平均水平3%左右，预计2023—2024年行业年均报废量接近1000万辆。第三，从供给端看，新产品供给继续向新能源汽车侧重。威尔森新车报告显示，2023年9月至2024年9月，上市新品累计151款，其中新能源117款，占比77%。总体产能利用率持续走低，产能利用率下滑接近10个百分点。2024年新能源供需失衡的矛盾更加突出，导致无论是燃油车还是新能源汽车的价格大战难以避免。

2. 2024年市场预测

2024年，预计全球汽车市场维持增长，我国市场增速相对平稳。

（1）全球市场　预计2024年全球销量同比增长4.1%。全球汽车行业正在经历着深刻的变革，我国汽车企业在国际舞台崭露头角，在能源技术、智能网联系统、设计创新等方面实现跨越式的进步，预计2024年我国汽车出口同比增长5.7%。当然，出口业务的发展给我国汽车企业带来机遇的同时，不同国家的贸易规则、法规、政策方面的变化，也给我国汽车企业出口带来巨大的挑战。此外，在我国汽车企业征战海外的同时，除了来自品牌、产品、渠道和商业模式的挑战，汽车供应链出海成为我国汽车工业走出去的必由路径，汽车企业在支撑体系、供应链管理方面也面临巨大压力和挑战。

（2）我国市场　总体而言，行业整体仍有望保持稳健增长，其中新能源汽车销售、汽车出口等有望实现相对较快增速。在行业格局不断演变的过程中，也存在较多的结构性机会，自主品牌传统汽车企业向新能源领域继续深入、新能源汽车份额进一步扩大、PHEV 车型延续相对高速增长、出口市场继续高速增长、越野 SUV 细分市场崛起等，都有可能成为 2024 年的重要看点。

从国内供需关系看，2024 年汽车市场竞争烈度或有增无减。价格层面，考虑到供给端新车型层出不穷，而国内需求增长又相对平缓，笔者认为 2024 年行业总体供需关系对汽车企业而言不算友好，因此终端促销和官方降价可能在未来较长一段时间成为常态。同时，国内汽车行业仍处于产业转型升级、技术及产品快速迭代、格局不断变幻演化的关键时期，各大主流汽车企业为了在未来的行业格局中占据优势地位，就必须持续加大投入，销量与市场份额仍将是汽车企业必须置于第一位的核心目标。总体而言，2024 年汽车市场竞争烈度或将有增无减。

从出口增量机会看，近三年出口销售已成为拉动乘用车销量增长的主力。笔者看好未来汽车出口的持续高速增长：首先，我国汽车工业经过多年的持续进步与不断赶超，已经建立起较为明显的整体产业链优势，这为自主品牌汽车持续扩大海外市场份额提供了坚实基础；其次，自主品牌汽车在海外市场的认可度与接受度有望继续提升；再次，我国在新能源汽车领域的领先优势，也有望持续转化为国际市场的销量；最后，在国内市场竞争持续白热化的背景下，加速开拓海外市场，也是国内众多汽车企业的重要增长点之一。

从总量需求和景气度看，预计 2024 年全年销量为 3080 万辆，同比增长 2.7%。其中，商用车预计销量为 430 万辆，同比增长 2.4%；狭义乘用车预计销量为 2650 万辆，同比增长 2.7%。结构上看，新能源乘用车继续保持 30% 左右增长，渗透率将达到 43% 左右。在对 2024 年总量预期中，整个行业 2024 年有望进入去库存周期阶段；同时部分合资汽车企业特别是传统产品仍有降价空间和动能，合资汽车企业的超额定价和超额盈利在竞争之下将被持续压缩，电动车依靠规模放量对固定成本的摊薄以及锂价格回落，仍有降价空间，行业竞争加剧提供降价动能。

四、长安汽车的探索

长安汽车是新汽车践行者、全球化践行者，2017 年启动“第三次创业——创新创业计划”，陆续发布新能源“香格里拉”、智能化“北斗天枢”、全球化

“海纳百川”三大战略计划，坚定不移向智能低碳出行科技公司转型，向世界一流汽车品牌迈进。五年来，长安汽车在品牌打造、技术革新、产品创新、全球化发展等方面持续耕耘，并取得阶段性突破。

一是坚定不移打造新能源品牌，推进新能源产品焕新。布局数智新汽车“长安启源”、年轻科技数字纯电动“深蓝汽车”、高端情感智能电动“阿维塔”三大新能源智能化汽车品牌，形成满足不同细分市场需求的新发展格局。搭载SDA架构的首款新汽车CD701也即将面世，为用户带来数智进阶新体验。到2025年，长安汽车还将推出17款全新产品，为用户带来更多惊喜。

二是坚定不移研发先进技术。长安汽车构建“六国十地”全球研发布局，打造1.8万余人技术团队。在新能源领域，掌握400余项核心技术、1000余项“三电”核心专利，打造EPA0、EPA1、CHN三大纯电动专属平台，实现iBC（数字电池管家）、原力超集电驱、长安智慧芯等技术量产搭载。未来，长安汽车还将围绕整车能耗、电池安全、补能效率等持续实施技术创新，不断升级产品体验。在智能化领域，掌握200余项核心技术，实现远程智能泊车、集成式自适应巡航等26项技术首发量产，并构建面向未来的中央集成式整车架构——SDA，致力于创造可进化的新物种——数智新汽车。

三是坚定不移加速全球化发展。2023年长安汽车发布“海纳百川”计划，坚持“长期主义、绿色低碳、本地运营、发展共赢”的原则，确立“海外市场投资突破100亿美元，海外市场年销量突破120万辆，海外业务从业人员突破10000人，将长安汽车打造成世界一流汽车品牌”的“四个一”发展目标。2023年11月27日，举行了长安汽车品牌东南亚发布会，以泰国基地为长安全球化桥头堡，启程东南亚，加速全球化。

面向未来，长安汽车始终以“引领汽车文明，造福人类生活”为使命，以科技创新为驱动，重塑能力，升级产业，以更快的速度、更大的强度，坚定向智能低碳出行科技公司转型，为社会不断做出贡献，不断满足人们更加美好的生活需要，奋力推进“第三次创业——创新创业计划”，为打造世界一流汽车品牌努力奋斗。

（作者：金凌志　陈磊）

专　题　篇

汽车行业数字化转型实践与展望

2023年是“十四五”规划的第三年，汽车行业的数字化转型升级，行业关注点正在向纵深发展，追求更高的效率、更低的成本以及更高的效益。展望未来，2024年汽车行业将会以更快的节奏进入更深层次的数字化转型升级新阶段。

一、2023年汽车行业数字化转型实践

汽车行业数字化转型是一个涉及面广、内涵丰富的大课题，本文将从中游整车企业视角，重点围绕产品数字化、运营数字化、生态数字化三个层面，观察2023年汽车行业数字化转型的实践与趋势。

1. 产品数字化

在乘用车市场信息联席会和安路勤公司联合发布的新四化指数中，2023年10月的智能化指数为53.5，相比2022年同期的44.3提升了9.2；网联化指数为68.7，相比2022年同期的58.8提升了9.9。这两个指数代表智能化、网联化条件的车型销量在乘用车总体市场中所占的份额。新四化指数在2023年逐月提升，微观上说明汽车产业已经走出“缺芯”影响，宏观上说明智能化、网联化为代表的汽车产品数字化正在加速发展。

（1）智能驾驶渗透率持续提升　根据相关数据，2023年具备组合辅助驾驶功能的L2级乘用车新车渗透率达到了近40%，预计2025年乘用车L2级及以上智能驾驶渗透率将会达到70%。目前我国智能网联汽车已经从小范围测试验证转入技术快速发展、生态加速构建的新阶段。智能网联汽车融合了物联网、云计算、大数据、人工智能等多种创新技术，是全球新兴产业发展新的竞争焦点。

（2）智能化与网联化融合发展　2023年9月，在2023世界智能网联汽车大会上来自汽车、通信、交通、公安、测绘、住建等行业的14家学会、联盟、研究机构联合发布《基于C－V2X的智能化网联化融合发展路线图（征求意见稿)》（以下简称《路线图》）。《路线图》将智能化、网联化融合发展分为三个阶段：车路云一体化提醒预警、车路云一体化的辅助驾驶（C－ADAS)、车路云

一体化的自动驾驶（C - ADS）；《路线图》按照 2025 年、2028 年、远景三个时间段提出发展目标。2025 年新注册车辆的网联渗透率达 80%，2028 年网联提醒预警功能基本普及，C - ADAS 功能实现规模化应用，C - ADS 功能实现量产应用。

C - V2X 能够带动庞大的产业发展，从设备到道路基建再到云端，涉及芯片、设备、测试、通信、基建等产业，产业链链条极长，需要统筹协调的工作量大。当前汽车企业普遍“两条腿走路”，同时布局单车智能和车路协同。

（3）环境感知硬件预埋成趋势 2023 年，伴随 L2 + 级别智能驾驶在新车中纷纷落地，头部新造车企业在自动驾驶上的先发优势已经不再突出，激光雷达、4D 毫米波雷达、800 万高像素摄像头等传感器预埋成为寻求差异化竞争力的新方向。蔚来 ES7 搭载了 11 个摄像头、12 个超声波雷达、5 个毫米波雷达、1 个激光雷达；小鹏 G9 搭载了 12 个摄像头、12 个超声波雷达、5 个毫米波雷达、2 个激光雷达，并配备了高精度地图；理想 L9 搭载了 11 个摄像头、12 个超声波雷达、1 个毫米波雷达、1 个激光雷达。长安深蓝 SL03、极氪 001、北汽极狐等自主品牌新车型也搭载了更多的摄像头、毫米波雷达等传感器。

2022 年被称为激光雷达规模化生产的元年，2023 年成为激光雷达大规模商业化应用的元年。当前混合固态的激光雷达平均价格已经从 2022 年的 8000 元左右下降到 2023 年的 4000 元左右。2023 年，一方面配置激光雷达的车型不断增加；另一方面激光雷达车型的售价也从 30 万元以上逐步下移到 20 万 ~30 万元。如售价在 20 万元级的小鹏 P7i 和智己 LS6 都有激光雷达配置。

2. 运营数字化

2023 年汽车企业运营加速数字化转型升级的进程，汽车企业对研发、制造、供应链、营销、服务等传统业务，持续提升数字化运营能力，传统业务运营在数字化加持下，正在呈现出全新的面貌。

（1）销售模式从贸易型向运营型转变 在数字经济大环境下，汽车销售模式正在从传统贸易型向提供用车解决方案的运营型转变。在乘用车领域，初步探索订阅租赁模式，部分传统乘用车经销商开辟租赁公司，对单位企业和网约车驾驶员提供租赁服务。在新能源商用车领域，这一趋势转变的更加深刻，从向驾驶员提供车辆向提供就业解决方案转变，并利用数字化技术和大数据赋能运营模式运行。新能源物流车商打造的全新运营模式构建具备销售租赁一体化、平台运力一体化、产业生态一体化、数据服务平台化的运营体系，其出发点是

"新能源"车型，重点是"新运营"车队管理与服务，"大数据"是业务运营通路。通过运行 SaaS 系统，以官方 App 为运行终端，以车联网技术搭载智能化平台，对接货物、物流、充电场站等，打造一体化互联平台，可提供用户服务（用户社区、视频咨询、公开问答等）、车队长加入，管车队长/运力队长版，对车辆、驾驶员、运单派发等进行管理、驾驶员加入，驾驶员接单、选择车队加入、车辆服务，车辆状态、一键救援、预约维保、服务地图充电桩、服务站查询、车商城用品服务等。基于新能源物流车车联网技术，通过软件化、区块链、智能化应用，构建业务场景数字化平台，将各项业务紧密联系到一起，为新能源运力运营业务赋能。

（2）私域营销进入全面竞争时代　私域营销就是把通过公域流量营销获取的潜客线索资料信息，通过私域营销，进行统一化的管理和运营，进而促成转化订单。充分利用公域流量资源，提升公域流量的利用率，进而提升营销推广转化率，降低营销推广费用。私域营销模式的基本框架就在于公域引流、私域经营，这是一种低成本的获客方式，是一种消费者运营手段的创新。

当前，汽车传统营销方式正在发生变革，直播作为一种快速连接用户的数字化营销手段，已成为越来越多厂家和经销商降本增效、应对市场挑战的重要抓手。2023 年 11 月，懂车帝举办"抖音汽车嘉年华－汽车直播巅峰赛暨第二届百大汽车经销商大赛"，本次赛事共有超过 1.6 万家经销商报名参赛。赛事期间参赛品牌和经销商累计开播 33.8 万场，总开播时长达到 43.8 万小时。其中，厂家品牌官方账号直播时长、看播人数、线索数同比增幅分别达到 182.91%、98.26%、684.68%；经销商账号直播时长、看播人数、线索数同比增幅分别达到 9.16%、21.22%、103.99%。汽车直播生态指标持续向好，也从一个侧面体现出品牌官号在直播渠道投入度大幅提升。

抖音新媒体经营的链路并不复杂，在抖音可以把一些之前成熟的线下方法搬到线上，比如团购会。在抖音官方《经营指南》中就提到，短视频预热投放比例占到整体活动投放费用的 40%；在商业流量直播活动引流上，直播间投放占比可达整体活动的 60%，直播间投流预算分配 20% 直播浅层、80% 深度转化目标表单提交。

（3）元宇宙继续渗入汽车行业　在 Gartner 曲线中，新技术一般会经历萌芽期、泡沫期、幻灭期、复苏期以及成熟期。2023 年，元宇宙进入到幻灭期。国内外互联网大厂从元宇宙急速撤军，而投资资本进退维谷。但地方汽车产业仍有继续坚持元宇宙建设之举。

2023年9月，以“虚实相生，产业赋能”为主题的第二届世界元宇宙大会在嘉定区安亭镇举行。大会发布《安亭汽车元宇宙产业规划白皮书》，明确到2025年汽车元宇宙产业规模达到1000亿元。嘉定区在汽车研发、检测、销售等环节率先探索应用元宇宙技术，打造上海元宇宙研究院、元宇宙虚拟制片影棚、汽车软件赋能中心和EPIC Games创新中心四大主体，目前已引入数字人制作、AI检测软件研发、汽车达人孵化MCN机构、虚拟制片、汽车元宇宙销售等项目，推动数字经济高质量发展。

2023年1月，在全球规模最大的国际消费电子展2023 CES上，宝马、比亚迪、奥迪等多家汽车企业和科技巨头都展示了最新的元宇宙技术。宝马展出“电子墨水”的车身变色技术，实体屏幕也被取消，所有功能显示由全景HUD投影的方式实现，车内仅有方向盘，大量的按键隐藏在内饰面板下方。比亚迪展示了其搭载英伟达GeForce NOW云游戏服务技术的新车，智能座舱在科技创新的赋能下，为用户带来了更具可玩性的沉浸式游戏体验。作为元宇宙底层的创作工具和开发工具，Unity中国发布了汽车智能座舱解决方案。目前，蔚来、小鹏、理想等本土造车新秀均已使用Unity进行智能座舱的设计开发，并已在理想L9、小鹏G9等多款车型上实现了量产。

3. 生态数字化

2023年2月27日中共中央、国务院印发的《数字中国建设整体布局规划》正式发布，提出数字中国建设的整体框架，标志着数字经济被放到更重要的位置。在汽车领域，产业数字化带来的市场空间极大，中国汽车企业正在软件、电控等业务上实现领跑。汽车行业的数字化转型，是中国汽车业向世界输出的一大机会。

（1）在政府层面，一方面逐步加大开放智能网联汽车测试的区域；另一方面加强监督与管理　2023年，全国共有17个测试示范区、16个“双智”试点城市（智慧城市基础设施与智能网联汽车协同发展）、7个国家车联网示范区完成了7000多公里道路智能化升级改造，装配路侧网联设备7000余台套，目前全国已开放智能网联汽车测试道路里程超1.5万公里，自动驾驶出租车、无人巴士、自主代客泊车、干线物流以及无人配送等多场景示范应用有序开展。2023年，国内新增的自动驾驶测试道路及应用示范区有：浙江德清、湖北襄阳、广西柳州、武汉第五六七批测试道路、北京石景山、天津中心城区首条测试道路、上海嘉定新城、广东坪山、广州新增30条测试道路、河北雄安等。

汽车安全沙盒监管取得一定进展。2022年12月，市场监管总局办公厅发布《关于启动汽车安全沙盒监管试点申报的通知》。2023年11月，确定了首批10个企业和9项技术进入监管试点名单，包括比亚迪的智能扭矩控制技术、上海艾拉比的整车级（OTA）技术方案、吉利的领航驾驶辅助NOA、零跑的自动领航辅助NAP及多功能空间重构的电池系统集成技术、宇通的商用车用电池管理系统无线通信技术、埃安与孚能的750V高压快充技术、蜂巢能源与长城汽车的无钴电池技术、宁德时代的无电池包CTC电池底盘车身一体化技术。

（2）在整车企业层面，加大自研力度布局智能网联生态　汽车生态搭建以用户体验为中心，这是智能网联汽车时代的核心逻辑，最典型的代表就是蔚来汽车。2023年9月21日，蔚来首款手机NIO Phone上市，其特别之处是能和车机保持“同步”，让手机和蔚来智能电动汽车更好地融合。以蔚来汽车车主为中心的周边产品生态，还包括NIO pad（平板）、NIO ring（耳机）、NIO watch等；在更大层面上，蔚来汽车要做的是一个蔚来网络生态，包括NIO House、NIO Life、NIO Power和NIO Service等。和传统造车企业最大的不同，蔚来将汽车生态圈融入整个品牌运营中，也就是都用蔚来品牌，以数字化生态为核心，为用户创造愉悦的生活方式，通过车以外的场景进一步延伸品牌触点。

在传统汽车企业中，长城和吉利是在智能化生态方面布局较大的车企。长城汽车在智能化领域，除了毫末智行、精工汽车、诺博汽车等聚焦智能化的高新技术企业之外，还加码布局大算力芯片等产业，并成立了咖啡智能生态联盟，全面整合上中下游产业链的核心资源，具有智能驾驶、智能座舱、智能服务等核心技术全栈自研能力。2023年9月，城市智慧领航辅助驾驶系统（NOH）上车量产。

吉利汽车在2021年提出的智能吉利2025战略，核心是构建“一网三体系”，“一网”指的是智能吉利科技生态网，“三体系”是指“智能能源、智能制造、智能服务”三大体系。2023年9月1日开始，极氪OS5.0系统正式开始推送，新的HMI3.0交互界面开始终端应用。吉利自主研发的分布式操作系统银河NOS，已经用在吉利银河L7和L6车型上。在智能驾驶方面，极氪高速NZP也已经上线。吉利NOA高阶智驾领航系统也应用在博越L上。在AI人工智能方面，吉利的超级云计算平台命名为星睿智算中心，是全球车企里第一个“云、数、智”一体化的平台。

(3) 在ICT和互联网公司层面，整车级生态建设更进一步 华为公司的“遥遥领先”从年中火到了年尾。2023年10月，华为“三年不造车”的期限届满，但依然坚持不直接下场造车。目前华为面向不同需求的车企提供Tier 1模式、Huawei Inside模式、智选模式三种合作方式，其中的智选模式最为成功，也最具行业影响力。智选生态就是布局“微笑曲线”的前后两端：前段的技术研发、供应链，以及后段渠道链、品牌建设、应用生态等，就差建工厂做制造了。目前华为智选合作中的车企包括赛力斯、奇瑞、江淮、北汽。通过汽车这个移动大工具，华为鸿蒙从掌上移动终端拓展而出，实现更多全场景生态的覆盖。华为鸿蒙系统正进入智能化深水区为车企赋能，构建出多终端智能互联生态体系。2023年11月底，华为将智选车生态升级为“鸿蒙智行”，同时车BU业务独立为新公司，意在以强大的OS操作系统和软件系统，形成从操作系统到硬件终端，再到软件和消费终端一整套生态体系闭环。终端店面进行销售。

2023年12月28日，小米集团在北京举办小米汽车技术发布会，正式公布小米汽车五大核心技术——电驱、电池、大压铸、智能驾驶以及智能座舱，雷军表示，融合工业硬科技、智能软科技、AI全面赋能。小米发布了首款车型SU7，并发布打通智能终端的全域全链路的“人车家生态”。基于“以人为中心”的座舱交互架构以及小米澎湃OS操作系统的加持，小米SU7实现从硬件到软件的全面共享生态。围绕应用生态，硬件生态与小米CarIoT生态、小米SU7实现“人车家全生态”闭环，车机系统深度适配主流车载应用，手机应用pin到车内，可瞬间化身车机原生应用；具备超前的生态应用拓展能力，支持1000多种米家设备无感上车，5000多款应用逐步适配共享；全面向第三方开放，统一标准化接口，全面支持无线Carplay车载，适配iPad配件及应用。

(4) 网络货运平台从成长期步入成熟期 2019年9月交通运输部与国家税务总局发布了《网络平台道路货物运输经营管理暂行办法》，明确将无车承运人正式更名为网络平台道路货物运输经营者，明确从2020年1月1日起到2023年末，网络货运的道路运输经营许可证将全面开放，所有符合条件的物流企业都可申请。

作为物流新业态和数字经济在物流行业的典型代表，网络货运受益于公路货运市场和数字货运市场发展红利，三年多来整体规模持续扩张，资源整合的能力进一步提升。以网络货运平台数量来看，2023年上半年新增了281家，略低于2022年同期的300家；自2021年以来，网络货运平台企业陆续登陆资本市场，快狗、运满满已经完成上市，2023 年 3 月货拉拉正式提交 IPO 申请书，但没有完成上市。截至 2023 年 6 月底，全国共有 2818 家网络货运企业（含分公司），整合社会零散运力 685.7 万辆，整合驾驶员 577.3 万人。2023 年上半年共上传运单 5292.8 万单，同比增长 23.5%。2023 年上传运量、整合运力、驾驶员人数的同比增速下降，一方面是合规经营和监管趋严的政策导向；另一方面与整个货运市场大环境有关。

经过多年的发展，网络货运正从成长期步入成熟期，行业的标准化与规范化水平进一步提升。建立“全链路数字货运 + 货车驾驶员社区 + 车后服务”良性物流生态系统，三大块业务高度协同，推动行业进入数字生态时代，赋能货运物流生态场景的每一个环节。

二、2024 年汽车行业数字化转型展望

2024 年，智慧城市、智慧交通、车路协同、元宇宙、数字孪生、增强现实、虚拟现实这些汽车数字化热词将距离我们更近一步，汽车行业数字化转型升级将带动智能社会进入更高层级。

1. 产品数字化

展望 2024 年的汽车产品数字化，智能驾驶渗透率将会继续提升。预计 2024 年 L2 级渗透率将突破 50%，有望在 2025 年突破 70%。预计至 2025 年，中国乘用车 L1 ~ L2 级 ADAS 渗透率达 75%。

2024 年，汽车产品消费电子化的趋势将逐步成为新常态。消费电子化是指产品换购或增购周期短，产品迭代速度快，外观硬件代与代之间变化小，内部与算力相关的电子器件以及软件系统更新频繁，同时带有 OTA 等在线升级功能。简而言之，硬件永远在追赶软件的更新升级速度。比如我们日常用的手机，平均每两年换一部，平时手机坏了小故障修一修，而大故障则直接换新机。汽车有从家庭固定资产向快消品演变的趋势。

汽车产品在传统燃油机时代属于决策周期长、消费频次低的商品，但到了新能源智能网联时代，这一属性正在悄然发生变化。消费者体验汽车产品的方式发生了变化。燃油车时期消费者关注的主要是发动机、底盘、变速器等机械部件，并通过试驾体验车辆的操控性能、乘坐舒适性等硬需求。新能源时代，智能化（软硬件配置、车机操作系统、自动驾驶等）相关的功能成为消费者体验的一大重点。车辆的 OTA 升级也和手机一样变得频繁。以某款新势力轿车为

例，2023 年 8 月之前已累计推送 OTA 高达 24 次，新增功能超过 150 项，优化功能超过 240 项，不仅有涉及软件功能提升的 SOTA，还有涉及硬件功能提升的 FOTA。

从整车价值角度来看，过往硬件价值占到 70% 以上，软件价值不到 30%；未来的智能电动汽车，软件价值将占到 70% 以上，硬件价值将占到 30% 以下。从整车硬件成本构成角度衡量，电子零部件的占比达到 60% ~70%，包括电池、电驱、电控及智能座舱等，所以智能电动汽车未来也会遵循摩尔定律，由此带来的降本空间非常大。

由于产品研发技术的数字化，智能电动汽车更新迭代周期越来越快，在燃油车时代，产品迭代周期为 5 年左右；在新能源时代，如今产品更新周期以一到两年为单位。汽车产品的消费电子化必然带动设计、制造、营销等环节随之而变；同时，汽车产品消费电子化，将对生产设备、工艺、技术、管理等方面施加深刻影响，带来对生产数字化、智能化的更高要求。

2. 运营数字化

展望 2024 年的运营数字化，将在 VR/AR 技术、新零售、6G 等各类新型数字化技术应用方面会进一步普及，在研发、制造、供应链、销售、营销等运营场景中，将会看到越来越多的线上融合的实际应用。

2024 年将是“AR/VR 大年”，有机构预测中国 AR 市场增速将达到 101%。梅赛德斯 - 奔驰的研发机构正在使用 Unity 打造全新的车载信息与娱乐系统，首个搭载该系统的奔驰车将在 2024 年正式上路，未来这一全新系统也将逐渐覆盖梅赛德斯 - 奔驰的全线车型。理想汽车已有两款 AR 眼镜，分别是 Rokid Max AR 眼镜（售价 2999 元），以及雷鸟 Air AR 眼镜（售价 2799 元）。这两款眼镜可以和理想车型互联，车机内的应用都可以投屏到 VR 眼镜中。奥迪推出了车载 VR 体验“Experience rides”。这套 VR 最大的特点便是能够根据车辆移动情况实时匹配虚拟娱乐内容，例如车辆左转弯时，用户在虚拟现实体验中的游戏画面也会随之左转；车辆急加速时，虚拟现实体验中的游戏画面也会随之加速。

在汽车新零售方面，预计 2024 年会卷出更高的高度。汽车行业包括商用车业已经达成共识，客户在线上的浏览汽车信息的时间越来越多，所以汽车厂家和经销商们将越来越多的精力放到了线上。私域营销将继续火热，直播卖车将成为常态化。汽车销售模式正在经历“脱虚向实”，4S 店的高成本将限制这一渠道形式的发展，而更接近客户的商超快闪模式将更加普及。汽车销售的方式将是线上与线下相结合。客户在购车旅程中，线上触达的环节将越来越多，除了到店试驾体验以外，其他的流程皆可线上，包括送车上门、修车上门取车等。

2023 年 12 月，全国工业和信息化工作会议在京召开，会上提出推进 5G、千兆光网规模部署，加快布局智能算力设施，加强 6G 预研。6G 的全球竞赛已拉开帷幕，未来 3 ~5 年将是 6G 研发的关键窗口期。5G 技术能够让汽车全面智能化，6G 将实现几乎没有时延的车联网通信。6G 将在自动驾驶、智能制造、VR/AR 等方面为汽车运营数字化转型升级进一步增档提速。

3. 生态数字化

展望 2024 年的生态数字化，整车企业与 ICT 企业的融合将更加深入，预计华为的问界、智界以及其他界会有更多的车型上市。随着智能驾驶赛道淘汰赛的启幕，头部地位的 ICT 企业会拿到更多的订单并积累更多的数据。在座舱领域，当前智能汽车参与方强调着差异化的智能表达。展望 2024 年，持续优化座舱与其他智能设备的互联互通和车载大模型的加入，将是智能座舱发展的大趋势。

在智能驾驶方面，高速 NOA 和城市 NOA 功能 2023 年以来加速渗透，2023 年 9 月份的高速、城区 NOA 渗透率仅为 7.0%、2.2%。预计 2024 年随着更多车企的配置落地（如理想、蔚来、比亚迪系等），城市 NOA 功能有望成为智能汽车品牌的标配，我们将在更多一二线城市看到 L4 级无人驾驶汽车的示范运营。

2024 年，AI 大模型在汽车产业里的应用主要有三个方面：一是工具端的提质增效，如自动驾驶中的数据标注。二是在交互体验上实现全语音智舱理解。三是将更多产业链企业相连接。智舱与智驾有望成为 AI 大模型的统一入口，推动汽车产业智能化转型。

（作者：穆天宇）

我国电动汽车充电基础设施产业现状及政策分析

一、充电基础设施产业发展现状

我国充电基础设施发展主要经历了三个阶段，从最早新能源汽车配套建设到注重规模增长，然后是兼顾建设规模和运营质量。2015 年以前，主要以推广新能源汽车应用为主，因此充换电基础设施产业的主要任务是满足新能源汽车的充电需求，保障实现新能源汽车推广预期目标；2015—2018 年，在我国完成了第一个新能源汽车市场推广目标后，新能源汽车进入发展的快车道，充换电设施开始受到关注，全行业开始分区域、分领域、分场景完善充换电网络布局，逐渐形成了国有资本和社会资本共同参与竞争的市场格局；2018 年以后，新能源汽车技术水平逐渐稳定且能够满足用户日常出行需求，充换电设施产业的重心开始转移到提高充电服务能力方面，更加注重用户充电体验的提升。我国充电基础设施规模持续高速增长，截至 2023 年 11 月保有量达 826. 4 万台，其中公共充电桩为 262. 6 万台，随车配建桩为 563. 8 万台。初步建成了居民区家庭慢充为主，公共区快充为辅，换电为补充的能源补给生态体系，有力地支撑了我国新能源汽车产业的应用推广。

1. 居民区充电桩发展情况

据中国电动汽车充电基础设施促进联盟采样统计，全国有私人充电桩 563. 8 万台，大概只有 50% 左右买新能源汽车的用户可以安装私人充电桩。居民区公共充电服务能力不足，大部分小区没有配建公共充电桩；部分小区配建公共充电桩，但利用率低，后期疏于维护管理，导致充电桩损坏无法提供充电服务；燃油车长期占用充电车位，使居民区公共充电桩无法提供充电服务。居民区充电桩存在安全隐患。汽车企业在销售电动汽车时会委托第三方安装公司为具备私人充电桩安装条件的用户提供充电桩安装服务，并对充电设施的安全进行评估验收，但是由于充电设施处于室外恶劣环境中，在一定时间后（私人充电桩运维保质期一般为2年)，私人充电桩的使用安全无法继续得到保障。部分规模较小的运营商因无力支撑企业运营而退出运营市场，已经建成居民区公共充电桩无人进行维护，也带来了极大的安全隐患。

2. 公共类充电桩建设情况

我国公共领域充电电量大部分由公共直流充电桩供给，公共充电中直流充电桩大概占43%，随着充电桩技术的进步以及动力电池水平的提升，新建直流充电桩的平均功率也是逐年增长，从2018年101.6kW增长至2022年121.7kW(见图1)。随着私人电动乘用车用户规模的不断增长，差异化充电需求日渐明显，不同充电服务需求特性的细分市场逐渐显现。为了给用户提供更高效、快速、便捷的充电服务，公共充电桩的功率提升更加明显，尤其是2023年大功率充电国标的发布，将进一步提升我国公共直流充电桩的平均功率水平。

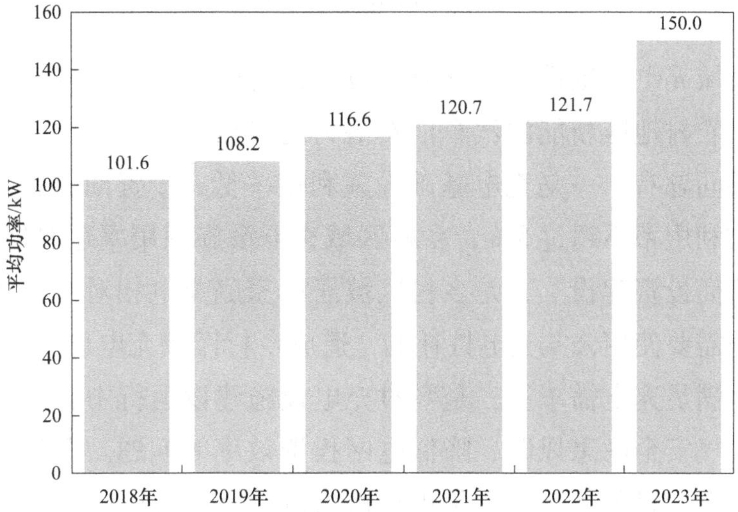

图1 2018—2023年新增公共直流充电桩平均功率

截至2022年，60%的公共直流充电桩功率已经达到或超过120kW(见图2)。在所有公共直流充电桩中，功率区间分布120kW≤P<150kW的区间是所有区间中占比最高的，达到32%；60kW≤P<90kW的区间占比为26%；高功率区间≥180kW的占比为15%；而150kW≤P<180kW的区间占比为13%。

3. 乡村充电桩建设情况

当前，我国乡村公共充电桩大约占公共充电桩总体规模的10%，乡村充电设施建设还处于起步阶段，更多地集中在县城，且当前新能源汽车使用主要集

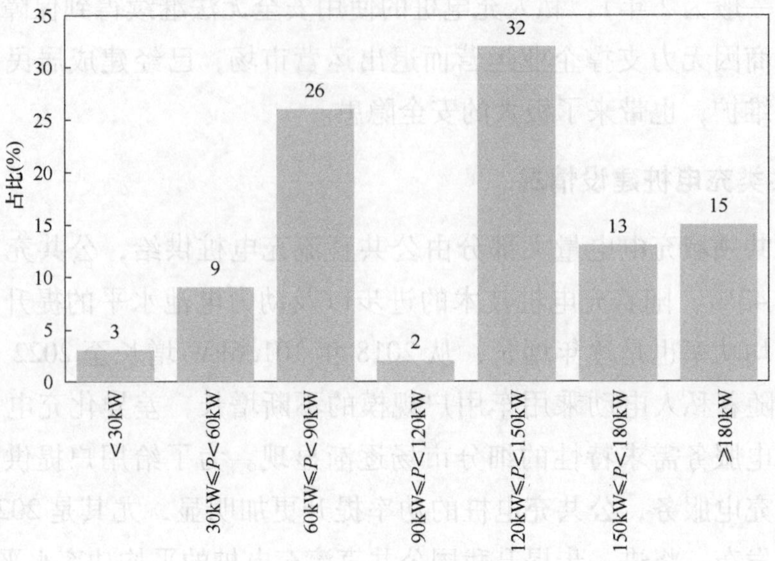

图 2　2022 年公共直流充电桩各功率区间占比

中在城市，县域充电基础设施缺乏有效投资，对电动汽车下乡无法形成有效支撑，也制约了农村地区新能源汽车消费潜力的释放。广大农村地区充电基础设施存在的主要问题有：一是充电基础设施利用率低，投资回收困难，当前充电设施行业平均利用率不超过 5%，乡村区域充电设施利用率还要低于平均水平，很难吸引运营商投资建设。二是乡村区域居民家庭充电相对要强于城市，居民在特殊场景下需要使用公共充电桩补电，造成乡村区域充电设施时空布局错位，在节假日无法满足充电需求。三是乡村充电设施建设运行中还会加剧电能质量问题、增加电气安全隐患风险、降低电网投资效率等问题。但是乡村地区充电设施建设也具有明显的优势：一是市场潜力巨大，中国电动汽车百人会发布的《中国农村地区电动汽车出行研究》显示，预计到 2030 年，我国农村地区汽车千人保有量将达 160 辆，总保有量超 7000 万辆，市场空间巨大。二是家庭安装充电桩更加便利，相较于城市，农村地区受物业、停车位等条件影响较小，更加容易安装私人充电桩。三是农村地区屋顶光伏相对较多，通过电价引导更加容易实现智能有序充电和 V2G 双向互动，提升电网运行效率。

二、当前充电基础设施市场面临的形势

随着规模化充电市场的形成，充电基础设施产业从既有政府扶持模式向全面市场化驱动发展过渡，更多领域资本开始关注和涌入充电市场，导致不同充

电领域的价值和属性发生转变。

1. 资本加持下的充电竞争市场显现

随着规模化充电市场快速增长，部分充电运营企业开启了资本加持模式，资本助力企业“跑马圈地”最容易出现的就是不顾消费者体验的野蛮竞逐，比如市场常见的“1分钱充电”“0服务费”等低价促销和恶意竞争，虽然能快速聚拢客户，但并不利于行业健康发展，应警惕短期繁荣假象扰乱市场正常发展秩序。

2. 社区从居民自主报装向统建统营转变

多地方开始推进居民社区充电桩“统建统营模式”。随着电动汽车规模的增长，越来越多的居民用户提出了充电桩报装需求，但是居民社区电力容量不足、停车位紧张、物业不积极等因素严重制约了充电桩进小区的进程。为解决社区充电难题，国家发改委、能源局等十部委发布了“关于进一步提升电动汽车充电基础设施服务保障能力的实施意见”，提出了开展居民社区充电设施“统建统营”措施，北京、山东、浙江、四川、福建等地区均积极推动居民社区“统建统营模式”，部分地区也出台了相关管理办法。

3. 不同领域充电桩的属性和价值发生转变

（1）高速服务区充电　高速服务区充电场站在建设之初主要承担电动汽车城际行驶保障作用，日常利用率远低于城区公共充电桩运行水平，且日常运维耗时长、运维费用高，随着电动汽车保有量的快速增长以及电动汽车动力电池技术水平的提升，电动汽车用户城际行驶的频次逐渐增加，高速服务区充电站的设备运行效率也得到一定的改善，部分场站甚至看到盈利的可能，更多资本开始关注高速服务区充电市场。

（2）单位内部充电　单位内部充电桩最早为鼓励新能源汽车消费、完善充电基础设施布局，在企事业单位内部投建，主要以交流充电桩为主。随着社会新能源汽车规模的增长，城市区域内因土地、电力容量等资源无法大规模建设公共充电桩，因此可对外开放的单位内部充电桩（医院、学校等机构）成为社会公共充电网的有力补充。

（3）换电模式应用　新能源汽车由内燃机驱动转变为动力电池驱动，其产业链生态发生根本性改变，在现有动力电池技术水平平台期阶段，动力电池

“重资产”、安全等问题也引发了产业新思考，众多企业开始探索各种“车电分离”商用模式，挖掘市场增长潜力。当前时段，港口、矿区等重型货车由于其应用场景简单且相对固定（短途运输、多次往返），因此换电模式成为商用领域电动化车辆的主要能源补给方式。

（4）公交充电　电动公交车行驶路线固定且多数公交停车场站拥有足够的停车位资源，充电桩建设运营相对简单，且充电量有一定的保障，是各运营商极力争取的优质资源。随着公交充电市场的进一步发展，部分合同到期的公交充电场站公交公司收回场站运营权转为自营或大幅降低充电服务费价格，公交充电市场的盈利空间被压缩。

（5）充电场站建设运营模式发生转变　我国充电市场最早以央企履行社会责任带头建设运营，逐渐形成了以充电运营商为主导的市场格局。2017 年前后，随着新能源汽车市场的繁荣，车企、充电设备制造商、能源企业等开始进入充电市场，合资共营的建设运营模式开始在市场试水并逐渐占据一定的市场份额。到2022 年上半年，全国新能源汽车规模超过1000 万辆，充电市场的盈利能力大幅提升，拥有土地、停车等资源的产权单位强势进入充电运营市场，合作共赢成为下一步市场的主要发展模式。

三、政策现状及趋势

为了促进电动汽车发展，我国发挥体制优势，多部门联合，在实践中不断完善充电设施建设和运营的政策体系，有效引导公共类、私人类充电设施的建设发展。同时，地方政府充分发挥充电设施发展责任主体的作用，根据当地实际，制定落实各项政策的实施细则，形成中央政策为指导，地方政策为补充的推进体系。

目前，全国总共出台充电设施相关政策近500 项，内容涵盖居民区充电设施、高速公路充电设施、城乡公共充电设施、充电行业市场监管和科技创新等方面。从中央层面看，我国新能源汽车充电基础设施政策体系已渐趋完善，涵盖了规划、建设运营奖励补贴、充电电价电费、土地、设施互联互通等方面。各地方政府也相应地出台了配套的实施细则，中央和地方政策的协同引导，为我国充电基础设施产业发展营造了良好的政策环境。随着技术的发展和产业环境的变化，各地方政策的执行力度将进一步加强，一部分城市因地制宜，针对本地区新能源汽车车辆保有量和城市基础条件，制定操作性强的充电设施建设发展实施细则，在实践中积累经验，不断完善相关政策措施。

1. 政策体系介绍

在国家纲领性文件和指导性文件的指导下，中央层面逐渐建立了包括充电基础设施奖励、电价电费、土地、建设、设施互联互通等方面基本完善的政策体系，极大地促进了我国充电服务网络的建设。

（1）补贴奖励　补贴政策大致可分为四类：一是按照投资总额或者投资额进行补贴，即按照投资总额或者投资额的一定比例对投资主体进行补贴的一种补贴方式；二是按照功率补贴，即按照所建设充电桩功率大小的不同给予不同的补贴额的方式；三是运营补贴，按照充电电量给予不同额度的补贴；四是其他补贴，例如改造奖励、平台流量补贴、V2G 等智能桩奖补等。2017 年以来，部分省份充电设施建设补贴政策呈现节奏放缓、补贴退坡的趋势，不同的地区开始根据自身发展规划继续通过制定补贴政策支持充电设施建设和运营。

（2）电价政策　国家对电动汽车充换电设施用电实行扶持性电价政策，2030 年之前，对实行两部制电价的集中式充换电设施用电免收需量（容量）电费。各地方最早对充电服务费实行最高限价管理，由当地物价局发布充电服务费的最高限价，随着充电设施不断市场化发展，各地方逐渐放开服务费限价政策，有个别省市部分地区采取由市场来调节充电服务费价格的政策。

（3）土地政策　出台简化充电设施审批手续、支持充电设施用地的政策要求，主要包括：一是简化或免除相关许可证件办理手续、缩短审批流程、提出时限要求；二是先保障土地供应、加快土地审批流程等。大部分省市均提出简化规划建设审批，减少充电基础设施规划建设审批环节要求。

（4）充电设施规划建设　专项规划的重要性得到普遍共识，为推进居民小区、企事业单位内部、停车场等区域充电设施建设，大部分地区出台了省市专项规划支持政策和规划方案。规划主要体现在以下几个特点：一是各地规划大多是省市两级规划，目标更加明确，且将规划任务进一步分解到各地市，加强了规划的执行力度；二是规划具有地方特色，结合当地新能源汽车推广特色，因地制宜、合理布局充换电设施，例如，换电试点城市在一定程度上更加重视换电站的建设布局；三是部分区域给予专项资金支持，例如某地区对新能源汽车充电基础设施设立财政补贴专项资金。

（5）行业管理　随着充电设施规模的不断增长，各省市开始建设地方政府监管平台，通过财政补贴手段，对行业进行线上监管。目前，全国已经有 29 个省、45个市建设了充电设施地方政府监管平台。同时为了加强充电设施管理，各地方陆续发布了“充电设施运营管理办法”，对充电设施建设、运营、运维、退出等方面进行规范。明确了各部门职责分工，提出了明确的建设审批流程，建立了事中事后监督考核机制。

（6）科技创新类　充换电行业的科技创新政策，从国家到地方，目前已有明确的技术引导方向，鼓励技术创新朝着汽车行业、能源行业、通信行业协调融合方向发展，创建产业生态。部分城市还出台具体的鼓励政策对创新研发予以财政支持，且支持额度大部分按照研发费用的30%给予补助。

2. 下一步政策趋势

一是各省市逐步完善细化政策，聚焦解决居民区、城市公共、高速公路等充电基础设施建设问题，完善政策体系，其中行业监管和财政补贴是政策主要方向，针对上一阶段的规划进一步提出具体政策实施细则。在国家能源局等十部委发布的“实施意见”“指导意见”等中央政策的指导下，各地方开始陆续出台地方充换电基础设施规划，并在各领域发布的政策文件中将充换电设施建设列为工作任务之一。下一步，各地方将积极推动重点区域（居民区、公共机构、公路沿线、农村等地区）充电桩有效覆盖，通过规划引导，加强要素保障，提升充电服务网络的保障能力。

二是奖补政策更具有倾向性，向保障类充电设施倾斜，同时开始朝着扶优扶强方向演变。为践行产业高质量发展目标要求，以北京、上海等地区为代表的充换电设施奖补政策对奖补对象进行分级，对优质资源给予更高的补贴金额。同时，部分区域开始布局未来车网互动应用场景，鼓励安装智能有序/V2G充电桩。下一步，各地方政府将优化财政补贴政策，通过更加合理、科学的评价方式，针对服务品质高、公共属性强的充电设施予以倾斜。

三是安全监管将成为“十四五”期间政策关注的重点方向，安全监管将延伸至居民区充电桩。“实施意见”中也将居民区充电桩安全列为重点推进事项之一。为进一步提升社区充电安全，“实施意见”也提出了在社区开展“统建统营”建设运营模式，由专业化公司负责社区充电设施的日常运维和安全隐患排查。

（作者：李康）

中国汽车产业新格局与经销商集团的转型之路

在中国汽车产业中，汽车流通是非常重要的一环，而在汽车流通这个环节中，经销商又是核心。目前，随着新一轮能源技术和互联网技术的发展，中国汽车产业，乃至整个世界汽车产业正在遭遇百年一遇的变革。这场变革，毫无疑问将给经销商带来严峻的挑战，当然，这其中也充满了新的机遇。如何抓住机遇，迎接挑战，是当下经销商必须直面的新课题。究竟该怎么做，笔者认为首先要认清目前中国汽车产业所处的阶段，预判未来的发展格局，在此基础上，才能找到转型的方向。

一、目前中国汽车产业所处的历史阶段

要认清中国汽车产业所处的历史阶段，必须回首过去、把握现在、展望未来。简单地划分，近三十年来，中国汽车产业已经经历、正在经历和即将经历“四个时代”。

第一个时代，高速增长时代。这个时代从 1994 年开始，到 2017 年结束。之所以要从 1994 年开始算起，是因为这一年国家出台了《汽车产业政策》，明确提出“鼓励个人购买汽车”，打开了中国汽车巨大的市场增长空间，这一年中国汽车销量仅 134 万辆。之所以是 2017 年结束，是因为这一年中国汽车销量达到阶段性高峰的 2888 万辆。此后，中国汽车年销量开始下滑，至 2020 年降至 2531 万辆，随后虽略有回升，但一直在 2600 万～2700 万辆左右徘徊。2023 年中国汽车销量虽然达到 3009 万辆，创历史新高，但主要是出口拉动，如果从纯内需（批发量－出口量＋进口量）的角度看，国内市场销量仍然没有回到 2017 年的高点。

在这个高速增长的时代，汽车行业所有人都是受益者，包括主机厂、上下游产业链的零部件企业、经销商等。因为高增长的时代，市场包容度也很高，允许大家犯错误，大不了跌倒了爬起来再干，所以在那二十多年的日子里，中

国汽车人过得不只是舒服，而且是相当舒服。

第二个时代，新能源汽车结构调整时代。许多人原来以为，到了 2017 年，这样的好日子就结束了。但哪知由于电池技术的突破性发展，我们又迎来了以新能源汽车为主题的结构调整时代，虽然国内市场需求总量不再增长了，但替代燃油车的新能源汽车销量却在快速增长。在这个时代，顺应时代的企业，日子越来越好过，如比亚迪、广汽埃安，当然包括“蔚小理”等，不仅销量在增长，而且还有资本眷顾。没有顺应这个时代的当然日子就不好过了，包括绝大多数合资企业和一部分自主品牌、相当一部分零部件企业、绝大多数以 4S 店为主的经销商集团、进口汽车（包括平行进口汽车）经销商和服务商，在他们眼里，过去的好日子结束了。这个时代大约从 2018 年开始，那一年中国新能源汽车销量突破 100 万辆，达到 126 万辆。笔者估计到 2028 年左右，新能源汽车销量增速就会缓下来，进入个位数增长阶段，这前后大约十年时间。许多专家预计，到那个时候，在整个汽车销售总量不再怎么增长的情况下，中国汽车的总产能将远远大于总需求，届时中国汽车产业的好日子将一去不复返了，但是哪知上天继续眷顾勤劳创新的中国汽车人，让中国汽车又进入了新的第三时代。

第三个时代，出口时代。任何事物的发展都有两面性，中国汽车行业现在的确是越来越卷，竞争越来越激烈，但卷出了一个结果：中国汽车价格越来越低。于是，出口的竞争力大幅提升，出现了爆发性增长。这个时代从 2022 年开始，预计快速增长将会持续十年以上，大约会在 2035 年左右基本稳定下来。前五年，将是直接出口带动中国汽车整体销量快速增长，后面接续的动力是自主品牌海外建设的本土化工厂发力。

第四个时代，数智汽车时代。这个概念是长安汽车率先提出来的，在长安汽车 2023 年科技生态大会上正式表述。“数智汽车”是数字化、智能化汽车，它比智能网联汽车的内涵更丰富、外延更广泛。通俗地讲，数智汽车可以叫“机器人汽车”，这样更生动、更形象。到这个时候，汽车将成为真正的“新物种”。数智汽车时代现在只是序章，其真正发力快则五年以后，慢则十年以后，届时它将接续出口时代，成为中国汽车产业新的推动力。现在，中国汽车的智能化还只是“功能”，真正的数智汽车时代，智能化是“主角”，汽车是“软件定义下的汽车”。随着科技越来越发达，这个时代必将会到来。在这个时代，汽车将不只是原有的汽车，应用的范围会更广泛，届时国内汽车销量又会进入新的增长通道。那时，中国汽车产能过剩的问题又将因为打破边界的创新迎刃而解。

当然，上面所说的“四个时代”没有明确的时间分界线，大多是交替进行、相互促进发展。综合来看，目前中国汽车产业所处的历史阶段是：第二个新能源汽车结构调整时代的下半场、第三个出口时代的上半场、第四个数智汽车时代的开幕式。

二、中国汽车产业未来的发展格局

在这场汽车产业历史性的变革中，中国汽车产业，乃至世界汽车产业格局都将发生深刻变化。具体看，五至十年后，会有三个“70%”，这将是中国汽车产业未来的新格局。

第一个“70%”，新能源汽车在销量中的占比将达到70%。对于这一点，许多业内权威人士与专家都做过预测，只是比例略有差异而已。在这里只想补充两点，一个是市场渗透的速度比我们预想的要快，特别是插电式混合动力汽车上来之后，因供给端提速，渗透会加速。2023 年新能源汽车市场渗透率就比 2022 年增加了 5.9 个百分点，达到 31.6%。另一个是燃油车仍会有相当比例的市场。因为用户的喜好、燃油车自身的特点，加上海外市场的需求，燃油车的市场份额退到一定程度，就会稳定下来。当然，燃油车也不会再是传统的燃油车，而是节能性燃油车，如普通混动的燃油车。

第二个“70%”，自主品牌乘用车市场份额将达到70%。作为一个汽车大国，其本国市场自主品牌最终一定会占据绝对主导地位，德国、日本、美国、韩国、法国等均是如此，所以目前自主品牌市场份额的上升，可以称之为“回归”。只是各自“回归”的形式不一样，中国这一次是借着新能源汽车赛道“回归”而已。2023 年自主品牌乘用车市场份额已达到56%，比 2022 年同期增加 6.1 个百分点，正在加速。从中可以看出，自主品牌“回归”是大势，它不会以某个人、某个企业的意志为转移。所以，跨国汽车公司主导中国汽车市场的时代过去了。

面对这一趋势，跨国汽车公司现在有三种选择：一是直接退场，像广汽三菱停摆了，广菲克退出了，接下来还会出现类似的情况；二是被动防御，像广汽丰田，2023 年主动裁员 1000 人（占总雇员的 5%），以节省开支，先保住利润，北京现代出售一部分工厂，进行瘦身；三是继续出击，边走边看，像 2023 大众集团与小鹏、上汽进行战略合作，取人之长，补己之短，这肯定是一件好事，但改变不了大众在中国市场份额将继续下滑的命运。

第三个“70%”，国内市场销量占比70%。由于多种因素影响，中国汽车市场自身未来增长的空间不大，要想发展，必须向海外市场出击。由于中国汽车经过多轮“内卷”之后，产品性价比上具有一定的优势，加上新能源汽车领先一步，目前出口势头很好，2024 年将达到 491 万辆，成为全球第一大汽车出口国。但是，这种高速增长是不可能持续的，进军海外市场一定是出口与本地化生产两手抓。如果工作到位，未来两者加起来，达到 1000 万辆左右都是有可能的。也就是说，未来中国汽车产业整体销量为4000 多万辆，国内市场占 70% 左右，海外市场占 30% 左右。

三、推动中国汽车产业崛起的根本原因

毫无疑问，在这一轮变革中，中国汽车产业正在快速崛起，中国已经成为，而且未来将会继续成为全球汽车、特别是新能源汽车的“价格洼地”，中国制造的新能源汽车具有极高的性价比，无人能及，势不可挡。之所以能做到这一点，有以下六个原因：

第一，中国国内拥有庞大而统一的市场。大家都知道，这是中国制造所有产品的先天优势，规模大了，成本自然就下来了。2024 年，中国新能源汽车销量有可能超过 1000 万辆，而且八成以上卖到国内市场。

第二，先进完整且价格低廉的配套产业链。在智能新能源汽车领域，中国的零部件配套企业不仅技术全球领先，而且创新能力极强，同时产业链完整，价格还低。

第三，参与者众多竞争白热化。无论在整车领域，还是零部件配套领域，每一个领域参与细分市场的竞争者都非常多，基本上是供严重大于求，从而导致市场非常卷，价格没有最低，只有更低。

第四，政府从各方面大力支持。与其他许多国家一样，我们国家在新能源汽车发展初期给予了消费者补贴等优惠政策，在使用阶段给予了牌照及路权的便利政策，这些都有力提升了新能源汽车的价格竞争力。当然，随着市场日趋成熟，在直接补贴这一块我们已退出。

第五，资本市场的积极参与。目前中国新能源汽车市场，除了头部个别企业外，基本上都在亏损，而且相当多是巨亏。在这种情况下还能继续发展，资本市场的输血功不可没。由于率先抢占新赛道，加之市场规模的快速增长，全

球资本都纷纷投资中国新能源汽车整车及产业链企业。

第六，中国汽车人吃苦耐劳。这是除了以上五大因素外最重要的一个因素。中国汽车人无论是高管、中层，还是产业工人，不仅素质越来越高，而且都特别能吃苦，人工成本还不高。

这六大要素交互作用，使中国新能源汽车竞争力不断提升，目前已居世界领先地位。未来，这种优势还会继续保持，特别是在跨界创新、融合创新方面，还将会有更多的惊喜等着我们。

四、汽车经销商集团的转型之路

在这样的大变革时代，汽车产业的各个环节都将面临巨大冲击。在巨大的冲击下，汽车经销商集团要"活下去"，而且"活得好"，必须主动直面挑战，不断创新求变。

首先，要"活下去"。汽车经销商要认识到，要"活下去"的前提是，所经营的品牌未来要能够活下去，而且最好能走上坡路。从这个角度看，绝大多数合资企业是要逐步放弃的。未来绝大多数国外品牌在中国市场，最终都将沦为小众品牌，这是在中国市场过了几十年好日子的合资企业，将不得不面对的极其残酷的现实。

这一趋势已经不可逆转，过去几年是现代、标致雪铁龙、福特等销量大幅下滑，2023 年已经轮到了通用、大众、日产、本田、丰田，2024 年将是奥迪、奔驰、宝马，因为现在这几家的不少经销商日子已经非常难过了，而且从产品本身来讲，在智能新能源汽车赛道上，他们这三家的产品已经不是阿维塔、极氪、昊铂、理想、蔚来、小鹏、问界等新造车势力同类产品的对手，2024 年还将增加一个小米。

令汽车经销商们高兴的是在销售服务模式上，各类"造车新势力"和"造车新实力"都在不断创新，通过各种方式与汽车经销商集团形成合作，纯粹由厂家自己一家包打天下的已经少之又少。

现在，对经销商来说，又要做一个重要选择，即在从经营合资品牌为主转向经营自主新能源汽车品牌为主的过程中，应该优先选择哪些品牌。这不是本文主要讨论的话题，但是它非常重要。建议汽车经销商集团需要找专业人士咨询，在此基础上，结合自身地域的具体情况和本公司的特点来作出判断。

其次，要“活得好”。经销商如果想未来“活得好”，必须从战略上做出调整，即从以“车”为主的“销售服务商”，向以“人”为主的“汽车生活服务商”转变。不上升到这个维度，就只能陷在价格战里。在这个方面，汽车经销商集团是大有可为的，天地也非常广阔。

在具体落地方面，在这里列举与车关联度比较紧密的几个例子，比如改装业务，如果我们的销售顾问在遇到一位即将退休的老人购车时，能够深入了解到他的家庭情况、身体健康状况和兴趣爱好，然后出一套个性化的购车方案，像老人的腰一般不太好，可以将座椅弄得硬一点、舒适一点；弄个合适的踏板，让其上下车时更方便一点；弄个辅助设施，让老人从后备厢拿东西时能轻松一点，别伤着腰；还有，将车里的屏幕减少一点，字大一点，让老人看得清，这些个性化的定制方案如果经销商付诸行动，我相信是会有人买单的。更进一步，如果长期跟踪这个老人，三五年后随着其身体的变化和用车状况的变化，还会有新需求，我们再帮着改装，再弄点新配置，相信他也会心甘情愿地购买。其实，每一个购车的客户都有不同场景下的个性化需求，但我们的销售顾问绝大多数没有去深度挖掘，经销商也没有倾力去满足。

又比如，异地汽车托管与运营服务。像许多在海南等地买房的人都买了车，由于只有偶尔来住，大部分时间闲置。车长期不开就要出问题，于是有了托管的需求，经销商可就此下手。在托管期间，如果能将一些车租出去，车就运营起来了，经销商还能分成。由于是长期托管，对车主与车必然有深度了解，此期间还有可能将车主的车卖出去，让他再置换一辆新车，从某种程度上来说，这些托管的车成了经销商不需要花钱的二手车动态库存。类似这些可以深度挖掘的服务还有很多，这里就不一一列举了。

汽车经销商集团通过厂家提供的这个车，与用户实现了深度连接，但我们从他们身上没有赚到足够多的钱，实在可惜。现在，汽车厂家和经销商也不定期与客户搞活动，与用户连接，以挖掘更多的收益。但绝大多数没什么效果。主要原因是搞的活动绝大多数是“我们想象中客户要的活动”，而不是“客户真正需要的活动”，这是极大的浪费。

“始于汽车，终于汽车生活方式”，是汽车经销商集团转型的方向，要让这一理念深入落地，主角是汽车经销商集团，而不是厂家。它本质上是让服务创造价值，而服务一定能够创造价值。在这一过程中，汽车经销商集团将主要靠自己的品牌赚钱，而不只是靠厂家的品牌赚钱。但是，要将这一转型真正落实到位，需要汽车经销商集团在经营理念、经营方式、组织架构上来一次脱胎换骨的改变，只有这样，才能真正完成从“汽车销售服务商”向“汽车生活服务商”的转型，迎来一片属于自己的广阔新天地。

（作者：孙勇）

海外用户眼中的我国汽车品牌——大数据视角下的品牌观察

近两年来，我国汽车出口势头很足，在欧洲、中东和东盟等市场都取得了亮眼成绩。这些成绩体现了海外用户对我国汽车技术的认可。例如，很多欧洲人表示，我国的新能源汽车就如同科幻大片里的样子，很多东西都是全自动的，坐在车里就仿佛进入了未来世界。但与此同时，这些亮眼表现也引起了部分西方国家的担忧甚至出手干预。例如，欧盟在 2023 年 10 月份对我国汽车实施反补贴调查，意图通过增收关税等措施对我国新能源汽车出口进行干预；美国政府在 2022 年签署了《通胀削减法案》，受《通胀削减法案》约束，我国电动汽车若要进入美国市场必须满足在北美地区组装、电池中的材料和“关键矿物”必须来自美国或与美国有自由贸易协定的国家等条件。美国此举是意图削弱我国电动汽车供应链，并通过电动汽车税收减免新规定进一步限制我国企业。

那么，当前形势下，在海外用户眼中我国汽车究竟是什么样的形象？海外消费者对我国汽车品牌的态度如何？针对上述问题，笔者通过对海外舆情信息进行分区域分析，对东欧—中亚地区、欧盟—欧洲自由贸易联盟—英国地区（简称 EU + EFTA + UK）、中东地区、东盟地区、美国—墨西哥—加拿大地区（简称美墨加）、中南美地区、澳大利亚—新西兰地区（简称澳新）、非洲地区、南亚地区、日本—韩国地区（简称日韩）和东亚—太平洋地区的相关舆情进行解读，初步了解海外用户对我国汽车的看法。

一、不同区域消费者对我国汽车品牌的讨论声量差异较大

一是从区域整体声量来看，EU + EFTA + UK 和美墨加等地区对我国汽车品牌讨论声量较大，中南美、东盟和日韩等地区讨论声量次之，非洲、东欧—中亚、南亚、中东和澳新等地区讨论声量稍小（见图 1）。

结合 2023 年 1—11 月份我国汽车出口分区域销量与我国汽车品牌海外相关讨论声量数据来看，东欧—中亚、中东和澳新等地区对我国汽车“买”的多、

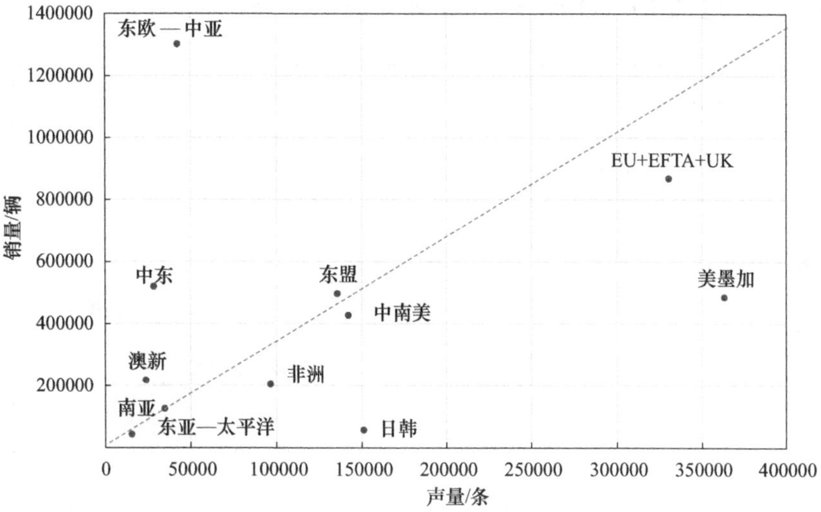

图 1 2023 年 1—11 月份海外分区域我国汽车出口量和对我国汽车品牌讨论声量

（注：数据来源于国家信息中心汽车出口数据库和海外舆情大数据，虚线为整体趋势线）

“说”的少，美墨加、日韩等地区“买”的少、“说”的多，EU + EFTA + UK、东盟、中南美、非洲、南亚、东亚—太平洋等地区“买”的比例和“说”的比例更接近总体趋势（见图 1）。

二是从区域内部声量来看，近一年来，在东欧—中亚地区，俄罗斯对我国汽车品牌的讨论声量最高，其次是土耳其和乌克兰；在 EU + EFTA + UK 地区，英国的讨论声量最高，荷兰、德国等国家的讨论声量相对较高；在中东地区，阿联酋的讨论声量最高，其次是沙特和以色列；在东盟地区，马来西亚的讨论声量最高，其次是新加坡、印度尼西亚、菲律宾和泰国等国家；在美墨加地区，美国的讨论声量最高，加拿大的声量次之，墨西哥也有一定的声量；在中南美地区，哥伦比亚和巴西的讨论声量最高，其次是智利和阿根廷；在澳新地区，澳大利亚的讨论声量最高，新西兰也有一定的声量；在非洲地区，南非的讨论声量最高，其次是尼日利亚和肯尼亚；在南亚地区，印度的讨论声量较高，其次是巴基斯坦；在日韩地区，日本的讨论声量最高，韩国也有一定的声量。

三是从情绪分布来看，考虑抵触情绪和积极情绪的二维分布，可将这 11 个区域划分为四类：①抵触情绪明显高于积极情绪的“高反感区”，包括美墨加和澳新等地区；②积极情绪明显高于抵触情绪的“高接受区”，包括中南美、东欧—中亚、东亚—太平洋以及东盟等地区；③积极情绪和抵触情绪都较高的“两极分化区”，包括中东、南亚和日韩等地区；④积极情绪和抵触情绪相对适中的

“情绪温和区”，包括 EU + EFTA + UK 和非洲等地区（见图2）。

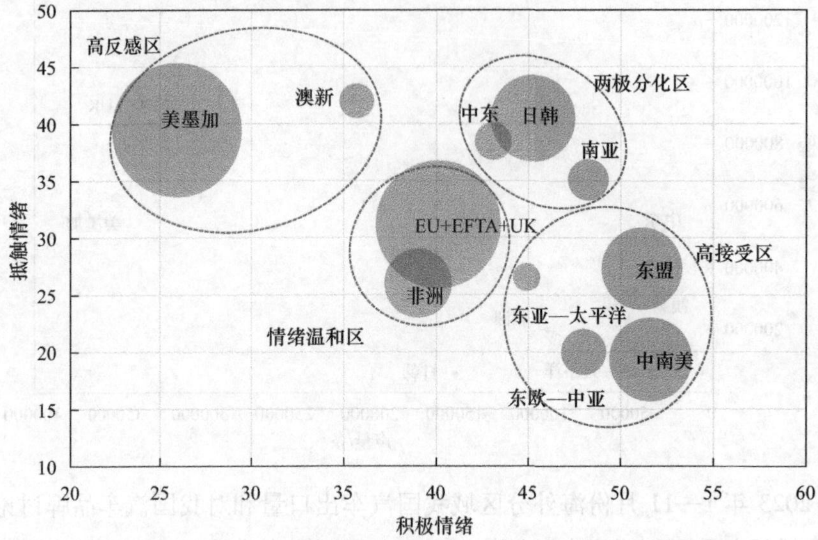

图2　2023 年海外分区域消费者对我国汽车品牌讨论情绪分布

（注：圆形面积大小代表相关声量大小，抵触情绪统计气愤和讨厌情绪，积极情绪统计高兴和惊喜情绪）

二、海外消费者对我国汽车品牌的好感度普遍提升

1. 海外消费者普遍感受到我国汽车品牌的销量提升大、新品上市多

整体上，我国汽车品牌在海外消费者心中形成了“一超多强”的印象，各个区域消费者都明显感知到了拥有“中国汽车巨头”“全球电动车销冠”“季度产量超过特斯拉”等头衔的比亚迪品牌，同时名爵、奇瑞、蔚来、吉利、长城、沃尔沃、红旗、长安等品牌也引起消费者关注和讨论（见图3）。

海外不同区域消费者对我国汽车品牌提升的感知和态度略有不同。部分中东地区消费者对我国汽车品牌的态度已经转变，从之前不喜欢到现在已经保有我国品牌的汽车，并有了周围人保有率高的感知；很多东盟消费者对于我国汽车品牌的感知也从几年前还没那么关注，到现在明显感知到我国品牌汽车已经强势进入本地市场和我国汽车新品开始大量上市；澳新地区消费者调侃本地 TOP10 的车型是特斯拉 +9 个中国品牌车型，一些消费者对我国品牌汽车的增长速度高、普及速度快和产品选择多等表现有些不屑和嘲笑，另有部分消费者认为当下对我国品牌汽车不屑和嘲笑就像当年嘲笑日本品牌汽车，并不会影响其

图 3 海外消费者对我国汽车品牌的印象词云图

壮大，现在我国品牌汽车的电池技术、整车技术和增长速度都不容小觑，甚至有些消费者预测未来 10 年大家都会开我国品牌汽车。

2. 我国汽车品牌的电动化标签已经深入海外用户心智，智能、科技、技术等特征突出

从海外消费者对我国汽车品牌的印象词云图可以看到，电动化的印象位居首位，海外用户认可凭借纯电动汽车实现飞跃的我国汽车品牌，并关注电池和能源。海外消费者对我国汽车品牌的智能、科技和技术方面也形成较深印象，对我国科技事件有一定关注，例如比亚迪雇佣上千名工程师聚焦自动驾驶研发、蔚来自研自动驾驶芯片、小鹏推出可量产飞行汽车、比亚迪仰望 U8 实现原地转向以及华为背后的我国高科技产业链等，海外消费者深深感受到我国科技的投入和实力。

分区域来看，EU + EFTA + UK 等地区消费者认为我国汽车有未来感（见图 4）；东欧—中亚地区消费者为华为、比亚迪在被制裁情况下实现成果突破叫好（见图 5）；东盟地区消费者关注吉利开发了符合汽车标准的 7nm 芯片——龙鹰一号，感受到了我国汽车品牌的科技实力，还关注我国汽车厂商支持 PiCoin 交易等功能（见图 6）；中东地区消费者已经认可一些我国汽车品牌的高端化形象（见图7）。图8 和图9 分别是澳新地区和美墨加地区消费者对我国汽车品牌的印象词云图。

图4　EU + EFTA + UK 地区消费者对我国汽车品牌的印象词云图

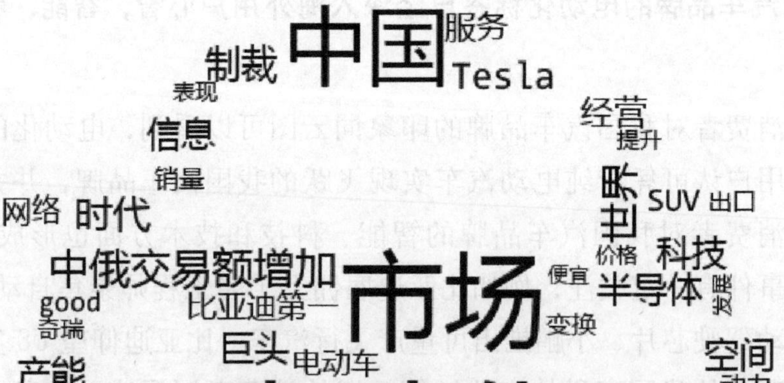

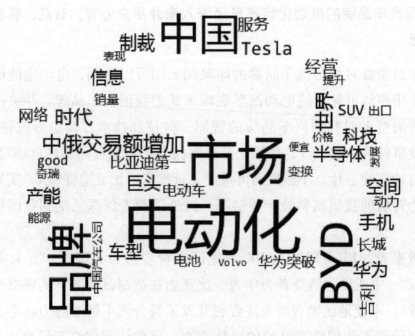

图5　东欧—中亚地区消费者对我国汽车品牌的印象词云图

图 6 东盟地区消费者对我国汽车品牌的印象词云图

图 7 中东地区消费者对我国汽车品牌的印象词云图

图 8　澳新地区消费者对我国汽车品牌的印象词云图

图 9　美墨加地区消费者对我国汽车品牌的印象词云图

3. “价廉”进一步增加“物美”的优势，高性价比对海外用户有吸引力和强感知力

中东地区部分消费者积极的情绪源自对我国汽车品牌成本相对低和亮点多的肯定。在其他地区消费者的积极情绪方面，东盟地区消费者认为我国汽车品牌竞争力和日本汽车品牌相当，同时价格比德国汽车品牌有优势；EU + EFTA + UK 地区消费者认为我国汽车价格比德国汽车有优势；美墨加地区消费者认可我国汽车品牌已经迎头赶上，可以与美国、日本和德国的汽车品牌展开竞争。

4. 中东地区、东盟地区对产品质量和品质的感知提升明显

相比本地品牌，海外消费者对我国汽车内饰优势的感知提升明显，特别是在舒适性细节方面，豪华感口碑初现。例如中东地区消费者对产品体验比较敏感，相比中东本地汽车企业的产品，我国汽车产品对噪声、温度控制、防晒等品质细节处理得很好，同时可以满足性能体验需求，得到该地区消费者的认可。

三、海外用户对我国汽车品牌存在担忧

总体上，海外用户对我国汽车存在担忧。担忧主要集中在以下三个方面：

1. 担心用户数据安全

澳新地区的消费者担心我国车企会收集很多信息。

2. 质疑低价格的背后存在劳动力剥削

EU + EFTA + UK、澳新、美墨加和中南美等地区的消费者有些质疑声音，主要担忧我国汽车低价格背后可能涉及劳动力问题。

3. 认为我国电动汽车容易自燃，或担忧自动驾驶出事故

东盟地区的消费者提到了对比亚迪充电自燃事故的担忧，有些海外用户在汽车事故方面也有针对蔚来 ES8 事故的讨论和担忧。

（作者：杜华睿 黄玉梅）

高学历用户给自主品牌高端化带来的机遇及挑战

2018 年以来，我国乘用车市场内需量连续 5 年下降，2023 年首次实现正增长，但尚未恢复到历史高位，整个产业链运营艰难。需求不足使得大多数品牌经营困难。但同时我国新能源汽车进程“遥遥领先”于国际水平，新能源汽车这一赛道给品牌的创建与重塑带来了机会。外资光环渐趋黯淡，国际品牌的高溢价优势正逐步消融，品牌格局加速重塑，所有品牌得以站在新的起点去竞争；自主品牌迎来了品牌向上的良好契机，且已经有了成功的案例。

在艰难的市场环境和变局之下，厂商需要更准确地识别并抓住潜在客户，精准开发产品、塑造品牌，以谋求新的机会。根据对新车购买用户的调查，近几年新购车用户的结构也发生了变化。低收入、高消费的年轻人迅速退出，新购用户更“富”，家庭年收入 19 万元以上的中高收入用户占比迅速提升。购车年轻群体呈现以下特质：更高学历、更高收入、更具备知识门槛的行业（如 IT 业、金融业）、更具实力的原生家庭。其中值得关注的是，高学历用户成为新的增长点。

根据新车购买用户调查数据，本科及以上学历新购车用户占比逐年提升，2019 年占比不足三成，到 2023 年已经超过四成，其中高学历用户[1]占比稳步增长（见表 1）。在新购高端车型的用户当中，高学历用户的比例提升更加明显（见表 2）。这种趋势值得关注。

表 1　2019—2023 年新车购买用户中本科及以上学历购车用户占比　（%）

年份	2019 年	2020 年	2021 年	2022 年	2023 年
本科及以上	29.3	32.8	39.8	38.6	42.7
其中硕士及以上	1.1	1.4	1.4	1.4	1.6

[1] 本文讨论的高学历用户指硕士及以上学历的新购车用户。

表 2　车价 40 万元及以上新购车用户中高学历用户占比　（%）

年份	2019 年	2020 年	2021 年	2022 年	2023 年
硕士及以上	1.6	3.9	4.9	5.6	6.1

一、高学历用户给新的高端品牌带来机会

1. 高学历用户认知水平高，视野更宽，更加敢于尝试

除了教育本身带来更高的认知以外，高学历用户还拥有更宽的视野。调查显示，近三成（占比 27.1%）高学历用户有过在北、上、广、深学习或工作的经历，而本科及以下用户的比例不足一成（占比 5.9%）。此外，11.5% 的高学历用户有过海外学习或工作的经历，而本科及以下有过海外学习或工作经历的比例仅为 0.4%。更宽阔的视野和更前沿的环境带来更高的认知，使得高学历用户更能接受新事物。

就汽车而言，高学历用户拥有更丰富的使用经验。调查显示，2023 年，超过一半（占比 50.3%）的高学历用户不是第一次买车（见表 3），高出新购车全市场用户 11 个百分点。从历史数据对比来看，高学历用户增换购的比例仍在继续提升。也就是说，在他们成长的过程中家里就有车，他们自己也早早开始拥有了个人用车。丰富的用车经验让他们对汽车有了更多的认识，具备了更强的独立决策能力。

表 3　2019—2023 年高学历用户购车情形占比分布　（%）

年份	2019 年	2020 年	2021 年	2022 年	2023 年
第一次购买	63.4	57.1	53.4	50.1	49.7
再购（含增加和替换）	36.6	42.9	46.6	49.9	50.3

注：新购车用户以家庭为单位。

2. 高学历用户的独立决策能力给新的品牌带来机会

鉴于具备更高的认知和独立决策能力，高学历用户更加容易通过自己的判断接受新的品牌和产品。我们看到，当前比较成功的一些新能源汽车高端产品的高学历用户比例明显高于总体（见图 1）。

大量的用户访谈表明，这些高学历的用户之所以率先接受新的高端品牌，是因为他们有着更加超前的认知和更加专业的判断力。比如深圳一位蔚来汽车

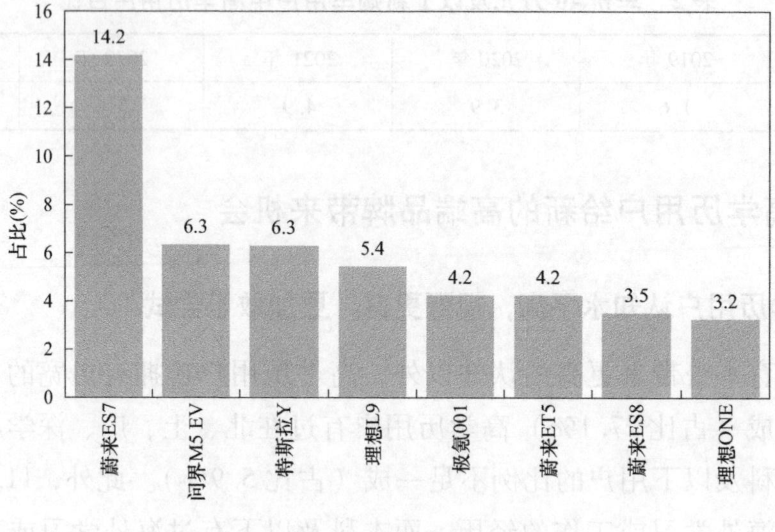

图 1　部分品牌车型高学历用户占比

用户，本科毕业于国内某“985 工程”院校，硕士在美国留学，学习金融和自动化专业，认为自己对汽车相关知识和新技术有一定的专业判断能力。同时他热爱汽车，经常混迹于各大汽车论坛，从汽车之家到 bilibili，都经常充当意见领袖角色。他在有了油车的使用经验后，致力于购买“智驾功能很强的产品”。在年收入达到百万元以后，虽然对品牌、档次有要求，但不执着于传统豪华品牌，他认为新品牌同样能高端化，“人无我有的东西就是定价权”。

此外，高学历用户更容易从企业的创始人身上获得自我投射认同，更容易被故事所吸引，被情怀所打动，会因为认同创始人和企业文化而接受其产品和品牌。

二、高学历带来高净值

从分析来看，高学历用户无疑是未来的高净值用户，值得被关注和期待。

第一，高学历用户收入更高、收入来源更多，具备较高的购买能力。86.0% 的高学历用户家庭年收入在 25 万元及以上，其中 38.8% 家庭年收入在 50 万元及以上，具备较强的经济实力（见图 2）。且 10.8% 的高学历用户有工作外收入，这些工作外收入占全年个人总收入的比重高达 29.5%。

第二，高学历用户从事的行业具备更高的社会地位和更好的发展前景。调查数据显示，高学历用户更多供职于 IT、金融、科研等高景气行业，抗风险能力更强，发展前景更好（见表 4）。他们在体制内（机关、事业单位、国有企

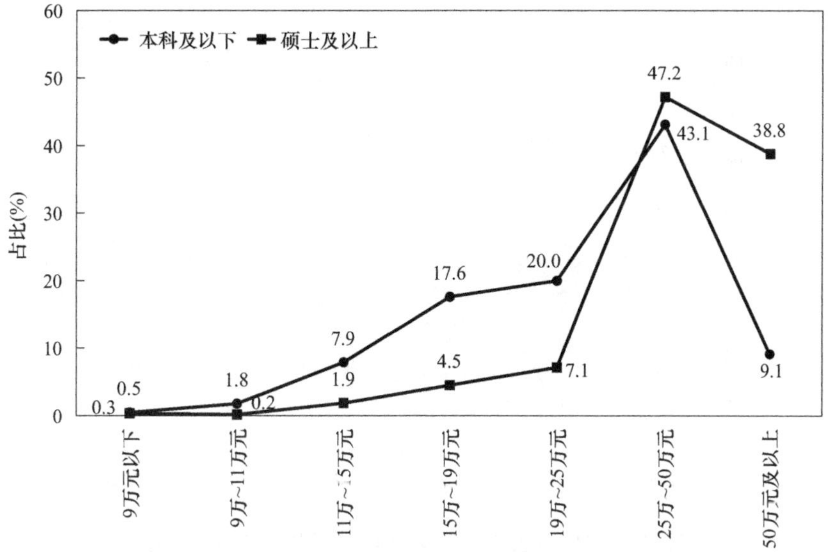

图 2　不同学历购车用户家庭年收入分布情况

业）工作的比例高达 36. 7%，其次是外资/合资企业（占比 31. 6%）。同时，他们供职的单位规模更大，48. 5% 的用户所在单位规模在 50 ~ 300 人，20. 1% 的用户所在单位规模在 301 ~ 1000 人，4. 5% 的用户所在单位规模在 1000 人以上。他们的职位也更高，64. 4% 的用户是各级管理人员以及教师、医生、律师等专业技术人员，26. 7% 的用户具备中级及以上职称。

表 4　不同学历购车用户从事的行业分布情况 （%）

从事的行业	信息传输、计算机服务和软件业	建筑业	卫生、社会保障和社会福利	金融业	科学研究、技术服务和地质勘查	电力、燃气及水的生产和供应	教育	公共管理和社会组织	文化、体育和娱乐业
本科及以下	9. 8	8. 9	2. 7	5. 4	0. 7	4. 8	3. 4	0. 8	1. 3
硕士及以上	20. 6	11. 4	9. 8	7. 6	6. 8	6. 8	4. 6	2. 6	2. 2

注：本表仅列出高学历用户占比高于本科及以下用户占比的行业情况。

第三，高学历用户基数持续扩大，具备良好的成长性。教育部数据显示，我国历年毕业的研究生数量在大幅增加，2022 年高达 86. 20 万人，数量巨大，增长趋势明显（见图 3）。

此外，出国留学回国的高学历人才也在持续增加。根据中国教育部的统计数据，我国留学总人数在 2020—2022 年保持准线性稳定增长。值得一提的是，

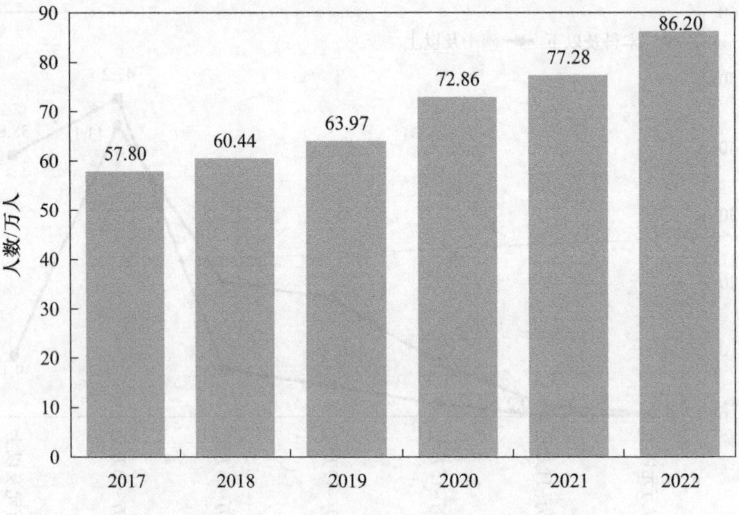

图 3　2017—2022 年我国硕士及以上毕业人数

我国留学生人数在新型冠状病毒（简称新冠）疫情暴发前的 2019 年达到历史最高值 70.4 万人。2020 年因全球新冠疫情影响，出国留学人数骤减至 45.1 万人，在 2022 年回升至约 66.2 万人，基本回归到疫情前水平，预计未来还会保持增长趋势（见图 4）。同时，大部分出国留学人员毕业后，会回到国内工作。根据 2019 年教育部公布数据，留学回国人数达 58.0 万人，回流比例超过八成，达 82.5%。另据教育部留学服务中心发布的《2022 中国留学回国就业蓝皮书》，

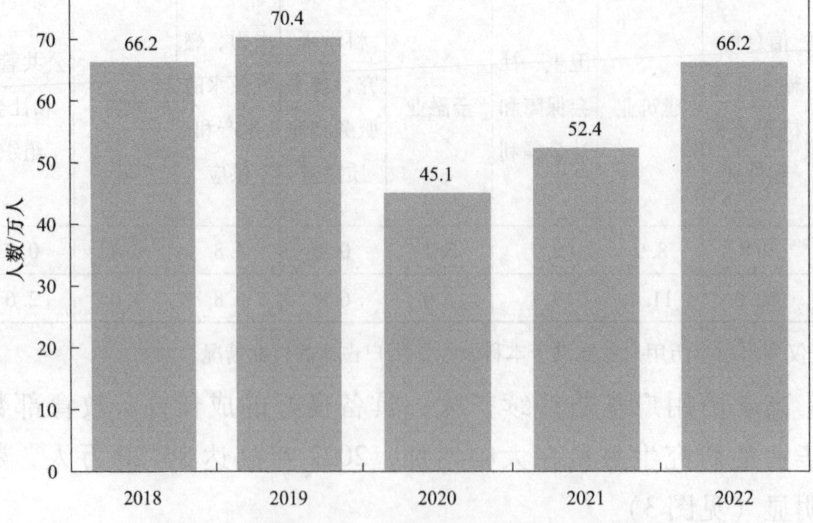

图 4　2018—2022 年我国出国留学总人数

留学回国人员大多数具有硕士学位（占比 76.0%），其次是博士学位（占比 15.8%）。也就是说，增长中的出国留学回流人员，大部分属于高学历人才，高学历用户的基数巨大，且具备良好的成长性。

三、高学历用户给自主品牌高端化带来机遇和挑战

毫无疑问，高学历用户购车更重视品牌，也就是说，品牌对他们决策的影响程度更高。但他们选择品牌的依据更加客观、多元，不会盲目从众。他们更多考虑该品牌产品的质量、性能以及核心部件的技术，而非品牌知名度、性价比和千人保有量（见图 5），给有实力的新品牌提供了机会。

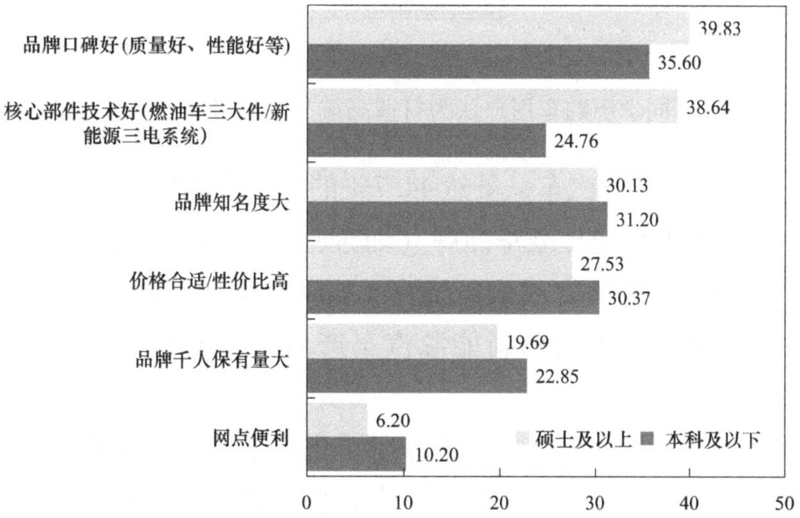

图 5 不同学历购车用户衡量品牌的标准

高学历用户对自主高端品牌（如红旗、领克、WEY、星途、岚图、智己、极氪等）的接受度更高，接受比例达 44.7%，高于总体 2 个百分点。对高学历用户来说，打造高端品牌可以有多个角度和切入点，如引领性的核心技术、做工精致、用料上乘、尊享服务、产品设计风格新颖、品牌文化、理念独特、品牌形象良好、有人格魅力的领导人等（见图 6）。

以上角度，均给自主品牌高端化提供了诸多的机会，但同时自主品牌也面临诸多挑战。第一，高学历用户对自主品牌的态度不坚定，对自主品牌“无所谓，可能会买也可能不会买”和“有些接受，可能会买”的比例高于总体，分别为 36.9% 和 11.7%，而“完全接受，肯定会考虑购买”的比例远低于总体，为 29.1%，低于总体 20 个百分点；第二，在新能源汽车领域对传统豪华品牌仍

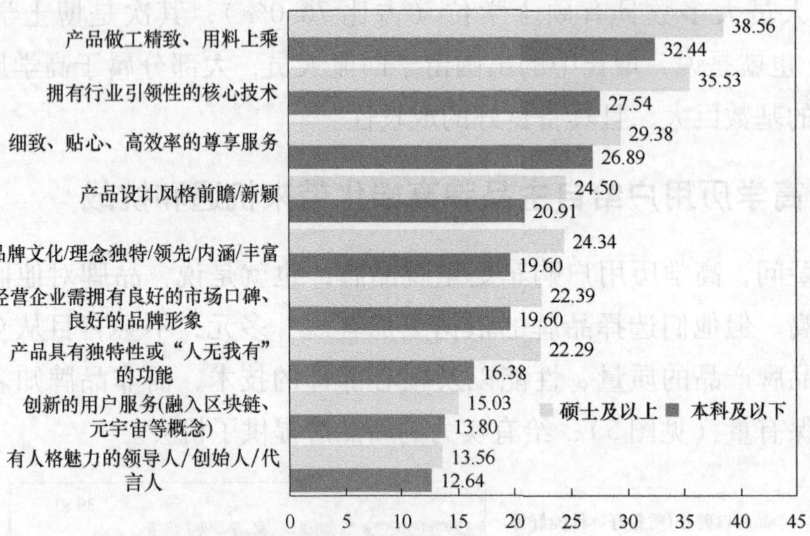

图 6　不同学历购车用户认为打造高端品牌的必备条件分布情况

有较高期待，对于新能源汽车，虽然 44.7% 的高学历用户会考虑自主高端品牌，但同时仍有 30% 的人会选择豪华品牌（如奔驰、宝马、奥迪或其他更高档次的品牌），29.3% 的人会选择二线豪华品牌（如凯迪拉克、沃尔沃、雷克萨斯等），一旦这些品牌出现有竞争力的新能源汽车产品，自主高端品牌仍会面临较大挑战。

综上所述，高学历用户给自主品牌高端化带来了诸多机遇。如果能抓住这个极具潜力的高净值人群，将有利于优化品牌形象，并对其他群体形成示范效应，助力汽车企业实现市场销量与品牌形象的双丰收。但实现这一目标，也对品牌和产品提出了更高的要求，建议汽车企业应当足够重视，并采取有针对性的措施，以抢夺这个新的高净值用户群体。

（作者：张文评）

用户用车场景研究的几点思考

随着“互联网+”概念的兴起，各行各业已将“场景思维”广泛应用于商业领域。在汽车行业中，伴随汽车产业变革和供需变化，场景作为“用户思维”的载体，也受到了前所未有的关注。

一方面，在供给端，“新四化”发展打破了外资企业长期以来构建的壁垒，让传统意义上“好产品”的门槛变低，企业有条件也更需要开辟新赛道进行创新；另一方面，用户开始觉醒，年轻人对产品的认知方式变了，中年人进入再购阶段后选车也更理性成熟，卖方市场变成买方市场，用户时代来临。在这种背景下，企业只有站在用户的角度制定策略，才有机会做出差异化的产品和体验，进而在越来越同质化、内卷的时代中脱颖而出。

一、场景研究的价值是什么

场景是实现“用户思维”的有效手段，场景研究的始点是人，因为人的现实处境、价值取向、生活方式决定了其用车场景和需求的典型性。寻找和确认目标用户，通过他们的用车目的、旅程和行为，感知其用车特征，进而挖掘用户需求、定义用户体验。因此，场景研究的前端与人群链接、中端与需求链接、末端与产品配置和功能链接，几乎贯穿了围绕产品的所有基础研究，在产品规划、定义、开发、验证、改进等不同阶段发挥作用。另外，场景研究因为有了时空、环境、人的关系和互动，可以直接与用户行为、情感链接，更容易产生代入感、直达人心，可以更好地在营销时与用户形成情感上的沟通和共鸣，从而促进购买。图1所示为场景在汽车产业界的应用历程。

正是因为这样的价值，企业在打造差异、寻求突破时越来越依赖场景与体验的挖掘，基于场景定义的产品不断增多，可以预见，未来企业对场景体系的研发和应用会愈发强化。

二、场景该如何定义

“场景”这个概念，不同人的理解存在很大差异，去郊区露营是场景，露营

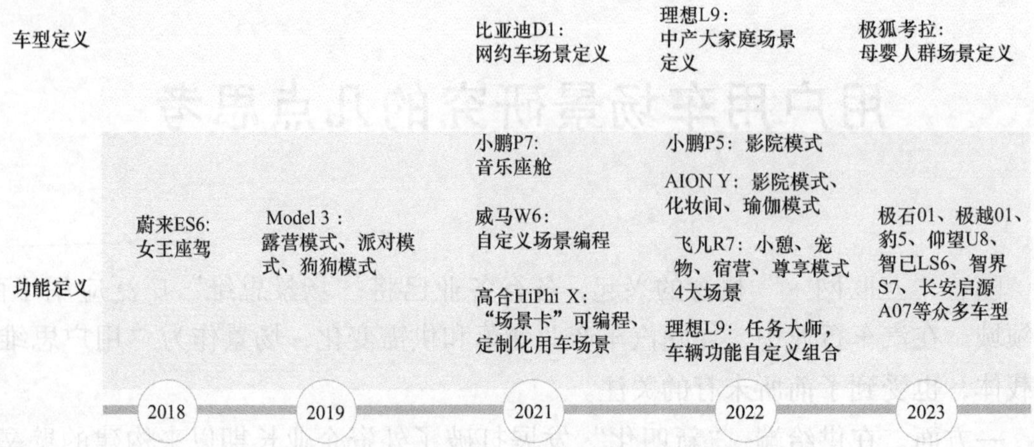

图 1 场景在汽车产业界的应用历程

出发之前将食材放到车上也是场景，但显然它们的层次并不相同。

笔者认为，在更宏观的维度上，用途属于一级场景，即上下班通勤、短途自驾游、车边露营、长途自驾游等。一级场景下，在出发前、上车时、驾乘中、停车时、离车后的各个旅程中，包含了很多的行为动机，如露营出发之前将露营食材放到车上，我们称为二级场景，即一级场景包含了很多的二级场景，二级场景是对一级场景的拆分和细化。多数二级场景即行为动机的产生来自于不同车内人员，或由特殊事件、特殊环境变量带来的，比如由于下雪天带来清理车辆雪霜的行为动机，由于车辆发生了故障带来维修车辆的行为动机……这里的人员变量，即车上成员的属性，包括老人、孩子、爱人、朋友、客户等。环境变量主要包括时间、天气、路况等。一级场景作为用车特征，可以更好地链接用户，如一个奶爸，他重要的一级场景大概率是上下班、接送孩子、带全家旅行；二级场景可以传递用户需求，进而定义功能体验，如奶爸周末送孩子踢球，一般会在车里等待较长的时间，舒适的躺姿和环境氛围就成了重要需求，围绕这一场景，结合用户行为及期待，可以完成对座椅、灯光、娱乐等方面的体验定义。

三、场景研究的关键点是什么

笔者认为，一个好的场景研究必须面对和处理好以下三个难点：一是清晰地定义目标用户；二是有效捕捉用户的关键场景和需求；三是针对需求进一步打造领先的体验。

1. 清晰地定义目标用户

当我们讨论目标人群时，通常是一个相对宽泛的范畴，如收入10万～15万元、20～25岁年轻单身用户，这种宽泛的界定不符合场景研究的标准，因为这批人不是铁板一块，首先从性别上，男女用车场景就会有明显差异，在城市级别上也会分层，形成不同的生活方式。因此，合理的目标人群定义应对相对宽泛的人群进一步细分，细分指标可以是年龄、性别、收入、学历等客观属性，也可以是价值观、消费观等情感属性，还可以是用途、偏好、动机等购买和使用属性。人群分类后再结合规模、未来趋势、与企业调性的匹配性等维度选择目标用户。

2. 有效捕捉用户的关键场景和需求

在定义目标用户之后，如何才能找到他们的场景和需求呢？目前常用的方式有三种：一是让用户代入到当时情景、引导式地询问用户在各个旅程下的行为动机、用车痛点等；二是验证式的询问，这就要求前期有比较多的研究积累，如初步形成一套场景—需求库，根据用户特点预设场景并在深度访谈时加以验证；三是为用户提供一些现实车型上的功能案例作为刺激物，看用户代入的场景和态度。此外，获得用户场景和需求后，通过车边确认、二次深度访谈等方式，可以获得更多有价值的信息。

对于捕捉到的这些场景和需求，为了理解其重要性，还需要将当时的详细背景、动机、具体操作、情绪和感受丰富起来。比如一个工作忙碌的程序员，工作一天下班后身心疲惫，回到家把车停好后如果有时间，会把座椅放倒成半躺的状态，开启座椅按摩和通风、调暗灯光，放一点轻音乐或者自然音，把一天中来不及看的信息都翻一翻，同时也理清一下思路、赶走坏情绪、让紧张的精神放松下来。通过这种方式，我们对用户需求的强烈程度以及体验要求都有了很好的把握。

此外，场景和需求的确认需要科学合理的定量工作来完成，即定性获得目标用户的场景和需求后，还需要通过大样本的定量测试确定相关需求的重要性，从而更准确地评估需求的重要程度，得到用户最为重要和关键的场景和需求。

要想识别场景和需求的重要性，有三个指标是最有效的，即场景的发生频率、需求重要性和体验满意度，可以把场景的相对重要性分成五级（见图2）。

第一级，用户认为重要的需求，如果体验满意度高，则可理解为必备型需

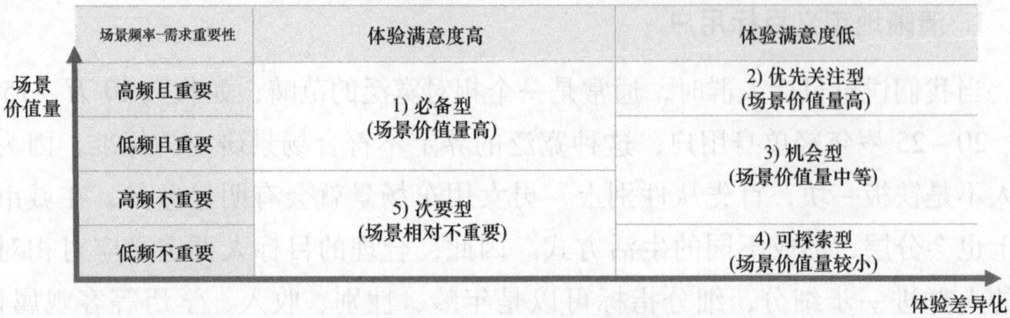

图 2　场景/需求分析模型

求，企业起码要做到行业基准水平；第二级，场景发生频率高的重要需求，如果目前体验较差，则存在市场先机，值得优先关注；第三级，场景频率低但重要的需求，或者场景频率高但重要性相对低的需求，如果体验满意度低，说明存在痛点，也有机会，重视程度低于前两类；第四级，场景发生率低且需求重要性相对低，但如果目前体验存在痛点，可能存在结构性机会，值得进一步探索；第五级，需求重要性相对低，且目前体验满意，这类需求相对次要，往往可以妥协，可以最后关注。

3. 针对需求进一步打造领先的体验

针对用户的关键场景和需求，往往需要进一步定义更具创新性的体验获得竞争力，行业里的一般做法是采用共创的方式，即头脑风暴得到具体的、可以落地的创意点和体验原则。创意的参与者包括有相关场景体验很极致的用户，以及相关专业甚至跨领域的专家。

体验创新不应该全部寄托在用户身上，用户可以表达需求，但其想法有限，真正的体验创新还是要靠工程师和研发团队来完成。

总结来看，场景在汽车产品研究中正变得愈发重要，但场景是一个非常复杂的话题，需要持续的研究和积累。国家信息中心从 2018 年开始进行场景研究，在人群分类、场景体系建设、深度定性洞察、定量执行和分析、人车场景的贯通等方面积累了较多经验，形成了比较完善的场景研究体系，未来也会持续深化、迭代，让场景研究发挥其价值，与行业同仁一起助力汽车企业相关工作的开展。

（作者：张晓聪　张桐山）

中大型 MPV 的电动化机会前景分析

在当前经济放缓的社会背景下，我国整体乘用车市场呈现下滑态势，但是中大型 MPV[㊀]市场逆势上涨，利好因素来自供需两端。在需求端，三胎政策出台后带来家庭结构扩大化，同时人口老龄化、新型冠状病毒（简称新冠）疫情下生活方式的改变，都带来了新的家用需求。在供给端，近期有多款电动化 MPV 新产品都主要投放在中大型 MPV 市场，也在短期内利好中大型 MPV 市场。

未来人群结构变化和整体市场电动化趋势，都将促进中大型 MPV 的家用需求进一步扩张，并带来多样化的电动化机会。

一、中大型 MPV 市场用户特征

中大型 MPV 的用户群体包括家庭用户、机构用户和营运用户，2022 年三者比例分别为 60.7%、37.2%和 2.1%。机构用户比例较高是中大型 MPV 用户结构的一大特点，作为对比，在乘用车总体用户中，机构用户占比只有 9.4%（见图 1）。

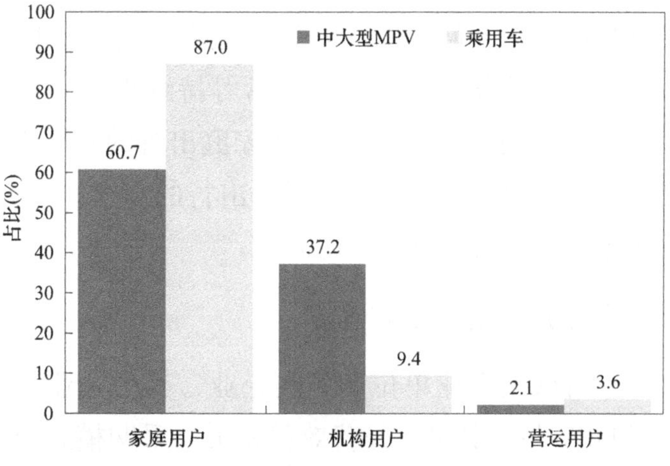

图 1　2022 年乘用车和中大型 MPV 用户构成

㊀ 本文所述中大型 MPV 是指 B 级及以上的 MPV，一般为车长 4700mm 以上、轴距 2800mm 以上的 MPV 车型。

1. 家庭用户的特征与偏好

近年来，家庭用户对于乘用车的使用场景日趋多样化，大致可以分为传统家用、休闲家用、商务接待和客货两用四大类场景。根据历年新车购买者调查数据中的使用场景数据看，家用场景占比最大，其中传统家用占比相对稳定，而休闲家用的占比在持续增长，且不断丰富细化。在商用用途中，商务接待占比相对稳定，客货两用的占比在下降（见图 2）。

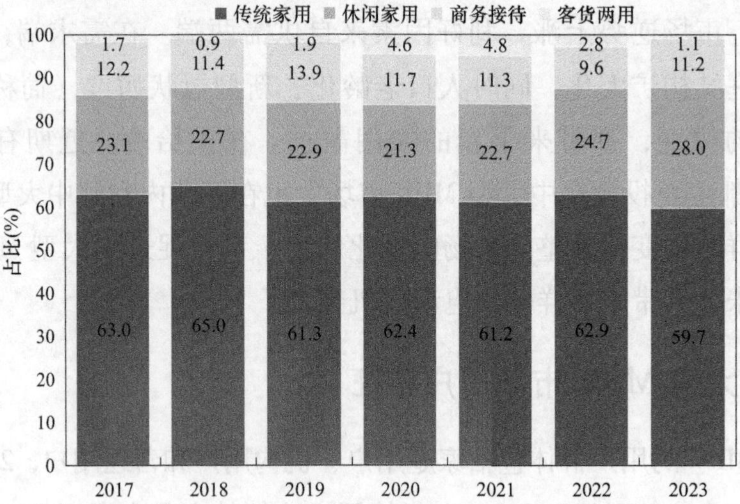

图 2 2017—2023 年乘用车市场各使用场景占比变化

在经济放缓的背景下，人们更加回归家庭生活，新冠疫情一定程度上也改变了人们的生活方式，个性化的近郊游、露营等持续火爆，特别是高频短途的“微度假”未来仍有较大增长空间。同时，大家庭出行的频率也在增加。多胎家庭、多人口家庭、居住较近的大家族都有联合出行的需求。中大型 MPV 的兴起正是迎合了多样化休闲和多人出行的家用需求。

2. 机构用户与营运用户的特征与偏好

机构用户主要包括机关事业单位和各类企业，其中企业是需求主体。中大型企业采购中大型 MPV 与业务量、经营效益相关，采购模式分自购及以租代购两种，多数机构以替换为主，近年来千人保有量较为稳定。用车场景主要是商务接待和业务使用，需求单一，倾向合资成熟品牌，对新能源汽车接受度较弱。小微型企业随老板偏好差异较大，普遍一车多用，需求多样化，采购灵活，可接受新能源汽车，需求偏好接近于家庭用户。营运用户目前规模小、市场地位低，购买车型集中，以自主品牌为主，纯电动汽车占比较高。

二、中大型 MPV 市场发展前景

1. 整体市场发展前景

2017 年以来，中大型 MPV 市场地位止跌回升，特别是 2020 年之后份额和增速显著提升。中大型 MPV 市场地位提升是需求大型化和 MPV 偏好提升共同作用的结果，其中 2020 年以来主要是 MPV 偏好提升起主要作用，在 2023 年叠加供给推动，有加速迹象。

在需求偏好方面，近年来消费者对出行舒适度、便利性、专属空间的关注显著上升，MPV 从载人多的实用型需求向追求舒适性的非刚需用户享受型需求拓展，其影响具有可持续性。

在供给方面，2020 年以来上市新车型明显增加，特别是一批宜家宜商的 MPV 产品进一步推动偏好提升，短期作用较大。以比亚迪腾势 D9 为代表的新能源汽车因其高颜值、高性价比等特点，再加上一些新能源汽车的特征和无里程焦虑的优势吸引了一批家用和家商兼用客户，是中大型 MPV 市场敢于突破和创新的典范。

未来中大型 MPV 的需求趋势受购买能力、车型供给、需求偏好、用户构成四方面因素影响。

家庭用户需求将持续较快增长，近期因供给推动增速尤快。①在收入方面，未来居民收入增速仍较快，高收入人群较快增长，推动家庭购买中大型车比例持续上升；②在供给方面，中大型 MPV 竞争强度低，近 3 年上市车型多，特别是电动车型集中上市，将继续推动该市场快速增长，但受市场效率低的影响，长期受供给推动的作用有限；③在需求偏好方面，在经济放缓、新冠疫情后重视家庭、追求舒适等因素推动下，MPV 偏好持续上升，但是 MPV 还不具备替代其他车型的条件，偏好不会大幅提升；④在用户构成方面，随着生育政策堆积效应的释放，多人口家庭增速将放缓，同时商用群体中个体户比例持续下降，对中大型 MPV 提升的作用有限。

机构用户需求将继续呈现增长趋势，但受机构收入增长和机构数量扩张减缓的影响，增速将低于家庭市场。

营运用户需求受居民收入提升和旅游业在新冠疫情后反弹的影响，经历快速反弹后增速放缓。

综合来看，中大型 MPV 市场总需求将持续较快增长，到 2030 年总规模将突破 130 万辆，占乘用车的比例从 2022 年的 2.9% 提升到 2030 年的 5.0%（见图 3）。

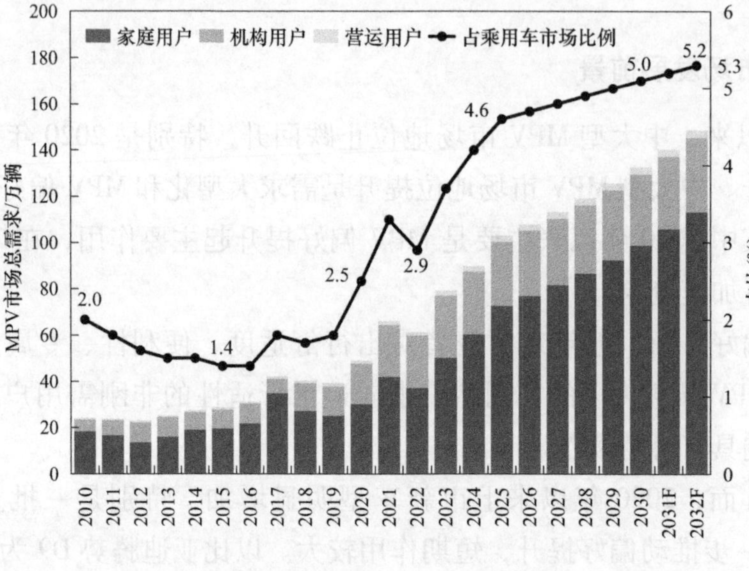

图 3　中大型 MPV 销量及占乘用车市场比例预测

2. 细分市场发展前景

从动力类型看，未来 10 年，中大型 MPV 的新能源渗透率将较快提升，前 5 年受供给推动，提升较快，后 5 年主要由需求推动，提升较慢。在新能源中大型 MPV 内部，在电池技术和充电技术未发生革命性突破的情况下，未来插电式混合动力、纯电动都将呈现快速发展，燃油中大型 MPV 将呈下降趋势。

从级别看，C 级 MPV 比例将保持高位，但 2023—2025 年 C 级 MPV 份额略有下降，主要原因是两款 B 级车，包括比亚迪登陆舰和日产 MPV 上市，对 B 级车有一定的拉动作用。但 2025 年以后市场趋于平稳，C 级 MPV 占 75%，B 级 MPV 占 25%。其主要原因有以下三点：一是 MPV 流行趋势从 C 级车向下延伸，为差异化竞争，B 级车供给增加；二是一些中低收入家庭认为 B 级车适合家用；三是家庭小型化是长期趋势。

从价位看，未来十年需求将继续向 20 万～50 万元集中。主要受到三方面因素影响：①购买力方面，随着居民收入的提升，购买力提升导致购车价格总体呈现上升趋势；②用户构成方面，家庭用户比例上升将导致价位有所下移，但家庭用户中高购买力人群比例上升，将减缓价格下移，最终集中于中等价位；③供给价格方面，电动车型需求比例提升，但整体价格下探，将使需求向中间价位集中。B 级 MPV 需求有所上升，使得低价位市场仍然保持一定的份额。

三、中大型 MPV 市场电动化产品机会

中大型 MPV 市场的各个价位均存在电动化的机会，未来产品形态主要受两方面因素推动：电动化和人群结构变化。

1. 电动化推动的产品方向

中大型 MPV 的终极发展方向是单厢化、“All in One”。其中，单厢化设计是指，将车的 A 柱底部向前拉伸，使车厢和发动机舱盖连为一体，用车头与车身的整合来实现单厢化的形体。单厢化可以实现内部空间利用率的最大化，汽车的形体设计将会朝着单厢化的外饰造型和场景化的内饰设计两个方向迈进。

未来，中大型 MPV 可以在内部空间可变性/舒适性、配置丰富度和体验效果两方面做产品探索。

（1）内部空间可变性/舒适性　首先，厂家可以将座椅设计成可拆卸、可折叠，积木式随意变换。以“百变空间王”丰田赛那为例，它的座椅可以做到多种模式随意切换。如果是 4 人出行，可以把后排座椅折叠收纳，变成宽敞无比的 4 座车；第 3 排右侧座椅放倒，可以变成 6 座车。每一个位置都灵活自如，也可以变成 5 座车，还可以变成“2 + 2”模式来放置长形物件，“2 + 0”模式则满足大空间和拉货需求（见图 4）。

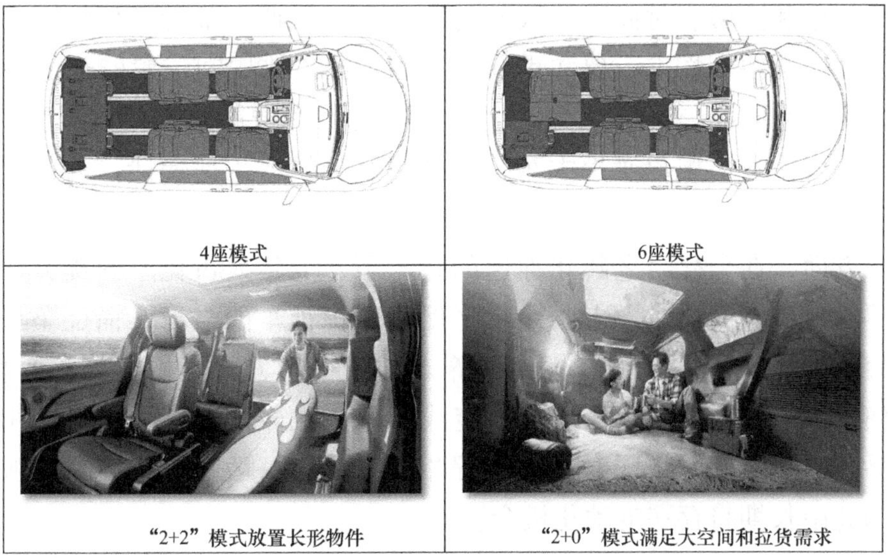

图 4　丰田赛那座椅模式示意图

其次，新能源汽车时代消费者的购车观念也发生了很大的变化，他们会将汽车当成出行场景中的一分子，场景也在不断细分，需要多场景的模块化变换。厂家可以参考主要用户的使用场景，在产品中设计模块化的内饰布局。比如，独处休闲场景下的钓鱼模式、喝茶模式，全家人休闲场景下的露营烧烤模式、小型房车改造，以及静态第三空间场景下的儿童嬉戏空间、家庭影院、家庭KTV、移动办公室、迷你餐吧等。

（2）配置丰富度和体验效果　根据调查数据，除了舒适性，中大型 MPV 用户更偏好可以提供科技感、档次和生活便利的配置。多数家庭以一辆车为主，需要功能集合性和使用个性化的统一，未来对车的要求会越来越和房子趋同，消费者需要大尺寸的移动生活空间。“冰箱、彩电、大沙发”的配置，“All in One”将会是未来汽车内饰和配置的发展方向。另外，用户更倾向于原厂改装，因此厂家设计时可以留足插槽、接口，方便和鼓励用户进行配置 DIY。

2. 人群结构变化推动的产品方向

老龄化和女性购车兴起，将会为中大型 MPV 市场带来新的购车人群和新的需求。

一方面，中大型 MPV 用户中女性占比将不断提升。相对男性而言，女性用户更在意智能驾驶、品牌和载人空间，作为宝妈的智能保姆车，一般是家庭第二辆车，特点是纯生活化的家用需求和更多带娃出行场景。厂家可以从外观和内饰、空间便利性、智能驾驶三方面着手，打造女性 MPV。在外观和内饰上，打造女性颜色和温馨、时尚、精致的内饰造型，强调内部的环保性，并配备中控大屏。在空间便利性上，要注重前排空间、第二排中间位置的舒适性（地板平整性、腿部空间）、行李舱空间和座椅可变性。在智能驾驶上，注重安全性方面的配置，方便女性用户操控大车，做到交互便捷、生活便捷、驾驶便捷和行车安全。

另一方面，在全社会老龄化加速的背景下，老年人占比不断提升，大家庭出行将更多考虑老人需求。老龄化下将促进对福祉车的需求，福祉车具有多功能性的旋转型座椅，厂家可以优先和养老助残机构、国有租赁公司合作开发。福祉车使用场景上相对固定，定点、定线场景占比较高，特别是机构用户更明显，容易解决充电问题，同时行驶里程相对可控，一般在市内使用，城际使用较少，因此中长期将存在电动化机会。

（作者：李姝萍）

从我国家用汽车需求偏好看市场潜力及竞争演变

我国乘用车市场自2003年开始逐渐进入家庭，此后经历了十几年的快速增长阶段，但在千人汽车保有量接近150辆之后，叠加金融危机、新型冠状病毒（简称新冠）疫情等因素，乘用车市场进入平台期，2018—2023年年均增速为-0.9%（见图1）。2023年随着新冠疫情防控的转变，我国经济开始逐渐恢复，但也仍面临国际、国内的各种压力，全年乘用车市场需求预计也只有3.6%左右的增长。我们不禁会问，我国的乘用车市场需求还有潜力吗？还有多大潜力呢？回答这个问题会牵涉到未来整个经济社会发展的方方面面，需要系统化的研究才可以。本文只是基于调查研究，从我国家庭汽车需求意愿的角度去探究未来我国乘用车市场需求可能的潜力。

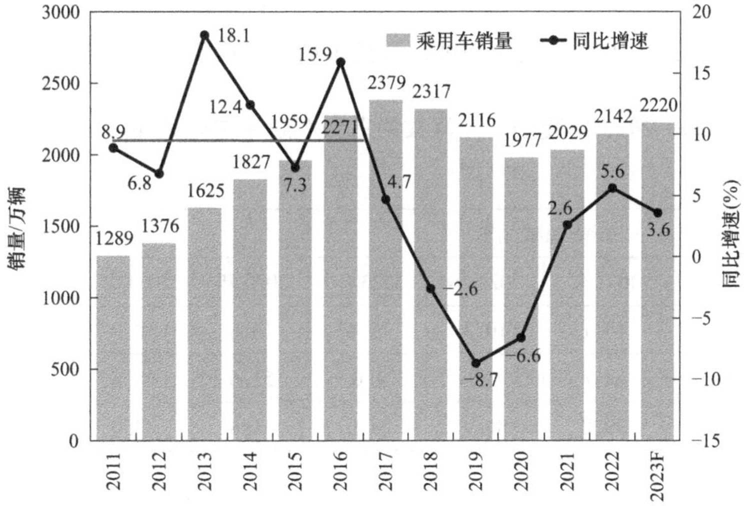

图1　2011—2023年我国乘用车销量（内需口径）及同比增速

此外，虽然近年来乘用车总体市场陷入了平台期，增长乏力，但是新能源乘用车市场却连续实现跨越式发展，2023年全年将实现768万辆的销量水平，同比增长30%（见图2）。而在新能源乘用车市场中，自主品牌占比遥遥领先，整体竞争格局和燃油车市场有显著差异（见表 1）。电动车在智能化加持之下，带给消费者全新的体验感受，新势力企业在这方面走在前列，搭载鸿蒙智能座舱和华为高阶智能驾驶的问界新款 M7 发布仅两个多月便有 10 万辆大订单，深得用户喜爱。智能汽车的发展推动消费者对汽车产品的整体定位提出了更高的要求，不再满足于遮风挡雨的代步工具，而是有更多层面的诉求。消费者品牌认知和汽车观念的变化，也必将对市场竞争格局产生深刻影响。

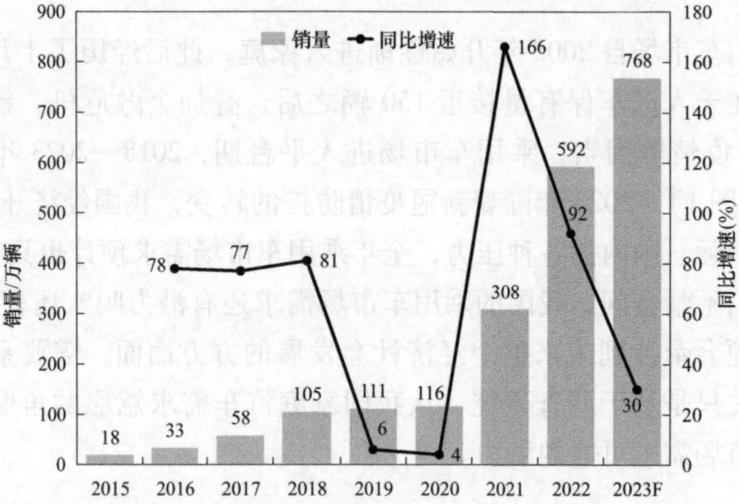

图 2　2015—2023 年我国新能源乘用车销量（内需口径）及同比增速

表 1　2020—2023 年我国新能源乘用车和燃油车市场分品牌类型竞争格局

（%）

品牌类型	新能源乘用车				燃油车			
	2020 年	2021 年	2022 年	2023 年	2020 年	2021 年	2022 年	2023 年
豪华	17.7	14.1	10.3	11.4	16.6	18.2	18.7	20.0
合资	8.5	6.0	4.8	4.6	51.6	48.8	50.6	48.1
自主	73.8	79.8	84.9	84.0	31.8	33.0	30.7	31.8

一、我国家用汽车市场的需求潜力还非常大

我国尚处于家用汽车普及阶段，很多家庭还没有拥有过汽车，老百姓想要拥有一辆自己的汽车的梦想仍旧强烈，从笔者对我国家庭拥车意愿的调查结果来看，我国家用汽车的需求潜力很大。

1. 从长远看，家用汽车达到饱和还有很大空间

2023 年，我国家庭乘用车保有率达到 41%，复数保有率是 5% 左右，与日本、英国、美国等国家相比，还有很大差距（见图 3、图 4）。

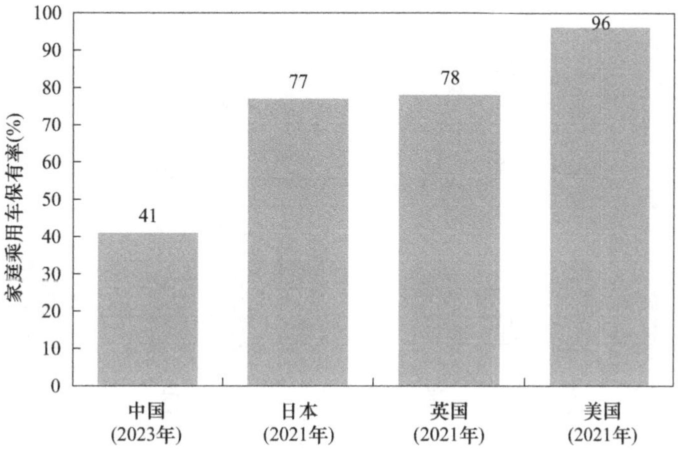

图 3　我国与日本、英国、美国家庭乘用车保有率对比

（注：日本、英国、美国数据来源于 2021 年各国统计局，下同）

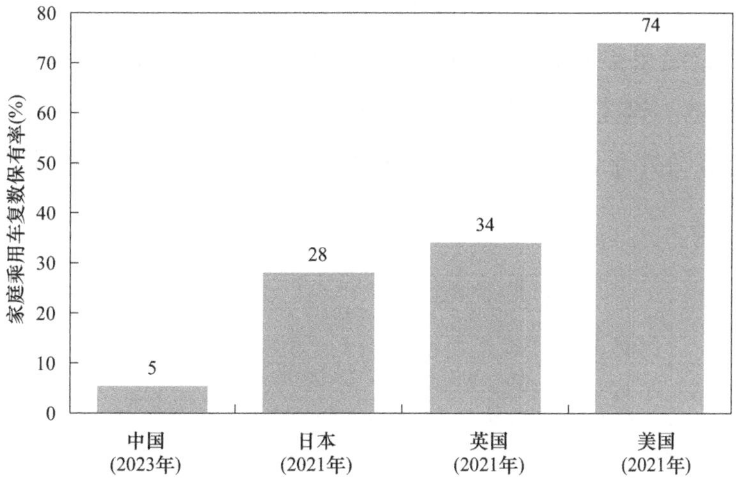

图 4　我国与日本、英国、美国家庭乘用车复数保有率对比

笔者调查结果显示，我国家庭乘用车理想保有量为 0.88 辆/户，但目前实际只有 0.46 辆/户，这其中还有很大的增长空间，未来发展潜力大。不同区域存在差异，西部、三线和农村增长空间尤其大（见图 5）。而从家庭生命周期看，单身家庭的理想保有数量是 0.91 辆/户，而实际只有 0.43 辆/户，有更大的

增长空间。此外，5 人及以上的多人口家庭期待保有多辆车，平均理想拥车数量在 1.3 辆/户以上，但目前不足 0.8 辆/户，增长空间大。

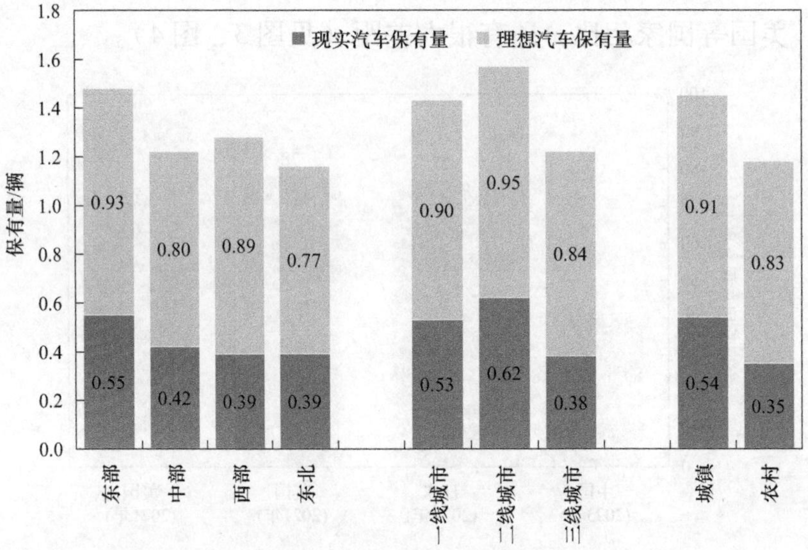

图 5　不同区域家庭的理想与现实汽车保有量对比

2. 从近期看，消费信心不足，购车欲望不强，制约潜力需求释放

2023 年调查结果显示，未来 3 年计划购车的家庭只有 18.0%，较前两年明显下降（见图 6）。这主要是因为 2022 年很多家庭的收入受到冲击，出现了下降，而当前经济尚处于恢复期，老百姓消费信心不足，大件耐用消费品的消费欲望下降。

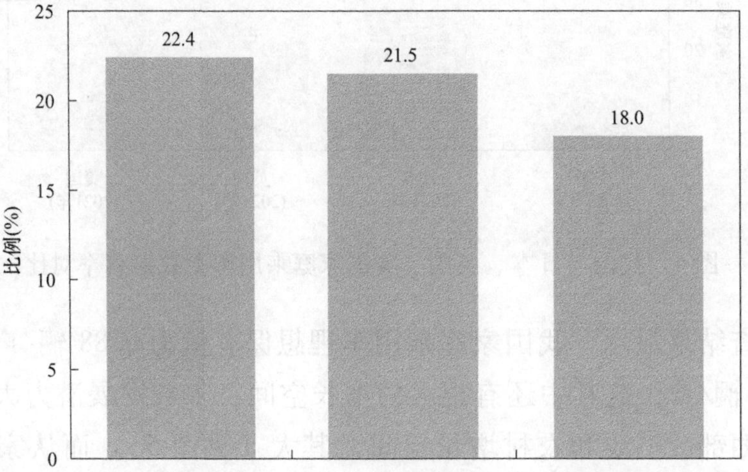

图 6　2021—2023 年在未来 3 年计划购车的家庭调查结果

从家庭收入来看，新冠疫情期间中低收入家庭受冲击较大，购车需求被制约，未来3年将逐渐有所释放和回补。但未来整体经济发展仍面临多方压力，中高收入家庭的消费信心不足，汽车消费欲望有所下降（见图7）。这部分家庭以换购和增购为主，但受新冠疫情和经济形势影响，近年来新车更新周期明显延长，以往为6~7年，目前已经在9年以上了。

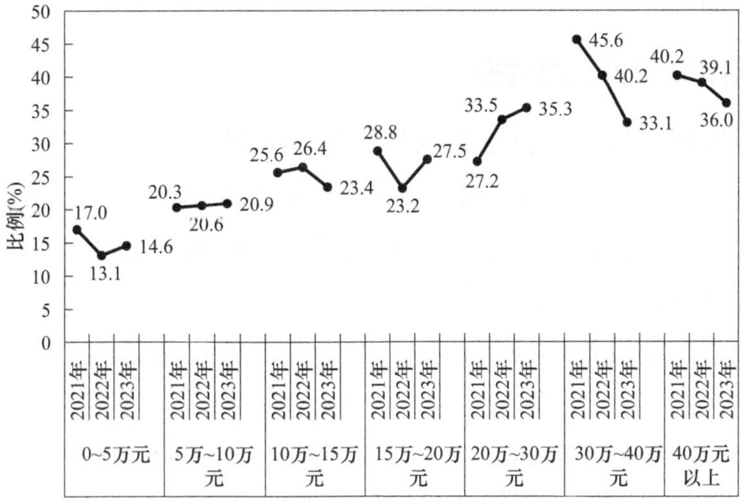

图7 不同收入家庭未来3年计划购车的比例

3. 促进汽车消费，短期在于提升消费信心，长期在于区域协调发展和共同富裕

短期促进汽车消费，关键是要让老百姓树立起对经济长远发展的信心。此外，目前我国已经进入乘用车再购阶段，再购占比超50%。而二手车产业的规范运行和健康发展将有助于推动整体汽车需求的提升。

从长远看，各区域、各经济能力的家庭间理想乘用车保有量差异不大，但当前保有水平有较大差异，这主要是经济水平的差异所致。未来如何更好地推动区域协调发展和共同富裕，将决定着整体汽车需求水平达到何种高度。此外，单身家庭和中老年家庭当前的乘用车保有量比较低，且在未来晚婚、晚育以及老龄化的大趋势下，这些家庭的比例还会不断攀升。这些家庭主要受制于经济能力和驾驶能力，如果未来可以推出更有针对性的产品以及进行恰当的牌照、驾照政策优化，将有助于推动汽车需求提升。

二、电动化、智能化将推动竞争格局深刻变革

在电动化、智能化趋势下，我国老百姓对于汽车品牌的认知相较以往发生了重大改变，自主品牌的认可度大幅提升。在新趋势下对于汽车的产品定位也提出了更高的要求，汽车已经不仅仅是交通工具，而这必将对汽车市场竞争格局产生深远影响。

1. 自主品牌认可度大幅提升

笔者调研发现，过去“自主即低档”的刻板印象在弱化。自主品牌凭借新势力企业以及传统自主品牌推出的高端子品牌在新能源汽车市场打了一个漂亮的翻身仗，此前消费者认为自主品牌只是模仿，但现在已经是超越了，原有的低档、劣质等刻板印象在逐渐弱化。

自主高端品牌的设计感得到认可，用消费者的原话来讲，“至少显得高端了，有点儿档次了”，且消费者认为这些新品牌都有较清晰的定位，更加细分客户群体。但是，消费者也反映自主高端品牌在功能体验和服务方面还有提升空间，也担心匆忙切换赛道，后续的企业投入和发展能否跟上。

而新势力品牌的档次、服务和体验深受好评，用几个关键词来描述的话，就是创新的、智能的、用户导向的。过去两年，众多新势力品牌经过激烈竞争、优胜劣汰之后，以蔚来、理想、小鹏为首的品牌逐渐站稳脚跟，且中、高端的定位也得到普遍认可。但在这个过程中也有不少新势力品牌逐渐被淘汰，消费者对新势力的整体认知还是觉得它们没有自己的工厂和母公司背书，担心倒闭，不少人在购车选择时也还是有些顾虑的。

2. 智能化的发展推动消费者改变对汽车产品的角色定位

依据汽车智能化水平把汽车角色分为三个阶段：第一阶段是交通工具；第二阶段是较为智能化的交通工具；第三阶段是智能移动终端。那么消费者普遍认为目前绝大多数的电动车都属于第二阶段，且新势力品牌和搭载华为系统的车型更前瞻一些，已经开始走向第三阶段了，但燃油车更多的还是处于第一阶段。

如果单就汽车作为交通工具而言，那么用户对它的要求体现在安全保障、质量可靠、省油经济和操控动力等方面。但是在汽车产业智能化应用愈发深化的趋势下，前瞻消费者乃至主流消费者已经不满足于这一点了，他们还期待汽

车除了作为遮风挡雨的交通工具之外，能够借由智能技术，进一步提升在便捷、安全、舒适、娱乐等方面的能力，这也是为什么消费者认为当前传统品牌的燃油车产品有点落后于时代的主要原因，也是为什么新势力品牌虽然资质浅、经验弱，却能够跻身于中高端品牌的原因。

未来，消费者对智能汽车还有更高期待，期待它能够进化为智能移动终端，可以自主学习、自动进化，能够与生活的各个方面互联。而汽车比手机有更大的空间，所以在产品发展上也有更大的想象空间。在这个方面，消费者对于苹果、华为、小米等企业有更高的期待。

总之，随着人工智能的快速发展以及在汽车上的应用逐步深化，将推动消费者对于汽车产品的定位逐渐发生变化，纯粹的交通工具已经不能满足用户诉求，他们期待汽车向智能移动终端发展。这种定位的变化将会导致竞争格局的深刻改变，智能化领先的品牌已经抢占先机，其他企业需尽早布局。

（作者：黄玉梅）

附　　录

附录 A　与汽车行业相关的统计数据

本附录各表中全国性的数据均未包括香港、澳门特别行政区及台湾省的数据。

表 A-1　主要宏观经济指标（绝对额）

指标	2015 年	2016 年	2017 年	2018 年	2019 年	2020 年	2021 年	2022 年
现价国内生产总值（GDP）/亿元	688858.2	746395.1	832035.9	919281.1	986515.2	1013567.0	1149237.0	1210207.2
全社会固定资产投资/亿元	379873.0	406406.4	431526.2	456981.0	480393.5	493208.1	517133.3	542365.7
社会消费品零售总额/亿元	300931.0	332316.3	366261.6	380986.9	408017.2	391980.6	440823.2	439732.5
出口总额/亿美元	22734.7	20976.3	22633.4	24867.0	24994.8	25899.5	33160.2	35605.4
进口总额/亿美元	16795.6	15879.3	18437.9	21357.5	20784.1	20659.6	26797.7	27095.7
财政收入/亿元	152269.2	159605.0	172592.8	183359.8	190390.1	182913.9	202554.6	203649.3
财政支出/亿元	175877.8	187755.2	203085.5	220904.1	238858.4	245679.0	245673.0	260552.1
城镇家庭人均可支配收入/元	31194.8	33616.2	36396.2	39250.8	42358.8	43833.8	47411.9	49282.9
农村家庭人均可支配收入/元	11421.7	12363.4	13432.4	14617.0	16020.7	17131.5	18930.9	20132.8
全国零售物价总指数（上年=100）	100.1	100.7	101.1	101.9	102.0	101.4	101.6	102.7
居民消费价格指数（上年=100）	101.4	102.0	101.6	102.1	102.9	102.5	100.9	102.0

注：数据来源于 2023 年的《中国统计年鉴》。

表 A-2　主要宏观经济指标（增长率）

指标	2015 年	2016 年	2017 年	2018 年	2019 年	2020 年	2021 年	2022 年
国内生产总值（GDP）增长率（不变价）（%）	7.0	8.4	11.5	10.5	7.3	2.7	13.4	5.3
全社会固定资产投资增长率（%）	1.7	7.0	6.2	5.9	5.1	2.7	4.9	4.9
社会消费品零售总额增长率（%）	10.7	10.4	10.2	4.0	7.1	−3.9	12.5	−0.2
出口总额增长率（%）	−2.9	−7.7	7.9	9.9	0.5	3.6	28.0	7.4
进口总额增长率（%）	−14.3	−5.5	16.1	15.8	−2.7	−0.6	29.7	1.1
财政收入增长率（%）	8.5	4.8	8.1	6.2	3.8	−3.9	10.7	0.5
财政支出增长率（%）	15.9	6.8	8.2	8.8	8.1	2.9	0.0	6.1
城镇家庭人均可支配收入（现价）增长率（%）	8.2	7.8	8.3	7.8	7.9	3.5	8.2	3.9
农村家庭人均年纯收入（现价）增长率（%）	8.9	8.2	8.6	8.8	9.6	6.9	10.5	6.3
全国零售物价总指数（上年=100）增长率（%）	−0.9	0.6	0.4	0.8	0.1	−0.6	0.2	1.1
居民消费价格指数（上年=100）增长率（%）	−0.6	0.6	−0.4	0.5	0.8	−0.4	−1.6	1.1

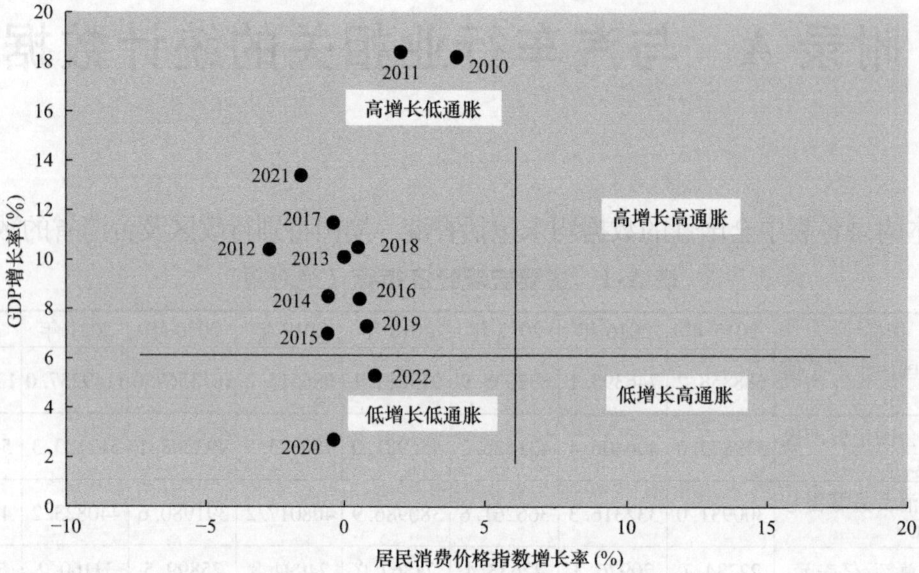

图 A-1　2010—2022 年宏观经济变化形势

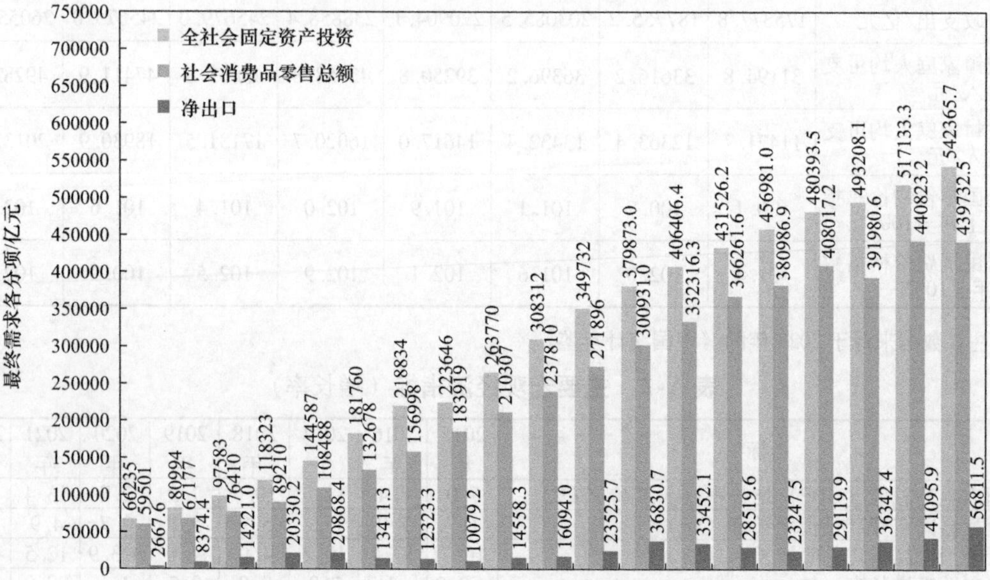

图 A-2　2004—2022 年社会消费品最终需求变动情况

表 A-3　现价国内生产总值

年份	国民总收入/亿元	国内生产总值/亿元	各产业国内生产总值/亿元					人均国内生产总值/元
			第一产业	第二产业	第二产业细分		第三产业	
					工业	建筑业		
1992	27208.2	27194.5	5800.3	11725.0	10340.2	1417.9	9669.2	2334
1993	35599.2	35673.2	6887.6	16472.7	14248.4	2269.9	12313.0	3027
1994	48548.2	48637.5	9471.8	22452.5	19546.3	2968.8	16713.1	4081
1995	60356.6	61339.9	12020.5	28676.7	25023.2	3733.7	20642.7	5091
1996	70779.6	71813.6	13878.3	33827.3	29528.9	4393.0	24108.0	5898
1997	78802.9	79715.0	14265.2	37545.0	33022.6	4628.3	27904.8	6481
1998	83817.6	85195.5	14618.7	39017.5	34133.9	4993.0	31559.3	6860
1999	89366.5	90564.4	14549.0	41079.9	36014.4	5180.9	34935.5	7229
2000	99066.1	100280.1	14717.4	45663.7	40258.5	5534.0	39899.1	7942
2001	109276.2	110863.1	15502.5	49659.4	43854.3	5945.5	45701.2	8717
2002	120480.4	121717.4	16190.2	54104.1	47774.9	6482.1	51423.1	9506
2003	136576.3	137422.0	16970.2	62695.8	55362.2	7510.8	57756.0	10666
2004	161415.4	161840.2	20904.3	74285.0	65774.9	8720.5	66650.9	12487
2005	185998.9	187318.9	21806.7	88082.2	77958.3	10400.5	77430.0	14368
2006	219028.5	219438.5	23317.0	104359.2	92235.8	12450.1	91762.2	16738
2007	270704.0	270092.3	27674.1	126630.5	111690.8	15348.0	115787.7	20494
2008	321229.5	319244.6	32464.1	149952.9	131724.0	18807.6	136827.5	24100
2009	347934.9	348517.7	33583.8	160168.8	138092.6	22681.5	154765.1	26180
2010	410354.1	412119.3	38430.8	191626.5	165123.1	27259.3	182061.9	30808
2011	483392.8	487940.2	44781.5	227035.1	195139.1	32926.5	216123.6	36277
2012	537329.0	538580.0	49084.6	244639.1	208901.4	36896.1	244856.2	39771
2013	588141.2	592963.2	53028.1	261951.6	222333.2	40896.8	277983.5	43497
2014	644380.2	643563.1	55626.3	277282.8	233197.4	45401.7	310654.0	46912
2015	685571.2	688858.2	57774.6	281338.9	234968.9	47761.3	349744.7	49922
2016	742694.1	746395.1	60139.2	295427.8	245406.4	51498.9	390828.1	53783
2017	830945.7	832035.9	62099.5	331580.5	275119.3	57905.6	438355.9	59592
2018	915243.5	919281.1	64745.2	364835.2	301089.3	65493.0	489700.8	65534
2019	983751.2	986515.2	70473.6	380670.6	311858.7	70648.1	535371.0	70078
2020	1005451.3	1013567.0	78030.9	383562.4	312902.9	72444.7	551973.7	71828
2021	1141230.8	1149237.0	83216.5	451544.1	374545.6	78741.2	614476.4	81370
2022	1197250.4	1210207.2	88345.1	483164.5	401644.3	83383.1	638697.6	85698

表 A-4　国内生产总值增长率（不变价）

年份	国内生产总值增长率（绝对额）（%）	各产业国内生产总值增长率（%）					人均国内生产总值增长率（%）
		第一产业	第二产业	第二产业细分		第三产业	
				工业	建筑业		
2005	11.4	5.1	12.1	11.6	16.0	12.4	10.7
2006	12.7	4.8	13.5	12.9	17.2	14.1	12.1
2007	14.2	3.5	15.1	14.9	16.2	16.1	13.6
2008	9.7	5.2	9.8	10.0	9.5	10.5	9.1
2009	9.4	4.0	10.3	9.1	18.9	9.6	8.9
2010	10.6	4.3	12.7	12.6	13.8	9.7	10.1
2011	9.6	4.2	10.7	10.9	9.7	9.5	9.0
2012	7.9	4.5	8.4	8.1	9.8	8.0	7.1
2013	7.8	3.8	8.0	7.7	9.7	8.3	7.1
2014	7.4	4.1	7.2	6.7	9.6	8.3	6.8
2015	7.0	3.9	5.9	5.7	7.3	8.8	6.4
2016	6.8	3.3	6.0	5.7	7.7	8.1	6.2
2017	6.9	4.0	5.9	6.2	3.9	8.3	6.3
2018	6.7	3.5	5.8	6.1	4.8	8.0	6.3
2019	6.0	3.1	4.9	4.8	5.2	7.2	5.6
2020	2.2	3.1	2.5	2.4	2.7	1.9	2.0
2021	8.4	7.1	8.7	10.4	1.1	8.5	8.4
2022	3.0	4.1	3.8	3.4	5.5	2.3	3.0

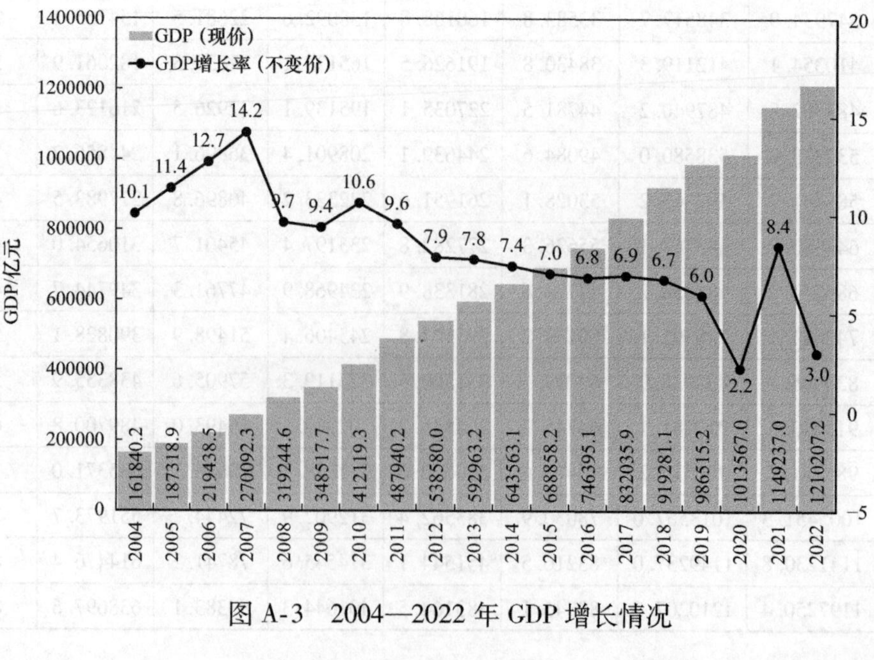

图 A-3　2004—2022 年 GDP 增长情况

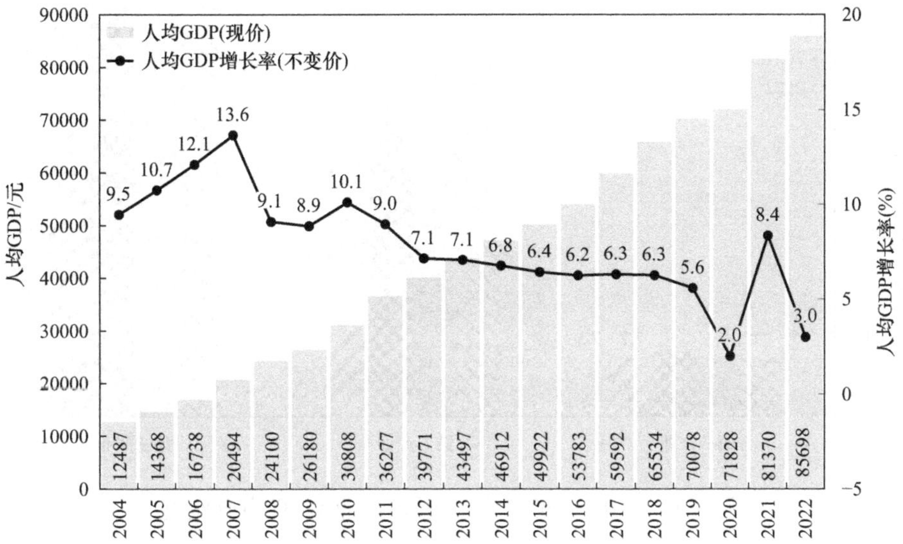

图 A-4　2004—2022 年人均 GDP 增长情况

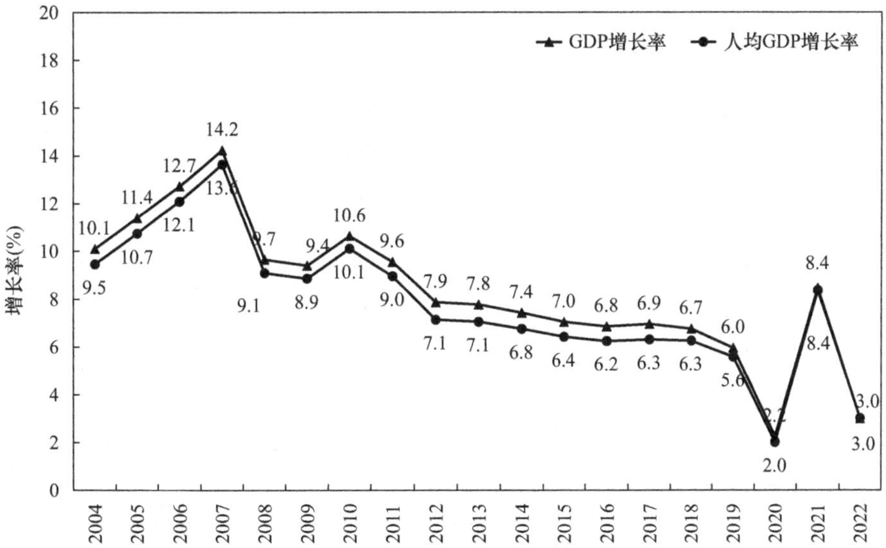

图 A-5　2004—2022 年 GDP 增长率及人均 GDP 增长率变化情况

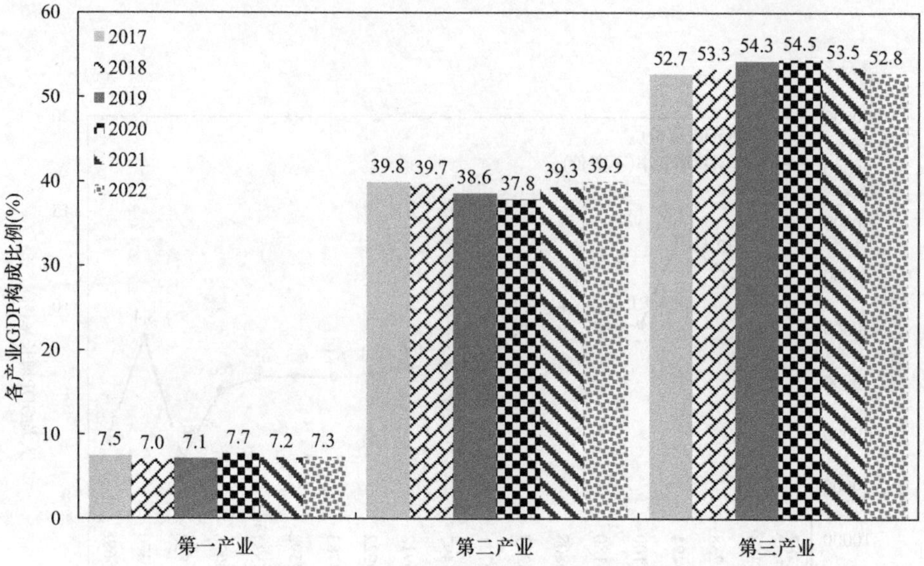

图 A-6 2017—2022 年全国各产业 GDP 构成比例

表 A-5 现价国内生产总值构成

年份	各产业国内生产总值占比（%）				
	第一产业	第二产业	第二产业细分		第三产业
			工业	建筑业	
2004	12.9	45.9	40.6	5.4	41.2
2005	11.6	47.0	41.6	5.6	41.3
2006	10.6	47.6	42.0	5.7	41.8
2007	10.2	46.9	41.4	5.7	42.9
2008	10.2	47.0	41.3	5.9	42.9
2009	9.6	46.0	39.6	6.5	44.4
2010	9.3	46.5	40.1	6.6	44.2
2011	9.2	46.5	40.0	6.7	44.3
2012	9.1	45.4	38.8	6.9	45.5
2013	8.9	44.2	37.5	6.9	46.9
2014	8.6	43.1	36.2	7.1	48.3
2015	8.4	40.8	34.1	6.9	50.8
2016	8.1	39.6	32.9	6.9	52.4
2017	7.5	39.9	33.1	7.0	52.7
2018	7.0	39.7	32.8	7.1	53.3
2019	7.1	38.6	31.6	7.2	54.3
2020	7.7	37.8	30.9	7.1	54.5
2021	7.3	39.4	32.6	7.0	53.3
2022	7.3	39.9	33.2	6.9	52.8

表 A-6　各地区生产总值（现价）　　（单位：亿元）

地区	2013 年	2014 年	2015 年	2016 年	2017 年	2018 年	2019 年	2020 年	2021 年	2022 年
北京	19500. 6	21330. 8	23014. 6	25669. 1	28014. 9	30320. 0	35371. 3	36102. 6	40269. 6	41610. 9
天津	14370. 2	15726. 9	16538. 2	17885. 4	18549. 2	18809. 6	14104. 3	14083. 7	15695. 0	16311. 3
河北	28301. 4	29421. 2	29806. 1	32070. 5	34016. 3	36010. 3	35104. 5	36206. 9	40391. 3	42370. 4
山西	12602. 2	12761. 5	12766. 5	13050. 4	15528. 4	16818. 1	17026. 7	17651. 9	22590. 2	25642. 6
内蒙古	16832. 4	17770. 2	17831. 5	18128. 1	16096. 2	17289. 2	17212. 5	17359. 8	20514. 2	23158. 6
辽宁	27077. 7	28626. 6	28669. 0	22246. 9	23409. 2	25315. 4	24909. 5	25115. 0	27584. 1	28975. 1
吉林	12981. 5	13803. 1	14063. 1	14776. 8	14944. 5	15074. 6	11726. 8	12311. 3	13235. 5	13070. 2
黑龙江	14382. 9	15039. 4	15083. 7	15386. 1	15902. 7	16361. 6	13612. 7	13698. 5	14879. 2	15901. 0
上海	21602. 1	23567. 7	25123. 5	28178. 7	30633. 0	32679. 9	38155. 3	38700. 6	43214. 9	44652. 8
江苏	59161. 8	65088. 3	70116. 4	77388. 3	85869. 8	92595. 4	99631. 5	102719. 0	116364. 2	122875. 6
浙江	37568. 5	40173. 0	42886. 5	47251. 4	51768. 3	56197. 2	62351. 7	64613. 3	73515. 8	77715. 4
安徽	19038. 9	20848. 8	22005. 6	24407. 6	27018. 0	30006. 8	37114. 0	38680. 6	42959. 2	45045. 0
福建	21759. 6	24055. 8	25979. 8	28810. 6	32182. 1	35804. 0	42395. 0	43903. 9	48810. 4	53109. 9
江西	14338. 5	15714. 6	16723. 8	18499. 0	20006. 3	21984. 8	24757. 5	25691. 5	29619. 7	32074. 7
山东	54684. 3	59426. 6	63002. 3	68024. 5	72634. 2	76469. 7	71067. 5	73129. 0	83095. 9	87435. 1
河南	32155. 9	34938. 2	37002. 2	40471. 8	44552. 8	48055. 9	54259. 2	54997. 1	58887. 4	61345. 1
湖北	24668. 5	27379. 2	29550. 2	32665. 4	35478. 1	39366. 6	45828. 3	43443. 5	50012. 9	53734. 9
湖南	24501. 7	27037. 3	28902. 2	31551. 4	33903. 0	36425. 8	39752. 1	41781. 5	46063. 1	48670. 4
广东	62164. 0	67809. 9	72812. 6	80854. 9	89705. 2	97277. 8	107671. 1	110760. 9	124369. 7	129118. 6
广西	14378. 0	15672. 9	16803. 1	18317. 6	18523. 3	20352. 5	21237. 1	22156. 7	24740. 9	26300. 9
海南	3146. 5	3500. 7	3702. 8	4053. 2	4462. 5	4832. 1	5308. 9	5532. 4	6475. 2	6818. 2
重庆	12656. 7	14262. 6	15717. 3	17740. 6	19424. 7	20363. 2	23605. 8	25002. 8	27894. 0	29129. 0
四川	26260. 8	28536. 7	30053. 1	32934. 5	36980. 2	40678. 1	46615. 8	48598. 8	53850. 8	56749. 8
贵州	8006. 8	9266. 4	10502. 6	11776. 7	13540. 8	14806. 5	16769. 3	17826. 6	19586. 4	20164. 6
云南	11720. 9	12814. 6	13619. 2	14788. 4	16376. 3	17881. 1	23223. 8	24521. 9	27146. 8	28954. 2
西藏	807. 7	920. 8	1026. 4	1151. 4	1310. 9	1477. 6	1697. 8	1902. 7	2080. 2	2132. 6
陕西	16045. 2	17689. 9	18021. 9	19399. 6	21898. 8	24438. 3	25793. 2	26181. 9	29801. 0	32772. 7
甘肃	6268. 0	6836. 8	6790. 3	7200. 4	7459. 9	8246. 1	8718. 3	9016. 7	10243. 3	11201. 6
青海	2101. 1	2303. 3	2417. 1	2572. 5	2624. 8	2865. 2	2966. 0	3005. 9	3346. 6	3610. 1
宁夏	2565. 1	2752. 1	2911. 8	3168. 6	3443. 6	3705. 2	3748. 5	3920. 6	4522. 3	5069. 6
新疆	8360. 2	9273. 5	9324. 8	9649. 7	10882. 0	12199. 1	13597. 1	13797. 6	15983. 6	17741. 3

表 A-7 各地区生产总值占全国比例 （%）

地区	2013年	2014年	2015年	2016年	2017年	2018年	2019年	2020年	2021年	2022年
北京	3.10	3.12	3.18	3.29	3.31	3.31	3.59	3.57	3.54	3.46
天津	2.28	2.30	2.29	2.29	2.19	2.06	1.43	1.39	1.38	1.36
河北	4.49	4.30	4.13	4.11	4.02	3.94	3.56	3.58	3.55	3.52
山西	2.00	1.86	1.77	1.67	1.83	1.84	1.73	1.74	1.99	2.13
内蒙古	2.67	2.60	2.47	2.32	1.90	1.89	1.75	1.71	1.80	1.92
辽宁	4.30	4.18	3.97	2.85	2.76	2.77	2.53	2.48	2.42	2.41
吉林	2.06	2.02	1.95	1.89	1.76	1.65	1.19	1.22	1.16	1.09
黑龙江	2.28	2.20	2.09	1.97	1.88	1.79	1.38	1.35	1.31	1.32
上海	3.43	3.44	3.48	3.61	3.62	3.57	3.87	3.82	3.80	3.71
江苏	9.39	9.51	9.70	9.92	10.14	10.12	10.11	10.15	10.23	10.21
浙江	5.96	5.87	5.93	6.06	6.11	6.14	6.33	6.38	6.46	6.46
安徽	3.02	3.05	3.05	3.13	3.19	3.28	3.77	3.82	3.78	3.74
福建	3.45	3.52	3.59	3.69	3.80	3.91	4.30	4.34	4.29	4.41
江西	2.28	2.30	2.31	2.37	2.36	2.40	2.51	2.54	2.60	2.67
山东	8.68	8.68	8.72	8.72	8.57	8.36	7.21	7.22	7.30	7.27
河南	5.10	5.11	5.12	5.19	5.26	5.25	5.51	5.43	5.18	5.10
湖北	3.92	4.00	4.09	4.19	4.19	4.30	4.65	4.29	4.40	4.47
湖南	3.89	3.95	4.00	4.05	4.00	3.98	4.03	4.13	4.05	4.04
广东	9.87	9.91	10.07	10.37	10.59	10.63	10.93	10.94	10.93	10.73
广西	2.28	2.29	2.33	2.35	2.19	2.23	2.16	2.19	2.17	2.19
海南	0.50	0.51	0.51	0.52	0.53	0.53	0.54	0.55	0.57	0.57
重庆	2.01	2.08	2.17	2.27	2.29	2.23	2.40	2.47	2.45	2.42
四川	4.17	4.17	4.16	4.22	4.36	4.45	4.73	4.80	4.73	4.72
贵州	1.27	1.35	1.45	1.51	1.60	1.62	1.70	1.76	1.72	1.68
云南	1.86	1.87	1.88	1.90	1.93	1.95	2.36	2.42	2.39	2.41
西藏	0.13	0.13	0.14	0.15	0.15	0.16	0.17	0.19	0.18	0.18
陕西	2.55	2.58	2.49	2.49	2.59	2.67	2.62	2.59	2.62	2.72
甘肃	0.99	1.00	0.94	0.92	0.88	0.90	0.88	0.89	0.90	0.93
青海	0.33	0.34	0.33	0.33	0.31	0.31	0.30	0.30	0.29	0.30
宁夏	0.41	0.40	0.40	0.41	0.41	0.41	0.38	0.39	0.40	0.42
新疆	1.33	1.36	1.29	1.24	1.28	1.33	1.38	1.36	1.40	1.47
合计	100	100	100	100	100	100	100	100	100	100

表 A-8　各地区生产总值增长率　（%）

地区	2013 年	2014 年	2015 年	2016 年	2017 年	2018 年	2019 年	2020 年	2021 年	2022 年
北京	7.7	12.6	7.9	11.5	9.1	8.2	16.7	1.2	8.5	0.7
天津	12.5	16.4	5.2	8.1	3.7	1.4	-25.0	1.5	6.6	1.0
河北	8.2	10.6	1.3	7.6	6.1	5.9	-2.5	3.9	6.5	3.8
山西	8.9	11.1	0.0	2.2	19.0	8.3	1.2	3.6	9.1	4.4
内蒙古	9.0	15.1	0.3	1.7	-11.2	7.4	-0.4	0.2	6.3	4.2
辽宁	8.7	13.5	0.1	-22.4	5.2	8.1	-1.6	0.6	5.8	2.1
吉林	8.3	13.7	1.9	5.1	1.1	0.9	-22.2	2.4	6.6	-1.9
黑龙江	8.0	10.6	0.3	2.0	3.4	2.9	-16.8	1.0	6.1	2.7
上海	7.7	9.5	6.6	12.2	8.7	6.7	16.8	1.7	8.1	-0.2
江苏	9.6	13.7	7.7	10.4	11.0	7.8	7.6	3.7	8.6	2.8
浙江	8.2	11.1	6.8	10.2	9.6	8.6	11.0	3.6	8.5	3.1
安徽	10.4	15.4	5.5	10.9	10.7	11.1	23.7	3.9	8.3	3.5
福建	11.0	14.3	8.0	10.9	11.7	11.3	18.4	3.3	8.0	4.7
江西	10.1	16.1	6.4	10.6	8.1	9.9	12.6	3.8	8.8	4.7
山东	9.6	11.5	6.0	8.0	6.8	5.3	-7.1	3.6	8.3	3.9
河南	9.0	11.4	5.9	9.4	10.1	7.9	12.9	1.3	6.3	3.1
湖北	10.1	16.0	7.9	10.5	8.6	11.0	16.4	-5.0	12.9	4.3
湖南	10.1	16.0	6.9	9.2	7.5	7.4	9.1	3.8	7.7	4.5
广东	8.5	11.3	7.4	11.0	10.9	8.4	10.7	2.3	8.0	1.9
广西	10.2	14.1	7.2	9.0	1.1	9.9	4.3	3.7	7.5	2.9
海南	9.9	15.8	5.8	9.5	10.1	8.3	9.9	3.5	11.2	0.2
重庆	12.3	18.9	10.2	12.9	9.5	4.8	15.9	3.9	8.3	2.6
四川	10.0	14.9	5.3	9.6	12.3	10.0	14.6	3.8	8.2	2.9
贵州	12.5	18.6	13.3	12.1	15.0	9.3	13.3	4.5	8.1	1.2
云南	12.1	14.6	6.3	8.6	10.7	9.2	29.9	4.0	7.3	4.3
西藏	12.1	15.1	11.5	12.2	13.9	12.7	14.9	7.8	6.7	1.1
陕西	11.0	17.3	1.9	7.6	12.9	11.6	5.5	2.2	6.5	4.3
甘肃	10.8	13.8	-0.7	6.0	3.6	10.5	5.7	3.9	6.9	4.5
青海	10.8	15.8	4.9	6.4	2.0	9.2	3.5	1.5	5.7	2.3
宁夏	9.8	16.8	5.8	8.8	8.7	7.6	1.2	3.9	6.7	4.0
新疆	11.0	14.4	0.6	3.5	12.8	12.1	11.5	3.4	7.0	3.2

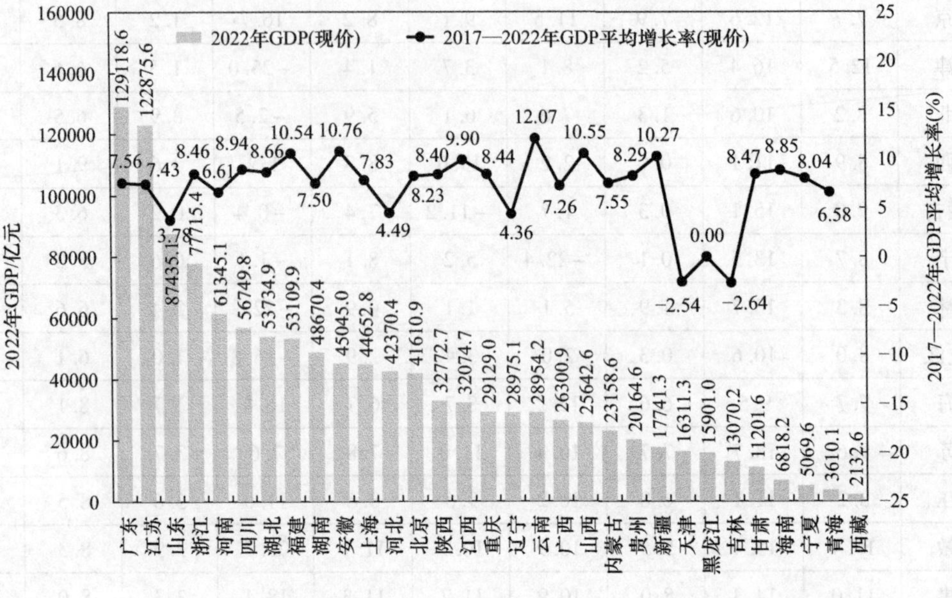

图 A-7 2022 年分地区 GDP 及 2017—2022 年 GDP 平均增长率

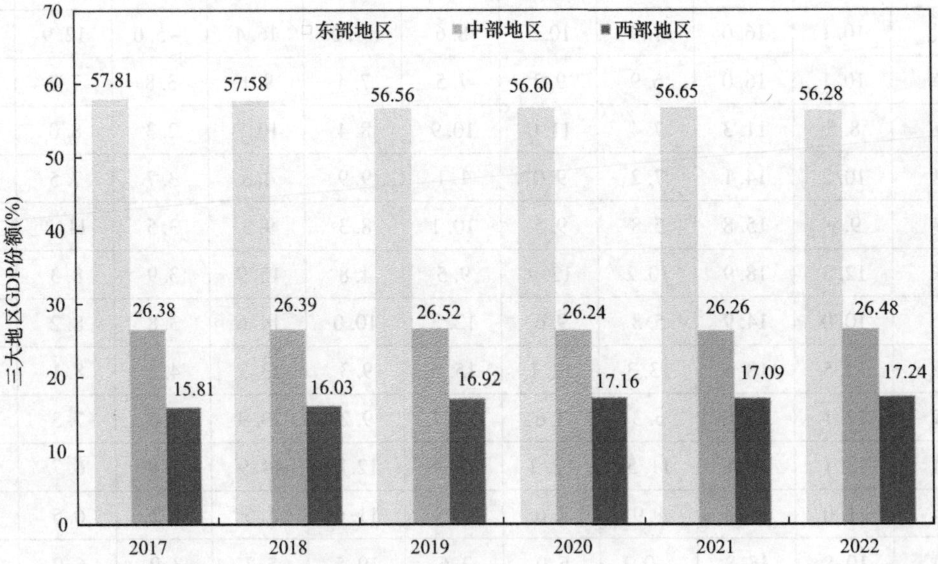

图 A-8 2017—2022 年三大地区 GDP 份额对比

表 A-9 全部国有及规模以上非国有工业企业总产值（当年价）

企业分类	项目	2017 年	2018 年	2019 年	2020 年	2021 年	2022 年
国有及国有控股工业企业	企业单位数/个	19022	19250	20683	22072	25180	27065
	工业总产值/亿元	—	—	—	—	—	—
	工业增加值/亿元	—	—	—	—	—	—
私营工业企业	企业单位数/个	215138	235424	243640	286430	325752	349269
	工业总产值/亿元	—	—	—	—	—	—
	工业增加值/亿元	—	—	—	—	—	—
“三资”工业企业	企业单位数/个	47458	47736	43588	43026	43455	43260
	工业总产值/亿元	—	—	—	—	—	—
	工业增加值/亿元	—	—	—	—	—	—

表 A-10 历年各种经济类型固定资产投资 （单位：亿元）

年份	合计	国有经济	集体经济	个体经济	其他经济
2009	224598. 8	69692. 5	8483. 0	8891. 7	137531. 6
2010	278121. 9	83316. 5	10041. 9	9506. 7	175256. 8
2011	311485. 1	82494. 8	10245. 1	10483. 2	208262. 0
2012	374694. 7	96220. 2	11973. 7	11588. 7	254912. 1
2013	446294. 1	109849. 9	13312. 4	12420. 1	310711. 7
2014	512020. 7	125005. 2	15188. 9	12602. 5	359224. 1
2015	561999. 9	139711. 3	15447. 8	12439. 3	394401. 5
2016	646065. 7	129038. 5	8928. 5	12110. 5	495988. 2
2017	641238. 4	139073. 3	7678. 5	11804	482682. 6
2018	456981	—	—	—	—
2019	480393	—	—	—	—
2020	493208	—	—	—	—
2021	517133	—	—	—	—
2022	542366				

注：根据经济普查、投资统计制度方法改革、统计执法检查、统计督察等因素，对 2003 年以来的全社会固定资产投资总量及增速，固定资产投资（不含农户）总量及增速，民间投资总量及增速，第一、二、三产业投资总量及增速进行了修订。本表只对 2018 年（含）后的固定资产投资合计数据进行修订。

表 A-11 2013—2022 年各地区工业产值占地区生产总值的比例 （%）

地区	2013 年	2014 年	2015 年	2016 年	2017 年	2019 年	2020 年	2021 年	2022 年
全国	37.5	36.2	34.1	32.9	33.1	31.6	30.9	32.6	33.2
北京	18.0	17.6	16.1	15.7	15.3	12.0	11.7	14.1	12.1
天津	46.3	45.0	42.2	38.0	37.0	31.2	29.7	33.3	33.1
河北	46.4	45.3	42.4	41.7	40.4	32.8	31.9	34.9	34.6
山西	46.1	42.9	34.1	31.8	37.2	38.6	38.1	45.0	49.8
内蒙古	47.0	44.5	43.4	39.9	31.7	32.0	32.0	38.6	41.9
辽宁	45.2	44.2	39.3	30.6	31.2	32.8	31.6	33.9	35.3
吉林	46.4	46.5	43.5	41.1	40.5	28.5	28.4	29.0	28.6
黑龙江	35.2	31.8	26.9	23.7	21.0	24.2	23.0	24.6	26.8
上海	32.7	31.2	28.5	26.8	27.4	25.3	25.0	24.8	24.2
江苏	42.7	41.4	39.9	39.4	39.6	38.0	36.7	38.4	39.5
浙江	41.9	41.7	40.1	39.5	37.6	36.6	35.1	36.7	37.2
安徽	46.2	45.4	42.1	41.3	40.4	30.9	30.1	30.5	30.6
福建	43.2	43.3	41.6	40.6	39.4	38.1	35.9	36.4	37.0
江西	44.8	43.6	41.4	39.0	38.9	36.2	34.8	36.4	36.7
山东	43.9	42.6	41.1	40.6	39.5	32.3	31.6	32.8	32.9
河南	46.4	45.2	42.8	42.1	41.4	33.9	32.3	31.9	31.9
湖北	40.9	40.2	39.0	38.4	36.8	35.1	32.8	31.4	32.7
湖南	40.6	39.8	37.9	35.9	35.0	29.3	29.6	30.7	30.9
广东	43.0	43.0	41.6	40.4	39.3	36.6	35.1	36.3	37.0
广西	38.8	38.7	37.8	37.2	31.4	24.9	23.6	24.6	25.8
海南	14.9	14.7	13.1	11.9	11.8	11.1	9.7	10.6	11.3
重庆	36.2	36.3	35.4	34.9	33.9	28.2	28.0	28.3	28.4
四川	43.7	41.5	36.7	33.6	31.3	28.7	27.6	28.6	28.9
贵州	33.2	33.9	31.6	31.6	31.5	27.1	25.8	27.3	27.2
云南	31.8	30.4	28.3	26.3	25.0	22.8	22.3	24.1	24.9
西藏	7.5	7.2	6.8	7.5	7.8	7.8	7.6	9.1	9.4
陕西	46.3	45.2	40.8	39.2	39.7	37.3	33.8	37.8	40.2
甘肃	34.0	33.1	26.2	24.4	23.6	26.6	25.4	27.8	29.4
青海	43.0	41.4	37.0	35.1	29.6	27.6	26.1	28.5	34.0
宁夏	36.2	35.4	33.6	33.3	31.8	33.9	32.7	37.1	41.3
新疆	34.6	34.3	29.4	27.7	29.9	28.4	26.3	29.4	33.9

注：国家统计局未公布 2018 年相关数据。

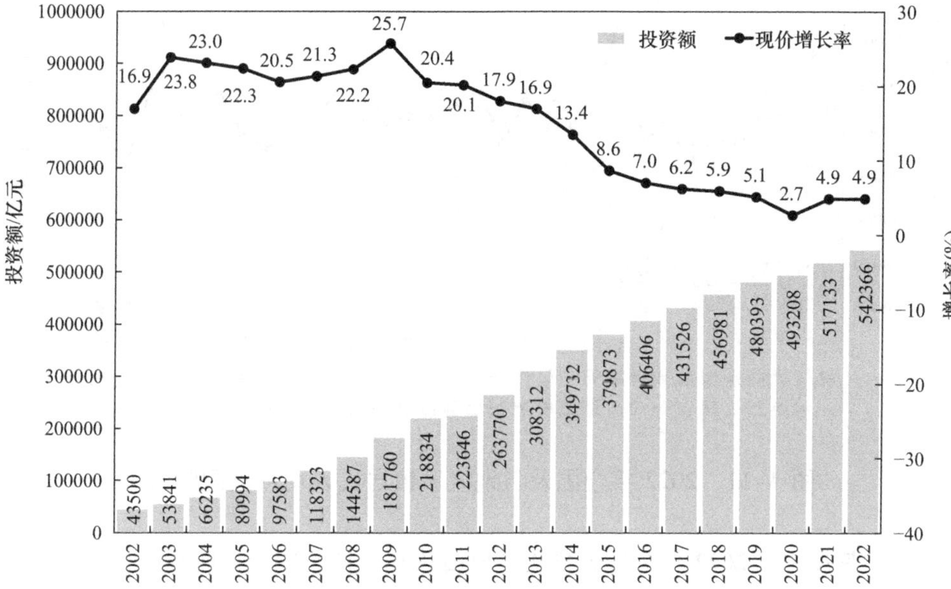

图 A-9 2002—2022 年固定资产投资完成情况

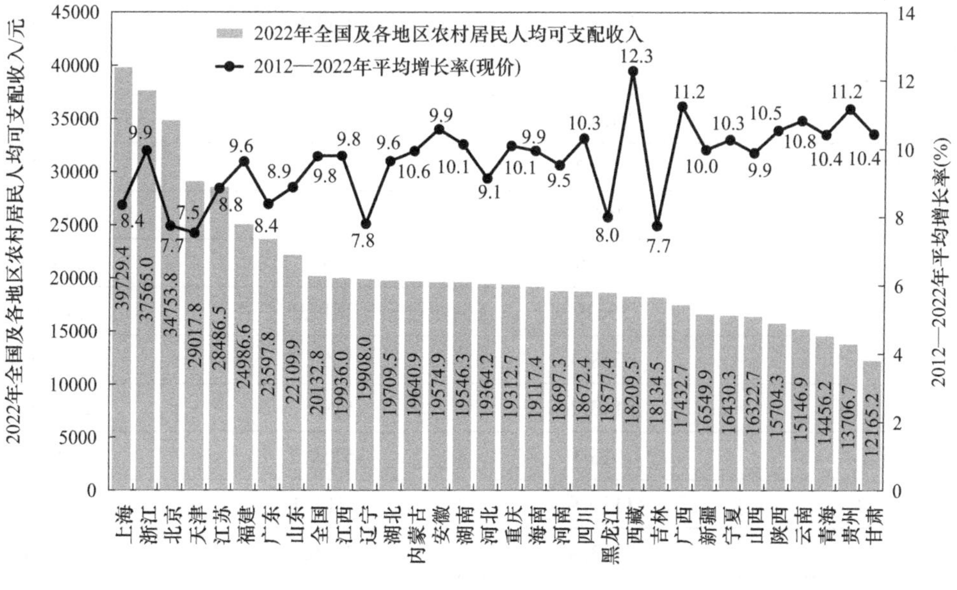

图 A-10 2022 年全国及各地区农村居民人均可支配收入

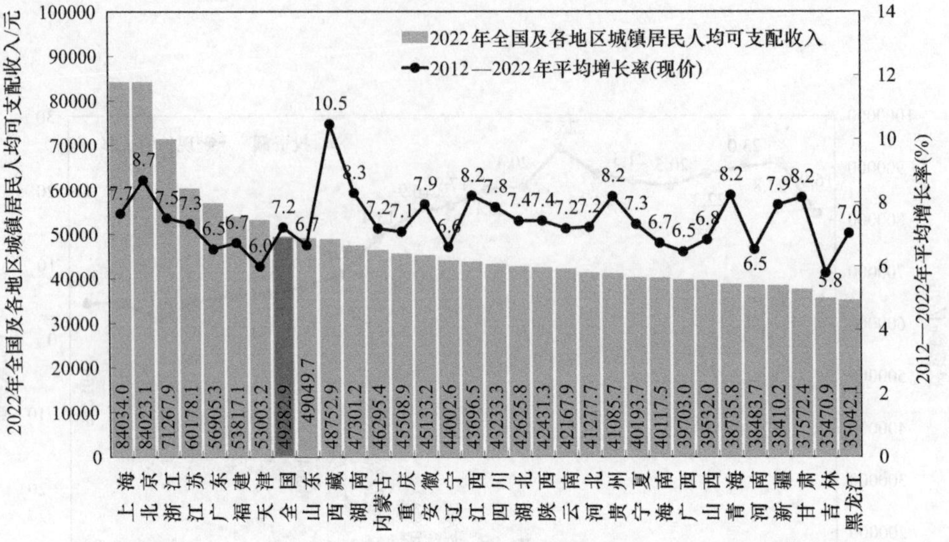

图 A-11　2022 年全国及各地区城镇居民人均可支配收入

表 A-12　2022 年分地区货物进出口总额（按收发货人所在地分）

（单位：亿美元）

地区	进出口	出口	进口
北京	5460.9	880.9	4580.0
天津	1246.1	560.8	685.3
河北	823.9	492.8	331.1
山西	275.1	180.2	94.9
内蒙古	225.2	91.9	133.3
辽宁	1186.5	536.9	649.6
吉林	233.9	75.2	158.7
黑龙江	396.9	81.3	315.6
上海	6258.1	2558.5	3699.6
江苏	8143.1	5193.2	2949.9
浙江	7033.0	5159.1	1873.9
安徽	1130.9	713.4	417.5
福建	2973.9	1820.5	1153.4
江西	993.8	755.6	238.2
山东	4828.6	2883.6	1945.0
河南	1271.0	780.8	490.2
湖北	920.9	625.9	295.0

（续）

地区	进出口	出口	进口
湖南	1051.0	768.6	282.4
广东	12455.0	7990.5	4464.5
广西	960.0	529.6	430.4
海南	300.2	107.3	192.9
重庆	1220.0	783.6	436.4
四川	1506.9	927.4	579.5
贵州	108.5	68.2	40.3
云南	485.7	229.6	256.1
西藏	6.9	6.5	0.4
陕西	714.9	447.2	267.7
甘肃	85.8	18.0	67.8
青海	6.1	3.6	2.5
宁夏	32.2	24.2	8.0
新疆	366.0	310.4	55.6
合计	62701.1	35605.4	27095.7

表 A-13　各季度各层次货币供应量

年份	季度	广义货币供应量 M2		狭义货币供应量 M1		流通中的现金 M0	
		季末余额/亿元	同比增长率（%）	季末余额/亿元	同比增长率（%）	季末余额/亿元	同比增长率（%）
2013	第 1 季度	1035858.37	15.67	310898.29	11.83	55460.52	11.83
	第 2 季度	1054403.69	13.99	313499.82	9.03	54063.91	9.70
	第 3 季度	1077379.16	14.17	312330.34	8.91	56492.53	5.72
	第 4 季度	1106524.98	13.59	337291.05	9.27	58574.44	7.16
2014	第 1 季度	1160687.38	12.05	327683.74	5.40	58329.3	5.17
	第 2 季度	1209587.2	14.72	341487.45	8.93	56951.05	5.34
	第 3 季度	1202051.41	11.57	327220.21	4.77	58844.99	4.16
	第 4 季度	1228374.81	11.01	348056.41	3.19	60259.53	2.88
2015	第 1 季度	1275332.78	9.88	337210.52	2.91	61949.81	6.21
	第 2 季度	1333375.36	10.23	356082.86	4.27	58604.26	2.90
	第 3 季度	1359824.06	13.13	364416.90	11.37	61022.97	3.70
	第 4 季度	1392278.11	13.34	400953.44	15.20	63216.58	4.91

（续）

年份	季度	广义货币供应量 M2		狭义货币供应量 M1		流通中的现金 M0	
		季末余额/亿元	同比增长率（%）	季末余额/亿元	同比增长率（%）	季末余额/亿元	同比增长率（%）
2016	第 1 季度	1275332.78	0.00	411581.31	22.05	64651.21	4.36
	第 2 季度	1490491.83	11.78	443634.70	24.59	62818.89	7.19
	第 3 季度	1516360.50	11.51	454340.25	24.68	65068.62	6.63
	第 4 季度	1550066.67	11.33	486557.24	21.35	68303.87	8.05
2017	第 1 季度	1599609.57	25.43	488770.09	18.75	68605.05	6.12
	第 2 季度	1631282.53	9.45	510228.17	15.01	66977.68	6.62
	第 3 季度	1655662.07	9.19	517863.04	13.98	69748.54	7.19
	第 4 季度	1676768.54	8.17	543790.15	11.76	70645.60	3.43
2018	第 1 季度	1739859.48	8.77	523540.07	7.11	72692.63	5.96
	第 2 季度	1770178.37	8.51	543944.71	6.61	69589.33	3.90
	第 3 季度	1801665.58	8.82	538574.08	4.00	71254.26	2.16
	第 4 季度	1826744.22	8.94	551685.91	1.45	73208.40	3.63
2019	第 1 季度	1889412.14	8.60	547575.54	4.59	74941.58	3.09
	第 2 季度	1921360.19	8.54	567696.18	4.37	72580.96	4.30
	第 3 季度	1952250.49	8.36	557137.95	3.45	74129.75	4.04
	第 4 季度	1986488.82	8.74	576009.15	4.41	77189.47	5.44
2020	第 1 季度	2080923.41	10.14	575050.29	5.02	83022.21	10.78
	第 2 季度	2134948.66	11.12	604317.97	6.45	79459.41	9.48
	第 3 季度	2164084.80	10.85	602312.12	8.11	82370.87	11.12
	第 4 季度	2186795.89	10.08	625580.99	8.61	84314.53	9.23
2021	第 1 季度	2276488.45	9.40	616113.17	7.14	86543.64	4.24
	第 2 季度	2317788.36	8.56	637479.36	5.49	84346.97	6.15
	第 3 季度	2342829.70	8.26	624645.68	3.71	86867.09	5.46
	第 4 季度	2382899.56	8.97	647443.35	3.49	90825.15	7.72
2022	第 1 季度	2497688.34	9.72	645063.80	4.70	95141.92	9.94
	第 2 季度	2581451.20	11.38	674374.81	5.79	96011.17	13.83
	第 3 季度	2626600.92	12.11	664535.17	6.39	98672.06	13.59
	第 4 季度	2664320.84	11.81	671674.76	3.74	104706.03	15.28
2023	第 1 季度	2814566.31	12.69	678059.63	5.12	105591.30	10.98
	第 2 季度	2873023.83	11.29	695595.48	3.15	105419.20	9.80
	第 3 季度	2896659.11	10.28	678443.65	2.09	109253.22	10.72
	第 4 季度	2922713.33	9.70	680542.52	1.32	113444.64	8.35

注：1. 自 2011 年 10 月起，货币供应量包括住房公积金中心存款和非存款类金融机构在存款类金融机构的存款。

2. 自 2022 年 12 月起，“流通中的现金 M0”包含流通中的数字人民币。

3. 数据来源于中国人民银行调查统计司网站。

表 A-14　各地区农村居民家庭人均可支配收入　（单位：元）

地区	2013 年	2014 年	2015 年	2016 年	2017 年	2018 年	2019 年	2020 年	2021 年	2022 年
全国平均	9429.6	10488.9	11421.7	12363.4	13432.4	14617.0	16020.7	17131.5	18930.9	20132.8
北京	17101.2	18867.3	20568.7	22309.5	24240.5	26490.3	28928.4	30125.7	33302.7	34753.8
天津	15352.6	17014.2	18481.6	20075.6	21753.7	23065.2	24804.1	25690.6	27954.5	29017.8
河北	9187.7	10186.1	11050.5	11919.4	12880.9	14030.9	15373.1	16467.0	18178.9	19364.2
山西	7949.5	8809.4	9453.9	10082.5	10787.5	11750.0	12902.4	13878.0	15308.3	16322.7
内蒙古	8984.9	9976.3	10775.9	11609.0	12584.3	13802.6	15282.8	16566.9	18336.8	19640.9
辽宁	10161.2	11191.5	12056.9	12880.7	13746.8	14656.3	16108.3	17450.3	19216.6	19908.0
吉林	9780.7	10780.1	11326.2	12122.9	12950.4	13748.2	14936.0	16067.0	17641.7	18134.5
黑龙江	9369.0	10453.2	11095.2	11831.9	12664.8	13803.7	14982.1	16168.4	17889.3	18577.4
上海	19208.3	21191.6	23205.2	25520.4	27825.0	30374.7	33195.2	34911.3	38520.7	39729.4
江苏	13521.3	14958.4	16256.7	17605.6	19158.0	20845.1	22675.4	24198.5	26790.8	28486.5
浙江	17493.9	19373.3	21125.0	22866.1	24955.8	27302.4	29875.8	31930.5	35247.4	37565.0
安徽	8850.0	9916.4	10820.7	11720.5	12758.2	13996.0	15416.0	16620.2	18371.7	19574.9
福建	11404.9	12650.2	13792.7	14999.2	16334.8	17821.2	19568.4	20880.3	23228.9	24986.6
江西	9088.8	10116.6	11139.1	12137.7	13241.8	14459.9	15796.3	16980.8	18684.2	19936.0
山东	10686.9	11882.3	12930.4	13954.1	15117.5	16297.0	17775.5	18753.2	20793.9	22109.9
河南	8969.1	9966.1	10852.9	11696.7	12719.2	13830.7	15163.7	16107.9	17533.3	18697.3
湖北	9691.8	10849.1	11843.9	12725.0	13812.1	14977.8	16390.9	16305.9	18259.0	19709.5
湖南	9028.6	10060.2	10992.5	11930.4	12935.8	14092.5	15394.8	16584.6	18295.2	19546.3
广东	11067.8	12245.6	13360.4	14512.2	15779.7	17167.7	18818.4	20143.4	22306.0	23597.8
广西	7793.1	8683.2	9466.6	10359.5	11325.5	12434.8	13675.7	14814.9	16362.9	17432.7
海南	8801.7	9912.6	10857.6	11842.9	12901.8	13988.9	15113.1	16278.8	18076.3	19117.4
重庆	8492.6	9489.8	10504.7	11548.8	12637.9	13781.2	15133.3	16361.4	18099.6	19312.7
四川	8380.7	9347.7	10247.4	11203.1	12226.9	13331.4	14670.1	15929.1	17575.3	18672.4
贵州	5897.8	6671.2	7386.9	8090.3	8869.1	9716.1	10756.3	11642.3	12856.1	13706.7
云南	6723.6	7456.1	8242.1	9019.8	9862.2	10767.9	11902.4	12841.9	14197.3	15146.9
西藏	6553.4	7359.2	8243.7	9093.8	10330.2	11449.8	12951.0	14598.4	16932.3	18209.5
陕西	7092.2	7932.2	8688.9	9396.4	10264.5	11212.8	12325.7	13316.5	14744.8	15704.3
甘肃	5588.8	6276.6	6936.2	7456.9	8076.1	8804.1	9628.9	10344.3	11432.8	12165.2
青海	6461.6	7282.7	7933.4	8664.4	9462.3	10393.3	11499.4	12342.5	13604.2	14456.2
宁夏	7598.7	8410.0	9118.7	9851.6	10737.9	11707.6	12858.4	13889.4	15336.6	16430.3
新疆	7846.6	8723.8	9425.1	10183.2	11045.3	11974.5	13121.7	14056.1	15575.3	16549.9

表 A-15 各地区城镇居民家庭人均可支配收入 （单位：元）

地区	2013 年	2014 年	2015 年	2016 年	2017 年	2018 年	2019 年	2020 年	2021 年	2022 年
全国平均	26955.1	28843.9	31194.8	33616.2	36396.2	39250.8	42358.8	43833.8	47411.9	49282.9
北京	40321.0	48531.8	52859.2	57275.3	62406.3	67989.9	73848.5	75601.5	81517.5	84023.1
天津	32293.6	31506.0	34101.3	37109.6	40277.5	42976.3	46118.9	47658.5	51485.7	53003.2
河北	22580.4	24141.3	26152.2	28249.4	30547.8	32977.2	35737.7	37285.7	39791.0	41277.7
山西	22455.6	24069.4	25827.7	27352.3	29131.8	31034.8	33262.4	34792.7	37433.1	39532.0
内蒙古	25496.7	28349.6	30594.1	32974.9	35670.0	38304.7	40782.5	41353.1	44376.9	46295.4
辽宁	25578.2	29081.7	31125.7	32876.1	34993.4	37341.9	39777.2	40375.9	43050.8	44002.6
吉林	22274.6	23217.8	24900.9	26530.4	28318.7	30171.9	32299.2	33395.7	35645.8	35470.9
黑龙江	19597.0	22609.0	24202.6	25736.4	27446.0	29191.3	30944.6	31114.7	33646.1	35042.1
上海	43851.4	48841.4	52961.9	57691.7	62595.7	68033.6	73615.3	76437.3	82428.9	84034.0
江苏	32537.5	34346.3	37173.5	40151.6	43621.8	47200.0	51056.1	53101.7	57743.5	60178.1
浙江	37850.8	40392.7	43714.5	47237.2	51260.7	55574.3	60182.3	62699.3	68486.8	71267.9
安徽	23114.2	24838.5	26935.8	29156.0	31640.3	34393.1	37540.0	39442.1	43008.7	45133.2
福建	30816.4	30722.4	33275.3	36014.3	39001.4	42121.3	45620.5	47160.3	51140.5	53817.1
江西	21872.7	24309.2	26500.1	28673.3	31198.1	33819.4	36545.9	38555.8	41684.4	43696.5
山东	28264.1	29221.9	31545.3	34012.1	36789.4	39549.4	42329.2	43726.3	47066.4	49049.7
河南	22398.0	23672.1	25575.6	27232.9	29557.9	31874.2	34201.0	34750.3	37094.8	38483.7
湖北	22906.4	24852.3	27051.5	29385.8	31889.4	34454.6	37601.4	36705.7	40277.8	42625.8
湖南	23414.0	26570.2	28838.1	31283.9	33947.9	36698.3	39841.9	41697.5	44866.1	47301.2
广东	33090.1	32148.1	34757.2	37684.3	40975.1	44341.0	48117.6	50257.0	54853.6	56905.3
广西	23305.4	24669.0	26415.9	28324.4	30502.1	32436.1	34744.9	35859.3	38529.9	39703.0
海南	22928.9	24486.5	26356.4	28453.5	30817.4	33348.7	36016.7	37097.0	40213.2	40117.5
重庆	25216.1	25147.2	27238.8	29610.0	32193.2	34889.3	37938.6	40006.2	43502.5	45508.9
四川	22367.6	24234.4	26205.3	28335.3	30726.9	33215.9	36153.7	38253.1	41443.8	43233.3
贵州	20667.1	22548.2	24579.6	26742.6	29079.8	31591.9	34404.2	36096.2	39211.2	41085.7
云南	23235.5	24299.0	26373.2	28610.6	30995.9	33487.9	36237.7	37499.5	40904.9	42167.9
西藏	20023.4	22015.8	25456.6	27802.4	30671.1	33797.4	37410.0	41156.4	46503.3	48752.9
陕西	22858.4	24365.8	26420.2	28440.1	30810.3	33319.3	36098.2	37868.2	40713.1	42431.3
甘肃	18964.8	21803.9	23767.1	25693.5	27763.4	29957.0	32323.4	33821.8	36187.3	37572.4
青海	19498.5	22306.6	24542.3	26757.4	29168.9	31514.5	33830.3	35505.8	37745.3	38735.8
宁夏	21833.3	23284.6	25186.0	27153.0	29472.3	31895.2	34328.5	35719.6	38290.7	40193.7
新疆	19873.8	23214.0	26274.7	28463.4	30774.8	32763.5	34663.7	34838.4	37642.4	38410.2

表 A-16　2022 年底各地区分等级公路里程　　（单位：km）

地区	公路里程	等级公路	等级公路中			等外公路
			高速	一级	二级	
北京	22363	22363	1196	1429	3937	—
天津	15230	15230	1358	1392	2024	—
河北	209209	209183	8326	7882	22076	27
山西	145469	144746	5859	3026	15882	723
内蒙古	216176	212601	7694	8765	21577	3575
辽宁	131065	127834	4348	4273	18938	3231
吉林	109761	106181	4395	2204	9942	3580
黑龙江	168958	146603	4659	3402	12546	22355
上海	13005	13005	851	477	3879	—
江苏	158000	158000	5087	16165	23899	—
浙江	122918	122918	5290	8545	10885	—
安徽	237967	237944	5477	6752	13837	23
福建	112878	100780	5951	1565	11864	12098
江西	210711	206208	6728	3246	12700	4502
山东	291759	291759	8048	12770	27116	—
河南	277482	273952	8009	5043	31247	3530
湖北	302178	298942	7598	8209	24977	3236
湖南	242420	231495	7331	3171	16761	10925
广东	223081	223013	11211	13337	19122	67
广西	172391	167280	8271	2065	16600	5111
海南	41687	41572	1399	507	2241	115
重庆	186137	175802	4002	1268	9616	10335
四川	405390	393166	9180	4890	18133	12224
贵州	209617	193886	8331	1528	11164	15731
云南	316091	301324	10249	1753	13240	14767
西藏	120852	102021	407	587	1089	18831
陕西	185607	176666	6700	2314	10325	8941
甘肃	157243	153543	5783	1618	10948	3700
青海	87726	77175	3788	991	9126	10551
宁夏	38347	38347	2079	1982	4261	—
新疆	223118	198933	7647	3614	21642	24185
合计	5354836	5162472	177252	134770	431594	192363

表 A-17 历年货运量及货物周转量

年份	货运量/万 t		公路比例（%）	货物周转量/亿 t · km		公路比例（%）
	全社会	公路		全社会	公路	
2005	1862066	1341778	72. 06	80258	8693. 2	10. 83
2006	2037060	1466347	71. 98	88840	9754. 2	10. 98
2007	2275822	1639432	72. 04	101419	11354. 7	11. 20
2008	2585937	1916759	74. 12	110300	32868. 2	29. 80
2009	2825222	2127834	75. 32	122133	37188. 8	30. 45
2010	3241807	2448052	75. 52	141837	43389. 7	30. 59
2011	3696961	2820100	76. 28	159324	51374. 7	32. 25
2012	4100436	3188475	77. 76	173804	59534. 9	34. 25
2013	4098900	3076648	75. 06	168014	55738. 1	33. 17
2014	4167296	3113334	74. 71	181668	56846. 9	31. 29
2015	4175886	3150019	75. 43	178356	57955. 7	32. 49
2016	4386763	3341259	76. 17	186629	61080. 1	32. 73
2017	4804850	3686858	76. 73	197373	66771. 5	33. 83
2018	5152732	3956871	76. 79	204686	71249. 2	34. 81
2019	4713624	3435480	72. 88	199394	59636. 4	29. 91
2020	4725862	3426413	72. 50	201946	60171. 8	29. 80
2021	5298499	3913889	73. 87	223600	69087. 7	30. 90
2022	5152571	3711928	72. 04	231783	68958. 0	29. 75

注：数据来源于2023年的《中国统计年鉴》。

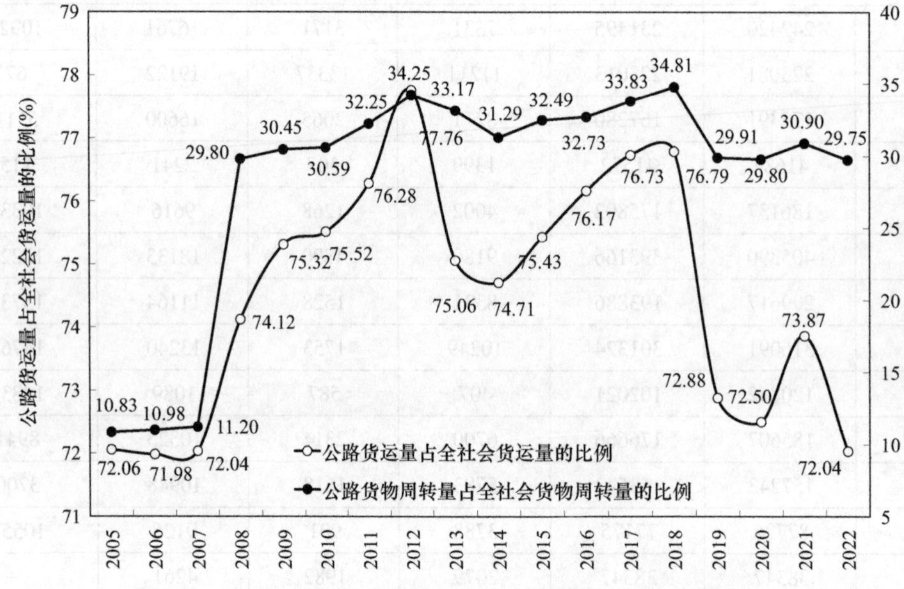

图 A-12 2005—2022 年公路货运地位变化曲线图

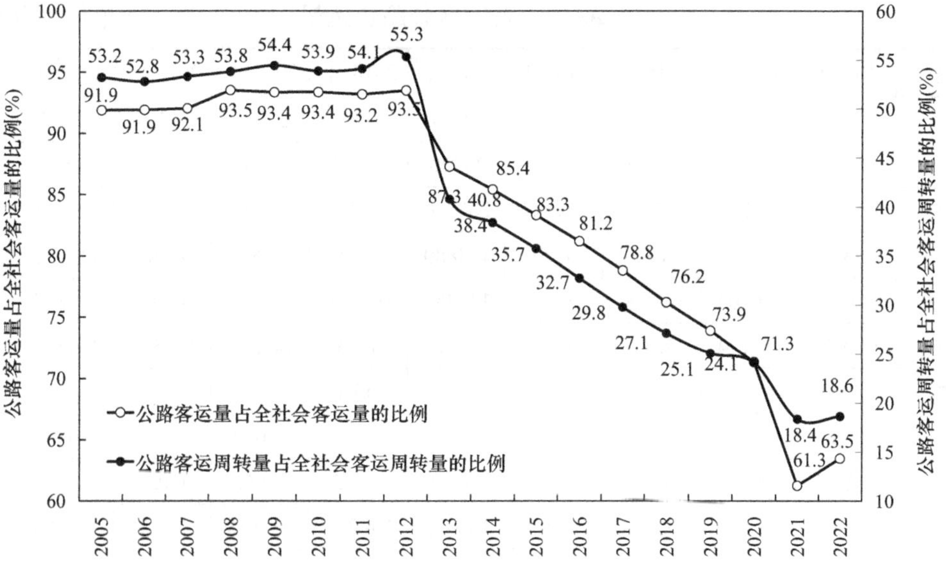

图 A-13　2005—2022 年公路客运地位变化曲线图

表 A-18　历年客运量及客运周转量

年份	客运量/万人		公路比例（%）	客运周转量/亿人·km		公路比例（%）
	全社会	公路		全社会	公路	
2005	1847018	1697381	91. 90	17466. 7	9292. 1	53. 20
2006	2024158	1860487	91. 91	19197. 2	10130. 8	52. 77
2007	2227761	2050680	92. 05	21592. 6	11506. 8	53. 29
2008	2867892	2682114	93. 52	23196. 7	12476. 1	53. 78
2009	2976898	2779081	93. 35	24834. 9	13511. 4	54. 40
2010	3269508	3052738	93. 37	27894. 3	15020. 8	53. 85
2011	3526319	3286220	93. 19	30984. 0	16760. 2	54. 09
2012	3804035	3557010	93. 51	33383. 1	18467. 5	55. 32
2013	2122992	1853463	87. 30	27571. 7	11250. 9	40. 81
2014	2032218	1736270	85. 44	28647. 1	10996. 8	38. 39
2015	1943271	1619097	83. 32	30058. 9	10742. 7	35. 74
2016	1900194	1542759	81. 19	31258. 5	10228. 7	32. 72
2017	1848620	1456784	78. 80	32812. 8	9765. 2	29. 76
2018	1793820	1367170	76. 22	34218. 2	9279. 7	27. 12
2019	1760436	1301173	73. 91	35349. 2	8857. 1	25. 06
2020	966540	689425	71. 33	19251. 5	4641. 0	24. 11
2021	830257	508693	61. 27	19758. 1	3627. 5	18. 36
2022	558738	354643	63. 47	12921. 5	2407. 5	18. 63

表 A-19　各地区公路货运量　（单位：万 t）

地区	2013 年	2014 年	2015 年	2016 年	2017 年	2018 年	2019 年	2020 年	2021 年	2022 年
北京	24651	25416	19044	19972	19374	20278	22325	21789	23075	18549
天津	28206	31130	30551	32841	34720	34711	31250	32261	34527	30382
河北	172492	185286	175637	189822	207340	226334	211461	211942	227203	196727
山西	82834	88491	91240	102200	114880	126214	100847	98206	114698	107024
内蒙古	97058	126704	119500	130613	147483	160018	110874	109002	132847	126709
辽宁	172923	189174	172140	177371	184273	189737	144556	138569	152596	139403
吉林	38063	41830	38708	40777	44728	46520	37217	38274	47675	40813
黑龙江	45288	47173	44200	42897	44127	42943	37623	35521	42086	38616
上海	43877	42848	40627	39055	39743	39595	50656	46051	52899	44846
江苏	103709	114449	113351	117166	128915	139251	164578	174624	186708	159936
浙江	107186	117070	122547	133999	151920	166533	177683	189582	213653	205935
安徽	284534	315223	230649	244526	280471	283817	235269	243529	259044	245982
福建	69876	82573	79802	85770	95599	96576	87317	91137	110777	106939
江西	121279	137782	115436	122872	138074	157646	135554	141899	181024	178366
山东	227746	230018	227934	249752	288052	312807	266124	267230	291196	276906
河南	162040	179680	172431	184255	207066	235183	190883	193632	226447	230055
湖北	100945	116279	115801	122656	147711	163145	143549	114346	161310	144979
湖南	156269	172613	172248	178968	198806	204389	165096	176442	198423	186123
广东	261273	257136	255995	272826	288904	304743	239744	231170	267489	242474
广西	124677	134330	119194	128247	139602	153389	142751	145323	169019	163219
海南	10290	11015	11279	10879	11223	12052	6770	6853	7608	6844
重庆	71842	81206	86931	89390	95019	107064	89965	99679	121185	111915
四川	151689	142132	138622	146046	158190	173324	162668	157598	171377	172329
贵州	65100	78017	77341	82237	89298	95354	76205	79412	89154	87870
云南	98675	103161	101993	109487	124064	135321	117145	115620	129090	139217
西藏	1778	1871	2077	1906	2148	2363	3969	4039	4502	3934
陕西	105566	119343	107731	113363	123721	130823	109801	116057	122716	121188
甘肃	45072	50781	52281	54761	60117	64271	58228	61272	69665	64084
青海	9588	11030	13233	14047	14871	15685	11722	10835	14083	14874
宁夏	32502	34318	36995	37421	31659	31757	34360	34216	37506	38463
新疆	59620	64758	64505	65139	74760	85029	69290	40305	54309	67225
合计	3076648	3332837	3150023	3341261	3686858	3956872	3435480	3426415	3913891	3711926

注：各年数据分别来源于 2014—2023 年的《中国统计年鉴》。

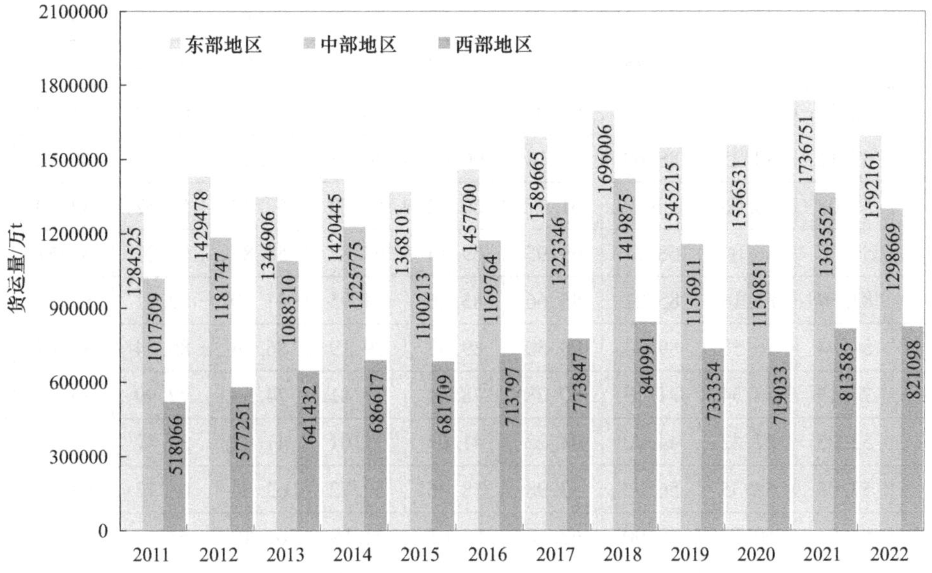

图 A-14　2011—2022 年三大地区公路货运量变化

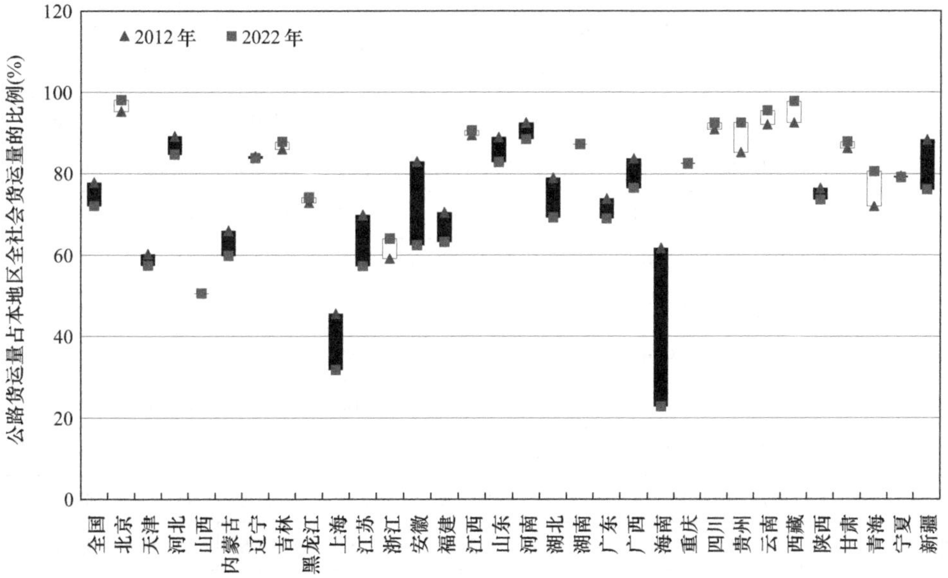

图 A-15　2012 年和 2022 年公路货运量占本地区全社会货运量的比例变化情况

表 A-20 各地区公路货运量占本地区全社会货运量的比例 (%)

地区	2013年	2014年	2015年	2016年	2017年	2018年	2019年	2020年	2021年	2022年
全国平均	75.06	75.97	75.43	76.17	76.73	76.79	72.88	72.45	73.87	72.0
北京	95.74	95.73	94.85	96.32	96.34	97.15	97.88	98.14	98.51	98.1
天津	62.36	62.57	62.63	65.02	67.03	66.47	62.38	61.43	61.18	57.4
河北	87.11	88.25	88.69	90.14	90.60	90.78	87.22	85.69	86.98	84.7
山西	53.08	53.66	56.4	61.17	60.62	59.68	52.47	51.62	52.70	50.6
内蒙古	59.06	66.04	68.24	69.95	69.14	68.82	58.83	61.21	61.51	59.9
辽宁	83.59	85.16	85.21	85.66	85.26	84.95	81.10	82.81	85.14	83.8
吉林	84.94	86.58	89.33	90.50	89.63	89.19	86.16	85.34	88.97	87.8
黑龙江	74.13	78.34	81.13	80.08	78.24	77.81	74.54	72.99	76.36	74.1
上海	52.05	47.62	44.70	44.22	41.04	37.01	41.82	33.17	34.17	31.8
江苏	57.05	58.35	56.96	57.98	58.46	59.72	62.64	63.12	63.36	57.3
浙江	56.81	60.27	60.90	62.16	62.65	61.89	61.48	63.14	65.13	64.0
安徽	71.78	72.58	66.71	67.07	69.52	69.77	63.89	65.03	64.53	62.4
福建	72.28	73.89	71.87	71.27	72.30	70.52	64.96	64.77	66.69	63.2
江西	89.72	90.72	88.56	88.96	89.40	90.45	89.80	90.30	91.11	90.6
山东	86.23	86.98	87.05	87.51	88.09	88.36	85.98	84.29	84.96	82.9
河南	87.67	89.48	89.41	89.41	89.98	90.50	87.15	88.04	88.61	88.5
湖北	77.06	77.13	75.24	75.5	78.52	79.85	76.30	71.28	75.11	69.2
湖南	84.68	85.01	86.25	86.66	88.14	88.88	87.01	87.84	88.40	87.3
广东	74.86	74.86	75.46	74.37	73.63	73.19	66.89	67.09	69.20	68.9
广西	82.49	82.4	79.61	79.78	79.94	80.45	77.99	77.53	78.19	76.5
海南	59.39	46.61	50.61	49.94	52.56	54.68	36.69	33.15	27.18	22.8
重庆	82.35	83.39	83.72	82.79	82.24	83.32	79.64	81.91	83.81	82.6
四川	90.42	89.37	89.67	90.73	91.48	92.50	91.76	91.68	92.98	92.4
贵州	89.54	91.06	91.48	91.86	92.78	93.00	91.37	91.86	91.92	92.5
云南	94.58	95.04	94.78	94.79	95.95	96.20	95.45	95.51	95.62	95.4
西藏	96.10	97.74	97.74	96.71	97.50	97.12	98.62	98.73	98.23	97.7
陕西	74.56	76.01	76.46	76.06	75.87	75.51	70.95	70.23	76.37	73.6
甘肃	87.58	88.72	89.75	90.27	90.81	91.31	91.54	91.13	91.53	87.9
青海	71.70	75.35	82.90	83.21	82.97	82.97	77.85	74.84	79.04	80.5
宁夏	79.44	83.08	86.79	86.50	82.91	81.60	80.83	79.85	79.92	79.1
新疆	89.11	89.73	91.27	90.52	88.58	87.21	82.07	69.72	73.88	76.1

表 A-21　各地区公路货物周转量　（单位：亿 t · km）

地区	2013 年	2014 年	2015 年	2016 年	2017 年	2018 年	2019 年	2020 年	2021 年	2022 年
北京	156.2	165.2	156.4	161.3	159.2	167.4	275.7	265.7	274.4	225.4
天津	313.7	349.0	345.2	372.5	398.0	404.1	599.4	640.1	672.7	604.9
河北	6577.9	7019.6	6821.5	7294.6	7899.3	8550.2	8027.2	8103.3	8650.1	7890.3
山西	1278.6	1363.2	1374.8	1452.1	1758.7	1907.8	2691.6	2785.0	3225.7	3164.3
内蒙古	1872.7	2103.5	2240.0	2423.6	2764.5	2985.6	1954.5	1888.8	2218.5	2141.0
辽宁	2792.0	3074.9	2850.7	2936.8	3058.6	3152.3	2662.5	2548.3	2719.5	2777.5
吉林	1100.0	1190.8	1051.2	1084.8	1151.6	1189.2	1262.8	1294.8	1523.8	1276.7
黑龙江	972.9	1008.5	929.3	904.8	913.5	810.7	795.2	694.0	815.8	846.1
上海	352.4	300.8	289.6	282.0	297.9	299.3	839.2	684.6	1037.3	844.4
江苏	1790.4	1978.5	2073.0	2140.3	2377.9	2544.4	3234.8	3524.5	3687.8	3207.6
浙江	1322.1	1419.4	1513.9	1626.8	1821.2	1964.1	2082.1	2210.0	2637.0	2650.4
安徽	6544.0	7392.4	4721.9	4915.7	5179.7	5451.6	3267.6	3412.2	3727.9	3696.0
福建	821.4	974.8	1020.3	1094.7	1214.1	1289.5	962.5	1021.7	1233.2	1260.6
江西	2829.0	3073.3	3022.7	3147.5	3433.0	3759.9	3040.3	3247.1	3960.1	4086.4
山东	5494.8	5711.4	5877.0	6071.4	6650.2	6859.7	6746.2	6784.4	7517.6	7912.6
河南	4488.0	4822.4	4542.7	4838.5	5341.7	5893.9	5299.8	5572.6	7026.3	7716.2
湖北	2046.3	2340.6	2380.6	2506.9	2741.9	2955.5	2268.1	1639.9	2196.2	2058.8
湖南	2329.5	2578.9	2553.5	2686.6	2990.6	3114.9	1316.7	1350.6	1461.2	1465.0
广东	3003.4	3113.8	3108.8	3381.9	3636.9	3890.3	2564.0	2524.2	2980.5	2710.3
广西	1857.2	2068.5	2122.6	2248.5	2456.7	2683.1	1470.9	1486.9	1873.4	1885.6
海南	75.4	81.5	78.7	76.1	78.6	84.6	40.8	41.3	44.7	39.5
重庆	695.9	797.8	851.2	935.4	1069.0	1152.8	952.6	1055.5	1155.8	1063.3
四川	1273.1	1510.5	1480.6	1565.3	1676.8	1815.0	1527.6	1617.7	1789.8	1858.0
贵州	610.6	776.9	782.5	873.2	1008.6	1146.5	548.5	609.8	726.3	722.9
云南	922.0	1002.3	1077.9	1173.1	1360.4	1489.2	1015.2	1101.5	1377.6	1463.4
西藏	81.5	86.0	96.1	94.5	105.8	116.8	114.5	116.7	118.9	102.8
陕西	1685.0	1917.5	1826.8	1925.8	2118.2	2301.4	1731.4	1831.1	1818.7	1871.0
甘肃	811.2	992.6	912.1	949.6	1048.9	1119.0	979.6	1020.3	1197.4	1690.3
青海	202.8	234.4	222.1	236.0	253.4	275.7	126.3	124.6	160.5	175.3
宁夏	509.4	530.5	571.8	577.6	500.2	398.2	437.4	483.7	577.7	597.8
新疆	928.5	1037.3	1060.5	1102.2	1306.7	1476.7	801.8	491.1	681.3	953.6
合计	55737.9	61016.8	57956.0	61080.1	66771.8	71249.4	59636.8	60172.0	69087.7	68958.0

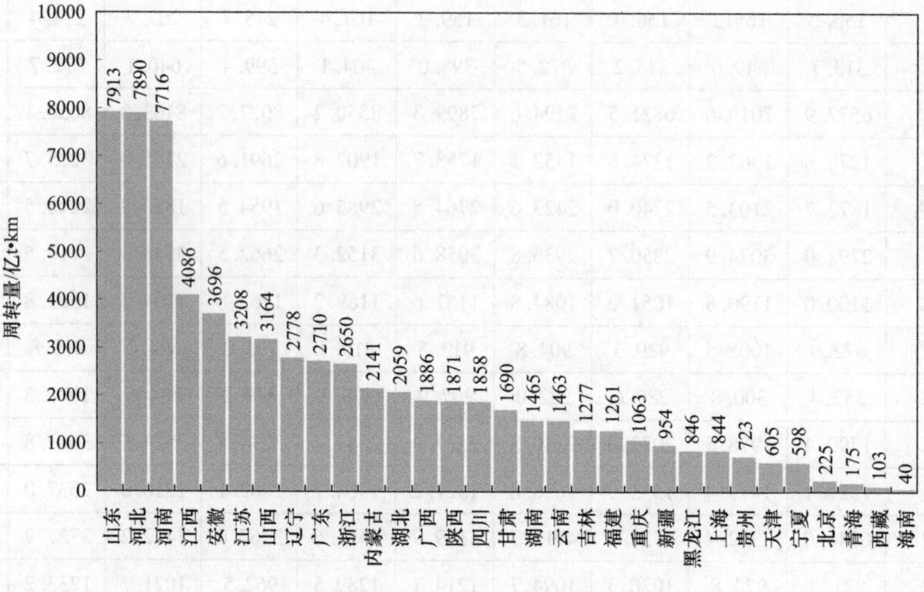

图 A-16 2022 年各地区公路货物周转量

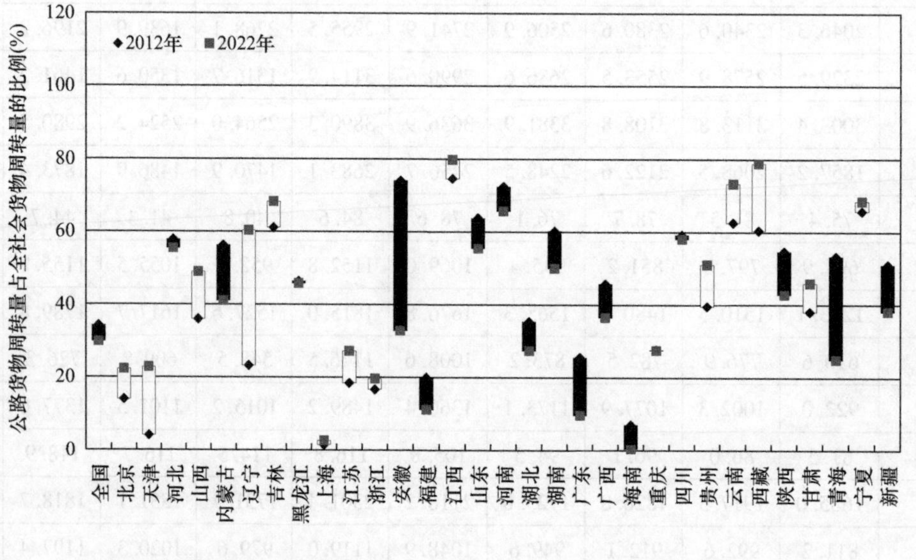

图 A-17 2012 年和 2022 年公路货物周转量占全社会货物周转量的比例变化情况

表 A-22　公路货物周转量占全社会货物周转量的比例（分地区）　（%）

地区	2013 年	2014 年	2015 年	2016 年	2017 年	2018 年	2019 年	2020 年	2021 年	2022 年
全国平均	33.2	32.8	32.5	32.7	33.8	34.8	29.9	29.8	30.9	29.75
北京	14.9	15.9	17.4	19.5	16.6	16.2	25.3	25.7	25.5	22.16
天津	10.1	9.7	13.7	16.2	18.3	18.0	22.5	24.6	25.1	22.69
河北	56.4	55.3	56.8	59.2	59.0	61.6	59.2	59.0	58.6	55.43
山西	35.6	36.7	40.0	40.7	42.0	42.5	49.2	48.8	50.1	48.88
内蒙古	42.0	47.1	53.5	55.8	53.7	53.4	41.7	41.4	45.0	41.01
辽宁	23.3	25.1	24.3	24.2	24.0	29.6	29.8	47.0	60.1	60.23
吉林	65.4	69.9	73.8	73.4	70.4	69.8	70.0	69.4	73.7	68.14
黑龙江	50.4	55.7	60.1	59.0	55.1	50.6	49.2	43.8	46.8	45.69
上海	2.5	1.6	1.5	1.5	1.2	1.1	2.8	2.1	3.0	2.61
江苏	18.0	19.0	25.1	28.0	26.3	28.4	32.5	32.3	31.3	27.12
浙江	14.8	14.9	15.3	16.6	18.0	17.0	16.8	17.9	20.4	19.57
安徽	53.1	54.8	45.4	45.1	45.3	46.2	31.9	33.3	33.7	32.76
福建	20.9	20.4	18.7	18.0	17.9	16.9	11.6	11.3	12.1	11.12
江西	77.7	80.3	80.5	80.8	81.4	83.0	78.8	81.0	81.1	79.82
山东	67.1	69.2	69.8	68.3	68.4	68.2	66.4	65.4	62.4	55.44
河南	61.8	65.2	65.4	65.5	64.9	65.6	61.2	63.1	65.8	65.66
湖北	43.1	42.5	42.0	42.3	43.2	44.3	37.0	31.0	32.6	27.29
湖南	60.8	62.3	65.6	66.2	69.5	71.0	50.8	51.9	50.4	49.97
广东	32.5	21.0	20.9	15.5	13.0	13.7	9.4	9.3	10.6	9.65
广西	48.2	50.6	52.3	52.8	53.3	53.8	36.9	35.7	38.4	36.45
海南	12.1	5.5	6.7	7.2	9.1	9.7	2.5	1.1	0.5	0.40
重庆	30.3	30.7	31.4	31.5	31.7	32.0	26.4	29.9	30.0	27.40
四川	56.6	61.3	62.0	62.5	62.2	61.6	56.3	56.5	58.1	58.03
贵州	47.2	53.9	56.7	58.9	60.9	63.8	44.4	48.2	50.6	51.01
云南	67.7	69.3	71.9	73.3	74.5	75.5	65.4	69.7	73.7	73.18
西藏	78.8	77.9	80.3	75.8	77.6	77.9	74.1	74.6	79.2	78.79
陕西	52.7	54.5	56.0	55.9	56.3	57.2	49.7	49.5	46.1	42.83
甘肃	34.3	39.5	41.0	43.8	43.0	42.9	39.2	40.5	41.5	45.93
青海	44.9	46.2	49.9	49.6	48.8	50.0	31.7	30.0	27.1	24.94
宁夏	58.4	63.4	70.0	70.4	66.4	63.4	67.2	69.3	71.1	68.42
新疆	51.7	55.2	59.8	61.1	60.0	59.5	41.2	28.7	34.1	38.09

表 A-23 2011—2022 年全国民用汽车保有量 （单位：万辆）

年份	全国民用汽车保有量[1]			营运汽车保有量[2]			私人汽车保有量[1]		
	合计	载客汽车	载货汽车[3]	合计	载客汽车	载货汽车[3]	合计	载客汽车	普通载货汽车
2011	9266.36	7478.37	1787.99	1263.75	84.34	1179.41	7304.89	6237.46	1067.43
2012	10837.76	8943.01	1894.75	1339.90	86.71	1253.19	8813.50	7637.87	1175.63
2013	12572.40	10561.78	2010.62	1504.74	85.26	1419.48	10473.72	9198.23	1275.49
2014	14452.16	12326.70	2125.46	1537.94	84.58	1453.36	12298.17	10945.39	1352.78
2015	16161.50	14095.88	2065.62	1473.12	83.93	1389.19	14067.88	12737.23	1330.65
2016	18450.13	16278.24	2171.89	1435.77	84.00	1351.77	16297.43	14896.27	1401.16
2017	20808.39	18469.54	2338.85	1450.23	81.61	1368.62	18479.91	17001.51	1478.40
2018	23123.22	20555.40	2567.82	1435.48	79.66	1355.82	20535.39	18930.29	1605.10
2019	25257.11	22474.27	2782.84	1165.49	77.67	1087.82	22464.24	20710.58	1753.66
2020	27208.82	24166.18	3042.64	1171.54	61.26	1110.28	24241.09	22333.81	1907.28
2021	29274.31	26015.84	3258.47	1231.96	58.70	1173.26	26096.53	24074.19	2022.34
2022	31033.20	27715.55	3317.65	1222.08	55.42	1166.66	27734.47	25662.21	2072.26

注：小轿车包括在载客汽车中。

① 汽车保有量分为载客汽车、载货汽车及其他汽车，此表中其他汽车省略。

② 在 2000—2004 年为全国运输汽车（含营运和非营运汽车），自 2005 年起为全国营运汽车保有量（不含非营运汽车）。公路部门营运汽车总计中含公路部门直属企业营运汽车。

③ 从 2013 年起，公路营运载货汽车包括货车、牵引车和挂车，统计口径发生变化。

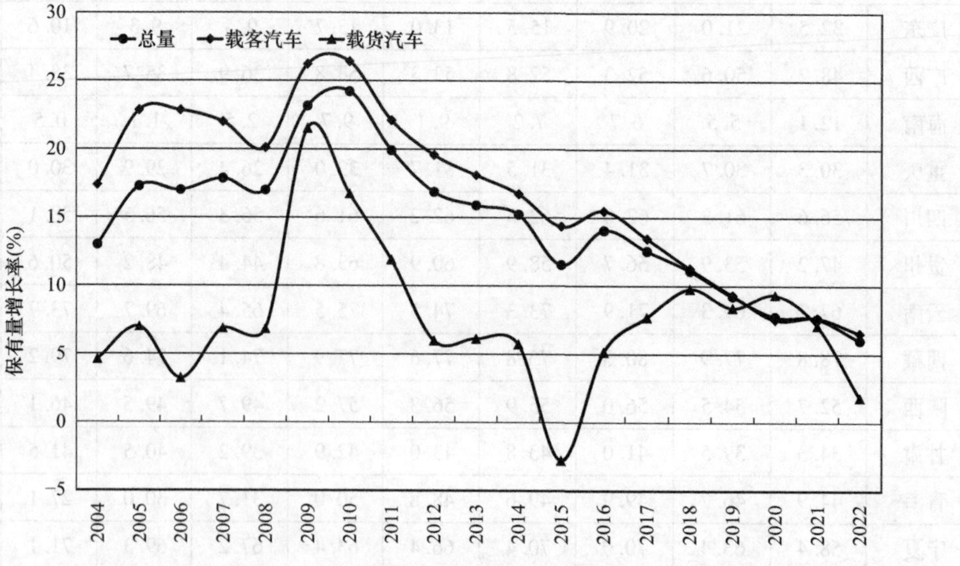

图 A-18 2004—2022 年全社会民用汽车保有量增长情况

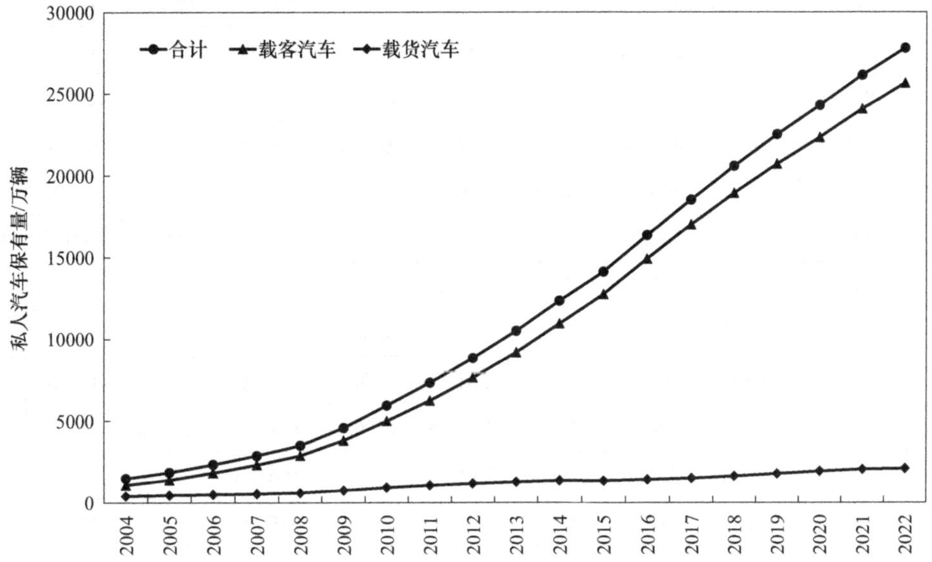

图 A-19　2004—2022 年私人汽车保有量变化情况

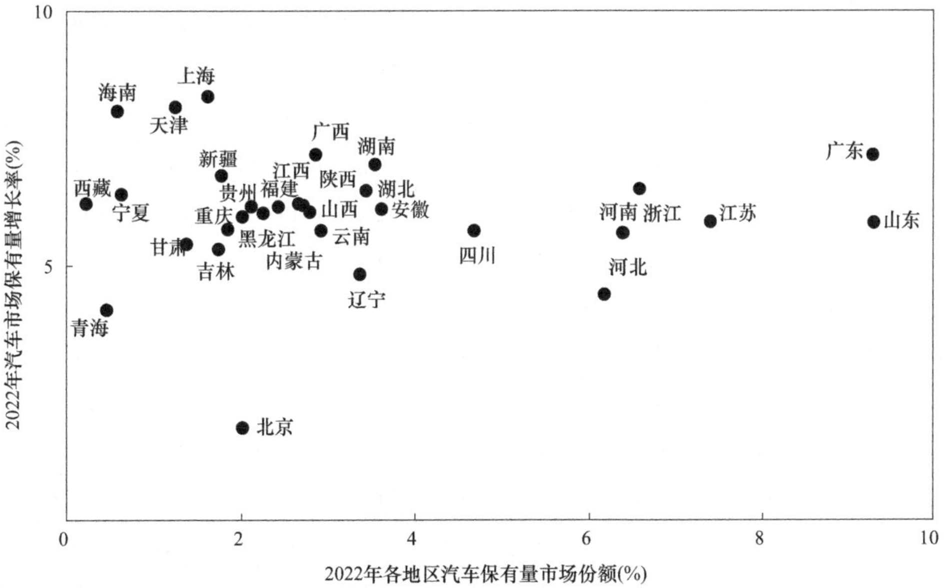

图 A-20　2022 年分地区汽车市场状况

表 A-24 各地区历年民用汽车保有量 （单位：万辆）

地区	2013 年	2014 年	2015 年	2016 年	2017 年	2018 年	2019 年	2020 年	2021 年	2022 年
北京	517.1	530.8	533.8	547.4	563.1	574.0	590.3	599.3	616.7	627.9
天津	261.6	274.1	273.6	273.7	287.7	298.7	308.9	329.4	360.1	389.3
河北	816.3	930.1	1075.0	1245.9	1387.2	1530.0	1647.9	1747.3	1843.4	1925.0
山西	378.3	424.4	469.0	526.4	592.0	652.1	710.5	764.7	820.1	869.7
内蒙古	306.9	342.1	373.6	418.5	480.2	531.9	576.7	616.9	661.9	701.8
辽宁	457.1	520.0	582.5	659.4	727.1	796.4	861.1	931.6	1001.0	1049.3
吉林	248.4	284.6	313.7	352.9	387.2	421.9	451.1	482.2	515.5	542.9
黑龙江	289.8	322.8	351.8	394.2	435.3	477.4	516.1	555.3	592.3	627.6
上海	234.9	255.0	282.2	322.9	361.0	393.4	413.8	442.3	465.5	504.2
江苏	944.4	1095.5	1240.9	1427.9	1612.8	1776.6	1912.7	2038.0	2176.5	2304.0
浙江	902.0	1012.1	1120.6	1257.4	1395.8	1533.0	1661.3	1773.4	1923.6	2048.7
安徽	358.7	422.5	498.7	600.8	708.9	814.2	907.8	986.5	1062.7	1127.5
福建	333.0	386.6	435.4	493.6	557.0	622.8	680.3	730.5	781.0	829.5
江西	246.8	287.7	338.9	399.3	465.9	537.6	601.2	656.0	712.7	756.5
山东	1199.7	1350.3	1510.8	1723.3	1929.6	2128.3	2333.7	2537.1	2740.1	2900.0
河南	700.7	969.3	952.0	1104.5	1274.5	1449.7	1612.1	1751.6	1884.3	1990.5
湖北	354.4	422.2	498.6	588.7	679.8	772.4	861.1	932.0	1006.3	1071.4
湖南	366.7	434.5	507.9	595.8	683.2	781.0	870.6	952.2	1031.6	1103.7
广东	1177.4	1331.8	1471.4	1674.6	1894.2	2116.3	2326.4	2500.4	2702.2	2895.9
广西	276.3	316.5	363.8	424.9	502.1	588.4	673.9	750.4	831.1	890.8
海南	64.8	75.1	83.3	96.3	113.2	126.9	137.2	149.1	168.7	182.3
重庆	192.8	237.0	278.6	327.5	370.5	419.1	461.6	503.8	544.5	575.6
四川	573.0	666.9	767.1	880.8	990.3	1098.2	1196.9	1289.9	1382.1	1460.6
贵州	201.0	244.7	292.6	348.7	414.0	479.0	532.1	578.3	621.5	659.8
云南	374.0	429.7	484.2	552.1	622.7	677.5	742.1	802.1	860.8	909.7
西藏	26.7	29.5	33.2	37.5	40.9	51.4	55.9	61.5	67.3	71.5
陕西	336.1	384.9	438.1	491.2	549.5	616.8	676.0	734.7	797.1	846.3
甘肃	156.4	185.3	239.4	277.3	287.5	315.1	343.3	374.8	406.3	428.4
青海	58.8	68.8	78.2	88.7	99.6	109.9	119.6	129.1	138.5	144.2
宁夏	79.2	91.1	100.9	115.3	130.9	144.8	157.9	171.0	185.0	196.8
新疆	237.0	272.2	294.5	327.1	363.2	396.7	436.1	469.4	518.2	553.3
合计	12670.2	14598.1	16284.4	18574.5	20906.7	23231.2	25376.4	27340.9	29418.6	31184.4

表 A-25　各地区民用货车保有量　（单位：万辆）

地区	2013 年	2014 年	2015 年	2016 年	2017 年	2018 年	2019 年	2020 年	2021 年	2022 年
北京	25.71	28.91	30.59	33.01	36.67	39.99	47.59	51.60	56.84	58.41
天津	24.34	27.09	27.63	29.47	31.94	33.56	35.66	37.32	39.25	39.52
河北	150.01	143.54	146.64	163.32	174.34	193.37	211.00	227.35	241.22	243.75
山西	58.29	59.11	57.18	59.51	63.94	70.25	76.40	83.37	90.88	94.86
内蒙古	49.96	51.17	49.23	51.42	55.97	61.00	66.47	72.61	80.02	85.08
辽宁	73.51	80.04	82.66	87.12	90.19	94.12	99.20	108.36	114.69	114.51
吉林	40.23	42.22	41.00	41.91	41.29	44.57	46.92	50.63	54.00	55.25
黑龙江	58.14	61.77	60.31	61.37	61.07	64.74	68.39	74.07	79.34	82.44
上海	20.14	19.56	19.49	21.86	30.81	32.87	33.07	31.79	33.58	34.76
江苏	96.79	97.17	90.39	94.17	105.65	116.24	126.02	140.00	152.49	152.88
浙江	112.36	111.56	104.00	112.87	124.53	136.78	147.47	161.41	172.66	173.42
安徽	79.94	86.15	87.56	91.86	99.79	111.87	121.52	132.64	140.16	138.19
福建	62.36	66.48	65.50	64.43	68.35	74.77	79.32	85.47	90.22	91.71
江西	54.56	58.40	59.96	60.33	65.13	73.19	79.42	85.38	91.64	89.02
山东	176.22	175.39	165.06	186.74	210.72	236.85	263.04	295.58	318.13	327.04
河南	120.78	165.63	129.72	132.91	144.63	162.22	176.85	190.05	193.19	196.73
湖北	68.62	72.73	70.16	69.71	74.32	84.35	93.48	101.19	107.22	108.54
湖南	61.17	66.40	67.40	68.37	66.92	74.67	81.77	89.53	95.39	96.81
广东	178.89	181.81	174.9	183.02	196	217.91	237.50	259.49	281.75	285.05
广西	55.74	57.22	58.71	62.12	68.45	75.88	83.21	93.31	101.56	102.61
海南	12.14	13.02	12.66	13.35	14.32	15.67	16.95	18.62	20.27	20.98
重庆	34.44	36.94	37.42	38.86	40.26	44.29	43.33	50.56	53.56	54.76
四川	87.99	91.02	89.57	91.86	95.97	105.21	114.25	126.23	136.21	140.01
贵州	41.5	47.77	50.33	52.40	56.49	62.13	66.06	71.63	74.76	76.10
云南	78.46	80.94	81.72	86.63	94.43	94.63	105.52	117.40	125.47	129.83
西藏	9.80	10.96	12.05	13.18	13.98	16.33	18.48	19.84	21.04	21.68
陕西	47.88	49.86	51.42	51.87	56.04	62.61	63.33	69.34	77.21	80.44
甘肃	39.89	43.79	45.39	48.65	51.86	55.54	59.21	64.52	69.17	70.22
青海	12.79	13.82	14.24	14.94	16.17	17.54	19.04	21.15	23.00	23.90
宁夏	22.35	24.45	24.11	26.09	28.39	30.62	33.34	36.61	39.62	41.14
新疆	55.61	60.55	58.64	58.55	60.24	64.05	69.02	75.58	83.93	87.99
合计	2010.61	2125.47	2065.64	2171.90	2338.86	2567.82	2782.84	3042.64	3258.47	3317.65

表 A-26　各地区民用客车保有量　　（单位：万辆）

地区	2013 年	2014 年	2015 年	2016 年	2017 年	2018 年	2019 年	2020 年	2021 年	2022 年
北京	486.14	496.92	498.13	509.39	520.83	527.96	536.66	541.16	554.71	563.84
天津	235.56	245.4	244.22	242.50	253.99	263.27	271.27	289.94	318.54	347.45
河北	660.24	780.56	923.33	1077.06	1207.34	1330.39	1429.81	1511.94	1593.30	1672.08
山西	317.56	362.84	409.41	464.57	525.67	579.32	631.24	678.02	725.43	770.70
内蒙古	254.46	288.62	322.04	364.68	421.72	468.21	507.31	541.00	578.34	612.94
辽宁	379.92	436.52	496.09	568.46	633.15	698.36	757.81	818.90	881.69	930.03
吉林	206.55	240.74	271.03	309.27	344.06	375.39	402.10	429.29	459.00	485.05
黑龙江	228.94	258.34	288.69	330.13	371.57	409.87	444.77	478.15	509.66	541.73
上海	207.99	228.58	256.26	293.85	328.17	358.37	378.50	408.14	429.39	466.83
江苏	840.53	991.13	1143.57	1326.73	1499.72	1652.10	1777.89	1887.90	2012.75	2139.39
浙江	785.00	895.99	1012.46	1140.31	1266.84	1391.32	1508.30	1605.96	1744.44	1868.42
安徽	275.84	333.37	408.16	505.88	605.79	698.45	781.86	848.95	916.98	983.42
福建	268.59	318.06	367.79	427.11	486.46	545.63	598.34	642.07	687.55	734.41
江西	190.11	227.02	276.48	336.39	398.10	461.45	518.60	567.14	617.17	663.45
山东	1016.85	1168.25	1339.12	1529.79	1711.66	1883.47	2061.35	2230.50	2409.10	2559.09
河南	574.84	750.08	817.06	966.58	1124.7	1281.65	1428.48	1553.96	1682.88	1785.10
湖北	282.29	345.84	424.70	515.17	601.48	683.57	762.34	824.93	892.75	956.11
湖南	303.54	365.66	437.81	524.72	613.37	703.07	785.14	858.48	931.63	1002.08
广东	992.39	1144.18	1290.57	1485.65	1691.96	1891.30	2080.96	2231.96	2410.46	2600.56
广西	217.94	256.99	302.56	360.24	431.16	509.85	587.41	653.60	725.92	784.50
海南	52.10	61.52	70.07	82.34	98.22	110.54	119.56	130.43	147.58	160.40
重庆	156.54	198.38	239.43	286.85	328.42	372.88	416.17	450.98	488.48	518.33
四川	481.5	572.33	673.91	785.3	890.61	988.77	1077.97	1158.40	1239.90	1314.27
贵州	158.03	195.17	240.35	294.26	355.32	414.49	463.59	504.02	544.04	580.97
云南	293.55	346.66	400.17	462.96	525.58	580.12	633.44	681.18	731.34	775.81
西藏	16.75	18.3	20.88	24.03	26.60	34.31	36.90	41.15	45.73	49.25
陕西	284.52	331.64	383.03	435.7	489.63	549.94	608.01	660.34	714.28	760.03
甘肃	114.92	139.91	167.55	202.09	233.73	257.52	281.89	307.80	334.50	355.32
青海	45.28	54.26	63.16	72.9	82.56	91.42	99.58	106.85	114.28	119.06
宁夏	55.78	65.55	75.77	88.21	101.5	113.07	123.40	133.07	143.93	154.13
新疆	177.52	207.89	232.10	265.1	299.62	329.34	363.61	389.99	430.08	460.82
合计	10561.77	12326.70	14095.90	16278.22	18469.53	20555.40	22474.27	24166.18	26015.84	27715.55

表 A-27　2022 年各地区私人汽车保有量　（单位：万辆）

地区	汽车总计	载客汽车	载货汽车	其他汽车
北京	534.88	501.45	30.92	2.50
天津	339.09	317.12	21.20	0.78
河北	1758.90	1585.07	169.90	3.94
山西	778.25	723.98	52.63	1.64
内蒙古	646.91	581.50	63.71	1.71
辽宁	935.16	864.89	68.42	1.86
吉林	489.18	450.81	37.40	0.96
黑龙江	571.62	510.65	59.90	1.07
上海	395.72	394.82	0.61	0.29
江苏	1965.06	1892.52	68.74	3.80
浙江	1814.26	1710.34	102.22	1.70
安徽	1002.12	926.06	73.80	2.25
福建	720.68	663.77	56.05	0.87
江西	685.47	633.16	51.04	1.27
山东	2579.96	2374.40	198.78	6.77
河南	1834.49	1705.01	125.50	3.98
湖北	966.41	893.79	70.20	2.41
湖南	1027.91	949.54	76.22	2.14
广东	2543.86	2393.04	147.69	3.12
广西	824.13	749.11	73.30	1.72
海南	159.84	145.59	13.97	0.28
重庆	511.15	479.95	30.36	0.84
四川	1288.54	1202.26	83.99	2.29
贵州	612.01	547.85	62.88	1.28
云南	844.07	731.66	110.49	1.93
西藏	61.52	43.27	18.05	0.20
陕西	766.14	707.74	56.33	2.08
甘肃	368.09	318.26	48.66	1.16
青海	122.16	104.61	17.00	0.55
宁夏	178.83	145.13	32.89	0.81
新疆	465.71	414.85	49.42	1.44
合计	27792.12	25662.20	2072.27	57.64

表 A-28 历年汽车产量 （单位：辆）

年份	汽车产量合计	其中					
		载货汽车	越野汽车	其中：轻型越野汽车	客车	轿车	汽车底盘
1989	586935	342835	48934	48291	47639	28820	103896
1990	509242	269098	44719	44348	23148	42409	90574
1991	708820	361310	54018	53371	42756	81055	122873
1992	1061721	460274	63373	61747	84551	162725	199162
1993	1296778	623184	59257	57057	142774	229697	171769
1994	1353368	613152	72111	70317	193006	250333	169106
1995	1452697	571751	91766	89765	247430	325461	162713
1996	1474905	537673	77587	73233	267236	391099	167651
1997	1582628	465098	59328	56547	317948	487695	178644
1998	1629182	573766	43608	38423	431947	507861	206325
1999	1831596	581990	36944	33602	418272	566105	229113
2000	2068186	668831	41624	35508	671831	607455	252063
2001	2341528	803076	41260	33247	834927	703525	317946
2002	3253655	1092546	43543	34232	1068347	1092762	425601
2003	4443522	1228181	86089	78622	1177476	2037865	381116
2004	5070452	1514869	79600	72245	1243022	2312561	398351
2005	5707688	1509893	—	—	1430073	2767722	381183
2006	7279726	1752973	—	—	1657259	3869494	442201
2007	8883122	2157335	—	—	1927433	4797688	558673
2008	9345101	2270207	—	—	2037540	5037334	530271
2009	13790994	3049170	—	—	3270630	7471194	596657
2010	18264667	3920363	—	—	4768414	9575890	791635
2011	18418876	2898046	—	—	4746156	10137517	637157
2012	19271808	2802110	—	—	2691613	13257833	520252
2013	22116825	3468501	—	—	6547552	12100772	581944
2014	23722890	3195901	—	—	8045937	12481052	553563
2015	24503326	2491337	—	—	9968838	11630895	412256
2016	28118800	2405300	—	—	491700	12111300	—
2017	29015434	2587741	—	—	479664	11937820	—
2018	27809196	2794127	—	—	453963	11465782	—
2019	25750650	2724763	—	—	442207	10214669	—
2020	25225242	3164576	—	—	434653	9789120	—
2021	26121712	2930776	—	—	491771	9924917	—
2022	27020615	2228391	—	—	397012	11184827	—

注：本表不含改装车产量；轿车产量已包含切诺基 BJ2021。

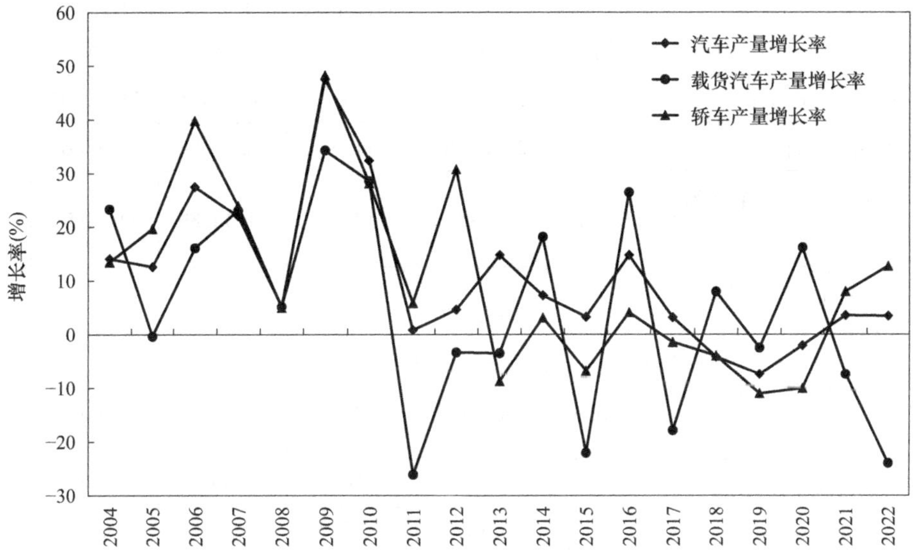

图 A-21 2004—2022 年汽车产量变化情况

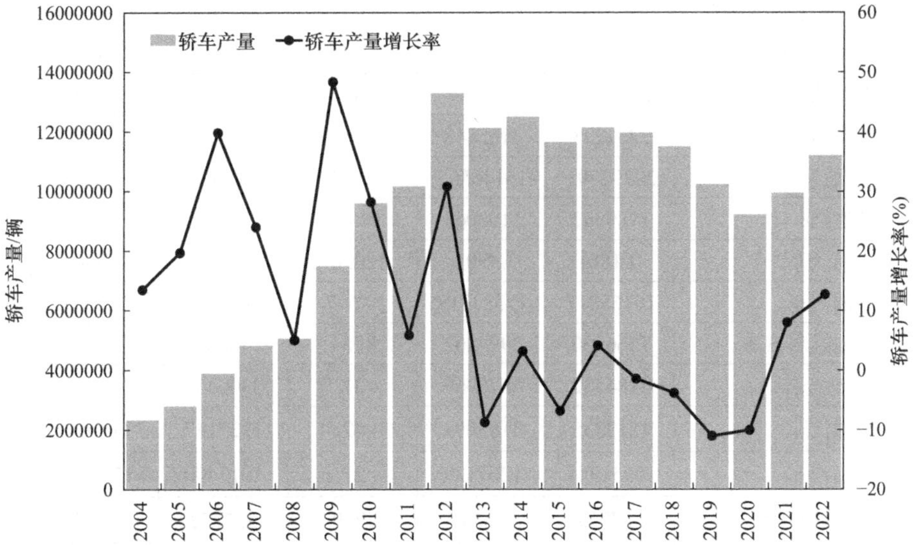

图 A-22 2004—2022 年轿车产量情况

表 A-29 2022年全国汽车产销分类构成

车型		产量			销量		
		2022年/辆	2021年/辆	同比增速（%）	2022年/辆	2021年/辆	同比增速（%）
国内制造汽车总计		27018490	26089445	3.6	26862455	26279605	2.2
乘用车合计		23833958	21412476	11.3	23561997	21483666	9.7
其中1	基本型乘用车（轿车）	11184827	9924917	12.7	11114689	9952456	11.7
	多用途乘用车（MPV）	951487	1072577	-11.3	937072	1055234	-11.2
	运动型多功能乘用车（SUV）	11381010	10017497	13.6	11187184	10084674	10.9
	交叉型乘用车	316634	397485	-20.3	323052	391302	-17.4
其中2	排量≤1.0L	53193	64120	-17.0	55668	82891	-32.8
	1.0L<排量≤1.6L	11678328	11755466	-0.7	11493302	11817903	-2.7
	1.6L<排量≤2.0L	6256651	6221785	0.6	6270644	6238857	0.5
	2.0L<排量≤2.5L	531745	421267	26.2	521430	423504	23.1
	2.5L<排量≤3.0L	180183	151146	19.2	187303	149540	25.3
	3.0L<排量≤4.0L	2197	652	237.0	170	171	-0.6
	排量>4.0L	-1	0	0.0	0	0	0.0
	纯电动	5131662	2798040	83.4	5033480	2770800	81.7
其中3	手动挡	2251223	4165848	-46.0	2283726	4224843	-45.9
	自动挡	20392793	16146565	26.3	20099766	16132267	24.6
	其他挡	1189942	1100063	8.2	1178505	1126556	4.6
其中4	柴油汽车	101881	84901	20.0	101969	85646	19.1
	汽油汽车	16165817	17333313	-6.7	16091188	17429921	-7.7
	其他燃料汽车	7566260	3994262	89.4	7368840	3968099	85.7
商用车合计		3184532	4676969	-31.9	3300458	4795939	-31.2
其中1	柴油汽车	1832335	3183693	-42.4	1927187	3309041	-41.8
	汽油汽车	995134	1267129	-21.5	1017499	1253758	-18.8
	其他燃料汽车	357063	226147	57.9	355772	233140	52.6
其中2	客车	397012	491771	-19.3	398052	488498	-18.5
	货车	2228391	2930776	-24.0	2324005	2975336	-21.9
	半挂牵引车	275609	645255	-57.3	298640	676819	-55.9
	客车非完整车辆	9812	16361	-40.0	9788	16346	-40.1
	货车非完整车辆	273708	592806	-53.8	269973	638940	-57.7

表 A-30　历年低速货车产销情况　　（单位：辆）

年份	产销量	低速货车合计	低速货车	三轮汽车
2015	产量	3023503	432381	2591122
	销量	3010985	428088	2582897
2016	产量	2991734	373202	2618532
	销量	2990730	373587	2617143
2017	产量	—	—	2383588
	销量	—	—	2383697
2018	产量	—	—	1778502
	销量	—	—	1778502
2019	产量	—	—	1264488
	销量	—	—	1261029
2020	产量	—	—	1344713
	销量	—	—	1338647
2021	产量	—	—	1247500
	销量	—	—	1242802
2022	产量	—	—	1064916
	销量	—	—	1067892

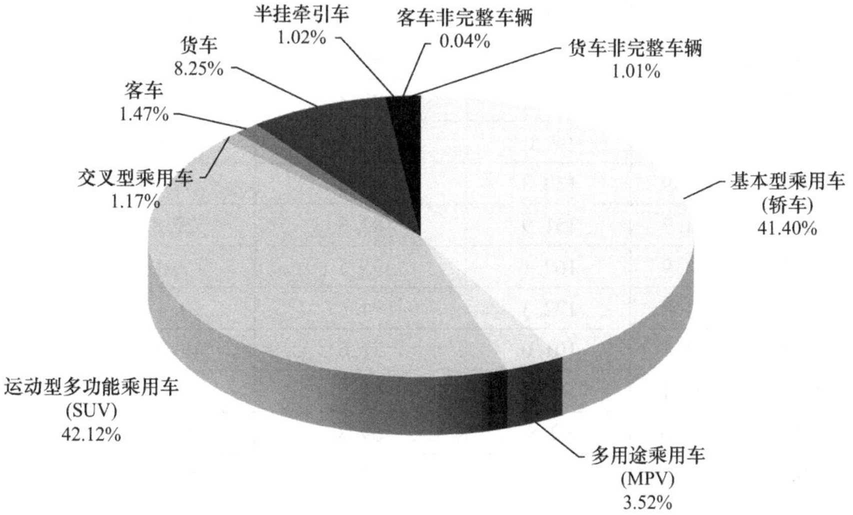

图 A-23　2022 年分车型产量构成情况

表 A-31 主要国家历年汽车产量及品种构成

国别	年份	总产量/万辆	乘用车		商用车	
			产量/万辆	占总产量比例（%）	产量/万辆	占总产量比例（%）
美国	2022	1002.0	704.3	70.3	297.7	29.7
	2021	915.5	631.1	68.9	284.4	31.1
	2020	880.2	613.4	69.7	266.8	30.3
	2019	1088.5	746.0	68.5	342.5	31.5
	2018	1218	802.6	65.9	415.4	34.1
	2017	1119	803.4	71.8	315.6	28.2
	2016	1219.8	915.6	75.1	304.2	24.9
日本	2022	783.5	656.6	83.8	126.9	16.2
	2021	784.7	661.9	84.4	122.8	15.6
	2020	806.8	696.0	86.3	110.8	13.7
	2019	968.4	832.9	86.0	135.5	14.0
	2018	920.4	835.8	90.8	84.6	9.2
	2017	969.4	834.8	86.1	134.6	13.9
	2016	920.5	787.4	85.5	133.1	14.5
德国	2022	389.0	348.0	89.4	41.0	10.5
	2021	348.9	309.6	88.7	39.3	11.3
	2020	390.6	351.5	90.0	39.1	10.0
	2019	515.2	466.4	90.5	48.8	9.5
	2018	574.7	512.0	89.1	62.7	10.9
	2017	564.6	564.6	100.0	—	—
	2016	606.3	574.7	94.8	31.6	5.2
英国	2022	87.4	77.4	88.6	10.0	11.4
	2021	93.2	86.0	92.3	7.2	7.7
	2020	98.6	92.1	93.4	6.5	6.6
	2019	137.9	130.3	94.5	7.6	5.5
	2018	181.7	151.9	83.6	29.8	16.4
	2017	174.9	167.1	95.5	7.8	4.5
	2016	181.7	172.3	94.8	9.4	5.2
法国	2022	141.1	101.0	71.6	40.1	28.4
	2021	140.1	94.0	67.1	46.1	32.9
	2020	134.0	92.8	69.3	41.2	30.7
	2019	217.7	159.6	73.3	58.1	26.7
	2018	209.0	176.3	84.4	32.7	15.6
	2017	222.7	174.8	78.5	47.9	21.5
	2016	208.2	162.6	78.1	45.6	21.9

（续）

国别	年份	总产量/万辆	乘用车		商用车	
			产量/万辆	占总产量比例（%）	产量/万辆	占总产量比例（%）
意大利	2022	79.6	47.3	59.4	32.3	40.6
	2021	79.7	44.4	55.7	35.3	44.3
	2020	77.7	45.2	58.2	32.5	41.8
	2019	91.5	54.2	59.2	37.3	40.8
	2018	106.0	67.1	63.3	38.9	36.7
	2017	114.2	74.3	65.1	39.9	34.9
	2016	101.4	71.3	70.3	30.1	29.7
加拿大	2022	122.9	111.9	91.0	11.0	9.0
	2021	111.6	109.9	98.5	1.7	1.5
	2020	137.7	136.2	98.9	1.5	1.1
	2019	192.2	180.5	93.9	11.7	6.1
	2018	202.6	193.2	95.4	9.4	4.6
	2017	219.4	217.6	99.2	1.8	0.8
	2016	236.9	235.6	99.5	1.3	0.5

注：1. 资料来源于《FOURIN 世界汽车统计年鉴》，与世界汽车组织（OICA）相关统计数据有所不同，仅供参考。

2. 加拿大未发布 2017 年和 2020 年轻型商用车数据，参考中大型商用车数据。美国、加拿大含基于乘用车平台的 SUV 和 MPV。日本的轻型商用车仅指宽 1.7m 以下、高 2.0m 以下、长 4.7m 以下的商用车和客车。

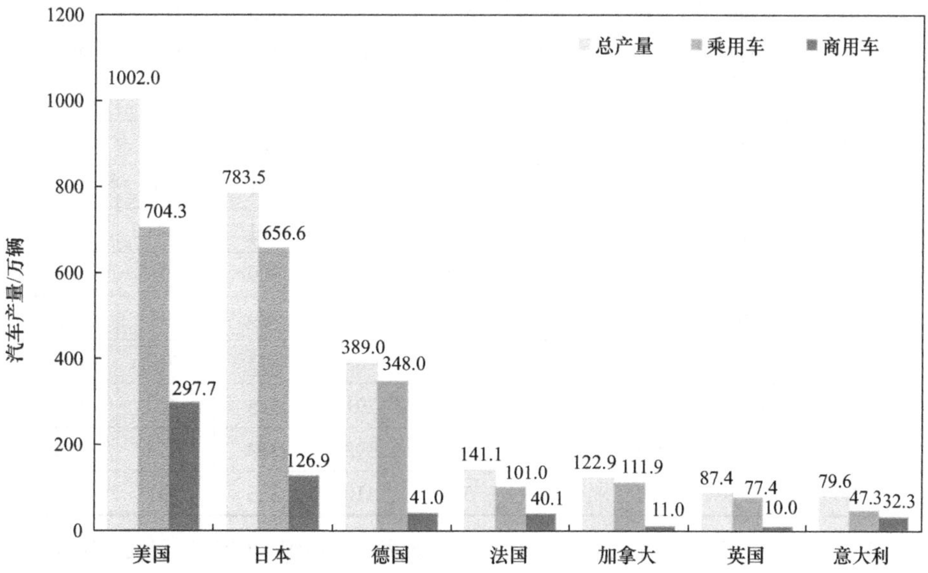

图 A-24　2022 年国外主要国家汽车产量及品种构成情况

表 A-32　1991—2022 年国外主要国家商用车产量　（单位：千辆）

年份	美国	日本	法国	西班牙	巴西	德国	意大利	英国	俄罗斯	瑞典
1991	3444	3484	423	305	255	356	245	217	807	75
1992	4119	3069	438	331	276	330	209	248	518	63
1993	4917	2734	319	262	291	237	150	193	650	58
1994	5649	2753	383	321	334	262	194	228	254	82
1995	5635	2585	424	375	333	307	245	233	192	102
1996	5749	2482	443	471	346	303	227	238	179	96
1997	6196	2484	479	552	392	345	254	238	—	115
1998	6452	1994	351	609	329	379	290	227	188	133
1999	5648	2585	424	375	333	307	245	233	192	—
2000	7235	1781	418	667	322	395	316	185	—	—
2001	6293	1053	395	614	215	248	265	181	170	113
2002	7227	948	367	585	194	346	303	191	—	35
2003	7535	1747	365	166	275	361	292	189	—	117
2004	7759	1792	439	609	454	378	309	209	275	140
2005	7606	1783	401	654	506	407	313	206	286	145
2006	6843	1728	446	699	519	421	319	206	325	134
2007	6857	1651	465	694	548	504	373	215	376	162
2008	4929	1648	423	599	659	514	315	203	321	—
2009	3495	1072	239	358	584	245	182	91	125	87
2010	4985	1319	272	474	792	355	262	123	196	147
2011	5661	1240	330	533	868	439	305	115	251	154
2012	6245	1411	239	454	719	261	275	112	263	—
2013	2707	1440	280	443. 6	908. 1	278. 4	269. 8	87. 2	256. 1	—
2014	2965	1380	—	500	823	305	220	72	174	—
2015	2802	1447	417	530	410	294	351	101	161	—
2016	3042	1331	456	505	299	316	301	94	117	—
2017	3156	1346	479	529	326	—	399	78	123	—
2018	4154	846	327	497	359	627	389	298	132	—
2019	342. 5	1355	581	603	503	488	373	76	197	168
2020	2668	1108	412	470	413	391	325	65	175	132
2021	2844	1228	461	461	548	393	353	72	214	161
2022	2977	1269	401	434	555	410	323	100	160	165

注：资料来源于《FOURIN 世界汽车统计年鉴》，与世界汽车组织（OICA）相关统计数据有所不同，仅供参考。2020 年瑞典数据仅为中大型商用车数值。

附录 B　国家信息中心汽车研究与咨询业务简介

国家信息中心（简称 SIC）于 1986 年开始从事汽车市场研究与咨询工作，至今已有 39 年的历史，目前这项工作由国家信息中心信息化和产业发展部负责。

一、主体业务

国家信息中心汽车研究与咨询业务主要分为三大板块。

1. 产业研究板块

聚焦汽车产业链、新能源汽车、智能汽车和汽车产品与技术四个研究方向。

（1）汽车产业链研究　聚焦产业链上下游的关键环节进行研究，包括但不限于汽车产业零部件供应模式与配套关系、汽车新零售、汽车出口前景与机会、二手车市场发展前景与经营模式等方面开展研究。针对汽车产业出现的重大问题开展研究，如汽车产业兼并重组研究、合资企业可持续发展研究、持股比例放开、汽车社会等，同时还开展了地方汽车产业规划方面的研究。

（2）新能源汽车研究　自 2009 年起，SIC 全面系统地开展了对新能源汽车的研究，包括 BEV、PHEV、REEV、FCEV（燃料电池汽车），从产业发展、产业政策、产业组织、产业关联、产业结构、产业布局等全方位洞察新能源汽车产业发展与变革。其中，重点对新能源汽车市场情况、政策环境、产品技术、企业动态、竞争格局、补能体系、上下游产业链发展、用户特征与需求动向等进行持续跟踪研究，洞察新能源汽车产业演变特点、研判未来发展趋势，帮助企业发现市场机会，并为企业相关战略决策提供坚实支撑。

（3）智能汽车研究　定位于智能座舱与自动驾驶两大业务领域，对智能座舱和自动驾驶相关的最新政策法规、技术进展、功能配置搭载现状、功能趋势预测、成本走势、消费者需求偏好、收费策略及商业模式等开展持续深入研究，形成了智能座舱及自动驾驶分功能和分级别的普及率数据库、自动驾驶硬件搭载方案及激活率数据库、智能汽车政策法规数据库等动态更新的系列数据库。同时，构建了智能产品评价体系，每年对重点产品进行静动态测评及竞争力评价。对企业把握智能座舱及自动驾驶的发展趋势，开发具有竞争力的智能座舱及自动驾驶功能，制定合理的收费策略等提供个性化建议。

（4）汽车产品与技术研究　及时跟踪了解全球市场最新产品与技术的发展动态，把握汽车产品与技术的发展趋势。分析研究国内市场产品的表现，产品竞争力以及新产品上市对市场的影响。研究产品生命周期管理规律，并对企业产品生命周期管理进行评估，研究基于场景开发产品的新模式。

2. 市场预测研究板块

市场预测研究是 SIC 最具代表性的业务，起步早，影响力大，主要包含六大业务模块。

（1）乘用车中长期市场研究　从 1999 年开始，SIC 每年都要对乘用车市场进行中长期预测，2000 年与美国通用汽车公司合作引入系统动力学模型进行中长期预测，并启动了以大样本的全国消费者需求动向调查为模型提供输入变量。这项工作持续至今。为了做好、做准中长期预测，SIC 还做了大量的国际比较研究，总结先导国家汽车市场发展规律来指导中国市场的预测工作。其中 R 值理论、两个高速期理论、市场饱和点研究等在业内产生了巨大的影响。此外，对细分市场的预测、二手车对新车市场的影响、汽车报废规律、新能源汽车的渗透规律等方向也展开了持久而深入的研究。

（2）乘用车短期市场研究　SIC 自 2003 年开始成立专门的研究小组对乘用车市场进行短期预测。该小组目前为多家企业提供服务，通过持续跟踪产品与市场动态，以及每月持续对 700 多家经销商的调查，了解当期市场的发展变化情况，发现乘用车市场运行的新特点和新变化，探求导致市场变化的原因，评价各企业、各车型在市场中的表现，并对未来各月的乘用车市场走势做出预测。

（3）商用车市场研究　主要研究商用车整体市场、细分市场［重型、中型、轻型、微型货车、皮卡（客货两用汽车）和大型、中型、轻型、微型客车九大车型］和专用车市场，分析跟踪影响这些市场发展的关键因素，研究这些因素对商用车市场的传导机制和规律，并对未来市场走势做各种时间维度的预测。

（4）豪华车与进口车市场研究　对超豪华车、豪华车和进口车的整体市场进行月度跟踪分析与中长期预测分析，并对这些车分级别、分车型、分豪华程度、分产地等细分市场进行分析和预测。近年来强化了高收入人群、汽车新四化对豪华车市场影响的研究，以及品牌建设对车辆销量和溢价的影响研究。

（5）区域市场研究　区域市场包括大区、省、地级市等多个层次。该项研究主要帮助企业解决三方面问题：一是制订销售网络发展规划；二是年度销售任务分配；三是制订区域营销策略。目前，区域市场研究的车型范围包括乘用车和商用车，研究的内容包括地区市场分级、地区市场特征研究、地区市场的短期与中长期预测、地区市场营销方式研究、地区市场专题研究等。

（6）经济与政策研究　经济与政策仍是影响市场的关键因素。该项研究不仅支撑所有预测业务，也面向客户提供每月宏观经济、相关政策及重大社会事件的跟踪分析，研究它们对汽车市场的影响，研究各种政策出台的背景、目的、作用对象，并对政策效果进行评价。

3. 消费者研究板块

消费者研究板块的主要研究对象聚焦在消费者、产品和品牌三个方面，研究消费者的特征、消费者分类及未来变化趋势、消费特征与趋势、消费者对产品的认知与需求偏好、消费者对品牌的认知与评价等。重点实现两个目的，一是大量积累消费者数据，把握消费者动态。通过每年持续进行全面、大样本、广覆盖的消费者调研，积累基础数据，为企业的战略规划、前瞻设计服务。二是对应企业产品开发的全流程——产品战略规划、概念设计、产品开发、生产上市准备、上市前验证、上市后验证，为企业产品设计开发提供定制化服务。

（1）消费者研究　通过一年一度的 NCBS（新车购买者调查）和需求动向调查进行常规的消费者信息收集，了解各类消费者汽车保有和购买情况、购买和使用行为、消费者需求偏好、用户人群特征等。基于这些基础调查数据，可以进行各种人群各种维度的挖掘和分析。为更好地服务于企业产品开发的需要，SIC 于 2013 年完成了乘用车用户的人群分类研究，这几年持续改进迭代，并进一步对十类人群进行再细分，该成果被许多企业广泛应用在车型开发、用户定位上。SIC 对于年轻消费者和低线市场消费者也持续关注，每两年进行一次年轻消费者调查，帮助企业把握年轻化的方向。持续进行三线市场、县域市场和农村市场消费者研究，研究这些市场消费者的购车意愿、潜力和需求特征。此外，从宏观层面还研究了中国未来消费趋势和消费者生活方式，以把握消费大势和深入洞察消费者需求背后的动机。

（2）产品研究　SIC 开发了一整套服务于企业产品规划与研发的基础性调研体系，包括产品特征目录体系研究、产品设计和审美偏好研究、产品配置需求研究等，通过该体系能比较完整地提供产品企划阶段关于产品信息的基本输入。SIC 通过联合研究的方式持续开展产品特征目录、产品设计和审美偏好、产品配置需求调研，逐年积累了大量的消费者对产品特征认知及变化的数据，关于需求偏好、配置需求及变化的数据，可以为企业新产品开发设计提供输入。针对企业个案需求，在产品市场机会研究、产品概念设计、商品定义、产品上市前后验证、产品生命周期管理、品牌诊断等方面进行研究，为企业开发、改进产品，提升品牌价值提供输入。

（3）品牌研究　包括品牌监测诊断、品牌定位和品牌支撑体系研究。品牌监测诊断是通过调查了解消费者对品牌的认知度、喜爱度、购买意向等，客观中立地衡量各品牌的品牌绩效、形象健康度和品牌溢价，最终为企业找出品牌建设中存在的差距和问题提供帮助，为企业提升品牌价值提供支持。品牌定位研究是在消费者细分的基础上，考虑各细分人群的成长性、规模和市场竞争强度选择目标人群，根据目标人群的价值观、内心诉求、生活方式等来确定品牌的功能形象和个性形象。品牌支撑体系研究是从消费者的角度出发，构建消费者的品牌意识体系，研究品牌对消费者产品购买决策的影响机制及影响程度。

（4）商用车调查研究　立足货运产业链，围绕竞争力和需求两大视角展开调查，输出货运产业链的产品及营销解决方案。SIC 有 300 余家物流系统核心资源，可以支撑各类商用车的深度调研。

SIC 每年执行约 8 万个定量样本，执行 400 余场用户座谈会和 1000 余位用户的探访或家访。大量鲜活的一手信息对我们理解用户、理解市场具有极大的帮助。SIC 在全国 340 个城市有长期合作的调查代理，涵盖 1 ~ 6 级城市，他们有丰富的汽车市场调查经验和很强的执行力。

二、汽车市场研究的支撑体系

1. 模型方法

自开展汽车研究和咨询业务以来，SIC 非常重视研究手段的建设，通过合作和自主研发等方式研发了一批汽车市场研究与预测模型。

在预测板块，六个研究模块分别针对自己的研究需要开发了各自的预测模型，如乘用车中长期市场研究组的“中国汽车工业发展模型”是与美国通用汽车公司合作研制的，已经运行 20 多年。乘用车年度预测 TSC 模型、分收入段家庭乘用车需求预测模型、细分市场中长期预测模型、乘用车饱和点预测模型、二手车总量与细分市场预测模型等都是自主研发的。乘用车短期市场研究组开发了 TSCI 模型、乘用车市场先行指数预测模型等。商用车市场研究组开发了商用车市场景气指数预测模型、基于货运分担率的轻型商用车预测模型、中重货车运能缺口模型等。豪华车与进口车市场研究组开发了豪华车市场总量与细分市场预测模型、超豪华市场预测模型、进口车市场预测模型等。区域市场研究组开发了用于区域市场中长期预测的 S 曲线模型、用于短期预测的 TSCI 模型、用于细分市场预测的固定效应模型和限购限行城市预判模型等。

消费者研究板块开发了人群细分模型、产品意识研究体系、产品偏好研究体系、产品满意度模型、配置与客户价值分析模型、基于欲望和资源的消费研究体系、企业产品表现评估模型、品牌意识体系、品牌健康度模型、品牌形象评估模型、产品生命周期管理模型等。

产业研究板块开发了技术创新扩散模型、基于场景的新能源汽车预测模型、智能网联汽车预测模型、居民移动出行预测模型等。

SIC 一直积极鼓励员工创新，从 2011 年开始每年举办一次创新大赛，每年征集到各个研究领域的新方法、分析框架和模型等 20 余项。这些方法大都和日常业务、项目研究紧密联系，部分方法在国内相关领域都处于领先水平。这些方法不仅提升了 SIC 的研究水平，同时为拓展汽车行业研究新业务、不断满足客户新需求提供了可靠的保障。

2. 数据库系统

为了支撑 SIC 汽车市场研究的需要，满足部分汽车厂商的数据需求，SIC 的汽车行业相关数据库建设也逐步完善，形成了汽车市场数据库、汽车产品数据库、汽车企业数据库、汽车用户数据库、汽车相关政策数据库、宏观环境数据库六大类数据库系统。近年来还不断开发大数据资源，构建了产品和品牌口碑大数据分析系统，这一系统与产品数据库、用户数据库、市场数据库实现贯通，极大地提升了数据价值，有效地支撑了各类研究的需要。

3. 资源系统

SIC 建立了 12 大资源系统，分别是政府关系系统、专家关系系统、经销商关系系统、跨国公司关系系统、横向关系系统、国内厂商关系系统、大用户系统、零部件厂商关系系统、汽车整车厂商关系系统、媒体关系系统、新业态关系系统以及后产业链关系系统，这些系统能随时帮助 SIC 获取第一手信息，让

SIC 及时了解市场的动态情况，帮助 SIC 深入挖掘事件背后的原因。SIC 针对各资源系统定期组织了如下活动。

（1）每月定期做经销商调查　针对乘用车和商用车的经销商进行调查，了解当月的市场情况及变化原因，为 SIC 的月度市场评估分析与预测服务。

（2）定期召集汽车市场研讨会　从 1992 年起，国家信息中心每年在年中和年底召集两次国内汽车厂家及行业市场分析专家参加的“宏观经济与汽车市场形势分析会”，目前这个会议已经成为汽车界了解汽车市场发展趋势、互换对市场的看法、进行各种信息交流的平台。

（3）定期组织跨国公司交流平台的活动　国家信息中心从 2006 年起开始搭建乘用车跨国公司交流平台，2008 年又成立了商用车跨国公司交流平台。全球主要的汽车跨国公司均加入了交流平台。两个平台每个季度分别开展一次活动，研讨当前的宏观经济形势和汽车市场形势。

（4）每月邀请专家讲座　通过“请进来”和“走出去”的方式每月与多名专家进行交流，借助外脑及时跟踪了解经济、政策、市场动态及专家对形势的判断。

（5）参加政府组织的各种会议　参加国家发展和改革委员会、工业和信息化部、商务部等汽车主管部门组织的有关规范和促进中国汽车市场发展的研讨会、政策分析会、五年规划会等，为政府制定政策出谋划策。

三、汽车市场研究团队

SIC 的汽车市场研究团队带头人是国家信息中心徐长明副主任，他自 1986 年开始从事汽车市场研究，见证了中国汽车行业的整个发展过程，对中国汽车市场有着深刻的认识和理解，是目前国内知名的汽车市场研究专家之一。

SIC 汽车市场研究团队是一支上百人的高素质团队，97% 的员工拥有硕士以上学历，且 80% 以上毕业于国内外知名大学，如清华大学、北京大学、中国人民大学、南开大学、北京师范大学、香港大学、英国帝国理工大学、美国哥伦比亚大学、伦敦政治经济学院、英国林肯大学、日本东北大学、德国明斯特大学等。他们不仅具有经济、计量经济、管理、数学、心理学、统计学、社会学、汽车、法律等专业知识，60% 的人更具备五年以上的汽车市场研究经验。正是这支专业与经验相结合的团队才使我们能够持续保持较强的研究能力、学习能力和创新能力。

四、机构特色与服务模式

SIC是国家发展和改革委员会下属的事业单位，背靠政府是我们的一大特色。SIC作为国家经济智囊之一，经常参与国家经济政策的研究与制定，对政府目标和政策意图有更深的理解。特色二是事业单位本身的性质为我们开展研究工作、开展各类机构的调研提供了便利条件。特色三是注重培养研究人员的国际视野。每年通过“走出去”的方式考察国际市场、参观国外先进的工厂约40人次，每年通过“请进来”的方式邀请国外研究机构、汽车企业的专家约100人次进行专题交流。特色四是产业研究、市场预测研究和消费者研究三个板块可以相互支撑融合，共同解决企业的综合性研究需求。

SIC的汽车咨询业务面向政府和企业两类客户，服务模式有两种，一是一对一的咨询服务，SIC根据客户的研究需求定制研究方案，为客户解决所关心的问题。二是采取联合研究的方式，每年由SIC确定十几个研究课题，征集感兴趣的企业开展共同研究。

SIC始终坚持客观、公正、实事求是的态度，以专业、敬业的精神服务于客户，助力客户成功，做客户忠实的事业伙伴。

国家信息中心通信地址和联系电话

地址：北京市西城区三里河路58号　国家信息中心大楼A座704房间

邮编：100045

电话：010－68558704　010－68558531

传真：010－68557465

E－mail：panzhu@ sic. gov. cn